Baedeker

Allianz Reiseführer

Italien
Süden

www.baedeker.com

Verlag Karl Baedeker

TOP-REISEZIELE ★ ★

Was Sie auf keinen Fall verpassen sollten: Hier sind die Highlights von Süditalien auf einen Blick zusammengestellt. Jetzt müssen Sie sich nur noch entscheiden, ob Sie lieber am Strand faulenzen oder antike Ruinen »abklappern«, oder doch lieber in den Bergen wandern wollen.

Eine Oase der Ruhe mitten im Trubel der Weltmetropole: der Park rund um die Villa Borghese in Rom.

1 ★★ Gran Sasso d'Italia
Wandern, Ski fahren oder reiten, die alpine Landschaft des Gran Sasso d'Italia liefert die ideale Kulisse dafür. ▸ **Seite 134**

2 ★★ L'Aquila
Einst als Bollwerk gegen den Kirchenstaat gegründet, im 13. Jh. zerstört und wenig später schon wieder neu angelegt: L'Aquila weiß sich zu behaupten.
▸ **Seite 239**

3 ★★ Tivoli
Reihen Sie sich ein in die Liste der berühmten Sommerfrischler von Tivoli: Kaiser Augustus, Kaiser Hadrian oder die Familie d'Este. ▸ **Seite 462**

4 ★★ Rom
Anderthalb Jahrtausende war Rom Schauplatz bedeutender geschichtlicher Ereignisse und kultureller Mittelpunkt Europas. ▸ **Seite 328**

5 ★★ Ostia
Die alte Hafenstadt Roms vermittelt einen Eindruck vom städtischen Leben in der Antike. ▸ **Seite 298**

Malerisch liegt die Altstadt von Vieste auf einer felsigen Halbinsel an der fantastisch schönen Südostküste des Gargano.

6 ✶✶ Gargano
Malerische Felsenküsten, Sandstrände am tief blauen Meer, Schatten spendende Wälder und verträumte Fischerdörfer, das ist der »Sporn« des italienischen Stiefels.
► Seite 205

7 ✶✶ Vesuv
Wer keine Höhenangst hat, der kann auf dem Kraterrand entlang wandern und in den Schlund des »verstopften« Vulkans blicken. ► Seite 465

8 ✶✶ Neapel
Für »das schönste Chaos der Welt« braucht man vor allem Nerven, Gelassenheit und einen gut bewachten Parkplatz.
► Seite 278

9 ✶✶ Herkulaneum
Gut, dass man genau auf dem Gelände des antiken Ercolano 1719 einen Brunnen ausgehoben hat, sonst würde die versunkene Stadt womöglich noch heute unter den Gesteinsmassen schlummern.
► Seite 212

Die Wandgemälde in der Villa dei Misteri von Pompeji haben ihren frischen Farbenglanz behalten.

Die alte Seerepublik Amalfi zieht sich zwischen Meer, Weinbergen und Zitronenhainen den felsigen Hang hinauf.

DIE BESTEN BAEDEKER-TIPPS

Von allen Baedeker-Tipps in diesem Buch haben wir hier die interessantesten für Sie zusammengestellt! Erleben und genießen Sie den Süden Italiens von seiner schönsten Seite.

! Was Hirten stark macht
Probieren Sie authentische Gran-Sasso-Kost in einer knorrigen Trattoria in Isola del Gran Sasso: z. B. Lammfleisch oder Hausmacherpasta mit Wildkräutern.
▸ Seite 135

! Leckereien
Entdecken Sie an der Amalfitana verschiedene Süßigkeiten, die einst aus dem arabischen Raum kamen: z. B. glasierte Orangenschalen oder Mokkatrüffel. ▸ Seite 146

! Oliven
Apulien ist **das** Olivenanbaugebiet Italiens. Hier lohnt sich ein Besuch in einer der ehemaligen Ölmühlen.
▸ Seite 164

! Grumentum
Ein lohnender Ausflug von Maratea aus führt zum Grabungsgelände von Grumentum, das 973 n. Chr. von den Sarazenen zerstört wurde.
▸ Seite 179

! Inselrundfahrt
Empfehlenswert ist eine Rundfahrt um die Insel Capri, bei der man auch die schönsten Küstenhöhlen besuchen kann. ▸ Seite 184

! Liebestonikum der Hexen
1860 wurde in Benevent ein Kräuterlikör kreiert und hatte schnell seinen Ruf als Liebestonikum der Hexen weg. Was dran ist, müssen Sie selbst probieren.
▸ Seite 191

! Ferrovie della Calabria
Eine bequeme Möglichkeit, das grüne Kalabrien kennen zu lernen, ist eine Fahrt mit der Eisenbahn von Cosenza aus. ▸ Seite 199

! Porchetta
Das beliebteste und köstlichste »Fastfood« Latiums ist die Porchetta, Spanferkel. Wer sich daran einmal so richtig gütlich tun will, kommt am ersten Julisonntag nach Ariccia. ▸ Seite 203

! Cirò
Einer der besten DOC-Bereiche Kalabriens ist Cirò um die gleichnamige Stadt hinter der Punta Alice. Bei einer Weinprobe und einem herzhaften Mahl können Sie sich vor Ort selbst davon überzeugen. ▸ Seite 235

! Etwas Besonderes
Wer im Süden Kalabriens nach etwas »Besonderem« zum Speisen und Nächtigen sucht, landet häufig in der »Casina dei Mille« in Annà bei Melito Porto Salvo. ▸ Seite 238

Mit dem Boot lässt sich Capri am besten entdecken. Die berühmte Blaue Grotte erreicht man nur vom Wasser aus.

! Für Wanderfreunde
Die Via Francigena, der alte Pilgerweg vom Großen St. Bernhard nach Rom, wurde 2000 als Wanderweg ausgeschildert. ► **Seite 245**

! Büffelstark
In und um Paestum verkaufen viele Läden noch den »echten« Mozzarella, den man unbedingt versuchen sollte. ► **Seite 304**

! Überblick
Bei einem Spaziergang auf den Wällen von Pompeji erhält man nicht nur interessante Einblicke auf die Grabungen, sondern macht sich auch mit Landschaft und Flora vertraut. ► **Seite 310**

! Tauchen in Ruinen
Wer den Villen von Caesar, Cicero oder Kaiser Augustus einen Besuch abstatten möchte, sollte sich an die örtliche Tauchbasis in Baia wenden. ► **Seite 322**

! Mit dem Bus 110
Bequem 3000 Jahre Geschichte und Kultur Roms entdeckt man mit der Buslinie 110.
► **Seite 332**

! Forum goes Internet
Die ewige Stadt im Trend der Zeit: Im Internet kann man in den Kaiserforen flanieren, Küchenlatein lernen oder virtuell an den Ausgrabungen teilnehmen.
► **Seite 343**

! Blumenrausch im Frühjahr
La Maddalena besitzt einige der schönsten Sandstrände auf Sardinien. Einer davon ist die Baia Trinità. ► **Seite 398**

! Paradies
Ein Schnorchel- und Vogelparadies ist das Naturschutzgebiet von Vendicari südlich von Noto auf Sizilien. ► **Seite 438**

! Confetti aus Sulmona
Sulmona ist berühmt für die »confetti«, Zuckermandeln, die zu bunten Blüten und ganzen Sträußen gebunden werden.
► **Seite 456**

Süße Blütengrüße in Sulmona

»Grünes Gold«
Olivenöl ist mittlerweile ein Muss in jeder guten Küche. Am besten gedeihen die Bäume in mildem gemäßigten Klima.
► **Seite 26**

HINTERGRUND

PRAKTISCHE INFORMATIONEN VON A bis Z

TOUREN

Preiskategorien

► **Hotels**
Luxus: ab 190 €
Komfortabel: 80–190 €
Günstig: bis 80 €
Für eine Nacht im Doppelzimmer

► **Restaurants**
Fein & Teuer: ab 30 €
Erschwinglich: 15–30 €
Preiswert: bis 15 €
Für ein Hauptgericht

»Versailles des Südens«
In Caserta ließ sich der Bourbone Karl III. eine prunkvolle Residenz errichten.
▸ **Seite 187**

REISEZIELE VON A bis Z

Hintergrund

GRUNDLEGENDE KENNTNISSE ÜBER DIE POLITIK, LAND UND LEUTE, WIRTSCHAFT UND GESCHICHTE SOWIE KULTUR UND ALLTAG DES REISEZIELS KÖNNEN NICHT SCHADEN. ERFAHREN SIE HIER WISSENSWERTES ÜBER IHR REISELAND!

SÜDITALIEN IST IN MODE

Goethes Süditalien, »wo die Goldorangen glühn«, wird längst nicht mehr nur wegen seiner einzigartigen Tempel und Kunstschätze aus drei Jahrtausenden angesteuert. In der sonnendurchglühten Heimat von Mozzarella, Pizza und Spaghetti erlebt der Reisende eine ursprüngliche mediterrane Alltagskultur.

Ländliche Gastfreundschft kontrastiert mit der bühnenreifen Eleganz barocker Piazzas. Das ständig wachsende Angebot individueller und charmanter Herbergen, die tausend Möglichkeiten für einen abwechslungsreichen Aktiv-Urlaub finden auch bei Norditalienern immer mehr Anklang: Tauchen bei den Tremiti, Bootsfahrten mit Fischern, Vulkanwandern in Sizilien oder Bear-Watching in den Abruzzen sind nur einige Beispiele für die Vielfalt der möglichen Aktivitäten. Wandern, Skifahren oder Angeln ist ebenso möglich wie Klettern, Rafting oder Gleitschirmfliegen. Wer sich im Süden Italiens sportlich betätigen will, hat braucht eigentlich nur einen guten Sonnenschutz.

Limonen und Zitronen *Unter der heißen Sonne Süditaliens gedeihen sie bestens.*

Das »Mittagsland«

Die Sehnsucht der Deutschen nach Italien ist sprichwörtlich, und jedes Jahr reisen Millionen in »das Land, wo die Zitronen blüh'n«. Dabei blieb jedoch der Süden des Landes, das »Mittagsland« – der Mezzogiorno, wie die Region keineswegs wertfrei benannt wurde – mit wenigen Ausnahmen jenseits des Horizonts, den die Ewige Stadt Rom markiert. Schon seit der Gründung des italienischen Einheitsstaates in den 1860er-Jahren wird das Nord-Süd-Gefälle diskutiert. Dabei hat der Süden alles zu bieten, was einen erlebnisreichen Urlaub ausmacht: Schönheit und Vielfalt der Landschaft, atmosphäre- und kunstreiche Städte, eine vorzügliche Gastronomie und nicht zuletzt herrliche Badestrände am kristallklaren, türkisblauen Meer. Die Abruzzen, Kampanien, die Basilikata, Apulien und Kalabrien, dazu die Inseln Sardinien und Sizilien bieten ein einzigartiges Mosaik aus Sonne, ursprünglicher, manchmal sogar gewalttätiger Natur, einer 3000-jährigen Geschichte und einem südlichen Lebensrhythmus.

Barocke Pracht
Lange wurde der Süden vor allem wegen seiner Baudenkmäler und großartigen Architekturschätze besucht – und eine Reise sind sie allemal wert, die prunkvollen Städte mit ihren weitläufigen Piazzas, großartigen Bauten und schönen Fassaden wie das Barockjuwel Lecce.

Ein Auge für Details
Spezialisten für Mosaik, Cosmaten genannt, statteten zahlreiche Kirchen in Rom und Umgebung kunstvoll aus. Der Boden des Doms von Anagni wurde 1226 mit Steinen einer benachbarten römischen Villa gestaltet.

Einsame Küsten
Touristenhochburgen mit großen Hotelklötzen findet man in Süditalien kaum – wer also nach Ruhe und Frieden sucht, kommt an zahlreichen schönen Buchten und menschenleeren Sandstränden auf seine Kosten.

Prunkvolle Feste

Jede Stadt und jedes Dorf pflegt einen Schatz an religiösen und anderen Volksfesten. Oft sind dies große Ereignisse mit feierlichen Prozessionen, Essen, Musik und Tanz.

Städtebauliche Perlen

Küstenstädte mit viel lebendiger Atmosphäre warten darauf, entdeckt zu werden, wie die »schwimmende Festung« Gallipoli am Ionischen Meer. Hinter ihren Mauern breitet sich eine herrliche Altstadt mit verwinkelten Gassen aus.

Zeugen der Frühzeit

Aus prähistorischer Zeit haben sich einzigartige Bauwerke erhalten, die nur auf Sardinien zu finden sind: Unbekannte Erbauer errichteten hier Tausende von kegelförmigen Steintürmen, so genannte Nuraghen, deren Zweck bis heute rätselhaft bleibt.

Latium, Abruzzen und Molise

Den Auftakt macht Latium mit Rom, dem politischen und kulturellen Zentrum Italiens. Abseits der Metropole krönen vulkanische Seen Berge und Hügel, die schließlich in die Küste übergehen. Hoch hinauf geht es in die alpine Szenerie des Gran Sasso in den Abruzzen, auf der anderen Seite locken L'Aquila, die Strände der Adria und das kaum bekannte Molise, wo sich der Fremdenverkehr auf einheimische Sommerfrischler beschränkt. Im Frühjahr finden in zahlreichen Orten der Molise Ochsenkarrenrennen oder Ochsenfeste statt.

Kampanien und Apulien

Kampanien, das sind das herrliche chaotisch-lebendige Neapel, die mondänen Ferieninseln Capri und Ischia, die Tempel in Paestum, die beim Ausbruch des Vesuvs verschütteten Städte Pompeji und Herkulaneum, und nicht genug damit, die Halbinsel von Sorrent und Amalfi rühmen sich der göttlichsten Küste der Welt. Vom Gargano mit seinen Traumstränden und dem märchenhaften Wald Foresta Umbra bis zum Capo di Leuca erstreckt sich Apulien, das Land Friedrichs II. Das Castel del Monte, romanische Kathedralen, barocke Städte, Trulli und Masserien sind hier nur die Highlights.

Ganz im Süden

Die kleine Basilikata – bekannt für die Höhlenwohnungen von Matera – leitet über zur überraschend »nordischen« Berglandschaft Kalabriens im südlichsten Teil des Festlands, einem Paradies für alle, die Einsamkeit suchen, das aber auch über viele Kilometer Küste und berühmte Kunstschätze verfügt, etwa die beiden »Krieger von Riace« im Nationalmuseum in Reggio di Calabria. Fast eigene Kontinente sind schließlich Sardinien, die Insel der Nuraghen, exklusiven Feriendomizile und einsamen Strände, und Sizilien. Der weiten Entfernung zum Festland ist es zu verdanken, dass die Sarden viel von ihrer Volkskunst, ihrem Handwerk und ihre Sprache bewahrt haben. Sizilien mit dem mächtigen Ätna und großen Zeugnissen einer Geschichte der Fremdherrschaft, von Griechen und Römern über Byzantiner und Staufer bis zu Spaniern und den Franzosen, schließt Italien nach Süden hin ab. An der Schnittstelle zwischen Europa und Afrika herrscht kulturelle Vielfalt.

Buon appetito! *Jede Region hat ihre eigenen schmackhaften Spezialitäten.*

Fakten

Was bedeutet Mezzogiorno? Wo kann man in Süditalien noch Bären und Wölfe sehen? Kennt das Sardische eine Schriftsprache? Anders als in Ober- und Mittelitalien ließ die Industrialisierung im agrarischen Süden auf sich warten. Das daraus entstandene wirtschaftliche Gefälle prägt bis heute das Land.

Naturraum

Lage und Ausdehnung

Italien, die mittlere der drei südeuropäischen Landmassen, ragt mit seiner berühmten Stiefelform etwa 1150 km weit ins Mittelmeer hinein. Das im vorliegenden Band »Italien • Süden« beschriebene Gebiet reicht von Latium und den Abruzzen im Norden bis zur Stiefelspitze bei Reggio di Calabria, dazu kommen die beiden Inseln Sardinien und Sizilien. Es umfasst neun der insgesamt zwanzig Regionen Italiens: Latium, Abruzzen, Molise, Kampanien, Apulien, Basilikata, Kalabrien, Sardinien und Sizilien. Molise ist die kleinste, Sizilien die größte der süditalienischen Regionen, die zusammen eine Fläche von 140 280 km² bedecken (das sind 47% der Gesamtfläche des Landes). Besonders zu erwähnen ist der selbstständige **Zwergstaat Vatikan** (0,44 km²), der von italienischem Gebiet umschlossen und durch Freundschaftsverträge und wirtschaftliche Beziehungen eng mit Italien verbunden ist.

Geologie

Ein Blick in die Erdgeschichte

Das Rückgrat der italienischen Halbinsel bildet der **Apennin**, der etwa zwei Drittel ihrer Oberfläche einnimmt. Er wurde zusammen mit den Alpen im Tertiär aufgefaltet, der Periode, die vor 65 Mio. Jahren begann und vor knapp 2 Mio. Jahren endete. Die Gebirgsbildung hängt mit Bewegungen in der Erdkruste zusammen, d. h. mit der Kontinentaldrift. Für Italien ist bis heute die Kollision der nach Norden driftenden Afrikanischen Platte mit der Eurasischen Landmasse ausschlaggebend; Afrika schiebt sich unter Europa. Dementsprechend sind die Alpen und der Apennin geologisch gesehen sehr junge Gebirge. Ihre Auffaltung erfolgte in mehreren Schüben, wobei auch tiefe Brüche in der Erdkruste entstanden, begleitet von **Erdbeben** und **vulkanischer Tätigkeit.**

◄ Eiszeit

Während der Kaltzeiten der letzten 2 Mio. Jahre – die letzte Eiszeit endete vor etwa 10 000 Jahren – waren nicht nur die Alpen, sondern auch die höchsten Lagen des Apennins (u. a. Abruzzen) mit dicken Eispanzern bzw. Firnfeldern bedeckt. Sehr schön ist das Erbe der Eiszeit im italienischen Teil der Alpen zu sehen, wo heute noch mehr als 110 km² **Gletscherfelder** vorhanden sind. In den Hochlagen des Apennins sind Kare und Schliffflächen zu sehen, die von den eiszeitlichen Gletschern herrühren.

◄ Erdbeben, Vulkanismus

Die Erdkruste ist in Italien bis heute nicht zur Ruhe gekommen. Immer wieder wird Italien von heftigen Erdbeben erschüttert. Das letzte schwere Beben ereignete sich 2002 im Molise. Auch der anhaltende Vulkanismus in einigen Landstrichen Italiens bzw. postvulkanische Erscheinungen wie Thermal- und Mineralquellen, Solfataren (Schwefeldampf-Aushauchungen) und Soffionen (Borquellen) sind Folgen

← *Gasse in Fontanarosa (Kampanien)*

Naturräume *Orientierung*

der Erdkrustenbewegungen. Im südlichen Italien sind hier vor allem die Inseln im Golf von Neapel (besonders Ischia), der Vesuv und die Phlegräischen Felder zu nennen, außerdem die Vulkane Vulcano und Stromboli der Liparischen Inseln und natürlich Europas größter aktiver Vulkan, der Ätna auf der Insel Sizilien.

Apennin Südlich des Po beginnt der Apennin, der zur selben Zeit wie der Alpenbogen herausgehoben wurde und heute das Rückgrat des italienischen Stiefels markiert. Den Unterbau des Gebirges bilden in erster Linie Kalksteine und metamorphe Gesteine wie **Dolomit**. Erst in geologisch junger Zeit entstandener Flysch, Sandstein sowie weiche Mergel- und Tonablagerungen werden seit dem Ende der Tertiärzeit in die Gebirgsbildung einbezogen. Gelegentlich kommt es zu katastrophalen Bergrutschen auf so genannten Gleithorizonten, viel Wasser aufnehmende Mergel- und Tonschichten.

Der Apennin lässt sich in den Nördlichen und den Zentralen Apennin teilen, dem westlich und östlich mehr oder weniger ausgeprägte Küstenlandschaften vorgelagert sind. Der **Nördliche Apennin**, der sich sich in den Ligurischen, Toskanischen und Etruskischen Apennin gliedert, schwingt sich vom Ligurischen Meer nach Osten, ohne die Adria zu erreichen. Der Mittlere bzw. **Zentrale Apennin** erreicht seine höchsten Höhen in der wilden Hochgebirgswelt der Abruzzen, die im östlichen Mittelitalien aufragen. Das höchste Bergmassiv ist hier der bis 2914 m hoch aufragende Gran Sasso d'Italia, zugleich die höchste Erhebung der italienischen Halbinsel. Südöstlich der Maiella-Gruppe beginnt der stark zergliederte **Südliche Apennin**, den man in den Kampanischen, den Lukanischen und den Kalabrischen Apennin einteilt.

Tyrrhenisches Vorland

Als Tyrrhenisches Vorland bezeichnet man die stark gegliederte Landschaft, die vom Westabfall des Apennins bis zum Tyrrhenischen Meer hinunterreicht. Hier ist die Erdkruste in zahlreiche, oftmals gegeneinander verschobene Schollen, Horste und Gräben zerbrochen. Besonders charakteristisch sind die abrupt abknickenden Täler und die fast flächendeckend auftretenden vulkanischen bzw. postvulkanischen Erscheinungen wie Vulkankegel, Kraterseen und Tuffdecken. **Kernräume** der kulturlandschaftlichen Entwicklung waren die z. T. weit ins Landesinnere reichenden Küstenebenen. Sehr schön ist dies am Arno-Tal, den Maremmen, den Ebenen Latiums sowie an der Kampanischen Ebene um Neapel und Salerno zu sehen.

An die Ostseite des südlichen Apenninbogens ist das **Apulische Vorland** angelagert, dessen flache, verkarstete und deshalb trockene Kalktafeln das Landschaftsbild zwischen dem Sporn (Monte Gargano) und dem Absatz (Salentinische Halbinsel) des italienischen Stiefels bestimmen. Das bis zu 1056 m hoch herausgehobene Kalkmassiv des Promontorio del Gargano, das vorwiegend als Weideland genutzt wird und noch einige wertvolle Hochwaldbestände trägt, bricht im Südosten in einer wildromantischen Kliffküste mit Brandungstoren und -höhlen ab. Südlich an das Gargano-Massiv schließt der Tavoliere an, eine fruchtbare und landwirtschaftlich intensiv genutzte Küstenebene.

Die Grotten von Castellana in Apulien gehören zu den größten Tropfsteinhöhlen-Systemen Europas.

Weiter südlich breitet sich die stark verkarstete, nur schütter bewachsene und großenteils recht eintönig wirkende Hochfläche der Murge (gesprochen »murdsche«) aus. Tief eingeschnittene, schmale Täler (Gravine) kennzeichnen einen der **trockensten Naturräume Europas**.

Sizilien Die Nähe der italienischen Stiefelspitze und der geologische Unterbau legen nahe, dass die größte Insel im Mittelmeer als Fortsetzung des Apenninbogens anzusehen ist. Die sagenumwobene Straße von Messina ist ein in geologisch sehr junger Zeit entstandener Grabenbruch, der den kalabrischen Teil des Tyrrhenischen Massivs von den nordostsizilianischen **Monti Peloritani** trennt. Westlich der geologischen Störungszone von Taormina treten die noch jungen Sedimentgesteine der Monti Peloritani in Erscheinung. Der im 1847 m hohen Monte Soro gipfelnde Gebirgszug hat starke Ähnlichkeit mit dem norditalienischen Apennin.

Ganz anders stellt sich Sizilien im Massiv der **Madonie** dar, das westlich anschließt. Weitgehend kahle, da stark verkarstete Kalkstöcke und -riegel, die im Erdmittelalter (Trias, Jura) entstanden, prägen die Landschaft. Im Westen Siziliens zerbricht das Gebirge schließlich in unterschiedlich hohe Berg- und Hügelzüge.

? WUSSTEN SIE SCHON …?

- Der Ätna hat seit den letzten Ausbrüchen eine Gipfelhöhe von 3323 m. Der gigantische Stratovulkan mit einem Volumen von ca. 800 km³ nimmt 1570 km² (6%) der Fläche Siziliens ein.

Südlich der geologischen Störungszone von Taormina steigt der **Ätna** empor, der mächtigste Vulkan Europas. Der Vulkankegel sitzt auf einer riesigen Magmakammer auf. Im Südosten Siziliens ist – analog zum Apulischen Vorland – ein Tafelland ausgebildet, das aus flach lagernden Kalksandsteinschichten besteht. Entlang einer weiteren markanten geologischen Störungslinie, die von Ragusa im Süden nordostwärts bis zur Straße von Messina zu verfolgen ist, drang vor langer Zeit Magma an die Erdoberfläche. Dabei wurde großflächig vulkanisches Material abgelagert. In den **Monti Iblei** in Südostsizilien kann man dementsprechend Basalte und Lavadecken bestaunen.

Der Kernraum Siziliens ist geprägt von welligen Hügelländern, die vornehmlich im Tertiär angelegt wurden. Einzelne Schichttafeln, etwa im Raum Enna und im Bereich der Monti Erei, wurden erst in jüngster geologischer Vergangenheit herausgehoben.

Sardinien Die zweitgrößte italienische Insel zeigt gegenüber dem geologisch sehr unruhigen italienischen Festland einen völlig anderen Charakter. Sie ist Teil der sehr alten Korsisch-Sardischen Masse, deren oberste Partien heute aus dem westlichen Mittelmeer herausragen.

Sardinien baut sich aus zwei unterschiedlich großen Blöcken auf, die vom Campidano-Graben getrennt werden. Den Unterbau des kleineren südwestlichen Inselteils bilden Gesteine aus dem Erdaltertum mit reichen Zink- und Bleivorkommen. Die Bergrücken aus alten

Kalken, Sandsteinen und Schiefern erreichen im **Iglesiente** Höhen zwischen 500 und 1236 m. Der wesentlich größere nördliche Inselteil präsentiert sich dagegen als vielgestaltiges Bergland, das aus kristallinen Gesteinen (vor allem Granit und Gneis) und uralten vulkanischen Ablagerungen aufgebaut ist. Das Zentrum und der Norden Sardiniens zeigen sich entweder als flache vulkanische Tafeln (Altopiani) oder als Schichtkämme (Catene). Ein hochinteressantes Landschaftsbild zeigen das bis zu 1834 m hohe Massiv der **Monti del Gennargentu** im Zentrum der Insel und die so genannte Gallura im Norden Sardiniens. Zu runden Formen verwitterter Granit, Inselberge und alte Rumpfflächen künden hier vom hohen Alter der Insel.

Großräume

Norditalien

Das italienische Staatsgebiet lässt sich in fünf Großräume gliedern. Norditalien reicht von den Alpen über die Po-Ebene bis zum Apennin und zur Riviera. **Mittelitalien** ist durch das Adriatische Meer einerseits und das Tyrrhenische Meer andererseits begrenzt. Den Kern bzw. das »grüne Herz« bildet hier der Apennin. **»Italia Centrale«** wird demnach von den Regionen Toskana, Umbrien und Latium mit der Hauptstadt Rom gebildet. Vierter Großraum ist **Süditalien** (Unteritalien), das den unteren Schaft, die Spitze und den Absatz des italienischen Stiefels umfasst. Östlich des Apenninenscheitels gehören

Ein Abruzzenschäferhund mit seiner Herde vor dem 2623 m hohen Monte Corvo des Gran Sasso d'Italia

Der Wachturm bei Conca dei Marini wurde im 16. Jh. zum Schutz der amalfitanischen Küste vor Piraten gebaut.

dazu die Regionen Abruzzen, Molise und Apulien, westlich von ihm die Regionen Kampanien mit der Großstadt Neapel, die Basilikata und die abgeschiedene Region Kalabrien. Letztere nimmt die Spitze des italienischen Stiefels ein, der sich zwischen dem Tyrrhenischen Meer im Norden und dem Ionischen Meer im Süden in südwestlicher Richtung gen Sizilien schiebt.

Inselitalien ▶ Unter Inselitalien (Italia insulare) versteht man nicht nur die beiden großen, sehr unterschiedlichen Inseln Sizilien und Sardinien, sondern auch etliche kleinere Inselgruppen wie die Liparischen (Äolischen) Inseln, die Ägadischen Inseln, Ischia, Capri und die Pontinischen Inseln (sowie den Toskanischen Archipel mit Elba).

Einzelne Regionen

Latium Zwischen dem Tyrrhenischen Meer und dem Mittleren Apennin breitet sich die Landschaft Latium (ital. Lazio) mit der italienischen Hauptstadt Rom aus. Das Land, oft als **Kernraum der römischen Kultur** bezeichnet, steigt aus einer unterschiedlich breiten und früher wegen ihrer Sümpfe berüchtigten Küstenebene nach Osten an. Einziger Hafen ist Civitavecchia. Der antike, an der Tiber-Mündung gelegene Hafen Ostia ist inzwischen durch Flusssedimente verlandet. Landeinwärts wechseln fruchtbares Vulkanhügelland und spärlich bewachsene Kalkhöhen ab. Die breiten Flusstäler werden für den Gartenbau intensiv genützt. Größere Feuchtgebiete wie die Pontinischen Sümpfe wurden im 20. Jh. trockengelegt und bieten heute Platz für Siedlungen, Industrieanlagen und Autobahnen.

Abruzzen

Als raue, karge und dünn besiedelte Gebirgslandschaft im Mittleren Apennin stellt sich die Region Abruzzen (ital. Abruzzo) dar. In den beiden Massiven Gran Sasso und Maiella (Nationalparks) zeigt sich der Apennin sogar als wildes Hochgebirge. Die tiefen, vor Wind und Wetter geschützten Täler der Abruzzen sind überraschenderweise ausgesprochen fruchtbar. Hier gedeihen Weinreben, Oliven, Mandeln und vielerlei Obstsorten. Industrielle Zentren sind die Handelsmetropole L'Aquila sowie die an der Adriaküste gelegene Stadt Pescara, die zusammen mit der weiter landeinwärts gelegenen Stadt Chieti einen wirtschaftsstarken Korridor bildet.

Molise

Südlich an die Region Abruzzen schließt die Landschaft Molise an. Die höchst reizvolle Bergwelt mit ihren wildromantischen Tälern und tiefen Wäldern, in denen noch Wölfe leben, reicht vom stark verkarsteten Kalkgebirge des Appennino Napolitano bis zur Adriaküste hinunter. Wichtigster Wirtschaftszweig ist hier die **Landwirtschaft**, die in erster Linie Getreide, Obst und Wein kultiviert. Hauptort der Region ist Campobasso, das etwa auf halbem Weg zwischen der Adria und dem Tyrrhenischen Meer im Neapolitanischen Apennin liegt.

Kampanien

Wirtschaftliches Zentrum Süditaliens ist die alte Kulturlandschaft Kampanien (ital. Campania), die sich von der golfreichen Küste am Tyrrhenischen Meer bis an den Neapolitanischen Apennin erstreckt. Kerngebiet ist die weithin ebene, jedoch von vulkanischer Aktivität geprägte antike Campania, die den Golf von Neapel umschließt. In den Küstenebenen und Flusstälern wird eine außerordentlich ertragreiche **Landwirtschaft** betrieben. Geerntet werden vor allem Getreide, Weintrauben, Oliven, Gemüse und Tabak.
Landschaftlich sehr reizvoll präsentiert sich der Golf von Neapel, der sich zu Füßen des Vesuvs öffnet. Er wird im Süden von der malerischen Felshalbinsel Sorrent und der ins Meer hinausgeschobenen Ferieninsel Capri begrenzt. Westliche Vorposten sind die Vulkaninseln Procida und Ischia. Die alte Hafenstadt Neapel ist heute das pulsierende Herz des Mezzogiorno (► Baedeker Special S. 224) und einer der größten Industriestandorte Italiens mit Raffinerien, Stahlwerken, Werften sowie Betrieben der Autozuliefer-, Textil- und Lebensmittelindustrie.

i Mezzogiorno

- »Mezzogiorno« bedeutet »Mittag«, auch »im Süden«. Er bezeichnet Süditalien, das angesichts schwieriger klimatischer, verkehrsgeografischer und historischer Voraussetzungen in seiner Entwicklung im Vergleich zu Nord- und Mittelitalien stark abfällt.

Apulien

Die Region Apulien (ital. Puglia) nimmt den Absatz und den Sporn des italienischen Stiefels ein. Sie zieht sich vom Ostabfall des Apennins bis zur Adriaküste bzw. zum Golf von Tarent und umfasst das Gargano-Massiv, die fruchtbare Küstenebene des Tavoliere sowie die kargen Murge mit ihren wilden Schluchten und die Salentinische Halbinsel. Auf großen, künstlich bewässerten Flächen werden Oliven, Mandeln, Weintrauben, Getreide und Tabak angebaut. Wirtschaftliche Zentren sind die Hafenstädte Bari, Brindisi und Tarent.

Basilikata (Lukanien) Den »Mittelfuß« des italienischen Stiefels zwischen Tyrrhenischem und Ionischem Meer bildet die alte, vom Gebirgsstrang des Lukanischen Apennins durchzogene Landschaft Basilikata (ital. Basilicata, früher Lucania). Mitten im Gebirge liegt ihre Hauptstadt Potenza. Die landschaftlich außerordentlich abwechslungsreiche Region ist, abgesehen von der Höhlenstadt Matera und Maratea an der tyrrhenischen Küste, noch kaum vom Tourismus berührt. Wenig erschlossene Bergzüge mit wildromantischen Tälern, zauberhafte Wein- und Olivenhaine und fruchtbare Niederungen, in denen »Milch und Honig fließen«, bieten alles, was Reisende suchen.

Kalabrien Die Spitze des italienischen Stiefels zwischen dem Ionischen und dem Tyrrhenischen Meer wird von der gebirgigen Region Kalabrien (ital. Calabria) eingenommen. Ihre schönsten Partien sind der Küstensaum am Golf von Policastro, das einsame Sila-Gebirge und vor allem der waldreiche Aspromonte, der die äußerste Stiefelspitze bildet. Ausgedehnte Weingärten, Olivenhaine und Zitruskulturen in begünstigten Lagen sowie Viehweiden in den Bergen prägen das Landschaftsbild.

Sizilien Nur die 3 km breite und erst in geologisch jüngster Zeit eingebrochene Straße von Messina trennt die nahezu dreieckige Insel – ital. Sicilia – vom Festland, die größte Insel des Mittelmeers ist der »Fußball« vor der Spitze des italienischen Stiefels. Der afrikanische Kontinent ist hier nur noch etwas mehr als 100 km entfernt. Der bis 1980 m hoch aufragende Gebirgsstrang im Norden, der häufig von Erdbeben erschüttert wird, geht nach Süden und Südwesten in ein teils anmutiges, teils abweisendes Berg- und Hügelland über. Der Osten der Insel wird vom aktiven, 3323 m hoch aufragenden **Vulkan Ätna** beherrscht.

Die landschaftlich sehr abwechslungsreiche Ostküste ist seit vielen Jahrzehnten Ziel von Touristen aus aller Herren Länder. Ansonsten sind die fruchtbaren Küstenabschnitte vom Weinbau und von Zitruskulturen geprägt. Praktisch überall, wo es möglich ist, wird Getreide angebaut. Die Förderung von Erdöl und Erdgas im Osten und Südosten der Insel hat stark an Bedeutung gewonnen. An der Ostküste sind daher Raffinerien und andere Betriebe der petrochemischen Industrie entstanden.

Sardinien Sardinien liegt im Tyrrhenischen Meer. Höchste Erhebung der zwar gebirgigen, aber waldarmen Insel ist das 1834 m hohe Gennargentu-Massiv. Durch den Südwesten Sardiniens zieht sich die ca. 20 km breite Ebene des Campidano, durch die man in das erzreiche Bergland von Iglesiente gelangt. Hinter der stark gegliederten Küste breiten sich an etlichen Stellen lagunenreiche und feuchte Ebenen aus; große Weideflächen, aber auch Korkeichenwälder, Getreidefelder, Weingärten sowie Bewässerungskulturen (Obst und Gemüse) prägen über weite Strecken das Landschaftsbild. Die zumeist **abgeholzten Bergzüge** tragen schüttere Sekundärvegetation und werden als Sommerweiden genutzt. Den Nordwesten Sardiniens nimmt das Logudoro ein, in dem noch Spuren eines längst erloschenen Vulkanismus zu finden sind.

Der größte Teil der Bevölkerung lebt in wenigen Städten, in denen auch die Industrie (Holzverarbeitung, Schiffbau, Metall, Textilien, Nahrungsmittel) konzentriert ist. Von einiger Bedeutung ist bis heute der Bergbau. Begehrte Rohstoffe sind besonders Blei, Zink, Kupfer, Antimon und Bauxit. Das mit Abstand bedeutendste Fremdenverkehrsgebiet Sardiniens ist die landschaftlich überaus reizvolle Costa Smeralda im Norden der Insel.

Pflanzen und Tiere

Flora

◄ Apennin

Sehr eindrucksvoll ist der Vegetationswechsel mit zunehmender Höhe. Während unten Hartlaubgehölze das Bild bestimmen, bieten sich die höheren Lagen als Grasfluren und Heiden dar. Vereinzelt sieht man noch Eichen, Buchen und Kastanien. Durch Bodenerosion und Verkarstung sind in den Höhenlagen schroffe Felsen, abweisende Felsplateaus und weite Schotterflächen entstanden. Im Gegensatz zu den Alpen, wo Zirbelkiefern die Waldgrenze markieren, stehen in den Hochlagen des Apennins zumeist **Buchen** auf überwiegend kalkhaltigem Untergrund. Südlich der Abruzzen ist es allerdings so trocken, dass Buchen erst ab einer Höhe von 800 m anzutreffen sind. Darunter gedeihen lediglich einige robuste Eichenarten sowie allerhand Gestrüpp. Nur auf zwei Gebirgs-»Inseln«, im kalabrischen Sila-Gebirge und im Pollino-Massiv, findet man oberhalb der Buchen dazu noch größere Bestände von Schwarz- und Panzerkiefern, Relikte der Eiszeit.

Auch auf den **italienischen Inseln** gibt es noch etwas Wald. Natürlich trifft dies besonders auf die beiden großen Inseln Sizilien und Sardinien zu. Eine Charakterpflanze ist hier die **Korkeiche**, die vor allem auf Sardinien und auch im Norden Siziliens kultiviert wird.

Zwar kommt man nicht so leicht an sie heran, dafür sind sie sehr schmackhaft: Kaktusfeigen.

Alte Olivenpresse

KALT GEPRESST IST HALB GEWONNEN

Kaum ein anderes Nahrungsmittel hat in den letzten Jahren so an Popularität gewonnen wie das Olivenöl. Worin liegt sein Geheimnis?

Olivenöl ist eines der reinsten Nahrungsmittel auf unserem Tisch: Kaltgepresst übertrifft es viele andere Lebensmittel wegen seiner **hervorragenden Verträglichkeit**. Es ist reich an den wertvollen ungesättigten Fettsäuren. Diese kann der menschliche Körper nicht selber synthetisieren, sie müssen von außen zugeführt werden. Im Gegensatz zu fast allen tierischen Fetten hält Olivenöl auch hohe Temperaturen aus. Roh ist es allerdings besonders reich an Vitaminen und Nährstoffen. Sehr wertvoll ist das kaltgepresste **extra-vergine Öl**; es darf maximal 1% Säure enthalten. Ganz hochwertige Öle weisen sogar nur 0,2–0,5% Säure auf. Sie sind besonders aromatisch und vitaminreich (Vitamine A, D und E); die Aufnahme anderer (fettlöslicher) Vitamine wird durch das Öl erleichtert. Es beugt Herz- und Kreislauferkrankungen vor. Während nämlich mehrfach ungesättigte Fettsäuren wie im Sonnenblumen-, Maiskeim- oder Sojaöl im Blut den Gehalt von LDL- und HDL-Cholesterin gleichermaßen verringern, senken einfach ungesättigte Fettsäuren wie die Säure des Olivenöls nur das schädliche LDL-Cholesterin.

Von den Olivenbäumen

Der Olivenbaum ist asiatischen Ursprungs und gehört zu den ältesten Kulturpflanzen. Ölbäume wurden im östlichen Mittelmeerraum schon gut viertausend Jahre vor Chr. angebaut. Die Ansprüche der Bäume sind gering: Ihnen genügen magere, **kalkhaltige Böden** und jährliche Niederschläge von 200 mm. Ein Olivenbaum kann bis zu 1000 Jahre alt werden.

Oliven gedeihen zwischen dem 30. und 50. Breitengrad der Nord- und Südhalbkugel in mildem, gemäßigtem Klima – in Italien werden fast überall Oliven geerntet, die bekanntesten Anbaugebiete sind Ligurien und die Toskana. Der Gardasee mit seinem angenehmen Klima und der günstigen Bodenbeschaffenheit stellt die nördlichste Region für Olivenanbau dar. Harter Frost ist einer der größten Feinde des Olivenbaums.

Mitte November geht die **Ernte** los: Die Leitern zum Pflücken von den großen Bäumen gleichen hohen Masten, die an zwei Seiten mit Sprossen bestückt sind und mit einem Seil an einem Ast des Olivenbaums befestigt werden. Der Pflücker hält sich mit einer Hand an den Zweigen des Bau-

Die lanzettartigen Blätter des immergrünen Baumes sind an der Oberseite graugrün, unten silbrig glänzend. Wenn die Früchte reifen, wechselt ihre Farbe von grün in glänzendes Schwarz bzw. Braunviolett.

mes fest, mit der anderen durchstreift er diese mit einem Kamm. Er sammelt die Früchte in einem Behälter, der an seinem Gürtel befestigt ist. Die herabfallenden Oliven werden mit Netzen aufgefangen. Heute werden vielfach auch Rüttelmaschinen zur Ernte eingesetzt, weswegen man bei Neuanpflanzungen bemüht ist, die Bäume klein zu halten.

Wie gewinnt man Olivenöl?

Die geernteten Oliven werden so schnell wie möglich in die Ölmühle gebracht, denn je kürzer ihre Lagerzeit, desto weniger steigt der qualitätsmindernde Gehalt an freien Fettsäuren und desto mehr bleibt von ihrem fruchtigen Geschmack erhalten. Die **bekannteste Methode** der Weiterverarbeitung ist die hydraulische Pressung. Schwere Mühlsteine zermahlen Früchte und Kern zu einem Brei, der, auf Matten verteilt, hydraulisch gepresst eine Emulsion aus Öl und dem oliveneigenen Wasser ergibt. In der Zentrifuge wird diese Verbindung getrennt, das gewonnene Öl durch Filtern meistens von trüben Rückständen gereinigt. In der Zwischenzeit haben auch andere Pressmethoden in der Produktion Einzug gehalten. Zum Beispiel die Gewinnung des Öls durch die Unterschiede des spezifischen Gewichts von Fruchtwasser und Öl (Sinolea-Methode) mit anschließender Restzentrifugierung. Oder durch den Einsatz des **Endlos-Schneckensystems** mit kräftigen Dekantern, die das Öl in einem Arbeitsgang direkt vom Fruchtwasser und Trester trennen, bevor es meistens noch gefiltert wird. Hauptvorteil der neuen Pressgeneration ist die schnelle Endlosverarbeitung, die unnötiges langes Lagern der Oliven vor dem Pressen vermeidet und so zu gleichmäßiger guter Qualität beiträgt.

... Kontrolle ist besser

Gleichgültig, welche Methode bevorzugt wird, lassen sich hochwertige Öle herstellen, vorausgesetzt, dass bei der traditionellen Pressung sauber gearbeitet wird und beim modernen Verfahren nicht etwa die Temperaturen zu hoch eingestellt werden (um fehlerhafte Öle geschmacklich zu verbessern). **»Stiftung Warentest«** untersucht regelmäßig kalt gepresste Olivenöle der höchsten Güteklasse aus Fachgeschäften, Supermärkten und von Discountern. Immer wieder werden erhöhte Verarbeitungstemperaturen nachgewiesen oder sogar Schadstoffe (u. a. der Weichmacher DEHP, Diethylhexylphthalat). Auch schmecken Öle schon mal muffig oder ranzig. Wer also im Italienurlaub direkt bei einer Ölmühle Olivenöl einkaufen kann, sollte probieren und nicht zögern, sich einzudecken.

Feuchtgebiete ► In feuchten Niederungen fallen die **Eukalyptuspflanzungen** auf, die in den 1930er- und 1940er-Jahren angelegt wurden, um große Landstriche zu entwässern und damit auch die seinerzeit in Italien noch weit verbreitete Malaria einzudämmen.

Flachküsten ► An flachen Küstenabschnitten gibt es heute noch ausgedehnte Pinienbestände, die mittlerweile vehement gegen andere Bodennutzungen verteidigt werden. Sowohl als Schattenspender als auch als Rohstofflieferanten für die Möbelindustrie werden die weit ausladenden Schirmkiefern und natürlich auch die Strandkiefern geschätzt. Landeinwärts hat man entlang der Überlandstraßen in der Vergangenheit Kiefern als Schattenspender gepflanzt.

Macchia ► In weiten Gebieten Italiens breitet sich eine Sekundärvegetation aus, die als Macchia bezeichnet wird. Hierbei handelt es sich um verbuschte ehemalige Wald- und Heideflächen und vor allem um Kultursteppe. Man findet dort eine ausgesprochen robuste Vegetation aus meist kleinwüchsigen, dickblättrigen bzw. dornigen und tief wurzelnden Wildgehölzen und -kräutern vor, deren bekannteste Vertreter Mastix- und Lorbeerbüsche, Thymian, Pfefferminze, Ginster usw. sind. Je karger die Lebensbedingungen sind, desto kleinwüchsiger wird die Macchia, die stellenweise nur noch kniehoch oder gar zur Felsheide degradiert ist.

Kulturpflanzen ► Wer an die Pflanzenwelt Süditaliens denkt, dem fallen sofort Mandelbäume, Haselnuss-, Zitronen- und Orangenpflanzungen, Olivenhaine, Feigenbäume und Pistazien ein. Auch Weinberge gehören dazu, wogende Getreide- und Maisfelder sowie Gemüse- und Blumen-

Der Tavoliere, Apuliens fruchtbarste Ebene: Weizenfelder, so weit das Auge reicht, aufgelockert von Wein, Obst und Gemüse

kulturen, die überall anzutreffen sind, wo Topografie, Bodenqualität und Lokalklima stimmen. Selbst Dattelpalmen werden seit einiger Zeit kultiviert. Wichtige Holzlieferanten sind Zeder, Pinie, Weißpappel und Eukalyptus.

Schutzgebiete

- Die Naturschutzgebiete Süditaliens gehören zu den klassischen Reisezielen. Neben den Nationalparks (Parco Nazionale) – Abruzzen, Cilento und Vallo di Diano, Gargano, Gran Sasso und Monti della Laga, Pollino, Arcipelago della Maddalena, Maiella, Sila, Ätna und Vesuv – gibt es noch Regionalparks (Parco Regionale), Naturparks (Parco Naturale) und geschützte Reviere (Riserva Naturale).

Einheimisches Großwild wie Bären, Wölfe, Rehe, Hirsche, Füchse, Gämsen und Murmeltiere hat in den **Naturschutzgebieten** ein letztes Refugium gefunden. In den tieferen Lagen gehören zum Alltagsbild der warmen Felsstandorte Eidechsen und auch Schlangen, die von der Dezimierung ihrer natürlichen Feinde profitierten. Viele Raubvögel sind zu sehen; so leben in den einsamen Gebirgen Kalabriens und der Basilikata noch Milane, Eichelhäher, Falken, Geier und Königsadler. Die Straße von Messina ist eine der wichtigsten europäischen Zugvogelstrecken. Bleibende Eindrücke hinterlassen die mancherorts in Myriaden auftretenden Stechmücken. In entlegenen, warmen Gebieten (Macchia) muss man mit giftigen Spinnen und Skorpionen rechnen.

◄ Insekten

Durch Verschmutzung und Überfischung sind die einstmals reichen Fischbestände in den küstennahen Gewässern stark dezimiert. Dennoch gehören Muscheln, Seeschnecken, Seeigel, Langusten, Krebse, Tintenfische, Meeraale, Makrelen, Seezungen, Brassen und Barben zu den recht häufig anzutreffenden Meeresbewohnern. Delfine und Wale, die früher im Tyrrhenischen Meer öfter zu sehen waren, gibt es heute kaum mehr, dafür aber vermehrt kleine, ungefährliche Haiarten.

◄ Fische

Klima

Klimazonen

Die Nord-Süd-Ausdehnung sowie die starke Höhengliederung sorgen für unterschiedliche klimatische Verhältnisse in den einzelnen Landschaften. Von Norden kommend erreicht man die Zone des eigentlichen Mittelmeerklimas mit trocken-heißen Sommern und milden, feuchten Wintern erst in der Toskana und in Latium. Mit winterlichen Frösten ist an der Küste kaum, in den Hochlagen des Apennins jedoch immer zu rechnen. Der Hochsommer ist in den Städten Mittelitaliens ausgesprochen unangenehm; für Besichtigungen wählt man deshalb die Frühlings- und Herbstmonate.

◄ Mittelitalien

Heiße Sommer und überraschend kühle Winter sind charakteristisch für das Klima in Süditalien und auf den Inseln. Die sommerlichen Höchstwerte übersteigen nicht selten die 40-°C-Marke. Allerdings ist es meist eine trockene, relativ gut erträgliche Hitze. Die besten Reisezeiten für Kampanien, Basilikata, Apulien, Kalabrien und die Inseln sind deshalb der Frühling und der Herbst.

◄ Süditalien, Inselitalien

Winde Die großräumige Verteilung von Hoch- und Tiefdruckgebieten sowie ihre unterschiedliche Intensität lassen in Italien das ganze Jahr über Windsysteme entstehen, die bereits in der Antike gefürchtet oder voller Hoffnung erwartet wurden. Der **Scirocco**, ein schwül-warmer Südwind, entsteht als trocken-heiße Luftströmung über der Sahara und nimmt auf seinem Weg nach Norden über dem Mittelmeer viel Feuchtigkeit auf, die er im Stau der Gebirge (Apennin) wieder abgibt. Aus südwestlichen Richtungen bringt der **Libeccio** schauerartige Regenfälle mit.

Bevölkerung · Politik · Wirtschaft

Einwohner und Verteilung Zwischen 1861 und heute ist die Bevölkerung Italiens von 26,3 auf über 58,6 Millionen Einwohner angewachsen, trotz der sieben bis acht Millionen Auswanderer, vor allem aus dem Süden, die im 19. und 20. Jh. das Land in Richtung West- und Mitteleuropa und Neue Welt verließen. In jüngster Zeit wurde das klassische Auswanderungsland selber Ziel von Flüchtlingen aus den ehemaligen Ostblockstaaten und der Dritten Welt. Der Ausländeranteil wird mit 3% beziffert. Im hier beschriebenen Gebiet leben rund 26 Mio. Menschen, was ungefähr 45% der Gesamtbevölkerung entspricht. Die **Bevölkerungsdichte** ist höchst unterschiedlich (► Tabelle S. 32; der Durchschnitt für Italien beträgt rund 193 Einw./km²). Molise, Basilikata, Sardinien und Teile von Sizilien gehören zu den am dünnsten besiedelten Gebieten Italiens.

Sprach- bzw. Bevölkerungsgruppen Neben den Italienern im engeren Sinne leben in Italien etwa 5% Menschen, die anderen Volksgruppen angehören. Man findet sie in den Randgebieten des Landes und auf den Inseln; neben dem Italienischen sprechen sie die Sprache des benachbarten Landes oder Dialekte. Die größte Gruppe bilden mit 1,5 Millionen die **Bewohner Sardiniens** (Sarden), bei denen außer dem festländischen Italienisch das Sardische gebräuchlich ist, eine romanische Sprache, die sich eng ans Lateinische anschließt und bislang über keine Schriftsprache verfügt. Auf der Insel kann man darüber hinaus Katalanisch hören, besonders in und um die Stadt Alghero (katalanisch L'Alguer). Weitere Minderheiten sind die Rätoromanen (ca. 750 000), zu denen Friauler und Ladiner zählen, rund 300 000 Deutschsprachige besonders in Südtirol, französischsprachige Minderheiten im Aostatal und im Piemont sowie 50 000 Slowenen in Triest. Daneben gibt es in Süditalien noch albanische (Kalabrien und Sizilien) und griechische Minderheiten (Apulien).

Bildungswesen Weit verbreitet sind Vorschuleinrichtungen für Drei- bis Fünfjährige (Scuola Materna). Die **allgemeine Schulpflicht** gilt für Kinder vom 6. bis zum 14. Lebensjahr. Auf den fünfjährigen Unterricht der

Grundschule (Scuola Elementare) folgt eine dreijährige Oberstufe (Scuola Media). Ihr Abschlussexamen (Licenza Media) berechtigt zum Besuch aller weiterführenden, meist fünfjährigen Schulen (Scuola Secondaria Superiore). Neben einigen Technischen Hochschulen gibt es eine Reihe von Universitäten, wobei die von Rom zu den ältesten Europas gehört.

Staats- und Regierungsform

Seit dem Volksentscheid vom 2. Juni 1946 ist Italien eine Republik (Repubblica Italiana). Regierungssitz ist Rom. Das **Parlament** (Parlamento) besteht aus zwei Kammern, dem Abgeordnetenhaus (Camera dei Deputati) und dem Senat (Senato della Repubblica). Alle fünf

Italien Regionen

Zahlen und Fakten Süditalien

Fläche

- Neun Regionen von insgesamt 20
- 142 805 km²
  (47% an der Gesamtfläche Italiens)

Bevölkerung

- etwa 26 Mio. Menschen
  (43% der Gesamtbevölkerung Italiens)
- Größte Ballungsräume: Rom, Neapel, Bari, Palermo
- Religion: 95% römisch-katholisch

Wirtschaft

- Dienstleistung und Handel: 65%
  Industrie und Handwerk: 23%
  Landwirtschaft: 12%
- Arbeitslosenquote: 25%

REGIONEN

Abruzzen

- Hauptstadt: L'Aquila
- Fläche: 10 794 km²
- Bevölkerung: 1,3 Mio. (121 Einw./km²)

Apulien

- Hauptstadt: Bari
- Fläche: 19 357 km²
- Bevölkerung: 4,2 Mio. (210 Einw./km²)

Basilikata

- Hauptstadt: Potenza
- Fläche: 9992 km²
- Bevölkerung: 595 300 (60 Einw./km²)

Kalabrien

- Hauptstadt: Catanzaro
- Fläche: 15 080 km²
- Bevölkerung: 2 Mio. (133 Einw./km²)

Latium

- Hauptstadt: Rom
- Fläche: 17 227 km²
- Bevölkerung: 5,3 Mio. (307 Einw./km²)

Molise

- Hauptstadt: Campobasso
- Fläche: 4438 km²
- Bevölkerung: 321 000 (72 Einw./km²)

Sardinien

- Hauptstadt: Cagliari
- Fläche: 24 090 km²
- Bevölkerung: 1,65 Mio. (69 Einw./km²)

Sizilien

- Hauptstadt: Palermo
- Fläche: 25 707 km²
- Bevölkerung: 5 Mio. (195 Einw./km²)

Jahre werden drei Viertel der insgesamt 630 Abgeordneten nach dem Mehrheitswahlrecht, ein Viertel nach dem Verhältniswahlrecht bestimmt. Die 325 Mitglieder des Senats (davon zehn auf Lebenszeit) werden ebenfalls alle fünf Jahre mit einer anderen Wahlkreiseinteilung gewählt (die Wähler sind mindestens 25 Jahre alt).

Der **Regierung** gehören der Ministerpräsident (Presidente del Consiglio) und die Minister an, die zusammen das Kabinett (Consiglio dei Ministri) bilden. Der Staatspräsident, von einem Wahlmännerkollegium auf sieben Jahre gewählt, übt in erster Linie repräsentative Funktionen aus, besitzt jedoch bei der Auflösung des Parlaments und bei der Regierungsbildung besondere Rechte. Er ernennt den Ministerpräsidenten und auf dessen Vorschlag die übrigen Mitglieder der Regierung.

Das italienische **Wappen**, ein rot gefasster weißer Stern, der auf einem Zahnrad liegt und von Eichen- und Lorbeerlaub umrankt wird, symbolisiert die Republik, die Arbeit, die nördlichen und die südlichen Landesteile. Die Nationalflagge in den Farben Grün, Weiß und Rot wurde im Jahre 1946, nach der Proklamation der Republik, eingeführt. In der Form – drei senkrechte Streifen – geht sie auf die französische Trikolore zurück.

Verwaltungsgliederung

Die Republik Italien gliedert sich in 20 Regionen (Regioni) und 95 Provinzen (Province). Fünf Regionen (Trentino-Südtirol, Aostatal, Friaul-Julisch-Venetien, Sardinien und Sizilien) genießen einen besonderen **Autonomiestatus** (Statuto speciale). Es sind dies überwiegend Gebiete, in denen außer Italienern Angehörige anderer Volksgruppen leben. Die Hauptverwaltungsgremien der Regionen sind der alle fünf Jahre aus allgemeinen Wahlen hervorgehende Regionalrat und die von diesem gewählte Regionalregierung (Giunta regionale). Allerdings ist die Stellung der Regionen – mit Ausnahme derjenigen mit einem Sonderstatus – nicht mit den deutschen Bundesländern vergleichbar, da ihre legislative Macht, vor allem ihre Finanzhoheit, eingeschränkt ist.

Wirtschaft

Italien erlebte im hohen Mittelalter eine wirtschaftliche Blüte, als verschiedene Stadtstaaten wie Venedig und Genua eine Vormachtstellung im Mittelmeerraum errangen. Mit den weltweiten Entdeckungs- und Eroberungsfahrten geriet das Land jedoch in eine Randlage, die durch seine politische Zerrissenheit noch verstärkt wurde. Auch nach der politischen Einigung im 19. Jh. fand es erst verspätet Anschluss an die wirtschaftliche Entwicklung der mittel- und westeuropäischen Länder.

Nach dem Zweiten Weltkrieg wandelte sich das Agrarland zu einer der **führenden Industrienationen**. Italien ist Gründungsmitglied der Europäischen Gemeinschaft und Mitglied der G-7-Länder. Mit seinem Bruttoinlandsprodukt (25 600 US-$ pro Kopf; 2005) steht es hinter den USA, Japan, Deutschland, Frankreich und Großbritannien an sechster Stelle. Der größte Anteil des Bruttoinlandsprodukts (BIP) mit ca. 67% wird im Dienstleistungssektor (einschließlich Fremdenverkehr) erwirtschaftet, in dem über 60% der Beschäftigten arbeiten. Allerdings bestehen zwischen Nord- und Süditalien nach wie vor

Industriestandorte – hier Tarent – wurden erst nach dem Zweiten Weltkrieg geschaffen, jedoch ohne dauerhaften Erfolg.

enorme Unterschiede. So beträgt die **Arbeitslosigkeit** landesweit etwa 10%, in der Po-Ebene 7%, in Süditalien dagegen über 25% und unter Jugendlichen sogar 57%. Im gesamten Mezzogiorno sind nur 28% der Frauen erwerbstätig, gegenüber 40% im Norden. Während im Norden hochkapitalisierte Landwirtschaft und Privatunternehmen das Wirtschaftsleben bestimmen, sind es im Süden kleine Agrarbetriebe und in den 1970er-Jahren vom Staat initiierte und geführte Großunternehmen wie Stahlbetriebe und Raffinerien, von denen nicht wenige heute als Industrieruinen die Landschaft verschandeln. Seit 1990 verzeichnet der Mezzogiorno allerdings einen Aufschwung. So wurden hier besonders viele Firmen gegründet. Große Hoffnungen setzt man noch auf die New Economy. Arbeitsintensivere Unternehmen wie Erdölbohrungen in der Basilikata oder der größte Containerhafen des Mittelmeers in Gioia Tauro (Kalabrien) sind die Ausnahme.

Weitere Probleme

Weitere dringende Strukturprobleme sind die Wasserversorgung und das Energienetz, die dringend modernisiert werden müssen. Die Anbindung des Südens an das Eisenbahn- und Straßennetz, Häfen und Flughäfen müssen ausgebaut werden. Ein großes Problem ist schließlich der im EU-Maßstab überdurchschnittlich hohe Grad an **Schwarzarbeit**. Nach jüngsten Untersuchungen arbeiten z. B. im landwirtschaftlichen Bereich in Süditalien 38,4% aller Arbeitnehmer ohne Steuerkarte, in den nordwestlichen Regionen sind es »nur« 19,5%, in Mittelitalien schon über 25%.

Landwirtschaft und Fischerei

Süditalien ist immer noch stark von der Landwirtschaft geprägt, auch wenn ihre Bedeutung in den letzten Jahrzehnten rapide abgenommen hat. 12,3% der Beschäftigten sind in diesem Bereich tätig (4,9% in Nord- und Mittelitalien, 5,9% in ganz Italien). Insgesamt werden 36,7% der Gesamtfläche Italiens landwirtschaftlich genutzt (weitere

22,7% sind Wald), davon entfallen 53% auf Ackerland, 29% auf Wiesen und Weiden und 18% auf Dauerkulturen (Obst- und Weinanbau, Oliven u. a.). Über zwei Drittel der Betriebe sind 1–5 ha groß. Die wichtigsten **Exportgüter** sind Oliven(-Öl), Obst, Wein(-Trauben) und Gemüse. Tierische Erzeugnisse müssen wegen des gestiegenen Bedarfs importiert werden. Die Fischerei hat nur regionale Bedeutung. Hauptfanggebiete sind das Adriatische Meer, das Tyrrhenische Meer und die Küstengewässer um Sizilien.

Industrie

32% der Erwerbstätigen Italiens sind in der Industrie beschäftigt, die 31,5% zum Bruttoinlandsprodukt beiträgt. Die wichtigsten Industriezentren liegen jedoch in Oberitalien, so erwirtschaftet die Lombardei mit einem Siebtel der Bevölkerung ein Fünftel des italienischen Sozialprodukts. Die größte Bedeutung kommt der Eisen und Metall verarbeitenden Industrie einschließlich Maschinenbau zu, gefolgt von Elektrotechnik, chemischer und Automobilindustrie. Wichtig, auch für den Export, sind außerdem die Textil-, Schuh- und Bekleidungs- sowie Nahrungsmittelindustrie.

Bodenschätze

Italien ist ein rohstoffarmes Land. Erwähnenswert in Süditalien sind lediglich einige kleine **Erdgas- und Erdölvorkommen** auf Sizilien und in der Basilikata sowie etwas bedeutendere Methanfunde in der Adria sowie von der Ostseite des Apennins bis nach Innersizilien. Darüber hinaus spielen geringe Kohlevorkommen auf Sardinien und Schwefel auf Sizilien eine Rolle.

Energiegewinnung

Italien kann seinen Energiebedarf nur zu einem Fünftel aus eigenen Mitteln decken. So basiert die Elektrizitätsversorgung weitgehend auf Wärmekraftwerken, die vor allem mit Erdöl, in Zukunft durch (billigere importierte) Kohle betrieben werden (ca. 85% der Stromversorgung). Der Rest entfällt auf Wasserkraft, vor allem in den Alpen. Anstrengungen zur Nutzung anderer regenerativer Energiequellen (z. B. Solarenergie) stehen erst am Anfang.

Dienstleistungssektor und Fremdenverkehr

Der größte Anteil mit ca. 65,6% des BIPs wird im Dienstleistungssektor erwirtschaftet, in dem 61,2% der Beschäftigten arbeiten. Dabei spielt der Fremdenverkehr eine besondere Rolle. Während die Gästezahlen von 2000 bis 2003 gestiegen sind, verzeichnet die Tourismusbranche seit 2003 rückläufige Zahlen. Fast 5% weniger Menschen haben im Jahr 2004 Italien bereist, insgesamt waren es 37 Mio. Gäste, davon 8,4 Mio. Deutsche. Hauptgrund für den Rückgang der Gästezahlen, der auch 2005 anhielt, sind die sehr hohen Preise vor allem in den Tourismuszentren. Große Probleme schafft auch die **saisonale Überlastung** und die ungleiche Verteilung des Touristenaufkommens (nur 12,5% der ausländischen Besucher halten sich in Süditalien – ohne Latium und Rom – auf), und die daraus resultierenden Folgen für die Umwelt: punktuelle Verschmutzung und Verbrauch bislang unberührter Natur.

Geschichte

Um die Vormachtstellung im Süden Italiens haben seit der Antike die Völker gekämpft. Etrusker, Griechen, Römer gründeten die ersten Hochkulturen in der »Kornkammer Italiens«. Bis ins 19. Jh. war die Region Spielball fremder Mächte.

Vorgeschichte und Antike

bis 31000 v. Chr.	»Steinklingenindustrie« der Neandertaler
ab 2. Jtd. v. Chr.	Einwanderung verschiedener Volksstämme in Süditalien (Sikaner, Sikuler, Osker, Phönizier)
9. Jh. v. Chr.	Erste Hochkultur der Etrusker
seit 8. Jh. v. Chr.	Griechen kolonisieren Süditalien.
seit 5. Jh. v. Chr.	Die Republik Rom erobert nach und nach die italienische Halbinsel.
476 n. Chr.	Ende des weströmischen Weltreichs

Uluzien

In Italien hat sich schon in der Frühgeschichte des Menschen ein Kulturzentrum herausgebildet. Während sich der Homo sapiens allmählich Europa untertan machte, schuf sein Vetter, der vor allem in Südeuropa und im Nahen Osten verbreitete **Neandertaler**, in Südfrankreich und Italien »Werkzeugindustrien«. Die »Steinklingenindustrie« (Uluzien) auf der Apenninenhalbinsel – wichtige Fundorte des Neandertalers liegen bei Saccopastore und am Monte Circeo in Mittelitalien sowie beim süditalienischen Cavallo – ging vor 33 000 Jahren zu Ende.

Steinzeit

Weitere frühe Spuren menschlicher Besiedlung im Süden der Apenninenhalbinsel sind die Ritzzeichnungen zweier Rinder in der **Grotta del Romito** bei Papasidero (Kalabrien), die ca. 10 000 Jahre alt sind und somit aus der jüngeren Altsteinzeit stammen. Auf Sizilien finden sich die ersten Spuren menschlichen Lebens in der Addaura-Grotte bei Mondello auf Sizilien und in der Grotta del Genovese auf der Sizilien vorgelagerten Insel Lèvanzo; die in den Fels geritzten Tier- und Menschendarstellungen gehören einer jungsteinzeitlichen Kultur des 6. Jahrtausends v. Chr. an.

Frühe Wanderungen

Gegen Ende des 2. Jahrtausends v. Chr. wanderten verschiedene Volksstämme in Süditalien ein. Dazu zählen die Ackerbau treibenden Sikaner, wahrscheinlich Bewohner Latiums, die sich dann auf Sizilien niederließen, und die vermutlich indoeuropäischen, in festen Bergstädten lebenden Sikuler (auch Sikeler), die den ganzen Westen der Apenninenhalbinsel südlich des Tibers bewohnten und nach ihrer Vertreibung durch den Volksstamm der Osker ebenfalls nach Sizilien auswichen. Ab ca. 1000 v. Chr. betraten die aus dem Gebiet des heutigen Libanon stammenden Phönizier bzw. Phöniker süditalienischen Boden und gründeten Handelsniederlassungen, darunter das heutige Palermo auf Sizilien.

← *Im Museo Nazionale von Tarent kündet ein kostbarer Grabschatz vom mondänen Lebensstil des 6.–3. Jh.s v. Chr. in der »Magna Graecia«.*

Etrusker und Griechen

Die **erste Hochkultur** auf der Apenninenhalbinsel errichteten die Etrusker im 9. Jh. v. Chr., deren Herkunft bis heute nicht geklärt ist (► Baedeker Special S. 248). Die Einflusssphäre dieser begabten Handwerker und erfolgreichen Kaufleute umfasste nicht nur ihr eigentliches Siedlungsgebiet, das heutige Latium und die Toskana, sondern reichte im Norden bis zur Po-Ebene und im Süden bis nach Kampanien. Ab dem Ende des 6. Jh.s wurde die Herrschaft der Etrusker zunehmend von den Griechen bedroht, die seit dem 8. Jh. Sizilien und Süditalien kolonisierten (**»Magna Graecia«**, Großgriechenland). In zwei Seeschlachten Ende des 5. Jh.s vernichteten die griechischen Kolonien die etruskische Flotte und beendeten damit deren Seeherrschaft. Auch die schon in Süditalien lebenden Völker wurden von den Griechen, die sich hauptsächlich an der Küste und in küstennahen Gebieten niederließen, nach und nach verdrängt oder unterworfen. Im 4. Jh. v. Chr. stieg **Syrakus**, die blühende Metropole Siziliens, sogar zur größten und mächtigsten Stadt der gesamten griechischen Welt auf.

Erbe der Eroberer: Poseidonia, das heutige Paestum, wurde im 7. Jh. v. Chr. von griechischen Achäern gegründet

Römer

Parallel zur griechischen Kolonisation in Unteritalien vollzog sich der Aufstieg Roms, zunächst unter etruskischer Herrschaft. Im Jahr 509 vertrieben die Stadtbewohner ihren König Tarquinius Superbus und errichteten eine Adelsherrschaft, aus der sich dann die **römische Republik** entwickelte. Nach und nach eroberte Rom fast die gesamte italienische Halbinsel. In der ersten Hälfte des 3. Jh.s v. Chr. wurde Unteritalien unterworfen, in der Auseinandersetzung mit Karthago in den drei Punischen Kriegen (mit Unterbrechungen 264–146 v. Chr.) errang Rom die Vormachtstellung im westlichen Mittelmeer und die ersten außeritalischen Provinzen Sardinien, Korsika, Sizilien und die Südküste Spaniens. Trotz der römischen Hegemonie herrschten in den einst von Griechen dominierten Gebieten Süditaliens griechische Sitten und die griechische Sprache noch lange Zeit vor; erst in der Kaiserzeit, die mit Augustus (30 v. Chr. bis 14 n. Chr.) ihren Anfang

? WUSSTEN SIE SCHON ...?

- ... dass das Römische Reich unter Trajan (98–117 n. Chr.) seine größte Ausdehnung erreichte? Es erstreckte sich von den Britischen Inseln, Spanien und Nordafrika im Westen bis zum Persischen Golf im Osten.

nahm, wurden auch diese Regionen der südlichen Apenninenhalbinsel sowie Sizilien latinisiert. Das südliche Italien, das nun sieben Jahrhunderte lang Rom gehorchte, diente den Herren am Tiber in erster Linie als **Kornkammer**, während der Kaiserzeit auch als beliebtes »Ferienziel«.

Ende des römischen Weltreichs

Mit der Teilung des Römischen Reichs in Westrom und Ostrom im Jahr 395 (Byzanz mit der Hauptstadt Konstantinopel, das 330 gegründet wurde) und dem Verfall des Weströmischen Reiches drangen im Verlauf der Völkerwanderung ab ca. 375 n. Chr. immer öfter fremde Völker über die Alpen nach Italien ein. Westrom war bald nicht mehr in der Lage, sich gegen die Eindringlinge zu wehren. 410 wurde die Hauptstadt am Tiber von den Westgoten und 455 von den Vandalen geplündert. 476 schließlich setzte der **Germanenfürst Odoaker** den letzten weströmischen Kaiser, Romulus Augustulus, ab und rief sich selbst zum König von Italien aus, womit das Ende des römischen Weltreichs und der Einheit Italiens besiegelt war. Bis ins 19. Jh. war Italien dann – mit kurzen Unterbrechungen – Spielball fremder Mächte.

Mittelalter

476–774	Goten, Byzantiner und Langobarden herrschen in Unteritalien.
800	Karl der Große wird zum römischen Kaiser gekrönt.
9.–15. Jh.	Araber, Normannen, Staufer und Anjou herrschen über Teile Süditaliens.
1443	Alfons V., König von Aragón, erobert Unteritalien.

Fremde Herrscher in Italien

Schon 493 wurde Odoaker im Auftrag Ostroms vom Ostgotenkönig Theoderich besiegt, der bis 526 das Ostgotenreich in Italien regierte. Deren Herrschaft machte Kaiser Justinians Feldherr Belisar ein Ende, der im Gotenkrieg die Apenninenhalbinsel, 534 Sardinien und 535 auch Sizilien für **Byzanz**, den Nachfolgestaat des Imperium Romanum, zurückgewann. Diesem gehörte Sizilien nun für rund 300 Jahre an. Für den Herrscher in Konstantinopel war dieser Reichsteil so interessant, dass Kaiser Konstans II. (663–668), als seine Hauptstadt von Arabern bedroht wurde, die Residenz vorübergehend nach Sizilien verlegte. Im Jahr 569 brach ein weiteres Volk in Italien ein, die **Langobarden** (»Langbärte«), die rasch große Teile Italiens eroberten. Kerngebiet ihres Königreichs waren für die nächsten 200 Jahre zwar Venetien, die Po-Ebene und die Toskana, doch langobardische Herrschaften bestanden auch in Mittel- und Süditalien, nämlich Spoleto in Umbrien und Benevent in Kampanien. Diese beiden vom König in Oberitalien unabhängigen Herzogtümer konnten sich sogar länger halten als das eigentliche langobardische Königreich im Norden Italiens; am längsten überdauerte das Herzogtum Benevent.

Dreiteilung Italiens Nach der endgültigen Zerschlagung des Langobardenreichs durch Karl den Großen, der dafür vom Papst im Jahr 800 zum römischen Kaiser gekrönt wurde, war das weströmische Kaisertum zwar formal wiederhergestellt, doch die Eroberung des Langobardenreichs durch den Franken bildete auch die Basis für die politisch-historische Dreiteilung der italienischen Halbinsel: in Oberitalien, das mit einer Unterbrechung bis Mitte des 13. Jh.s als »Reichsitalien« unter Lehnsherrschaft der folgenden deutschen Kaiser stehen sollte; in Mittelitalien, wo sich der Kirchenstaat herausbildete, der in der verwirrend wechselvollen Fülle von Staatsgebilden auf italienischem Boden seitdem eine Art Ruhepol bildete, denn er hielt, von kurzen Unterbrechungen abgesehen, über ein Jahrtausend lang; sowie in **Unteritalien**, das in den folgenden Jahrhunderten unter arabischer, normannischer, staufischer, französischer, spanischer und habsburgischer Herrschaft stand und so eine von den übrigen Gebieten getrennte Entwicklung nahm. So bildeten sich – anders als in Nord- und Mittelitalien, wo während des Kampfes zwischen Kaiser und Papst ab dem 11. Jh. Stadtrepubliken, u. a. in Mailand, Pisa, Venedig, Genua und Florenz, sowie eine neue Bevölkerungsschicht, das Bürgertum, entstanden – im südlichen Teil der italienischen Halbinsel und auf Sizilien keine selbstständigen Städte heraus, auch blieb hier der enorme wirtschaftliche Aufschwung aus, den Ober- und Mittelitalien vom 13. Jh. an erlebten.

Araber Schon im 7. Jh. unternahmen Araber Streifzüge nach Sizilien, überfielen und plünderten Städte. 720 besetzten sie Sardinien, konnten aber bald wieder vertrieben werden. 827 wurden sie schließlich von dem gegen den byzantinischen Kaiser rebellierenden Statthalter von Syrakus nach Sizilien um Hilfe gerufen. Die Araber ließen sich nicht lange bitten, womit die arabische Eroberung Siziliens begann, die aber erst nach 100 Jahren abgeschlossen war. Bereits 828 fielen die Sarazenen auch in Kalabrien ein und eroberten in der Folgezeit weite Teile der südlichen Apenninenhalbinsel. Zwar kam es in den arabisch beherrschten Gebieten zu einer allmählichen Islamisierung, doch im Großen und Ganzen lebten Muslime, Christen und Juden friedlich zusammen. Die neuen Herren brachten neue landwirtschaftliche Anbaumethoden sowie Pflanzen und Kräuter ins Land, ließen Bodenschätze erschließen und erste Meersalinen zur Salzgewinnung einrichten, sie förderten auch die Naturwissenschaften und Künste. Schnell begannen Handel und Handwerk zu florieren, und die muslimisch regierten Regionen Süditaliens erlebten bald schon einen außerordentlichen Wohlstand und eine **blühende Kultur**. Architektonische Zeugnisse dieser Epoche sind heute allerdings so gut wie verschwunden.

Normannen

Die Herrschaft der Araber näherte sich ihrem Ende, als Anfang des 11. Jh.s die ersten Normannen, erfahrene Krieger auf der Suche nach Reichtümern und Macht, in Süditalien landeten. Geschickt verbündeten sie sich mit dem Oberhirten von Rom, der die neuen »Verteidiger des Papsttums« mit langobardischen und byzantinischen Gebieten belehnte. Bis 1056 brachten die kriegerischen »Nordmänner« unter **Roger Guiscard** den südlichen Teil der Apenninenhalbinsel unter ihre Kontrolle, und die Truppen seines Bruders Robert entrissen bis 1072 Sizilien den Arabern. Als Jahrzehnte später der Normannenherrscher **Roger II.** (1095–1154) im Jahr 1130 Kalabrien, Apulien und Teile des heutigen Tunesiens vom Papst als Königreich zu Lehen erhielt, ließ er sich noch im selben Jahr in Palermo zum Rex Siciliae et Italiae krönen, womit der Süden Italiens zum ersten Mal in seiner Geschichte eine gemeinsame staatliche Identität erhielt. Auch unter normannischer Herrschaft, die in Süditalien bis 1194 dauerte, gab es religiöse Toleranz, blühte kulturelles Leben, gediehen Landwirtschaft, Handwerk und Handel. Die bisher nur mit Kriegs- und Beutezügen beschäftigten Ritter hatten sogar Sinn für das Schöne: Bis heute sind zahlreiche Bauten einer **romanisch-arabisch-byzantinischen Mischkultur** erhalten. Das Normannenreich löste sich auf, als 1189 Wilhelm II. ohne Nachfolger starb. Die Erbfolge ging an dessen Tante Konstanze über, die mit dem Staufer Heinrich VI. verheiratet war.

Jährlich lässt man beim Palio dei Normanni in Piazza Armerina die Eroberung Siziliens durch die Normannen wieder aufleben.

Staufer

Mit der Krönung des ab 1191 amtierenden römischen Kaisers Heinrich VI. zum König der Monarchia Sicula in Palermo (1194) begann die staufische Herrschaft in Süditalien, die bis 1268 dauern sollte. Sein Sohn **Friedrich II.** (1194–1250) – König von Sizilien (ab 1198), deutscher König (ab 1212/1215) und römischer Kaiser (ab 1220) – schuf in seinem süditalienischen Reich, das er vorzugsweise von Apulien aus regierte, einen modernen, absolutistisch regierten Staat, in dem Wissenschaften und Künste gefördert sowie andere Religionen und Kulturen toleriert wurden. Friedrich II. hatte aber auch zahlreiche Feinde. Sein größter Gegner war das Papsttum, das den staufischen Einfluss in Italien ein für alle Mal beenden wollte. Die Stunde des Heiligen Stuhls schlug nach Friedrichs Tod. Im Jahr 1265 belehnte **Papst Clemens IV.** (1265–1268) den Grafen Karl von Anjou, einen Bruder des französischen Königs Ludwig IX., mit Sizilien und Unteritalien. Ein Jahr später besiegte der favorisierte Franzose Friedrichs Sohn Manfred in der Schlacht von Benevent, und den letzten Hohenstaufen, den Prinzen Konradin, ließ er 1268 auf dem Marktplatz von Neapel köpfen. Die Herrschaft deutscher Kaiser in Italien war damit beendet.

Krönung des Normannenherrschers Roger II. (S. Maria dell'Ammiraglio, Palermo)

Anjou und Aragón

Karl I. von Anjou, der neue Herrscher über Sizilien und Unteritalien, regierte wie ein Diktator. Dies führte schließlich am zweiten Osterfeiertag 1282 vor dem Vespergottesdienst in Palermo zu einem Aufstand (»Sizilianische Vesper«), bei dem alle Franzosen auf Sizilien ermordet wurden und der das Ende des Hauses Anjou auf der Insel einleitete. Während Unteritalien bzw. das Königreich Neapel weiterhin französisch blieb, machte der sizilianische Adel Pedro III. von Aragón, den Schwiegersohn des Hohenstaufen Manfred, zum König von Sizilien. In den folgenden 150 Jahren kam es immer wieder zu Auseinandersetzungen zwischen dem aragonesischen Sizilien und dem vom Haus Anjou regierten Königreich Neapel. Als 1443 **Alfons V.**, König von Aragón, Unteritalien eroberte und König »beider Sizilien« wurde, waren Neapel und Sizilien fortan, bis auf kurze Zwischenspiele 1714–1720 und 1806–1815, wieder vereinigt.

Neuzeit

15. bis 19. Jahrhundert

1515	Schlacht von Marignano
Bis Anfang 18. Jh.	Spanische Habsburger sind vorherrschende Macht in Italien.
1714–1796	Spanische Bourbonen regieren in Unteritalien.
Bis 1813	Napoleon dehnt seine Herrschaft auf ganz Italien aus.
1815–1860	Spanische Bourbonen und Österreicher stellen die italienischen Monarchien wieder her.
ab 1861	Das vereinte Königreich Italien entsteht.

Französisch-habsburgischer Konflikt

Nachdem der Friede von Lodi (1454) die Machtkämpfe des 15. Jh.s auf der Apenninenhalbinsel beendet und für die nächsten 40 Jahre ein Gleichgewicht zwischen den größten Mächten in Italien – zwischen dem Herzogtum Mailand, der Republik Venedig, Florenz, dem Kirchenstaat, dem Haus Savoyen und dem Königreich Neapel-Sizilien – hergestellt hatte, interessierten sich ausländische Mächte wieder verstärkt für Teile der italienischen Halbinsel. Als 1494 der französische König Karl VIII. versuchte, sich das Königreich Neapel einzuverleiben, trat das habsburgische Spanien auf den Plan. Auch das Reich unter Kaiser Maximilian I. und die Schweizer Eidgenossen sowie italienische Staaten mischten in Form von Allianzen, Kriegszügen und Vermählungen auf der Seite Habsburgs im Ringen um die Vorherrschaft auf der Apenninenhalbinsel mit. Nach der **Schlacht von Marignano** (1515), die Frankreich für sich entschied, war Italien in einen französischen Herrschaftsbereich im Norden und einen spanischen im Süden geteilt, während in der Mitte der Halbinsel der Kirchenstaat und andere italienische Staaten ihre Selbstständigkeit bewahren konnten.

Mit dem Herrschaftsantritt von Kaiser Karl V. (1519–1556) verschärfte sich der Konflikt zwischen Frankreich und Habsburg. Im Frieden von Cambrai konnten sich die Habsburger Neapel-Sizilien und Mailand sichern, und bis zum Ende des 17. Jh.s blieb Spanien vorherrschende Macht. Der **Spanische Erbfolgekrieg** (1701–1714), der nach dem Aussterben der spanischen Linie der Habsburger ausgebrochen war, beendete die Vorherrschaft der Spanier. Deren Besitzungen (Mailand, Sardinien, Neapel, Sizilien) wurden nun zwischen den österreichischen Habsburgern und den spanischen Bourbonen aufgeteilt, wobei Wien den nördlichen Teil erhielt und Madrid den südlichen. Auch das norditalienische Haus Savoyen-Piemont konnte seinen Einfluss erweitern: 1713 erhielt dessen Herzog den Königstitel von Sizilien, das 1720 aber im Tausch gegen Sardinien an die Habsburger abgetreten werden musste.

Restauration Im Jahr 1796 drang **Napoleon Bonaparte** mit seinen Truppen in Italien ein und vertrieb Spanier und Österreicher aus dem Land. 1805 proklamierte der französische Kaiser ein italienisches Königreich und rief sich selbst zum »König von Italien« aus. Bis 1813/1814 konnte er seine Herrschaft auf ganz Italien ausdehnen, nur Sizilien und Sardinien blieben von seinem Zugriff verschont. Nach dem Sturz Napoleons und seines Schwagers Joachim Murat, der als König von Napoleons Gnaden in Neapel regiert hatte, entschied der Wiener Kongress 1814/1815, Italien erneut aufzuteilen. Der Kirchenstaat und die größeren Monarchien Italiens wurden wiederhergestellt, so dass in Neapel und Sizilien, dem neu geschaffenen »Königreich beider Sizilien«, wiederum die spanischen Bourbonen herrschten. Als es 1820–1821 in Neapel und auf Sizilien zu **Volksaufständen** gegen die spanische Fremdherrschaft kam, stellten die österreichischen Habsburger, die einen Großteil Oberitaliens kontrollierten, mit Militärgewalt die alte Ordnung wieder her. Doch auch die neuen Machthaber sahen sich bald mit Volkserhebungen konfrontiert, die von den Österreichern blutig niedergeschlagen wurden.

Risorgimento Die Restauration der alten Feudalordnung brachte der nationalen Einigungsbewegung des Risorgimento (d. h. »Auferstehung«, »Erhebung«) immer größeren Zulauf. In mehreren Kampagnen gelang es den freiheitlich gesinnten Italienern um **Giuseppe Garibaldi** (1807 bis 1882) zwischen 1859 und 1861, die Österreicher aus Italien zu vertreiben; 1860 wurde Sizilien erobert, wenig später Neapel. 1861 nahm Vittorio Emanuele II. von Piemont auf Beschluss des ersten italienischen Parlaments den Titel »König von Italien« an. Mit der Eingliederung des Kirchenstaats (1870) konnte die über 1000 Jahre unterbrochene Verbindung mit Süditalien wiederhergestellt werden (erst mit den Lateranverträgen von 1929 erhielt das Papsttum wieder einen eigenen Kirchenstaat, den Vatikan). Mit dem neu gegründeten Königreich Italien hörten Neapel-Sizilien und Sardinien auf, Königreiche zu sein. Gleich nach der Eingliederung des Kirchenstaats wurde Rom italienische Hauptstadt.

König Vittorio Emanuele II.

Nach 1870 entstand Italien neu als konstitutionelles Königreich unter liberaler Führung, die die innere Einigung und die Industrialisierung forcierte. Die Industrialisierung fand jedoch, bedingt auch durch die Nähe zum industriellen mitteleuropäischen Raum, nur im Norden des Landes statt, während der agrarische Süden mit dem weitverbreiteten Großgrundbesitz unterentwickelt blieb und Hunderttausende nach Amerika auswanderten. Das bis heute existierende **Nord-Süd-Gefälle** resultiert aus dieser Zeit.

20. Jahrhundert

1943	Alliierte Truppen landen in Sizilien und nutzen es als Sprungbrett für die Rückeroberung des Festlands.
1950–1970	Aufgrund des Nord-Süd-Gefälles verlassen über 2 Mio. Arbeitssuchende den Süden.
1998	Italien tritt der Europäischen Union und dem Schengener Abkommen bei.
April 2006	Romano Prodi wird neuer Ministerpräsident.

Im Zweiten Weltkrieg spielte Sizilien eine bedeutende Rolle, als hier 1943 alliierte Truppenverbände landeten und schließlich die deutsche Herrschaft auf der Apenninenhalbinsel beendeten. Nach dem Krieg wurde Italien in eine **parlamentarische Republik** umgewandelt; mit Hilfe des Marshall-Plans gelang der Wiederaufbau, Italien entwickelte sich zum erfolgreichen Industriestaat. 1998 erfüllte es die Maastricht-Kriterien für die Teilnahme an der Europäischen Währungsunion. Im selben Jahr wurde Italien Vollmitglied des Schengener Abkommens: Die italienischen Landesgrenzen bilden jetzt gleichzeitig die Außengrenzen der EU. Vom Wirtschaftsaufschwung ist jedoch vor allem der nördliche Landesteil betroffen. Zwischen 1950 und 1970 wanderten aus dem Süden über zwei Millionen Arbeitssuchende in den industrialisierten Norden bzw. ins Ausland ab. 2005 wurde in der Bundesrepublik der 50. Jahrestag des »ersten italienischen Gastarbeiters« gefeiert.
Den in manchen Regionen stärker werdenden Bestrebungen nach Eigenständigkeit trug Rom Rechnung, als es **autonome Regionen** schuf. Sizilien genießt seit 1946 einen autonomen Status, auch Sardinien hat wie in Norditalien Friaul, Südtirol und das Aosta-Tal ein eigenes Parlament und eine Regierung zur Lösung regionaler Probleme. Daneben macht Italien innenpolitisch durch rasch wechselnde Kabinette von sich reden (zwischen 1946 und heute erlebte das Land über 60 Regierungen). Der Zusammenbruch der Ostblockstaaten um 1990 und groß angelegte Ermittlungen in einer Bestechungsaffäre 1992 lösten eine sprichwörtliche Lawine aus, die zur Zerschlagung des seit fast fünfzig Jahren bestehenden, völlig verkrusteten Parteiensystems führte. Seither tobt der politische Kampf nicht mehr zwischen Parteien, sondern zwischen Mitte-Links- und konservativen Gruppierungen. Bei den Parlamentswahlen im Jahr 2001 siegte das Bündnis der rechten Mitte unter dem Medienunternehmer **Silvio Berlusconi** (Forza Italia) – dem reichsten Mann Italiens – über die bisher regierende Linkskoalition. Seine Angriffe auf die Freiheit der Justiz und der Presse stießen auf breiten Protest (► Baedeker Special S. 291), dessen Auswirkungen er bei den Wahlen im April 2006 zu spüren bekam. Mit hauchdünner Mehrheit wurde sein Gegenspieler Romano Prodi zum neuen Ministerpräsidenten gewählt.

Kunst und Kultur

Welche unterschiedlichen Funktionen übte die Basilika in griechischer und römischer Zeit bzw. nach der Christianisierung aus? Welche Stilformen kommen in der italienischen Romanik vor? Wer steht für die progressive Richtung der barocken Malerei in Rom?

Kunstgeschichte

Vor- und Frühgeschichte

Im frühgeschichtlichen Italien trafen sich verschiedenste Kulturen. Im Neolithikum gelangte die vermutlich **iberische Glockenbecherkultur** nach Sizilien und Sardinien, in der Bronzezeit entstanden unter mykenisch-kretischem Einfluss erste Siedlungen, die Kultur der Pfahlbausiedlungen (Terramaren) drang aus Illyrien vor, und um 1000 v. Chr. entwickelte sich die **Villanova-Kultur**, benannt nach dem früheisenzeitlichen Gräberfeld in der Nähe von Bologna.

Etruskische Kunst

Kulturraum

Woher die im Gebiet der Toskana und Latiums ansässigen Etrusker stammten, war schon im der Antike umstritten. Heute stehen sich zwei Hauptthesen gegenüber: die Abkunft von der Villanova-Kultur, wobei die offenkundigen griechischen und orientalischen Anklänge als Ergebnis von Kontakten gewertet werden, und eine Einwanderung aus dem östlichen Raum. Zwischen dem 8. und 5. Jh. v. Chr. organisierten sie sich in einer **Föderation von zwölf Städten**: Arretium (Arezzo), Velathri (Volterra), Curtuns (Cortona), Perusia (Perugia), Clusium (Chiusi), Rusellae (Roselle), Vatluna (Vetulonia), Volsinii (Orvieto), Vulci, Tarquinii (Tarquinia), Caere (Cerveteri) und Veji (Veio). Die Kultur dieses sehr »diesseitigen«, kunstsinnigen Volks, die vor allem in den Museen von Tarquinia und der Villa Giulia in Rom sowie in der Nekropole von Cerveteri lebendig wird, steht zwischen italischer Primitiv- und griechischer Hochkultur.

Tempel

Der Tempelbau ist durch den archäologisch gesicherten **Jupiter-Tempel auf dem Kapitol** in Rom dokumentiert. Er ruhte auf einem Podium, orientierte sich axial auf einen Vorplatz und wies eine tief fluchtende Vorhalle (Pronaos) auf. Dieser räumliche Akzent und die städtebauliche Funktion erhärteten sich in den folgenden Jahrhunderten zu einem Markenzeichen römischer Baukunst.

Nekropolen

Einen weiteren bedeutenden Sonderaspekt etruskischer Kultur bieten die Nekropolen. Zum Ende des 8. Jh.s v. Chr. entwickelte sich der Typus des Kammergrabes, das als getreues Abbild eines aristokratischen Hauses über mehrere Räume verfügte oder sogar mit großen Plätzen für Tanz und Spiel versehen war. Erst im Laufe des 4. Jh.s wich das Kammergrab dem großräumigen, reich bemalten Bestattungssaal (Tomba dei Rilievi in Cerveteri).

Plastik und Malerei

Zwar ist der griechische Einfluss in Plastik und Malerei übermächtig, doch erreichte die etruskische Plastik eine zumindest partielle Eigenständigkeit. Grundlegend ist die Verwendung sehr weichen Steins

← *Von Staufern gegründet: Kathedrale in Altamura, Apulien*

oder des Tons; auf der Gestaltung in Ton beruht auch der Bronzeguss. Einprägsame Beispiele für den archaischen Charakter etruskischer Kunst sind die »Chimäre« (Florenz) sowie die Kapitolinische Wölfin (Rom, Konservatorenpalast). In den Figuren liegt – bezeichnend für die vorklassische Zeit – die Kraft des Ausdrucks im Typus, nicht im Einzelwesen. Im 2. Jh. v. Chr. verlor sich die Originalität etruskischer Kunst in der **römischen Mischkultur**. Beispiel dafür ist der »Arringatore« (Florenz): Inschrift und typushafte Starre sind etruskisch, Habitus und Kleidung römisch.

Farbenprächtige Darstellung aus einem Grab in Paestum (6.–4. Jh. v. Chr.): Ein Verstorbener wird in das Jenseits geleitet.

Griechisch-römische Antike

Die griechische Kolonisation Unteritaliens und Siziliens ab dem 8. Jh. v. Chr. – die erstmals vom Geschichtssschreiber Polybios (201–120 v. Chr.) als »Megale Hellas« (Großgriechenland) bezeichnet wurden – ist heute außer in Münzen und Votivreliefs vor allem in den **Tempelbauten** dokumentiert. Im 7. Jh. v. Chr. vollzog sich der Übergang vom Holzbau zum monumentalen Steinbau. Varianten dieses Typs finden sich auf Sizilien in Selinunt mit dem Tempel C (um 550 v. Chr.) einschließlich einer Freitreppe und doppelter Säulenvorhalle, in Agrigent mit dem Zeus-Tempel (5. Jh.) als Pseudoperipteros, den 7 Front-Halbsäulen und 14 Halbsäulen alternierend mit 7,75 m hohen Giganten als Gebälkträger zieren. Der Athena-Tempel (um 500 v. Chr.) im kampanischen Paestum, ein Hexastylos mit 6 x 13 Säulen außen und 8 Innensäulen zeigt bereits den Einfluss des ionischen Baustils.
Die Kolonialisierung Unteritaliens ging auch am weit nördlich gelegenen Rom nicht spurlos vorbei. 493 v. Chr. wurde am Fuß des Aventin ein von den griechischen Künstlern Damophilos und Gorgasos konzipierter Tempel errichtet, und in den Vatikanischen Museen findet sich der Sarkophag des Cornelius Scipio Barbatus (ca. 260 v. Chr.) aus etrurischem Tuff, dessen strenge Ornamentik das Griechische lehrbuchhaft verdeutlicht.
Im 3. Jh. v. Chr. wird der griechische Einfluss »offiziell«, denn Rom stößt im Rahmen der außeritalischen Konflikte tief in den griechischen Kulturraum vor. Sizilien, Kernland der »Megale Hellas«, wird 227 v. Chr. annektiert, und nach dem Zweiten **Punischen Krieg** reicht Roms Macht von Spanien bis Makedonien. In Palestrina, dem römischen Praeneste, hat sich mit dem Fortuna-Heiligtum am Hang des Monte Ginestro aus dem späten 2. Jh. v. Chr. eine hellenistisch inspirierte, monumentale Tempelanlage auf mehreren künstlich angelegten Terrassen erhalten.

Wohnungsbau

Der zunehmende griechische Einfluss manifestiert sich auch im Wandel der Wohnkultur. Noch im 4. Jh. v. Chr. war das römische Haus ein funktionaler Wohnraum; im 3. Jh. v. Chr. wurde es zum **durchgestylten Lebensraum**. Eingang (Fauces), Bedientenzimmer (Cella), Schlafgemach (Cubiculum), Wohnzimmer (Tablinum), Speisezimmer (Triclinium) und Vorratskammer (Apotheca) bildeten die funktionalen Einheiten des alten Gebäudetyps. Sie reihten sich konzentrisch um das Atrium (»ater« = »rauchgeschwärzt«), das als Rauchabzug und Wasserspeicher eine rein praktische Bedeutung hatte. In der Art eines Hinterhofs war dem Komplex zumeist noch ein schmaler Hortus, ein Gemüsegarten, angeschlossen, der sich im 3. Jh. v. Chr. zum Peristyl wandelte, einer offenen Säulenhalle mit angrenzenden Gemächern. Beispiele finden sich in den Vesuvstädten **Pompeji** und **Herkulaneum**. Im 2. Jh. v. Chr. entstanden in den größeren Städten durch Aufstockung der Atriumshäuser Mietshäuser, bei denen das Atrium zum Lichthof wurde und im Untergeschoss Läden und Werkstätten eingerichtet wurden.

Forum

Vorbild des römisch-italischen Forums war die griechische Agora als säulenumstellter symmetrischer Markt- und Handelsplatz mit öffentlichen Gebäuden.

Basilika

Die Basilika, benannt nach dem griechischen Vorbild der Königshalle (griech. »basileus« = »König«), diente den Römern als **Markt- bzw. Gerichtshalle**. Die im Grundriss erhaltene Basilika von Pompeji (120 v. Chr.) lässt die wesentlichen Merkmale dieses Bautyps gut erkennen: ein zu einer Schmalseite offener Bau, der sich in ein Mittelschiff (Aula) und zwei Seitenschiffe gliedert.

Theater

Im 4. Jh. v. Chr. entstanden in Griechenland die ersten Theater in Stein mit runder Orchestra (ursprünglich »Tanzplatz«, später Auftrittsfläche für den Chor) und höherer Spielbühne. Der bis zu 15 000 Personen fassende halbrunde Zuschauerraum wurde mit ansteigenden Sitzreihen in einen Hang gefügt. In **Syrakus** hat sich noch eines der bedeutendsten Theater (3. Jh. v. Chr.) Großgriechenlands erhalten. In Rom waren die Spielstätten für Dramen und Komödien zunächst aus Holz, 55–52 v. Chr. entstand der erste Steinbau auf dem Marsfeld. Rund 40 Jahre später wurde das **Marcellus-Theater** vollendet, Vorbild für das gesamte Imperium, nicht wie bei den Griechen als in die Natur eingebetteter, sondern als frei stehender städtischer Bau mit hochgemauerten Sitzreihen und einer Bühnenwand mit Schauarchitektur. Das Theater (3. Jh. v. Chr. bis 2. Jh. n. Chr.) im sizilischen Taormina verbindet in reizvoller Lage griechische und römische Bauvorstellungen. Das Amphitheater mit elliptischer Arena für **Gladiatorenkämpfe** war eine Erfindung der Römer aus dem etruskischen Erbe. Vorbildhaft für das Imperium entstand 72–80 n. Chr. erstmals in Stein das Flavische Amphitheater (Kolosseum) für rund 50 000 (einschließlich der Stehplätze in den obersten Rängen sogar bis zu 73 000) Zuschauer mit riesiger Spielfläche, unter der Gänge, Käfige, Aufzüge und Arsenale lagen. Ähnliche kleinere Anlagen befinden sich in Pozzuoli und S. Maria Capua Vetere.

Thermen und Sportstätten

Die repräsentativen Thermen mit ihrer Raumfolge Apodyterium (Auskleideraum), Sudatorium (Schwitzbad), Caldarium (Heißwasserbad), Tepidarium (Warmlufthalle zum Abkühlen), Frigidarium (Kaltbad) und Natatio (Schwimmbad) dienten als Badeanstalt, Sporthalle und Ort gepflegten Nichtstuns, zum Lustwandeln, für Lektüre und Gespräch, was in den pompejanischen Stadtthermen oder in den monumentalen Badesälen der Thermen in Baiae gut nachvollziehbar ist. In den weitläufigen **Circusanlagen** mit Tribünen fanden hauptsächlich Wagenrennen statt, während das **Stadion** den Leichtathletikwettkämpfen vorbehalten war.

? WUSSTEN SIE SCHON ...?

- ... dass die Römer in ihrer Baukunst eine Art Beton verwendeten? Das Opus caementicium war eine Mischung aus Bruchsteinen, Steinsplittern und Mörtel.

Monumente

Mit Triumphbögen, Ehrenbögen und Bildsäulen wurden Menschen oder Ereignisse geehrt. Die eintorige Frühform des **Triumphbogens** für einen siegreichen Feldherrn mit Widmungstafel und Standbild oder Quadriga des Geehrten (Titusbogen) wird im 2./3. Jh. abgelöst durch den reich gegliederten dreitorigen Triumphbogen (Konstantinsbogen). Der nur in Rom durch Senatsbeschluss mögliche Bau eines Triumphbogens erhielt in den Provinzen durch den ähnlichen Ehrenbogen, z. B. für Kaiser Trajan in Benevent, eine Variante. Die Mark Aurel bzw. Trajan gewidmeten hohen **Ehrensäulen** in Rom sind mit vielszenigen Reliefbändern geschmückt, die ihre Leistung als Kriegsherren verherrlichen. Der monumentale, meist zylinderförmige Grabbau mit der Urne in der Mitte und ebenerdigem Zugang entwickelte sich in der Kaiserzeit, z. B. beim Augustus- und Hadrians-Mausoleum, aus dem Grabtumulus zum öffentlichen Erinnerungsmal.

Inszenierung des Raums

Eine Eigenheit römischer Baukunst ist der ausgeprägte Sinn für den räumlichen Effekt. Das Bestreben, den städtischen Raum nicht mit Gebäuden zu verstellen, sondern im Sinne eines Gesamteffekts zu gliedern, dokumentiert sich in den Kaiserforen Roms. Ihre politische Funktion als Bühnen der Imagepflege wird im römischen Trajansforum schlagend deutlich. Seine streng axiale Ausrichtung macht ihn zum idealen Rahmen für propagandistische Inszenierungen: Mit einem Aufwand von 2500 Figuren gibt die Trajanssäule einen Report des Sieges gegen die Daker, und ein Podiumtempel streicht die Göttlichkeit des »optimus princeps« heraus.

Plastik

Die römische Plastik orientierte sich einerseits an griechischen Vorbildern, so dass aus idealisierten griechischen Götter- und Kultbildern leicht veränderte Kopien oder Variationen zur Dekoration von

Palästen, Villen und öffentlichen Bauten entstanden. Andererseits blieb das naturalistische Erbe der Etrusker in den höchst lebensnahen Porträtbüsten erhalten. Standbilder fertigte man in Serie als Togafiguren, auf die man austauschbare Köpfe setzte. Die **Panzerstatue** ist ein Novum der Kaiserzeit, bei der ein reliefgeschmückter eng anliegender Brustpanzer die Feldherrn- oder Kaiserfigur in kurzem tunikaartigem Waffenrock schmückt. In meisterhaften Flachreliefs gestalteten die Römer historische, mythologische und sakrale Szenen an Triumphbögen, Bildsäulen, Altären, Sarkophagen und Grabstelen. Aus griechischen Ursprüngen wurde zudem die marmorne und bronzene **Monumentalplastik** weiterentwickelt, ob im Reiterstandbild oder in der kolossalen Kaiserstatue.

Taormina: Teatro Greco mit Blick auf Castelmola

Malerei und Mosaik

Die Innengestaltung von Privathäusern und Grabbauten zeichnete sich vor allem durch die **illusionistische Erweiterung** mithilfe gemalter Architektur und Landschaften aus. Aufgrund reicher Malereifunde in Pompeji wurde die römisch-pompejanische Wandmalerei in vier Stilstufen unterteilt, vom 1., so genannten Inkrustationsstil des 3. Jh.s v. Chr. über den 2. Stil (80 v. Chr. bis 10 n. Chr.) mit Fantasiearchitektur, den 3. Stil (10–60 n. Chr.) mit illusionistischen Blickachsen in Garten- und Meerlandschaften bis zum ornamenthaften und vielfigurigen 4. Stil (60–79 n. Chr.). Mosaiken dienten in grober Form als Bodenbelag und in Feinform zur Wandgestaltung. Das Nil-Mosaik von Praeneste (Palestrina), das berühmte Alexanderschlacht-Mosaik in Neapel und die Fülle von Mosaiken in der sizilischen Villa Romana del Casale belegen die Ausdrucksmöglichkeiten.

Frühes Christentum

Spätantike

Die römische Spätantike ist zwar eine Zeit des politischen Verfalls, doch sicher nicht des kulturellen Niedergangs. In den Jahrhunderten nach Diokletian werden in Baukunst, Malerei und Plastik folgenreiche Leistungen vollbracht. Die internationale Kultur des Hellenismus verliert an Kraft, die römische Kunst gewinnt an Originalität. Ein wichtiger Katalysator dieser Wende ist im 4. Jh. die christliche Gedankenwelt. Bischöfe sind die neuen Bauherren, christliche Kirchen treten an die Stelle der Tempel, neue topografische Schwerpunkte werden gesetzt und die byzantinische Kultur beginnt, auf das Mutterland zurückzuwirken.

Sakralbau Die Basilika, die den Römern als Markt- bzw. Gerichtshalle diente, entwickelte sich zum Haupttypus des christlichen Kirchenbaus. Ab dem frühen 4. Jh., als das Christentum im Römischen Reich Staatsreligion wurde und große Versammlungsräume benötigte, wurden lang gestreckte, meist nach Osten gerichtete Kirchen mit erhöhtem Mittelschiff und niedrigeren Seitenschiffen errichtet. Im Westen, Symbol für Sonnenuntergang und Tod, lag der Eingang, häufig mit einer Vorhalle (Narthex) oder einem Vorhof (Atrium), im Osten, in Richtung der aufgehenden Sonne, stand in der halbrunden Apsis der Altar.

Der Grundriss der Kirchen veränderte sich im Laufe der Zeit durch die große Bedeutung des **Kreuzes** von seiner ursprünglich U- oder T-förmigen zu kreuzförmiger Gestalt. Im Schnittpunkt von Lang- und Querhaus entstand die Vierung, die durch einen Turm oder eine Kuppel akzentuiert werden konnte. Die flache Holzdecke oder der offene Dachstuhl wurden später durch ein Steingewölbe ersetzt. Ein anschauliches Bild der frühchristlichen Basilika vermitteln in Rom S. Sabina (noch überwiegend in originaler Bausubstanz) und mit Abstrichen S. Maria Maggiore sowie trotz weitgehender Rekonstruktion S. Paolo fuori le Mura.

Malerei, Mosaik, Plastik Die frühesten christlichen Wandmalereien finden sich in den **Katakomben**. In Neapel haben sich seit dem 2. Jh. Freskenfragmente in den Katakomben von S. Gennaro extra Moenia erhalten, in der römischen Domitilla-Katakombe erlebt man die christliche Bildwelt des 2.–4. Jh.s von Oranten-Darstellungen über Daniel in der Löwengrube und die Anbetung der Könige bis zum Guten Hirten.

Gewölbe und Nischen in S. Costanza (337–351) zeigen herrliche Mosaiken mit Ernte-, Weinlese- und Kelterszenen, die aus dem Dionysoskult stammen und den Zyklus von Tod und Wiedergeburt symbolisieren. S. Giovanni in Fonte in Neapel zeigt schönen Mosaikschmuck aus dem 5. Jh. Wichtige plastische Zeugnisse sind kostbare Elfenbeinarbeiten, die eindrucksvollen Holztüren von S. Sabina in Rom und Sarkophage, deren Reliefs Szenen aus dem Alten und Neuen Testament oder Erlösungsmotive darstellen.

Romanik

Romanische Grundthemen Für den Baugeschichtler ist angesichts der Vielzahl von Sonderstilen die italienische Romanik nur schwer als Romanik zu erkennen. Da ist es hilfreich, sich die europäische Romanik als ein »Konzert« verschiedener Regionalstile vorzustellen, die die romanischen Grundthemen variieren: Erweiterung der Basilika um einen Chorbereich, Gewölbe statt Flachdecke, Verbrämung des Eingangsbereichs mit einer Schaufassade und die kompositionelle Gliederung des Raums durch die Variation von Säulen und Pfeilern (so genannte Stützenwechsel), durch Betonung der Gewölbeabschnitte (so genannte Joche) und durch regelmäßig geschichtetes Mauerwerk.

Sakralbau

Die im frühen 7. Jh. erbaute Emporenbasilika S. Agnese fuori le Mura in **Rom** liefert ein gutes Bild einer frühromanischen Kirche unter byzantinischem Einfluss. Im 9. Jh. entstanden weitere römische Basiliken wie S. Prassede, S. Cecilia in Trastevere und S. Marco. Aus dem 12. Jh. stammt die eindrucksvolle Oberkirche von S. Clemente, deren Raumfolge aus Vorhalle, Atrium, dreischiffigem Langhaus, Sängerchor und Apsis den klarsten Typus mittelalterlicher Sakralarchitektur repräsentiert.

In **Kalabrien**, das den griechisch-orthodoxen Ritus bis ins 15. Jh. bewahrte, haben sich in Stilo und Rossano byzantinische Viersäulen-Kuppelkirchen des 9./10. Jh.s erhalten, die Klosterkirche S. Maria del Patire in reizvoller Lage stammt aus der Zeit um 1100.

Auf **Sizilien**, das bis 827 byzantinisch, bis 1072 arabisch, dann normannisch und schließlich staufisch war, entwickelte sich ein Stilgemisch (Capella Palatina, Palermo). Auf **Sardinien** entfaltete sich die romanische Baukunst in Abhängigkeit von der pisanisch-toskanischen Stilvariante mit ihren typischen Streifenmustern.

◄ Apulische Romanik

In Apulien, einer Fundgrube für Romanikfreunde, wurden die Kathedralen des späten 11. und 12. Jh.s in Bari, Barletta, Trani, Bitonto und Troia als steile, meist flachgedeckte Säulenbasiliken, z. T. mit Stützenwechsel, von den Normannen nach lombardischen Vorbildern errichtet. Ihre Besonderheiten sind eingefügte Emporen, durchgehendes Querhaus und markante Türme. In Valenzano gibt es mit Ognissanti di Cuti, nach 1060 begonnen, einen ungewöhnlichen Dreikuppelbau, der Vorbilder in Aquitanien vermuten lässt.

Die Fresken in der Basilika Sant'Angelo in Formis bei Capua sind byzantinisch beeinflusst.

Plastik Dass die Romanik in **Apulien** auch in der Plastik Hervorragendes leistete, zeigen vor allem das Bronzeportal der Kathedrale von Troia (1119) des Oderisius von Benevent, der von drei vollplastischen Atlanten getragene marmorne Bischofsthron (um 1200) in S. Nicola zu Bari und das kassettierte Lesepult (um 1220) mit Adlerfigur von Meister Nicolaus in der Kathedrale von Bitonto. In **Kampanien** ragen die Ausstattung von S. Pantaleone in Ravello und der Kathedrale von Salerno heraus: Erstere mit der Bronzetür (1179) von Barisanus von Trani und dem mit der Jonasgeschichte mosaizierten Ambo (um 1130), Letztere mit Löwenportal, byzantinischer Bronzetür (beide 11. Jh.), mosaikverzierten Ambonen und Osterleuchter. In S. Maria del Lago bei Moscufo (Abruzzen) beeindruckt die polychrome Viersäulenkanzel (1159) mit Evangelistensymbolen. In **Rom** sind die Ziborien in S. Lorenzo fuori le Mura, S. Giorgio in Velabro und S. Agata dei Goti qualitätvolle Steinarbeiten des 12. Jh.s. Zudem imponiert der rund 5 m hohe Osterleuchter (um 1180) in S. Paolo fuori le Mura mit Szenen aus der Passion und Himmelfahrt Christi. Herausragend ist auch die Gruppe der ausdrucksvollen Kreuzabnahme des frühen 13. Jh.s im Dom S. Lorenzo von Tivoli.

Malerei und Mosaik Im 7. und 8. Jh. herrschten in der Wandmalerei und im Mosaik starre, unkörperliche, in prächtige Gewänder gehüllte Gestalten der byzantinischen Tradition vor. Im 9. Jh. kam Rom in Berührung mit der Kunst des karolingischen Reichs, die den Figuren mehr Bewegung und Ausdruck verlieh, beispielhaft zu sehen in S. Prassede und S. Maria in Domnica. Um 1100 entstanden die Wandmalereien der Unterkirche von S. Clemente und wenige Jahrzehnte später (gleichzeitig mit den Arbeiten in S. Maria in Trastevere) die Apsismosaiken, die Frühchristliches und Byzantinisches vereinen. Imposant sind die byzantinisch beeinflussten Fresken (um 1080) in S. Angelo in Formis bei Capua mit der feierlichen Majestas Domini in der Apsis und dem

Das Kastell von Lagopesole zählt zu den mächtigsten Burgen Friedrichs II.

riesigen furchteinflößenden Jüngsten Gericht an der Eingangswand. Im apulischen Otranto überrascht ein großes Bodenmosaik (1163 bis 1166) mit figurenreichen Monats- und Legendendarstellungen.

> **i Cosmaten**
>
> - Cosmaten ist die verallgemeinernde Bezeichnung für römische Kunsthandwerker, die auf Marmor-Inkrustationen spezialisiert waren. Sie gestalteten zwischen 1100 und 1300 viele Fußböden und Ausstattungsstücke römischer Kirchen mit kunstvollen farbigen Steinmosaiken. Man nannte die Künstler Cosmaten, weil in ihren Familien sehr häufig der Rufname Cosmas auftauchte.

Gotik

Internationale Kunstrichtung

Weit mehr als die Romanik war die Gotik eine internationale Strömung. Sie verbreitete sich, ausgehend von der französischen Abteikirche St. Denis, in der ersten Hälfte des 13. Jh.s in Oberitalien. Ihre Wahrzeichen: Auflösung des Mauerwerks in ein Filigran von Pfeilern, Diensten und Rippen, Durchbrechung der Wände mit Lanzett- oder Spitzbogenfenstern und Dominanz des Kreuzrippengewölbes.

Sakralbau

Die französischen Zisterzienser brachten dieses Formenvokabular in die Neubauten der Klöster von Fossanova (1173–1208) und Casamari (ab 1217) in Latium ein. Der extreme Vertikalismus der französischen Gotik fand aber ebenso wenig Nachahmung wie die aufwändige Bauplastik. Da die Päpste im Exil zu Avignon residierten, übernahmen nur die im frühen 13. Jh. ins Leben gerufenen stadtsässigen Bettelorden der **Dominikaner** und **Franziskaner** gotische Formen, beispielsweise bei der Dominikanerkirche S. Maria sopra Minerva (1280 bis Ende 15. Jh.) in Rom. In Neapel förderten die Anjou-Könige nach 1268 den gotischen Kirchenbau, der trotz Barockisierungen in S. Lorenzo Maggiore (beg. um 1270), in der dreischiffigen Dominikanerkirche S. Domenico Maggiore (Mitte 14. Jh.) mit kräftigen Bündelpfeilern und Spitzbogenreihen sowie in der querschiff- und apsislosen Klarissenkirche S. Chiara mit ihren Kapellenreihen und Rechteckchor gut zum Ausdruck kommt.

Profanbau

Durch die allmähliche Stadtsässigkeit des zuvor in Burgen wohnenden Adels entstanden Wohnbauten als Kreuzung aus Palazzo und Burg mit Zinnen und hohem Turm (Casa torre). Die Geschlechtertürme verschwanden nach der Befriedung der Kommunen, so dass nur der Rathausturm als Symbol städtischer Autonomie übrig blieb. Dem **Festungsbau** gab Kaiser Friedrich II. in der ersten Hälfte des 13. Jh.s neue Impulse. In Catania auf Sizilien, in Apulien (Lucera, Foggia, Barletta, Brindisi usw.), in der Basilikata (Lagopesole) und weiteren Orten entstanden Stauferkastelle nach arabischem Vorbild als quadratischer Bau mit Ecktürmen. Ein Sonderfall ist das Castel del Monte in Apulien (um 1240), ein oktogonaler Monumentalbau komplexer Motivation (► 3D-Darstellung S. 162). In Neapel entstand mit dem Castel Nuovo (1279–1282) die Königsburg der Anjou als Residenz und Seefestung zugleich.

Malerei Aus der Eroberung Konstantinopels im 4. Kreuzzug (1204) resultierte noch eine letzte byzantinische Welle, die das italienische Duecento prägte. Pietro Cavallini und **Giotto** als Hauptvertreter der gotischen Wandmalerei in Rom überwanden den ikonenhaften Stil der byzantinischen Tradition zugunsten stärkerer Verlebendigung der Figuren in einem wirklichkeitsnahen Raum- und Landschaftsgefüge. In Neapel waren meist auswärtige Maler tätig, darunter der Sienese Simone Martini, dessen Tafelbild »Der hl. Ludwig krönt Robert den Weisen« (um 1317, Capodimonte) ein Hauptwerk der angevinischen Hochgotik ist. In Altomonte (Kalabrien) wird das Martini zugeschriebene Tafelbild »Hl. Ladislaus, König von Ungarn« (1326) aufbewahrt. In Latium, in der Domkrypta von Anagni und in der Unterkirche des Klosters S. Benedetto, haben sich eindrucksvolle Freskenzyklen aus dem 13. Jh. erhalten.

Plastik Durch das Werk von **Nicola Pisano** (ca. 1225 bis ca. 1280) erfolgte der Anschluss an die internationale Gotik auch im Bereich der Plastik. Sein Schüler Arnolfo di Cambio (ca. 1240 bis ca. 1310), Dombaumeister in Florenz, war Ende des 13. Jh.s auch der herausragende Bildhauer in Rom. In S. Paolo fuori le Mura und S. Cecilia in Trastevere schuf er Ziborien aus vier Porphyrsäulen mit fein dekorierten spitzbogigen Überbauten. Ein Schatzhaus gotischer Grabmalkunst ist in Neapel die Kirche S. Chiara mit den Monumenten für die Anjou-Königsfamilie, die maßgeblich vom Florentiner Bildhauer Tino di Camaino stammen (14. Jahrhundert).

Renaissance

Die Entdeckung des Individuums In mittelalterlicher Zeit war die Antike fast gänzlich vergessen, im 14. Jh. jedoch erweckte man, vor allem in Florenz, ihre Ideen zu neuem Leben (ital. »rinascimento«, »Wiedergeburt«). Eine Leitidee der Antikenbegeisterung war – dem Humanisten Gianozzo Manetti zufolge – die Begründung der »Würde und Vortrefflichkeit des Menschen« in seiner Individualität, nicht in der göttlichen Gnade. Jedem Menschen wird ein individueller Wissens- und Wirkungskosmos zugestanden. Dies hatte für die Künstler gravierende Folgen. Früher ein schlichter Handwerker, sah sich der Künstler nun als **Humanist**, der kraft seiner »virtù«, seiner Tüchtigkeit, individuell Gedachtes in individuellen Werken formuliert. Und tatsächlich gewannen die künstlerischen Schöpfungen ein Niveau perspektivischer, naturwissenschaftlicher, malerischer, kompositorischer und inhaltlicher Berechnung, das den Begriff des Handwerks weit übersteigt.

Rom Mit dem **päpstlichen Exil** in Avignon ab 1304 sank das Kulturleben Roms für mehr als ein Jahrhundert auf provinzielles Niveau. Erst nach dem Konstanzer Konzil (1414–1418) begann Rom, den Rückstand gegenüber Florenz und Venedig aufzuholen; mit dem Sacco di Roma 1527 erlitt es nochmal einen schweren Rückschlag.

Der Park der Villa Lante bei Viterbo ist ein frühes Beispiel für die Symbiose von Natur- und Kulturlandschaft.

Architektur

Während Süditalien und Sizilien in der aus Spanien importierten Formensprache der Spätgotik verharrten, wurde in Rom die Renaissance erstmals im Bau des Palazzo Venezia (ab 1455) sichtbar, durch die Verwendung antikisierender Elemente wie Säule, Rundbogen und Gebälk. Der Palazzo della Cancelleria (1488 bis nach 1520) von Bramante und Antonio da Sangallo d. J. entwickelte die Formensprache weiter zu größerer Prachtentfaltung und Monumentalisierung. Mit dem dreigeschossigen, reich durchfensterten Palazzo Farnese (1516 bis 1589), erbaut von Antonio da Sangallo d. J., Michelangelo, Vignola und Giacomo della Porta, erreichte die römische Palastbaukunst ihre **höchste Vollendung**.

Im Sakralbau griff Bramante 1502 in seinem Tempietto von San Pietro in Montorio den antiken Rundtempel vorbildhaft auf und verlieh dem Baukörper durch abwechselnde Tiefen- und Flächenwirkung Spannung. Bramante, Raffael, Peruzzi, Sangallo, Michelangelo, Vignola u. a. waren ab Anfang des 16. Jh.s am Neubau des Petersdoms, der Papstresidenz und der Gestaltung der Platzanlagen beteiligt. Markantester Blickfang der Peterskirche ist die von Michelangelo entworfene und von Giacomo della Porta im Jahre 1593 vollendete Tambourkuppel, Vorbild für zahlreiche Kuppelbauten des Barocks. Auch Il Gesù, zwischen 1568 und 1584 nach Plänen von Vignola und Giacomo della Porta erbaut, kündigt mit vor- und zurücktretenden Pilastern, kraftvollem Säulenportal, Dreiecks- und seitlichen Volutengiebeln den Barock an.

◄ Petersdom

◄ Il Gesù

Malerei

Einen wie in Florenz und Venedig unverwechselbaren Lokalstil hat die römische Malerei der Hochrenaissance nicht zu bieten; ihre prominentesten Vertreter wurden aus den führenden kulturellen Zentren »importiert«. Am päpstlichen Hof waren an der Gestaltung der großräumlichen und vielfigurigen Wandbilder (1481–1483) in der Cappella Sistina hauptsächlich toskanische und umbrische Künstler

Michelangelo ► wie Botticelli, Ghirlandaio und Perugino beteiligt. Michelangelo führte zwischen 1508 und 1512 das Deckenfresko in der **Sixtinischen Kapelle** aus, eine wahre Glanzleistung neuzeitlicher Visualisierungstechnik: Eine schlichte Scheinarchitektur rahmt die für Fernsicht konzipierten, raumgreifend voluminösen Figuren der Schöpfungsgeschichte. Mimischer und gestischer Ausdruck, gepaart mit ungeheurem Bewegungsreichtum, sind auf seinem Fresko des Jüngsten Gerichts an der Altarwand (1534–1541) noch gesteigert. 1508 wurde Raffael ► Raffael beauftragt, die **päpstlichen Gemächer** (Stanzen) im Vatikan auszustatten; mit monumentalen Figuren in rauschenden Gewändern, die in perspektivisch gestalteten Tiefenräumen platziert sind, vergegenwärtigte er Handlung und Gedanken aufs Lebendigste. In Raffaels Kunst findet der Geist der Renaissance seine reinste Form – für manche ein Grund, den Beginn des Manierismus mit seinem Tode anzusetzen. Durch und durch Techniker war der dritte Import: **Leonardo da Vinci** (1452–1519), Schüler des Florentiners Andrea del Verrocchio, ab 1513 für drei Jahre in Rom tätig. Die Malerei sei eine »Enkelin der Natur«, und letztlich diene sie der Visualisierung naturwissenschaftlicher Tatbestände. Das Muskelspiel des »Hl. Hieronymus« (Vatikanische Pinakothek) hat in der Tat die Präzision eines anatomischen Präparats.

In der »Schule von Athen« versammelte Raffael alle großen Philosophen der Antike.

Neben der figürlichen Ausstattung von Portalen, Chorschranken, Tabernakeln und Arbeiten der Kleinkunst war in der Renaissance die Grabplastik vorrangige Aufgabe der Bildhauer in Rom. Donatello ist der

Plastik Schöpfer des Grabmals für Giovanni Crivelli (um 1432) in S. Maria in Aracoeli, und aus seinem Umkreis stammt auch die Bronzegrabplatte für Papst Martin V. in S. Giovanni in Laterano. Beim Grabmal für Innozenz VIII. in St. Peter schuf Pollaiuolo richtungweisend den Papst als Liegefigur auf dem Sarkophag und darüber als gebieterisch Thronenden in Pontifikalkleidung. Das 1505 begonnene Grabmal Julius' II. – für St. Peter geplant und heute in S. Pietro in Vincoli zu sehen – ließ **Michelangelo** bis auf wenige Figuren unvollendet, darunter den expressiven Moses als kraftvolle Sitzfigur mit den Gesetzestafeln in den Händen. In Neapel setzten die neuen Herrscher mit dem reich reliefierten Triumphbogen (1453–1470) zu Ehren des Einzugs Alfons' I. von Aragón anno 1442 Renaissance-Akzente. Neapels Kirche S. Anna dei Lombardi ist ein Schatzhaus der Renaissanceplastik, von den geschnitzten Türflügeln über die vollplastischen Wandaltäre, die zahlreichen Grabmäler, Sakristeischränke bis zu den acht lebensgroßen Tonfiguren der Beweinung Christi von Guido Mazzoni.

Barock und Rokoko

Architektur

Auch der italienische Barock war keineswegs homogen. Ortsvarianten gab es in der Lombardei, in Venedig, Rom, Neapel und Apulien. Die Architektur erfuhr eine Steigerung ihrer Ausdrucksmittel. In der Front der Jesuitenkirche Il Gesù, dem Prototyp der barocken Sakralfassade, wurde die bereits im Manierismus pointierte Plastizität noch übertroffen. Konventionell war nur noch der Grundriss. Dieser wurde erst von **Bernini** und **Borromini** revolutioniert. Längs- und Zentralbau durchdrangen sich, sogar elliptische Grundrisse kamen vor und wurden mit Wandpfeilersystemen, Kuppelkonstruktionen und fein gestuften Türmen verbunden. Vor- und zurückspringende Elemente verliehen den Baukörpern der Kirchen und Paläste Bewegtheit.

◄ Rom

Gian Lorenzo Bernini (1598–1680) schuf mit S. Andrea al Quirinale (1658–1671) auf ovalem, durch acht Kapellen erweitertem Grundriss einen bedeutenden zentralräumlichen Typus des barocken römischen Kirchenbaus. Bernini entwarf zwischen 1656 und 1671 auch den mächtigen Ovalplatz vor St. Peter, der durch zwei dreischiffige Kolonnadenarme gerahmt wird. Francesco Borromini (1599–1667) konzipierte seine Bauten mit einander durchdringenden kurvigen Formen. Kirche und Kloster S. Carlo alle Quattro Fontane (1638 bis 1667), Oratorium und Konvent S. Filippo Neri (1637–1650) und die Universitätskirche S. Ivo alla Sapienza sind seine Hauptwerke in Rom. Plastizität und Bewegung zeichnen den Baustil von **Carlo Maderno** (1556–1629) aus, dessen durch Halbsäulen und Pilaster gegliederte und von einem geschwungenen Giebel bekrönte zweigeschossige Fassade von S. Susanna (1593–1603) einen frühbarocken Prototyp ausbildete. Mit dem Palazzo Barberini schuf er außerdem einen der imposantesten Stadtpaläste Roms. **Carlo Rainaldi** (1611 bis 1691) bereicherte das Stadtbild Roms durch das Kirchenpaar Santa Maria in Monte Santo und Santa Maria dei Miracoli als Blickpunkte auf der Piazza del Popolo und schuf die als Schauseite ausgebildete Chorfassade mit Freitreppe von Santa Maria Maggiore.

◄ Neapel

In Neapel war neben **Domenico Fontana** (1543–1607), der den 1599 begonnenen Palazzo Reale entwarf, **Cosimo Fanzago** (1593–1678) der bedeutendste Architekt im 17. Jh. In seinen Bauten wie dem Großen Kreuzgang der Certosa di S. Martino (1623–1631), der Guglia di S. Gennaro (ab 1637), dem Palazzo di Donn' Anna (1635–1644), der Kapelle des Palazzo Reale (1640–1645) und der Kirche S. Teresa a Chiaia (1650–1652) kombinierte er einfallsreich spätmanieristische, hochbarocke und klassisch-antike Bauelemente. Nach seinem Tod setzten Antonio Vaccaro und Ferdinando Sanfelice Neapel elegant-dekorative Glanzlichter der Baukunst auf. Ferdinando Fuga (1699 bis

Der Barockbaumeister Luigi Vanvitelli schuf die prunkvolle Bourbonen-Residenz in Caserta, La Reggia.

1781), aus Florenz gebürtiger Hofarchitekt in Neapel, schuf 1748 das Albergo dei Poveri sowie den Kornspeicher (1779). Luigi Vanvitelli (1700–1773) errichtete ab 1751 La Reggia, den Regierungspalast der Bourbonen-Könige in Caserta, als riesige bühnenhafte Anlage mit 1200 Räumen, die sich um vier Höfe gruppieren. 1762 folgte der Bau der Chiesa dell'Annunziata als komplexer Zentralbau mit raffinierter Lichtführung.

Sizilien ▸ Auf Sizilien wurde die Erdbebenkatastrophe von 1693 zum Auslöser eines barocken Baubooms, der faszinierende Planstädte wie Ragusa, Noto und Catania hervorbrachte. **R. Gagliardi** (1700–1770) ist der Architekt der elegant-verspielten Kirche S. Giorgio (1744–1775) in Ragusa Ibla, dem Meisterwerk des »Barocco Siciliano«.

Apulien ▸ In Apulien überrascht eine üppig-dekorative Spielart des Barocks, die vom plateresken Stil Spaniens geprägt ist und Schmuckelemente des Mittelalters und der Renaissance verbindet (Lecce, S. Croce, 1548–1646; Martina Franca, Nardò); die wichtigsten Baumeister in Lecce waren **Gabriele Riccardi** (vor 1524 bis 1584), Vater und Sohn **Zimbalo** (Francesco Antonio, 1567 bis nach 1620; Giuseppe, 1620 bis 1710) sowie **Giuseppe Cino** (1644–1722).

Malerei Die barocke religiöse Malerei machte immer wieder den Triumph des Glaubens zum Thema bewegender Altarbilder und prächtiger Gewölbe- und Deckenausmalungen. Im Rom des beginnenden 17. Jh.s sind zwei konkurrierende Strömungen zu verzeichnen. Zentralfigur der **progressiven Richtung** war Caravaggio (Michelangelo Merisi, 1573–1610), der mit seiner »Berufung des hl. Matthäus« in der Contarelli-Kapelle in San Luigi dei Francesi und der brutal realistischen »Bekehrung des hl. Paulus« in der Cerasi-Kapelle in Santa

Maria del Popolo das Publikum provozierte. Das für die Renaissance wichtigste Ordnungsprinzip des Raumsystems ersetzt Caravaggio durch ein raffiniertes Beleuchtungssystem. Perspektive interessiert ihn nur wenig, flächig ist die Ordnung der Figuren, Plastizität entsteht allein durch Helldunkel-Kontraste. Durch begabte Nachfolger wurde der »Caravaggismus« bald in ganz Italien zur progressivsten Stiltendenz. Die Kunst der Brüder Agostino (1557–1602) und Annibale Carracci (1560–1609) aus Bologna blieb dagegen den **idealistischen Konzepten der Renaissance** verpflichtet. Repräsentativ dafür sind die Fresken von Annibale Carracci im Palazzo Farnese (1597 bis 1604). Hier erweist sich der Carracci-Stil als ein Amalgam aus Michelangelo und Raffael; die Komposition ist noch in erster Linie eine räumliche Ordnung, ihre Dynamik überbietet allerdings die Vitalität eines Michelangelo um vieles. Andrea Pozzo (1642–1709) gelangte zur schöpferischen Höchstform in der römischen Kirche S. Ignazio, für die er 1694–1699 Altarbilder und großartige Decken- und Gewölbemalereien beisteuerte. Vierungskuppel, Apsis- und Langhausgewölbe in der Jesuitenkirche Il Gesù malte 1672–1685 der Genueser G. B. Gaulli, genannt Baciccio (1639–1709), mit leidenschaftlich bewegten Fresken aus, gipfelnd im furiosen »Triumph des Namens Jesu« im Mittelschiff.

◄ Caravaggio

◄ Carracci

In **Neapel** entwickelte sich im 17. Jh. aus der Helldunkelmalerei Caravaggios eine eigene Malschule. Luca Giordano (1634–1705), wegen seiner zügigen Arbeitsweise Luca fa presto genannt, malte Bilder voll von religiösem Pathos oder mythologischer Heiterkeit und lieferte als Freskant prachtvolle Wand- und Deckengemälde, beispielsweise in S. Martino und S. Gregorio Armeno. Francesco Solimena (1687 bis 1747), dessen berühmtes Werk »Die Vertreibung des Heliodor« (1725) die Kirche Gesù Nuovo schmückt, war ein Meister der elegant-prächtigen Dekorationsmalerei. Der Kalabrier Mattia Preti (1613–1699), der in Rom, Neapel und für den Malteserorden auf Malta arbeitete, verband kraftvollen Naturalismus mit starker Licht-Schatten-Dramaturgie, zu beobachten u. a. in S. Pietro a Maiella in Neapel sowie in seinem Geburtsort Taverna.

◄ Giordano

◄ Preti

Plastik

◄ Rom

Gian Lorenzo **Bernini** ist auch der herausragende Bildhauer des römischen Barocks. In der Marmorgruppe Apoll und Daphne (1625, Galleria Borghese) hielt Bernini den Moment fest, in dem die fliehende Daphne durch die Verwandlung in einen Baum gerettet wird. Auch seine Bildnisbüsten sind äußerst differenziert und greifbar nah gestaltet. Beim Grabmal Papst Urbans VIII. (1628–1647, St. Peter) hielt sich Bernini an den bestehenden Typus mit Sarkophag, allegorischen Figuren und thronendem Papst in Pontifikalkleidung, doch lenkte er mit der Personifikation des Todes, die den Namen des Papstes schreibt, den Blick auch auf die Endlichkeit des mächtigen Kirchenfürsten. Das gewaltige, 29 m hohe Ziborium mit seinen vier gewundenen, reich ornamentierten Goldbronzesäulen über dem Petrusgrab (1624–1633) sowie die Cathedra Petri (1657–1666) in St. Pe-

Barocke Vorzeigestadt Siziliens: Noto

ter sind weitere Meisterwerke Berninis. In **Neapel** kulminiert der expressive Realismus der Barockplastik in der von Antonio Corradini und Francesco Queirolo im 18. Jh. ausgestatteten **Capella Sansevero**, in der sich auch der »Cristo Velato« von Giuseppe Sammartino befindet, ein Meisterwerk an plastischer Realität.

Klassizismus

Architektur In der zweiten Hälfte des 18. Jh.s wurde die spielerische Formensprache des Barocks zugunsten des strengen Vokabulars der **griechisch-römischen Antike** zurückgedrängt. Ein frühes Beispiel klassizistischer Architektur in Rom ist die Fassade von S. Giovanni in Laterano, die Alessandro Galilei 1733–1735 in großen, einfachen Maßen mit klarer, strenger kolossaler Gliederung gestaltete. Giuseppe Valadier (1762–1839) schuf 1816–1824 in Rom den monumentalen Prospekt am Hang des Pincio und die ovale Piazza del Popolo. Zur selben Zeit entstand in Neapel S. Francesco di Paola des Architekten Bianchi, ein überkuppelter Zentralbau mit Kolonnaden nach dem Vorbild des römischen Pantheons und des Petersplatzes.

Plastik Bedeutende Plastiken schufen **Antonio Canova** (1757–1822) und der Däne **Bertel Thorvaldsen** (1768–1844). Bei dem Grabmal für Papst Clemens XIV. (1783–1787) in SS. Apostoli in Rom, einem Frühwerk Canovas, trägt ein schlichter Sockel den antikischen Sarkophag, gerahmt von den trauernden Figuren der Bescheidenheit und der Sanftmut, mit dem darüber thronenden Papst in Pontifikalkleidung und siegreich ausgestreckter rechter Hand. Thorvaldsens Grabmal für Pius VII. (1824–1840) in St. Peter wird von den Personifikationen der Weisheit, Standhaftigkeit, der Zeit und der Geschichte geschmückt. Auf ein Modell Thorvaldsens geht die Statue Konradins von Hohenstaufen (1847) in der Neapler Kirche S. Maria del Carmine zurück, und Canova steuerte zur Ausschmückung der Neapler Piazza del Plebiscito zwei Reiterstandbilder bei.

19. Jahrhundert

Rom Im 19. Jh. waren Rom, Latium und Neapel Anziehungspunkte vieler Künstler aus dem Norden. Die romantisch gestimmten Deutschrömer sammelten sich um den Landschaftsmaler Joseph Anton Koch. Die Mitglieder der 1809 in Wien gegründeten Künstlervereinigung **Lukasbund**, auch spöttisch Nazarener genannt, zogen sich 1810 in das leer stehende Kloster S. Isidoro in Rom zurück, um ihre Ideale einer christlichen Lebensführung und Kunst zu pflegen. Overbeck und Pforr waren die Initiatoren, denen sich von Cornelius, Schadow, Schnorr von Carolsfeld, Veit u.a. anschlossen. In Gemeinschaftsarbeit wollten sie große Räume mit monumentalen Wandbildern ausstatten, darunter in der Villa Bartholdy (Palazzo Zuccari) mit Fresken aus der Geschichte Josephs (1817), die sich heute in Berlin befinden. Außerdem freskierten sie zwischen 1819 und 1829 das Gartenhaus des Marchese Carlo Massimo am Lateran mit literarischen Themen Dantes, Tassos und Ariosts. Das alte Dorf Olevano Romano südöstlich von Rom war zwischen 1800 und 1820 ein Mekka für bildende Künstler und Literaten.

◄ Neapel

In Verbindung mit der Kunstakademie entwickelte sich in Neapel eine **Gruppe des expressiven Realismus** um Domenico Morelli (1826–1901). Angeregt durch seinen nach Naturwahrheit strebenden Akademielehrer Giuseppe Mancinelli (1813–1875) schuf Morelli Bildnisse, Ansichten von Neapel und literarisch-romantisch geprägte Werke, die später den Einfluss des Impressionismus zeigen. Francesco Paolo Michetti (1851–1929), der in Francavilla al Mare ansässig war und sinnlich-farbenprächtige Bilder von Volksbräuchen in den Abruzzen malte, und Antonio Mancini (1852–1930), der kränkliche Kinder, Straßenhändler und Gaukler auf der Leinwand verewigte, waren Morellis Schüler. Aus Barletta in Apulien stammte der **Impressionist Giuseppe De Nittis** (1846–1884), der von der Neapler Akademie ausgeschlossen wurde und sich in Paris niederließ; 1874 war er einer Protagonisten der ersten Impressionistenausstellung.

Historismus

In der zweiten Hälfte des 19. Jh.s trat als Gegenbewegung zum Klassizismus der Historismus auf, der sich an großen Epochen der Vergangenheit orientierte. So erhielt etwa der Dom von Amalfi 1890 seine merkwürdige neogotische Fassade. Nach der **Vereinigung Italiens** und der Erhebung Roms zur Hauptstadt waren historisierende Stilelemente und Monumentalformen politisch-künstlerische Ausdrucksmittel der jungen konstitutionellen Monarchie. Aufwändige römische Ministerialbauten entstanden, darunter der gewaltige Palazzo di Giustizia (1888–1911) von Guglielmo Calderini im neuen Stadtteil Prati di Castello nahe der Engelsburg, Ausstellungsgebäude wie der Palazzo delle Esposizioni (1880–1882) mit Freitreppe und Triumphbogenmotiv von Pio Piacentini. Für das gigantische Nationaldenkmal Vittorio Emanueles II. aus weißem Marmor (Giuseppe Sacconi, 1885–1911) wurden auf der Piazza Venezia gleich zwei Renaissancepaläste abgerissen. In **Neapel** entstand 1887–1890 die kreuzförmige Geschäftspassage Galleria Umberto I als Eisengitterkonstruktion mit über 57 m hoher Glaskuppel.

20. Jahrhundert

Architektur

Zu Beginn des 20. Jh.s war die italienische Architektur – in Rom etwa der Palazzo delle Belle Arti (Guglielmo Calderini und Cesare Bazzani, 1911–1915) – dem Historismus verpflichtet. Ein Hauptvertreter des Jugendstils (»stile liberty«) um 1920 war **Gino Coppedè**, von dem im römischen Quartiere Dora bei der Via Tagliamento eindrucksvolle Beispiele erhalten sind. 1928 rangen in der Ausstellung »Esposizione dell'architettura razionale« die Rationalisten mit den Akademikern um die Gunst des jungen faschistischen Regimes, das schließlich ab 1937 die Rationalisten unterdrückte. **Mario Ridolfi** verwirklichte in Rom einige rationalistische Bauwerke wie das Postgebäude im Quartiere Nomentano (1932). In den 1950er-Jahren baute er zusammen mit anderen Architekten das INA-Casa-Viertel Tiburtino, das zum Symbol des italienischen Neorealismus werden sollte, durch die zwar unregelmäßige Struktur, aber in Verbindung mit traditionalistischen Häusern.

Jugendstil ►

Rationalismus ►

Eklektizismus ►

Marcello Piacentini baute 1926 das römische Hotel Ambasciatori in eklektizistischer Art, d. h. mit Elementen aus unterschiedlichen Stilen. Mit der Machtergreifung des Faschismus wurde er rasch ein Hauptvertreter der Regimebaukunst, die sich neoklassischer genauso wie historistischer Elemente bediente. Unter seiner Leitung entstanden ab 1932 die Città Universitaria und die monumentale Straßenflucht Via Conciliazione in Rom. Außerdem arbeitete Piacentini an dem Großprojekt EUR (Esposizione Universale di Roma), den Gebäuden für die 1942 geplante Weltausstellung – heute ein Stadtviertel mit Verwaltungs- und Wirtschaftszentrum, wo futuristische Hochbauten isoliert an breiten Straßen stehen, die in riesige Plätze münden. In **Neapel** ist das von Giuseppe Vaccaro und Giovanni Franzi entworfene Hauptpostamt (1935) mit seiner langen, durchplastizierten Fassade ein Beispiel des Eklektizismus.

Moderne ►

Ein Zeugnis moderner Architektur ist der 1938 von Angelo Mazzoni begonnene und 1950 vollendete römische Hauptbahnhof Termini, dessen Verwaltungsgebäude horizontal mit durchgehenden Fensterbändern gegliedert ist, in Kontrast zur geschwungenen Dachform der Empfangshalle. Pier Luigi Nervi war der prominenteste Architekt für Großprojekte anlässlich der **Olympischen Spiele** von 1960, für die er 1957/1958 den Palazzetto und 1960 den Palazzo dello Sport sowie das Stadio Flaminio errichtete. 1964–1970 baute er die Audienzhalle für den Papst als riesigen Raum mit schwingenden, lichterfüllten Decken. Zwischen 1986 und 1989 entstand im Norden Neapels unter Federführung von Aldo Rossi, Italiens bekanntestem Vertreter der Postmoderne, das Wohnviertel »Piazza Grande«. Unter Leitung des Japaners Kenzo Tange wurde in den 1990er-Jahren in Nähe des Neapler Hauptbahnhofs das **Centro Direzionale** als lichtes Ensemble von Hochhäusern aus Stahl und Glas gebaut. Renzo Piano zeichnet für die Stadterweiterung von Otranto (ab 1979), das Fußballstadion San Nicola (1987–1990) in Bari, das Auditorium (1994–2000) in Rom und die im Jahr 2000 geweihte neue Wallfahrtskirche für Padre Pio, eine gewaltige Kuppelkonstruktion, in S. Giovanni Rotondo auf dem Gargano verantwortlich. 2005 wurde Richard Meiers Pavillon für die Ara Pacis in Rom eröffnet.

Malerei und Plastik

Zu Beginn des 20. Jh.s kam es wie in anderen Hauptstädten Europas auch in Rom zu Sezessionen, zu Abspaltungen vom herkömmlichen akademischen Kunstbetrieb. Giacomo Balla hatte sich 1895 in Rom niedergelassen und propagierte seine neue Malerei später als »Futurismus«. Gemeinsam mit Fortunato Depero unterzeichnete er 1914 das Manifest **»Ricostruzione futurista dell'universo«** zum Neuaufbau des Universums, in dem Aspekte der Moderne wie Geschwindigkeit, Licht, Multiperspektivität u. a. in künstlerische Formen umgesetzt werden sollten. Im Gegenzug dazu entstand die Stilrichtung der Valori plastici, die durch eine überscharfe Modellierung der Gegenstände eine starre, rätselhafte Welt abbildete und sich seit 1920 wieder an Ideen der Renaissance orientierte. Die Pittura metafisica zog sich in surrealistische Bildwelten zurück; ihre Hauptvertreter Giorgio de Chirico (1888–1978), Giorgio Morandi (1890–1964) und Carlo Carrà (1881–1966) konstruierten alptraumhafte Ansichten von kahlen, leeren Plätzen und Interieurs. Ab 1922 gewann der **Stile Novecento** an Einfluss, der in Antiposition zu den modernen Strömungen wie Futurismus und Kubismus ging, um die nationalistisch verbrämten klassischen italienischen Kunsttraditionen wieder zur Geltung zu bringen.

◄ Futurismus

◄ Valori plastici

◄ Pittura metafisica

Die Entwicklung nach dem Zweiten Weltkrieg war reich an neuen Impulsen, viele Künstler wurden von dem aus Amerika kommenden abstrakten Expressionismus beeinflusst. 1947 fand sich in Rom die Gruppe Forma I zur Verteidigung der abstrakten Kunst zusammen. Während Emilio Vedova einen wilden, farbrauschartigen Pinselduktus vertrat, setzte sich Lucio Fontana mit monochromen Leinwänden auseinander, die er im Zuge seiner Idee von Verräumlichung der Malerei aufzuschlitzen begann. Anfang der 1960er-Jahre propagierten die Anhänger der **Arte povera** Einfachheit und Nachdenklichkeit in der Kunst, für die sie mit schlichten, trivialen Materialien eintraten. Dagegen gehörte Renato Guttoso u. a. mit dem bekannten Gemälde »Caffè Greco« (1976) dem **kritischen Realismus** an. Die folgende **Transavanguardia** in den 1980er-Jahren mit Sandro Chia, Enzo Cucchi und Francesco Clemente rückte grellfarbig das Abgründige, Pikante und Kuriose ins Blickfeld. Ebenfalls in den 1980er-Jahren engagierten sich Beuys und Warhol in Neapel. In der Vesuvstadt sind die neugestalteten Metro-Bahnhöfe zu einem Alltagsmuseum aktueller Kunsttendenzen geworden.

◄ Forma I

Das Centro Direzionale verkörpert wie kein anderes Gebäude in Neapel die Moderne.

Berühmte Persönlichkeiten

Zwei außergewöhnliche »Propheten« von europäischem Rang aus Kalabrien, ein kastrierter Opernsänger aus Apulien, Politiker im weitesten Sinne, Schriftsteller und natürlich italienische Schönheiten: Hier lernen Sie Persönlichkeiten aus dem Süden Italiens kennen, die Geschichte machten.

Tommaso Campanella (1568–1639)

»Philosoph der Hoffnung«

Gleichgültig, ob Campanella in Stilo oder Stignano geboren wurde – beide Orte beanspruchen ihn für sich –, seine Biografie ist spannend: 1599 wurde der Dominikanermönch wegen politischer Opposition gegen die spanische Herrschaft in Neapel verhaftet. 27 Jahre blieb er im Kerker. Papst Urban VIII. erreichte schließlich seine Auslieferung. 1629 war Campanella endlich wieder frei. Aber auch die Inquisition ließ ihn nicht in Ruhe, und schließlich floh er 1634 nach Paris, wo er fünf Jahre später starb. Seine bedeutendste Schrift ist **»Città del Sole«** (»Der Sonnenstaat«), die zum ersten Mal 1623 in Frankfurt veröffentlich wurde. Eine Kostprobe:
»Alles ist Gemeingut, die Verteilung aber ist Sache der Obrigkeit; denn wenn es kein Eigentum mehr gibt, so bleibt in uns einzig die Liebe zum Gemeinwesen zurück. Die öffentlichen Dienste und Arbeiten sind unter alle verteilt, so dass auf den einzelnen kaum vier Stunden Arbeit am Tage kommen. Die übrige Zeit kann jeder nach seinem Belieben mit angenehmen Studien, mit Disputieren, Lesen, Erzählen, Schreiben, Spazierengehen oder mit geistigen und körperlichen Übungen zubringen.«

Joachim von Fiore (1130/1135–1202)

»Prophet von europäischem Rang«

San Giovanni in Fiore, Hauptort des Sila-Gebirges, ist heute noch stolz auf Joachim von Fiore, der die Lehre von der Dreifaltigkeit Gottes weiterentwickelt hat. Und obwohl das fünfte Konzil 1215 seine Lehre verurteilte, reihte Italiens größter Dichter Dante Alighieri den kalabresischen Abt wegen seines »prophetischen Geistes« unter die Großen des Paradieses ein. Es war die Zeit Kaiser Friedrichs II. und Papst Innozenz' III., aber auch der »korrekten« und der »häretischen« **Erneuerungsbewegungen** in Gesellschaft und Kirche, der beiden Ordensgründer Franz von Assisi und Dominikus, aber auch der Katharer und Waldenser in Frankreich. Da forderte Joachim von Fiore Reformen im Zisterzienserorden, die er in seinem Kloster in Kalabrien auch verwirklichte. In Visionen und Weissagungen sprach er davon, dass die Welt drei Zeitalter erlebe, das des göttlichen Vaters und des Sohnes und des Heiligen Geistes, und dass bald die letzte Epoche der Gerechtigkeit und des Friedens beginne, in der an die Stelle der verderbten Kirche des Fleisches die vollkommene reine Kirche des Geistes treten werde. Seine Ideen vom Paradies, dem Reich Gottes auf Erden, gefielen der Kirche nicht, die ihn noch nach seinem Tod der Häresie verdächtigte (aber nicht verurteilte), trotzdem lebten sie weiter und beeinflussten alle gesellschaftlichen Aufbruchbewegungen bis in die Neuzeit.

← Der aus Apulien stammende Carlo Broschi, besser bekannt unter seinem Künstlernamen Farinelli, in einem allegorischen Kupferstich von Jacobo Amiconi (18. Jahrhundert)

Farinelli (1705–1782)

Opernsänger

Die ungeheure Attraktivität der Opera Seria im 18. Jh. lag vermutlich weniger an der Musik. Sie war vielmehr der Hintergrund für ein Höchstmaß an illusionistischer Prachtentfaltung. Und die idealtypische Besetzung in dieser künstlichen Welt war der **Kastrat** mit seiner »unnatürlich« virtuosen Stimme. Einer der berühmtesten Vertreter des »Gesangs, der an die Seele rührt« war der aus Andria in Apulien stammende Carlo Broschi, besser bekannt unter seinem Künstlernamen Farinelli. Schon als Jugendlicher feierte er in Neapel und anschließend in Rom und London große Triumphe. Umfang und Beweglichkeit seiner Stimme galten als beispielhaft. 1737 ging er auf Wunsch Philipps V. an den spanischen Hof und blieb dort 22 Jahre lang. Nach Italien zurückgekehrt, kaufte Farinelli sich in der Nähe von Bologna eine prachtvolle Villa, wo er im Alter von 77 Jahren starb. Obwohl seine Bühnenkarriere nur 16 Jahre dauerte, blieb sein Ruhm das ganze 18. Jh. hindurch und auch nach seinem Tod lebendig. Mit der Biografie Farinellis und dem Mythos des Kastratentums setzt sich der unterhaltsame Film von Gerard Corbiau auseinander: »Farinelli, Il Castrato« (1994 mit Stefano Dionisi).

? WUSSTEN SIE SCHON ...?

- Es heißt, dass Farinelli die Depressionen des spanischen Königs durch seinen Gesang habe mildern können. Zehn Jahre lang sang er Philipp V. täglich dieselben vier Lieder vor.

Friedrich II. (1194–1250)

Stauferkaiser

Baedeker Special S. 153 ►

Mitten auf dem Marktplatz von Jesi, einer Kleinstadt in Mittelitalien, soll Friedrich II., Enkel von Friedrich I. (Barbarossa) und Sohn des Stauferkaisers Heinrich VI., zur Welt gekommen sein: Weil Zweifel an der Schwangerschaft der 40-jährigen normannischen Thronerbin Konstanze laut geworden waren, machte diese, wie eine Legende berichtet, die Geburt öffentlich. Bereits 1196 wurde Friedrich zum deutschen König gewählt und 1198, nach dem Tode seines Vaters, zum König von Sizilien gekrönt. Als auch seine Mutter starb, geriet er unter die Vormundschaft von Papst Innozenz III. Mit dessen Einverständnis machte er sich 1212 nach Deutschland auf, wo er im selben Jahr in Mainz und nochmals 1215 in Aachen zum König gekrönt wurde, 1220 folgte die Kaiserkrönung in Rom.

Trotz seiner halb deutschen Herkunft betrachtete Friedrich Italien als seine Heimat, wohin er bald zurückkehrte. In seinem Erbreich Sizilien schuf er den ersten modernen, absolut regierten **Beamten- und Militärstaat**. Er förderte die Künste und Wissenschaften, erließ die Toleranzgesetze von Melfi, unterschrieb aber gleichzeitig Ketzergesetze und führte die Folter in den Gerichtsbrauch ein. 1245 verhängte der Papst den

Kirchenbann über den Stauferherrscher. Fünf Jahre später starb Friedrich in Castel Fiorentino bei Lucera. Nach einer sizilianischen Legende ritt der Kaiser in den Vulkan Ätna, aus dem er eines Tages wieder hervortreten wird, um die Welt zu retten.

Giuseppe Garibaldi (1807–1882)

Protagonist der italienischen Einigungsbewegung

Der Held des italienischen Risorgimento wurde 1807 in Nizza geboren, das damals zu Ligurien gehörte. Als Fünfzehnjähriger wurde er Schiffsjunge und 1832 Kapitän. 1833 schloss er sich **Giuseppe Mazzini** und seiner Bewegung »Giovane Italia« (»Junges Italien«) an, deren Ziel die Schaffung eines geeinten, republikanischen und demokratischen Italiens war. Nach seiner Verwicklung in die Verschwörung Mazzinis musste er 1834 fliehen. Von 1834 bis 1848 hielt er sich meist in Südamerika auf. Nach seiner Rückkehr nach Italien wurde er Abgeordneter von Genua, nahm 1848 und 1849 – als Anführer einer Legion von Freiwilligen – an den Kämpfen gegen Österreich in Oberitalien teil und leitete zuletzt die Verteidigung der im Februar 1849 ausgerufenen Römischen Republik. Die Österreicher siegten jedoch über die Piemontesen, die Römische Republik wurde aufgelöst. Im Mai 1860 landete Garibaldi mit Freiwilligen (**»Zug der Tausend«**) auf Sizilien, eroberte die Insel, das unteritalienische Festland und am 7. September Neapel. Seine Macht gab er jedoch an Vittorio Emanuele ab, der am 14. März 1861 vom neu gewählten Parlament den Titel »König von Italien« annahm. 1862 und 1867 scheiterten Garibaldis Versuche, den Kirchenstaat in das Königreich einzugliedern. Seine letzten Lebensjahre verbrachte er auf der kleinen Insel Caprera nördlich von Sardinien. Hier schrieb er u. a. seine »Memorie« (»Erinnerungen«) und vier Romane.

Überall wird der Held der italienischen Einigungsbewegung verehrt: auch auf Sardinien.

Ferdinand Gregorovius (1821–1891)

Schriftsteller

Einen »Belletristen« und »Historiker für Touristen« nannte ihn Leopold von Ranke. Doch das, was von der damals noch jungen deutschen Historikerzunft als Kritik gemeint war, ist der Grund, warum seine Lektüre auch Nichthistorikern Vergnügen bereiten kann.

Gregorovius stammte aus einer Pfarrer- und Juristenfamilie und lebte im ostpreußischen Neidenburg nahe der alten deutsch-polnischen Grenze. Nach dem Studium arbeitete er als Lehrer und als Redakteur der liberalen »Neuen Königsberger Zeitung«, für die er regelmäßig Leitartikel und politische Feuilletons schrieb. Nach dem Scheitern der Revolution von 1848, für deren Ideen er begeistert eingetreten war, und nach dem Verbot der »Neuen Königsberger Zeitung« brach er 1852 nach Italien bzw. nach Korsika auf, das er drei Monate lang durchwanderte. Im Anschluss zog er nach Rom, fasste seine Reiseeindrücke zusammen, einige erschienen in der »Augsburger Allgemeinen Zeitung«, und beschloss, die **mittelalterliche Geschichte Roms** zu beschreiben. Dabei hatte Gregorovius als deutscher mittelloser Protestant in Rom denkbar schlechte Voraussetzungen. Insgesamt war er fast 18 Jahre damit beschäftigt. Während dieser Zeit wurde er Zeuge der italienischen Einigungsbewegung, in deren Folge der Kirchenstaat aufgehoben und Rom zur Hauptstadt nur noch eines einzigen Volks, der Italiener, wurde. 1876 wurde er erster deutscher Ehrenbürger Roms und Mitglied der römischen Accademia dei Lincei, eine späte Auszeichnung. Zu seinen Hauptwerken gehören die »Wanderjahre in Italien«, die »Geschichte der Stadt Rom im Mittelalter« und die »Römischen Tagebücher«.

Carlo Levi (1902–1975)

Mediziner, Maler, Schriftsteller
Baedeker Special S. 172 ►

Aliano, das kleine Bergdorf zwischen Potenza und Matera in der Basilikata, ist nicht schön, aber als Schauplatz von Carlo Levis Roman **»Cristo si è fermato a Eboli«** (»Christus kam nur bis Eboli«) fast so etwas wie eine Berühmtheit. Im Spätsommer 1935 brachten zwei Carabinieri den 33-jährigen Levi, Sohn einer jüdischen Intellektuellenfamilie, Mediziner, Maler und Kommunist, nach Aliano. Er war ein »confinato politico«, einer derjenigen, die wegen ihrer politischen Aktivitäten bei Mussolini in Ungnade gefallen und in die Verbannung geschickt worden waren. Levi fand schnell Kontakt zur Bevölkerung. Als Mediziner kümmerte er sich um die Kranken, als Maler porträtierte er die Menschen und ihre Landschaft. Über seine Zeit in Aliano schrieb er erst einige Jahre später. 1945 erschien sein autobiografischer Roman, dessen Titel andeuten sollte, dass Aliano eine gottverlassene Gegend war, wo noch nicht einmal die Kirche Anteil am Elend seiner Bewohner nahm. Wenn auch Levis detaillierte Beobachtungen, seine ironischen und kritischen Beschreibungen zunächst nicht wenige seiner ehemaligen Nachbarn verärgerten, hat das Buch die Existenz des Ortes doch nachhaltig beeinflusst. Es wurde immerhin in 37 Sprachen übersetzt und gilt heute als **Klassiker des Neorealismus**. Zur Versöhnung trug auch die Verfilmung Ende der 1970er-Jahre bei. Der gleichnamige Film von Francesco Rosi mit Gian Maria Vo-

lonté in der Hauptrolle porträtierte die Figuren des Romans einiges weniger kritisch. Und heute schmückt sich Aliano mit dem Titel »Das Dorf von ›Christus kam nur bis Eboli‹«. Erst 1974 besuchte Levi sein Dorf noch einmal, wo er wenige Monate später und seinem Wunsch gemäß auch beigesetzt wurde.

Sophia Loren (geb. 1934)

Schauspielerin

Sofia Villani Scicolone kam in Rom zur Welt. Ihre Kindheit und Jugend verbrachte sie in ärmlichen Verhältnissen in Pozzuoli westlich von Neapel. Eigentlich wollte sie Lehrerin werden, doch ihre ehrgeizige Mutter, eine gescheiterte Schauspielerin, wollte etwas Besseres für ihre attraktive Tochter. Da es keine Beziehungen zum Film gab, blieb die Teilnahme an Schönheitswettbewerben. Bei den Wahlen zur »Miss Rom« (1950) befand sich unter den Jurymitgliedern auch der 21 Jahre ältere Filmproduzent Carlo Ponti, der ihr eine Schauspielausbildung, den Künstlernamen Loren und Filmrollen verschaffte. In den folgenden Jahren drehte sie Filme wie »L'oro di Napoli« (1954, Das Gold von Neapel), »La donna del fiume« (1954, Die Frau vom Fluss), »The Black Orchid« (1959, Die schwarze Orchidee), die sie rasch bekannt und zu **Italiens Sexsymbol** machten. Für ihre Rolle in

Die Rolle der Pizzabäckerin in Vittorio de Sicas Streifen »Das Gold von Neapel« (1954) verhalf der italienischen Schauspielerin Sophia Loren zum internationalen Durchbruch.

Vittorio de Sicas Drama »La ciociara« (1961, »... und dennoch leben sie«) erhielt sie als erste Schauspielerin einen Oscar als beste Darstellerin in einem nicht englischsprachigen Film. In den folgenden Jahrzehnten schrieb sie mit über 80 Rollen und vielen Auszeichnungen nicht nur Filmgeschichte, sie befreite sich auch von ihrem traditionellen Rollenklischee als mandeläugiges, sinnlich-erotisches Weib. Und auch privat setzte sie sich durch. Im September 1957 hatte die Loren den (in Mexiko geschiedenen) Ponti geheiratet. Diese Ehe wurde in Italien nicht legalisiert, Ponti sogar der Bigamie angeklagt. Erst 1966 gaben die beiden den Behördenkrieg auf, nahmen die französische Staatsbürgerschaft an und heirateten ein zweites Mal legal in Frankreich; die Ehe, aus der zwei Söhne hervorgegangen sind, hielt bis zu Carlo Pontis Tod im Jahr 2007. Ausführliche Informationen über das Leben der Loren und vor allem über ihre Filme gibt es im Internet unter www.sophialoren.com.

Anna Magnani (1908 [?]–1973)

Filmstar

»Ich stamme aus Trastevere [einem ärmlichen Stadtteil von Rom]. Ich habe gearbeitet, wahrscheinlich zehnmal mehr als andere, weil ich hässlich und lächerlich bin. Ich habe gearbeitet für die Kunst.« Der internationale Durchbruch gelang Italiens wohl großartigstem Filmstar Anna Magnani 1945 mit **Roberto Rossellinis Film »Rom – offene Stadt«**, der die Geschichte einer schwangeren Witwe erzählt, die in die Katastrophe getrieben wird. Ihre leidenschaftliche Darstellungskraft und reiche Mimik machten sie weltweit zur Idealbesetzung für dramatische Rollen. Mit Rossellini war sie auch privat eng verbunden. Als dieser aber ohne ihr Wissen Ingrid Bergman für den Film »Stromboli« verpflichtete, dessen Hauptrolle eigentlich ihr zugedacht war, übernahm sie den Hauptpart im Konkurrenzfilm »Vulcano« (1949), der trotz ihrer brillanten Darstellung ein Flop wurde. Begraben ist Anna Magnani im Familienmausoleum von Roberto Rossellini, mit dem sie sich einige Jahre nach ihrer großen Enttäuschung wieder versöhnte.

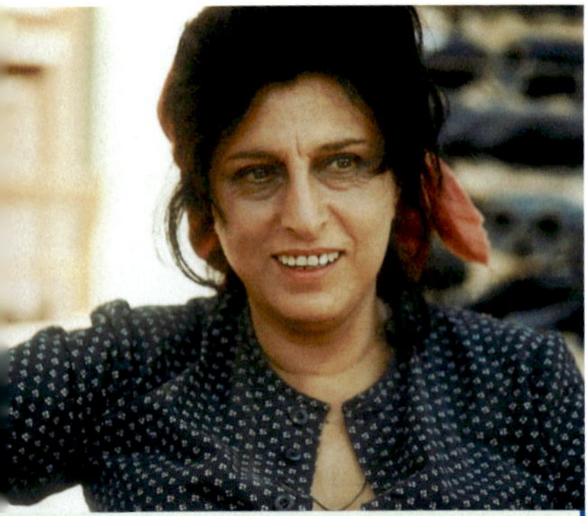

Erdverbunden und ohne Glamour, aber äußerst beliebt: Anna Magnani

Padre Pio (1887–1968)

Der Heilige vom Gargano

Er habe weniger als ein kleines Kind gegessen und kaum geschlafen. Regelmäßig schüttelten ihn Fieberanfälle, die Normalsterbliche umgebracht hätten. Er aber verströmte nur leichten Blumenduft ... Pad-

In diesem kargen Haus in Pietrelcina kam Francesco Forgioni 1887 zur Welt.

re Pio, von dem hier die Rede ist, ist nördlich der Alpen wenig bekannt. In Italien wird er längst wie ein **Nationalheiliger** verehrt. Am 25. Mai 1887 kam Francesco Forgioni in Pietrelcina, einem kleinen Ort in der Nähe von Benevent, als Sohn eines Schäfers auf die Welt. 1907 trat er dem Kapuzinerorden bei, einem Zweig der Gemeinschaft des hl. Franziskus. 1916 wurde er Mitglied im Konvent von San Giovanni Rotondo auf der Gargano-Halbinsel. Bereits kurz darauf sollen an seinen Händen und Füßen die Wundmale Christi aufgetreten sein, die ihm im Übrigen große Schmerzen bereiteten. In Rom galt er jedoch als Schwindler, und kurze Zeit durfte er nicht einmal die Messe lesen oder Briefe seiner Anhänger beantworten. Immer mehr Gläubige und Neugierige suchten seine Nähe oder Unterstützung. Ungezählte Katholiken schwören, von ihm über Nacht geheilt worden zu sein, manches wurde von Ärzten in kirchlichem Auftrag untersucht und als »medizinisch unerklärlich« attestiert. Das von ihm gegründete Hilfswerk zur Pflege bedürftiger Kranken, die **Casa Sollievo della Sofferenza**, ist heute ein blühendes Unternehmen. Filme, Bücher, Videos und 40 000 Internetseiten künden von seinen Werken. Auch ökonomisch ist der Heilige ein Rekordhalter: Etwa eine Million Euro bringen die rund sieben Millionen Pio-Pilger jährlich in seinen ehemaligen Wirkungsort.

◄ Baedeker Special S. 208

Padre Pio wurde schon 34 Jahre nach seinem Tod heilig gesprochen. In der jüngeren Kirchengeschichte wurde noch niemandem so schnell die Würde der Altäre zuteil.

Praktische Informationen

WO FINDET MAN DIE SCHÖNSTEN BADESTRÄNDE? WAS SIND ÖNOTHEKEN? MIT WELCHER LEKTÜRE KANN ICH MICH AM BESTEN AUF MEIN REISEZIEL VORBEREITEN? HIER FINDEN SIE PRAKTISCHE INFORMATIONEN FÜR EINEN UNBESCHWERTEN URLAUB.

Anreise · Reiseplanung

Mit dem Auto Zwischen Juni und September, vor allem aber an den ersten Tagen im August – dem Beginn der italienischen Ferien – muss mit **zähflüssigem Verkehr** auf den Autobahnen nach Süden gerechnet werden. Aktuelle Auskunft über Autoverkehr, günstige Reisezeiten, Alpenpässe (inkl. Öffnungszeiten), Baustellen sowie günstige Routen erteilen die Automobilklubs.

Über Österreich ► Aus dem Osten Deutschlands führt die wichtigste Route über Innsbruck, den ganzjährig geöffneten **Brenner**, Bozen und Verona in Richtung Süden. Eine schöne, aber zeitintensive Alternative ist die Fahrt über Landeck, Reschenpass, Meran und Bozen. Die Route aus dem Osten Österreichs führt über Klagenfurt, Villach, Tarvisio und Udine nach Venedig.

Über die Schweiz ► Die Anreise aus dem Westen Deutschlands führt über Zürich, den **St. Gotthard** oder **San Bernardino**, Bellinzona, Chiasso und Como nach Mailand. Je nach zur Verfügung stehender Zeit kann man unter weiteren landschaftlich sehr reizvollen, jedoch längeren Strecken wählen, etwa über den Lukmanier- oder den Maloja-Pass.

WICHTIGE ADRESSEN ANREISE

MIT DER BAHN

► **In Deutschland**
Tel. 08 00/1 50 70 90
Fahrplanauskünfte
Tel. 1 18 61 (gebührenpflichtig)
www.bahn.de

DB Auto Zug GmbH
Tel. 0 18 05/24 12 24
www.dbautozug.de

► **Trenitalia**
in Deutschland
Auskünfte und Reservierung
Tel. 0 60 31/73 76 30
Fax 0 60 31/72 50 81
www.trenitalia.com

Kartenbestellung für Autoreisezüge
Auriga Travel
Riva Rovigo 51
I-39100 Bozen
Tel. 00 39/04 71 93 02 01
Fax 00 39/04 71 20 16 20

MIT DEM BUS

► **Deutsche Touring**
Am Römerhof 17
60486 Frankfurt/Main
Tel. 0 69/79 03 30
Fax 0 69/7 90 32 19
www.touring.de

MIT DEM FLUGZEUG

► **Alitalia**
Tel. 01 80/5 07 47 47
www.alitalia.com

► **Lufthansa**
Tel. 01 80/3 80 38 03
www.lufthansa.com

► **Austrian Airlines**
Tel. 01 80/3 00 05 20
www.aua.com

► **Swiss**
Tel. 01 80/3 00 03 37
www.swiss.com

▶ **Easyjet**
Tel. 01 80/3 65 43 21
www.easyjet.com

▶ **Air Berlin**
Tel. 01 80/5 73 78 00
www.airberlin.com

▶ **Tuifly**
Tel. 0 90 01 / 1 09 95 95
www.tuifly.com

▶ **Condos**
Tel. 01 80 / 5 76 77 57
www.condor.com

▶ **LTU**
Tel. 021 / 19 41 83 33, www.ltu.de

FLUGHÄFEN

▶ **Roma-Fiumicino Leonardo da Vinci**
35 km südwestlich von Rom
Züge nach Roma Tiburtina, Tuscolana und Ostiense sowie zur Stazione Termini; www.adr.it

▶ **Roma-Ciampino**
südwestlich von Rom; Autobusse ins Stadtzentrum; www.adr.it

▶ **Napoli Capodichino**
6 km zur Stadt; ANM- oder Alibus zur Piazza Garibaldi/Hauptbahnhof; www.gesac.it

▶ **Bari Palese**
11 km zur Stadt
Bus: AMTAB 16 zur Piazza Moro, TEMPESTA zum Hauptbahnhof
www.seap-puglia.it

▶ **Palermo Falcone-Borsellino**
Punta Raisi, 32 km westlich
Shuttlebus und Trinacría-Express (Metro) zum Hauptbahnhof; Tel. 09 17 02 01 11; www.gesap.it

▶ **Olbia (Sardinien, Costa Smeralda)**
3 km südlich von Olbia
Tel. 07 89 56 34 44; www.geasar.it

REEDEREIEN

▶ **Moby Lines Europe GmbH**
Fähren nach Sardinien, Elba und anderen Zielen

Vertretung Deutschland:
Wilhelmstraße 36–38
65183 Wiesbaden
Tel. 06 11/1 40 20, Fax 1 40 22 44
www.mobylines.it

▶ **Tirrenia**
Fähren, Schnellboote nach Sardinien, Sizilien, Tunis

Vertretung in Deutschland:
Armando Farina GmbH
Schwarzwaldstraße 82
60505 Frankfurt a. M.
Tel. 0 69/6 66 84 91, Fax 6 66 84 77
www.tirrenia.it

▶ **Turisarda**
Fähren nach Sardinien

Vertretung in Deutschland:
Richardstraße 28
40231 Düsseldorf
Tel. 02 11/22 94 00 15
Fax 22 94 90 29
www.turisarda.com

▶ **Grandi Navi Veloci**
Fähren nach Sardinien und Sizilien

Vertretung in Deutschland:
Seetours International
Frankfurter Straße 233
63263 Neu Isenburg
Tel. 0 61 02/81 10 04
www.gnv.it

Autobahngebühren ▸ Die Benutzung der Autobahnen ist in Österreich, der Schweiz und in Italien meist gebührenpflichtig. Die erforderlichen **Vignetten** sind in Deutschland beim ADAC, bei den Postämtern sowie an Grenzübergängen und Tankstellen erhältlich. Zwischen Innsbruck und Brenner muss man außerdem Mautgebühren für die Brennerautobahn bezahlen. Die Autobahngebühren **in Italien** bezahlt man entweder in bar, mit Kreditkarte oder mit der so genannten Viacard, die man bei den Automobilclubs, an wichtigen Mautstellen (»Punto Blu«), an Tankstellen und Raststätten erhält.

Mit der Bahn

Von allen wichtigen Städten Deutschlands, Österreichs und der Schweiz gibt es Direktverbindungen nach Mailand, Rom oder Neapel und von dort Verbindungen zu vielen Städten in Süditalien. Für Intercity, Eurocity, Eurostar und Pendolino, einen Hochgeschwindigkeitszug der Luxusklasse, benötigt man **Platzkarten**; außerdem muss ein Zuschlag (supplemento) entrichtet werden. Es gibt einfache (andata) und Rückfahrkarten (andata e ritorno) für erste (prima) und zweite (seconda) Klasse (classe). Internationale Fahrkarten sind ab dem Ausstellungsdatum zwei Monate lang gültig, wobei die Fahrt beliebig oft unterbrochen werden kann. In Italien gelöste Fahrkarten sind bei Entfernungen bis zu 200 km 6 Stunden, über 200 km Fahrtstrecke 24 bis 48 Stunden gültig.

Fahrkarten müssen am Abfahrtsbahnhof in orangefarbenen Automaten abgestempelt werden. Besondere **Ermäßigungen** gelten für Gruppenreisende, Senioren über 60 Jahre, Jugendliche unter 26 Jahren und Familien.

Mit Bahn und Auto ▸ Eine Zeit und Nerven schonende Alternative ist die Fahrt mit dem Autozug der Deutschen Bahn. Von Anfang Mai bis Anfang Oktober gibt es von Hamburg, Berlin, Düsseldorf, Hildesheim oder München aus verschiedene Verbindungen.

Mit dem Flugzeug

Von allen größeren internationalen Flughäfen in Deutschland, Österreich und der Schweiz gibt es Linien- und Charterflüge nach Italien. Die wichtigsten internationalen Flughäfen neben Mailand-Malpensa und Rom-Fiumicino sind Mailand-Linate, Rom-Ciampino, Neapel, Bari und Palermo. **Linienflüge nach Süditalien**, vor allem nach Olbia und Cagliari, Pescara, Brindisi, Lamezia Terme, Palermo und Catania, führen meist über Mailand oder Rom. Direkte Billigflüge aus Deutschland, Österreich und der Schweiz sind oft die bessere Alternative.

Mit dem Schiff

Italien verfügt über ein großes Netz von Fährlinien zu den vielen Inseln, zum restlichen Europa und nach Nordafrika. Vor allem für die Hauptreisezeit sollte man frühzeitig buchen. Ausführliche Informationen über Routen, Fahrpläne, Fahrpreise und Buchungsmöglichkeiten erhält man in den Reisebüros, bei den Verkehrsämtern, den Reedereien und über das Internet, etwa bei: www.ferryconsult.de, www.faehre-online.de, www.traghettionline.it, www.fun.informare.it.

Reisedokumente

Ausweis

Für Bürger aus den Ländern der EU und der Schweiz reicht ein **gültiger Personalausweis**. Kinder unter 16 Jahren müssen einen Kinderausweis besitzen oder im Elternpass eingetragen sein.

◄ Verlust

Wenn die Papiere gestohlen wurden, helfen deutsche Vertretungen im Ausland. Erste Anlaufstelle ist jedoch die Polizei, denn ohne eine Kopie der **Diebstahlsmeldung** geht gar nichts. Die Botschafts- oder Konsulatsadresse erhält man vom Auswärtigen Amt (www.auswaertiges-amt.de). Ersatzpapiere bekommt man viel leichter, wenn man die **Kopien** der jeweiligen Dokumente vorweisen oder diese von einem elektronischen Postfach abrufen kann.

◄ Fahrzeugpapiere

Mitzuführen sind der Führerschein, der Kraftfahrzeugschein und die Internationale Grüne Versicherungskarte. Kraftfahrzeuge ohne Euro-Kennzeichen müssen das ovale Nationalitätskennzeichen tragen.

Krankenversicherung

Auch im EU-Ausland müssen die gesetzlichen Krankenkassen die Kosten für ärztliche Leistungen erstatten. Voraussetzung ist, dass dem behandelnden Arzt die **Krankenversicherungskarte** vorgelegt wird. Sie ersetzt seit 1. 1. 2005 den Auslandskrankenschein; ist man nicht im Besitz einer solchen Karte, muss eine Ersatzbescheinigung ausgestellt werden. Auch mit dieser Karte sind in vielen Fällen ein Teil der Behandlungskosten bzw. Ausgaben für spezielle Medikamente selbst zu zahlen. Gegen Vorlage der Quittungen übernimmt die Krankenkasse im Heimatland dann gegebenenfalls die Erstattung der Kosten.

◄ Private Reisekrankenversicherung

Da die Kosten für ärztliche Behandlung und Medikamente in der Regel teilweise vom Patienten zu tragen sind und die Kosten für einen evtl. Rücktransport von den Krankenkassen grundsätzlich nicht übernommen werden, empfiehlt sich der Abschluss einer zusätzlichen Reisekrankenversicherung.

Haustiere

Zur Einreise von Hunden und Katzen braucht man einen EU-Heimtierpass, der eine gültige Tollwutimpfung bescheinigt. Zusätzlich ist eine Identitätskennung des Tieres durch Tätowierung oder Mikrochip erforderlich. Auch Maulkorb und Leine sind mitzuführen. Die meisten Agriturismi, aber auch einige Hotels und Pensionen akzeptieren die kleinen (!) Haustiere ihrer Gäste. Auf entsprechende Symbole in den offiziellen Unterkunftsverzeichnissen achten!

Zollbestimmungen

EU

Innerhalb der Europäischen Union ist der Warenverkehr für private Zwecke weitgehend zollfrei. Zur Abgrenzung zwischen privater und gewerblicher Verwendung gelten folgende **Höchstmengen**: 800 Zigaretten, 400 Zigarillos, 200 Zigarren, 1 kg Rauchtabak; 10 l Spirituosen, 20 l Zwischenerzeugnisse, 90 l Wein (davon max. 60 l Schaumwein) und 110 l Bier. Bei einer Kontrolle ist glaubhaft zu machen, dass die Waren nur für den privaten Verbrauch bestimmt sind.

Einreise aus Nicht-EU-Ländern Für Reisende aus Nicht-EU-Ländern (u.a. Schweizer Staatsbürger) liegen die **Freigrenzen** für Personen über 17 Jahren bei 200 Zigaretten oder 100 Zigarillos oder 50 Zigarren oder 250 g Rauchtabak, ferner bei 2 l Wein und 2 l Schaumwein oder 1 l Spirituosen mit mehr als 22 Vol.-% Alkoholgehalt oder 2 l Spirituosen mit weniger als 22 Vol.-% Alkoholgehalt, 500 g Kaffee oder 200 g Kaffeeauszüge, 100 g Tee oder 40 g Tee-Extrakt, 50 g Parfüm oder 0,25 l Eau de Toilette. Zollfrei sind außerdem Geschenke bis zu einem Wert von 170 Euro.

Wiedereinreise in die Schweiz Abgabenfrei für Personen ab 17 Jahren sind 200 Zigaretten oder 50 Zigarren oder 250 g Rauchtabak, an alkoholischen Getränken 2 l mit bis zu 15 Vol.-% Alkoholgehalt und 1 l mit mehr als 15 Vol.-% Alkoholgehalt als Höchstmenge; ferner Geschenke im Wert bis 300 CHF. Nähere Auskünfte erteilt die **Oberzolldirektion**, Monbijoustr. 40, CH-3000 Bern, Tel. (0 31) 3 22 21 11, www.zoll.ch.

Auskunft

AUSKUNFT ZU HAUSE

► **Staatliches Italienisches Fremdenverkehrsamt ENIT**
Zentrale: Kaiserstraße 65
60329 Frankfurt/Main
Tel. 0 69/23 74 34
Fax 0 69/23 28 94
www.enit-italia.de
enit.ffm@t-online.de

Lenbachplatz 2, 80336 München
Tel. 0 89/53 13 17, Fax 53 45 27
enit-muenchen@t-online.de

Friedrichstraße 187, 10117 Berlin
Tel. 0 30/24 78 398, Fax 24 78 399
enit-berlin@t-online.de

► **ENIT in Österreich**
Kärntner Ring 41010 Wien
Tel. 01/5 05 16 30 12
Fax 01/5 05 02 48
www.enit.at

► **ENIT in der Schweiz**
Uraniastraße 32, 8001 Zürich
Tel. 0 43/4 66 40 40
Fax 0 43/4 66 40 41
www.enit.ch

REGIONEN IN ITALIEN

► **Abruzzo**
www.regione.abruzzo.it
Viale Bovio 425, 65124 Pescara
Tel. 0 85 76 71
Fax 08 57 67 20 67

► **Apulien**
►Puglia

► **Basilicata**
www.basilicatanet.it
Via Anzio 44, 85100 Potenza
Tel. 09 71 66 82 17
Fax 09 71 66 81 33

► **Calabria**
www.regione.calabria.it
Via Massara 2, 88100 Catanzaro

Tel. 09 61 85 11
Fax 09 61 72 68 30

- **Campania**
  www.regione.campania.it
  Via Santa Lucia 81, 80132 Napoli
  Tel. 08 17 96 11 11
  Fax 08 17 96 20 27

- **Latium**
  www.regione.lazio.it
  V. Rosa Raimondi Garibaldi 7
  00145 Roma
  Tel. 0 65 16 81
  Fax 06 51 68 40 59

- **Molise**
  www.regione.molise.it
  Via Mazzini 94
  86100 Campobasso
  Tel. 08 74 42 91

- **Puglia**
  www.pugliaturismo.com
  Piazza Moro 32/A, 70121 Bari
  Tel. 08 05 24 23 61
  Fax 08 05 24 23 29

- **Sardegna**
  www.regione.sardegna.it
  Via Trieste 105, 09124 Cagliari
  Tel. 0 70 60 61
  Fax 07 06 06 72 55

- **Sicilia**
  www.regione.sicilia.it
  Via delle Croci 8, 90139 Palermo
  Tel. 09 17 07 17 36
  Fax 09 16 09 06 76

BOTSCHAFTEN

- **Deutsche Botschaft**
  Via San Martino della Battaglia 4
  00185 Roma
  Tel. 06 49 21 31
  www.rom.diplo.de
  Generalkonsulate in Mailand und Neapel

- **Österreichische Botschaft**
  Via Pergolesi 3
  00198 Roma
  Tel. 0 68 44 01 40
  www.austria.it
  Generalkonsulate in Mailand und Triest

- **Schweizer Botschaft**
  Via Barnaba Oriani 61
  00197 Roma
  Tel. 0 68 08 95 71
  www.eda.admin.ch/roma
  Generalkonsulate in Genua, Mailand und Neapel

IM INTERNET

- **www.enit-italien.de**
  Hervorragende Seite der ENIT mit allgemeinen Informationen.

- **www.italienwelten.de**
  Aktuelle Kulturinformationen, Tipps fürs Studium und den Urlaub; tolle Links

- **www.italiamici.de**
  Reisetipps und Forum

- **www.museionline.it**
  www.beniculturali.it
  Viele Informationen zu Museen, kulturellen Veranstaltungen und Ausstellungen

- **www.italien-aktiv.info**
  Tipps für den Aktivurlaub in Süditalien

- **www.prodottitipici.com**
  Touristische und kulinarische Notizen zu Italien

- **www.legambiente.org**
  Umweltbericht der italienischen Strände

Badeurlaub

Wissenswertes Italien ist auch wegen seiner Badestrände ein beliebtes Urlaubsziel. Viele sind jedoch **nicht frei zugänglich**, sondern von privaten Badeanstalten (bagno, stabilimento balneare) oder Hotels belegt, die für ihre Dienstleistungen (Umkleidekabinen, Liegestühle, Sonnenschirme etc.) Gebühren erheben, dafür aber für einen sauberen Strand sorgen. An felsigen Küsten wie in Apulien oder Kalabrien und auch wegen der Seeigel sind Badeschuhe ratsam.

i Infos zur Wasserqualität

- ADAC, Tel. 01 80/5 23 22 21, www.adac.de
- Stiftung Umwelterziehung, www.feeitalia.org
- Umweltbericht italienischer Strände, www.legambiente.org

Wassertemperaturen Die Badesaison reicht in Süditalien von Mai/Juni bis Oktober. Zu Beginn hat man Wassertemperaturen von 18–20 °C, bis zum August steigen sie auf 24–25 °C, im Oktober ist das Wasser noch 20–22 °C warm.

Thermalquellen Bereits die Etrusker nutzten die vielen Heilquellen der Apenninhalbinsel. Die bei der ENIT (► Auskunft) erhältliche Broschüre »Thermalorte Italia« stellt sie alle vor und informiert auch über die Indikationen der Heilquellen.

Baderegionen

Apulien Das beliebteste Ziel Apuliens für einen Strandurlaub ist der **Gargano**, die in die Adria ragende Felsnase im Südosten Italiens mit kleinen Sand- und Kiesbuchten und ein paar langen Sandstränden wie bei

Sonnenanbeter finden paradiesische Sandstrände an der Westküste Sardiniens.

Vieste und Rodi Garganico. Sehr schön sind außerdem die Küste zwischen Torre Canne und Brindisi sowie die Salento-Küste mit teils dünengeschützten Sandstränden wie bei Torre Chianca oberhalb von Casino dei Turchi (nahe Otranto), fjordähnliche Küsteneinschnitte bei Porto Badisco und Aquaviva (südlich von Otranto), die Dünenbucht Baia Verde südlich von Gallipoli sowie die Felsküste mit kleinen Sandbuchten nördlich von Gallipoli.

Perle Siziliens: die Lagune von Tindari

Das Baden in der Nähe Neapels ist wegen der Wasserverschmutzung nicht zu empfehlen. Schöne Strände gibt es auf den Inseln Ischia und Capri. Auch die Halbinsel von Sorrent, einige Abschnitte der Amalfiküste und vor allem die **Strände des Cilento** zwischen Agropoli und Palinuro bieten gute Bademöglichkeiten.

Eine schöne Felsenküste mit klarem Wasser und kleinen Buchten hat die **Basilikata** am Tyrrhenischen Meer um Maratea.

Im Süden **Kalabriens** liegen am Tyrrhenischen Meer lange weiße Sandstrände, da und dort durch felsige Abschnitte unterbrochen. Der attraktivste Platz ist die felsige Küste des **Capo Vaticano**. An der Ostküste (Ionisches Meer) dehnen sich zwar schier endlose Sandstrände, sie sind aber mit wenigen Ausnahmen wie Crotone und Capo Rizzuto sowie einigen kleinen, wenig anziehenden Badeorten meist völlig »naturbelassen«.

Sardinien

Sardinien besitzt an vielen Stellen herrliche Sandstrände. Die bekanntesten Küsten sind die **Costa Smeralda** im Nordosten der Insel mit vielen kleinen Buchten, die teilweise nur vom Wasser aus zugänglich sind, die Costa Rei im Südosten mit einem schönen, fast 10 km langen Sandstrand, die Costa del Sud südwestlich von Cagliari und die noch wenig bekannte Costa Verde an der Westküste.

Sizilien

Schöne felsenreiche Strände befinden sich an der Nordküste der Insel bei Scopello und dem angrenzenden Naturpark Zingaro sowie zwischen Cefalù und Tíndari (Sandstrand).
An der Südküste zwischen Sciacca und Eraclea Minoa sowie östlich von Marinella di Selinunte bis zur Mündung des Bélice-Flusses erstrecken sich weitere Sandstrände.
An der Ostküste sind das Naturschutzgebiet Vendicari südlich von Marina di Noto sowie der feine Kieselstrand von Mazzarò in der Nähe von Taormina und schließlich der Abschnitt zwischen Taormina und Aci Castello zu empfehlen.

Elektrizität

Das Stromnetz führt 220 Volt Wechselstrom. Im Allgemeinen ist wegen der verschiedenen Steckdosenbauarten ein Adapter (riduzione, spina di adattamento) nötig. Europanorm-Gerätestecker sind verwendbar, wenn sie dünne Kontaktstifte besitzen.

Essen und Trinken

Restaurant

Neben Restaurants (ristorante) gibt es Trattorien (trattoria), Osterien (osteria) und die als »tavola calda« (warme Küche) bezeichneten Lokale. In den Städten findet man auch Pizzerie und Selbstbedienungsrestaurants.

In italienischen Restaurants ist es unüblich, sich seinen Tisch selbst auszusuchen. Man wartet, bis der Kellner den Platz zuweist. Zum normalen Preis für das Essen werden zum Teil Bedienung (servizio) und / oder Gedeck (coperto) zusätzlich berechnet. Das Trinkgeld legt man gesondert vom Rechnungsbetrag auf das Wechselgeldtellerchen. Wichtig: Im August haben – außer in Ferienorten – viele Betriebe geschlossen.

> ! *Baedeker* TIPP
>
> **Önotheken**
>
> Eine Besonderheit Italiens sind die so genannten Önotheken (enoteche), Probierstuben, in denen man landestypisch essen und die Weine der Region probieren (und kaufen) kann.

Aufgrund ihrer Vielseitigkeit genießt die italienische Küche einen außerordentlich guten Ruf. In puncto Essgewohnheiten sind einige Besonderheiten zu beachten. Das italienische

Essgewohnheiten

Frühstück (colazione) beschränkt sich häufig auf einen Cappuccino (Espresso mit aufgeschäumter Milch) oder einen Caffè (Espresso) mit Gebäck, etwa einem frischen Hörnchen (cornetto). Die Hotels sind jedoch meist auf die Gewohnheiten ihrer ausländischen Gäste eingestellt und bieten ein mehr oder weniger reichhaltiges Frühstücksbuffet an. Zu empfehlen ist aber immer noch das Frühstück in einer ganz normalen Bar. Das **Mittagessen** (pranzo) besteht meist aus einem antipasto (Vorspeise), primo (Pasta, Risotto oder Suppe), secondo (Fleisch oder Fisch) mit Gemüse (contorno) oder Salat (insalata). Anschließend kann man zwischen Käse (formaggio), dolce (Dessert), gelato (Eis) oder frutta (Obst) wählen. Der Espresso beschließt das Mahl. Manche bestellen ihn »corretto« (mit Grappa, Cognac, Amaro oder Sambuca »korrigiert«). Das **Abendessen** (cena), bei dem sich die Speisenfolge des Mittagessens wiederholt, wird selten vor 19.30 Uhr serviert.

Speisekarte

►Sprache

Cucina italiana

Geschichte

Laut dem Larousse Gastronomique, der Bibel der französischen Küche, ist »die italienische Küche für alle Länder des westlichen Europas der wahre Ursprung aller Kochkunst«. Ihre Begründer waren die Römer, die sich nicht nur die Fülle der im eigenen Land wachsenden Zutaten zu Nutze machten, sondern viele – u. a. kulinarische – Einfälle aus allen möglichen anderen Ländern verarbeiteten. Auch heute ist die kulinarische Palette Italiens sehr groß. Das liegt zu einem großen Teil daran, dass es »die« italienische Küche gar nicht gibt. Vielmehr ist die Cucina italiana eine **Küche der Regionen** und Symbol für die vielfältigen regionalen Traditionen. Deren Besonderheiten haben viel mit den charakteristischen Produkten der wechselnden Landschaften zu tun, denn die dort lebenden Menschen sind mit ihrem Speisezettel vom Selbsterzeugten abhängig

Abruzzen und Molise

In der Küche in Abruzzen und Molise regiert der **Peperoncino**, die scharfe Chilischote. Viele Gerichte sind rot eingefärbt. Man spricht von einer diabolischen, aber fröhlichen Küche, d. h., man benutzt viel Feuer: Feuer im Kamin, Feuer im Essen und sogar in den Getränken. Der Grund für so viel Feuer liegt in der Kälte, denn es gibt lange Winter mit viel Schnee. Eine besondere Raffinesse sind die maccheroni alla chitarra. Die maccheroni – hier schmale Bandnudeln – werden mit einer Sauce aus Tomaten, geräuchertem Bauchspeck, Kräutern und etwas Pecorino (Schafskäse) oder auch mit einem Ragout aus Schaf- oder Hammelfleisch serviert. Da die Schafzucht in dieser Region eine wichtige Rolle spielt, gibt es hier auch viele gute Käsesorten.

Die Küche **Latiums** ist besonders auf Rom konzentriert. Wenn es auch eigentlich keine typische römische Küche gibt, so haben die Römer es doch verstanden, traditionelle Gerichte zu bewahren. Die Küche ist einfach und unkompliziert. Besonders zu empfehlen ist das **abbacchio alla romana** (Milchlamm mit Knoblauchsauce), das die römische Bevölkerung bereits im Mittelalter schätzte. Man isst gerne Innereien, Fisch ist fast unbekannt in der römischen Küche, außer den ciriole (kleine Aale aus dem Tiber) oder Tintenfischen. Dafür findet man hervorragendes Gemüse, darunter Artischocken, Brokkoli, Erbsen und dicke Bohnen (fave), die in Rom mehr als in jeder anderen Region gegessen werden.

Mozzarella-Macher bei der Arbeit

Kampanien Ihre Nachbarn in Kampanien hingegen lieben das Leben im Freien. Die Küche ist, wie die Kampanier selbst, offen und ohne Geheimnisse. Alle wissen, wie die Dinge zubereitet werden. Das Nationalgericht ist die immer knusprige **Pizza in vielen Varianten**. Die Zahl der Gerichte und Nudelsorten ist fast unüberschaubar. So gibt es fusilli alla napolitana (Nudeln mit Tomatensauce), spaghetti alle vongole (Spaghetti mit Muscheln), penne alla puttanesca (kurze Röhrennudeln mit Oliven und Kapern), vermicelli con pomodoro (dünne Spaghetti mit Tomatensauce). Nie fehlen Gemüse und Käse. Fisch wird ebenfalls groß geschrieben. Anscheinend schmeckt Fisch aus dem Golf von Neapel besser, weil es besondere Algen gibt, die einen Jodgeschmack vermitteln.

? WUSSTEN SIE SCHON ...?

- Die Pizza Margherita wurde 1889 zu Ehren der ersten italienischen Königin in den Nationalfarben mit grünem Basilikum, weißem Mozzarella und roten Tomaten kreiert.

Apulien Auch in Apulien sind Fisch und Meeresfrüchte ein kulinarischer Hochgenuss, so beispielsweise cozze ripiene (gefüllte Muscheln), orata alla pugliese (überbackene Goldbrasse) oder apulische Fischsuppe. Austern und große Miesmuscheln kommen aus Taranto. Das eigentliche Markenzeichen sind die **getrockneten Tomaten**, die in jedem Haushalt hergestellt werden. Überhaupt wird Gemüse gerne getrocknet und dann in Öl eingelegt, etwa Auberginen, Paprika, Pilze, Tomaten, Zwiebeln und natürlich Oliven. Das apulische Olivenöl ist hoch geschätzt und äußerst schmackhaft. Auf jeder Speisekarte in der Region findet man orecchiette, Nudeln, die wie kleine Öhrchen geformt sind und oft mit einer Sauce aus Rübensprossen (cime di rapa) oder Brokkoliröschen serviert werden.

Basilikata Im Nachbarland Basilikata geht es etwas spartanischer zu. Dies ist eine raue Region, in der man den Duft vieler Kräuter kennt. Das **Schwein** spielt eine zentrale Rolle, vor allem die Herstellung von Würsten, die zuweilen einen starken und pikanten Geschmack haben. Der Verbrauch von peperoncino ist enorm. Secondi piatti (Hauptgänge) bestehen hauptsächlich aus Gemüse, die meist im Ofen zubereitet werden, z. B. Auberginen mit Oliven, Sardellen, Kapern und Tomaten oder ein piatto d'erba mit Zwiebeln, Auberginen, Paprika, Tomaten, Petersilie, Basilikum und Knoblauch. Die Basilikata ist wie viele andere Regionen mit sehr guten Käsesorten gesegnet, u. a. scamorza, caciocavallo, provolone und ricotta.

Kalabrien In Kalabrien ist die Küche ebenfalls eher ärmlich. Die Gerichte werden einfach zubereitet, am Grill, am Spieß oder im Ofen. Schwein bildet auch hier die Grundlage der Küche; Schweinefleisch wird zu delikaten Wurstarten wie Salame oder Leberwurst verarbeitet. Ebenfalls bodenständig und ohne Schnörkel ist die Gemüsezubereitung. Auberginen, Tomaten und Paprika werden gegrillt oder gekocht und nur mit einem guten Olio extra vergine verfeinert. Auch hier spielen die roten Chilischoten eine große Rolle. Die **Süßspeisen** gehören mit zum Besten, was die kalabrische Küche zu bieten hat. Sie werden meistens aus Hefeteig in lustigen Formen gemacht.

An den Küsten und auf den Inseln werden Meeresfrüchte vielfältig zubereitet.

Sizilien

Die sizilianische Küche könnte man fast als barock beschreiben, alles wird reichhaltig, bunt und luxuriös serviert, selbst Nudelgerichte. Außerdem ist der **arabische Einfluss** deutlich zu spüren, vor allem in den sehr süßen Dolci und in der Kombination von pikanten und süßen Zutaten (etwa Rosinen zum Fleisch). Pasta ist die Königin der Speisen. Man muss mindestens einmal die berühmten 'ncasciata (Nudelspezialität aus Ragusa) probiert haben, um die Passion der Sizilianer für die Pasta zu begreifen. Ebenfalls empfehlenswert sind pasta con le sarde (Nudeln mit Sardinen), pasta alla norma (Nudeln mit Auberginen) oder cannelloni alla siciliana (gefüllte Nudelröllchen). Genauso populär ist das arabische Überbleibsel cùscusu (Couscous). Die sizilianische Variante dieses Gerichtes ist mit Fisch und Meeresfrüchten angereichert und wird vor allem in der Nähe von Trapani sowie den nahe gelegenen Inseln angeboten. Süßspeisen haben, wie gesagt, einen hohen Stellenwert in Sizilien; sie basieren hauptsächlich auf Marzipan, Mandeln und kandierten Früchten. Schön bunt und fantasievoll sehen sie aus – eben ein bisschen barock.

Sardinien

Sardinien ist eine kleine Welt für sich, in der alles wächst, blüht und gedeiht; hier hat man Fisch und Wild, Gemüse und Wein, rotes Fleisch, weißes Ziegenfleisch, Käse, und alles nur von bester Qualität. Jedes Dorf hat seine eigenen Traditionen, auch bezüglich der Zutaten. Eine absolute Gaumenfreude für Schweinefleischliebhaber ist das berühmte **porceddu**, Spanferkel am Holzspieß aus duftendem Holz gegrillt, was dem Fleisch einen besonderen Geschmack verleiht. Ebenso zu empfehlen ist der Fisch, von Goldbrassen (orata) über Streifenbrasse (mormora) bis zum Flussaal, oder die köstlichen Langusten. Sardinien besitzt auch eine riesige Auswahl an hervorragenden Käsesorten. Der bekannteste ist der pecorino (Schafskäse), den es in verschiedenen Reifegraden gibt, von weich und mild bis ganz hart und scharf. Ein Markenzeichen der Insel ist das »Notenpapier« (carta da musica), ein hauchdünnes Fladenbrot, das die Hirten bei ihren Wanderungen mitnahmen.

Qualitätsstufen Wein

- Vini da tavola (VDT): einfach, Rosso oder Bianco ohne Herkunfts-, Sorten- oder Jahrgangsangabe
- IGT: mit Herkunfts- oder Rebsortenbezeichnung
- DOC: mit kontrollierter Herkunftsbezeichnung
- DOCG: mit kontrollierter und garantierter Herkunftsbezeichnung
- VSQ: Schaumwein ohne Ursprungsbezeichnung
- VSQPRD: Schaumwein mit kontrollierter Ursprungsbezeichnung

Getränke Standardgetränke zu allen Mahlzeiten sind Wein (vino) und Mineralwasser (acqua minerale; gassata mit Kohlensäure). Überall gibt es auch Bier (birra), in der Regel sowohl das leichte italienische als auch ausländisches (birra estera), neben deutschen sehr oft auch dänische und holländische Marken. Gängige Erfrischungsgetränke sind Orangenlimonade (aranciata), Zitronenlimonade (limonata) und frische Fruchtsäfte.

Der Tischwein (vino da pasto, vino da tavola) wird offen serviert, entweder in einer Karaffe zu 1 Liter (un litro), 0,5 Liter (un mezzo litro) oder 0,25 Liter (un quarto litro). Die älteren Jahrgänge und Weine höherer Qualität werden wie üblich in der verschlossenen Flasche aufgetragen.

Einiges über italienische Weine

Sprache des Etiketts Die Vielfalt der italienischen Weine macht die Orientierung etwas schwierig, aber auch spannend. Der in der Pizzeria oder Trattoria offen ausgeschenkte Wein vermittelt nur in qualitätsbewussten Betrieben echtes Trinkvergnügen. Weniger romantisch, dafür eine Nummer sicherer ist der Griff zur etikettierten Flasche. Die aufmerksame Lektüre des Etiketts lohnt sich, denn das italienische Gesetz klassifiziert Weine in verschiedene Kategorien und schreibt bei einigen **strenge Kontrollen** vor.

WEINREGIONEN

ABRUZZEN

► **Verdicchio dei Castelli de Jesi und V. di Matelica**
Traubensorte Verdicchio
vollmundige, fruchtige, geschmeidige Weißweine mit feiner Säure

► **Rosso Conero**
Traubensorte Montepulciano
dunkler, kräftiger, voller Rotwein

► **Montepulciano d'Abruzzo**
Traubensorte Montepulciano
dunkler, wuchtiger, meist einfacher Rotwein

BASILICATA

► **Aglianico del Vulture**
Traubensorte Aglianico
großer, nobel strukturierter, lagerfähiger Rotwein

KAMPANIEN

► **Greco di Tufo, Fiano di Avellino**
hervorragende Weißweine

► **Taurasi**
Traubensorte Aglianico
kräftiger, ausgewogener Rotwein

► **Vesuvio/Lacryma Christi del Vesuvio**
Vesuvio steht für einfache Weiß-, Rot- und Roséweine, Lacryma Christi del Vesuvio dagegen für vier Varianten, u. a. Schaumwein

APULIEN

► **Aleatico di Puglia**
Aleatico-Trauben
weicher, karminroter Wein

► **Locorotondo**
Verdeca- und Bianco-d'Alessano-Trauben
gehört zu den besten Weißweinen Apuliens

► **Salice Salentino, Copertino, Brindisi**
Traubensorte Negroamaro
warme, alkoholreiche, weiche Rotweine mit guter Säure

► **Moscato di Trani**
Moscato-Reale-Trauben
Rarer, voller, goldener Dessertwein

KALABRIEN

► **Cirò (Gaglioppo)**
dunkler, starker Rotwein von manchmal beeindruckender Größe

► **Savuto**
Gaglioppo, Greco nero und andere Trauben, Rotweine in unterschiedlichen Stilen

SARDINIEN

► **Alghero**
Lange Liste von Weinen einschließlich Spumante und Liquoroso

► **Vermentino di Gallura**
Traubensorte Vermentino
kräftiger, duftreicher Weißwein

► **Cannonau di Sardegna**
Traubensorte Cannonau
kraftvoller, warmer Rotwein

► **Vernaccia di Oristano**
Vernaccia-Reben
Sardischer Prachtwein, u. a. als Superiore (3 Jahre im Fass) und als Riserva (4 Jahre)

SIZILIEN

► **Marsala**
diverse weiße und rote Traubensorten, verschiedene Sorten Dessert- und Aperitifweine

► **Alcamo oder Bianco Alcamo**
Catarratto-Bianco-Trauben
trockener Weißwein

► **Cerasuolo di Vittoria**
Calabrese- und Frappato-Trauben
kirschroter Wein

► **Malvasia delle Lipari**
ein ganz besonderer Süßwein

► **Moscato di Pantelleria**
Meistgerühmter Moscato Siziliens aus der abgelegensten DOC-Zone

Feiertage, Feste und Events

Volksfeste Italien, vor allem Süditalien, hat einen reichen Schatz von Volksfesten meist religiöser Art: die Hochfeste der katholischen Kirche wie Weihnachten und Ostern, dazu die Feste des Stadt- oder Kirchenpatrons und die Marienfeste (z. B. Mariä Himmelfahrt). Das sind häufig große Ereignisse mit Prozessionen, Musik und Tanz, Essen und Trinken, die man einmal erleben sollte.

Festspiele Im Sommer finden in fast allen größeren Städten Veranstaltungsreihen mit klassischen Konzerten, Opern, Rock- und Pop-Konzerten, Jazz-Festivals, Ballett- oder Theateraufführungen statt. Über aktuelle Veranstaltungen informieren die Tagespresse und die jeweiligen Auskunftsstellen. Zentraler Ticketverkauf: www.boxoffice.it.

FEIERTAGE UND FESTE

GESETZLICHE FEIERTAGE

► Landesweit

1. Januar (Neujahr: Capodanno)
6. Januar (Hl. Drei Könige: Epifania)
Ostermontag (Pasqua, Lunedi dell'angelo)
25. April (Tag der Befreiung 1945: Festa della liberazione)
1. Mai (Tag der Arbeit: Festa del primo maggio)
15. August (Mariä Himmelfahrt: Assunzione/Ferragosto)
1. November (Allerheiligen: Ognissanti)
8. Dezember (Mariä Empfängnis: Immacolata Concezione)
25. und 26. Dezember (Weihnachten: Natale)
1. Sonntag nach dem 2. Juni: Festa Nazionale della Repubblica (Nationalfeier der Republik)
1. Sonntag im November: Festa dell'Unità Nazionale (Tag der nationalen Einheit)

► Patronatsfeste

In vielen Orten Italiens werden die Tage des oder der Schutzheiligen feierlich begangen. Über Veranstaltungen informieren die örtlichen Fremdenverkehrsämter.

JANUAR

► Viele Orte

feiern ***Winterende/Frühlingsanfang***, u. a. Acireale (Umzug mit prächtigen Wagen), Agrigent mit dem Festival del mandorlo in fiore (Mandelblütenfest) mit Musik und Volkstanz, Catania mit der Festa di Sant'Agata, einer Prozession (Anfang Februar).
Karneval wird in vielen Orten gefeiert, u. a. in Amalfi, Manfredonia, Putignano bei Bari, Trapani, Taormina und Caltanissetta, Oristano auf Sardinien.

MÄRZ – APRIL

► In vielen Städten

gibt es während der ***»Settimana Santa«*** (Karwoche) Passionsspiele und Passionsprozessionen, etwa in L'Aquila (mit besonders bewegendem Auferstehungsfest) und Chieti, in Tarent, S. Marco in Lamis, Ruvo di Puglia, auf Procida, in Trapani und Caltanissetta (Sizilien), in Cagliari und Castelsardo (Sardinien). In den albanischen Gemeinden Kalabriens und der Basilikata kann man griechisch-orthodoxe Feiern erleben. Am ***Ostersonntag*** spricht der Papst von der Loggia der Peterskirche in Rom den Segen »Urbi et Orbi«.

► **Rom**
Festa della primavera: Die Spanische Treppe wird ein Meer aus Azaleen. Am 21. April Fest der Gründung Roms.

MAI

► **Corpus Christi (Fronleichnam)**
In Latium – etwa in Genzano und Bolsena – verwandeln sich die Straßen in prächtige Blütenteppiche (Infiorata). In Campobasso (Molise) Sagra dei Misteri.

► **Brescia – Rom**
Mille Miglia (Mitte Mai): Berühmtes Oldtimerrennen auf schöner Strecke.

► **Bari**
Sagra di S. Nicola: großes Fest des hl. Nikolaus mit Bootsprozession.

► **Bucchianico (Abruzzen)**
Sagra dei Banderesi mit einem Festzug der Bauern.

► **Marta am Bolsena-See**
La Barabbata, ein altes Frühlingsfest mit farbenfrohem Umzug und großem Gelage.

► **Neapel**
Festa di San Gennaro: Fest zu Ehren des Schutzpatrons mit Blutwunder im Dom.

► **Positano**
Festa di San Vito mit einem Feuerwerk.

► **Sassari**
Cavalcata Sarda mit Ritterspielen und Umzügen.

► **Syrakus**
Klassische griechische Dramen im antiken griechischen Theater.

JUNI

► **Ischia**
In Buonopane wird am Fest des hl. Johannes des Täufers (24. Juni) die 'ndrezzata aufgeführt, ein Schwertertanz.

► **Nola**
I Gigli am letzten Junisonntag: Traditioneller Umzug alter Handwerksgilden.

► **Ponza**
Bootsprozession zu Ehren des Schutzpatrons S. Silverio.

Die Barockstadt Noto begrüßt den Frühling.

Die Schutzheilige Palermos wird jedes Jahr bei der Festa di Santa Rosalia mit Paraden und Feuerwerk gefeiert.

▶ **Potenza**
Die Sfilata dei Turchi erinnert an die wunderbare Rettung der Stadt vor den Türken.

JUNI – SEPTEMBER

▶ **Amalfi**
Alle vier Jahre erinnert Amalfi mit einer Ruderregatta an die einstige Bedeutung der vier Seerepubliken Amalfi, Pisa, Genua und Venedig (nächster Termin: 2009).

▶ **Sessa Aurunca**
Estate Sessana: Konzerte und Turnier in historischen Kostümen.

JULI

▶ **Ardia in Sedilo (Sardinien)**
Am 6. und 7. Juli abenteuerliches Wettreiten um die Kirche S. Antine.

▶ **Cava de'Tirreni**
Disfida dei Trombonieri: Folklorefest am letzten Wochenende im Juli.

▶ **Marsala**
Marsala Jazz Festival.

▶ **Matera**
Madonna della Bruna mit großer Prozession und Feuerwerk.

▶ **Neapel**
Madonna del Carmine am 16. Juli mit traditioneller Musik und symbolischer Verbrennung des Kirchturms.

▶ **Palermo**
Festa di Santa Rosalia: Auf einem Triumphwagen werden die Gebeine der hl. Rosalie durch Palermo gefahren.

▶ **San Severino Lucano**
Am 1. Julisonntag pilgert man zur Madonna del Pollino.

▶ **Sorrent**
Bootsprozession.

JULI – SEPTEMBER

▶ **Martina Franca**
Festival della Valle d'Itria in Martina Franca mit Oper, Ballett und klassischer Musik.

▶ **Matera / Tarent**
Festival della Terra delle Gravine an verschiedenen Orten zwischen Matera und Tarent.

► Pompeji
Im Teatro Grande gibt es von Juli bis September klassische Musik.

► Ravello
Festival Musicale, u. a. Wagner-Konzerte im Park der Villa Rufolo.

► Segesta
In geraden Jahren: klassische griechische Dramen im griechischen Theater.

► Taormina
Festival Taormina Arte von Juli bis September.

AUGUST

► Viele Städte
feiern am 14./15. August Mariä Himmelfahrt, die Ferienorte den Höhepunkt der italienischen Ferien (Ferragosto) mit Folklore, Feuerwerk und kulinarischen Genüssen.

► Oria
Torneo dei Rioni: Großes Mittelalterfest mit gepanzerten Rittern, Burgfräulein etc.

► Palmi
Büßerprozession zu Ehren von S. Rocco, sowie alle vier Jahre die Prozession mit der »Varia«, einer 15 m hohen »Kinderpyramide« (wieder 2008).

► Piazza Armerina
Am 14. August Palio dei Normanni, ein Reiterwettkampf in historischen Kostümen.

► Terlizzi
Festa della Madonna di Sovereto: Marienfest mit Umzug, in dem ein riesiger Prachtkarren mitgeführt wird.

► Torre Paduli (Apulien)
Festa di S. Rocco: Prozession mit alten Tanzritualen (»pizzica taranta«).

SEPTEMBER

► Caserta Vecchia
Theater- und Ballettfestival.

► Molfetta
Festa della Vergine mit Bootsprozession, eines der bedeutendsten Feste Apuliens.

► Neapel
Festa di San Gennaro: Geburtstag des Schutzpatrons mit dem »Blutwunder« im Dom.

► Viterbo
Festa di S. Rosa, eines der faszinierendsten Feste in Latium.

SEPTEMBER – OKTOBER

► In vielen Orten
finden Weinfeste (Festa dell' uva) statt mit Ausstellungen, Umzügen und Gelagen.
In Latium ist Marino am Albaner See für seinen Brunnen bekannt, der Wein spendet.

NOVEMBER – DEZEMBER

► Neapel und viele andere Städte
Krippenspiele und Krippenausstellungen.

► Galdo (bei Benevent).
Wurst- und Polenta-Festival zu Ehren von S. Bartolomeo.

► Rom
Am 25. Dezember Segen des Papstes »Urbi et Orbi« in zahlreichen Sprachen.

► Syrakus
Fest zu Ehren von Santa Lucia.

Geld

Euro Seit 2002 ist der Euro in Italien wie in Deutschland, Österreich und anderen Ländern der Europäischen Union das **offizielle Zahlungsmittel**. 1 CHF = 0,61 Euro, 1 Euro = 1,61 CHF. Bürger aus EU-Mitgliedsländern dürfen Euro in beliebiger Höhe ein- und ausführen.

Banken ► Die Banken sind meist Mo. bis Fr. 8.30–13.00 Uhr geöffnet; nachmittags variieren die **Öffnungszeiten** (ca. 14.30–16.30 Uhr). An Tagen vor Feiertagen (prefestivi) schließen die Banken um 11.20 Uhr.

Geldautomaten, Bankkarten ► An Geldautomaten kann man mit Kredit-, Bank- und Postbank-Karten mit der persönlichen Geheimnummer problemlos rund um die Uhr Geld abheben. Mit der **Bankkarte** erhält man maximal 500 Euro pro Tag und Konto, mit der Postbank SparCard pro Kalendermonat maximal 1500 Euro. Kreditkarten unterliegen höheren Grenzen.

Kreditkarten ► Banken, Hotels, Restaurants, Autovermieter und Einzelhandelsgeschäfte akzeptieren in der Regel die internationalen Kreditkarten.

Verlust ► Bei Verlust von Kredit- oder Bankkarten kann man seit dem 1. Juli 2005 den **Sperr-Notruf** unter der **Tel. 00 49/116 116** erreichen. Er gilt auch für Handys und weitere sperrbare Medien.

Gesundheit

Medizinische Versorgung Vielerorts steht die **Guardia Medica** für die medizinische Versorgung zur Verfügung. Den ärztlichen Bereitschaftsdienst in der Nacht (20.00 – 8.00 Uhr) und an Feiertagen stellt die Guardia Medica notturna e festiva. Ärztlichen Notdienst bzw. Erste Hilfe (Pronto soccorso) leisten außer Krankenhäusern (Ospedali) u. a. das Weiße Kreuz (Croce Bianca), das Grüne Kreuz (Croce Verde) und das Rote Kreuz (Croce Rossa Italiana), deren Adressen auf den ersten Seiten des Telefonbuchs (Avantielenco) zu finden sind. Zahnärzte stehen im Telefonbuch unter dem Stichwort »Medici dentisti«.

Apotheken ► Apotheken (farmacia) haben in der Regel Mo. bis Fr. 9.00–12.30 Uhr und 16.00–19.30 Uhr geöffnet. Sie schließen wechselweise mittwochs oder samstags. Ein Verzeichnis mit den nachts und feiertags geöffneten Apotheken (Farmacie di turno) hängt in den Schaufenstern oder an den Türen aller Apotheken aus.

Mit Kindern unterwegs

Lange Anreise Das Unerfreulichste an einer Reise in den Süden Italiens ist die lange Anreise. Hat man sich und den Nachwuchs erst die über 1000 Kilometer südwärts gequält, empfängt der Süden mit zahlreichen Kinderfreuden. Strand- und Badevergnügen stehen freilich besonders hoch

WOHIN MIT KINDERN

LATIUM

▶ **Museo dei Bambini di Roma**
Via Flaminia, Rom
www.bambinialmuseo.com
Kindermuseum, in dem die Kleinen u.a. einkaufen oder Auto waschen können.

▶ **Villa Ada**
Via Salaria, Rom
Ponyreiten, Verleih von Fahrrädern und Autoscootern usw.

SIZILIEN

▶ **Teatro dei Pupi**
Palermo
Marionettenmuseum

▶ **Irrgarten**
Schloss Donnafugata bei Ragusa

▶ **Etnaland**
Catania
www.parcozoo.it
Mit Safari-, Dino- und Wasserpark

APULIEN

▶ **Safaripark**
Fasano
Mit frei lebenden Tieren sowie Delfinschau und Freizeitpark

▶ **Aquapark Splash**
Bei S. Maria al Bagno, in der Nähe von Nardò

im Kurs, aber auch für Entdeckungstouren durch Kunst und Kultur gibt es reichlich spezielle Angebote für Kinder. Hilfreich für Rom ist der Reiseführer für Kinder von Reinhard Keller, edition Kappa, 2000. Zahlreiche Grotten und Tropfsteinhöhlen, Burgen und Festungsanlagen sowie Naturparks mit teilweise vulkanischen Erscheinungen, all das wird auch den Nachwuchs begeistern.
In den meisten größeren Hotels und Campingplätzen in Süditalien gibt es Spielplätze oder Spielecken, in Ferienanlagen sogar so genannte »Miniclubs«, in denen ein spezielles Kinderprogramm ohne die Eltern geboten wird. Eine schöne Variante für Familien ist auch der Urlaub auf dem Bauernhof (▶Übernachten, Agriturismo).

Knigge

Trinkgeld

Im Allgemeinen wird ein Trinkgeld bei denselben Gelegenheiten und in ähnlicher Höhe gegeben wie von zu Hause gewohnt. In Restaurants und Cafés gibt man – zum Dank für gute Bedienung – etwa 5–10% des Rechnungsbetrags. Wer mit Scheck- oder Kreditkarte zahlt, sollte den entsprechenden Betrag in bar zurücklassen. In Cafés und Bars lässt man einfach das Geld auf dem Tellerchen liegen. Auch Taxifahrer (0,50–1,00 €), Fremdenführer (1–2 €), Toilettenfrauen und der Zimmerservice freuen sich über ein Trinkgeld.

Rauchverbot Seit Januar 2005 darf in allen öffentlichen Gebäuden, also auch Restaurants und Cafés, nicht mehr geraucht werden. Nur in Lokalen, die eine ummauerte, mit automatischen Türen verschlossene und gut belüftete Raucherzone einrichten, ist das Rauchen erlaubt.

Permesso, scusi Auch wer nur wenig Italienisch beherrscht, sollte sich zwei Ausdrücke, die man überall hört und gebrauchen kann, einprägen: permesso und scusi. Diese Entschuldigungsformeln helfen einem z. B., wenn man irgendwo hindurchgehen oder jemanden überholen will.

Bella Figura Bella Figura, der schöne äußerliche Schein, ist für die meisten Italiener und Italienerinnen ein innerliches Bedürfnis. Auch wenn es sich bloß um den Gang zum Postamt oder einen Markteinkauf handelt – wer auf die Straße tritt, macht sich gern fein. Umso verständnisloser oder amüsierter schaut man auf Touristen herab, die mit Badeschlappen in Kathedralen tappen, in Shorts Gemäldegalerien besichtigen oder gar mit nacktem Oberkörper durch die Altstadt wandeln.

Literaturempfehlungen

Geschichte, Kunst, Landeskunde

W. Braunfels: Dumont Geschichte der Kunst Italiens, 2005.

L. Cerchiai, L. Jannelli, F. Longo, M. E. Smith: Die Griechen in Süditalien, Theiss, 2004.

K. Rother, F. Tichy: Italien. Geographie – Geschichte – Wirtschaft – Politik. Wissenschaftliche Buchgesellschaft, 2000.

P. O. Chotjewitz: Rom – Spaziergänge auf der Antike. Rotbuch, 1999.

A. Cilento: Byzantinisches Sizilien und Süditalien. Imhof, 2006. Opulenter Bild- und Textband.

U. Gümpel, F. Pinotti: Berlusconi Zampano – die Karriere eines genialen Trickspielers. Bertelsmann-Verlag, 2006. Die Autoren verdeutlichen die Verflechtungen zwischen der Mafia und dem italienischen Ministerpräsidenten bzw. seinem gigantischen Medienkonzern.

J. Mühlenbrock, D. Richter (Hrsg.): Die letzten Stunden von Herculaneum. Zabern, 2005 (Ausstellungskatalog).

Belletristik

E. Böhr, S. Pfisterer-Haas: Odysseus. Zabern, 2006. Die Abenteuer des listigen Helden für Kinder erzählt und illustriert.

G. Carofiglio: Reise in die Nacht. Goldmann, 2006. Der Untersuchungsrichter der Anti-Mafia-Kommision von Bari ist Süditaliens neuer Krimi-Star.

Carlo Fruttero, Franco Lucentini: Sehr erfolgreiches Krimiautoren-Duo, zahlreiche Titel (Piper Verlag).

Andrea Camilleri: Mehrere Kriminalromane (Lübbe), die alle auf Sizilien spielen. Hauptperson ist der gutmütige, launische und kluge Comissario Montalbano aus Vigatà, einer fiktiven Kleinstadt auf Sizilien.

D.W. Cross: Die Päpstin. Aufbau Verlag, 1998. Der Roman um die legendäre Frau auf dem Stuhle Petri ist glänzend recherchiert und fesselt von der ersten bis zur letzten Seite.

M. Niola: Totem und Ragù – Neapolitanische Spaziergänge. Luchterhand, 2000. Der Autor stellt spannende Fragen und liefert kompetente Antworten.

Tommaso Di Ciaula: Das Bittere und das Süße, Wagenbach, 1982, sowie Der Fabrikaffe und die Bäume, dtv, 1992. Der zeitgenössische Autor aus Apulien schildert den schwierigen Übergang des bäuerlichen archaischen Apuliens in die Moderne.

E. Morante: Arturos Insel, Original: 1957. Der Protagonist des Romans, Arturo, beschreibt liebevoll die Insel Procida, auf der er ohne Mutter aufgewachsen ist.

! *Baedeker* TIPP

Weinratgeber

Für Weinfreunde ist das im Hallwag-Verlag erschienene Buch »Italiens Weine« ein unverzichtbarer Ratgeber. Die Autoren, Burton Anderson und Andreas März, stellen über 2900 Weine und Produzenten vor, übersichtlich gegliedert nach Regionen.

Schlemmen und Schlürfen

Luigi Veronelli: Restaurants in Italien, Heyne. Der Altmeister unter Italiens Gourmetjournalisten stellt seine persönliche Restaurantauswahl vor.

Osterie d'Italia. Italiens schönste Gasthäuser, Hallwag, 2006/2007. Dieser Führer hat sich ganz der italienischen Landküche verschrieben. Daneben gibt er zahlreiche Einkaufstipps, von der kleinen Kafferösterei bis zur außergewöhnlichen Eisdiele.

Italien im Film

Il postino (deutsch: Der Postmann, 1994). Michael Radford und Massimo Troisi drehten den größten Teil des Filmes, der von Pablo Nerudas Exilaufenthalt auf Capri erzählt, auf der Insel Procida.

Lampedusa (ital. original: Respiro, 2002). Regisseur Emanuele Crialese zeichnet ein episches Bild der an Afrika nächsten Insel Siziliens.

Camorra (1986). Der Mafiafilm von Lina Wertmüller spielt in Neapel und Umgebung.

Fellinis Roma. Fellini, der lange Zeit in Rom lebte, hat ein filmisches, sehr ausdrucksstarkes Porträt der italienischen Hauptstadt gezeigt.

Medien

Hörfunk und Fernsehen

Die 1924 gegründete öffentlich-rechtliche Rundfunkanstalt Radiotelevisione Italiana (RAI) verfügt über mehrere landesweite Hörfunk- und drei landesweite Fernsehkanäle (RAI Uno, Due, Tre). Darüber hinaus existieren über 1600 private Hörfunksender und 12 private Fernsehgesellschaften.

Zeitungen Die 76 italienischen Tageszeitungen haben eine Gesamtauflage von 5,7 Mio. Exemplaren. Die in Florenz erscheinende »La Repubblica« ist Italiens größte Tageszeitung, zweitgrößte nationale Zeitung ist der »Corriere della Sera«. Bedeutende überregionale Zeitungen sind außerdem die Turiner »La Stampa« und »Il Secolo XIX«. Wichtige regionale Zeitungen Süditaliens sind »Mattino Il Quotidiano«, »Corriere del Giorno« und »La Gazzetta del Mezzogiorno«. In den meisten größeren Städten sowie in den bedeutenden Ferienorten sind deutsche Zeitungen und Zeitschriften erhältlich.

Notrufe

IN ITALIEN

▶ **Allgemeiner Notruf**
Tel. 113

▶ **Polizei**
(carabinieri, soccorso pubblico)
Tel. 112

▶ **Feuerwehr**
(vigili fuoco)
Tel. 115

▶ **Ärztlicher Notruf**
Tel. 118

▶ **ADAC-Notruf**
Tel. 02 66 15 91

▶ **Pannenhilfe des ACI**
(soccorso stradale)
Tel. 80 31 16 und
Tel. 0 64 99 81

IN DEUTSCHLAND

▶ **ACE-Notrufzentrale Stuttgart**
Kranken- und Fahrzeugrückholdienst: Tel. 00 49/18 02/34 35 36

▶ **ADAC-Notrufzentrale München**
Tel. 00 49/89/22 22 22
ADAC-Ambulanzdienst München
Tel. 00 49/89/76 76 76

▶ **Deutsche Rettungsflugwacht Stuttgart**
Tel. 00 49/711/70 10 70

Öffnungszeiten

Kirchen Die größeren Gotteshäuser sind meist ab 7.00 Uhr geöffnet, mitunter sind sie zwischen 12.00/13.00 und 16.00 Uhr geschlossen. Eine ganze Reihe von Kirchen ist nur während des Gottesdienstes zugänglich.

Museen Die Öffnungszeiten der Museen, insbesondere der kleinen, sind **abhängig von der Saison** und ändern sich häufig. Detaillierte Angaben zu den großen Einrichtungen finden sich im Kapitel »Reiseziele«.

Wer ganz sicher gehen will, sollte vor Ort bei der **Touristeninformation** nachfragen. Im Allgemeinen sind die Museen außer montags zwischen 9.00 und 13.00 Uhr geöffnet, einige nach einer Mittagspause außerdem von 15.00/16.00 bis 19.00 Uhr. Letzter Einlass ist in vielen Fällen eine halbe Stunde vor dem Schließen.

Ausgrabungen

Archäologische Sehenswürdigkeiten sind meist Di. bis So. von 9.00 Uhr bis eine Stunde vor Sonnenuntergang zugänglich.

Post · Telekommunikation

Postämter

In den italienischen Postämtern kann man nicht telefonieren, sie sind nur für den Post- und Paketdienst zuständig. Geöffnet sind sie Mo. – Fr. 8.30–13.30, Sa. 8.30–12.00 Uhr. Briefmarken (francobolli) kann man in Postämtern und in Tabakgeschäften (zu erkennen an einem Schild mit einem »T« über dem Eingang) kaufen. Eine Postkarte oder Brief ins europäische Ausland kostet derzeit 0,62 Euro.

◄ Briefmarken

Telefonieren

Die öffentlichen Fernsprecher akzeptieren (fast) nur noch Telefonkarten (scheda oder carta telefonica), die in Bars, Tabak- und Zeitungsläden erhältlich sind. Die **ehemaligen Ortsvorwahlen einschließlich der Null sind Bestandteil der italienischen Rufnummern**. So muss auch bei Ortsgesprächen sowie bei Anrufen aus dem Ausland die Null mitgewählt werden. Davon ausgenommen sind Notfall-, Service- und Handy-Nummern (sie beginnen nicht mit einer Null). Servicenummern – mit der Vorwahl 800 – sind kostenlos.

◄ CallingCard

Mit der CallingCard der Deutschen Telekom kann man bargeldlos und ohne Karte telefonieren. Informationen erteilt die Telekom.

◄ Mobil telefonieren

Die Benutzung von Mobiltelefonen (telefonini, cellulari) im D1- und im D2-Netz ist möglich, mit einem Dual-Band-Handy auch im E-Plus-Netz. Zuweilen lohnt sich ein Preisvergleich und die manuelle Netzwahl, um die Roaminggebühren gering zu halten. Unter www.tariftip.de lässt sich der günstigste Anbieter für D1, D2, E-plus oder O2 ermitteln.

VORWAHL UND AUSKUNFT

VORWAHLEN

► **aus Italien ...**

... nach Deutschland 00 49
... in die Schweiz 00 41
... nach Österreich 00 43
(danach jeweils die Ortsvorwahl ohne die »0«)

► **nach Italien ...**

... 00 39 (danach jeweils die ehemalige Ortsvorwahl mit der »0«)

► **Telefonauskunft**

Inland Tel. 412
Ausland Tel. 176

Preise · Vergünstigungen

Eintritt Besucher aus der EU, die unter 18 Jahre alt bzw. Rentner sind, erhalten zu vielen Sehenswürdigkeiten freien Eintritt. Für 18- bis 25-Jährige lohnt sich oftmals die Frage nach Jugendrabatt.

In fast allen größeren Städten werden **Sammelkarten** angeboten, die zum Besuch der wichtigsten Museen berechtigen.

WAS KOSTET WIEVIEL?

3-Gang-Menü	Einfache Mahlzeit	Doppelzimmer	Tasse Kaffee	Benzin 1 l Super
ab 25 €	ab 8 €	ab 60 €	1 – 2 €	ca. 1,40 €

Reisezeit

Niederschläge Die meisten Niederschläge fallen in Italien zwischen Oktober und Mai. Auf der Westseite der italienischen Halbinsel ist es erheblich feuchter als auf ihrer Ostseite. Besonders trocken ist es in **Apulien**, das im Windschatten des südlichen Apennins liegt. Im Gebiet um Manfredonia und Foggia misst man pro Jahr weniger als 500 mm Niederschlag. Weitere besonders trockene Flecken sind der südliche Campidano-Graben auf Sardinien sowie die Südküste Siziliens.
Die **Winter** sind an den Küsten überwiegend mild und zeichnen sich durch viel Sonnenschein aus. Dagegen kann es im Landesinneren, vor allem im Apennin, recht frostig werden. In den Bergen Kalabriens sind Schneefälle normal. Manchmal bleibt die weiße Pracht bis in den Mai liegen.

Temperaturen Das relativ warme Mittelmeer und der im Vergleich zu Deutschland recht hohe Sonnenstand sorgen dafür, dass zumindest an den Küsten Italiens das ganze Jahr über mit angenehmen Temperaturen zu rechnen ist. Südlich von Rom misst man selbst im Januar nur ganz selten Temperaturen unter 8 – 10 °C. Bewegt man sich jedoch landeinwärts und bergauf, so nimmt die Temperatur pro 100 Meter Höhenunterschied um ca. 0,6 °C ab. Während einzeln aufragende Bergmassive vom Wind umströmt werden, bilden Bergketten wie der Mittlere

Apennin **klimawirksame Sperrriegel**. Besonders deutlich ist dies auf der Linie Rom – Pescara nachzuvollziehen. Während diese beiden meernahen Städte mit Jahresmitteltemperaturen von 16 – 18 °C aufwarten können, werden in den dazwischen liegenden Sabiner Bergen bzw. im Bereich des Gran Sasso nur kümmerliche 7 – 11 °C erreicht. Während es am Meer auch im Winter einigermaßen angenehm ist, muss man in den nahen Bergen an 140 – 150 Tagen im Jahr mit Frost rechnen. Auf dem Gran Sasso fallen mehrere Meter Schnee, so dass die Hochweiden oft erst ab Ende Mai / Anfang Juni genutzt werden können. Außerdem entstehen in den intramontanen Becken oft langlebige Kaltluftseen und zähe Nebel, die für ein eher ungemütliches Empfinden sorgen.

Die schönste Zeit für eine Reise nach Süditalien sind **Frühling** und Frühsommer. Zwar hat man noch recht häufig mit Niederschlägen zu rechnen, dafür aber blüht von März bis Juni nicht nur die Macchia, sondern es grünt auch auf den trockensten Böden des Südens; es duftet dann nach Myrte, Thymian, Rosmarin und vielen anderen Kräutern. Badefreunde müssen jedoch abgehärtet sein, da sich das Mittelmeer nur langsam erwärmt.

In den **Sommermonaten** wird es im Landesinnern und in den Städten fast unerträglich heiß. An den Badestränden und in den höheren Lagen des Apennins herrscht dann Hochsaison. Während des so genannten **Ferragosto** (Mitte August) sind zahlreiche Museen, Restaurants und andere touristisch interessante Einrichtungen in den großen Städten geschlossen, sofern sie nicht wichtige Urlaubsziele sind.

Eine ausgesprochen schöne Reisezeit sind **Spätsommer und Frühherbst**. Von Ende August bis Anfang Oktober kann man noch mit längeren Schönwetterperioden rechnen. Allerdings ist dann die Blütenpracht meist verschwunden, und die verdorrte Landschaft zeigt sich in beige-bräunlichen Farbtönen.

► Rom

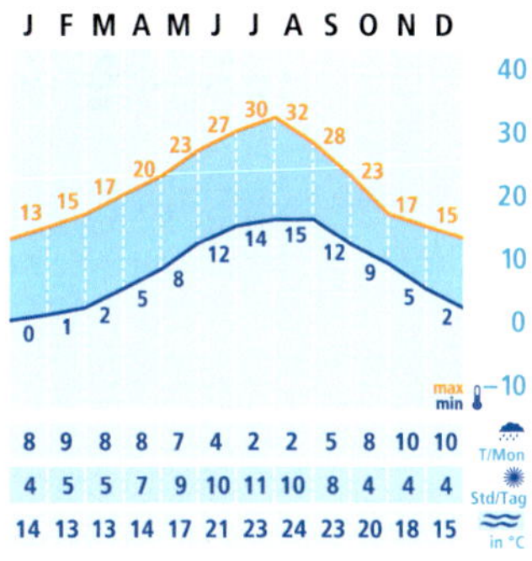

► Brindisi

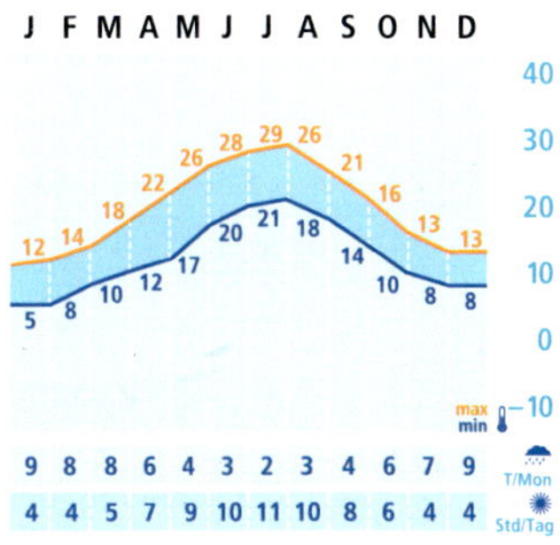

► Catania

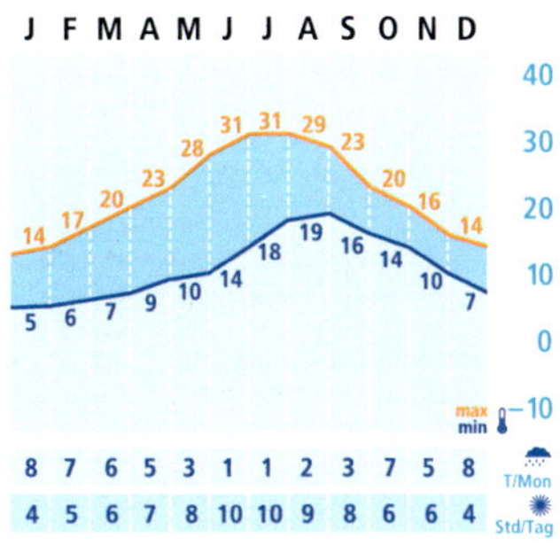

Spätherbst Etwa ab der zweiten Oktoberhälfte wird es in ganz Italien recht ungemütlich. Vor allem im Gebirgsstau können bisweilen lang anhaltende, sintflutartige Regenfälle niedergehen, die ansonsten dünne Rinnsale zu reißenden Flüssen werden lassen und gelegentlich auch katastrophale Erdrutsche verursachen.

Winter In den Wintermonaten herrscht eher eine melancholische Stimmung. Es regnet häufig und viel, in den Hochlagen der Berge fällt Schnee, und in einigen Gegenden der Abruzzen und Kalabriens sowie auf dem Ätna kann man Wintersport treiben.

Shopping

Kunsthandwerk Jede Region hat typische kunsthandwerkliche Erzeugnisse. Der ganze Süden ist bekannt für Eisen- und Kupferschmiedearbeiten, Korallenschmuck (v. a. Sardinien und Kampanien), Porzellan und Kleinmöbel sowie für Keramik und Terrakotta, Stoffe, Stickereien und Teppiche. Eine **Besonderheit Neapels** sind die Krippenfiguren sowie die nach Personen des öffentlichen Lebens gestalteten Figuren. Auf Sizilien gibt es die berühmten Marionetten. In den Abruzzen, im Molise, in Kalabrien und Apulien findet man Klöppelspitzen und Gesticktes. Im nördlichen Latium, an der amalfitanischen Küste, in Apulien und Kalabrien ist das Angebot an Keramik und Majoliken sehr groß. Sorrent ist berühmt für seine Intarsienkunst.

In zahlreichen Souvenirläden kann man typische Mitbringsel erwerben.

Beliebt sind auch **kulinarische Mitbringsel**. In zahllosen Delikatessenläden ist das Angebot schier unendlich: z. B. Süßigkeiten wie Panettone, kandierte Früchte, Mandelgebäck oder ausgefallene Nudelsorten. In den Weinanbaugebieten warten die Ortschaften mit Önotheken (Weinstuben und -handlungen) auf, die Wein und Spirituosen anbieten. Der berühmte Limoncello (Zitronenlikör), feinstes Olivenöl, getrocknete Steinpilze, Balsamessig, diverse Peperoncino-Zubereitungen und allerlei (vakuumverpackte) Wurst- oder Käsesorten schmecken auch zu Hause ausgezeichnet.

? WUSSTEN SIE SCHON ...?

- Der Handel mit gefälschten Markenprodukten ist in Italien per Gesetz verboten; deftige Strafen werden auch von Touristen kassiert, die auf Märkten nachgemachte Designer-Taschen oder Edel-Uhren kaufen!

Sprache

Betonung

Die Betonung liegt bei den meisten mehrsilbigen Wörtern auf der vorletzten Silbe; liegt sie auf der letzten Silbe, ist die Verwendung eines Akzents (Gravis, z. B. città) üblich. Wird auf der drittletzten Silbe betont, kann zur Verdeutlichung ein Akzent gesetzt werden.

◄ Aussprache

c, cc vor »e, i« wie deutsches »tsch«, Bsp.: dieci, sonst wie »k«
ch, cch wie deutsches »k«, Bsp.: pacchi, che
g, gg vor »e, i« wie deutsches »dsch« in Dschungel, Bsp.: gente
gl ungefähr wie in »Familie«, Bsp.: figlio
sc vor »e, i« wie deutsches »sch«, Bsp.: uscita
sch wie »sk«in »Skala«, Bsp.: Ischia
sci vor »a, o, u« wie deutsches »sch«, Bsp.: lasciare
z immer stimmhaft wie »ds«

Kleiner Sprachführer Italienisch

Zahlen

zero	0
uno	1
due	2
tre	3
quattro	4
cinque	5
sei	6
sette	7
otto	8
nove	9
dieci	10
undici	11
dodici	12
tredici	13
quattordici	14
quindici	15
sedici	16
diciassette	17
diciotto	18
diciannove	19
venti	20
ventuno	21

trenta	30
quaranta	40
cinquanta	50
sessanta	60
settanta	70
ottanta	80
novanta	90
cento	100
centouno	101
mille	1000
duemille	2000
diecimila	10 000
un quarto	1/4
un mezzo	1/2

Auf einen Blick

Sì/No	Ja/Nein
Per favore/Grazie	Bitte/Danke
Non c'è di che	Gern geschehen
Scusi!/Scusa!	Entschuldigen Sie!
Come dice?	Wie bitte?
Non La/ti capisco	Ich verstehe Sie/dich nicht
Parlo solo un po' di ...	Ich spreche nur wenig ...
Mi può aiutáre, per favore?	Können Sie mir bitte helfen?
Vorrei ...	Ich möchte ...
(Non) mi piace	Das gefällt mir (nicht)
Ha ...?	Haben Sie ...?
Quanto costa?	Wie viel kostet?
Che ore sono?/Che ora è?	Wie viel Uhr ist es?
Come sta?/Come stai?	Wie geht es Ihnen/dir?
Bene, grazie. E Lei/tu?	Danke. Und Ihnen/dir?

Unterwegs

a sinistra/a destra/diritto	nach links/nach rechts/geradeaus
vicino/lontano	nah/fern
Quanti chilometri sono?	Wie weit (in Kilometern) ist das?
Vorrei noleggiare ...	Ich möchte ... mieten
... una macchina	... ein Auto
... una bicicletta	... ein Fahrrad
... una barca	... ein Boot
Scusi, dov'è ...?	Bitte, wo ist ...?
la stazione centrale	der Hauptbahnhof
la metro(politana)	die U-Bahn
l'aeroporto	der Flughafen
all'albergo	zum Hotel
Ho un guasto.	Ich habe eine Panne.
Mi potrebbe mandare	Würden Sie mir einen
un carro-attrezzi?	Abschleppwagen schicken?
Scusi, c'è un'officina qui?	Gibt es hier eine Werkstatt?
Dov'è la prossima stazione di servizio?	Wo ist die nächste Tankstelle?

benzina normale	Normalbenzin
super/gasolio	Super/Diesel
deviazione	Umleitung
senso unico	Einbahnstraße
sbarrato	gesperrt
rallentare	langsam fahren
tutti direzioni	alle Richtungen
tenere la destra	rechts fahren
zona di silenzio	Hupverbot
zona tutelata inizio	Beginn der Parkverbotszone
Aiuto!	Hilfe!
Attenzione!	Achtung!
Chiami subito ...	Rufen Sie schnell ...
... un'autoambulanza	... einen Krankenwagen
... la polizia	... die Polizei

Ausgehen

Scusi, mi potrebbe indicare ...?	Wo gibt es ...?
... un buon ristorante?	... ein gutes Restaurant?
... un locale tipico?	... ein typisches Restaurant?
C'è una gelateria qui vicino?	Gibt es hier eine Eisdiele?
Può riservarci per stasera un tavolo per quattro persone?	Kann ich für heute Abend einen Tisch für vier Personen reservieren?
Alla Sua salute!	Auf Ihr Wohl!
Il conto, per favore.	Bezahlen, bitte.
Andava bene?	Hat es geschmeckt?
Il mangiare era eccellente.	Das Essen war ausgezeichnet.
Ha un programma delle manifestazioni?	Haben Sie einen Veranstaltungskalender?

Einkaufen

Dov'è si può trovare ...?	Wo finde ich ...?
... una farmacia	... eine Apotheke
... un panificio	... eine Bäckerei
... un negozio di articoli fotografici	... ein Fotogeschäft
... un grande magazzino	... ein Kaufhaus
... un negozio di generi alimentari	... ein Lebensmittelgeschäft
... il mercato	... den Markt
... il supermercato	... den Supermarkt
... il tabaccaio	... den Tabakladen
... il giornalaio	... den Zeitungshändler

Übernachten

Scusi, potrebbe consigliarmi ...?	Können Sie mir ... empfehlen?
... un albergo	... ein Hotel
... una pensione	... eine Pension
Ho prenotato una camera.	Ich habe ein Zimmer reserviert.
È libera ...?	Haben Sie noch ...?
... una singola	... ein Einzelzimmer
... una doppia	... ein Zweibettzimmer
... con doccia/bagno	... mit Dusche/Bad
... per una notte	... für eine Nacht
... per una settimana	... für eine Woche
... con vista sul mare	... mit Blick aufs Meer
Quanto costa la camera ...?	Was kostet das Zimmer ...?
... con la prima colazione?	... mit Frühstück?
... a mezza pensione?	... mit Halbpension?

Arzt und Apotheke

Mi può consigliare un buon medico?	Können Sie mir einen guten Arzt empfehlen?
Mi può dare una medicina per ...	Geben Sie mir bitte ein Medikament gegen ...
Soffro di diarrea.	Ich habe Durchfall.
Ho mal di pancia.	Ich habe Bauchschmerzen.
... mal di testa	... Kopfschmerzen
... mal di gola	... Halsschmerzen
... mal di denti	... Zahnschmerzen
... influenza	... Grippe
... tosse	... Husten
... la febbre	... Fieber
... scottatura solare	... Sonnenbrand
... costipazione	... Verstopfung

Speisekarte

prima colazione	**Frühstück**
caffè, espresso	kleiner Kaffee ohne Milch
caffè macchiato	kleiner Kaffee mit wenig Milch
caffè latte	Kaffee mit Milch
caffè decaffeinato	koffeinfreier Kaffee
cappuccino	Kaffee mit aufgeschäumter Milch
tè al latte/al limone	Tee mit Milch/Zitrone
tè alla menta/alla frutta	Pfefferminz-/Früchtetee
cioccolata	Schokolade
frittata	Omelett/Pfannkuchen
pane/panino/pane tostato	Brot/Brötchen/Toast

burro	Butter
salame	Wurst
prosciutto	Schinken
miele	Honig
marmellata	Marmelade
iogurt	Joghurt

antipasti	**Vorspeisen**
affettato misto	gemischter Aufschnitt
anguilla affumicata	Räucheraal
melone e prosciutto	Melone mit Schinken
vitello tonnato	kalter Kalbsbraten mit Tunfischsauce

primi piatti	**Nudel- und Reisgerichte, Suppen**
pasta	Nudeln
fettuccine/tagliatelle	Bandnudeln
gnocchi	kleine Kartoffelklößchen
polenta (alla valdostana)	Maisbrei (mit Käse)
vermicelli	Fadennudeln
minestrone	dicke Gemüsesuppe
pastina in brodo	Fleischbrühe mit feinen Nudeln
zuppa di pesce	Fischsuppe

Carni e Pesce	**Fleisch und Fisch**
agnello	Lamm
ai ferri/alla griglia	vom Grill
aragosta	Languste
brasato	Braten
coniglio	Kaninchen
cozze/vongole	Miesmuscheln/Venusmuscheln
fegato	Leber
fritto di pesce	gebackene Fische
gambero, granchio	Garnelen
maiale	Schweinefleisch
manzo/bue	Rind-/Ochsenfleisch
pesce spada	Schwertfisch
platessa	Scholle
pollo	Huhn
rognoni	Nieren
salmone	Lachs
scampi fritti	gebackene Langustinen
sogliola	Seezunge
tonno	Tunfisch

trota	Forelle
vitello	Kalbfleisch

Verdura	**Gemüse**
asparagi	Spargel
carciofi	Artischocken
carote	Karotten
cavolfiore	Blumenkohl
cavolo	Kohl
cicoria belga	Chicorée
cipolle	Zwiebeln
fagioli	weiße Bohnen
fagiolini	grüne Bohnen
finocchi	Fenchel
funghi	Pilze
insalata mista/verde	gemischter/grüner Salat
lenticchie	Linsen
melanzane	Auberginen
patate	Kartoffeln
patatine fritte	Pommes frites
peperoni	Paprika
pomodori	Tomaten
spinaci	Spinat
zucca	Kürbis

Formaggi	**Käse**
parmigiano	Parmesan
pecorino	Schafskäse
ricotta	quarkähnlicher Frischkäse

Dolci e frutta	**Nachspeisen und Obst**
cassata	Eisschnitte mit kandierten Früchten
coppa assortita	gemischter Eisbecher
coppa con panna	Eisbecher mit Sahne
tirami su	Löffelbiskuit mit Mascarponecreme
zabaione	Eierschaumcreme
zuppa inglese	likörgetränktes Biskuit mit Vanillecreme

Bevande	**Getränke**
acqua minerale	Mineralwasser
aranciata	Orangeade
bibita	Erfrischungsgetränk

bicchiere	Glas
birra scura/chiara	dunkles/helles Bier
birra alla spina	Bier vom Fass
birra senza alcool	alkoholfreies Bier
bottiglia	Flasche
con ghiaccio	mit Eis
digestivo	Digestif
gassata/con gas	mit Kohlensäure
liscia/senza gas	ohne Kohlensäure
secco	trocken
spumante	Sekt
succo	Fruchtsaft
vino bianco/rosato/rosso	Weiß-/Rosé-/Rotwein
vino della casa	Hauswein

Übernachten

Hotels und Pensionen

Kategorien

Die Hotels in Italien sind amtlich in **fünf Kategorien** eingeteilt, vom Luxushotel mit fünf Sternen bis zur einfachen Unterkunft mit einem Stern. Zudem findet man auch kleinere, nicht klassifizierte Betriebe, die durchaus akzeptabel sind. Manche kleinere Hotels haben keine eigene Garage, kümmern sich aber in der Regel darum, wo man sicher parken kann. Meist muss man für einen Stellplatz auf dem Hotelgelände extra bezahlen. **Hotelverzeichnisse** erhält man von den ENIT-Vertretungen sowie von den regionalen und örtlichen Fremdenverkehrsämtern. Neben Hotels, Pensionen, Ferienwohnungen und Ferienhäusern gibt es auch Unterkünfte auf dem Land.

Bed & Breakfast

Eine **empfehlenswerte Alternative** zum Hotelaufenthalt bietet Bed & Breakfast Italia, in Italien der Marktführer in der Vermittlung von Privatunterkünften. Das Angebot reicht von Zimmern mit Badmitbenutzung (2 Corone) bis zu Unterkünften in namhaften historischen Gebäuden mit eigenem Bad etc. (4 Corone).

Die Hotelpreise variieren je nach **Jahreszeit**, auch sind sie in den Großstädten generell höher. Für Einzelzimmer zahlt man 20–25% weniger als für ein Doppelzimmer.

i Preiskategorien

- Luxus: ab 190 Euro
- Komfortabel: 80–190 Euro
- Günstig: bis 80 Euro
  für ein Doppelzimmer pro Nacht
  ohne Frühstück
- Hotels und Pensionen ►Reiseziele von A bis Z

WICHTIGE ADRESSEN

AGROTOURISMUS

► **Agriturist**
Corso Vittorio Emanuele 101
00186 Roma
Tel. 0 66 85 23 42
www.agriturist.it

► **Weitere Informationen**
www.terranostra.it
www.turismoverde.it
www.bauernhofurlaub.com

BED & BREAKFAST

► **B & B Italia**
Corso Vittorio Emanuele II 282
00186 Roma
Tel. 0 66 87 86 18
www.bbitalia.it
www.bbsicilia.com
www.italiabb.com

CAMPING

► **Federazione Italiana del Campeggio e del Caravaning**
Via Vittorio Emanuele 11
50041 Calenzano (Firenze)
Tel. 0 55 88 23 91
www.federcampeggio.it und
www.camping.it

JUGENDHERBERGEN

► **Deutsches Jugendherbergswerk (DJH)**
Bismarckstraße 8, 32756 Detmold
Tel. 0 52 31/74 01 49
www.djh.de

► **Associazione Italiana Alberghi per la Gioventù**
Via Cavour 44, 00184 Roma
Tel. 0 64 87 11 52
www.ostellionline.com

Jugendherbergen

Die italienischen Jugendherbergen (Alberghi per la gioventù) sind dem Internationalen Jugendherbergsverband angeschlossen. Für die Übernachtung benötigt man einen **internationalen Jugendherbergsausweis**, der u. a. beim Deutschen Jugendherbergswerk in Detmold erhältlich ist. Die Preise schwanken abhängig von Lage und Ortsgröße; in der Regel liegen sie zwischen ca. 8 und 15 Euro pro Person und Tag. Eine **Voranmeldung** ist vor allem in der Saison ratsam. Ein Verzeichnis mit Adressen der italienischen Jugendherbergen kann man beim Deutschen Jugendherbergswerk anfordern.

Agriturismo · Ferien auf dem Land

Agriturismo lässt sich am besten mit »Ferien auf dem Land« übersetzen. Die Auswahl der Unterkünfte reicht von Zeltplätzen und Zimmern auf einem Bauernhof bis zu gut ausgestatteten Appartements in Villen oder Weingütern in ländlicher Umgebung. Dazu gibt es oft ein umfangreiches **Freizeitangebot** mit u. a. Tennis, Angeln, Fahrradverleih, Reiten, Waldwanderungen oder Weinproben. Einige Betriebe haben ländliche Restaurants oder bieten eigene Erzeugnisse wie Olivenöl, Naturhonig, Marmelade, Fleisch, Wurst, Käse, Wein, Grappa an. Informationen erhält man bei den Fremdenverkehrsämtern vor Ort und über den Interessenverband Agriturist in Rom, der jährlich einen Führer herausgibt.

Camping und Caravaning

Camping

In Italien gibt es über 2000 Campingplätze, die je nach Komfort in unterschiedliche Kategorien (1 Stern bis 4 Sterne) klassifiziert sind. Insbesondere in der Hochsaison (von Mitte Juli bis Mitte September) empfiehlt sich eine **rechtzeitige Anmeldung**. Campingplatzverzeichnisse werden von der ENIT (► Auskunft) sowie vom italienischen Camping-Verband (s. u.) herausgegeben. Eine große Auswahl an geprüften Campingplätzen bietet der jährlich neu erscheinende ADAC Camping-Führer (Band 1: Südeuropa).

Caravaning, wildes Zelten

Mit einem Wohnmobil oder Wohnwagen darf man generell eine Nacht auf einem Park- oder Rastplatz bzw. am Straßenrand stehen, sofern dies nicht durch regionale Hinweise verboten ist. Aus **Sicherheitsgründen** sollte jedoch ein offizieller Campingplatz aufgesucht werden. Wildes Zelten in freier Natur ist nicht erlaubt.

Urlaub aktiv

Sportbegeistertes Italien

Italien ist eine sportbegeisterte, vor allem ballverliebte Nation. Überall gibt es Sportstätten wie Fußball-, Volleyball- und Eislaufstadien, Tennis- und Golfplätze sowie Reit- und Rennbahnen. An den Küsten werden vielerlei Wassersportarten angeboten. In den letzten Jahren vergrößerte sich auch das Netz an Wander- und Radsportwegen erheblich. Im Buchhandel und bei der ENIT (►Auskunft) gibt es eine breite Palette von Ratgebern. Golfer, Radfahrer, Wanderer, Tauchbegeisterte, Skifahrer etc. können sich natürlich auch an diverse Spezialreiseveranstalter wenden.

Radfahren

Für Radfahrer gibt es ein breites Spektrum, von geruhsamen Radtouren in der Ebene bis zu Bergtouren. Informationen und Literaturtipps erteilen der Allgemeine Deutsche Fahrrad-Club (ADFC, Postfach 10 77 47, 28077 Bremen, Tel. 04 21 / 34 62 90), der Touring Club Italiano (TCI, Corso Italia 10, I-20122 Milano, Tel. 02 8 52 63 04) sowie die regionalen und örtlichen Fremdenverkehrsämter (► Auskunft). Bei Stadtbesichtigungen wird das Fahrrad als Fortbewegungsmittel immer beliebter. In den allermeisten Urlaubsorten kann man ein Fahrrad oder ein Mountainbike leihen. Auf Radsportler eingerichtete Hotels sind unter www.italybikehotels.it im Internet vertreten, allgemeine Informationen findet man unter www.cycling.it.

Kraterwanderung am Ätna. Zur eigenen Sicherheit sollte man sie nur mit einem kundigen Führer unternehmen.

Wandern Das Wandern wird in Italien immer populärer. So hat die Zahl der ausgeschilderten Wege zugenommen, und fast alle APT-Büros geben **kostenlose Wanderkarten** für ihre Urlaubsgäste heraus. Informationen erhält man bei den örtlichen Fremdenverkehrsstellen sowie bei der ENIT. Informationen über Wandertouren sind beim Club Alpino Italiano (CAI, Via del Studio 5, I-50100 Firenze, Tel. 055 29 85 80) und auf der Website www.adagio.it zu erhalten.

Reiten Fast überall in Italien findet man Reitschulen und Reiterhöfe (maneggi). Auskunft geben die unter ► Übernachten, Agriturismo genannten Adressen sowie die örtlichen Fremdenverkehrsämter.

Golf Die Federazione Italiana Golf (FIG) veröffentlicht alljährlich ein Verzeichnis aller italienischen Golfplätze mit dem Veranstaltungsprogramm der Turniere (Viale Tiziano 74, I-00196 Roma, Tel. 06 36 851, www.federgolf.it, www.golfitaly.com, www.golf.it).

Segeln, Surfen, Tauchen An Seen und vor allem an der Küste gibt es Segel-, Surf- und Tauchschulen. Als Tauchparadiese gelten die **Tremiti-Inseln** und die sizilianische Insel **Ustica**. Außerdem kann man an vielen Orten Boote mieten, wofür man einen Segel- bzw. Motorbootführerschein benötigt. Für Boote mit Motoren über 3 PS ist eine Haftpflichtversichung vorgeschrieben. Auch Kanu- und Kajakfahren erfreut sich zunehmender Beliebtheit (Infos für Segler: www.velanet.it).

Angeln Zum Angeln im Meer braucht man keine Genehmigung. Für Flüsse und Seen benötigt man einen Berechtigungsschein, den man gegen Gebühr bei der zuständigen Verwaltung (in den Verkehrsbüros zu erfragen) sowie bei der Federazione Italiana Pesca Sportiva (Tel. 02 7 74 01) erhält.

Gute Wintersportmöglichkeiten findet man im Apennin vor (vor allem im Gran-Sasso- und im Maiella-Massiv), außerdem in Kalabrien (Sila) und am Ätna.

Wintersport

Verkehr

Autobahn

Fast alle Autobahnen (autostrada) in Italien sind gebührenpflichtig (pedaggio). Die Autobahngebühr kann entweder bar, mit Kreditkarte oder mit der sog. »Viacard« bezahlt werden. Man erhält sie in Italien bei den Automobilclubs, bei ACI-Büros an den Grenzübergängen, bei Autobahneinfahrten, in Tabakwarengeschäften sowie an Tankstellen (Infos: www.autostrada.it).

Tankstellen

Die Einfuhr und der Transport von Benzin in Kanistern sind verboten. Es gibt bleifreies Benzin (95 Oktan, benzina senza piombo oder benzina verde), Superbenzin (97 Oktan) und Dieselkraftstoff (gasolio). Die Tankstellen sind in der Regel 7.00–12.00 und 14.00–20.00 Uhr geöffnet. An den Autobahnen gibt es meist einen 24-Stunden-Service. An den Wochenenden, vermehrt auch über die Mittagspause und nachts, kann bei vielen Tankstellen nur an automatischen Tanksäulen getankt werden.

Verkehrsvorschriften

Vorfahrt hat der auf den Hauptverkehrsstraßen fließende Verkehr, sofern diese durch ein auf die Spitze gestelltes weißes oder gelbes Quadrat mit roter bzw. schwarz-weißer Umrahmung beschildert sind. Sonst gilt grundsätzlich (auch im Kreisverkehr) die Regel »Rechts vor links«. Auf Bergstraßen hat das bergauf fahrende Fahrzeug Vorfahrt. Schienenfahrzeuge haben immer Vorfahrt.

Auf Motorrädern über 50 ccm³ besteht **Helmpflicht**. Außerhalb geschlossener Ortschaften muss tagsüber mit Abblendlicht gefahren werden, **bei Regen** sind auf der Autobahn maximal 110 km/h anstatt 130 km/h erlaubt! Wer zu schnell fährt, muss mit hohen Geldstrafen rechnen.

Wichtig: **Pannenwesten** sind in Italien Pflicht! Privates Abschleppen auf Autobahnen ist verboten. Im Falle einer Panne werden ausländische Auto- oder Motorradreisende vom Pannendienst des italienischen Automobilclubs zur nächsten Werkstatt abgeschleppt. Bei Totalschaden ist der Zoll zu verständigen, da sonst u. U. für das Schadensfahrzeug Einfuhrzoll bezahlt werden muss.

◄ Bei Pannen

i Höchstgeschwindigkeiten

- Pkws, Motorräder und Wohnmobile bis 3,5 t:
  innerorts 50 km/h, außerorts 90 km/h
  auf Schnellstraßen (2 Fahrstreifen in jeder Richtung) 110 km/h
  auf Autobahnen (Autostrada) 130 km/h
- Pkws und Wohnmobile über 3,5 t:
  außerorts und auf Schnellstraßen 80 km/h
  auf Autobahnen 100 km/h

Parken Viele Stadtzentren sind **verkehrsberuhigt** und Parkplätze Mangelware. Parkverbotsschilder (Zona tutelata INIZIO = Beginn der Parkverbotszone) sollte man unbedingt beachten. Weiße Bordsteinkanten bzw. Parkflächen bedeuten: keine Beschränkung, hier kann kostenlos geparkt werden; gelbe Bordsteinkanten bzw. Parkflächen: nur für Berechtigte (z. B. Behinderte); blaue Bordsteinkanten bzw. Parkflächen: Parken gegen Gebühr (Tickets am Automaten bzw. Parkscheine »gratta e sosta«, »rubble und parke«, im nächsten Tabacchi).

WICHTIGE ADRESSEN

BAHN

Der Reiseservice der Deutschen Bahn erteilt auch Auskunft über inneritalienische Zugverbindungen:
Tel. 11861 (gebührenpflichtig)
www.bahn.de
Website der talienischen Bahn:
www.trenitalia.com

MIETWAGEN

- **Alamo**
Tel. 018 05/46 25 265
www.alamo.de

- **Avis**
Tel. 018 05/55 77 55
www.avis.de

- **Budget**
Tel. 018 05/24 43 88
www.budget.de

- **Europcar**
Tel. 01 80/580 00
www.europcar.de

- **Hertz**
Tel. 018 05/33 35 35
www.hertz.de

- **Sixt**
Tel. 01 80/525 25 25
www.e-sixt.de

AUTOMOBILCLUBS

- **Allgemeiner Deutscher Automobilclub ADAC**
Ganzjährige deutschsprachige Notrufstation des ADAC
Via Comune Antico 43
I-20125 Mailand
Tel. 02 66 15 91

Notrufzentrale München
Telefon aus Italien:
Tel. 00 49/89/22 22 22
(rund um die Uhr besetzt; Beratung nach Unfällen)
Tel. 00 49/89/76 76 76
(Rückholdienst und Telefonarzt)

- **Autoclub Europa (ACE)**
Notruf:
Tel. 00 49 / 18 02 / 34 35 36
Fax 00 49 / 18 02 / 34 35 37

- **Automobile Club d'Italia (ACI)**
(Auslandspartner des ADAC)
Via Marsala 8, I-00185 Rom
Tel. 0 64 99 81
www.aci.it

- **Touring-Club Italiano (TCI)**
Corso Italia 10, I-20100 Mailand
Tel. 0 28 52 61
www.touringclub.it

ACI und TCI sind in allen größeren Städten und an den großen Grenzübergängen vertreten.

Autodiebstahl

Wichtigste Regel beim Abstellen des Fahrzeugs: Nichts im Auto liegen lassen, schon gar keine Wertsachen, Handschuhfach offen lassen. Wer kann, sollte das Fahrzeug über Nacht auf einem **abgeschlossenen Parkplatz** oder in einer Garage parken. Falls ein Unglück passiert ist, den Schaden unbedingt der Polizei melden. Das ist für die Schadensmeldung bei der Versicherung unbedingt erforderlich!

Mietwagen

Um in Italien ein Auto mieten zu können, muss man mindestens 21 Jahre alt sein, eine Kreditkarte und seit einem Jahr einen **nationalen Führerschein** besitzen. Bei den internationalen Autovermietern, die in allen größeren Städten Niederlassungen haben, kann man bereits von Deutschland aus buchen – das kommt in der Regel billiger. Die örtlichen Autovermieter stehen im Telefonbuch unter »Noleggio«. Interessante Angebote haben auch sog. **Car-Broker**, www.holidayautos.de, www.sunnycars.de; www.drivefti.de.

Bus

Fast alle Orte lassen sich mit Linienbussen erreichen; aktuelle Fahrpläne (orari) gibt es in Tageszeitungen, Tabacchi und in Kisoken, wo es meist auch die Fahrkarten gibt, sowie im Internet: www.italybus.it, www.orariautobus.it.

Bahnverkehr

Der größte Teil des italienischen Streckennetzes wird von den italienischen Staatsbahnen, den Ferrovie dello Stato (FS), unterhalten; ergänzend verkehren einige Privatbahnen (Fahrpläne im Kursbuch der FS). Es gibt verschiedene Zugarten: Regionale (Bummelzug), Interregionale (Schnellzug) und Espresso (Eilzug). Für Intercity, Eurocity, Eurostar und Pendolino (Hochgeschwindigkeitszug) benötigt man Platzkarten, auch muss ein Zuschlag (supplemento) gezahlt werden.

◄ Fahrkarten

Es gibt einfache (andata) und Rückfahrkarten (andata e ritorno) für erste (prima) und zweite (seconda) Klasse (classe).
Internationale und nationale Fahrkarten sind ab dem Ausstellungsdatum zwei Monate lang gültig, wobei der Reisende die Zugfahrt beliebig oft unterbrechen kann. Für die in Italien gelösten Fahrkarten gilt: Bei Entfernungen bis zu 50 km gilt das Ticket einen Tag, bei größeren Entfernungen drei Tage. Rückfahrkarten werden in Italien nur für Entfernungen bis zu 250 km ausgestellt. Die Fahrscheine müssen am Reisetag mittels Automaten, die auf den Bahnsteigen stehen, entwertet werden.

◄ Ermäßigungen

Besondere Ermäßigungen gelten für Gruppenreisen, Senioren über 60 Jahre, Jugendliche unter 26 Jahre und Familien.

Zeit

In Italien gilt die Mitteleuropäische Zeit (MEZ). Für die Sommermonate (Ende März bis Ende Oktober) wurde die Mitteleuropäische Sommerzeit (MESZ = MEZ + 1 Std.) eingeführt.

SENATVS
POPVLVSQVE ROMANVS
DIVO TITO DIVI VESPASIANI F
VESPASIANO AVGVSTO

Touren

»DIE« TOUR DURCH SÜDITALIEN GIBT ES FREILICH NICHT. DIE WAHL DER REISEROUTE HÄNGT IMMER AUCH DAVON AB, WAS MAN BEVORZUGT: STRANDSPASS UND WASSERSPORT, ANTIKE KULTURSTÄTTEN ODER BERGWANDERN UND SKIFAHREN.

TOUREN DURCH SÜDITALIEN

Sie wissen noch nicht, wo es lang gehen soll? Mit unseren Routenvorschlägen entdecken Sie gern besuchte, weil bezaubernd schöne Strecken, erleben intensive landschaftliche Einblicke und finden auch versteckte Kulturschätze abseits der Touristenhochburgen.

Die Tour an Apuliens Küsten entlang führt auch durch die Zona dei Trulli und in malerische Städte wie Ostuni mit seinem orientalischen Flair.

Die »ewige Stadt« Rom

TOUR 1 **Von Rom nach Süden**
Das südliche Latium ist eine der abwechslungsreichsten Landschaften Süditaliens. An der Küste ziehen sich schier endlose, schöne Sandstrände entlang, im Landesinneren wird die sanfte Hügellandschaft landwirtschaftlich und als Naherholungsraum für die Städte Rom und Neapel genutzt. ► **Seite 122**

TOUR 2 **Ab durch die Mitte!**
Auch in Süditalien kommt man ohne Küste aus, birgt doch das Landesinnere ebenfalls großartige Landschaften und Kulturschätze. Die längste Tour beginnt im Gebirge und endet kurz vor dem Golf von Tarent. ► **Seite 123**

TOUR 3 **Apuliens Küste**
Wallfahrtsorte, berühmte Kastelle, ausgedehnte Waldgebiete, malerische Fischerdörfer, zwei Provinzhauptstädte und natürlich viel, viel Küste stehen bei dieser Route auf dem Programm. Also Badesachen immer parat halten! ► **Seite 125**

TOUR 4 **Durch Kalabrien**
Badesachen und Wanderkleidung sollte man bei dieser Tour gleichermaßen im Gepäck haben, denn sie führt an der Westküste mit seinen attraktiven Ferienorten entlang, sorgt aber auch für Abwechslung durch Ausflüge ins bergige Hinterland. ► **Seite 126**

Wer die Spitze des italienischen Stiefels erreicht hat, sollte unbedingt auch Sizilien »mitnehmen«, denn die Mittelmeerinsel bietet neben großartigen Baudenkmälern aus der Antike auch schöne Strände und zutiefst herzliche Menschen. Hier kann man entspannen und bei einem abendlichen Bummel über die Uferpromenaden die Tour ausklingen lassen.

Unterwegs in Süditalien

Badeurlaub Schaut man sich den unteren Teil des italienischen Stiefels an, drängt sich einem unweigerlich die Vorstellung vom Urlaub am Strand mit Sonne, Meer und Palmen auf. Der größte Teil der ca. 8600 km italienischer Küste umrundet Sporn, Absatz und Spitze der Halbinsel sowie die beiden Inseln Sardinien und Sizilien. Um so mehr verwundert es, dass sich kaum große Badeorte mit touristischer Infrastruktur wie Hotelklötzen und ausschweifendem Strandleben finden, sondern, wenn überhaupt, nur wenige **kleinere Ferienorte**, wie z. B. Tropea in Kalabrien oder Ostuni in Apulien. Orte wie Gaeta in Latium oder Maratea in der Basilikata haben sich ihren Charme bewahrt und pflegen auch heute noch ihre Traditionen und ihre Bedeutung in der Vergangenheit dieses überaus geschichtsträchtigen Raumes.

Reise durch die Antike Diesen gilt es im Süden Italiens zu entdecken. Kaum ein Städtchen in Latium beispielsweise, das nicht mit Ausgrabungsstätten, Kulturdenkmälern oder Museen an die etruskische bzw. römische Geschichte der Region erinnert. Höhepunkte dieser Reise durch die Vergangenheit sind – abgesehen von Rom natürlich – **Herkulaneum und Pompeji** in Kampanien. Aber auch Paestum in Kampanien – hier ist es die griechische Baukunst –, Syrakus auf Sizilien, Matera mit seinen Höhlenwohnungen in der Basilikata oder Altilia in der Molise sind eindrucksvolle Beispiele der reichhaltigen Kulturlandschaft.

Naturräume Aber vielleicht zieht es Sie ja nach Süditalien wegen der **Berge**, z. B. der Gran Sasso und die Montagna della Maiella in den Abruzzen oder der Monte Pollino in der Basilikata. Wandern oder Wintersport sind hier angesagt, sowie Klettern, Rafting oder Angeln in Bergseen. Die verschiedenen Naturräume Süditaliens kann man am besten in den großen **Nationalparks** wie z. B. in den Abruzzen, am Gargano oder rund um den Ätna erkunden. In den Flusstälern und Ebenen beherrscht überall in Süditalien die landwirtschaftliche Nutzung das Bild. Zauberhafte Olivenhaine und Weinberge durchziehen weite Teile; Zitrusfrüchte, Getreide und Tabak werden angebaut.

Mit Auto, Bus und Bahn Am meisten sieht natürlich, wer mit dem Auto unterwegs ist. Selbst das verschlafenste Bergdörfchen lässt sich auf vier Rädern problemlos ansteuern. Versteckte kleine Orte erreicht man in der Regel auch mit **öffentlichen Verkehrsmitteln** – doch oft kommt man zur Nacht nicht mehr weg: Während Autofahrer bereits wieder auf der Piste sind, müssen sich die öffentlich Reisenden bisweilen mit den Unterkunftsmöglichkeiten vor Ort arrangieren – was nicht selten in unvergesslichen Erlebnissen mündet.

Mit dem Rad und zu Fuß ▶ Intensiver noch lernt man Land und Leute kennen, wenn man aufs Rad umsteigt oder zu Fuß unterwegs ist. Eine Fülle von »aussichtsreichen« **Wanderwegen** durchqueren Süditalien. Für Radfahrer und

»Himmlische« Unterkünfte findet man z. B. in einem Kloster auf Sardinien.

Mountainbiker werden in den letzten Jahren zunehmend Routen ausgewiesen. Gut beraten ist in jedem Fall, wer dort, wo es möglich ist, auf Fähren, Boote und Seilbahnen umsteigt. Bei Städtereisen in große Metropolen wie Neapel empfiehlt es sich, das Auto auf einem bewachten Parkplatz in einer Vorstadt abzustellen und die Metropole mit dem öffentlichen Nahverkehr und zu Fuß zu erkunden.

Guten Appetit!

Neben landschaftlichen Schönheiten und kulturellen Schätzen lockt der Süden Italiens mit einer reichen Palette regionaler Spezialitäten und Weine. Kaum ein Ort, der nicht mit Ölivenöl, ein paar ausgezeichneten Weingütern oder saftigem Schinken aufwarten könnte. Selbst so schlichte Gerichte wie Spaghetti Pomodoro oder Pizza Margherita können durch die sonnengereiften Tomaten zum Hochgenuss werden. In Mittelitalien gehören **Pilze und Trüffeln** zu den beliebtesten Delikatessen, in Rom sollte man sich ein typisches Gericht wie »Coda alla vaccinara«, Ochsenschwanz mit Kräutern, gönnen, zum Nachtisch gibt's in Süditalien allerhand süßes Gebäck, darunter auch **sahnegefüllte Canneloni**. Eis schmeckt dank des großzügigen Einsatzes von Mascarpone verführerisch lecker, Cappuccino und Espresso befriedigen selbst an der Autobahnraststätte noch hohe Ansprüche.

Unterkunft

Entscheidungsfreude verlangt auch die Wahl der Unterkunft. Wer kurzfristig reist, ist mit Hotels und Bed-and-Breakfast gut beraten. Plant man die Reise von langer Hand, so lohnt es sich, Ferienhausangebote zu studieren. So manches **romantische Castello** wie auch andere ungewöhnliche Unterkünfte sind dort zu erschwinglichen Preisen zu finden. Ein intensives Erlebnis insbesondere für Familien mit kleinen Kindern versprechen Ferien auf dem Bauernhof. Wer die eigenen vier Wände auch im Urlaub nicht missen möchte, findet jede Menge Campingplätze – von lauschig-still bis lebhaft-partyfreudig.

Tour 1 Von Rom nach Süden

Länge der Tour: ca. 300 km **Dauer:** 5 Tage

Man beginnt im Chaos der Millionenstadt Rom und sollte dann Ruhe schöpfen in den Bergen oder am Strand an der Küste Latiums, um gewappnet zu sein für das kaum vorstellbare Gewusel Neapels. Als Erholung fährt man zum Schluss die schönste Panoramastraße der Welt auf der Sorrentinischen Halbinsel entlang.

Von ① ✶✶ **Rom** fährt man auf der SS 215 südöstlich nach Frascati in den ✶ **Albaner Bergen** mit ihren Vulkanseen; je nach Zeitplan sollte man auch Tusculum oder Rocca di Papa besuchen. Von Velletri geht es dann hinüber in die Monti Lepini, an deren Südwesthang ei-

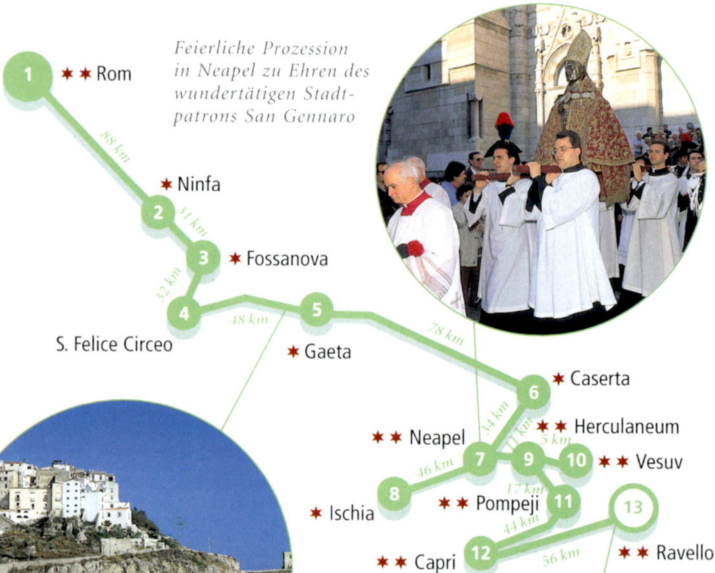

Feierliche Prozession in Neapel zu Ehren des wundertätigen Stadtpatrons San Gennaro

Sperlonga – malerischer Fischerort auf den Felsen über dem Meer

Detailreich geschmückte Kanzel im Dom von Ravello

ne Reihe interessanter Orte liegt: Cori, die Ruinenstadt 2 * **Ninfa**, Norma und Sermoneta mit seiner Borgia-Burg. Über Sezze und das reizvolle Priverno erreicht man die bedeutende Zisterzienserabtei 3 * **Fossanova**. Von hier geht es schnurgerade südwestlich durch die Pontinische Ebene – wobei man den Kanal Linea Pio VI quert – nach Sabaudia, das 1933/1934 im Zug der Trockenlegung der Sümpfe erbaut wurde; ihm vorgelagert ist ein schöner, kilometerlanger Sandstrand. Vom reizvollen 4 **S. Felice Circeo** unterhalb des * **Monte Circeo** reichen die Strände über Terracina mit seinen bedeutenden antiken Resten und * **Sperlonga**, den hübschesten Ort der latinischen Küste (gutes archäologisches Museum) bis nach 5 * **Gaeta**, das auf einem Landvorsprung mit einer großen Festung liegt und einen längeren Stopp wert ist.

✓ NICHT VERSÄUMEN

- Die großen Metropolen Rom und Neapel
- Die versunkenen Städte Herkulaneum und Pompeji
- Fahrt entlang der Amalfitanischen Küste

Hinter Minturno weiter östlich fährt man auf der SS 7 nach Kampanien hinein; in S. Maria Capua Vetere lohnen die römischen Ruinen einen Blick, im benachbarten 6 * **Caserta** das großartige Bourbonen-Schloss (La Reggia).

Auf der A 1 gelangt man nach 7 ** **Neapel**, von wo aus die Insel 8 * **Ischia** angesteuert werden kann. Wieder zurück geht's Richtung Osten in die Ruinenstadt 9 ** **Herkulaneum**, die schon im 1. Jh. n. Chr. unter den kochenden Schlammmassen des 10 ** **Vesuv** versank. Auf den einzigen zeitweise noch tätigen Vulkan auf dem europäischen Festland führt eine kurvenreiche Straße, an deren Ende man etwa 45 Min. bis zum Kraterrand zu Fuß geht. Was der Vulkan gelegentlich anrichtet, kann man sich auch in 11 ** **Pompeji** anschauen. Auf der Sorrentinischen Halbinsel unternimmt man einen Abstecher nach 12 ** **Capri** und fährt dann auf der schönsten Panoramastraße der Welt von Positano über 13 ** **Ravello** nach Vietri sul Mare.

Tour 2 Ab durch die Mitte!

Länge der Tour: ca. 550 km **Dauer:** 1 Woche

Durch die großartige Bergwelt der Abruzzen und die eindrucksvolle Sagittario-Schlucht führt diese Strecke bis nach Benevent. Von dort durchquert man ein Stück der Basilikata und landet schließlich zwischen Spitze und Absatz, fast am Golf von Tarent.

Von 1 **Giulianova** an der Adria mit seinem beachtlichen Renaissance-Dom führt die SS 80 nach 2 **Teramo**, dessen Dom San Berardo herrliche Kunstwerke birgt. Die Weiterfahrt nach 3 ** **L'Aquila**, mit empfehlenswerten Abstechern nach Pietracamela und zum Lago di Campotosto, ist auf S. 134 beschrieben. Nach einem Ausflug zum Gran Sasso/Campo Imperatore folgt man der Route nach Avezzano im Becken von Fucine, einem ehemaligen Seeboden; in der Nähe sehenswert sind die Reste des römischen ✶ **Alba Fucens** und die Kirche S. Maria in Valle Porclaneta. Von Cocullo aus sollte man sich noch ❹ ✶ **Sulmona** ansehen; nach einem Abstecher in das Barockdorf ❺ ✶ **Pescocostanzo** fährt man durch die eindrückliche Sagittario-Schlucht nach Alfedena und weiter nach ❻ **Isernia** im Molise. Am Fuß der Monti del Matese entlang führt die SS 17 südöstlich – sehr sehenswert ist hier ❼ ✶ **Altilia/Saepinum** (Sepino) – nach ❽ **Benevent** in Kampanien.

Hochebene im Gran-Sasso-Naturpark, im Sommer beliebter Rastplatz und Weide für Schaf-, Rinder- und Pferdeherden.

Eine Statue erinnert an Ovid, den großen Sohn der Stadt Sulmona.

Noch heute wird Melfi von der Stauferburg dominiert, in der sich Friedrich II. nach der Rückkehr vom Kreuzzug einige Zeit aufhielt.

Von hier kann man über Lioni, am Stausee Lago di Conzo sowie am hoch gelegenen Calitri vorbei nach ⑨ **Melfi** am waldreichen Monte Vulture, dem Wahrzeichen der Basilikata, fahren. Nach dem Ausflug zu den Laghi di Monticchio und nach Rionero in Vulture fährt man auf der SS 93/168 nach ⑩ ✶ **Venosa** mit bedeutenden römischen und normannischen Resten. Weiter geht es in östlicher Richtung über Spinazzola nach Apulien hinein, nach ⑪ **Gravina in Puglia**, das an einer der typischen Karstschluchten liegt, sowie ⑫ **Altamura** mit seiner unter Friedrich II. erbauten Kathedrale. Eine Sehenswürdigkeit besonderer Art ist ⑬ ✶✶ **Matera** 20 km südlich mit seinen »sassi« (Höhlenwohnungen).

Tour 3 Apuliens Küste

Länge der Tour: ca. 550 km **Dauer:** 1 Woche

Vergnügliches Strandleben und eine Studienfahrt durch die Kulturdenkmäler Apuliens, allen voran das berühmte Castel del Monte, lassen sich bei dieser Tour vorzüglich miteinander verbinden.

Von ❶ **Termoli** im Molise wählt man die landschaftlich schöne Route südöstlich durch das Hügelland über Serracapriola und S. Severo nach ❷ ✶ **Lucera** im Tavoliere mit seiner riesigen Festung. Nach dem Ausflug nach ❸ ✶ **Troia** mit der bedeutenden romanischen Kathedrale lohnt die Provinzhauptstadt Foggia einen Halt. Dann sollte eine Rundfahrt um den ✶✶ **Gargano** (ca. 200–250 km) auf dem Programm stehen, wobei außer der Küste auch die Wallfahrtsorte Monte S. Angelo und S. Giovanni Rotondo sowie das waldreiche Innere sehenswert sind. Anschließend sind von Manfredonia knapp 60 öde Kilometer entlang der Küste nach Barletta mit Dom und Stauferkastell zurückzulegen; man passiert dabei Margherita di Savoia mit seinen riesigen Salinen. Eine echte Perle ist ❹ ✶✶ **Trani** mit seiner Kathedrale, einem Hauptwerk der apulischen Romanik, und schöner Hafenpartie. Dann südwestlich nach Andria und durch gepflegte Landschaft zum berühmtesten Highlight Apuliens, dem für Friedrich II. erbauten ✶✶ **Castel del Monte**. Über Ruvo di Puglia und Bitonto, beide mit schönen romanischen Kathedralen, erreicht man die Provinzhauptstadt ❺ ✶✶ **Bari**. In der romanischen Kirche S. Nicola ruhen die Reste des hl. Nikolaus; sowohl Alt- wie Neustadt sind sehr angenehm und sehenswert.

Noch bis Monopoli geht es an der Küste entlang, die nun attraktive felsige Abschnitte aufweist. Ins Landesinnere führt die Route durch die ✶✶ **Zona dei Trulli**, das Land der eigenartigen Steinhäuser, mit ❻ ✶✶ **Alberobello**, Locorotondo und Martina Franca.

Über das »orientalische« ❼ ✶ **Ostuni** und die für den Transit nach Griechenland wichtige Hafenstadt Brindisi erreicht man die Barock-

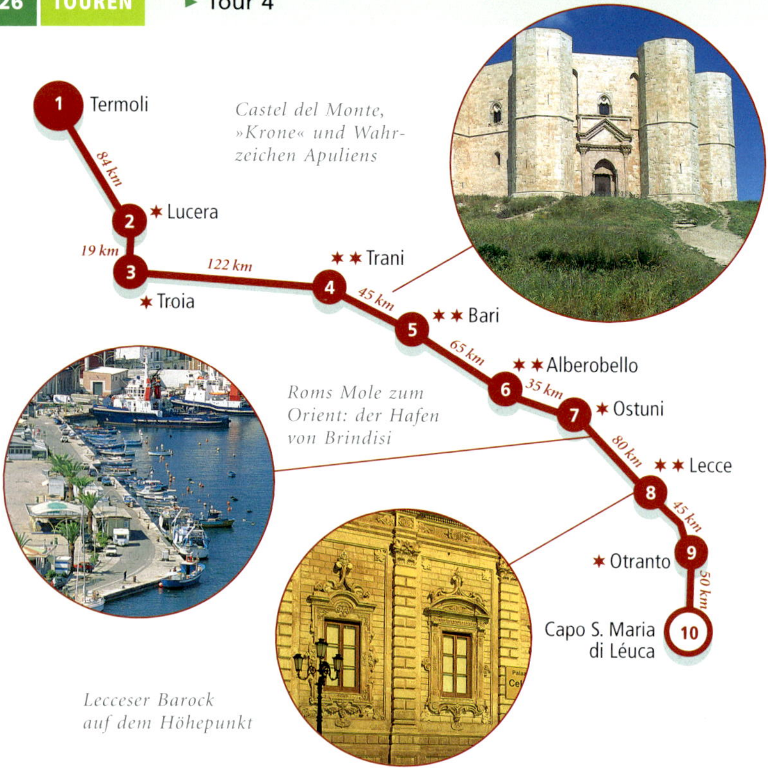

Castel del Monte, »Krone« und Wahrzeichen Apuliens

Roms Mole zum Orient: der Hafen von Brindisi

Lecceser Barock auf dem Höhepunkt

stadt ❽✶✶ **Lecce**. Man kann nun von S. Cataldo der teils hübschen Küste nach ❾✶ **Otranto** folgen oder man nimmt die schnellere SS 16 über Maglie. Sehr schön ist die Fahrt entlang der Felsenküste bis zum südlichsten Punkt Apuliens, dem ❿**Capo Santa Maria di Leuca**.

Tour 4 Durch Kalabrien

Länge der Tour: ca. 460 km **Dauer:** 1 Woche

Hier lassen Sie sich in attraktiven Badeorten an der kalabrischen Küste verwöhnen und machen Ausflüge ins abwechslungsreiche bergige Landesinnere. Wer dann noch Zeit hat, kann mit der Fähre nach Sizilien übersetzen.

Erster Tourpunkt ist das in der Basilikata gelegene reizvolle ❶✶ **Maratea** am Golfo di Policastro. In Kalabrien folgen die ebenfalls recht attraktiven Badorte Praia a Mare und ❷**Scalea**. Von hier sollte man

einen Ausflug (160 km) zum Monte Pollino unternehmen, wobei man von Mormanno über ❸ **Castrovillari** und Lungro an die Küste (Belvedere Marittimo) zurückkehrt. Hier lohnen Guardia Piemontese und ❹ **Paola** einen Stopp, bevor man über den Passo Crocetta ins Tal des Crati und zur sehenswerten Provinzhauptstadt ❺ ✶ **Cosenza** fährt. (Für Ausflüge ins Sila-Gebirge S. 198.)
Für die Weiterfahrt wählt man am besten die A 3, auf der man die Ebene von S. Eufemia durchquert. Von Pizzo führt die SS 522 – mit Abstecher nach Vibo Valentia – an der schönen Küste entlang nach ❻ ✶ **Tropea**, einem beliebten, stimmungsvollen Badeort nördlich des Capo Vaticano. Nun über Mileto zurück zur A 3, die ab Palmi hoch über der Küste verläuft. Bei Bagnara verlässt man die A 3 und fährt zum Aspromonte hinauf; auf der SS 184 geht es hinunter zur Küste und dann nach ❼ ✶ **Reggio di Calabria**. Vom Hafen der Provinzhauptstadt legen die Fähren und Tragflächenboote nach Messina und Catania auf ❽ ✶✶ **Sizilien** ab.

Ausgedehnte Buchenwälder und weite Hochflächen kennzeichnen das Kalkmassiv des Monte Pollino.

Vom Kastell in Scilla hat man einen herrlichen Blick hinüber nach Sizilien.

Die Altstadt Tropeas lädt mit kleinen Ladengeschäften und typisch italienischen Gassen zum Flanieren und Verweilen ein.

Reiseziele von A bis Z

LEBHAFTE METROPOLEN UND IDYLLISCHE FISCHERDÖRFER, JAHRHUNDERTEALTE KULTURDENKMÄLER UND RUINENSTÄDTE, TRAUMHAFTE STRÄNDE UND NICHT ZULETZT KULINARISCHE KÖSTLICHKEITEN – IM SÜDEN ITALIENS IST VIEL ZU ENTDECKEN!

★★ Abruzzen · Abruzzo

L/M 16–18

Region: Abruzzen • Abruzzo
Fläche: 10 794 km²
Einwohnerzahl: 1 281 000

Provinzen: L'Aquila, Chieti, Pescara, Teramo

Mit ihrer abwechslungsreichen Landschaft – von den Badestränden der Adria über ein fruchtbares grünes Hügelland bis zur alpinen Szenerie des Gran Sasso d'Italia, die nur 45 Autominuten von der Küste entfernt ist – und einer ganzen Reihe kulturell bedeutender Stätten tragen die Abruzzen den vielfältigen Interessen ihrer Gäste Rechnung.

Drei Gebirgszüge

Den Kern der Region bilden drei nordwestlich-südöstlich gerichtete Gebirgsketten. Die östlichste besitzt in der Gruppe des Gran Sasso d'Italia (Corno Grande, 2912 m) und der Montagna della Maiella (Monte Amaro, 2793 m) die höchsten Gipfel der Halbinsel. Eingebettet zwischen diesen Gebirgszügen liegt das zentrale Bergland mit dem Längstal des Aterno, den Hochmulden von L'Aquila und Sulmona sowie dem weiten, fruchtbaren Becken von Fucine. Die Sommer sind hier heiß, im Winter hingegen wird bei sehr niedrigen Temperaturen und viel Schnee Ski gefahren. Mit Ausnahme weniger Gebiete, besonders im Süden und in den Niederungen, ist das Gebirge waldarm, teilweise verkarstet und wenig fruchtbar. Ackerbau kann nur in den Tälern und Senken betrieben werden; die Bergregionen werden traditionell als (Schaf-)Weiden genützt. Etwa ein Drittel der Gesamtfläche ist als National- oder Regionalpark geschützt, darunter der 1923 gegründete **Parco Nazionale d'Abruzzo**.

Die Küste der Region Abruzzen

Badeorte an der Adria

Die 129 km lange Küste der Region ist zweigeteilt. Im Norden – von Martinsicuro über Pescara bis Francavilla al Mare – sind die Strände lang, flach und feinsandig, dann wird die Küste felsig und kurviger, kleine Buchten mit Kiesstrand und mediterraner Vegetation dominieren.

Pescara

Pescara ist nicht nur die Hauptstadt sowie wirtschaftliches und kulturelles Zentrum der gleichnamigen Provinz, sondern mit seinen über 10 km langen **weißen Sandstränden** einer der bedeutendsten Badeorte der Adria. Die Geburtsstadt des exzentrischen Dichters Gabriele D'Annunzio (sein Geburtshaus im Corso Manthoné ist als Museum zugänglich) besitzt außerdem einen großen Jachthafen, und im Juli pilgern Musikfreunde zum renommierten **Jazzfestival**, das schon Größen wie Ella Fitzgerald und Louis Armstrong sah. Das Panorama der dahinter liegenden Abruzzen wird durch den lange Zeit im Jahr verschneiten Gran Sasso akzentuiert.

Am Strand von Roseto degli Abruzzi wird Farbe bekannt.

Der Ort teilt sich in eine neue und eine alte Stadt, wobei erstere sich hauptsächlich für den Einkaufsbummel eignet. Interessant ist außerdem das Meeresmuseum (Museo delle Meraviglie Marine) am Porto Canale.

Die Alte Stadt südlich des Flusses Pescara beschränkt sich auf wenige Straßenzüge zwischen der Via delle Caserme und der Kathedrale San Cetteo. Jenseits des Ponte Risorgimento, gleich am Beginn der Via delle Caserme, dokumentiert das **Museo delle Genti d'Abruzzo** die Traditionen der Region. Die Kathedrale S. Cetteo (Tempio della Conciliazione) wurde 1935–1938 zur Erinnerung an die Lateranverträge errichtet; der spröde, an die abruzzische Romanik angelehnte Bau lohnt wegen des Gemäldes »Betender hl. Franziskus«, das Guercino zugeschrieben wird (17. Jh.), den Besuch. Das Museo Basilio Cascella, benannt nach dem bekannten lokalen Maler, Grafiker und Keramikkünstler (1860–1950), vereint Werke der ganzen Familie Cascella.

◄ Alte Stadt

Ortona

Bei Ortona reichen die Ausläufer des Apennins bis an die Küste, so dass dort nur für den Hafen Platz ist, das Städtchen liegt malerisch am Hang. Von der Piazza della Repubblica gelangt man durch den schmalen Corso G. Matteotti zunächst zur **Kathedrale** (1127, nach Zerstörung durch die Sarazenen 1566 im Renaissancestil erneuert); das herrliche gotische Portal von Nicola Mancino (1311) wurde nach dem 2. Weltkrieg rekonstruiert. Schließlich hinauf zum Castello Aragonese, erbaut um 1450. Weinfreunde treffen sich in der gut bestückten Enoteca Regionale im Palazzo Corvo. Schöne Ausblicke auf die Küste bietet ein Spaziergang entlang der Stadtmauern.

✶ Fossacesia San Giovanni in Venere Bei Fossacesia liegt sehr schön das Kloster San Giovanni in Venere, eines der bedeutendsten der Region. Es wurde im 8. Jh. gegründet, die Bauten stammen aus dem 11.–13. Jh.; herausragend ist das Portal (um 1230) der zisterziensisch-nüchternen, großartigen Kirche (um 1165) mit erhöhtem Chor (Fresken von 1190).

Vasto Südlichster Badeort der abruzzischen Küste ist Vasto (24 000 Einw.), bekannt für seine Fischsuppe (»brodetto alla vastese«) und »scapece« (gebratener Fisch in einer Safranvinaigrette). Im Kern der 144 m hoch gelegenen Altstadt ragen das **Kastell** (15./18. Jh.) und an der Piazza del Popolo – die sich zum Meer öffnet – der grandiose **Palazzo D'Avalos** (16. Jh.) mit Archäologischem Museum und Pinakothek heraus. Die benachbarte Kathedrale S. Giuseppe geht auf das Jahr 1293 zurück; im Inneren ein schönes Triptychon von Michele Greco di Lavelona (1505). Südlich ragt der Kampanile (14. Jh.) der Kirche S. Maria Maggiore auf, die 1785 in prunkvollem Klassizismus neu entstand. Zu sehen sind hier u. a. ein Dorn aus der Dornenkrone Christi (!) und eine Monstranz aus der Schule von Nicola di Guardiagrele.

Der Norden der Region Abruzzen

Teramo Zu Füßen der einsamen Monti della Laga und des Gran Sasso liegt die Provinzhauptstadt Teramo (265 m, 51 500 Einw.). Bedeutend ist der romanisch-gotische **Dom S. Berardo** (1158 bis 15. Jh.), insbesondere das Portal eines Meisters Deodatus aus Rom (1332), der silberne Altarvorsatz mit 35 Bildfeldern von Nicola da Guardiagrele (1433 bis

Hinter dem Dom von Teramo erheben sich die Gipfel des Gran Sasso, dessen höchster Berg der 2912 m hohe Corno Grande ist.

liches Polyptychon (um 1420) von Iacobello da Fiore. Neben dem Dom steht der Bischofspalast (15. Jh.). Wenige Schritte südöstlich sind die Reste eines römischen Theaters erhalten; Teile eines riesigen römischen Amphitheaters sind in der linken Domflanke zu sehen. Am Largo di Torre Bruciata wurden ein römisches Haus und eine Basilika ausgegraben. Über die Geschichte der Stadt informiert das Archäologische Museum (Via Delfico 30).

Stickerei aus Stein: die Fensterrose der Basilika S. Maria Assunta in Atri

★ **Gola del Salinello**

Dass die spanischen Könige Neapels im 16./17. Jh. offenbar ein erhöhtes Sicherheitsbedürfnis hatten, beweist die Civitella del Tronto 16 km nördlich von Teramo, eine der größten Festungsanlagen Italiens. Bei Ripe (südwestlich) liegen die Grotta S. Angelo und die Gola del Salinello, eine der beeindruckendsten Schluchten der Abruzzen.

★ **Atri**

Einst auf römischen Ruinen erbaut, thront in schöner Landschaft das atmosphärereiche Städtchen Atri (11 000 Einw.). Großartig ist hier die **Kathedrale S. Maria Assunta** (ab 1268) mit 54 m hohem Kampanile und flächenhafter Rechteck-Fassade, beides für die Region typisch; im Inneren sind der große Renaissance-Freskenzyklus von Andrea de Litio (ca. 1480), der marmorne Altarvorsatz von Anfang des 13. Jh.s und das Taufbecken des Comasken Paolo de Garviis (1503) bemerkenswert. Weiter oben liegt die Piazza dei Duchi d'Acquaviva mit dem Palazzo del Comune und der Touristeninformation. Wenige Schritte sind es von hier zur Aussichtsterrasse (»Belvedere«) am nördlichen Stadtrand, die einen herrlichen Ausblick aufs Meer und die »calanchi« bietet, eine bizarre Erosionslandschaft.

Loreto Aprutino

Von Pescara lohnt sich der Ausflug nach Loreto Aprutino und Penne (25 bzw. 32 km westlich), zwei hübschen mittelalterlichen Orten mit herrlichem Blick auf den Gran Sasso. Loreto wird vom Castello Chiola bekrönt (10. Jh.). Die Hauptstraße Via del Baio mit ihren Palazzi (einer beherbergt das Museo delle Ceramiche) führt zur Kirche S. Pietro Apostolo. Interessant sind auch das Olivenmuseum (Piazza Mercato Vecchio) und das Archäologische Museum im Konvent S. Francesco. Südlich unterhalb des Orts liegt die Zisterzienserkirche S. Maria in Piano (1280, 1559 verändert) mit wertvollen Fresken des 14.–16. Jh.s, insbesondere einem riesigen »Jüngsten Gericht« (14. Jh.) an der Frontinnenseite.

★ ◀ S. Maria in Piano

Die einsame Berglandschaft des Campo Imperatore am Gran Sasso wird auch »Klein Tibet« genannt.

Penne, dessen Stadtbild von Backsteinbauten geprägt ist, war seit 771 Bischofssitz. Repräsentative Palazzi säumen den Straßenzug Corso dei Vestini, Corso Alessandrini (gegenüber den Salconio-Arkaden das über 100 Jahre alte Restaurant Tatobbe) und Via Roma, der auf der Höhe der beiden Stadthügel verläuft. Im **romanisch-gotischen Dom** (1955 rekonstruiert) auf dem Colle Sacro sind ein Holzkruzifixus des 13. Jh.s und am Hauptaltar (1117) das Antependium zu beachten (vor dem Jahr 1000).

✶✶ Über den Passo delle Capannelle nach L'Aquila

Von der Küste führt die SS 80 im Tal des Vomano südwestlich in die grandiose Bergszenerie der Monti della Laga und des Gran Sasso d'Italia. Etwa 9 km hinter Montorio al Vomano zweigt die Serpentinenstraße nach **Pietracamela** (1005 m) ab, das herrlich unter Corno Piccolo und Corno Grande liegt; weiter führt die Straße zum Wintersportort **Prati di Tivo**, Ausgangspunkt für die Besteigung des Gran Sasso. Die SS 80 windet sich zwischen steilen Bergwänden an Senarica vorbei, das von Mitte des 14. Jh.s bis 1701 freie Republik war. Später lohnt der Abstecher rechts hinauf zum einsam in rauer Landschaft gelegenen **Lago di Campotosto**. Vom Passo delle Capannelle (1299 m) kann man entweder am Südhang des Gran Sasso entlang – auch dies in dramatischer Landschaft – nach **Assergi** fahren, das aus dem nackten Stein zu wachsen scheint (S. Maria Assunta, 12. Jh.; Forschungszentrum für Kernphysik), oder weiter den Pass hinunter. Hier liegen bei S. Vittorino die Ruinen der bedeutenden sabinisch-römischen Stadt Amiternum, Geburtsort des Geschichtsschreibers Sallust (86–34 v. Chr.); unter der Kirche S. Michele aus dem 12. Jh. befinden sich frühchristliche Katakomben.

Amiternum ►

L'Aquila

►dort

✶✶ Gran Sasso d'Italia

Atemberaubende alpine Bilder vermittelt das Kalkmassiv des Gran Sasso d'Italia (»Großer Fels von Italien«), des mit 2912 m höchsten Gebirges der Apenninenhalbinsel. Es ist gut erschlossen und ein beliebtes Ausflugsziel und **Wintersportgebiet**. Von L'Aquila führt die SS 17 bis über Assergi – hier verschwindet die A 24 im 11 km langen Tunnel – nach Fonte Cerreto (1105 m; Hotels, Seilbahn zum Campo Imperatore). Die Bergstation in 2130 m Höhe erreicht man auch über die 27 km lange Straße durch das weite, baumlose Hochtal des Campo Imperatore (1600–2200 m). Die für Italien einzigartige, 600 km² große freie Hochfläche ist ein beliebtes Wander- und Klet-

✶✶ Campo Imperatore ►

terrevier. Vor allem aber ist sie für den Reitsport attraktiv, der in S. Stefano di Sessanio sein Zentrum hat. Die Seilbahn führt zum Albergo Campo Imperatore, in dem **Mussolini** gefangen gehalten wurde; in einer spektakulären Aktion wurde er am 12.9. 1943 von einem deutschen Kommando befreit. Neben dem Albergo befindet sich ein Observatorium und ein Botanischer Garten.

Vom Albergo steigt man in 45 Minuten zum Rifugio Duca degli Abruzzi auf dem Portella-Grat (2381 m) und in weiteren 3–3 ½ Std. zum Gipfel des Corno Grande (2912 m) auf. Von dort blickt man über ganz Mittelitalien: im Osten zur Adria, im Westen zu den Sabiner Bergen und an klaren Tagen bis zum Tyrrhenischen Meer. Sehr lohnend ist auch ein Ausflug von L'Aquila nach Osten über Barisciano, S. Stefano di Sessanio und Calascio nach Castel del Monte in 1310 m Höhe: grandiose Bergszenerie!

! *Baedeker* TIPP

Was Hirten stark macht

Lassen Sie sich vom Äußeren nicht abhalten, die authentische Gran-Sasso-Kost von Marina und Raimondo zu probieren. Die knorrige Trattoria Il Mandrone (Di. und Mi. geschl.; Tel. 08 61 97 61 52) im hochgelegenen Ortsteil S. Pietro von Isola del Gran Sasso brilliert mit Lammfleisch, das stundenlang im Tontopf butterweich geköchelt wurde, und Hausmacherpasta mit selbst gepflückten Wildkräutern.

★ **Bominaco**

Gleich zwei überragende Beispiele der abruzzischen Romanik besitzt der kleine Ort Bominaco 30 km südöstlich von L'Aquila. Die Kirche S. Pellegrino (1263) ist vollständig mit zeitgenössischen Fresken ausgemalt, die in kräftiger Bildsprache u. a. Kalenderblätter (Tierkreiszeichen) zeigen. Die Abteikirche S. Maria Assunta (Mitte bis Ende 12. Jh.) hingegen glänzt mit herrlichen Steinmetzarbeiten.

Der Osten der Region Abruzzen

Chieti

Die in 330 m Höhe über dem Pescara-Tal gelegene Provinzhauptstadt Chieti (330 m, 55 000 Einw.) – genauer ihre Altstadt – verfügt über eine angenehme Atmosphäre. Die Piazza Vittorio Emanuele schmücken das Rathaus (Palazzo Valignani, 1517; Gemäldesammlung) und die gotische Kathedrale S. Giustino, an der zuletzt 1920–1936 gebaut wurde. Links des Justizpalastes bietet sich eine herrliche Aussicht auf Meer, Gran Sasso und Maiella. Durch die Via Pollone erreicht man das Teatro Marrucino von 1813. Den Corso Marrucino, die Hauptachse der Altstadt, säumen Geschäfte und Cafés. Westlich abseits zeugt eine Gruppe von drei kleinen Tempeln (1. Jh. n. Chr.) von der bedeutenden römischen Stadt **Teate**; sie sind recht gut erhalten, da zwei von ihnen bis in die 1930er-Jahre als Kirchen dienten.

★ ◄ Museo Nazionale di Antichità, Museo La Civitella

Von der Piazza Trento e Trieste gelangt man südlich zum Stadtgarten (Villa Comunale) mit dem hervorragenden Archäologischen Museum (»Sitzender Herkules« aus Alba Fucens und der 2 m hohe »Krieger von Capestrano« aus dem 6. Jh. v. Chr.). Weiter bergauf wurde das ebenso beeindruckende Museum La Civitella eingerichtet, das ein umfassendes Bild der Lokalgeschichte vermittelt. An der Via delle Terme Romane am Ostrand des Stadthügels liegen eine in den Fels gehauene römische Zisternenanlage und Reste der Thermen.

Guardiagrele

Der am Fuß der Maiella 25 km südwestlich von Lanciano gelegene Ort Guardiagrele hat eine lange Tradition im Eisen- und Goldschmiedehandwerk. Die Kirche S. Maria Maggiore, deren Fassade vom massigen Kampanile (12. Jh.) gebildet wird, bewahrt ein Kreuz von Nicola da Guardiagrele von 1431 auf, bemerkenswert ist auch die barocke Kanzel aus Nussholz. Den Porticus der rechten Außenwand schmückt ein riesiges Christophorus-Fresko von Andrea de Litio (1473). In 4 ½ Std. kann man die Maielletta (1995 m) erklimmen.

S. Clemente a Casauria

Über Manoppello Scalo (ca. 14 km südwestlich von Chieti) steht die erste Zisterzienserkirche – und eine der bedeutendsten – der Abruzzen, **S. Maria d'Arabona** (1208). Im Inneren beachte man die Fresken in Altarraum (1373) und in der Cappella di S. Rocco den Osterleuchter (um 1300) sowie den Tabernakel. Ca. 1,5 km südlich von Manoppello wird im **Santuario del Volto Santo** seit 1622 ein 17 x 24 cm großer Schleier aufbewahrt, der nach Ansicht von H. Pfeiffer, Professor für christliche Kunstgeschichte an der Päpstlichen Universität, identisch ist mit der »Veronica«, die bis 1608 im Petersdom verehrt wurde. Wie das Leichentuch von Turin zeigt er den Abdruck eines Antlitzes. Östlich von Manoppello bei Serramonacesca schön gelegen ist die beeindruckende romanische Kirche **S. Liberatore a Maiella**, erbaut ab 1007.

✶✶ Maiella

Ebenso hoch wie der Gran Sasso, doch von ganz anderem Charakter ist der mächtige Bergrücken der Montagna della Maiella (Monte Amaro, 2793 m). In die Hänge des nur wenig bewaldeten Kalkmassivs sind wilde Schluchten eingeschnitten, z. B. der Orfento beim hübschen Schwefelbad **Caramanico Terme** und der Mandrelle bei **Fara S. Martino**, das für seine Pastafabriken bekannt ist. Äußerst pittoresk liegt Pennapiedimonte (4 km südlich von Guardiagrele).

✶ S. Clemente a Casauria

Im Jahr 871 gründete Kaiser Ludwig II. diese Abtei bei Torre de' Passeri (A 25 / SS 5). Die Gründungslegende wird in den Reliefs am Architrav des Hauptportals erzählt. Die romanisch-gotische Kirche, das **bedeutendste Bauwerk seiner Art** in den Abruzzen, erhielt im 12. Jh. nach zisterziensischen Prinzipien ihre heutige Gestalt. Heraus-

ABRUZZEN ERLEBEN

AUSKUNFT

Abruzzo Promozione Turismo
Corso Vittorio Emanuele II 301
65122 Pescara, Tel. 0 85 42 90 01
Fax 0 85 29 82 46
www.abruzzoturismo.it

VERANSTALTUNG

In Bucchianico wird vom Sonntag vor dem 23. bis zum 26. Mai zur Erinnerung an die erfolgreiche Verteidigung gegen Chieti die prächtige *»Sagra dei Banderesi«* gefeiert.

ESSEN

► Erschwinglich

Corona di Ferro
Corso Roma 28, Lanciano
Tel. 08 72 71 30 29; So. abend und Mo. geschl. Vornehmes Restaurant in einem Palazzo aus dem 19. Jh., bekannt für hervorragende Fischgerichte.

Taverna de li Caldora
Piazza Umberto I 13, Pacentro
Tel. 0 86 44 11 39; Di. geschl.
In einem Wohnhaus aus dem 16. Jh. im alten Teil des Ortes, raffinierte Hirtengerichte und herrliche Panorama-Terrasse.

► Preiswert

Carmine
Contrada Re Martello 1
Loreto Aprutino, Tel. 08 58 20 85 53
Charmantes Lokal etwas außerhalb des Ortes Richtung Penne. Hervorragende Fischgerichte, hochkarätige Weine.

Duomo
Via Stazio 9, Teramo
Tel. 08 61 24 17 74
Nur wenige Schritte vom Dom finden Sie dieses elegante Restaurant, das für schmackhafte regionale Küche und zivile Preise bekannt ist.

Baedeker-Empfehlung

Plistia
Via Principe di Napoli 28, Pescasseroli
Tel. 08 63 91 07 32
Signora Laura bereitet köstliche bodenständige Gerichte zu. Probieren Sie die hausgemachten Pappardelle mit Steinpilzen oder die mit Ricotta und wildem Spinat gefüllten Ravioli in Salbeibutter.

ÜBERNACHTEN

► Luxus

Villa Vignola
Marina di Vasto, SS 16, Vasto
Tel. 08 73 31 00 50, Fax 08 73 31 00 60
Kleine Villa am Meer, elegantes Ambiente; Restaurant mit guter Fischküche.

► Komfortabel

Albergo Campo Imperatore
Fonte Cerreto/Gran Sasso, Assergi
Tel. 08 62 40 00 00, Fax 08 62 40 00 04
www.hotelcampoimperatore.too.it
Spektakuläre Lage am Gran Sasso; ordentlicher Komfort.

Sextantio
Santo Stefano di Sessanio
Tel. & Fax 08 54 97 23 24
www.sextantio.it
Im mittelalterlichen Borgo, ringsum die endlosen Weiten des Parco Nazionale del Gran Sasso.

► Günstig

Albergo dell'Oca
Via Sant'Angelo 16, Pescocostanzo
Tel. & Fax 08 64 64 26 00
www.cameredelloca.com
Familiäres Hotel in den Abruzzen, in einer Patriziervilla von 1550. Geführte Wanderungen.

ragende Details sind vor allem das Bronzeportal mit 72 Bildfeldern (1109), die freistehende, mit Skulpturen reich verzierte Kanzel und der 5 m hohe, mit Mosaiken geschmückte Osterleuchter.

Sulmona ►dort

✶ Pacentro Seine Rolle als »Bilderbuchort« der Abruzzen verdankt Pacentro (9 km östlich von Sulmona) der eindrucksvollen Lage unter dem Monte Amaro und seiner mächtigen Burg aus dem 14. Jahrhundert.

✶ Pescocostanzo Ein ungewöhnliches Bild bietet das in 1395 m Höhe gelegene Pescocostanzo (ca. 35 km südöstlich von Sulmona): Es wurde von lombardischen Handwerkern, die sich im 15. Jh. hier ansiedelten, in Barockformen erbaut. Die Kirche S. Maria del Colle (15.–17. Jh.) prunkt mit Kassettendecke, Orgel, Kanzel und schmiedeeisernem Gitter.

Der Südwesten der Region Abruzzen

✶ Von L'Aquila nach Avezzano Sehr reizvoll ist die Fahrt auf der SS 5 bis von L'Aquila nach Avezzano, zunächst am Nordosthang des Monte d'Ocre (2206 m) bergan, später durch das einsame, karge Hochtal zwischen Monte Velino (2487 m, rechts) und Monte Sirente (2349 m, links). Hinter Ovindoli mit schönem Ausblick geht es nach **Celano** (800 m) hinunter, das von einem mächtigen Kastell (1392–1450) überragt wird; sehenswert auch das hier untergebrachte Museo della Marsica und die Kirche

Das Forum war einst der Mittelpunkt der römischen Kolonie Alba Fucens.

! *Baedeker* TIPP

Schlangenfest

Schlangenphobiker sollten den Abruzzenort Cocullo am 1. Mai-Donnerstag tunlichst meiden. Dort wird nämlich alljährlich das »Schlangenfest« gefeiert, bei dem eine Statue des Hl. Dominikus mit den Reptilien behängt wird. Seinen Ursprung hat der Brauch in etruskischen Riten zu Ehren der Fruchtbarkeitsgöttin Angizia.

S. Giovanni Battista (Ende 13. Jh.). Celano liegt am Nordrand der Piana del Fúcino, die erst 1875 aus einem trockengelegten See entstand; das fruchtbare Becken, das schachbrettartig aufgeteilt ist, wird intensiv landwirtschaftlich genutzt.

*

◄ Fuciner Becken

*

Alba Fucens

Bei Albe (10 km nördlich von Avezzano) liegen die bedeutenden Reste der 303 v. Chr. gegründeten **römischen Kolonie** Alba Fucens, die im 9./10. Jh. von Sarazenen zerstört wurde. Deutlich auszumachen sind das Forum, die sich anschließende Basilika, Läden an der Via Valeria, der Markt und die Thermen. Gut erhalten ist das etwas oberhalb gelegene Amphitheater aus der Zeit des Kaisers Tiberius. Sehenswert ist auch die hoch gelegene, reich geschmückte romanische Kirche S. Pietro (12. Jh.), die unter Verwendung von Teilen eines Apollo-Tempels aus dem 3. Jh. v. Chr. erbaut wurde; besonders schön sind die Kanzel und die Ikonostase, beide von Cosmaten im 13. Jh. angefertigt.

*

S. Maria in Valle Porclaneta

Ein Juwel, insbesondere durch den plastischen Schmuck der Innenausstattung, ist die kleine romanische Kirche (ab 11. Jh.) S. Maria in Valle Porclaneta, die einsam im Talschluss über Magliano de' Marsi steht (8 km nordwestlich von Avezzano).

*

Abruzzen-Nationalpark

Weniger spektakulär als Gran Sasso oder Maiella ist der 1923 eingerichtete Parco Nazionale d'Abruzzo mit seinen schönen Buchenwäldern. Er umfasst die Monti Marsicani und die Monti della Meta am oberen Sangro, insgesamt 440 km² streng geschützte Fläche, ein **Paradies für Naturfreunde**. Es gibt dort noch den Abruzzen-Braunbär, der das Parkemblem ziert, die Abruzzen-Gämse, den Apenninen-Wolf, Luchs und Steinadler. Von den Pflanzen, die im Frühjahr eine wahre Farbenpracht entfalten, sind besonders Türkenbund, Frauenschuh, Feuerlilie und Enzian zu nennen. Mit Wanderwegen und Schutzhütten ist der Park gut erschlossen; im Jahr zählt man etwa eine Million Besucher, der Großteil der Gästebetten wird von Privatvermietern angeboten.

★★ Alberobello · Zona dei Trulli

O 24

Region: Apulien • Puglia **Provinz:** Bari

Wie durch einen übergroßen Souvenirladen läuft man durch die Gassen mit den eigenartigen »Zipfelmützen-Häuschen« von Alberobello. Ganz anders z.B. Martina Franca mit üppigen Barock- und Rokokogebäuden oder das »weiße« Ostuni mit seinen orientalisch wirkenden, gestaffelten Terrassenhäusern: Wer die Zona dei Trulli erkundet, stellt sich auf Kontraste ein.

Land der Trulli

Die Zona dei Trulli sind ein etwa 1000 km² großer Teil der Murge – der bis fast 700 m hoch ansteigenden Karstfläche in der Mitte Apuliens, westlich von ►Brindisi –, der übersät ist mit Tausenden der eigenartigen kleinen, häufig miteinander verbundenen Steinhäuser mit kegelförmigem Dach, für das Steinplatten ohne Mörtel überkragend aufeinander geschichtet werden. Geziert wird das Dach von einem Schlussstein (»cippo« oder »pinnacolo«), dessen vielfältige Formen immer noch nicht sicher gedeutet werden konnten. So faszinierend und hübsch diese improvisierte Architektur wirkt – Alberobello gehört heute zu den touristischen Hauptattraktionen Italiens –, sollte man nicht vergessen, dass die Lebensbedingungen in diesen Häusern alles andere als komfortabel waren.

Polignano a Mare

Auf der Fahrt von ►Bari entlang der Küste (34 km) lohnt ein Spaziergang durch Polignano (16 000 Einw.), dessen hellenisch anmutende weiße Häuser auf einem senkrecht abfallenden Felsvorsprung stehen.

Schema eines Trullo

Einst brachte die Bauweise der »Trulli« ohne Mörtel einem Grafen bare Münze, denn nur für gemauerte Häuser mussten dem Landesherrn Steuern bezahlt werden.

◄ Monopoli

Monopoli (45 000 Einw.), 10 km weiter südöstlich, mit seinem malerischen **Fischerhafen** wartet mit einem Kastell (ab 1552), der Renaissance-Kirche S. Domenico und der monumentalen, 1742–1770 errichteten barocken Kathedrale auf.

★ ◄ Höhlen von Castellana

Etwa 15 km südwestlich von Monopoli sind die Grotten von Castellana zu finden, eines der größten und faszinierendsten **Tropfsteinhöhlen-Systeme** Europas (nördlich des Orts beschildert). 1–2-stündige Führungen, auch in Deutsch; im Sommer ist mit langen Wartezeiten zu rechnen. Mit 16 °C ist es in der Höhle recht frisch.

Egnazia

Bei Egnazia, 11 km südöstlich von Monopoli, liegt eine der wichtigsten apulischen Grabungsstätten. Die **Messapier-Stadt** an der Via Traiana wurde in römischer Zeit (Mitte 3. Jh. v. Chr.) bedeutend, im 5. Jh. n. Chr. Bischofssitz und nach der Zerstörung durch Totila 545 allmählich aufgegeben.

◄ Fasano

Bei Fasano (ca. 7 km südlich) lockt ein **Safaripark** mit frei lebenden Tieren wie Löwen und Giraffen sowie Delfinschau und Freizeitpark (Fasanolandia, www.zoosafari.it).

★★ **Alberobello**

Alberobello (428 m, 10 600 Einw.), das seit 1996 zum UNESCO-Weltkulturerbe gehört, ist ohne Zweifel sehr sehenswert, auch wenn es sich seit seiner touristischen Entdeckung zu einer Art »Disneyland« entwickelt hat, das in keinem Reiseprogramm fehlt. Vom Largo Martelotta (Parkplatz) geht es in das Viertel Monti mit über 1000 Trulli, u. a. der in Trullo-Form 1926 erbauten Kirche S. Antonio und dem als einzigem doppelstöckigen Trullo Sovrano (zugänglich); auch

ZONA DEI TRULLI ERLEBEN

AUSKUNFT

Via Monte Nero 1, 70011 Alberobello
Tel. & Fax 08 04 32 28 22
www.prolocoalberobello.it
www.regione.puglia.it
www.pugliaturismo.com

VERANSTALTUNG

Im Juli/August findet in ***Martina Franca*** ein internationales Musikfestival statt (www.festivaldellavalleditria.it).

! Baedeker TIPP

Maria Matarrese

Besondere Souvenirs bietet in Alberobello Maria Matarrese an. Sie verkauft in ihrem Trullo z.B. nach alten Vorlagen gestickte Decken und Schals sowie die so genannten Fischietti, Pfeifen, die Glück bringen sollen, darunter auch die preisgekrönten von Vito Moccia (Via Monte Pertica 9).

ESSEN

► **Erschwinglich**

Al Ritrovo degli Amici
Corso Messapia 8, Martina Franca
Tel. 08 04 83 92 49
Im Winter So. abend und Mi. geschl. Delikate, vielfältige apulische Küche, mitten in der Altstadt.

Osteria del Tempo Perso
Via Tanzarella 47, Ostuni
Tel. 08 31 30 33 20
Außer Sa./So. nur abends, Mo. geschl. Eine Bäckerei nahe der Kathedrale wurde zu einem der beliebtesten Restaurants der Stadt, der vielfältigen bodenständigen Küche wegen.

► **Preiswert**

Centro Storico
Via Eroi di Dogali 6, Locorotondo
Tel. 09 73 87 64 88, Mi. geschl.
Einfaches Lokal mit bester apulischer Küche. Kenner probieren die lokale Spezialität Involtini di interiora d'agnello (kleine Rouladen mit Lamminnereien).

ÜBERNACHTEN

► **Luxus**

Hotel dei Trulli
Via Cadore 32, Alberobello
Tel. 08 04 32 35 55
Fax 08 04 32 35 60
www.hoteldeitrulli.it
In ruhiger, grüner Umgebung am Rand der Altstadt (Rione Monti) wurden echte Trulli – bestehend aus kleinem Wohnraum mit Kamin, Schlafzimmer und Bad – mit modernem Komfort ausgestattet. Gute regionale Küche, nette Betreuung durch einen Deutschland- und Schweiz-erfahrenen Kellner.

Melograno
Contrada Torricella 345, Monopoli
Tel. 08 06 90 90 30
Fax 0 80 74 79 08
www.melograno.com
Eine apulische Masseria aus dem 17. Jh. hat der Antiquitätenhändler Camillo Guerra zur noblen Oase umgestaltet. Restaurant, Pools, Tennisplätze und Privatstrand in der Nähe.

► **Komfortabel**

Dell'Erba
Viale dei Cedri 1, Martina Franca
Tel. 08 04 30 10 55
Fax 08 04 30 16 39
In einem großen Park gelegenes, besonders angenehmes Haus mit vielen Sport- und Freizeitangeboten.

Il Frantoio (Agriturismo)
Ostuni, 5 km Richtung Fasano
Tel. & Fax 08 31 33 02 76
www.trecolline.it
Eine weitere prächtige Masseria aus dem 16. Jh., wunderbares Ambiente mit ausgezeichnetem Restaurant, Musikzimmer und Bibliothek.

► Günstig
Villaggio In
Largo Magli 6, Martina Franca
Tel. 08 04 80 59 11, Fax 08 04 80 50 17
www.villaggioin.it
Ein »Hotel ohne Hotel«: 48 geschmackvoll eingerichtete Appartements über die Altstadt verstreut.

Baedeker-Empfehlung

Villen Apulien
Siegstätt 4, D-85661 Fortinning
Tel. (0 81 24) 5 22 22, Fax 44 42 59
www.villen-apulien.de
Irene Dompè-Legrottaglie vermittelt schöne Ferienwohnungen in Marina di Ostuni.

das Viertel Aia Piccola auf der anderen Seite des Largo Martellotta ist reizvoll. Einige Trulli – vom 17. bis zum Ende des 18. Jh.s wurde in Alberobello nur diese Hausform verwendet – wurden zu **Hotels und Ferienwohnungen** umgebaut. Vom Dach des Heimatmuseums (Museo del Territorio, Via 27 Maggio) hat man einen schönen Blick über die Stadt.

✶ **Valle d'Itria Locorotondo**

Hauptort des an Trulli besonders reichen Valle d'Itria ist das zauberhafte, noch ganz untouristische Locorotondo (410 m, 13 400 Einw.), das den Namen seinem kreisförmigen Grundriss verdankt (»runder Ort«) und auch für seinen **gleichnamigen Weißwein** berühmt ist. Eine weiß getünchte Häuserfront ist wie eine Stadtmauer nach außen gekehrt. Überragt wird das Ganze von der mächtigen klassizistischen Kirche S. Giorgio, erbaut 1790–1825. Vom Stadtpark bietet sich ein herrlicher Blick über das Valle d'Itria nach Martina Franca.

✶ **Martina Franca**

Wunderbar, auch im Kontrast mit den Trulli, ist der heiter-üppige Barock und Rokoko der **verkehrsfreien Altstadt** von Martina Franca (431 m, 45 400 Einw.), die im 18. Jh. auf Geheiß des Herzogs Petracone V. Caracciolo neu gestaltet wurde. Über die lange Piazza XX Settembre mit ihren Cafés gelangt man durch den Arco di S. Stefano (1764) auf die Piazza Roma mit dem mächtigen Palazzo Ducale (1668–1742), in dem außer dem Rathaus auch die Touristeninformation untergebracht ist. Am schönen Corso Vittorio Emanuele steht die Kollegiatkirche S. Martino (1747–1775) mit einem herrlichen Altar aus polychromem Marmor; der Kampanile stammt noch vom gotischen Vorgängerbau (15. Jh.).

✶ **Ostuni**

Am Ostrand der Zona dei Trulli und der Murge liegt – 6 km vom Meer entfernt – das »weiße« Ostuni (218 m, 33 500 Einw.), ein malerisches Städtchen mit orientalisch wirkenden, gestaffelten Terrassenhäusern und verwinkelten Gassen. Sehr schön kontrastiert wird

Die schöne »Città bianca« Ostuni breitet sich über drei Hügel aus.

das Weiß vom hellen Ocker des unverputzten Kalksteins, so bei der spätgotischen **Kathedrale** (1435–1495) mit ihrer ungewöhnlichen, reich gestalteten Fassade venezianischer Stilrichtung, die den Ort bekrönt. An der Durchgangsstraße (Corso Mazzini) liegt die Piazza della Libertà mit dem Rathaus (ehemals Franziskanerkonvent des 14. Jh.s, Fassade von 1887) und der Säule des hl. Orontius (1771); von hier führt die Via Cattedrale in die Altstadt hinauf.

★★ Amalfi und die Amalfitana

O 18/19

Region: Kampanien • Campania
Provinz: Salerno
Höhe: Meereshöhe
Einwohnerzahl: 6000

Der Inbegriff des Südens – dafür steht die Amalfitana, Italiens schönste Küstenlandschaft, wo die Gebirgsausläufer der Monti Lattari ins Meer tauchen. Perle der amalfitanischen Küste ist das kleine Städtchen Amalfi, einst eine der großen italienischen Seerepubliken.

Geschichte Amalfi, Zentrum der Amalfitana, beherrschte vom 9. bis 11. Jh. den Warenverkehr mit dem Orient und stand mit den Republiken Genua, Venedig und Pisa in Konkurrenz. Auf dem Höhepunkt seiner Macht, im 11. Jh., zählte es 50 000 Einwohner. Das Seerecht von Amalfi, die so genannten **Tabulae Amalfitanae** (heute im Museo Civico), galt bis zum 16. Jh. im gesamten Mittelmeerraum. Im 12. Jh. begann Amalfis Niedergang, 1343 versanken weite Teile bei einer Sturmflut im Meer, schließlich geriet die Stadt in Vergessenheit, bis sie Mitte des 19. Jh.s wieder »entdeckt« wurde.

Sehenswertes in Amalfi

★ **Duomo di Sant'Andrea**

Vom alten Amalfi ist nur wenig erhalten. Der eigentliche Ortskern ist ein Labyrinth aus Kirchen, Türmen, übereinander gebauten Häusern, Sträßchen und Plätzen mit dem prächtigen Dom als Mittelpunkt, der dem Schutzheiligen der Stadt, dem Apostel Andreas, geweiht ist. Eine beeindruckende Freitreppe führt zu ihm hinauf. Ursprünglich stammt er aus dem 9. Jh., 1203 wurde er im **arabisch-normannischen Stil** umgestaltet; der Kampanile ist noch aus dieser Zeit. Die bunte Fassade entstand wie die Spitzbogenvorhalle im 19. Jh. Den barock ausgestatteten Dom betritt man durch eine um 1066 in Konstantinopel gegossene Bronzetür. In der Domkrypta ruht seit dem 13. Jh. der (kopflose) Leichnam des Apostels Andreas. Die Kreuzfahrer hatten seine Gebeine nach der Plünderung Konstantinopels 1204 mitgebracht.

Museo della Carta

Amalfi war eine der ersten Städte Europas, wo Papier hergestellt wurde. Im Papiermuseum erfährt man mehr über die Geschichte des antiken Handwerks, das aus dem arabischen Raum auf die Sorrentinische Halbinsel kam. Ein etwa halbstündiger Spaziergang führt ins Mühlental, Valle dei Mulini, wo man auch heute noch dem Betreiber einer Papiermühle bei der Arbeit zusehen kann.

Luna Convento

Wer schon immer mal im selben Bett wie Henrik Ibsen nächtigen wollte, hat dazu im Luna Convento Gelegenheit. In dem als Hotel genutzten Kloster schrieb der norwegische Schriftsteller 1879 »Nora«; man muss allerdings frühzeitig buchen, denn sein Zimmer ist immer über Wochen hin ausgebucht.

Eine beeindruckende Freitreppe führt in den Dom von Amalfi.

★★ Costiera Amalfitana

Die Amalfitana im engeren Sinn ist die ca. 40 km lange Panoramastraße zwischen Positano im Westen und Vietri sul Mare im Osten, die **»schönste Panoramastraße der Welt«**. Sie wurde erst 1840 in den Fels geschlagen, kühn folgt sie jeder natürlichen Windung, manchmal führt sie über tiefe Schluchten, die sich Flüsse aus den Lattari-Bergen gegraben haben. Auch heute stellt die inzwischen asphaltierte, jedoch nicht wesentlich verbreiterte SS 163 für die Autofahrer eine besondere Herausforderung dar.

Die meisten Küstenorte wurden im Mittelalter von Seefahrern gegründet; vom Land her waren sie nur über steile Maultierpfade quer

! Baedeker TIPP

Leckereien

Die Amalfitana ist bekannt für diverse Süßigkeiten, die aus dem arabischen Raum auf die Sorrentinische Halbinsel kamen: z.B. glasierte Orangen- und Zitronenschalen, Mokkatrüffel und Sfogliatelle, muschelförmige gefüllte Blätterteigtaschen. Unbedingt probieren sollte man auch den Limoncello, ein Zitronenlikör, der gut gekühlt serviert wird.

durch die Lattari-Berge zu erreichen. Aus Platzmangel wurde in die Höhe gebaut. Unübersehbar **maurisch inspirierte**, weiß getünchte kubische Häuser mit teils flachen Kuppeldächern und bogenüberspannten Loggien bestimmen das Bild, sie kleben wie Schwalbennester an den Hängen. Es gibt wenig Straßen, dafür viele steile Treppengassen.

Im Laufe der Jahrhunderte wurde jeder Quadratzentimenter der weniger steilen Hänge urbar gemacht. Ergebnis sind die unzähligen, manchmal nur **handtuchgroßen Terrassenfelder**, die wie Treppen zum Meer hinab- oder in den Himmel hinaufführen. Angebaut werden Oliven und Wein, seit dem Limoncello-Boom aber vor allem Zitronen.

Torri saraceni ► Zum Küstenbild gehören auch die stämmigen so genannten Sarazenentürme, die die gesamte Küste Süditaliens säumen und im 16. Jh. als Teil eines **Warnsystems** entstanden; sie hatten Sichtkontakt und konnten sich mit Feuer vor Piratenüberfällen schnell warnen. Heute sind sie teils verfallen, andere werden als Atelier, Ferienwohnung oder Disco genutzt.

Hinterland ► Auch das Hinterland der Amalfitana mit seinen ruhigen Bergdörfern, den üppigen Wäldern und Weiden hat seinen Reiz. Schon der Name Monti Lattari, »Milchberge«, deutet darauf hin, dass hier seit Jahrhunderten Viehzucht betrieben wird. Höchster Gipfel ist der **Monte Faito** mit 1278 m – von Positano aus lässt er sich in einer Tagestour erwandern.

Tourismus In den 1950er-Jahren entdeckte der internationale Jetset den Küstenstreifen, etwa 1980 setzte der **Massentourismus** ein, der die Amalfitana buchstäblich überrollte. Ganz besonders leidet Amalfi, neben Positano der berühmteste Ferienort der Amalfitana, das wegen seiner günstigen Lage von Heerscharen von Tagesausflüglern besucht wird. Eine Konsequenz der Beliebtheit ist, dass die Costa von April bis Oktober meist ausgebucht ist.

✶ Positano Die im Mittelalter gegründete Seefahrerstadt Positano (3000 Einw.) »hängt« gleichsam über dem Meer. Anfang der 1960er-Jahre wurde sie schlagartig bekannt, als Schriftsteller, Maler, Komponisten, Regisseure und Schauspieler zu Stammgästen wurden. Einen besonderen Ruf erwarb sich das inzwischen zum mondänen Badeort mutierte Städtchen, als sich hier Modeschneiderinnen niederließen und fantasievolle Kreationen für die Feriengarderobe entwarfen, die so genannte **Fetzenmode der späten 1960er-Jahre**. Heute reiht sich Boutique an Boutique.

Bei der Chiesa Nuova in Positano beginnt ein uralter Stufenweg hinauf nach Santa Maria del Castello. Hier beginnt der Sentiero degli Dei, der Pfad der Götter. Er führt hoch über der amalfitanischen Küste mit wunderbaren Ausblicken nach Agerola, einem kleinen Bergdorf. Eine Wanderkarte (Peninsola Sorrentina) ist im Kompass-Verlag erschienen.

◄ Sentiero degli Dei

Über Praiano (1900 Einw.) mit seinem zwischen zwei Klippen gelegenen hübschen Strand passiert die Amalfitana mehrere tiefe Schluchten (Valloni). Die beeindruckendste ist die zwischen zwei Tunnels gelegene »Schlucht des Zorns«, einst ein natürlicher Fischerhafen. Kurz darauf bietet sich die Möglichkeit, über eine Treppe oder einen Aufzug zur Grotta dello Smeraldo zu gelangen. In der mit Meerwasser gefüllten Tropfsteinhöhle sorgt das einfallende Licht für herrliche Farbenspiele im smaragdgrünen Wasser.

★ **Vallone di Furore**

★ ◄ Grotta dello Smeraldo

Ravello (2300 Einw.) mit seinen prächtigen Häusern und großzügigen Gartenanlagen thront uneinnehmbar auf einem Felsvorsprung, etwa 350 m hoch über der Küste, umgeben von Wein- und Zitronenhainen. Mittelpunkt ist der **Dom San Pantaleone**. Er wurde 1086 geweiht und später barockisiert. Durch eine Bronzetür von Barisanus aus Trani (1179) betritt man man den Innenraum. Die Gewölbe ruhen auf antiken Säulen aus Paestum. Die von sechs Steinlöwen getragene, mit Mosaiken verzierte Kanzel ist ein Werk von Niccolò da Foggia (1272).

★★ **Ravello**

Der Blick vom Park der Villa Rufolo in Ravella auf die felsige Amalfiküste begeistert die Besucher.

AMALFITANA ERLEBEN

AUSKUNFT

Corso delle Repubbliche Marinare 27
84011 Amalfi
Tel. 0 89 87 11 07
Fax 0 89 87 26 19
www.amalfitouristoffice.it

Positano
Via del Saracino 4, 84017 Positano
Tel. 0 89 87 50 67, Fax 0 89 87 57 60
www.aziendaturismopositano.it

Ravello
Via Roma 18 bis, 84010 Ravello
Tel. 0 89 85 70 96, Fax 0 89 85 79 77
www.ravellotime.it

VERANSTALTUNGEN

Amalfi
An die vergangene Größe Amalfis erinnert die im Wechsel mit Venedig, Pisa und Genua alle vier Jahre in der ersten Juniwoche stattfindende »Regata storica delle antiche Repubbliche Marinare«, eine Ruderregatta in historischen Kostümen (nächster Termin 2009).
Zu Ehren des Apostels Andreas, dessen Gebeine im Dom von Amalfi ruhen, findet alljährlich am 27. Juni ein feierlicher Umzug statt.

Ravello
Im Sommer findet in Ravello das renommierte Wagner-Festival statt (Informationen: Tel. 0 89 85 84 22, www.ravellofestival.com)

ESSEN

► Fein & Teuer

Le Tre Sorelle
Via del Brigantino 23/25, Positano
Tel. 0 89 81 19 22
Bekanntes typisches Lokal mit sehr guten Fischgerichten.

► Erschwinglich

La Perla
Via dei Pastai 5, Amalfi
Tel. 0 89 87 14 40, Di. geschl.
Große Auswahl an Pizza und fangfrischem Fisch. Gutes Preis-Leistungs-Verhältnis.

San Pietro
Piazza San Francesco 2, Cetara
Tel. 0 89 26 10 91, Di. geschl.
In der freundlichen Trattoria (mit einigen Zimmern) an der amalfitanischen Küste gibt es ein breites Angebot an leckerem fangfrischem Fisch. Zu trinken gibt es Weine aus Kampanien (und auch aus anderen Regionen).

► Preiswert

Baracca
Piazza dei Dogi, Amalfi
Tel. 0 89 87 12 85, Mi. geschl.
Essen wie die Einheimischen mit Blick auf den kleinen Obst- und Gemüsemarkt.

'O Caporale
Via Regina Giovanna 12, Positano
Tel. 0 89 81 11 88
Trattoria mit lokalen Gerichten, gutes Preis-Leistungs-Verhältnis.

ÜBERNACHTEN

► Luxus

Hotel Scapolatiello
Piazza Risorgimento 1, Badia di Cava
Tel. 0 89 44 36 11
Fax 0 89 44 36 11
www.hotelscapolatiello.it
Wer den Trubel der amalfitanischen Küste erleben, aber ruhig schlafen möchte, wird sich hier wohl fühlen, mit großem, gepflegtem Garten, wenige Minuten von Vietri sul Mare landeinwärts. Freier Blick ins bewaldete Umland.

Luna Convento
Via P. Comte 33, Positano
Tel. 0 89 87 10 02
Fax 0 89 87 10 84
www.lunahotel.it
Aus den Zellen des auf einem Felsen thronenden einstigen Klosters entstanden liebevoll mit Antiquitäten eingerichtete Hotelzimmer.

Palazzo Murat
Via dei Mulini 23, Positano
Tel. 0 89 87 51 77
Fax 0 89 81 14 19
www.palazzomurat.it
In einem Palazzo aus dem 18. Jh. mit allem Komfort.

► Komfortabel

Conca d'Oro
Via Boscariello 16, Positano
Tel. 0 89 81 14 94
Fax 0 89 87 51 11
www.hotel-concadoro.com
Aussichtsreich gelegen mit hellen, ruhigen Zimmern, alle haben Blick auf das Meer.

Lidomare
Largo Ducchi Piccolomini 9, Amalfi
Tel. 0 89 87 13 32, Fax 0 89 87 13 32
www.lidomare.it
Familiäre Atmosphäre. Leider etwas umständlich zu erreichen, kein eigener Parkplatz.

Rufolo
Via S. Francesco 1, Ravello
Tel. 0 89 85 71 33
Fax 0 89 85 79 35
www.hotel-rufolo.it
Zwischen der Villa Rufolo und der Kirche S. Francesco gelegen. Traumhafter Blick auf die Amalfitanische Küste.

► Günstig

Villa Amore
Via del Fusco 5, Ravello
Tel. 0 89 85 71 35
Fax 0 89 85 71 35
Wunderschön gelegenes Haus mit einfachen Zimmern.

Baedeker-Empfehlung

Sant'Alfonso
Via Sant'Alfonso 6, Furore
Tel. 0 89 83 05 15
www.agriturismosantalfonso.it
Hoch über der Küste schwebt das Landgut, das für seine stilvoll eingerichteten Zimmer und sorgfältige Lokalküche bekannt ist.

Rechts neben dem Dom liegt die Villa Rufolo, ein Bauwerk im sizilianisch-arabischen Stil aus dem 13. Jh. mit Turm (11. Jh.), maurischem Innenhof, ursprünglich ein Kreuzgang aus dem 11. Jh., und einem besonders schönen Garten mit Aussichtsterrasse. Die oberhalb der Dompiazza gelegene, profanierte Kirche S. Giovanni del Toro wurde im 12. Jh. erbaut; im Innern sind die mosaik- und freskengeschmückte Kanzel (um 1175) sowie die ebenfalls mit Fresken aus dem 13. Jh. verzierte Krypta sehenswert. Nur ca. 10 Min. entfernt liegt die **Villa Cimbrone** vom Ende des 19. Jh.s, eines der ältesten Hotels am Platz, wo Greta Garbo Urlaub machte. Auch hier wurde ein Kreuzgang aus dem 13. Jh. in den Bau integriert. Eine Allee führt durch den herrlichen Garten zum Belvedere, von dem sich eine atemberaubende Aussicht auf die Amalfitanische Küste bietet.

* *
◄ Aussicht

Vietri sul Mare End- bzw. Ausgangspunkt der Amalfitana ist Vietri sul Mare, eine liebenswerte süditalienische Kleinstadt (9000 Einw.). Von alters her ist sie eine Hochburg der **Keramikherstellung**. An der Hauptstraße werden die Erzeugnisse angeboten, farbenprächtige, mit fantasievollen Mustern versehene Kacheln, Vasen, Tassen und Teller. Über das Töpferhandwerk informiert das Keramikmuseum im Ortsteil Raito.

★ Abbazia della Trinità di Cava ▶ Das Kloster, etwa 7 km landeinwärts von Vietri gelegen, wurde 1011 gegründet und später barockisiert. Sehr schön sind die von Cosmaten gefertigte Kanzel (13. Jh.) und der romanische Kreuzgang in der Kirche.

Apulien · Puglia

M–Q 20–27

Region: Apulien • Puglia
Fläche: 19 357 km²
Einwohnerzahl: 4 086 600
Provinzen: Bari, Brindisi, Foggia, Lecce, Taranto

Der Absatz Italiens bis hoch zum Sporn hat zwar fast 800 km Küste, wesentlich interessanter als die Strandabschnitte sind aber die vielen großartigen Städte und Bauwerke sowie das Hinterland, in Frühjahr und Frühsommer grün und von überraschender Heiterkeit, im heißen Hochsommer und im Herbst verdorrt und abweisend.

Heiß und trocken Den Norden Apuliens nimmt die ca. 3000 km² große Ebene Tavoliere di Puglia um Foggia ein, die im Osten in den Kalkrücken des Gargano (Monte Calvo, 1056 m) übergeht. In der Mitte erstreckt sich die karstige, von Höhlen und Dolinen durchsetzte Kreidekalktafel der Murge (bis 680 m hoch), die sich im Süden als teils flaches, teils hügeliges Land in der Salentinischen Halbinsel (Salento) fortsetzt. Der Tavoliere und die Murge gehören zu den **regenärmsten und sommerheißesten Gebieten** Italiens; nur ein Fluss, der Ofanto, führt ganzjährig Wasser.

Wirtschaft Apulien ist ein wichtiger Exporteur landwirtschaftlicher Produkte: Weizen – insbesondere Hartweizen für die Pastaproduktion – wird im Tavoliere, Tabak um Lecce, Gemüse an der Küste angebaut; etwa die Hälfte des italienischen Olivenöls kommt aus Apulien, andere wichtige Erzeugnisse sind Wein- und Tafeltrauben, Mandeln und Feigen. Umfangreiche wasserwirtschaftliche Maßnahmen haben das sehr trockene, aber fruchtbare Gebiet landwirtschaftlich stark aufgewertet, was die Landflucht jedoch keineswegs verhindern konnte. Mit riesigen Investitionen wurden einige große Industriekomplexe geschaffen (Petrochemie in Bari, Chemie in Manfredonia, Raffinerien bei Brindisi, Stahlwerk in Tarent), die heute ebenfalls tief in der Krise stecken, was für **hohe Arbeitslosenziffern** und große soziale Probleme sorgt.

Geschichte

Ab etwa 2000 v. Chr. wanderten illyrische Völker vom Balkan ein. Nach der Eroberung durch die Römer – abgeschlossen durch den Sieg über Pyrrhus 275 v. Chr. bei Benevent – behielt Apulien seine Beziehungen zum balkanisch-byzantinischen Raum. Zusammen mit Kalabrien wurde es zu einem wichtigen Partner im **Handelsverkehr mit dem Orient**. Mit dem Untergang des Römischen Reichs kam Apulien um 410 n. Chr. unter die Herrschaft der Ostgoten, um 550 der Byzantiner und ab 574 teilweise auch der Langobarden. Im 9. Jh. war Bari arabisches Emirat. Robert Guiscard eroberte Apulien ab 1041 für das Normannenreich und ließ es sich 1059 von Papst Nikolaus II. zu Lehen geben. Unter Roger II. (reg. 1130–1154) mit dem Königreich Neapel und Sizilien vereinigt, gelangte es unter den Staufern ab 1221 zu **höchster Blüte**. 1265 ging Apulien als Lehen an die französischen Anjou, die das Land als Teil des Königreichs Neapel bis Anfang des 16. Jh.s prägten. Von der ständigen Gefahr, die Piraten, Sarazenen und Türken darstellten, zeugen die vielen Wachttürme, die die Küste säumen. Ab 1503 waren es Spanier, zunächst Aragón, ab 1735 die Bourbonen, die das Land ausbeuteten; Armut und wirtschaftlicher Niedergang ließen im 17./18. Jh. das »Brigantentum« entstehen. 1860 endete mit Garibaldis Sieg über die Bourbonen die Zeit des Feudalismus, nicht jedoch die der Großgrundbesitzer; bis in die 1960er-Jahre blieb Apulien ein Auswanderungsland. Während des Balkankriegs in den 1990er-Jahren kamen viele Flüchtlinge über die Adria.

Vom Gargano schweift der Blick weit über die Kornfelder des Tavoliere.

Küste Wenige Abschnitte der apulischen Küste sind wirklich schön, dazu gehört der ►Gargano und die Küste ganz im Süden zwischen Otranto und dem Capo S. Maria di Leuca. Meiden sollte man auf jeden Fall die Strände im Bereich von größeren Städten. Eine Reihe der vielen im Lande verstreuten **Masserie**, ehemalige, häufig befestigte Gutshöfe, wurden zu stilvollen Hotels und Restaurants umfunktioniert.

Foggia und der Tavoliere

Foggia Landschaftlicher und wirtschaftlicher Mittelpunkt der großen Apulischen Ebene, des Tavoliere di Puglia, ist Foggia (70 m, 156 000 Einw.). Die Hauptstadt der gleichnamigen Provinz wurde von Kaiser Friedrich II. 1222 zum Zentrum seines Kaiserreichs bestimmt und entsprechend ausgebaut. Beim Erdbeben 1731 wurden fast alle mittelalterlichen Zeugnisse zerstört, 1943 wurde Foggia durch die Bomben der Alliierten schwer getroffen. Heute zeigt die Stadt mit breiten, baumbestandenen Straßenzügen und zahlreichen Neubauten ein **modernes Bild**.

Den Opernkomponisten Umberto Giordano kennt in Foggia jedes Kind.

Orientierungspunkt ist die Piazza Cavour im Ostteil der Stadt; östlich schließt sich, hinter den Kolonnaden, der Stadtpark an. Von der Piazza Cavour gelangt man westlich zur Piazza Umberto Giordano (mit dem Denkmal des 1867 in Foggia geborenen Opernkomponisten) und zum Corso Vittorio Emanuele, der Hauptachse mit guten Geschäften. Jenseits der Kreuzung mit dem Corso Garibaldi steht rechts der Palazzo Celentano-Rossano (18. Jh.). An der Piazza Federico II geht es dann rechts zum Geburtshaus von Giordano und zur Piazza Nigri mit dem Palazzo Arpi, dessen Außenwand Portalteile vom Palast Friedrichs II. enthält (Museo Civico: Archäologie, Volkskunde, Pinakothek).

✶ Lucera Man sollte sich Lucera (219 m, 35 000 Einw.), das westlich von Foggia auf einem Plateau über der Apulischen Ebene liegt, von Westen oder Norden nähern: Dann hat man die gigantische Festung vor sich, die 1233 von **Friedrich II.** errichtet und unter Karl I. von Anjou erweitert wurde (1269–1283). Der herrliche Ausblick über den Tavoliere macht die strategische Bedeutung deutlich. Lucera war von dem Stauferkaiser als »Schlüssel Apuliens« zu einem Hauptstützpunkt gemacht und 1233–1245 mit 20 000 islamischen Sarazenen aus Sizilien besiedelt worden; im Jahr 1300 ließ Karl I. von Anjou die rein muslimische Stadt – den »Dorn in der Flanke der Kirche« – zerstören und ihre Bewohner töten.

Friedrich II., »der die Welt in Staunen versetzte«, wurde am 26. Dezember 1194 in Iesi bei Ancona geboren. Er verstand sich selbst als mittelalterlicher Universalherrscher und war eine der bemerkenswertesten Persönlichkeiten der Geschichte.

KAISER MIT ZWEI GESICHTERN

Unzählige Bücher sind über ihn geschrieben worden, zu einem einhelligen Bild von Friedrich II. gelangten Historiker und Schriftsteller jedoch ebenso wenig wie Zeitgenossen. Viele bezeichneten ihn wegen seiner Wissbegierigkeit bewundernd als »Stupor mundi«, als Staunen der Welt, andere fürchteten die Grausamkeiten des »Verfluchten« und »Antichristen«. In einer Hinsicht waren sich Freund wie Feind einig: Friedrich II. würde die Welt verwandeln.

Ein zuverlässiges Porträt des Stauferkaisers Friedrich II. von Hohenstaufen (►Berühmte Persönlichkeiten) ist der Nachwelt nicht überliefert. Die Büsten, Siegel, Gemmen, Münzen und Miniaturen, die sein Abbild tragen, zeigen meist einen stilisierten Cäsarenkopf, stellen also mehr den **Typus des Herrschers** dar. Porträtecht wirken auf vielen Abbildungen nur die eng stehenden großen Augen, die einen Freund zu der Äußerung veranlassten, Friedrich habe einen »Schlangenblick«. Zeitgenössischen Zeugnissen zufolge besaß der Kaiser keine sehr imponierende äußere Erscheinung: Er war nur mittelgroß, aber kräftig, trug keinen Bart, hatte eine bräunliche Hautfarbe und im Gegensatz dazu rötlich blonde Haare. Geben die offiziellen Abbildungen wenig Aufschluss über das Aussehen von Friedrich II., eignen sich auch die Hasstiraden bzw. Lobeshymnen kaum dazu, dessen Wesen objektiv zu beschreiben. Bezeugte Handlungen und Verhaltensweisen lassen jedoch den Schluss zu, dass der Kaiser einen recht **zwiespältigen Charakter** hatte.

»Staunen der Welt«

Zeit seines Lebens interessierte den Stauferherrscher die **Wissenschaft** – schon während der Kindheit, wie dem päpstlichen Vormund in Rom stolz gemeldet wurde. Der auch von Gegnern als sehr gelehrt geschätzte und ehrfurchtsvoll »Stupor mundi« (»Staunen der Welt«) genannte vielsprachige Kaiser förderte viele Berei-

Nur noch wenige Reste erinnern an das Castel Fiorentino bei Lucera, wo Friedrich II. am 13. Dezember 1250 starb. Sein Sarkophag aus rotem Porphyr steht heute im Dom von Palermo.

che der Naturwissenschaften und der Philosophie, vor allem sorgte er dafür, dass das **Bildungsgut des Orients** in Europa einen festen Platz fand, er selbst beobachtete, hinterfragte und beschrieb Vorgänge in der Natur (wie genau die Tierbeobachtungen in seinem Buch »Über die Kunst, mit Vögeln zu jagen« waren, konnte erst mit Hilfe der modernen Wissenschaft bestätigt werden). Inspiriert von dem arabischen Gelehrten al-Idrisi glaubte er sogar, anders als die christliche Wissenschaft, die immer noch die Welt als Scheibe betrachtete, an die Kugelgestalt der Erde.

Viele Zeitgenossen hielten den Kaiser für einen heiteren und liebenswürdigen Menschen. Tatsächlich erwies er sich als **freigiebiger Gastgeber** prächtiger Feste, auf denen hübsche Sarazenen-Mädchen mit Tänzen die Gäste bezauberten, Minnesänger und Musikanten die Herzen erfreuten. Wer sich der staufischen Gewalt bedingungslos unterwarf, genoss kaiserlichen Schutz, auch Muslime und Juden. Als Dank dafür, dass Friedrich II. ihnen ihre Religion und Gebräuche beließ, stellten ihm die Sarazenen eine Elitetruppe zur Verfügung, die ihm als **Leibwache** treu ergeben und wegen ihres Kampfesmutes und ihrer unnachgiebigen Härte gefürchtet war.

»Hammer der Welt«

Friedrich II. konnte sehr liebenswert im Umgang mit Menschen, tolerant gegenüber anderen Religionen und Kulturen, skeptisch und ungläubig gegenüber kirchlichen Dogmen und zeitbedingten Vorurteilen sein. Aber ihn kennzeichneten auch eine erschreckende Kälte und **ungestüme Grausamkeit**. Wehe denen, die sich dem Stauferkaiser widersetzten oder in denen Friedrich eine Gefahr für die gottgewollte Ordnung, für die Herrschaft seiner Person, mutmaßte! Über die Härte der Strafexpeditionen gegen abtrünnige Städte etwa bzw. über die Brutalität, die er im Falle von Ketzerei und sogar Majestätsbeleidigung walten ließ, waren selbst die Menschen des an Grausamkeiten nicht armen Mittelalters entsetzt! An die sarazenische Garde erging einmal der Befehl, nach der Einnahme einer aufständischen Stadt u.a. die männlichen Angehörigen der höheren Stände zu

blenden, ihnen die Nasen abzuschneiden und sie nackt und bloß aus der Stadt zu jagen, auch sollten den Frauen zur Schande die Nasen und den Knaben die Hoden abgeschnitten werden. Keine Gnade durfte auch Friedrichs **ältester Sohn Heinrich** erwarten, der mit den Gegnern seines Vaters ein Bündnis eingegangen war: Er wurde eingekerkert. Während einer Überführung in ein anderes Kastell soll er sich mit seinem Pferd in eine Schlucht gestürzt haben.
Nachdem über Friedrich der Kirchenbann verhängt worden war (1245), bekamen auch Bischöfe den Terror zu spüren. Nicht mehr Amboss wolle er sein, sondern Hammer der Welt, verkündete der Staufer unmissverständlich und verfolgte Anhänger des Papstes gnadenlos.

»Verwandler der Welt«

Für die Zeitgenossen war Friedrich II. der »Verwandler der Welt«, »ein wundersamer Verwandler«, wie der **Engländer Mattheus Paris** in seiner Chronik nach dem Tod des Staufers hervorhob. Die Aussage wurde später zwar als eindeutige Anerkennung gewertet, doch nach mittelalterlicher Auffassung war Wandelbarkeit ohne Zutun des Teufels nicht möglich, weshalb sich hinter diesem Attribut neben großer Bewunderung auch blankes Entsetzen verbirgt.
Aber hat Friedrich II. tatsächlich zur Wandlung der Welt beigetragen? Bald nach seinem Tod zerfiel sein Reich. Doch in zweierlei Hinsicht trug seine Politik auch große Früchte. Der Stauferkaiser verstand es, unter seinen Zeitgenossen den **Sinn für die Wirklichkeit** zu schärfen, Kunst und Wissenschaft nicht mehr nur nach althergebrachten Maßstäben zu beurteilen. Und er öffnete, obwohl er sich bis zuletzt als Herrscher des christlichen Mittelalters sah, mit seiner Idee des autonomen weltlichen Staates, der gegen den Herrschaftsanspruch der Kirche zu verteidigen war, die **Pforten zur Neuzeit**, wie sich wenige Jahrzehnte später in der Auseinandersetzung zwischen französischem Königtum und Papsttum zeigen sollte. Der französische König Philipp der Schöne, der sich vielfach an Friedrich II. orientierte, ging aus diesem Streit als Sieger hervor.

Von der Piazza Matteotti im Nordwesten führen die Via Federico II und Via Bovio zur Piazza Duomo in der Mitte der Altstadt. Die **Kathedrale**, von Karl II. 1300–1317 am Platz der alten Moschee erbaut, ist eines der wenigen Beispiele südfranzösischer Gotik in Süditalien; im Inneren ein rheinisches Holzkruzifix (um 1340), der Altar war ein Tisch, an dem Friedrich II. in Castel Fiorentino (s. u.) gespeist haben soll. Weiter westlich (Via De Nicastri) sind im Museo Civico G. Fiorelli u. a. daunische Funde und eine schöne Venusstatue aus der römischen Kaiserzeit (1. Jh. n. Chr.) zu sehen.

Castel Fiorentino

Nur eine Hand voll Ruinen sind von Castel Fiorentino erhalten, der mittelalterlichen Stadt nordwestlich von Lucera (ca. 18 km), in deren Burg Friedrich II. am 13. Dezember 1250 verschied. Ihm war geweissagt worden, an einem Ort zu sterben, dessen Name vom Wort »fiore« abgeleitet ist (weshalb er Florenz mied). Am 750. Todestag enthüllten schwäbische Friedrich-Verehrer hier eine achteckige Stele aus heimischem Jura-Travertin, die von dem Bildhauer Markus Wolf aus Plieningen bei Stuttgart gestaltet wurde.

✶ Troia

Ein Juwel der apulischen Romanik entzückt in Troia (439 m, 8000 Einw.), einem verschlafenen Städtchen ca. 20 km südwestlich von Foggia. In der von 1073 bis Mitte des 13. Jh.s erbauten **Kathedrale** vereinen sich byzantinisch-islamische mit toskanisch-pisanischen Einflüssen. Die prächtige Fensterrose ist mit unterschiedlichen Transennen gefüllt, d. h. aus Stein gehauenen Fenstergittern; am Bogen darüber wachen groteske Figuren. Das grandiose Bronzetor im Hauptportal stammt von Oderisius von Benevent (1119), ebenso die Tür im rechten Seitenportal (1127). Zu beachten ist auch die Kanzel von 1169.

Terra di Bari · Die Küste

Barletta

Barletta (90 000 Einw.), 55 km nordwestlich von ►Bari an der Küste gelegen, hatte zur Zeit der Staufer und als italienischer Hauptsitz des Deutschen Ordens Bedeutung, heute wirkt die kleine Handels- und Industriestadt eher schläfrig. Das meerseits vorgelagerte, mächtige **Kastell** wurde 1282–1291 angelegt und um 1535 unter Karl V. von Anjou um die Eckbastionen erweitert. In dem hier untergebrachten Kulturzentrum sind die Büste Friedrichs II. und Bilder des aus Barletta stammenden Giuseppe De Nittis (1846–1884) zu sehen, des bedeutendsten italienischen Impressionisten.

Der **Dom S. Maria Maggiore** ist zweigeteilt: Das hohe Langhaus mit dem Kampanile ist romanisch (1150–1267), der vordere Teil des Langhauses und der Chor sind gotisch (ab 1307). Beachtenswert sind im Innern das Grabmal des Grafen Karl von Barby und Mühlingen († 1566) mit deutscher Inschrift, die Kanzel und der Altartabernakel (beide 13. Jh.). Durch die Via del Duomo gelangt man zum Corso Garibaldi und zur Kirche San Sepolcro (12./Ende 13. Jh.), einem frühgotischen Bau nach burgundischem Vorbild. Vor der Kirche ragt der 5,10 m hohe **»Koloss von Barletta«** auf, die Bronzestatue eines byzantinischen Kaisers (möglicherweise Valentinian I., † 375). Sie gilt als die bedeutendste erhaltene Kolossalbronze der Antike. Die Venezianer hatten sie im 13. Jh. von Konstantinopel nach Italien gebracht und beim Schiffbruch am Strand zurückgelassen; 1309 wurden die Beine als Glockenmetall eingeschmolzen, 1491 nicht ganz passend ersetzt. Im Norden der Stadt hat man durch die Porta Marina (1751) Zugang zum verwaisten Hafen.

★★ **Trani**

Unbedingt anschauen sollte man sich Trani (36 000 Einw.) 13 km südöstlich von Barletta, das über ein hübsches Stadtbild mit einer echten Schauseite zum Meer und eine der schönsten Kathedralen Apuliens verfügt. Auf einem Landvorsprung am Hafen ragt **S. Nicola Pellegrino** hoch übers Wasser. Die Basilika mit normannischen und staufischen Elementen – der Bau wird in seiner geometrisch-plastischen Klarheit mit dem Castel del Monte verglichen – wurde ca. 1150–1250 über zwei Kirchen des 7. Jh.s errichtet. Das romanische Westportal mit Flechtwerkornamenten besaß herrliche Bronzetürflügel, 1180 von Barisanus von Trani geschaffen, die heute im Inneren aufgestellt sind. In den 32 Feldern sind Jesus, Maria, Apostel und Heilige dargestellt. Der angebaute, knapp 60 m hohe Kampanile entstand zwischen 1230 und 1379, in den 1950er-Jahren wurde er, baufällig geworden, originalgetreu rekonstruiert.

Das eindrucksvolle Innere der Kathedrale, die als einzige in Apulien Doppelsäulen besitzt (wobei die äußeren merkwürdigerweise dünner sind), wurde bis 1955 in seiner romanischen Form wiederhergestellt. Im Chorraum sind Teile des herrlichen Bodenmosaiks (um 1170) erhalten. Auch das benachbarte Diözesanmuseum ist einen Besuch wert.

Eine der schönsten Kathedralen Apuliens ist S. Nicola Pellegrino in Trani.

Am Palazzo di Giustizia (16. Jh.) vorbei gelangt man westlich zu dem 1233–1249 unter Friedrich II. erbauten **Kastell**. Östlich der Kathedrale, am Hafen, steht der gotische Palast des Kaufmanns Simone Caccetta (1451–1456), wenige Schritte südlich die Allerheiligenkirche (Ognissanti, Mitte 12. Jh.), ehemals Teil eines Templerhospizes, mit einer seltenen offenen Vorhalle. Der Spaziergang am Hafen entlang führt am mächtigen Palazzo Palum-

APULIEN ERLEBEN

AUSKUNFT

Piazza A. Moro 33 A, 70122 Bari
Tel. 08 05 24 23 61
Fax 08 05 24 23 29
www.pugliaturismo.com
www.regione.puglia.it

VERANSTALTUNGEN

Lucera
Am 14. August gedenkt man bei historischer Aufmachung der Ermordung aller muslimischen Einwohner im Jahr 1300.

Molfetta
Am 8. September wird die Festa della Vergine dei Martiri mit einer prächtigen Bootsprozession in Molfetta gefeiert.

ESSEN

► Fein & Teuer

L'Alhambra
Via De Nicastri 14, Lucera
Tel. 08 81 54 70 66; So. abend geschl.
Feine Fischküche, aber auch gutes Lamm und Dolci gibt es in diesem gehobenen Lokal gegenüber vom Dom.

De la Poste Locanda
Via Bovio 49, Andria
Tel. 08 83 55 86 55
Andria wartet mit mehreren guten Restaurants auf. Dieses noch recht junge verwöhnt mit vielfältiger, feiner apulischer Küche.

Vecchio Otranto
Corso Garibaldi 96, Otranto
Tel. 08 36 80 15 75
Do. geschl. (nicht im Sommer)
Gehobenes Restaurant in der Altstadt. In alten Gewölben genießt man sorgfältig zubereitete apulische Gerichte.

► Erschwinglich

Antichi Sapori
Via S. Isidoro 9, Montegrosso
Tel. 08 83 56 95 29
Mo. sowie Mitte Juli bis Mitte Aug. geschl.
Ein winziges Dörfchen 20 km nordwestlich des Castel del Monte als kulinarischer Stützpunkt. Der Name des Lokals (»Köstliches aus alten Zeiten«) ist Programm.

Paranza
Largo Dogana, Gallipoli
Tel. 08 33 26 66 39
Mi. geschl.
Unmittelbar beim Fischmarkt nördlich des Kastells gibt es – natürlich – exzellenten, frischesten Fisch.

ÜBERNACHTEN

► Komfortabel

Torre Pinta (Agriturismo)
Via Memorie, Otranto
Tel. & Fax 08 36 42 83 58
www.torrepinta.it
Preiswert und angenehm wohnen in einer Masseria aus dem 13. Jh.; landestypische Küche mit eigenen Produkten.

Baedeker-Empfehlung

Hotel Regia
Piazza Mons. Addazi 2, Trani
Tel. & Fax 08 83 58 44 44
Einzigartig gelegen: unmittelbar neben der Kathedrale zum Hafen hin. Der allein stehende Palazzo aus dem 18. Jh. wurde umfassend renoviert und bietet in seinen zehn Zimmern modernsten Komfort, das Restaurant eine gute heimische Küche. Nicht ganz leise (Verkehr).

bo-Quercia (1755) vorbei zum Stadtgarten (Villa Comunale); hier sind sechs Meilensteine der römischen Via Traiana zu sehen, die von Benevent über Canosa, Ruvo, Bari und Egnatia nach Brindisi führte.

Bisceglie

Die Altstadt von Bisceglie (47 000 Einw.) zeigt noch normannisch-mittelalterlichen Charakter, teils verändert durch die Aragoneser im 15. Jh. Auch hier gibt es ein Castello Svevo und eine romanische Kathedrale (11.–13. Jh., im 18. Jh. umgestaltet); besonders schön sind das Westportal (1295) und das Renaissance-Portal in der Südwand.

◄ Dolmen della Chianca

Etwa 5 km südlich, in Richtung Ruvo, ist der Dolmen della Chianca zu sehen, eines der eindrucksvollsten und berühmtesten **Megalithgräber** Italiens (beschildert).

Molfetta

Dominiert wird der ansehnliche Hafen von Molfetta vom **Duomo Vecchio** (1150 bis 13. Jh.), der als bedeutendste Kuppelkirche Apuliens gilt. Das völlig eingebaute, schmucklose Gotteshaus mit Glockentürmen von 1256 ist dem hl. Konrad geweiht, einem aus Bayern stammenden Adligen und Einsiedler. Innen sind der Saraceno (Weihwasserbecken mit Träger, 12. Jh.) und das Ziborium (12./13. Jh.) zu beachten. Der **Corso Dante**, die Flaniermeile der Stadt, teilt die neueren Bezirke von der pittoresk-baufälligen, teilweise verlassenen Altstadt, die allmählich wieder instand gesetzt und neu besiedelt wird. Am Corso stehen die barocke Kathedrale S. Maria Assunta (18. Jh.) und die Chiesa del Purgatorio in Renaissance-Formen (17. Jh.).

Bari

►dort

Der alte Dom S. Corrado, dessen Türme das Häusermeer der Altstadt von Molfetta überragen, dominiert den Hafen.

Terra di Bari · Das Hinterland

Cannae »Canne di Battaglia« heißt es auf den Wegweisern, die zu den großen Ausgrabungen ca. 10 km südwestlich von Barletta führen. Zu sehen sind die Reste einer seit der Antike bedeutenden Stadt, die ab 872 Bischofssitz war, 1083 von Robert Guiscard zerstört und im 15. Jh. aufgegeben wurde. Hier soll »das« Cannae gelegen haben, wo **Hannibal** 216 v. Chr. mit 40 000 Mann das mehr als doppelt so große Heer der Römer besiegte. Gefunden hat man einen Friedhof des 9. bis 11. Jh.s, jedoch nicht eine einzige römische oder karthagische Waffe, auch keine Gräber aus antiker Zeit, mehr als erstaunlich bei mindestens 60 000 Toten. Wahrscheinlich lag das Schlachtfeld ca. 100 km westlich bei Castelluccio Valmaggiore im Cellone-Tal. Schön ist jedoch die Aussicht, die man vom Hügel aus hat.

Canosa di Puglia Das ruhige Canosa di Puglia (105 m, 32 000 Einw.) liegt ca. 22 km südwestlich von Barletta an der Stelle der bedeutenden Römerstadt Canusium, die 343 erster Bischofssitz Apuliens wurde. Von ihr sind Mauerreste, ein Triumphtor (westlich außerhalb) und die Ruine eines Amphitheaters (beim Bahnhof) erhalten. Südlich außerhalb der Stadt sind die imposanten Reste der Basilika S. Leucio (vermutlich 6. Jh.) zu sehen. Die Normannen erweiterten im 12. Jh. die Festung und erbauten ab 1080 die Kathedrale S. Sabino (im 18. Jh. vergrößert), in der antike Säulen, ein von Elefanten getragener Bischofssessel (um 1080) und eine Marmorkanzel des Meisters Acceptus (um 1120) zu beachten sind.

★★ Castel del Monte Die »Krone Apuliens« (F. Gregorovius) ist in der Tat das großartige Castel del Monte, das 18 km südlich von Andria weithin sichtbar auf einem Hügel thront (seit 1996 UNESCO-Weltkulturerbe, ► 3D-Darstellung S. 162). Es wurde um 1240 für Kaiser Friedrich II. erbaut; nicht sicher ist, ob er und sein Hof sich hier jemals aufgehalten haben. 1876 wurde das Castel vom italienischen Staat erworben und restauriert. Seither gab es unzählige Untersuchungen von Wissenschaftlern, Bau- und Kunsthistorikern. Trotzdem ist der Bau noch immer ein Rätsel. Er war keine Festung, dafür fehlen alle Elemente eines Verteidigungsbaus. Es gab weder Ställe noch Schlafsäle für den Hofstaat. Der Standort war strategisch nicht wichtig, aber als reines Jagdschloss war der Bau zu aufwändig. Neueste Untersuchungen weisen auch bisher vermutete astronomische Bezüge der Architekturgeometrie zurück. Vielmehr zeigen die Raumkonzepte und der Komfort deutlich Verwandtschaft mit dem zeitgenössischen islamisch-orientalischen Palastbau. Vielleicht war Castel del Monte als Sommerresidenz gedacht.

★★ Bitonto Bitonto (118 m, 54 000 Einw.), ca. 17 km westlich von Bari gelegen, wartet mit der »vollkommensten, ja klassischen Verwirklichung« der apulischen Romanik (C. A. Willemsen) auf: Die **Kathedrale San Va-**

Die Räume im Obergeschoss, darunter auch der so genannte »Thronsaal«, erhalten Licht durch zweibogige Fenster mit Dreipass und Maßwerk-Rosette. Die einstigen Mittelsäulen aus weißem Marmor wurden von den Erbauern des Schlosses in Caserta entwendet.

Drei Fenstertüren öffnen sich im oberen Geschoss zum Hof. Vermutlich gab es ursprünglich eine Art Holzbalkon, der die Türen miteinander verband.

Spielerisches Element in asketisch-strenger Architektur: Die Konsolfigur ist ein Überbleibsel der einst verschwenderischen Ausstattung.

Sitzbänke ziehen sich an den Wänden entlang. Einige Räume enthalten meterhohe Kamine.

Südlicher Salento

✶ Otranto Die östlichste Stadt Italiens ist das herausgeputzte Otranto (15 m, 5200 Einw.), das schon in der Antike als Hydrus bzw. Hydruntum ein wichtiger Hafenort war. In die Geschichte ging das Massaker mit 800 Toten ein, das die Türken im Jahre 1480 unter den Bürgern anrichteten. Ein Teil ihrer Gebeine ruht hinter Glas in der Cappella dei Martiri der Kathedrale S. Maria Annunziata. In der 1080 begonnenen und nach 1480 wieder aufgebauten Kirche ist auch die Hauptattraktion der Stadt zu finden, das herrliche, fast vollständig erhaltene **Bodenmosaik** mit figurenreichen Monats- und Sagendarstellungen an einem großen Lebensbaum (1163 bis 1166); außerdem sind die antiken Säulen mit Kapitellen des 12. Jh.s und die fünfschiffige Krypta zu beachten. Vom Kastell, das Ferdinand I. von Aragon 1495–1498 auf staufischen Resten erbaute, blickt man über die 75 km breite Straße von Otranto bis hinüber zu den Bergen Albaniens. Nördlich, hinter der Piazza del Popolo, steht die byzantinische Kreuzkuppelkirche S. Pietro (10./11. Jh.), die einzige Apuliens, mit Fresken aus mehreren Jahrhunderten.

Santa Cesarea Terme Ab dem Capo d'Otranto ist die Küste, die nun schon am Ionischen Meer liegt, felsig und zerrissen, Steilabbrüche wechseln mit kleinen Badebuchten ab. In manchmal atemberaubender Fahrt auf der SS 173 geht es nach Santa Cesarea Terme (56 m, 3000 Einw.), einem schön über dem Meer gelegenen Badeort von leicht verblichenem Charme. In großen, zum Meer hin offenen Felsgrotten entspringen 36 °C warme Schwefelquellen, die bei Hautkrankheiten und Rheumatismus helfen sollen. 4 bzw. 5 km südlich liegen die **Tropfsteinhöhlen Grotta Romanelli**, eine der bedeutendsten vorgeschichtlichen Siedlungsstätten Italiens, und Grotta Zinzulusa (die »Zottige«).

> **! Baedeker TIPP**
>
> **Oliven**
>
> Apulien ist **das** Olivenanbaugebiet Italiens. Hier lohnt sich ein Besuch in einer der ehemaligen Ölmühlen, die in den Felsen gehauen wurden, um die Oliven bei warmen Temperaturen mahlen zu können. So in Gallipoli im Palazzo Granafei, in Sternatia nordöstlich von Galatina, Tel. 08 36 66 60 01, und in Fasano südlich von Monopoli in der Masseria S. Angelo di Graecis.

Auch südwärts bleibt die Küste felsig. Über den Fischer- und Badeort Castro erreicht man das Capo Santa Maria di Léuca an der Südostspitze Italiens, das nach den weißen Kalkfelsen (griech. ákra leuká) benannt ist.

Capo S. Maria di Léuca Auf dem Kap steht die Kirche S. Maria de Finibus Terrae (»Hl. Maria vom Ende der Erde«, 1722) mit einem Altar aus Teilen des Minerva-Tempels und einem als wundertätig verehrten Madonnenbild. Vom Leuchtturm genießt man eine herrliche Aussicht, bei klarem Wetter bis nach Albanien. Westlich des Kaps liegen der kleine Badeort Marina di Leuca und die Punta Ristola. Bootsfahrten führen an der großartigen, von zahlreichen Grotten durchsetzten Felsenküste entlang.

In **Casarano** (17 km östlich von Gallipoli), im südlichen Vorort Casaranello, sollte man an der unscheinbaren **Kirche S. Maria della Croce** nicht vorbeifahren: Ihre frühchristlichen Mosaiken (5. Jh.), die byzantinischen (11./12. Jh.) und gotischen Fresken (13./14. Jh.) gehören zu den schönsten Kunstwerken Apuliens.

Die Fischer von Santa Maria Léuca fahren täglich vor das »heilige« Kap.

Gallipoli

Gallipoli (12 m, 20 000 Einw.) wurde von den Griechen gegründet, wovon der Name zeugt: »Kalé pólis« heißt »schöne Stadt«. Neustadt und pittoreske, einladende Altstadt sind voneinander getrennt; letztere nimmt eine Felseninsel von nur 500 m Durchmesser ein. Vor der Brücke zur Altstadt steht links die so genannte Fontana Hellenistica (oder Greca) von 1560 mit antiken Reliefs. Jenseits empfängt das Kastell (16. Jh.), von dem aus die Hauptstraße Via Antonietta De Pace westlich durch die Stadt führt. Hier prunkt die **Kathedrale** (1629–1696) in üppigem Lecceser Barock, innen mit schönem Chorgestühl von Georg Auer (1741; vielleicht mit den Südtiroler Tischlern Auer verwandt) und Gemälden neapolitanischer Meister des 17. und 18. Jh.s wie G. A. Coppola, G. D. Catalano sowie N. und D. Malinconico.

★ Galatina

Galatina (29 000 Einw.), ein lebhaftes Weinstädtchen 13 km östlich von Nardò, besitzt eine außergewöhnliche Sehenswürdigkeit. Die **Franziskanerkirche S. Caterina d'Alessandria**, erbaut 1384–1391 in apulischer Romanik, ist zu großen Teilen mit hervorragenden Fresken aus emilianischer Schule ausgemalt (um 1420), die Themen aus der Apokalypse, der Genesis, dem Leben Jesu und dem Leben der hl. Katharina von Alexandria behandeln. Auch die Grabmäler des Kirchenstifters, Raimondello Orsini del Balzo, und seines Sohnes (im Chor) beeindrucken.

Nardò

Neben Lecce ist das verschlafene Nardò (45 m, 31 500 Einw.) die zweite Barockstadt Apuliens. Von der Piazza Diaz im Norden der Altstadt – mit dem Castello Acquaviva (Mitte 15. Jh., nach dem Erdbeben 1743 erneuert), heute Rathaus – gelangt man südlich zur schönen zentralen **Piazza Salandra** mit der überladenen, 19 m hohen Immacolata-Säule (1769), dem Palazzo della Pretura (1772) und dem Sedile (16. Jh.) mit einer Statue des hl. Gregor. Südöstlich steht die Kathedrale (13. Jh., ebenfalls barock umgestaltet) mit großartigen Altären (1668) und einem schwarzen Kruzifix aus Katalonien (13. Jh.). Jenseits der Piazza delle Erbe das so genannte Osanna, ein offener Barockkiosk von 1603. Bei S. Maria al Bagno an der Küste wirbt der große **Aquapark Splash** um Besucher.

Tarent ►dort

★★ Bari

N 23

Region: Apulien • Puglia
Höhe: 4 m ü. d. M.
Provinz: Bari
Einwohnerzahl: 345 000

Den Nikolaus kennt bekanntlich jedes Kind. Dass seine sterblichen Reste in der großartigen Kirche S. Nicola in Bari aufbewahrt werden, ist dagegen weniger bekannt. Die malerische Altstadt der Universitätsstadt mit ihren engen, winkligen Gassen wird durch die im 19. Jh. großzügig angelegte Neustadt mit prächtigen Jugendstil-Palazzi und eleganten Geschäften ergänzt.

Wirtschaft Bari, die zweitgrößte Stadt Süditaliens, ist seit je für den Geschäftssinn und die Tüchtigkeit Ihrer Bewohner bekannt, weshalb sie als das **»Mailand des Südens«** apostrophiert wird. Ihr Hafen ist ein wichtiger Umschlagplatz für den Handel mit dem östlichen Mittelmeerraum und außerdem bedeutender Fährhafen zwischen Venedig, dem Balkan und dem Nahen Osten. Hinzu kommen u. a. eine Erdölraffinerie, chemische Industrie und Schiffbau. Die seit 1930 im September stattfindende Levantemesse (Fiera del Levante) ist nach der Mailänder Messe die wichtigste in Italien.

! *Baedeker* TIPP

Wo geht man hin?

Die Osteria Le Due Travi in der Altstadt an der Piazza Mercantile ist ein einfaches, volkstümliches Lokal, in dem man hervorragend und preiswert isst. Besonders empfehlenswert sind die »fritture«, die frittierten Vor- und Hauptspeisen. Eine Bibliothek über Apulien und heimische Traditionen – das bietet das Caffè Batafobrle (Via Putignani 213). Wer anschließend noch einen Kneipenbummel machen möchte, kann z. B. in der Taverna del Maltese (Via F. Netti 34/A, Tel. 08 05 74 46 16) beginnen.

In den Jahren 847–871 war Bari ein arabisches Emirat, ab 876 hatte hier der byzantinische Statthalter (Katapan) für ganz Unteritalien seinen Sitz. 1071 wurde Bari vom Normannenherzog Robert Guiscard eingenommen und war danach als Ausgangspunkt von Kreuzzügen wichtig; hier fand 1098 das Konzil statt, das den Bruch zwischen der West- und Ostkirche besiegelte. Unter Friedrich II. erlebte die Stadt ihren Aufschwung als Handelsstadt, 1464 fiel sie an die Mailänder Sforza und 1558 an das

Königreich Neapel. Das bedeutsamste Ereignis war 1087 die Ankunft der Gebeine des hl. Nikolaus, die Seeleute aus Bari im kleinasiatischen Myra geraubt hatten; dies machte die Stadt zu einem der **wichtigsten Wallfahrtsorte Europas** mit den entsprechenden politischen und wirtschaftlichen Vorteilen.

★★ Altstadt · Bari Vecchia

Am besten beginnt man den Rundgang beim leicht zu findenden mächtigen Kastell in der Nähe des Fährhafens (Parkplätze). Der ursprünglich byzantinisch-normannische Bau wurde 1233–1240 von Kaiser Friedrich II. von Grund auf erneuert und erweitert; im 16. Jh. gestalteten Isabella von Aragon und ihre Tochter Bona Sforza, die Witwe des polnischen Königs Sigismund, ihn zum Palast um, ab 1832 diente er als Gefängnis und Kaserne. Heute zeigt hier eine sehenswerte Gipsoteca Abgüsse apulischer Plastik, außerdem werden Ausstellungen veranstaltet. **Kastell**

BARI ERLEBEN

AUSKUNFT

Piazza Moro 33/A, 70122 Bari
Tel. 08 05 24 23 61
Fax 08 05 24 23 29
www.pugliaturismo.com
www.comune.bari.it

VERANSTALTUNGEN

Nikolausfest
Mehrtägiges, prächtiges Fest des hl. Nikolaus um den 8. Mai.

ESSEN

► **Fein & Teuer**

① ***Alberosole***
Corso Vittorio Emanuele II 13
Tel. 08 05 23 54 46
Mo. sowie 15.7.–15.8. geschl.
Exzellente mediterrane Küche »mare e monti« und bestens bestückter Weinkeller, am Corso zwischen Alt- und Neustadt.

► **Erschwinglich**

② ***Taverna Verde***
Largo Adua 18
Tel. 08 05 54 08 70, So. geschl.
In einem schönen Palazzo der östlichen Neustadt wird gute maritime und typische Bareser Küche gepflegt.

ÜBERNACHTEN

► **Luxus**

① ***Palace Hotel***
Via Lombardi 13
Tel. 08 05 21 65 51
Fax 08 05 21 14 99
www.palacehotelbari.it
Seit langem die erste Adresse in Bari, westlich der Prefettura am Rand der Altstadt. Luxuriöses modernes Interieur, kombiniert mit alten Stücken. Ganz oben das sehr gute Restaurant »Murat« (im August geschl.) mit Terrasse und herrlichem Ausblick.

► **Günstig**

② ***Orchidea***
Via Giulio Petroni 11
Tel. 08 05 42 19 37
Fax 08 05 42 69 43
www.hotelorchideabari.it
Freundliche, familiengeführte Pension in Bahnhofsnähe.

Bari *Orientierung*

Übernachten
① Palace Hotel ② Orchidea

Essen
① Alberosole ② Taverna Verde

★ **S. Sabino** Wenige Schritte östlich ragt die Kathedrale San Sabino auf, die nach der Zerstörung des byzantinischen Vorgängerbaus von 1060 durch die Normannen (1156) in den Jahren 1170–1178 errichtet wurde; der zweite Turm stürzte 1613 ein und wurde nicht wieder aufgebaut. Der ernst wirkende **Innenraum** ist bis auf die Kapitelle schmucklos. Die typisch apulischen Emporen im Langhaus sind hier als Scheinemporen gestaltet; sonst bemerkenswert das Ziborium (1233), die Kanzel und der Bischofssessel. In der Sakristei – der angebauten »Trulla«, ursprünglich ein Baptisterium – befinden sich Teile einer großen Exsultet-Rolle (Osterlobpreis der katholischen Liturgie; 11. Jh.), in der Krypta im barocken Altar von 1744 die Reliquien des hl. Sabinus und eine prächtige byzantinische Ikone.

✶✶ **S. Nicola**

Durch die schmale Strada del Carmine / delle Crociate gelangt man zur Hauptattraktion der Stadt, der Wallfahrtskirche S. Nicola, dem Ur- und Vorbild der apulischen Romanik. Mit dem Bau wurde im Jahr 1087, nach Ankunft der Reliquien des Heiligen begonnen, die Weihe fand 1197 statt; insgesamt blieben viele Teile, wie die Türme der Westfassade, unvollendet und heterogen. Der Altarraum hinter der dreibogigen Ikonostase wird dominiert vom herrlichen Ziborium (12. Jh.); vor der rechten Apsis mit Fresken von Giovanni da Taranto (1304) steht ein Triptychon des Kreters Andrea Rico (um 1490), vor der linken ein Gemälde des Venezianers Bartolomeo Vivarini (1476). In der Apsis hinter dem Hauptaltar ist das grandiose Grabmal (1593) der Bona Sforza zu bewundern, der Gemahlin König Sigismunds I. von Polen und letzten Herzogin von Bari († 1558), außerdem der kunstvoll gearbeitete Thron des Bareser Bischofs Elias aus weißem Marmor (um 1090); er ist von einem schönen Mosaik umgeben, in dessen Rand in kufischer Schrift das Wort »Allah« wiederholt wird. Im rechten Querschiff der neapolitanische silberne Altar (1684), der einst in der Krypta stand. Die schwere Barockdecke des Mittelschiffs (1662) und die Kanzel (1659) blieben von der Re-Romanisierung 1928–1930 verschont. In der 1. Kapelle rechts ist der Kirchenschatz untergebracht. Das Gewölbe der Krypta, in der der **Schrein mit den**

S. Nicola in Baris Altstadt, ein Schlüsselwerk der apulischen Romanik

Das Altarziborium und Grabmal der Bona Sforza in der Wallfahrtskirche S. Nicola

Gebeinen des hl. Nikolaus steht, wird von 28 antiken Säulen getragen. Die kurze Säule rechts des Schreins soll den Gebeinen Nikolaus' gefolgt sein, beachtenswert die Kapitelle dreier weiterer Säulen mit Löwen, Widder, Pfauen und Greif.

Piazza Mercantile

Die Via Palazzo di Città führt südöstlich zur atmosphärereichen Piazza Mercantile mit dem Sedile dei Nobili (1543, Loggia 1722) und der Gerechtigkeitssäule, die als Pranger diente.

✶ Neustadt

Corso Vittorio Emanuele II

Am lebhaften Corso Vittorio Emanuele II, der die Neustadt von der Altstadt trennt, stehen die Präfektur und gegenüber das Teatro Piccinni. Weiter östlich führt die **Via Sparano** nach Süden, die Hauptflanierstraße der Neustadt. Hier hat auch der renommierte, in Bari ansässige Verlag Laterza seine Buchhandlung. An der modernen Kirche San Ferdinando vorbei gelangt man zur palmenbestandenen Piazza Umberto I, dem Mittelpunkt der Neustadt. An der Westseite steht der **Palazzo Ateneo** (1889), in dem seit 1923 die Universität, die Nationalbibliothek und das sehenswerte Museo Archeologico Nazionale untergebracht sind.

Museo Archeologico Nazionale ►

Corso Cavour

Den Rundgang kann man auf dem weiter östlich nach Norden führenden Prachtboulevard vollenden, der von stattlichen Bauten des 19. Jh.s gesäumt ist. Am Theater Politeama Margherita beginnen der Lungomare Imperatore Augusto, der am Alten Hafen (Porto Vecchio) entlang nach Norden führt, und der Lungomare Di Crollalanza.

Nicht nur an einem Regentag lohnt sich der Besuch der Pinacoteca Provinciale am Lungomare Nazario Sauro (Fortsetzung des Lungomare Di Crollalanza) im Palazzo della Provincia mit seinem 67,5 m hohen Uhrturm. Die Gemäldesammlung zeigt ein breites Panorama süditalienischer Malerei vom Mittelalter bis ins 19. Jh. mit einem Schwerpunkt auf den apulischen Meistern.

✶ Pinacoteca Provinciale

✶ Basilikata · Basilicata

O/P 20–23

Region: Basilikata • Basilicata **Provinzen:** Potenza, Matera
Fläche: 9992 km² **Einwohnerzahl:** 604 000

Selten wird die Basilikata als eigenständige Reiseregion wahrgenommen. Die Stauferkastelle von Melfi und Lagopesole, die Horazstadt Venosa und das einzigartige Wohngrottenlabyrinth ►Materas lohnen aber durchaus allein die Reise.

Gebirge und Wüste

Die Region Basilikata, mit antikem Namen – der bis 1947 offiziell verwendet wurde – auch Lucania genannt, liegt zwischen Kampanien, Apulien und Kalabrien. Am Golf von Tarent öffnet sie sich zum Ionischen, am Golf von Policastro zum Tyrrhenischen Meer. Während im Lukanischen Apennin (Monte Volturino 1836 m, Monte Sirino 2005 m) im Westen bis zu 2000 mm Niederschlag im Jahr fallen, findet man im Materano teils wüstenartige Bedingungen vor. Die Küstenebene von Metapont, bis in die 1950er-Jahre malariaverseucht, gehört heute zu den **produktivsten Anbaugebieten** und exportiert EU-weit Frühgemüse. 20% der arbeitenden Bevölkerung sind in der Landwirtschaft tätig. Zum Wirtschaftsboom der in der Nachkriegszeit bettelarmen Region trugen auch die Erdölvorkommen im Agri-Tal bei.

> **!** *Baedeker* TIPP
>
> **Zum Wandern ...**
>
> ... eignen sich in der Basilikata im Norden der Monte Vulture mit den Seen von Monticchio, in der Mitte die Dolomiti Lucane, im Südosten das trockene, der Erosion ausgesetzte Hinterland der Ionischen Küste, im Westen die Costa di Maratea und im Süden das waldreiche, über 2000 m hohe Massiv des Monte Pollino.

Carlo Levi: »Christus kam nur bis Eboli«

Einer großen Öffentlichkeit wurden die Probleme des ländlichen Mezzogiorno durch Carlo Levi bekannt. Der Arzt, Schriftsteller und Maler war 1935/1936 von den Faschisten nach **Aliano** verbannt worden. In seinem 1945 erschienenen Roman »Cristo si è fermato a Eboli« (»Christus kam nur bis Eboli«) schilderte er die Verhältnisse in Aliano ohne Beschönigung, setzte aber auch den Einwohnern ein liebevolles Denkmal (► Baedeker Special S. 172). Levi ist auf dem Friedhof von Aliano bestattet, ein kleines Museum dokumentiert sein Leben und Werk.

JENSEITS VON EBOLI

Rund neun Monate lang, von 1935 bis 1936, lebte der italienische Schriftsteller und Maler Carlo Levi als politisch Verbannter in Aliano, einem Dorf mitten in der einsamen Bergwelt der Basilikata. Seine Eindrücke von der kargen Landschaft und der Armut der Bauern hielt er in seinem Bestseller »Christus kam nur bis Eboli« fest. Lange Zeit galt die Region als Bilderbuchbeispiel für die ewige Kluft zwischen Nord- und Süditalien, zwischen Reich und Arm.

Aliano gibt es nicht – nicht in Carlo Levis berühmtem Buch. Dort heißt der Ort **»Gagliano«** – mit Rücksicht auf seine Bewohner, hat der Autor später beteuert. Oder wollte er nicht, dass man es findet, dieses Dorf? Aliano liegt immer noch fernab der großen Straßen, und so ruhig ist es hier, dass man abends die Fledermäuse um die Straßenlaternen flattern hört. Aber unerreichbar ist der Ort längst nicht mehr. Bis ins nächste Dorf Sant'Arcangelo sind es 10 km, von dort geht einmal am Tag ein Bus nach Rom und zurück. Wer sich abseits der großen Tourismusströme ins Hinterland der Basilikata verirrt, wird überrascht werden. Denn die Region, die früher Lukanien hieß und die heute allenfalls für ihren exzellenten Amaro aus Pisticci und den schweren Aglianico-Wein bekannt ist, gehört zu den kargsten Gegenden in Süditalien. Ihrer bizarren und trostlosen Schönheit konnte sich auch Carlo Levi nicht entziehen, als er 1935 **als Gefangener** und in Handschellen in Aliano eintraf: »*Wie ein sich schlängelnder Wurm senkte sich der Ort mit seiner einzigen, stark abfallenden Straße auf engem Grat zwischen zwei Schluchten ... auf allen Seiten sah man nichts als weiße Lehmabstürze, an denen die Häuser hingen, als schwebten sie in der Luft; und ringsumher noch mehr weißer, baum- und rasenloser Lehm, vom Wasser durchfurcht mit Löchern, Kegeln und gefährlich aussehenden Hängen wie eine Mondlandschaft.*«

Carlo Levi (links) im Gespräch mit dem italienischen Maler Felice Casorati (rechts) im Jahr 1952.

Abgeschiedene Lage

Wer einigermaßen aufmerksam die steilen und immer zugigen Gassen von Aliano betritt, wird bald feststellen, dass Christus in der Zwischenzeit bis Aliano gekommen ist und mit ihm – zögernd – auch der **Fortschritt** in Aliano Einzug gehalten hat. Wie überall sind an den Ortsrändern moderne Mehrfamilienhäuser aus dem Boden geschossen, auf deren Balkonen die Satellitenschüsseln prangen. Es gibt einen Kindergarten, eine Scuola Media und mindestens drei Autowerkstätten. Vorbei auch die Zeiten, als die Malaria in dieser Gegend wütete und die zentrale Via Roma im Nichts endete. Heute steuert sie entschlossen den Schnellstraßen in den umliegenden Tälern entgegen. Und doch kämpft Aliano seit Jahrzehnten ums Überleben. Der Ort spiegelt das anscheinend unüberwindbare **Grundproblem Italiens** wider, die Kluft zwischen dem reichen Norden und dem armen Süden, zwischen dem unverminderten Drang nach Aufbruch und der neidvollen Depression. Aliano hat heute 1300 Einwohner, von denen 350 arbeitslos sind. In der Umgebung Arbeit zu finden, ist für sie aussichtslos. Der **trockene und steinige Boden** lässt eine Bewirtschaftung nicht zu, die abgeschiedene Lage tut das Übrige. Es gibt nicht mehr viele Bauern in Aliano, und die wenigen, die geblieben sind, sehen in der Landwirtschaft allenfalls einen Nebenverdienst. Das Geld wird anderswo verdient. Zu Zeiten Carlo Levis wanderten viele Alianesi in die USA aus. In den vergangenen fünfzig Jahren hat fast jeder Alte im Ausland, zumal in Deutschland, gearbeitet. Diese Tradition setzt sich fort. Diejenigen Jugendlichen, die es sich leisten können, wandern in den Norden ab, zurück bleibt eine hoffnungslos überalterte Gesellschaft. Aliano ist immer noch ein Ort, an den man allenfalls zurückkehrt.

Schauplatz der Weltliteratur

Seit ein paar Jahren wird in Aliano, das sich stolz »Das Dorf von ›Christus kam nur bis Eboli‹« nennt, an einer Zukunft gearbeitet. Im **Tourismusgeschäft** ist man freilich noch Neuling. Für die jährlich rund dreitausend Besucher gilt: Wer morgens kommt,

In diesem Haus lebte der Schriftsteller und Maler Carlo Levi während seiner neunmonatigen Verbannung 1935/1936, hier verfasste er seine Aufzeichnungen, die 1945 unter dem Titel »Christus kam nur bis Eboli« herauskamen und 1978 von Francesco Rosi mit Gian Maria Volonté verfilmt wurden.

fährt abends wieder weg. In Aliano gibt es kein Hotel, auch keine Pension, und im Obergeschoss der **Bar Roma** ein einziges Restaurant, das mit ein bisschen Glück mittags geöffnet hat. Nur langsam besinnt sich die Gemeinde darauf, dass man, anders als die umliegenden Orte, mit Carlo Levi ein Pfund in Händen hält, mit dem sich wuchern lässt. So ist es gelungen, eine Reihe von **Kulturprojekten** ins Leben zu rufen, deren Finanzierung die Europäische Union übernommen hat: den »Parco letterario Carlo Levi« etwa, für den sich Aliano mit den umliegenden Ortschaften zusammengetan hat. Ziel ist, Aliano als Ort, an dem Weltliteratur entstand, stärker ins Licht der Öffentlichkeit zu rücken. Oder den neu ausgelobten »Literaturpreis Carlo Levi«, mit dem Aliano Aufmerksamkeit über die Region hinaus erzielen will. Bis dahin ist es noch ein langer Weg. Zugegeben, Aliano ist nicht schön und, verglichen mit den pittoresken Dörfchen der Toskana, allenfalls Durchschnitt. Das kleine »Museo della civiltà contadina«, das an den harten bäuerlichen Alltag Alianos erinnert und in einer alten Ölmühle untergebracht ist, ist meistens geschlossen (der Schlüssel ist im Pfarrhaus erhältlich). Und die **»Casa Carlo Levi«**, das Haus, in dem der Schriftsteller während der neunmonatigen Verbannung gewohnt hat, ist inzwischen liebevoll restauriert. Die Gemeinde würde hier gerne ein Museum einrichten, aber die dafür vorgesehenen Exponate, die Bilder Levis, befinden sich in Matera (und werden auch dort bleiben). Immerhin: Kopien der Bilder und Zeichnungen sind im Gebäude nebenan zu sehen. Don Pierino Dilengi, Dorfpfarrer und Vorsitzender des Fremdenverkehrsvereins Pro Loco ist ein rühriger Nachlassverwalter von Levis Erbe und kümmert sich um mittlerweile drei Museen.

»... Erde, die niemand je berührt hat, es sein denn als Eroberer oder als Feind oder als verständnisloser Besucher.« *Levi über Aliano*

Reiseziele in der Basilikata

★ **Monte Vulture**

Wahrzeichen der nordwestlichen Basilikata ist der Monte Vulture (1362 m), ein erloschener Vulkan, dessen kegelförmiges Profil die fruchtbare Landschaft weithin beherrscht. Mit seinen zwei Gipfeln, die ein großartiges Panorama bieten, dichten Laubwäldern und den beiden Kraterseen von Monticchio ist er ein beliebtes Wander- und Wochenendziel. An seinem Ostfuß liegt Rionero in Vulture (656 m, 13 500 Einw.), die einstige Brigantenhochburg. Hier reift der renommierte Rotwein **Aglianico del Vulture D.O.C.** Gut ist auch das Olivenöl der Gegend.

◄ Rionero in Vulture

Melfi

Das stolze Melfi (531 m, 16 400 Einw.) wird überragt vom mächtigen, unter Friedrich II. erweiterten Normannenkastell (12./13. Jh.). In Melfi fand 1089 das Konzil statt, auf dem Papst Urban II. den **ersten Kreuzzug** ausrief, und 1231 verkündete Friedrich II. hier die **Constitutiones Augustales**, das erste europäische Gesetzeswerk seit Justinian. Das Museo Nazionale Archeologico im Kastell zeigt den prachtvollen Sarkophag einer römischen Adligen (165–170 n. Chr.), der in Kleinasien angefertigt wurde. Betritt man die gänzlich ummauerte Stadt im Süden durch die Porta Venosina (13./15. Jh.), führt der Corso Garibaldi – vorbei an der Jugendstil-Apotheke Carlucci – hinauf zur Kathedrale; von der normannischen Gründung steht noch der Kampanile (1153), die Kirche entstand nach dem Erdbeben 1694 neu; bemerkenswert ist die Kassettendecke. Nebenan der ehemalige Erzbischöfliche Palast (12./18. Jh.) mit Pinakothek.

★ **Venosa**

Die alte Samniterstadt Venosa (415 m, 12 400 Einw.), wurde im Jahr 291 v. Chr. römisch (Venusia) und durch die Lage an der Via Appia rasch wohlhabend; 65 v. Chr. wurde hier der **Dichter Horaz** geboren. Herz des Orts ist die Piazza Umberto I mit dem Kastell, errichtet 1460–1470 durch Herzog Pirro del Balzo (Museo Archeologico). Von hier geht man durch die Via Vittorio Emanuele zur Kathedrale, die 1470–1512 unter Verwendung antiker Teile erbaut wurde. Weiter östlich und etwas außerhalb der Stadt wurden Thermen, Wohnhäuser mit Mosaiken und das Amphitheater aus der römischen Kaiserzeit sowie ein frühchristliches Baptisterium freigelegt. Daran schließt die Abbazia della Trinità an, die 1046 über einer frühchristlichen Basilika (schöne Mosaiken) von Normannenherzog Robert Guiscard († 1085) als Grablege errichtet wurde; bemerkenswert sind die

! *Baedeker* TIPP

Taverna dei Briganti

Über Mittag, wenn das Kastell von Lagopesole geschlossen ist, kann man in der Taverna dei Briganti Pause machen, die ihren Namen nicht zufällig trägt. Der Wirt, Donato Pace, ist auch Korrespondent der Gazzetta del Mezzogiorno und widmet sich der Rehabilitierung der »Briganten«, je nach Perspektive Banditen oder Freiheitshelden, die im 19. Jh. auf ihre Weise gegen die Ausbeutung durch Politiker und Grundbesitzer kämpften.

BASILIKATA ERLEBEN

AUSKUNFT

Via del Galitello 89, 85100 Potenza
Tel. 09 71 50 76 11, Fax 09 71 50 76 01
www.aptbasilicata.it
www.regione.basilicata.it
www.basilicata.com

VERANSTALTUNGEN

Potenza
Mit der »Sfilata dei Turchi«, einem historischen Spektakel mit Reitern am 29. Juni, wird in Potenza der wundertätige Stadtpatron S. Gerardo geehrt.

Accettura
In Accettura wird an Himmelfahrt die »Baumhochzeit« gefeiert, ein großes Frühlingsfest mit heidnischer Symbolik.

Brindisi Montagna
Das multimediale Spektakel »La storia bandita« wird von Mitte Juli bis Ende September auf einer Freiluftbühne bei Brindisi Montagna aufgeführt (www.parcostorico.it).

ESSEN

► Erschwinglich

La Tettoia
Via Due Torri 1, Potenza
Tel. 0 97 12 41 23
Gemütliches, alteingesessenes Restaurant mit hervorragendem Speisenangebot, darunter viele typisch lukanische Gerichte.

Novecento
Contrada Incoronata, Melfi
Tel. 09 72 23 74 70
Mo. und letzte Juliwoche geschl.
Vor den Mauern der Stadt Melfi fällt dieses Lokal ins Auge, das eine feine ländliche Küche bietet. Gut bestückter Weinkeller.

Taverna Rovito
Via Rovito 13, Maratea
Tel. 09 73 87 64 88
Trotz der Touri-Folklore in der Altstadt beste lukanisch-kalabrische Küche (Peperoncini!) mit maritimem Einschlag.

ÜBERNACHTEN

► Luxus

Relais la Fattoria
Strada statale 658, uscita Melfi Nord
Tel. 0 97 22 47 76, Fax 09 72 23 91 21
www.relaislafattoria.it
Umgeben von Olivenhainen und Weinbergen liegt dieser imposante Hotelbau. Elegantes Restaurant, Gartenterrasse und Swimmingpool.

► Komfortabel

La Locanda delle Donne Monache
Via Carlo Mazzei 4, Maratea
Tel. 09 73 87 74 87, Fax 09 73 87 76 87
www.mondomaratea.it
In der Altstadt neben der Kirche zu finden ist das ehemalige Kloster aus dem 17. Jh. Geschmackvoll eingerichtete Zimmer, Pool mit Aussicht.

Villa Cheta Elite
Acquafredda, Via Timpone 46, Maratea
Tel. 09 73 87 81 34, Fax 09 73 87 81 35
www.villacheta.it
Hübsche Jugendstilvilla mit Terrasse, Garten und wunderbarer Atmosphäre, wenige Gehminuten zum Strand.

► Günstig

Orazio
Corso Vittorio Emanuele II 142, Venosa
Tel. 0 97 23 11 35, Fax 0 97 23 50 81
Charmantes, nostalgisches Hotel in einem Palazzo aus dem 17. Jh., sehr preiswert; schöner Blick.

Fresken (11. Jh.), das Grab von Alberada, einer Gattin Roberts. Unvollendet blieb ein großer Erweiterungsbau (Anfang 12. Jh.), für den reichlich Material aus dem nahen Amphitheater verwendet wurde. 2 km weiter Richtung Bahnhof liegen jüdische Katakomben (4./5. Jh.) mit hebräischen, lateinischen und griechischen Inschriften.

Ferillo-Kapelle im Dom von Acerenza

Ca. 20 km südlich von Rionero in Vulture thront in strategischer Position das mächtige **Kastell von Lagopesole** über dem Tal, das die Normannen im 12. Jh. (kleiner Hof) und Friedrich II. ab 1242 (großer Hof) errichteten. In Ersterem befindet sich ein staufischer Wohnturm, über dessen Portal zwei Köpfe als Friedrich Barbarossa und seine Frau Beatrix gedeutet werden.

★ **Acerenza**

Etwa 40 Straßenkilometer östlich von Lagopesole liegt auf über 800 m Höhe das mittelalterliche Bergstädtchen Acerenza (3000 Einw.), dessen **Kathedrale** aus dem 11. Jh. zu den hervorragendsten Bauwerken der Region zählt; ihre Architektur verweist auf das burgundische Cluny und die apulische Romanik. Neben der schlichten Fassade der Glockenturm (16. Jh.), in dem Teile antiker Sarkophage verbaut wurden. Ein Umgangschor mit antiken Bauteilen und der Barockkapelle San Michele (1698) umgibt den erhöhten Altarraum. Unter ihm liegt die aufwändig ausgemalte und mit Steinmetzarbeiten reich verzierte Cappella Ferrillo (1524).

Potenza

Potenza (819 m, 65 800 Einw.), Universitäts- sowie Hauptstadt der Region Basilikata und ihrer westlichen Provinz, liegt über dem Basento auf einem Bergrücken. Die Stadt wurde 1857 und 1980 durch Erdbeben schwer beschädigt. Lebhafte Hauptachse der Altstadt mit Geschäften und Cafés ist die **Via Pretoria**. Wenige Schritte nördlich ihres Westabschnitts ist die romanische Kirche S. Michele (11. Jh.) sehenswert, an der Piazza Pagano das Teatro Stabile (1856–1881) und die Kirche S. Francesco d'Assisi (1274; Portal im Durazzo-Stil). Vom Ostteil der Via Pretoria gelangt man zum Dom (1197, Fassade Ende 19. Jh.) mit Renaissanceportalen. In der Via Lazio, Richtung Rionero, zeigt das Museo Archeologico Provinciale Teile des Apollon-Lykeios-Tempels von Metapont.

★ **Dolomiti Lucane**

Südöstlich von Potenza ragen die pittoresken Felsnadeln der lukanischen Dolomiten auf. Von der SS 407 Basentana sind in steilen Serpentinen die sich an die Felsen klammernden Orte Pietrapertosa, höchstgelegener Ort der Basilikata (1088 m), und Castelmezzano zu erreichen. Die Dolomiti Lucane sind Teil des **Naturparks Gallipoli-Cognato** mit 4000 ha ursprünglichem Laubwald.

Matera ►dort

Metaponto An der Küste des Golfs von Tarent blühte einst Metapontion, eine der bedeutendsten Städte Großgriechenlands. Ende des 7. Jh.s v. Chr. von achäischen Siedlern gegründet, wurde sie dank der Fruchtbarkeit des Landes rasch zum Haupthandelsort der Ionischen Küste. Die Grabungsfunde aus dieser Zeit werden im 1997 eröffneten Museo Nazionale präsentiert. Der **Parco Archeologico** (Grabungsgelände) liegt nordöstlich. Sein Zentrum bilden vier große Tempelanlagen, die vermutlich durch steigendes Grundwasser im 3. Jh. v. Chr. einstürzten; östlich davon befinden sich die Agora und das Theater. Weiter nördlich, an der meerabgewandten Seite der SS 106, sind die Tavole Palatine zu sehen, 15 von ehemals 36 Säulen eines dorischen Hera-Tempels (6. Jh. v. Chr.).

? WUSSTEN SIE SCHON ...?

- ... dass Pythagoras seine letzten Jahre in Metaponto verbrachte? Der Philosoph und Mathematiker starb hier etwa 500 v. Chr. im Alter von 90 Jahren.

✶ S. Maria d'Anglona Nicht versäumen sollte man den Abstecher von Policoro zur romanischen Kirche S. Maria d'Anglona, die ca. 14 km westlich auf dem Bergrücken liegt. Sie wurde vermutlich um 1080 erbaut und Anfang

Nicht das Alpenvorland, sondern die südliche Basilikata: Blick von S. Severino auf den Monte Bollino

des 13. Jh. erweitert; im 13. Jh. entstand auch die romanische Chorfront mit orientalisch-islamischen Schmuckelementen. Bemerkenswert sind die **Fresken** (12.–15. Jh.) und die herrliche Aussicht auf die Umgebung mit ihren dramatischen Erosionshängen. Empfehlenswert ist die Weiterfahrt über Tursi (Kirche S. Maria Maggiore di Rabatana, 11. Jh.) nach Valsinni.

★ **Monte Pollino**

Die gesamte Südgrenze der Basilikata zwischen Tyrrhenischem und Ionischem Meer wird vom Kalkmassiv des Monte Pollino eingenommen, der bis auf 2248 m Höhe ansteigt. Neben Karstphänomenen wie schroffe Felsen, Höhlen und Dolinen kennzeichnen es große Wälder – im Wesentlichen Buchen, Weißtannen, Ahorn, Schwarzkiefer – und weite, grasbewachsene Hochflächen, in denen »timpe« aufragen (Felskegel). Der sich von der Basilikata nach Kalabrien erstreckende, 1965 km² große **Pollino-Nationalpark** wurde 1998 eingerichtet. Wahrzeichen des Gebirges ist die Panzerkiefer (*Pinus leucodermis*), benannt nach ihrer an einen römischen Brustpanzer erinnernden Rinde, die wahrhaft majestätische Exemplare ausbildet; es gibt sie sonst nur noch in Albanien, Dalmatien und Griechenland.

★ ◄ Rundfahrt

Eine schöne Rundfahrt (ca. 120 km) durch die unterschiedlichen Landschaften beginnt im Sinni-Tal in Francavilla in Sinni oder Episcopia. In San Severino Lucano nimmt man, mit Blick auf die höchsten Gipfel des Pollino, die Straße nach Mezzana im Frido-Tal. Hinter Voscari geht es dann links über die herrliche Hochfläche zur Timpa del Demonio und zum Colle d'Impiso. Durch Buchenwälder fährt man am Rifugio De Gasperi vorbei zum Colle del Dragone (1606 m), dann am Südhang entlang nach Westen und Norden nach Rotonda, einem hübschen Ort (580 m, 4000 Einw.) mit dem Büro des Nationalparks. Wenn man nicht – über Mormanno und durch die Lao-Schlucht – zur Ostküste ► Kalabriens weiterfahren will, kehrt man über Viggianello zurück nach San Severino und Francavilla.

! *Baedeker* TIPP

Grumentum

Ein lohnender Ausflug von Maratea aus führt zum Lago di Pietra di Pertusillo. Unterhalb von Grumento Nova liegt das Grabungsgelände von Grumentum (www.grumentum.org), das ab 133 v. Chr. römische Kolonie war und 973 n. Chr. von den Sarazenen zerstört wurde. Zum Ausklang sollte man auf dem Rückweg die Azienda Valsirino in Aniella ansteuern (7 km von Lagonegro), die eine hervorragende ländliche Küche mit eigenen Produkten bietet.

★ **Maratea**

Die Basilikata hat am Tyrrhenischen Meer 30 km **herrlicher Felsenküste** mit klarem, türkisblauem Wasser und vielen kleinen Badebuchten vorzuweisen. Sie gehört zur Gemeinde von Maratea, dessen mittelalterlicher Kern 300 m hoch liegt; in den Ortsteilen sorgt eine Reihe guter Hotels und Restaurants aller Klassen für die Gäste. Vom Monte S. Biagio (624 m) mit seiner Wallfahrtskirche aus dem 13./18. Jh. und der 21 m hohen Erlöser-Statue hat man einen fantastischen Blick auf die Küste.

Brindisi

O 25

Region: Apulien • Puglia
Höhe: 13 m ü. d. M.
Provinz: Brindisi
Einwohnerzahl: 95 300

Brindisi, der Hauptort der gleichnamigen Provinz, ist eine lebhafte Industriestadt (östlich liegt eine große Erdölraffinerie), die von den meisten Touristen nur im Transit nach bzw. von Griechenland besucht, aber nicht weiter wahrgenommen wird – nicht ganz zu Recht, denn die Altstadt, die allmählich aus den Zeiten des Verfalls aufzutauchen scheint, ist durchaus einen näheren Blick wert.

Alte Hafenstadt an der Adria

Schon vor der römischen Zeit, als es Brundisium hieß, war das an der Adria gelegene Brindisi eine bedeutende Hafenstadt im Verkehr mit dem östlichen Mittelmeer. Im Jahr 190 v. Chr. vollendeten die Römer die von der Hauptstadt kommende **Via Appia** mit zwei 19 m hohen Marmorsäulen, die auf den Ausfahrtskanal des Hafens blickten; eine wurde beim Erdbeben 1528 fast ganz zerstört und in ►Lecce wieder aufgebaut.

Brindisi Orientierung

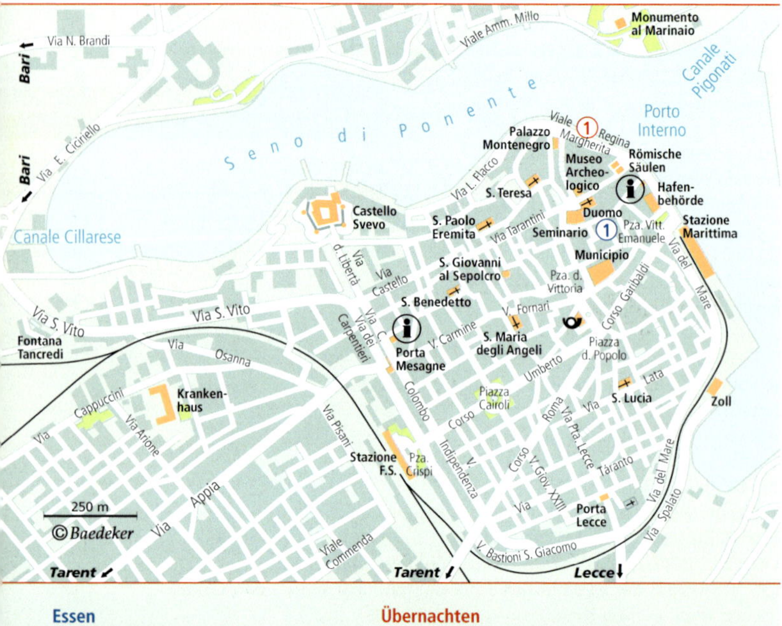

Essen
① Pantagruele

Übernachten
① Grande Albergo Internazionale

BRINDISI ERLEBEN

AUSKUNFT

Lungomare Regina Margherita 44
72100 Brindisi
Tel. 08 31 56 21 26
Fax 08 31 56 21 49
www.pugliaturismo.com

ESSEN

► **Erschwinglich**

① ***Pantagruele***
Salita di Ripalta 1
Tel. 08 31 56 06 05
Juli/Aug. Sa. und So. geschl., sonst Mo.
Sehr bekannte, familiäre Trattoria mit bester traditioneller Fischküche: ein Muss in Brindisi.

ÜBERNACHTEN

► **Luxus**

① ***Grande Albergo Internazionale***
Lungomare Regina Margherita 23
Tel. 08 31 52 34 73
Fax 08 31 52 34 76
www.albergointernazionale.it
Seine große Zeit hatte das Haus nach Eröffnung des Suezkanals 1869, als Brindisi zur wichtigen Etappe im Ostasienhandel wurde. Die Modernisierung hat die etwas plüschige Atmosphäre nicht angetastet; das Ambiente und die privilegierte Lage am Hafen äußern sich in gehobenen Preisen.

Sehenswertes in Brindisi

Hafen

Am westlichen Seno di Ponente (600 m lang) liegen große Werften, am östlichen Seno di Levante (450 m lang) der Fährhafen; der Canale Pigonati führt hinaus zum Außenhafen, dem die Insel S. Andrea (Fort, 15. Jh.) vorgelagert ist. Von der sich zum Seno di Levante öffnenden Piazza Vittorio Emanuele – neben dem Hafenbahnhof (Stazione Marittima) – gelangt man nordwestlich zum Standort der Colonna Romana; am Haus 46/48 ist eine Gedenktafel für den **Dichter Vergil** angebracht, der 19 v. Chr. in Brindisi starb. Jenseits des Seno di Ponente ragt das Mahnmal für die Gefallenen der italienischen Marine (1933) auf, ein 53 m hoher Turm in Form eines Schiffsruders. Man kann mit dem Bootstaxi hinüberfahren, sich per Lift nach oben bringen lassen und einen guten Überblick über die Stadt gewinnen.

? WUSSTEN SIE SCHON ...?

- Der natürliche Hafen von Brindisi hat mit seiner merkwürdigen Form der Stadt ihren Namen gegeben: Das messapische Wort »brunda« bedeutet »Hirschkopf«.

Domplatz

Das schönste Ensemble der Stadt ist der Domplatz südwestlich der Colonna Romana. Der Dom, ursprünglich von 1132, wurde nach dem Erdbeben des Jahres 1743 barock neu aufgebaut; hinter dem Altar ist ein Bodenmosaik von 1178 mit Bildern aus der Rolandsage erhalten. Das **Museo Archeologico Provinciale** neben dem Dom zeigt vor allem messapische und römische Gegenstände sowie mittelalterliche Skulpturen. Westlich gegenüber liegt die zweibogige Loggia der Kreuzfahrer (13./14. Jh.), links davon ist die Loggia Balsamo (14. Jh.) zu sehen, eine Art Tribüne über vorkragenden, mit romanischen Skulpturen geschmückten Konsolen.

★ S. Maria del Casale

Kunstfreunde sollten einen Ausflug in Richtung Flughafen machen (3 km nordwestlich). In seiner Nähe steht einsam die ehemalige Klosterkirche Santa Maria del Casale (Ende 13. Jh. / Anfang 14. Jh.), ein lombardisch-gotischer Bau, der an den ungewöhnlichen geometrischen Mustern aus verschiedenfarbigem Stein zu erkennen ist. Sie wurde von **Philipp von Anjou**, dem Fürsten von Tarent, und seiner Frau Katharina von Konstantinopel aus Anlass der Geburt eines Sohnes gestiftet. Der einschiffige Raum ist mit bemerkenswerten Fresken nach byzantinischer Art geschmückt (14. Jh.); leider ist er meist nur am Sonntagvormittag zur Messe zugänglich (im Sommer um 9.00 Uhr, sonst um 10.00 Uhr).

★★ Capri · Isola di Capri

O 18

Region: Kampanien • Campania
Provinz: Napoli
Fläche: 10,5 km²
Höhe: Meereshöhe bis 589 m ü. d. M.
Einwohnerzahl: 13 000

Rot glühende Sonnenuntergänge, Fischer, die nachts auf kleinen Booten aufs Meer hinausfahren, blühende Zitronenbäume und eine steile, von türkisfarbenem Meerwasser umspülte Felsküste – diese und andere Bilder verbinden sich mit dem Namen der berühmten Mittelmeerinsel.

Insel der Kaiser

Capri liegt in der Verlängerung der Halbinsel von Sorrent am Südeingang des Golfs von Neapel und hat über 2000 Jahre Badetourismus hinter sich. Schon im Altertum war Caprae, die »Ziegeninsel«, ein Aufenthaltsort der Kaiser Augustus und Tiberius, Letzterer regierte von hier aus sein Riesenreich bis zu seinem Tod. Im 19. Jh. lebten hier englische, deutsche und russische Lebenskünstler und Aussteiger. Nach dem Krieg gab es eine »deutsche Welle«, ausgelöst von Rudi Schurickes unwiderstehlichem »Capri-Fischer-Lied« (komponiert 1943 von Gerhard Winkler). Heute ist Capri am Abend, wenn die Ausflugsboote abgefahren sind, in der Hand der italienischen Modeschickeria.

Landschaftsbild

Capris Schönheit ist Legende. Die 6 km lange und 2,5 km breite Insel steigt mit ihren schroffen Kalksteinwänden bis zu 589 m hoch aus dem Meer auf. Charakteristisch für das Küstenbild sind die bizarren Felsbildungen, die rauen Klippen und die zahlreichen Höhlen und Grotten, zu denen auch die Grotta Azzurra, die Blaue Grotte, gehört.

Im Hafen Marina Grande legen die Fährschiffe auf Capri an.

Oben auf dem Plateau ist Capri grün und lieblich, Orangen- und Zitronenhaine, Obstgärten und eine artenreiche Mittelmeervegetation prägen das Landschaftsbild. Zwei Gemeinden, Capri und Anacapri, teilen sich die 10,5 km² der Insel. Das Städtchen Capri ist der touristische Mittelpunkt mit den meisten Hotels, Restaurants und Einkaufsmöglichkeiten, Anacapri pflegt das Image eines Dorfes.

Stadt Capri und Umgebung

★ **Piazza Umberto I**

Die Piazza Umberto I., von den Einheimischen Piazzetta (Kleiner Platz) genannt, ist *der* Treffpunkt von Capri, der sich im Sommer in ein großes und teures Straßencafé verwandelt. Ein paar Stufen führen von der Piazzetta hinauf zur kuppelbekrönten Pfarrkirche Santo Stefano (1685–1725). Eine winzige Gasse trennt sie vom Palazzo Cerio rechts daneben, der in seinen ältesten Bauteilen auf das 14. Jh. zurückgeht.

Giardini di Augusto, Via Krupp

Verlässt man die Piazza Umberto I durch die Via V. Emanuele und folgt dann der Via F. Serena und der Via Matteotti, so kommt man zu den **Giardini di Augusto**, einer Parkanlage mit herrlichem Meerblick. Unterhalb schlängelt sich die Via Krupp in zahlreichen Serpentinen den steilen Felsabhang hinab. Der deutsche Industrielle Alfred Krupp ermöglichte seiner Wahlheimat 1902 den Bau dieser Straße, die das Städtchen Capri mit dem Kleinen Hafen Marina Piccola verbindet.

★ **Belvedere di Tragara, Faraglioni**

Vom Traditionshotel Quisisana erreicht man in etwa 15 Min. den Belvedere di Tragara. Von hier aus genießt man einen unvergleichlichen Blick auf die zerklüftete Südküste und drei markante Felsklippen (»I Faraglioni«).

CAPRI ERLEBEN

AUSKUNFT

AAST
Piazzetta I. Cerio 11, 80073 Capri
Tel. 0 81 837 04 24
Fax 0 81 837 09 18
Mo. bis Fr. 7.50–15.30 Uhr
www.capritourism.com

ANREISE

Mehrmals täglich fahren Fähren und Tragflügelboote vom italienischen Festland nach Capri, u. a. von Neapel, Sorrent, Positano und Amalfi. Auch zur benachbarten Insel ►Ischia gibt es eine Schiffsverbindung. Die Linienschiffe legen am Hafen Marina Grande an der Nordküste der Insel an. Von hier gelangt man am schnellsten mit der Standseilbahn (5 Min.) oder mit dem Taxi bzw. dem Kleinbus auf der aussichtsreichen Serpentinenstraße hinauf nach Capri, dem Hauptort der Insel.

VERANSTALTUNGEN

In der ersten Septemberwoche feiert man auf Capri die ***Settembrata anacaprese*** mit einer großen, bunten Wagenparade, danach messen sich die vier Stadtteile Anacapris im Wettkampf um die begehrte goldene Weintraube.

! Baedeker TIPP

Inselrundfahrt

Empfehlenswert ist eine Rundfahrt um die Insel (1 ½ bis 2 Std. mit Motorboot), bei der man auch die Küstenhöhlen besuchen kann. Abgesehen von der Blauen Grotte, zu der es spezielle Touren gibt, gelten die Grotta Bianca und die Grotta Meravigliosa (an der Ostküste unweit des Arco Naturale), die Grotta Verde am Fuß des Monte Solaro und die Grotta Rossa als die schönsten.

EINKAUFEN

In den von der Piazza Umberto I. ausgehenden Straßen und Gassen, insbesondere in der Via V. Emanuele, der Via Camerelle, der Via Le Botteghe und der Via Tragara gibt es zahlreiche Restaurants, Souvenirläden, Delikatessengeschäfte und exquisite Modeboutiquen.

ESSEN

► Fein & Teuer

① ***Belsito***
Via Matermania 11, Capri
Tel. 08 18 37 09 69
Exquisite Küche in einem Gasthaus aus der Zeit um 1900; es gibt auch ein paar einfache Zimmer.

► Erschwinglich

Baedeker-Empfehlung

② ***Add'ò Riccio***
Via Gradola 4, Anacapri
Tel. 08 18 37 13 80
Fisch und Krustentiere werden hier meisterhaft zubereitet, ungezwungenes Ambiente, toller Meerblick, sehr freundliches Personal.

► Preiswert

③ ***La Rondinella***
Via Orlandi 245, Anacapri
Tel. 08 18 37 12 23
Rustikales Lokal mit netter Gartenterrasse; capresische Küche, viele Fischspezialitäten, abends auch Pizza und andere einfache Gerichte.

④ ***Da Tonino***
Via Dentecala 12,
Piazzetta delle Noci, Capri
Tel. 08 18 37 67 18

Verstecktes Lokal; in freundlicher Atmosphäre werden köstliche Gerichte, z. B. alici ripiene fritte (mit Semmelbröseln und Petersilie gefüllte Sardellen) aufgetischt.

ÜBERNACHTEN

► Luxus

① *Capri Palace Hotel & Spa*
Via Capodimonte 2, Anacapri
Tel. 08 19 78 01 11, Fax 08 18 37 31 91
www.capripalace.com
Luxuriös ausgestattete Zimmer, Suiten z. T. mit Garten. Pools, Boutiquen, Restaurants und zwei hauseigene Jachten runden das Angebot ab.

► Komfortabel

③ *Il Girasole*
Via Linciano 47, Anacapri
Tel. 08 18 37 23 51, Fax 08 18 37 38 80
www.ilgirasole.com
Ruhige Hotelanlage im Grünen mit Blick aufs Meer, schöner Garten mit Terrasse und Swimmingpool, einfache Zimmer.

④ *Villa Sarah*
Via Tiberio 3 a, Capri
Tel. 08 18 37 78 17, Fax 08 18 37 72 15
www.villasarah.it
Nettes, kleines Hotel in einem früheren Privathaus, familiäre Atmosphäre, individuell eingerichtete Zimmer.

► Günstig

② *Canasta*
Via Campo di Teste 6, Capri
Tel. 08 18 37 05 61, Fax 08 18 37 66 75
www.hotel-canasta.com
Reizvolles familiäres Haus nahe der Certosa di S. Giacomo; die Zimmer sind hell und einfach, aber geschmackvoll eingerichtet.

★ Arco Naturale

Ein Fußweg in halber Höhe führt vom Belvedere di Tragara zum Felsentor Arco Naturale an der Ostküste. Man erreicht den Arco Naturale auch direkt von der Altstadt aus in etwa 20 Min. über die Via Matermània.
Beim Arco Naturale gelangt man über eine steile Treppe hinab zur **Grotta Matermània**. Römisches Mauerwerk und in den Fels geschlagene Nischen weisen darauf hin, dass es sich um ein Quell- oder Wasserheiligtum handelte. Von der Grotte geht's hinunter zur Punta di Massullo. Auf dem Felssporn steht die rot getünchte Villa des exzentrischen Dichters Curzio Malaparte (Tagungsstätte). Wegen ihrer futuristischen Form erhielt sie den Spitznamen »Bügeleisen«.

★ Villa Jovis

Ein Muss ist der Aufstieg an die Nordostspitze der Insel zum Ausgrabungsgelände der Villa von Kaiser Tiberius, nach dem römischen Gott Jupiter Villa Jovis benannt (Öffnungszeiten: tgl. 9.00 Uhr bis 1 Std. vor Sonnenuntergang). Der über gewaltigen Substruktionen um einen rechteckigen Innenhof angelegte Palastkomplex ist auch als Ruine noch sehr beeindruckend. Zu der kaiserlichen Villa, die sich Tiberius in beherrschender Lage oberhalb der Steilküste erbauen ließ, gehörten neben den Repräsen-

? WUSSTEN SIE SCHON ...?

- ... dass die unter Kaiser Tiberius zum Tode Verurteilten vom »Salto di Tiberio« in die Tiefe gestoßen wurden?

Capri Orientierung

Übernachten
① Capri Palace
② Canasta
③ Il Girasole
④ Villa Sarah

Essen
① Belsito
② Add'ò Riccio
③ La Rondinella
④ Da Tonino

tations- und Wohnräumen auch große Zisternen, Thermen und ein auf Terrassen angelegter Park. Beim Eingang zum Palastbereich wird auf den Salto di Tiberio hingewiesen, einen steil zum Meer abfallenden Felsen. In der Nähe erkennt man die Reste eines antiken Leuchtturms.

Nach Anacapri

Capodimonte

Die Scala Fenicia, die von Marina Grande heraufkommende antike Treppe (über 500 Stufen), endet im Ortsteil Capodimonte, 10 Gehminuten östlich vom Zentrum Anacapris. Ganz in der Nähe befindet sich die **Cappella di Sant' Antonio** und das an einen Felsabhang gebaute, 1535 von dem türkischen Piraten Chaireddin Barbarossa zerstörte Castello di Barbarossa.

★ Villa San Michele

An den Hang des Capodimonte schmiegt sich weithin sichtbar die Hauptsehenswürdigkeit von Anacapri, die weiß getünchte Villa S. Michele, die sich 1896–1910 der schwedische Arzt und **Schriftsteller Axel Munthe** (1857–1949) als Wohnhaus erbauen ließ. Die Haupträume mit zahlreichen Sammlungsstücken und persönlichen Gegenständen des einstigen Besitzers kann man besichtigen (geöffnet ab 9.30, Schließung je nach Jahreszeit zwischen 15.30 und 18.00 Uhr). Ein Teil des Anwesens wird vom schwedischen Staat als Gästehaus genutzt.

★ Anacapri

Anacapri ist bedeutend ruhiger als Capri und wird deshalb von Touristen, die länger auf der Insel bleiben, gerne als Domizil gewählt.

Auf dem farbenprächtigen Majolikafußboden der Kirche San Michele Arcangelo (1719 geweiht) aus dem Jahr 1761 ist die Vertreibung Adams und Evas aus dem Paradies dargestellt.

Monte Solaro

Von Anacapri fährt ein Sessellift zum Gipfel des 589 m hohen Monte Solaro (Talstation an der Piazza Vittoria), zu Fuß dauert der Aufstieg etwa eine Stunde. An klaren Tagen bietet sich vom **höchsten Berg der Insel** eine großartige Aussicht bis hinüber zu den Abruzzen.

Villa Damecuta

Ein herrlicher, etwa einstündiger Spaziergang führt von Anacapri zur äußersten Nordwestspitze der Insel, wo die Ruinen eines weiteren Palastes aus der römischen Kaiserzeit erhalten blieben, die Villa Damecuta. Von hier aus kann man zur Blauen Grotte absteigen.

★★ Grotta Azzurra

Die bekannteste Sehenswürdigkeit auf Capri ist die Blaue Grotte, eine etwa 54 m lange, 15 m breite und maximal 30 m hohe Karsthöhle an der Nordwestküste der Insel, die 1826 von einem capresischen Fischer und dem schlesischen Schriftsteller August Kopisch entdeckt wurde. Die Motorboote, die die Besucher zur Blauen Grotte bringen, starten in Marina Grande (Dauer ca. 1 ½ Std.) und Marina Piccola. Vor der Höhle muss man in kleine Ruderboote umsteigen. Eine Besichtigung ist allerdings nur bei ruhiger See möglich, da die Öffnung der Höhle nur knapp einen Meter aus dem Wasser herausragt.

! *Baedeker* TIPP

Beste Besichtigungszeit

Wenn möglich, sollte man die Blaue Grotte am späten Vormittag besichtigen, wenn die Sonne direkt in die Grotte scheint und sie in intensives, blaues Licht taucht – allen Klischees zum Trotz eine Atmosphäre voller Zauber.

★ Caserta

N 18

Region: Kampanien • Campania
Provinz: Caserta
Höhe: 68 m ü. d. M.
Einwohnerzahl: 74 000

Die Provinzhauptstadt Caserta am Fuß der Monti Tifatini entwickelte sich um den im 18. Jh. erbauten, auch »La Reggia« genannten monumentalen Palazzo Reale, der ihr den Namen »Versailles des Südens« einbrachte.

★ Palazzo Reale · La Reggia

Öffnungszeiten:
Di. bis So.
9.00–18.00

Der Bourbone Karl III. beauftragte den Barockbaumeister Luigi Vanvitelli mit dem Bau eines neuen Schlosses, das dann in einer Rekordzeit (1752–1774) als prunkvolle Residenz nach dem Vorbild des Schlosses von Versailles errichtet wurde. Das Schloss, dessen Fassade

La Reggia in Caserta steht Versailles an Pracht kaum nach. Auch die über 3 km lange Parkanlage mit ihren Wasserspielen ist spektakulär.

mit 250 m Länge mehr als beeindruckt, ist um vier Innenhöfe angelegt, hat 1200 Räume und 1790 Fenster. Das Innere bietet mit seiner gut erhaltenen Einrichtung ein anschauliches Bild vom **Leben der bourbonischen Dynastie**, die 1734–1860/1861 das Königreich Neapel sowie Sizilien unter ihrer Herrschaft vereinte. Eine grandiose Freitreppe führt vom Vestibül hinauf in den ersten Stock (116 Stufen) mit Palastkapelle (Cappella Palatina), Königsgemächern, darunter der Thronsaal, geschmückt mit Medaillons und Bildern der Könige von Neapel. Das Theater im Erdgeschoss ist ein verkleinerter Nachbau des Teatro San Carlo in Neapel. Im Krippensaal zieht eine Weihnachtskrippe mit Hunderten von fein gearbeiteten Figuren die Blicke auf sich.

Im Zwischengeschoss befindet sich die **Ausstellung »Terrae Motus«** (Erdbeben), die der neapolitanische Galerist Lucio Amelio (1931 bis 1994) in Erinnerung an das schwere Erdbeben von 1980 initiiert hat. Künstler wie Beuys, Warhol, Kiefer, Cragg, Richard Long, Cy Twombly, Pistoletto, Mimma Paladino, Mario Schifano und Nino Longobardi haben hierfür Werke beigesteuert.

Hinter dem Schloss zieht sich der 3 km lange, 120 ha große, ebenfalls von Vanvitelli entworfene Schlosspark den Hang hinauf. Die meisterhafte barocke Anlage mit präch-

? WUSSTEN SIE SCHON ...?

- Die marmornen Figuren beim Großen Wasserfall im Schlosspark stellen den Mythos des unglücklichen Jägers nach, der die Jagdgöttin Diana beim Baden überraschte. Zur Strafe wurde er von ihr in einen Hirsch verwandelt und von seinen eigenen Hunden zerfleischt.

tigen Springbrunnen und Wasserbecken, die mit Statuen geschmückt sind, Pavillons, künstlichen Ruinen und einem englischen Garten kann man erwandern oder standesgemäß im Fiaker erfahren (Fahrradverleih). Toll ist der 78 m hohe **Große Wasserfall**, bei dem auch der Englische Garten mit seinen künstlichen Ruinengrotten und subtropischen Baumriesen zum Spazieren einlädt.

★ **Schlosspark**

Umgebung von Caserta

In San Leucio, 2 km oberhalb des Schlossparks, verwirklichte Ferdinand, der Nachfolger Karls III., ab 1776 eine Art **Gegenutopie zur Reggia**: eine Seidenmanufaktur, in der die Arbeiter unter humanen

San Leucio

CASERTA UND BENEVENT ERLEBEN

AUSKUNFT

Palazzo Reale, 81100 Caserta
Tel. 08 23 32 22 33
Fax 08 23 32 63 00
www.casertaturismo.it

ESSEN

► Fein & Teuer

Le Colonne
Via Nazionale Appia 16, Caserta
www.lecolonnemarziale.it
Tel. 08 23 46 74 94
Di. und Aug. geschl.
Vornehmes Restaurant mit elegantem Marmor-Interieur, raffiniert zubereitete regionale Küche und sündhaft leckere Dolci.

► Erschwinglich

Pascalucci
Via Iannassi, S. Nicola Manfredi
Tel. 08 24 77 81 00
Familiäre Trattoria 10 km südöstlich von Benevent mit hervorragenden traditionellen Gerichten. Vor allem Paste und Dolci sind unschlagbar.

► Preiswert

Traiano
Via Manciotti 48, Benevent
Tel. 0 82 42 50 13
Di. und Aug. geschl.
Die gemütliche Trattoria-Pizzeria liegt direkt neben dem Arco di Traiano (daher auch der Name). Angeboten werden heimische Gerichte, auch die Pizza ist vorzüglich.

ÜBERNACHTEN

► Komfortabel

President
Via Perasso 1, Benevent
Tel. 08 24 31 67 15
Fax 08 24 31 67 16
www.hotelpresidentbenevento.it
Mittelklassehotel am Rand der Altstadt gegenüber der Rocca dei Rettori.

► Günstig

Amadeus
Via Verdi 72, Caserta
Tel. 08 23 35 26 63
Fax 08 23 32 91 95
Wohnliche Zimmer in einem kleinen, gemütlichen Haus mitten im Zentrum.

Villa de Pertis
Via Ponti 30, Dragoni
Tel. & Fax 08 23 86 66 19
www.villadepertis.it
Das hübsche Landhotel 30 km nordwestlich von Caserta ist ein guter Ausgangspunkt für Ausflüge in die Umgebung.

Bedingungen und weitgehend selbstbestimmt in ganz Europa begehrte Stoffe anfertigten. 1861 war das Experiment finanziell am Ende. Erhalten sind lediglich einige Wohnhäuser und die Manufaktur.

★ **Caserta Vecchia**

Ein Abstecher führt ca. 10 km nördlich nach Caserta Vecchia hinauf (400 m). Das von der Ruine eines Kastells (9.–13. Jh.) überragte Bergstädtchen hat sein mittelalterliches Ortsbild bewahrt. Langobarden hatten es im 8. Jh. gegründet, eine Zeit lang war es sogar Sitz eines Bischofs. Daran erinnert der 1153 geweihte Duomo S. Michele in romanisch-sizilischem Stil, sein 32 m hoher Glockenturm folgte im 13. Jahrhundert.

★ **Sant'Angelo in Formis**

Ebenfalls nur rund 10 km sind es bis nach Sant'Angelo in Formis. Das Städtchen liegt am Fuße des 604 m hohen Monte Tifata. Hauptsehenswürdigkeit ist die romanische Basilika Sant'Angelo in Formis, die im 11. Jh. oberhalb des Ortes an der Stelle eines Diana-Tempels erbaut wurde. Im Innern ist sie über und über mit byzantinischen Fresken (11. Jh.) geschmückt.

Santa Maria Capua Vetere

★ Anfiteatro ►

An die einstige Bedeutung von Santa Maria Capua Vetere (32 000 Einw., 7 km westlich von Caserta) erinnert das am Nordrand der Stadt unter Hadrian im 2. Jh. n. Chr. errichtete Amphitheater (170 m lang, 140 m breit). Bis zum Bau des Kolosseums in Rom war das Theater, das 50 000 Zuschauer fassen konnte, das größte Italiens. Von der dem Amphitheater angeschlossenen berühmten Gladiatorenschule ging im Jahr 73 v. Chr. der Sklavenaufstand des **Spartakus** aus. Rund 500 m südlich des Amphitheaters wurde im 3. und 4. Jh. n. Chr. im erst 1924 entdeckten **Mithräum** (2. Jh. n. Chr.; Via Mordi, Kasse im Amphitheater) der persische Lichtgott Mithras verehrt. Auf dem Weg zum Dom kann man dem **Museo Archeologico dell'Antica Capua** (Corso Garibaldi) einen Besuch abstatten, in dem die äußerst komplizierte Stadtgeschichte anschaulich erklärt wird.

Amphitheater in Santa Maria Capua Vetere

Capua, die mittelalterliche Nachfolgesiedlung des antiken Capua, liegt in einer Flussschleife des Volturno. Neben den zahlreichen Kirchen aus langobardischer Zeit lohnt vor allem das Museo Campano (Via Roma) den Besuch. Schaustücke der archäologischen Sammlung sind die **Matres matutae**, Votivgaben eines kampanischen Fruchtbarkeitkultes. Herausragend sind auch die mittelalterlichen Figurenköpfe vom Brückentor **Kaiser Friedrichs II.**

Die 50 km östlich von Caserta gelegene Provinzhauptstadt **Benevent** war in der Antike die Hauptstadt der Samniter. Erst nach dem Sieg über Pyrrhus (275 v. Chr.) wurde sie römisch. Im frühen Mittelalter war sie Sitz mächtiger langobardischer Herzöge, anschließend gehörte die Stadt bis 1860 zum Kirchenstaat. Trotz starker Zerstörungen, zuletzt 1943, haben sich im Zentrum einige sehenswerte Baudenkmäler erhalten. So der **Dom** am Corso Garibaldi, der in den 1950er-Jahren neu aufgebaut wurde, und der bestens erhaltene Arco di Traiano. Der aus griechischem Marmor erbaute, 15,5 m hohe reliefgeschmückte Triumphbogen wurde 114 n. Chr. zu Ehren Trajans errichtet, unter dem die Stadt eine Blütezeit erlebte. Südwestlich der Kathedrale kommt man zu den Ruinen eines **römischen Theaters** aus dem 2. Jh. n. Chr., das einst 20 000 Zuschauer fassen konnte. Heute finden hier Opernaufführungen statt.

* ◄ Arco di Traiano

! *Baedeker* TIPP

Liebestonikum der Hexen

In Benevent wird der italienweit geschätzte Likör Strega destilliert. 1860, als der Kräuterlikör kreiert wurde, galt Benevent der Legende nach als Treffpunkt für Magier und Hexen. Deshalb gaben seine Schöpfer ihm den Namen Strega. Schnell hatte der Likör seinen Ruf als Liebestonikum der Hexen weg. Was dran ist, müssen Sie schon selbst probieren.

Catanzaro

S 23

Region: Kalabrien • Calabria
Höhe: 320 m ü. d. M.
Provinz: Catanzaro
Einwohnerzahl: 97 000

Die Hauptstadt Kalabriens liegt auf einem Plateau, dessen Ränder steil zu den Flussläufen von Fiumarella und Musófalo abfallen. Mehrere Erdbeben zwischen 1783 und 1908 sowie die Bombardierung im Zweiten Weltkrieg ließen von den historischen Bauten kaum etwas übrig, so dass die Stadt auf dem Felsen vor allem von der Neuanlage nach der Einigung Italiens geprägt ist.

Geschichte

Als befestigtes »Katanzárion« von den Byzantinern Ende des 9. Jh.s gegründet, war die Stadt auch unter den Normannen (ab 1059) ein **Zentrum griechischer Kultur**. Im 15. Jh. entwickelte sich die Seiden- und Brokatfabrikation zu europaweitem Renommee. Die Ernennung zur Regionalhauptstadt 1971 zog den scharfen Protest der Vorgängerin Reggio di Calabria nach sich, so dass wenigstens das Parlament dort belassen wurde.

Sehenswertes in Catanzaro

Corso Mazzini

Der Corso Mazzini durchzieht mit seinen Palazzi vom Ausgang des 19. Jh.s die ganze Altstadt. Am Teatro Masciari – 1923 im italieni-

Catanzaro Orientierung

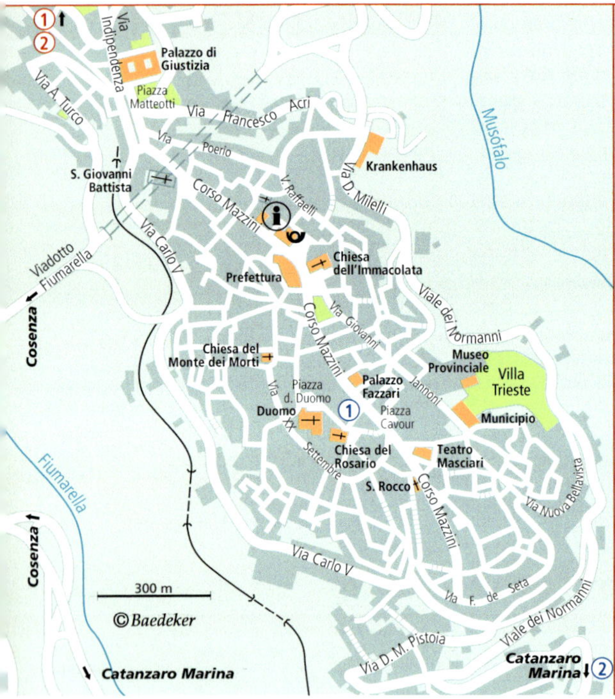

Essen

① Da Salvatore
② La Brace

Übernachten

① Guglielmo
② Due Mari

schen Jugendstil errichtet – und am Rathaus (Palazzo dei Nobili, 15./19. Jh.) vorbei geht man zum Park Villa Trieste am östlichen Stadtrand, um den herrlichen Ausblick zu genießen. Im angrenzenden **Museo Provinciale** sind archäologische Funde (darunter der »Helm von Tiriolo«, 4. Jh. v. Chr.), eine bemerkenswerte Münzsammlung und Gemälde (u. a. Landschaften von Salvator Rosa) zu sehen.

S. Domenico

Westlich des Corso Mazzini steht die Kirche S. Domenico (Chiesa del Rosario) von Ende des 15. Jh.s (im 18. Jh. barockisiert, Fassade 1832) mit wertvoller Ausstattung, u. a. einem Altarbild »Madonna del Rosario« von D. Hendricksz (1615) im linken Querschiff und der marmornen Madonna della Purità von F. Cassano (1613). Hinter der Kirche erhebt sich der 1943 zerstörte und 1960 neu errichtete (unbedeutende) Dom.

Palazzo Fàzzari

Im weiteren Verlauf der Via Mazzini sind das Caffè Imperiale von 1892 – leider nicht adäquat erhalten – und der Palazzo Fàzzari zu beachten, erbaut 1874 im Stil der Florentiner Renaissance. Jenseits der Piazza Grimaldi der mächtige Palazzo di Governo und gegenüber die

Kirche der Immacolata von 1765 (Fassade Ende 19. Jh.). Im Palazzo della Provincia sind einige Werke des kalabresischen Bildhauers F. Jerace zu bewundern (Gipsoteca; Sa./So. geschl.). Das Nordende das Corso Mazzini markiert die Kirche S. Giovanni Battista, begründet 1532 und mehrfach umgestaltet. Im Südosten der Piazza Garibaldi geht die Via De Grazia ab, in der man einen Blick auf die Reste des ältesten erhaltenen Baues der Stadt werfen kann, der Kapelle S. Omobono (12. Jh.), einst Kirche der Seidenweberzunft.

Umgebung von Catanzaro

Sehr reizvoll am Südhang der Sila Piccola, etwa 17 km westlich von Catanzaro, liegt das Städtchen Tiriolo (690 m, 4200 Einw.), das für seine Tracht sowie seine Stickereien und Spitzen bekannt ist. Schöne

* **Tiriolo**

CATANZARO ERLEBEN

AUSKUNFT

Via Spasari 3, Galleria Mancuso
88100 Catanzaro
Tel. 09 61 74 39 01
Fax 09 61 72 79 73
www.turismo-regione.calabria.it

VERKEHR

Parkplätze sind rar, am besten benützt man einen der ausgeschilderten Großparkplätze, etwa in der Nähe des Justizpalastes oder im Süden am Viale dei Bizantini. Von Letzterem fährt eine Standseilbahn zur Piazza Roma.

VERANSTALTUNG

Wer zur Osterzeit in der Gegend ist, sollte die Prozession am Karfreitag (»*nanca*«) nicht versäumen, in der der Kreuzweg Christi nachempfunden wird.

ESSEN

► Erschwinglich

① ***Da Salvatore***
Salita I del Rosario
Tel. 09 61 72 43 18
Gemütliche Trattoria (mit Zimmer) in der Altstadt, traditionelle kalabrische Gerichte wie A Tiana di Capretto (Fleisch vom Zicklein mit Kartoffeln, Artischocken, Erbsen und gewürztem Brot im Tontopf gegart).

② ***La Brace***
Via Melito di Porto Salvo 102, Catanzaro Lido
Tel. 0 96 13 13 40
Anf. Juli und Mo. geschl.
Angenehmes Restaurant, vielseitiges Menü mit lokalen Fischspezialitäten.

ÜBERNACHTEN

► Komfortabel

① ***Guglielmo***
Via Tedeschi 1, Catanzaro
Tel. 09 61 74 19 22, Fax 09 61 72 21 81
www.hotelguglielmo.it
Herrschaftliche Unterkunft in der Stadtmitte. Komfortable Zimmer, Restaurant mit kalabrischen Spezialitäten und internationaler Küche.

► Günstig

② ***Due Mari***
Via Cavour 46, Tiriolo
Tel. 09 61 99 10 64, Fax 09 61 99 09 84
www.duemari.com
Komfortables Hotel mit familiärem Ambiente in toller Panoramalage.

»vancali«, die ortstypischen Wolltücher, kann man in der **Bottega Legno Art** erstehen. Sehenswert ist das Antiquarium Comunale im Rathaus. In 30 Min. geht man auf steilem Sträßchen zum Monte Tiriolo (838 m) mit den Resten eines normannischen Kastells hinauf, um das fantastische Panorama vom Ionischen bis zum Tyrrhenischen Meer mit den Liparischen Inseln zu genießen.

Sila Piccola ►Cosenza

★ Cosenza

R 22

Region: Kalabrien • Calabria
Provinz: Cosenza
Höhe: 238 m ü. d. M.
Einwohnerzahl: 86 600

Ginge es um die historische Substanz, den kulturellen und wirtschaftlichen Stellenwert oder die lebendige Atmosphäre, hätte sicher Cosenza den Titel der Hauptstadt Kalabriens verdient. Im Norden erstreckt sich in der Ebene des Crati die ansehnliche, im 19. Jh. angelegte Neustadt, südlich des Busento zieht sich am Osthang des Burghügels Pancrazio die winkelige Altstadt hinauf.

Geschichte

In Cosentia starb im Jahre 410 n. Chr. der **Westgotenkönig Alarich**, der – der Überlieferung nach – mit seiner Beute aus der Plünderung Roms im Bett des Busento beigesetzt wurde; August von Platens berühmte Ballade »Das Grab im Busento«, die das Andenken daran wach hält, ist durch die Übersetzung von Giosuè Carducci auch in Italien bekannt. Unter den Römern, die die Hauptstadt der Bruttier 204 v. Chr. besetzten, war Cosentia wichtige Station an der Via Popilia nach Regium (Reggio Calabria). Nach langobardischem, normannischem, schwäbischem und angevinischem Regime gehörte die Stadt ab Anfang des 16. Jh.s zum spanischen Königreich Neapel; der folgenden kulturellen Blüte ist nicht nur die Gründung der noch aktiven Accademia Cosentina zu verdanken, deren bedeutendster Vertreter der Philosoph und Naturforscher **Bernardino Telesio** (1509–1588) war, sondern auch das überwiegend barocke Bild der Altstadt.

Sehenswertes in Cosenza

Corso Plebiscito

Einen Parkplatz findet man am sichersten östlich des Crati am Corso Plebiscito, der von Läden mit Korbwaren und Keramik gesäumt ist; außerdem hat man hier einen guten Blick auf die Altstadt. Gleich nebenan stehen die Kirchen Santissimo Salvatore von 1565 (Pfarrkirche der griechisch-orthodoxen Albanergemeinde) und San Francesco di Paola, ursprünglich ab 1510 erbaut, aber mehrmals erneuert. Hier ist rechts des Eingangs das **prunkvolle Grabmal** des spanischen Adeligen

S. Francesco di Paola ►

In der Altstadt von Cosenza

Ottavio Cesare Gaeta (1593) zu sehen, über dem Hauptaltar das Triptychon »Maria mit den Heiligen Katharina und Sebastian« (Anfang 16. Jh.) sowie in der 3. Kapelle links das Altarbild »Maria mit den Heiligen Paulus und Lukas« von 1551.

Palazzo Arnone

Südöstlich in der Nähe wurde der Palazzo Arnone als neue Pinakothek mit Barockgemälden von Mattia Preti und Luca Giordano eingerichtet.

Corso Telesio

★ Duomo

Vom Ponte Martire führt der Corso Telesio zwischen mittelalterlichen Palazzi – vorbei am alten Rathaus, das heute als Casa delle Culture vielfältigen kulturellen Aufgaben dient – hinauf zum Dom, der 1222 in Anwesenheit von Kaiser Friedrich II. geweihten frühgotischen Kathedrale S. Maria Assunta. Schon die nüchterne (rekonstruierte) Fassade verweist auf ihren Auftraggeber Bischof Campano, einen Zisterzienser. Im Querschiff links das **Grabmal der Isabella von Aragon**, Gattin Philipps III. von Frankreich, die 1271 auf der Heimreise aus dem Orient in Cosenza verstarb. Der spätantike Sarkophag mit der Jagd des Meleager auf den kaledonischen Eber (4. Jh.) am Ende des rechten Schiffs soll die Reste von Heinrich VII. enthalten, dem rebellierenden Sohn Friedrichs II., der 1242 im Dom beigesetzt wurde.

! *Baedeker* TIPP

Caffè Renzelli

Was in Cosenza Rang und Namen hatte, vom Literaten bis zum Politiker, verkehrte im 1803 gegründeten Gran Caffè Renzelli im Erzbischöflichen Palast mit seiner schlicht-eleganten Einrichtung. Auch heute ist es eine Institution im kulturellen Leben der Stadt.

COSENZA ERLEBEN

AUSKUNFT

Corso Mazzini 92, 87100 Cosenza
Tel. 0 98 42 74 85, Fax 0 98 42 73 04
www.comune.cosenza.it

ESSEN

► Erschwinglich

① *L'Arco Vecchio*
Piazza Archi di Ciaccio 21, Cosenza
Tel. 0 98 47 25 64
Juli bis Sept. So., sonst Mo. geschl.
Sehr beliebtes Restaurant in der Altstadt, bodenständige kalabrische Hausmannskost.

► Preiswert

② *Da Giocondo*
Via Piave 53, Cosenza
Tel. 0 98 42 98 10, So. abends geschl.
Familiäre Trattoria mit guter Küche der Sila.

ÜBERNACHTEN

► Komfortabel

① *Aquila & Edelweiss*
Via Stazione 11,
Camigliatello Silano
Tel. 09 84 57 80 44
Fax 09 84 57 87 53
www.hotelaquilaedelweiss.com
Ein guter Standort in der Sila, in 1300 m Höhe östlich von Cosenza, ist das Aquila mit seinem ältlichen Charme. Das Restaurant ist für seine gute regionale Küche bekannt.

► Günstig

② *Grisaro*
Viale Trieste 38, Cosenza
Tel. & Fax 0 98 42 78 38
Schlichte, renovierte Pension in der Neustadt nahe dem Corso Mazzini.

Piazza XV Marzo

Am Ende des Corso Telesio öffnet sich die Piazza XV Marzo, benannt nach dem Tag des Jahres 1844, an dem die aufständischen Cosentiner **Brüder Bandiera** mit einigen Gefährten erschossen wurden. Eine »Italia« am Rand des anschließenden Stadtparks (Villa Comunale) erinnert an sie. Gegenüber der Präfektur stehen das städtische Teatro Rendano, eröffnet 1909, und rechts davon die Accademia Cosentina (Stadtbibliothek und Archäologisches Museum). Auf dem Platz sinniert die Bronzestatue des Cosentiner Philosophen Bernardino Telesio (A. D'Orsi, 1914).

Castello Svevo

Vom Stadtpark kann man direkt in westlicher Richtung oder über die Piazza dei Cuculli zum restaurierten Staufer-Kastell hinaufsteigen und den großartigen Ausblick auf Stadt und Sila genießen.

S. Francesco d'Assisi

Auf der Via del Castello nach Norden und vorbei an der Kirche der Kapuzinerinnen geht es hinunter zur Kirche S. Francesco d'Assisi (19. Jh.). 1217 von einem Schüler des hl. Franziskus begründet (im rechten Querhaus ist der alte Chor erhalten), wurde sie 1657 prächtig barockisiert. Insbesondere die Kapelle der hl. Katharina (rechtes Seitenschiff) ist mit ihren vergoldeten Holzschnitzereien und den Gemälden des Flamen Willem Borremans (1670–1744) ein Erlebnis.

★ Cappella di S. Caterina ►

Im alten Konvent arbeiten die Restaurateure der Soprintendenza dei Beni Culturali. Sie verwahren das herrliche Kreuzreliquiar aus der kaiserlichen Werkstatt in Palermo (10./11. Jh.), das **Friedrich II.** 1222 dem Dom schenkte, und eindrucksvolle Gemälde u. a. von Mattia Preti (17. Jh.). Zugänglich Mo. bis Sa. 9.00–13.00 Uhr (läuten).

★★ ◄ Kreuzreliquiar

S. Domenico

Durch die engen, düsteren Gasssen des einstigen jüdischen Viertels geht man hinunter zum Busento. Jenseits der Brücke bildet die Piazza Campanella das Scharnier zwischen Alt- und Neustadt. Sie wird dominiert von der spätgotischen Fassade der Klosterkirche S. Domenico (1448–1460); die hohe Kuppel lässt allerdings schon auf die

Cosenza Orientierung

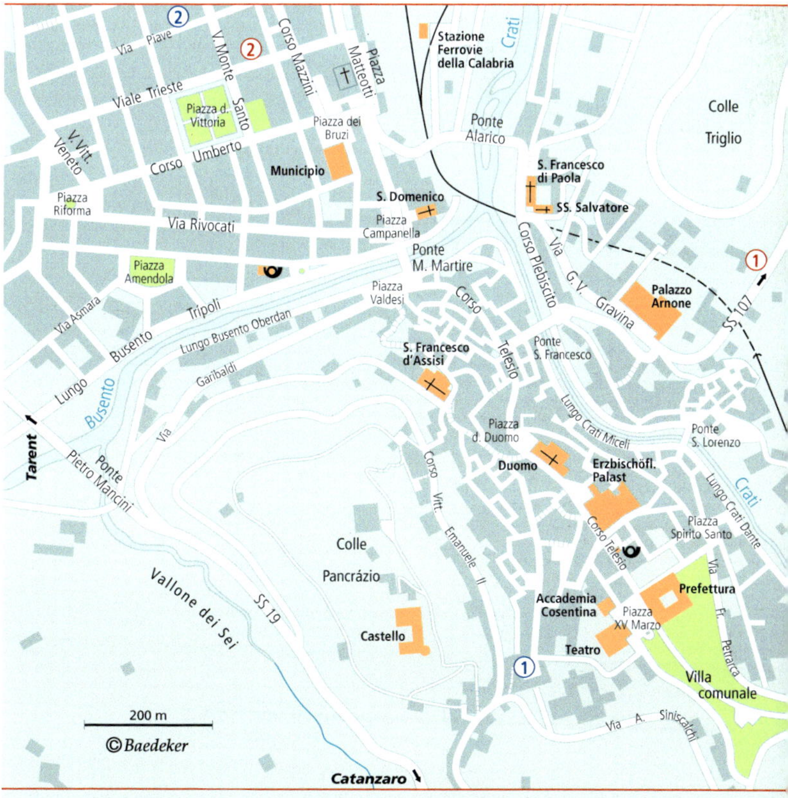

Essen
① L'Arco Vecchio
② Da Giocondo

Übernachten
① Aquila & Edelweiss
② Grisaro

Umgestaltung des Innenraums im 18. Jh. schließen. Rechts des Haupteingangs mit schönem Portal von 1614 liegt die gotische Cappella del Rosario, an die sich das großartige Oratorio del Rosario anschließt. Hinter dem Hauptaltar ist im ebenfalls noch gotischen Chor ein Chorgestühl von 1635 zu sehen. Die Gebäude des Konvents werden z. T. als Kaserne genützt. Ein Blick in den hübschen Kreuzgang ist meist möglich.

✶ Oratorio del Rosario ►

✶ Touren durch die Sila

Das grüne Herz Kalabriens

Cosenza ist Ausgangspunkt für die Erkundung des Sila-Gebirges (La Sila) im Herzen Kalabriens, das etwa 2000 km² umfasst und im Durchschnitt 1300–1400 m hoch ist (Monte Botte Donato 1928 m). Es besteht aus Sila Grande in der Mitte, Sila Piccola im Süden und Sila Greca am Nordrand; Letztere ist benannt nach den Albanern, die sich hier seit dem 15. Jh. niederließen und dem griechisch-orthodoxen Glauben angehören. Im Westen bricht die Sila zum **Crati-Tal**, also auch nach Cosenza hin, steil ab, zum Golf von Tarent senkt sie sich allmählich ab. Zwei Gebiete, die mit dem Aspromonte (►S. 233) den Parco Nazionale della Calabria bilden, wurden 1968 unter Naturschutz gestellt, im Norden 70 km² um den Monte Pettinascura (1708 m) und im Süden 56 km² um den Monte Gariglione (1765 m).

Unberührte Natur in der Sila: der Lago di Cecita am Westrand des Parco Nazionale della Calabria

Wie der Name signalisiert – Sila ist von lat. »silva« bzw. griech. »hyle« für »Wald« abgeleitet –, handelt es sich um altes Waldgebiet. Ihr Wahrzeichen ist die **Laricio-Kiefer** (*Pinus laricio calabrica*), die 50 m hoch werden kann. Daneben dominieren Buchenwälder, die die Sila im Herbst leuchtend rot färben; außerdem gibt es große Bestände an Kastanien, Zerreichen, Schwarzerlen und Weißtannen. Bemerkenswert ist die Fauna mit Apenninenwolf, Bonelli-Adler, Uhu und Schwarzspecht. Ab 1927 wurden Staudämme mit Kraftwerken errichtet, die u. a. den Lago Arvo und den Lago Ampollino bilden. Im Winter liegt in der Sila viel Schnee, weshalb sie als Wintersportgebiet mit kleinen Abfahrtspisten und schönen, langen Loipen beliebt ist; manchmal frieren die Seen zu.

! *Baedeker* TIPP

Ferrovie della Calabria

Eine bequeme Möglichkeit, Kalabrien kennen zu lernen, ist eine Eisenbahnfahrt. Von Cosenza führen die Schmalspurgleise der Ferrovie della Calabria, teils als Sonderfahrt mit Dampflok, nach S. Giovanni in Fiore. Eine weitere sehr eindrückliche Strecke durchquert die Sila Piccola bis Catanzaro (www.ferroviedellacalabria.it).

Sila Grande

Die SS 107 zwischen Cosenza und Crotone wurde zur Schnellstraße ausgebaut, so dass man auch Tagesausflüge ganz individuell gestalten kann. Eine schöne Runde (ca. 150 km) von Cosenza aus: Zunächst auf der SS 648 östlich nach Camigliatello Silano (1272 m), einem beliebten Sommer- und Winterurlaubsort in wunderbarer Landschaft (Seilbahnen am Monte Curcio, 1768 m). Von Croce di Magara (5 km östlich) ist die Riserva Giganti della Sila mit bis 50 m hohen Laricio-Kiefern ausgeschildert. Nach dem Besuch von S. Giovanni in Fiore (s. u.) zum Lago Arvo, hinauf zum Monte Botte Donato (1928 m) und wieder zurück zur SS 648.

◄ Camigliatello Silano

✶ ◄ Riserva Giganti della Sila

Mächtige Laricio-Kiefern stehen auch in den Wäldern des Beckens von Fossiata, das man von Camigliatello auf der SS 177 am Lago di Cecita entlang und weiter auf der SS 282 erreicht. Hier sind **Wanderwege mit Picknickplätzen** angelegt.

✶ ◄ Fossiata

S. Giovanni in Fiore

In 1049 m Höhe – in vegetationsarmem Gelände – liegt S. Giovanni in Fiore (18 800 Einw.), der Hauptort der Sila und bis in jüngere Vergangenheit so etwas wie ein Vorposten der Zivilisation in einer menschenleeren Gegend. Hier gründete der heute fast wie ein Heiliger verehrte **Joachim von Fiore** (um 1130–1202; ►Berühmte Persönlichkeiten) im Jahre 1189 das Monasterium Florense. Er ist in der Krypta des Arcicenobio bestattet, der 1185 begründeten und vielfach veränderten Klosterkirche, die seine strenge Auffassung vom Glauben und vom Mönchtum handgreiflich vor Augen führt. Der Ort – leider ist weder die Alt- noch die Neustadt eine Augenweide – ist auch bekannt für die Frauentracht und den traditionellen Goldschmuck. Im Museo Demologico bei der Klosterkirche illustrieren die **Fotos von Saverio Marra** das Leben in der Sila in der ersten Hälfte des 20. Jahrhunderts.

Villaggio Mancuso Wie in Skandinavien oder in Kanada fühlt man sich in Villaggio Mancuso, einer sommers wie winters beliebten Ferienkolonie etwa 40 kurvenreiche Kilometer nördlich von Catanzaro. Dazu tragen auch die hübschen Holzhäuser wie das Grande Albergo delle Fate bei. Das Besucherzentrum des **Parco Nazionale** informiert über die Wandermöglichkeiten am Monte Gariglione (1765 m). Am Weg nach Villaggio Mancuso liegt Taverna (520 m, 2700 Einw.), der Geburtsort des bedeutenden **Malers Mattia Preti** (1613–1699), genannt »il Cavaliere Calabrese«, da er – nach Jahren in Rom und Venedig – als Malteserritter nach Malta ging. Viele seiner Werke sind in der Barockkirche S. Domenico zu sehen (im Bild des ersten Seitenaltars links hat er sich rechts unten porträtiert), außerdem im Museo Civico, das im riesigen Konvent neben der Kirche untergebracht ist (Mo. geschlossen), und in der Kirche S. Barbara.

Taverna ►

✶ S. Demetrio Corone Westlich von Corigliano Cálabro ist San Demetrio Corone (4300 Einw.) ein bedeutendes Zentrum der Albaner in Kalabrien und seit 1794 Sitz des italienisch-albanischen Priesterkollegs. Die angrenzende Kirche S. Adriano (an der Straße nach Acrì), die auf ein im Jahr 955 gegründetes Kloster zurückgeht, gehört trotz ihres abscheulichen Äußeren zu den Sehenswürdigkeiten Süditaliens. Am linken Seitenportal sind rechts zwei groteske Fratzen zu sehen, denen Bäume aus dem Maul wachsen. Das Innere der dreischiffigen romanischen Basilika ist mit byzantinischen Fresken und Bodenmosaiken geschmückt (12. Jahrhundert).

✶ Frascati und die Albaner Berge

M 15

Region: Latium • Lazio **Provinz:** Roma

Schon in den Zeiten des antiken Roms waren die Albaner Berge – eine sanfte, grüne Hügellandschaft vulkanischen Ursprungs mit einigen idyllischen Seen – eine geschätzte Wohngegend für die Römer. In der Renaissance und im Barock eiferten geistliche Würdenträger und Adel diesem Vorbild nach, so dass sich hier, inbesondere um Frascati, eindrucksvolle Paläste und Parkanlagen häufen.

Castelli Romani Die Orte der Albaner Berge, etwa ein Dutzend, werden nach den einst befestigten Adelssitzen »Castelli Romani« genannt; zum ersten Mal taucht dieser Name in einem Dokument des Jahres 1624 auf. Die Nähe Roms droht der Idylle alter Zeiten den Garaus zu machen, vor allem an den Wochenenden. Die Ewige Stadt dehnt sich schon lange auch in östlicher Richtung aus, und viele Menschen pendeln täglich in die Stadt. Man nimmt an, dass im Jahr 2010 über 350 000 Menschen in den Castelli Romani wohnen werden.

FRASCATI ERLEBEN

AUSKUNFT

Piazza Marconi 1, 00044 Frascati
Tel. 0 69 42 03 31, Fax 0 69 42 54 98
www.regione.lazio.it

VERKEHR

Nach Frascati, Albano und Velletri gelangt man von Rom-Termini aus mit Vorortzügen der FS. Mit den blauen COTRAL-Bussen sind die Orte der Castelli Romani vom Busbahnhof an der Endstation Anagnina der Metro-Linie A zu erreichen.

VERANSTALTUNGEN

Morino
Die Fontana dei Mori in Marino spendet alljährlich während des Weinfestes am 1. Oktoberwochenende statt Wasser Wein!

Albano Laziale
In der letzten Maiwoche findet die bunte, vielfältige Festa delle Minenti in Albano Laziale statt.

Genzano
Festa dell'Infiorata am Sonntag nach Fronleichnam: Ein Bilderteppich aus Blütenblättern schmückt die Via Italo Belardi hinauf zur Kirche S. Maria della Cima in Genzano.

ESSEN

► Fein & Teuer

Antico Ristorante Pagnanelli
Via Gramsci 4, Castel Gandolfo
Tel. 0 69 36 00 04, Di. geschl.
Typischer Weinkeller mit angeschlossenem Restaurant, grandioser Ausblick über den Albaner See.

► Erschwinglich

La Briciola
Via G. D'Annunzio 12, Grottaferrata
Tel. 0 69 45 93 38
So. abend und Mo. sowie Aug. geschl. Handfeste und dennoch feine traditionelle Küche genießt man bei Adriana Montellanico. Gute Weine aus Latium.

► Preiswert

Baedeker-Empfehlung

Zarazà
Via Regina Margherita 45, Frascati
Tel. 0 69 42 20 53
Reizendes Lokal am Belvedere mit herrlichem Blick auf die Stadt, vorzügliche Grillspezialitäten und regionale Klassiker.

ÜBERNACHTEN

► Komfortabel

Grand Hotel Helio Cabala
Via Spinabella 13/15,
Marino (Albaner See)
Tel. 06 93 66 12 35, Fax 06 93 66 11 25
Edles, komfortables Haus im Villenstil mit Park, Pool und Restaurant. Fabelhafter Ausblick auf die Ewige Stadt.

► Günstig

Miralago
Via dei Cappuccini 12, Albano Laziale
Tel. & Fax 0 69 32 10 18
Schlichte Einrichtung, aber schöner Blick auf den See und ruhige Umgebung. Mit Restaurant; im Sommer speist man auf der Terrasse.

Cacciani
Via Diaz 15, Frascati
Tel. 0 69 40 19 91, Fax 0 69 42 04 40
www.cacciani.it
Zentral gelegenes Hotel, das Restaurant ist berühmt für seine Fischküche und eine umfangreiche Weinkarte mit seltenen Etiketten.

Baedeker TIPP

Selbstgekelterter

In Frascati kredenzt Wirt Zorro seinen selbstgekelterten Vino aus bauchigen Korbflaschen. Spanferkelsalami und Oliven müssen Sie selbst an der Piazza kaufen, Plastikbesteck und Servietten gibt es in der urgemütlichen Hosteria Al Vicoletto (Vicolo Bambocci 16, Mobil 34 75 70 03 78) gegen geringe Gebühr.

Das frequentierteste Ziel in den Albaner Bergen ist **Frascati** (20 100 Einw.) mit stimmungsvollen Weinschenken. Im Park der Villa Torlonia, die im Zweiten Weltkrieg zerstört wurde, blieb das Wassertheater von Carlo Maderno in Grundzügen erhalten. Südöstlich der Piazza Marconi steht am Hang die Villa Aldobrandini, die 1598–1604 für Kardinal Pietro Aldobrandini errichtet wurde (Baumeister G. della Porta, C. Maderno, G. Fontana). Der mächtige Bau mit hervorragenden Fresken ist von einem schönen Park mit Aussichtsterrasse, Grotten und einem Wassertheater von Giovanni Fontana umgeben (Öffnungszeiten: Mo. bis Fr. 9.00–13.00, 15.00–18.00 Uhr, Anmeldung bei der IAT, Piazza Marconi 1).

★ Villa Aldobrandini ►

Von der Piazza Roma geht man nordöstlich in die Altstadt zur Piazza S. Pietro mit Brunnen (1709) und der gleichnamigen Kathedrale (1598, Fassade G. Fontana, 1700); im Inneren des frühbarocken Zentralbaus sind eine Domenichino zugeschriebene Madonna und ein Holzkruzifix des 12. Jh.s sehenswert. Weiter nordwestlich die Chiesa del Gesù mit einer eleganten Fassade von Pietro da Cortona; innen ist vor allem die **Trompe-l'-œil-Kuppel** zu beachten, eine Marmorfigur weist zu dem markierten Punkt, von dem man den besten Eindruck hat.

Die Villa Aldobrandini in Frascati, eine der schönsten Kardinalsvillen

★ **Tusculum**

Von Frascati führt eine Straße hinauf zur 5 km südöstlich gelegenen Stätte des römischen Tusculum (Túscolo), Geburtsort von Cato d. Ä. und Lieblingsaufenthalt **Ciceros**. Im frühen Mittelalter war es Sitz einer Grafenfamilie, die eine Reihe meist übel beleumundeter Päpste stellte; 1191 wurde die Stadt, die sich auf die Seite des Kaisers geschlagen hatte, von Papst Cölestin III. zerstört. Von der antiken Stadt sind einige bedeutende Reste erhalten, wenige vom mittelalterlichen Ort. In 15 Minuten geht man hinauf zum **Croce di Tuscolo** (670 m), von dem sich eine herrliche Aussicht bietet.

Grottaferrata

In Grottaferrata (16 300 Einw.) ist das burgartig befestigte Basilianer-Kloster sehenswert, das im Jahr 1004 von den Heiligen Nilus und

Bartholomäus (► Kalabrien, Rossano), gegründet wurde und noch heute von griechisch-orthodoxen Mönchen römischer Observanz geführt wird. Der Kampanile stammt aus dem 13. Jh.; die 1024 geweihte, im 16. Jh. und 1754 umgestaltete Basilika S. Maria ist reich ausgestattet (u. a. byzantinisches Portal des 11. Jh.s mit Cosmaten-Mosaiken, Taufbrunnen, Mosaiken des 13. Jh.s, Decke von 1577). Die **Kapelle des hl. Nilus** wurde von Domenichino ausgemalt (1610), das Altarbild stammt von seinem Lehrer Annibale Carracci. Angeschlossen ist ein Klostermuseum, in dem u. a. Fresken des 13. Jh.s aus der Kirche zu sehen sind. Gegenüber dem Eingang zur Abtei laden einige »fraschette« ein, typische schlichte Weinstuben der Albaner Berge.

✶ ◄ Domenichino-Fresken

Rocca di Papa

Ein hübsches latinisches Städtchen und der höchstgelegene Ort der Albaner Berge ist Rocca di Papa (620–720 m, 11 000 Einw.) 8 km südöstlich von Frascati. Es steigt am Rand eines Vulkankraters an, des so genannten Campo di Annibale. Auf einer Mautstraße – besser aber zu Fuß auf der antiken Via Sacra, die nach 1 km links von der Straße abgeht – gelangt man auf den **Monte Cavo** (949 m), den ein Antennenwald ziert; von hier hat man einen weiten Blick über Latium. Auf dem Berg stand im Altertum ein Jupiter-Tempel, das Bundesheiligtum der Latiner; später ein Kloster – und heute ein Gasthaus.

Castel Gandolfo

Hoch über der weiten Caldera mit dem fischreichen, 6 km² großen und 170 m tiefen Albaner See liegt Castel Gandolfo (426 m, 6800 Einw.) mit der **Sommerresidenz des Papstes**. Zentrum des Orts ist die Piazza della Libertà mit der Kirche S. Tommaso (1661, ein Zentralbau von Bernini), einem Bernini-Brunnen und dem päpstlichen Palast, der 1629 unter Papst Urban VIII. von Carlo Maderna begonnen und 40 Jahre später von Gian Lorenzo Bernini fertig gestellt wurde. 1929 ging er mit der benachbarten Villa Barberini in den Besitz des Vatikanstaats über. Vom Belvedere bietet sich ein schöner Blick über den See. Seinen Abfluss bildet ein 1425 m langer, angeblich von den Römern 398 v. Chr. angelegter Stollen (Emissario, am Ende der südlichen Uferstraße). Für Spaziergänge am See empfehlen sich der **Sentiero Basso** (4 km) und 200 m höher der **Sentiero Alto** zwischen dem Convento di Palazzolo und dem Convento dei Cappuccini di Albano (2,5 km).

! *Baedeker* TIPP

Porchetta

Das beliebteste und köstlichste »Fastfood« Latiums ist die Porchetta, das Spanferkel, das mit Kräutern gewürzt am Spieß gebraten wird. Wer sich daran einmal so richtig gütlich tun will, kommt am ersten Julisonntag zur Festa della Porchetta nach Ariccia.

✶ ◄ Albaner See

Albano Laziale

Bei Albano Laziale (400 m, 31 400 Einw.), auf dem Kamm über dem Albaner See, soll Alba Longa gelegen haben, die Hauptstadt der Latiner, die von Rom abgelöst wurde. **Pompejus** hatte hier eine Villa; ab

460 war es Sitz eines Bischofs und später wegen seiner schönen Umgebung eine beliebte Sommerfrische der Römer. Östlich über der zentralen Piazza Mazzini der barocke Dom, der auf die Zeiten Konstantins zurückgeht; die romanische Kirche S. Maria della Rotonda weiter südöstlich entstand auf dem Nymphäum der Villa Domitians. Am nordöstlichen Stadtrand (Via Saffi 86) ist eine große unterirdische Schwimmhalle (Cisternone) erhalten, die für die Legionäre des Kaisers Septimius Severus angelegt wurde. Wenige Schritte nordwestlich sieht man zwischen dem Kloster S. Paolo und dem Kapuzinerkloster die Reste eines Amphitheaters (3. Jh. n. Chr.). Am Corso Matteotti erhebt sich gegenüber dem Rathaus der romanische Turm der Kirche S. Pietro (514). Am Stadtrand Richtung Genzano steht ein würfelförmiges Grabmal aus der späten Republik, fälschlich »Grab der Horatier und Curatier« genannt.

✶ Lago di Nemi

Der Nemi-See ist ein 1,7 km² großer und bis 34 m tiefer Vulkanmaar, umgeben von 200 m hoch ansteigenden Tuffhängen. Am Ufer wird intensiv Landwirtschaft betrieben (vor allem Erdbeeren und Blumen).

Nemi ►

In Nemi sind im **Museo delle Navi Romane** große Modelle der 71 bzw. 73 m langen Prunkschiffe des Kaisers Caligula zu sehen, die 1931/1936 aus dem See geborgen und 1944 von deutschen Soldaten auf dem Rückzug zerstört wurden.

Genzano breitet sich am Ufer des Lago di Nemi aus, eines Sees vulkanischen Ursprungs.

★★ Gargano und Tremiti-Inseln

M 21/22

Region: Apulien • Puglia **Provinz:** Foggia

Der Monte Gargano, der »Sporn« des italienischen Stiefels, ragt etwa 65 km weit ins Meer und steigt im Monte Calvo 1055 m hoch an. Mit seinen malerischen Felsenküsten und Sandstränden am unglaublich blauen Meer und den tiefen Wäldern im Inneren entwickelte er sich in den 1990er-Jahren zu einem der beliebtesten Campinggebiete Süditaliens.

Sehenswertes am Gargano

★ **S. Leonardo di Siponto**

Fährt man von Foggia (►Apulien) auf der SS 89 Garganica nordöstlich durch die landwirtschaftlich intensiv genutzte Apulische Ebene, tauchen links die Höhen des Gargano auf. Kurz vor Manfredonia steht rechts der Schnellstraße S.Leonardo di Siponto, einst Pilgerhospiz, Kloster und ab 1261 Deutschordensballei. Die romanische Kirche besitzt ein reich skulptiertes Nordportal (um 1180) und schöne Kapitelle. Sie ist zur Messe So. um 11.00 Uhr zugänglich.

★ **S. Maria Maggiore di Siponto**

Etwa 8 km weiter, beim Badeort Lido di Siponto, fällt ein fremdartig wirkender Kubus auf: die 1117 geweihte Kathedrale S. Maria Maggiore, ein byzantinischer Zentralbau mit schönem Löwenportal und spätantiker Unterkirche. Grundriss und Fassadengestaltung verraten orientalische Einflüsse. Sie ist der Rest der einst bedeutenden Stadt Sipontum, die schon vor den Römern bestand und nach dem Erdbeben 1223 aufgegeben wurde.

★ **Museo Archeologico Nazionale del Gargano**

Das mächtige staufisch-angiovinische Kastell (13./16. Jh.) von **Manfredonia** (54 000 Einw.) beherbergt das Museo Archeologico Nazionale del Gargano mit einer einzigartigen Sammlung daunischer Stelen (1. und letzter Mo. im Monat geschlossen).

Monte S. Angelo

Die **Wallfahrtsstätte** San Michele Arcangelo, reizvoll in 796 m Höhe gelegen, zieht alljährlich Hunderttausende Pilger an. Am Südrand der Stadt empfängt das Viertel Junno mit seinen eigenartigen weißen Reihenhäusern (16./17. Jh.) Vom normannisch-aragonesischen Kastell (Parkplätze) geht man hinunter zum achteckigen Kampanile (1274), der das Michaels-Heiligtum anzeigt. Der Legende zufolge soll der Erzengel selbst im Jahre 493 dem hl. Laurentius, Erzbischof von Sipontum, erschienen sein und diese Felsenhöhle für seine Verehrung bestimmt haben. Von der Vorhalle – das rechte Portal stammt aus dem Jahr 1295 – führen 86 Stufen hinab zu der vor die Höhle gebauten Kirche (Bronzetür mit biblischen Darstellungen in Niello-Technik, 1076 in Konstantinopel gegossen mit Engelskatalog). Im Inneren sind ein schöner Bischofssitz (12. Jh.) und hinter dem Hauptaltar – er soll dort stehen, wo der Erzengel seinen Fußabdruck hinterließ – ein marmorner Michael von Andrea Sansovino (1507) zu beachten.

GARGANO UND TREMITI-INSELN ERLEBEN

AUSKUNFT

APT Foggia
Via Perrone 17, 71100 Foggia
Tel. 08 81 72 31 41, Fax 08 81 72 55 36
www.pugliaturismo.com
www.gargano.it
www.parcogargano.it

Tremiti-Inseln
Piazza Castello, San Nicola
Tel. 08 82 46 30 63
http://tremiti.planetek.it
www.isoletremiti.it

VERANSTALTUNGEN

Freunde der ***Folkmusik*** kommen im Sommer auf dem Gargano auf ihre Kosten. Etwa zwischen 20.7. und 20.8. spielen in den Hauptorten der Halbinsel apulische Gruppen. Mitte August versammelt die »Rassegna Folcloristica Internazionale« in Monte S. Angelo Gruppen von Apulien bis Uganda (www.gargano.it).

ESSEN

► Erschwinglich

Locanda Al Castello
Via Castello 29, Peschici
Tel. 08 84 96 40 38
Zuverlässig gute apulische Küche, hoch über dem Meer in der Altstadt von Peschici nahe dem Castello. Auch die Pension ist empfehlenswert.

Taverna Li Jalantuùmene
Oiazza De Galganis 5,
Monte Sant'Angelo
Tel. 08 84 56 54 84
Di. geschl. (nicht im Sommer)
Das ländliche, waldreiche Innere des Gargano prägt die gepflegte Speisekarte des (hochitalienisch) »Galantuomo«. Im Sommer kann man draußen auf der schönen Piazza sitzen.

Degli Archi
Via Ripe 2, Vieste
Tel. 08 84 70 51 99; Mo. geschl.
Rustikales Lokal mit guter, vielfältiger apulischer Küche, mittlere Preise.

ÜBERNACHTEN

► Komfortabel

Degli Ulivi
Loc. Pugnochiuso, Vieste
Tel. 08 84 70 90 61
An der herrlichen Baia del Pugnochiuso gelegenes, preiswertes Hotel.

Svevo
Via Fratelli Bandiera 10, Vieste
Tel. & Fax 08 84 70 88 30
Unterhalb der Burg und 100 m über dem Meer gelegenes, modern eingerichtetes Hotel.

San Domino
Via Giacomo Matteotti 1,
Isola San Domino
Tel. 08 82 46 34 30, Fax 08 82 46 34 04
Gemütliches Haus, abgeschieden in einem Kiefernwald gelegen.

► Günstig

Rocca sul Mare
Via Mafrolla 32, Vieste
Tel. 08 84 70 27 19
www.roccasulmare.it
2006 neu eröffnetes B & B unter junger Leitung. Tolles Frühstück auf der Terrasse.

Peschici, die schönste Stadt an der Nordküste

Wenige Schritte südöstlich von San Michele ragt die so genannte **Tomba des Langobardenkönigs Rothari** auf, ein Kuppelbau mit wertvollen Reliefs und reich gestalteten Kapitellen, vermutlich ein Baptisterium (um 1200). Daneben steht die Kirche S. Maria Maggiore (begonnen 1170) mit Portal von 1198. Interessant ist auch das volkskundliche Museo di Arti e Tradizioni Popolari del Gargano im ehemaligen Franziskanerkonvent.

★ Foresta Umbra

Monte Sant'Angelo ist Ausgangspunkt für eine Durchquerung des Gargano auf der SS 528. Die hügelige Hochfläche bedeckt die Foresta Umbra (»Schattiger Wald«), der **einzige größere Wald Apuliens** (über 100 km²) mit mächtigen Buchen, Eichen, Ahornen und Aleppokiefern. Er wurde 1991 zum Nationalpark erklärt, Wanderwege, Park- und Picknickplätze ziehen an Wochenenden zahlreiche Ausflügler an (Parco Nazionale del Gargano, www.parcogargano.it). Bei der Straßengabelung nach Vico / Vieste liegt ein hübscher See mit einem Informationszentrum (gut markierte Wanderungen).

★★ Südostküste

Entlang der fantastischen Küste mit ihren bizarr geformten Kalkklippen und Felsentoren – vorbei an Buchten wie Baia Zagare und Baia Pugnochiuso – erreicht man **Vieste** (13 800 Einw.), Hauptort und touristisches Zentrum des Gargano, dessen reizvolle Altstadt malerisch auf einer felsigen Halbinsel liegt. Das Kastell wurde unter Friedrich II. erbaut. Die Kathedrale aus dem 11. Jh. wurde über einem antiken Vestatempel errichtet; einen näheren Blick lohnen die frühromanischen Kapitelle. Unterhalb der Kathedrale wurde in einer Ölmühle ein Archäologisches Museum eingerichtet. Von der Kirche S. Francesco (1438) an der Spitze der Halbinsel sieht man auf den schönen, langen Sandstrand südlich der Stadt mit dem berühmten **Felsen Pizzomunno** (»Spitze der Welt«). Auf der Weiterfahrt nach Peschici sind immer wieder »trabucchi« zu sehen, Holzgerüste mit Fischnetzen an langen Auslegern.

? WUSSTEN SIE SCHON ...?

- Den bis dato höchsten Lottogewinn in Europa heimste im Jahr 1998 eine Spielgemeinschaft aus Peschici ein. Die 99 Einwohner teilten sich ca. 31 Millionen Euro.

Peschici

Beliebt ist das pittoresk über dem Meer gelegene Städtchen Peschici (4300 Einw.), in dem die orientalisch inspirierten Kuppeldächer auffallen. In der Umgebung liegen zwischen den Felsvorsprüngen schöne Sandbuchten.

Am 25. Mai 1887 kam er als Francesco Forgioni in Petrelcina zur Welt. Als Padre Pio starb er 1968 im Alter von 81 Jahren im Konvent von San Giovanni Rotondo. Zu seinem Grab pilgern jährlich Millionen Menschen.

DER HEILIGE VOM GARGANO

Padre Pio wurde schon zu Lebzeiten als Heiliger verehrt. Seit seinem Tod 1968 pilgern jährlich Millionen zu seinem Grab nach San Giovanni Rotondo. Dabei sah der Vatikan in dem eigenwilligen Padre jahrzehntelang einen Kirchenspalter und Scharlatan. Seiner Popularität hat dies jedoch nicht geschadet, im Gegenteil, im Juni 2002 hat ihn Papst Johannes Paul II. heilig gesprochen.

Padre Pio ist **allgegenwärtig** – als Foto auf dem Fensterbrett oder als Pappfigur vor dem Eingang der Kirche, auf dem Armaturenbrett im Taxi, in der Metzgerei, in Friseursalons und zwischen Limoncello-Flaschen in der nächsten Bar. Überall in Süditalien guckt einen diese kleine Gestalt in der braunen Kutte an, stets mit mitleidvoller Miene und dunklen durchdringenden Augen. Rund ein Vierteljahrhundert nach seinem Tod ist Padre Pio in Süditalien fast so populär wie die italienischen Nationalheiligen Franz von Assisi und Antonius von Padua. Wie sie gilt der aus dem armen Süden stammende Kapuzinerpater als **Patron der kleinen Leute**: der Taxifahrer, Barbesitzer und Hausfrauen. Dass er dabei stets im Clinch mit dem Vatikan lag und gegenüber seinen Kritikern auch schon mal handgreiflich wurde, spricht in den Augen der Italiener eher für ihn. Allein in Italien existieren 2000 Padre-Pio-Gebetsgruppen, es gibt einen landesweit ausgestrahlten Padre-Pio-Radiosender, und jüngst hat Italiens Kommunikationsminister auch ein eigenes Fernsehprogramm ins Leben gerufen – zu Ehren von Padre Pio.

Wunder

Seine Heiligsprechung im Juni 2002 hat seine **Popularität** ins nahezu Unermessliche gesteigert. Fast eine halbe Million Menschen verfolgten die Zeremonie auf dem Petersplatz, so viele wie bei keiner anderen Heilig-

sprechung der vergangenen Jahrzehnte. Der 12-jährige Matteo Colella aus San Giovanni Rotondo saß unter den Ehrengästen. Immer wieder zeigten die Fernsehkameras sein Gesicht. Gerade durch das Wunder, das Padre Pio an ihm verübte, konnte das Heiligsprechungsverfahren abgeschlossen werden. Unheilbar an Meningitis erkrankt, erschien ihm Padre Pio im Traum und machte ihn über Nacht gesund. So bekannte es der Junge, als er aus dem Koma erwachte. Die Eltern bestätigten das Wunder, und die Ärzte beugten sich dem Unfassbaren. Hunderte von Menschen beteuern heute, von Padre Pio geheilt worden zu sein, seine Anhänger glauben fest daran, dass er in seiner Mönchszelle mit dem Teufel rang, und sagen ihm die Fähigkeit zur **Bilokation** nach, der gleichzeitigen Anwesenheit an zwei verschiedenen Orten. Die Legendenbildung um Padre Pio steht erst am Anfang ...

Ablehnung

Viele Jahre lang verweigerte sich der Vatikan diesem **Sonderling** aus der apulischen Provinz. Erste beunruhigende Nachrichten erreichten Rom schon 1918. An diesem Tag empfing der eben 31 Jahre alte Mönch die Wundmale Christi. Seither trat er mit verbundenen Händen vor seine Anhänger. Dreimal sandten die obersten Glaubenshüter eine Visitation nach San Giovanni, die das Treiben des Mönchs unter die Lupe nehmen sollte. Dreimal attestierte diese dem eifrigen Spendensammler Hysterie und Scharlatanerie, später bezichtigte sie ihn der Bereicherung und unmoralischen Lebensführung. Zeitweilig stellte man Padre Pio unter Hausarrest und erteilte ihm Predigtverbot. Kein Vorwurf konnte aufrecht erhalten werden. Einen Verbündeten fand der Mönch vom Gargano erst in **Johannes Paul II.** Auf dessen Initiative hin wurde der Selig-, schließlich der Heiligsprechungsprozess in Angriff genommen. Nicht ohne Grund, denn Papst Johannes Paul II. hielt seit langem große Stücke auf Padre Pio. Dieser soll dem gerade 27-jährigen Karol Wojtyła vorhergesagt haben, dass er einmal das höchste Kirchenamt bekleiden werde. Später, als der umstrittene Mönch beim Vatikan

Das Geschäft mit dem Verkauf seiner Souvenirs ist recht einträglich ...

längst in Ungnade gefallen war, bat der damalige polnische Bischof ihn in einem Brief, für eine krebskranke polnische Frau zu beten. Die Frau genas innerhalb weniger Tage.

Wirtschaftsboom

Dies alles hat Padre Pio zu einem Heiligen werden lassen, der es mit jedem Popstar aufnehmen kann. Im modernen Italien ist er ein Medienstar, als einziger Heiliger hat er den Sprung in die Regenbogenpresse geschafft. Geschlossen pilgert die italienische Fußball-Nationalmannschaft zum Gargano, und Prominente wie Giulio Andreotti oder Adriano Celentano outen sich als Padre-Pio-Anhänger. Mittlerweile spekulieren 600 Firmen mit der Popularität des eigensinnigen Heiligen: Bestattungsinstitute, Wellnesszentren und sogar Tankstellen haben sich seinen Namen zu Eigen gemacht. Seiner **apulischen Wahlheimat** hat Padre Pio einen wahren Wirtschaftsboom beschert. San Giovanni Rotondo hat zwar nur 25 000 Einwohner, aber über 100 Hotels und Pensionen. Sieben Millionen Besucher strömen jedes Jahr zum 60 Zentner schweren Sarg aus blauem Granit, der den Leichnam des Heiligen birgt, und tragen zum Gesamtumsatz von geschätzten 100 Millionen Euro bei. Der Bürgermeister des Orts forderte kürzlich nicht nur mehr Parkplätze, sondern eine Aufstockung der Verkehrspolizei im Ort von 25 auf 70 Beamte, um der **täglichen Blechlawine** Herr zu werden. Das von Padre Pio in den 1960er-Jahren ausschließlich mit Spenden gebaute »Haus zur Linderung des Leidens« gilt heute im unterentwickelten Süden als eines der renommiertesten Krankenhäuser Italiens und beschäftigt 2600 Ärzte und Krankenschwestern. Mittlerweile zieht ein anderes Vorzeigeobjekt das Interesse der Gläubigen aus aller Welt auf sich. In San Giovanni Rotondo entstand eine der größten Kirchen der Christenheit mit Platz für 7000 Menschen drinnen und 30 000 draußen. Der Architekt war Renzo Piano, einer der weltweit renommiertesten Vertreter seiner Zunft. Im Sommer 2004 wurde nach mehrjähriger Bauzeit die neue Großkirche neben dem Grab des Padre eingeweiht.

Rodi Garganico

Rodi Garganico (42 m, 4000 Einw.), das auf einem Felsen über der Küste liegt, ist **Hauptfährhafen** für die 22 Seemeilen nordwestlich gelegenen Tremiti-Inseln (ca. 1 ½ Std. Fahrzeit). Westlich dehnen sich zwei Lagunen aus, Lago di Varano (10 km lang) und Lago di Lesina (22 km lang), ergiebige Fischreviere und Lebensraum für viele Vogelarten.

S. Matteo in Lamis

Über Sannicandro und S. Marco in Lamis – in der Nähe die im 6. Jh. gegründete Abtei S. Matteo in Lamis – kann man nach San Giovanni Rotondo (566 m, 24 500 Einw.) fahren, das vom höchsten Berg des Gargano, dem Monte Calvo (1056 m), überragt wird. Der Wirkungsort Padre Pios zieht alljährlich Millionen **Heilung suchender Pilger** an, für die große Hotelkomplexe gebaut wurden.

★ Rignano Garganico

Die Rückkehr nach Foggia sollte über Rignano Garganico (7 km südwestlich von S. Marco in Lamis) erfolgen: Unmittelbar am Steilabfall des Garganico gelegen, eröffnet der »Balkon Apuliens« einen grandiosen Blick über den ganzen Tavoliere, an klaren Tagen ist im Südosten Castel del Monte zu erkennen.

Tremiti-Inseln · Isole Tremiti

Etwa 25 km vor der Nordküste des Gargano liegen die **autofreien** Tremiti-Inseln, ein kleiner, sehr reizvoller Archipel mit den Inseln S. Domino, S. Nicola, Cretaccio und Capraia (Caprara). Die beiden Letzteren sind unbewohnt. Insgesamt leben ca. 300 Menschen auf den Inseln, die aufgrund des besonders klaren Wassers und des

Nur ein bisschen Wasser trennt die Inseln San Domino und San Nicola voneinander.

Fischreichtums als Tauchrevier beliebt sind. Von Mitte Juli bis Mitte September ist Hochsaison, Hotels und Privatzimmer sind dann ausgebucht. S. Nicola ist ganzjährig von Termoli und in der Saison von Rodi Garganico, Peschici, Vieste und Manfredovia zu erreichen. Gut Betuchte fliegen mit dem **Helikopter** von Foggia nach San Domino.

Isola S. Domino Die westlichste und landschaftlich reizvollste der Inseln ist die mit Pinienwäldern bestandene Isola San Domino (2 km^2, höchster Punkt 116 m). Von 1792 bis 1943 diente sie als Verbannungsort. Über der Ostküste liegt der Hauptort San Domino. Besuchenswert sind die nur vom Meer aus zugänglichen **Grotta delle Viole** und **Grotta del Bue Marino**, die mit ihren »Lichtspielen« bezaubern.

Isola S. Nicola Ein Festungskloster überragt San Nicola, den Hauptort der Inselgruppe (0,5 km^2, bis 72 m hoch). Im Inneren der Kirche S. Maria a Mare (geweiht 1043), einem von vier Nebenschiffen umgebenen Zentralraum (für Süditalien einzigartig), sind Teile eines romanischen Bodenmosaiks (11./12. Jh.), am Hauptaltar ein vergoldetes geschnitztes Polyptychon (15. Jh.) sowie ein großer Holzkruzifixus in byzantinischem Stil zu bewundern.

* S. Maria ▸

★★ Herkulaneum · Ercolano

O 18

Region: Kampanien • Campania **Provinz:** Napoli
Höhe: 44 m ü. d. M. **Einwohnerzahl:** 61 000

Als man 1719 in Ercolano einen Brunnen aushob, machte man eine sensationelle Entdeckung in dem kleinen Ort: Unter meterhohen Gesteinsmassen fand man ein verschwenderisch ausgestattetes Theater, Teil des 79 n. Chr. versunkenen und in Vergessenheit geratenen Herkulaneum – nebst Pompeji die bedeutendste Ruinenstadt Italiens.

Geschichte Die Ruinenstadt Herkulaneum erstreckt sich über die westlichen Ausläufer des Vesuvs, mitten in und unter der nach dem antiken Ort benannten Stadt Ercolano (ehemals Resina). Der wohl von Griechen oder Etruskern als Herakleion (»Stadt des Herkules«) gegründete Ort fiel später in die Hände der Osker und Samniten. Um 300 v. Chr. geriet die Stadt unter römischen Einfluss. Reiche Römer ließen sich in der einst direkt am Meer gelegenen Stadt ihre Sommervillen errichten. 63 n. Chr. wurde Herkulaneum durch ein Erdbeben schwer beschädigt. Die Aufbauarbeiten waren teilweise noch im Gange, als die etwa 5000 Einwohner zählende Stadt beim **Ausbruch des Vesuvs** im August 79 n. Chr. unter kochenden Schlammmassen versank und in Vergessenheit geriet. Erst bei Brunnenbohrungen 1719 stieß man zufällig auf das Theater.

Herkulaneum *Orientierung*

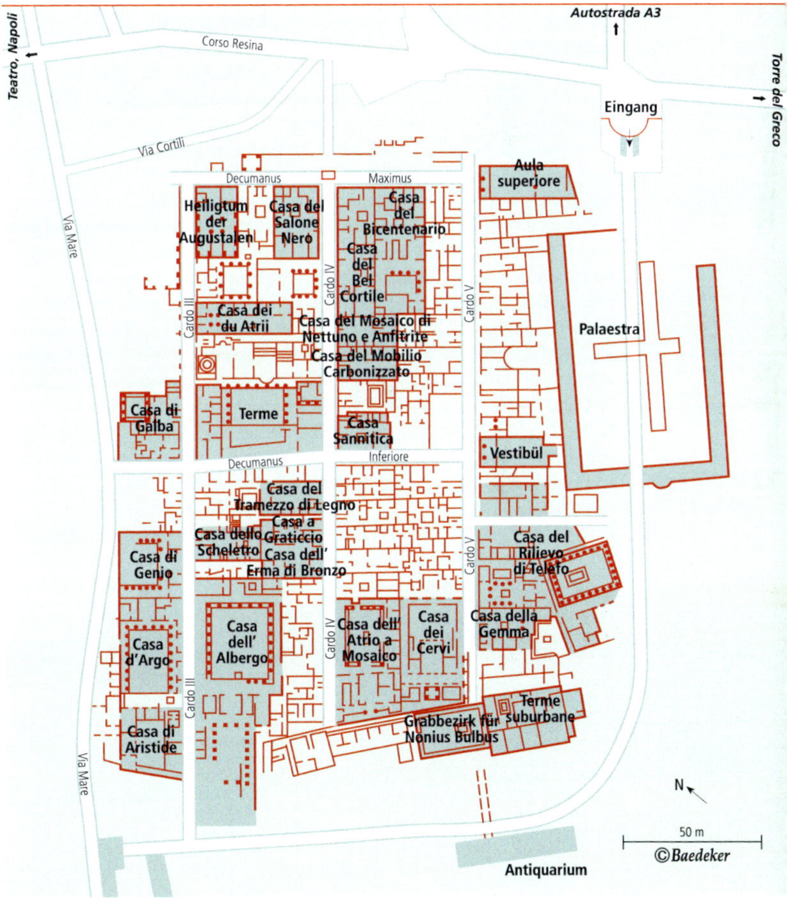

★★ Scavi d'Ercolano

Die besonderen Verschüttungsumstände – Herkulaneum wurde von einer bis zu 20 m hohen, glühenden, später zu Stein gewordenen Schlammschicht überflutet – sorgten dafür, dass in Herkulaneum organische Stoffe wie Holz zwar karbonisiert, aber auch luftdicht abgeschlossen und so **vor der Zersetzung bewahrt** wurden.So blieben die oft in Fachwerk erbauten oberen Stockwerke der Häuser konserviert, das gleiche gilt für Möbel, darunter Schränke, Prunkliegen für Festessen (Klinen), Schuhe, Lebensmittel etc. Sie sind teilweise noch in situ zu sehen. Andererseits zerstörte der Druck der Schlammmassen

Ausgrabung

Öffnungszeiten:
Nov. bis März tgl. 8.30–17.00 (letzter Einlass 15.30).
April bis Okt. tgl. 8.30–19.30 (letzter Einlass 18.00).

viele Gebäude, ein Übriges tat die **Ausgrabungstechnik des 18. Jh.s**, als man mit Hilfe unterirdischer Stollen versuchte, an die antiken Kunstwerke zu gelangen und antikes Mauerwerk zum Einsturz brachte ...

Seit 1927 wird Herkulaneum systematisch »ausgemeißelt«. Bisher ist ungefähr ein Drittel der Stadt freigelegt. Zurzeit besteht Grabungsstopp, die verfallende Stadt soll zunächst dokumentiert und konserviert werden.

Als 1982 wegen Grundwassereinbrüchen erstmals Herkulaneums einstiger Strand ergraben wurde, stieß man auf zahlreiche **Skelette**. Diese Funde räumten mit der Vorstellung auf, dass die Einwohner Herkulaneums die Katastrophe rechtzeitig erkannt hätten und mit dem Leben davon gekommen wären. Die Auswertung der Funde beweist vielmehr, dass die Menschen aus dem Ort an den Strand geflüchtet waren, um auf Schiffen zu entkommen. Aber die konnten wegen der meterhohen Wellen nicht zu Wasser gelassen werden. So drängten sich viele schutzsuchend in gewölbte Bootskammern, die in den Uferfelsen eingetieft waren. Vergebens: Alles wurde vom Schlamm überrollt, der nach dem Ende der Katastrophe die Küste um einige Kilometer meerwärts verschoben hatte.

Ausblick Kurz hinter dem Eingang hat man einen guten Überblick über die Ruinenstadt. Sie wird von drei von Nord nach Süd verlaufenden Hauptstraßen (Cardo III, IV, V) durchzogen, die von zwei Querstraßen (Decumanus maximus und inferior) gekreuzt werden.

Die Römerstadt Herkulaneum breitet sich in und unter der Stadt Ercolano aus.

HERKULANEUM ERLEBEN

AUSKUNFT

www.ercolanonline.it,
www.pompeiisites.org

ANREISE

Von Neapel (11 km) am bequemsten mit der ***Circumvesuviana***; vom Bahnhof 10 Gehminuten zum Eingang ins Ausgrabungsgelände.

KOMBIKARTE

Eine 3 Tage gültige Sammel-Eintrittskarte schließt außerdem Pompeji, Boscoreale und die Villa Oplontis in Torre Annunziata ein. Die ***Villa dei Papiri*** ist nach Voranmeldung zu besichtigen (Sa., So. 9.00 – 12.00 Uhr; www.arethusa.net). Zugang aus der Archäologischen Zone in Begleitung eines Kustoden, ein zusätzliches Ticket ist nicht erforderlich, Audioführer zum Ausleihen.

ESSEN

▶ Fein & Teuer

Casa Rossa al Vesuvio
Via Vesuvio 30
Tel. 08 17 77 97 63, Di. geschl.
Der Blick über Neapel und den Golf ist herrlich. Die Speisekarte verbindet den Geschmack von Meer und Bergen, interessanter Weinkeller.

Grabbezirk des Nonius Balbus

Am Stadttor (Porta Marina) liegt der heilige Grabbezirk des Nonius Balbus. Er war Lokalpolitiker und Mäzen zur Zeit Augustus. Zu sehen sind zwei Marmorsockel. Der kleinere trug einst die Statue des Politikers, der größere das Grabmal in Form eines Opferaltars.

Terme Suburbane

Über den Vorplatz, der auch als Palästra genutzt wurde, gelangt man in die Vorstadtthermen, die einst mit den Wohnhäusern Casa del Gemma und Casa del Rilievo di Telefo verbunden waren. Sie gehören zu den **am besten erhaltenen Anlagen** ihrer Art mit einzigartigen Stuckaturen im Tepidarium (»Sieben gegen Theben«), Originalmarmorausstattung und einer Holztür im Frigidarium, die sich noch in ihrer Angel dreht. Das Bad ist mit allen technischen Finessen seiner Zeit ausgestattet: So besitzt das Tepidarium eine große Wanne, in die über Röhren warmes Wasser, das in einem Heizkessel erhitzt wurde, eingeleitet werden konnte. Das Caldarium, bestehend aus Warmwasserwanne und Labrum (Kaltwasserbecken), ist besonders interessant, weil man noch erkennen kann, dass die Schlammflut durch das Fenster eindrang und das Labrum umdrehte. Es hinterließ einen Abdruck im vulkanischen Tuff, an dessen Oberfläche noch die Scherben und Reste der Fensterlaibung erhalten sind.

Casa di Gemma

Durch die Porta Marina betritt man die Stadt. Am Beginn des Cardo V rechter Hand die Casa di Gemma, die in rötlich-braunen Farben ausgemalt ist, sowie die mit ihr verbundene Casa del Rilievo di Telefo (Telephos-Relief); im säulenumschlossenen Atrium befindet sich ein Marmorbecken.

Die Mosaiken im Haus des Neptun zeigen die namengebende Gottheit.

Casa dei Cervi Die Casa dei Cervi auf der gegenüberliegenden Straßenseite ist eines der prächtigsten Häuser Herkulaneums. Mit seinen auf der alten Stadtmauer angelegten Gärten, Loggien und Marmorskulpturen spiegelt es den **Luxus eines kampanischen Stadthauses** wider. Die Marmorgruppe eines von Hunden gehetzten Hirsches gab dem Haus seinen Namen. Der Blick von der Terrasse über den Küstenstreifen aufs offene Meer muss in der Antike großartig gewesen sein.
Auf der Höhe des Vestibüls (einst Zugang zur Palästra) biegt man in den Decumanus inferior und gleich wieder (links) in den Cardo IV.

Casa del Tramezzo di Legno Das »Haus mit der hölzernen Scheidewand« ist eines der besterhaltenen Wohnhäuser; sein Atrium konnte mit einer Holzwand vom Speise- und Empfangsraum getrennt werden. In den Schlafräumen sind Bettstellen und eine hölzerne Truhe erhalten. Die Fresken- und Mosaikenreste stammen aus der Mitte des 1. Jh.s n. Chr. In den Räumen im Obergeschoss und zur Straße hin wohnten vermutlich Handwerker und Händler zur Miete.

Casa a Graticcio Als nächstes folgt die Casa a Graticcio, deren Zwischenwände – Holzrahmen, die mit leichtem Flechtwerk (graticcio), einem Gemisch aus Zweigen und Lehm, gefüllt waren – wohl nachträglich eingezogen worden waren.

Casa Sannitica Die Casa Sannitica, jenseits des Decumanus inferior, stammt noch aus samnitischer, d. h. vorrömischer Zeit (2. Jh. v. Chr.). In der Mitte besitzt sie ein großes Atrium.

Thermen

Auf der gegenüber gelegenen Straßenseite stehen die um 10 v. Chr. erbauten Thermen mit einer größeren Männer- und einer besser erhaltenen Frauenabteilung. Im Heißraum der Männerabteilung sind Hypokausten (Fußboden-Heizung) zu sehen. Die Baderäume sind mit Mosaikböden und Wandbemalungen ausgeschmückt.

Casa del Mosaico

Auf dem Cardo IV folgen die **Casa del Mobilio Carbonizzato**, benannt nach den hier gefundenen verkohlten Möbeln, und die **Casa di Nettuno e Anfitrite** (Haus des Neptun und der Amphitrite), zu der ein Lebensmittelladen gehörte. Erhalten sind u. a. Weinamphoren und Holzregale. Im Sommerspeisesaal (Triclinum) befindet sich das namengebende Mosaik von Neptun und Amphitrite. Den Abschluss bildet die Casa del Bel Cortile, deren Zimmer um einen überdachten Innenhof angelegt sind.

◄ Casa del Bel Cortile

Casa del Bicentenario

Die Casa del Bicentenario am Decumanus Maximus ist mit Mosaiken und Fresken sowie einem Kruzifix geschmückt, vermutlich eines der ältesten Zeugnisse des Christentums. Der Name dieses Hauses geht darauf zurück, dass es 1938 – rund 200 Jahre nach dem Beginn der Grabungen – freigelegt wurde. Ganz im Osten der Stadt liegt der umfangreiche Komplex der **Palästra**, in der Sportfeste veranstaltet wurden.

? WUSSTEN SIE SCHON ...?

- Eine Rekonstruktion der Villa dei Papiri ließ sich in den 1970er-Jahren der Erdölmilliardär J.P. Getty im kalifornischen Malibu errichten.

Collegio degli Augustali

Das Heiligtum der Augustalen, ein auf quadratischem Grundriss errichteter Tempel, war **Herkules** gewidmet, dem Schutzherrn der Stadt, in späterer Zeit diente er dem Kaiserkult. Durch eine Deckenöffnung erhielt er Licht, einige Wandfresken haben sich erhalten.

Casa dell'Albergo

Vorbei an der Casa di Galba, einem der ältesten Häuser der Stadt, und der Casa dello Scheletro, benannt nach einem hier entdeckten Skelett, gelangt man auf dem Cardo III zur so genannten Casa dell' Albergo, dem **größten bisher ausgegrabenen Haus** in Herkulaneum. Zum Zeitpunkt des Vesuvausbruchs wurde es vermutlich gerade in ein Mehrfamilienhaus umgebaut.

Villa dei Papiri

Einer der bedeutendsten Funde konnte aus der Villa dei Papiri geborgen werden. Die 250 m² große Villa wurde im 1. Jh. v. Chr. von Lucius Calpurnius Piso erbaut. Er war ein großer Literaturliebhaber und ließ sich eine griechische und eine lateinische Privatbibliothek errichten. Neben zahlreichen einzigartigen Bronze- und Marmorskulpturen wurden mehrere hundert zwar verkohlte, aber noch **lesbare Papyrusrollen** in der Bibliothek entdeckt (Archäologisches Museum Neapel). Ein Besuch der mit Fresken, Mosaiken und Wandmalereien ausgeschmückten Villa ist nur an den Wochenenden und nach Voranmeldung möglich (►S. 215).

★ Ischia · Isola d'Ischia

O 17

Region: Kampanien • Campania
Fläche: 6 km²
Einwohnerzahl: ca. 40 000
Provinz: Neapel
Höhe: Meereshöhe bis 788 m ü. d. M.

Isola Verde, grüne Insel, wird Ischia gerne genannt: gelb blühender Ginster, duftende Gewürzsträucher, Weinberge, Obstgärten, Olivenhaine sowie Pinien- und Steineichenwälder sind typisch für die Insel. Die Hauptattraktion sind aber die zahlreichen heißen Quellen, die man in den Thermalbadeanlagen nutzen kann. Die meisten Hotels auf der Insel haben eigene Kurabteilungen im Haus.

★ Inselrundfahrt

Ausgangspunkt der Inselrundfahrt und Inselhauptort ist das am Nordostufer gelegene **Ischia**. Es besteht aus den beiden Stadtteilen Ischia Ponte und Ischia Porto. Das modernere, lebendige Ischia Porto besitzt den größten Hafen der Insel – ein 302 v. Chr. bei einem Vulkanausbruch geschaffener Kratersee, der 1854 zum Meer geöffnet wurde. Südöstlich von Ischia Porto ragt auf einem Felsen das Castello d'Ischia, das Wahrzeichen der Insel, aus dem Meer. Im 15. und

Ischia Orientierung

Castello d'Ischia, das Wahrzeichen der Insel, thront über dem Wasser.

16. Jh. war das Kastell Sitz der aragonesischen Statthalter, heute befindet es sich in Privatbesitz, kann aber besichtigt werden. Man erreicht es über den mehr als 200 m langen Steindamm, der die Felseninsel mit Ischia Ponte, dem älteren Ortsteil, verbindet.

Casamicciola Terme

Rund 4 km westlich von Ischia Porto, in der Mitte der Nordküste, erstreckt sich am Hang des Epomeo zwischen Gärten und Weinbergen Casamicciola Terme, der traditionsreichste Kurort auf der Insel mit mehreren heißen Quellen und gepflegten Thermalanlagen. Tradition hat in Casamicciola nicht nur das Kuren, sondern auch die **Keramikherstellung**. In der 400 Jahre alten Majolikafabrik der Brüder Mennella gibt es Töpfe, Vasen und Geschirr in riesiger Auswahl. Ein weiterer Anziehungspunkt in Casamicciola ist der in üppiges Grün gebettete, terrassenförmig am Hang angelegte Thermalpark Castiglione mit aussichtsreichem Café-Restaurant und eigenem Strandabschnitt. Herrliche Ausblicke genießt man bei einem Spaziergang auf der Via Borbonica, einer von den Bourbonen angelegten Straße am Hang des Monte Epomeo.

Lacco Ameno

Ganz im Nordwesten der Insel liegt das Seebad Lacco Ameno. Sein Wahrzeichen ist der pilzförmige, stark verwitterte Felsen, Il Fungo, der am Hafen aus dem Wasser ragt. Das Museo Archeologico in der hübsch gelegenen **Villa Arbusto** zeigt Funde aus der ehemaligen griechischen Kolonie Pithecusa, darunter den so genannten Nestor-Becher aus der Zeit um 730 v. Chr. (Öffnungszeiten: Di. bis So. 9.00–13.00, 15.00–18.00 Uhr). In der Krypta von Santa Restituta vor dem Rathaus sind weitere Exponate aus der Frühzeit ausgestellt (Öffnungszeiten: tgl. 9.30–12.30, Mo. bis Sa. auch 17.00–19.00 Uhr). Schön baden – entweder im Meer oder in Thermalbecken – kann man in der benachbarten Bucht von San Montano.

ISCHIA UND PROCIDA ERLEBEN

AUSKUNFT

Via Sogliuzzo 72
80077 Ischia
Tel. 08 15 07 42 11, Fax 08 15 07 42 30
www.infoischiaprocida.it

ANREISE

Mehrmals täglich verkehren Fähren vom italienischen Festland, u. a. von Neapel und von Pozzuoli (auch Tragflügelboote) nach Ischia Porto bzw. Casamicciola Terme. Infos: www.snav.it, www.traghettipozzuoli.it, www.volaviamare.it.

VERKEHR

Das *Straßennetz* auf Ischia ist gut ausgebaut, dank des effizient organisierten Busverkehrs kann man aber auf ein eigenes Fahrzeug verzichten. Zwei *Buslinien* fahren in regelmäßigen Abständen um die Insel: Die Linie CD, Circolare Destra, umrundet Ischia im Uhrzeigersinn, die CS, Circolare Sinistra, in entgegengesetzter Richtung. Alle größeren Ortschaften werden angefahren. Mit einem Tagesticket kann man die Fahrt beliebig oft unterbrechen.

Originell sind die dreirädrigen *Micro-Taxis*, die auf ihrer Ladefläche bis zu sechs Personen befördern können.

VERANSTALTUNG

Oberstadt Terra Murata in Procida
Am Karfreitag geht von der Kirche S. Michele Arcangelo eines der originellsten Mysterienspiele der Region aus, bei dem die blau gewandeten Turchini, eine Laienbruderschaft, bleischwere Heiligenfiguren über die Hügel der Insel tragen.

GAUMENFREUDEN

Erstklassigen *Pecorino* (eingeschweißt auch als Mitbringsel geeignet) gibt es im besten Wurst- und Käseladen Porto d'Ischias (Via Alfredo de Luca 39). Deftige *Hausmannskost* wird im Coco an der Mole in Ponte serviert, zwischen der Insel und dem Castello Aragonese. Und oberhalb von Porto d'Ischia, im Ortsteil Fiaiano, kauft man im La Vigna d'Alberto di Scala von Ciccio *Wein* vom eigenen Gut.

ESSEN

▸ Fein & Teuer

① ***Umberto a Mare***
Via Soccorso 2, Forio
Tel. 0 81 99 71 71
April bis Okt. geöffnet
Einmalig schön gelegenes Restaurant, einfallsreiche Pastagerichte, raffiniert zubereiteter Fisch; auch Pension.

▸ Erschwinglich

② ***Alberto a Mare***
Via Cristoforo Colombo 8,
Ischia Porto, Tel. 0 81 98 12 59
März bis Oktober; kreative Meeresküche, Terrasse über dem Meer.

Ischias Spezialität: Thermalparks wie hier die Giardini Poseidon

③ ***Enoteca D'Ambra***
Via Porto 24, Ischia Porto
Tel. 0 81 99 10 46
Edelausschank der ältesten Cantina Ischias.

▸ Preiswert
Scarabeo
Via Salette 10, Località Ciraccio, Procida, Tel. 08 18 96 99 18;
im Winter nur Sa., So. geöffnet.
Gemütliches Lokal, bodenständige Küche, die sich nach dem täglichen Angebot auf dem Fischmarkt richtet. Im Sommer speisen Sie im Garten unter Zitronenbäumen.

ÜBERNACHTEN

▸ Komfortabel
① ***Il Monastero***
Castello Aragonese 3, Ischia Ponte
Tel. & Fax 0 81 99 24 35
Ostern bis Oktober; komfortable »Klosterzellen« im Kastell, Restaurant, Traumblick.

② ***Casa Celestino***
Via Chiaia di Rose 20, Sant'Angelo
Tel. & Fax 0 81 99 92 13
www.hotelcelestino.it
Schönes Hotel am Meer, im mediterranen Stil gehalten, ansprechende Zimmer, teils mit grandioser Aussicht. Restaurant mit prachtvoller Terrasse.

▸ Günstig
③ ***Agriturismo Il Vitigno***
Via Bocca 31, Forio
Tel. & Fax 0 81 99 83 07
www.ilvitigno.com
Schöner Bauernhof zwischen Weinbergen und Olivenhainen; ruhige und gemütliche Zimmer, bodenständige Küche, kleines Schwimmbad.

Graziella Travel
Via Roma 117, Procida
Tel. 08 18 96 95 94, Fax 08 18 96 91 90
www.isoladiprocida.it
Moderne Appartements und geschmackvoll restaurierte Fischerhäuser in der Coricella, Segelcharter.

Forio

Auf einem flachen Landsporn an der Westküste von Ischia breitet sich Forio aus, ein ehemaliges Künstlerrefugium. Anziehungspunkte sind hier die weiß getünchte Seefahrerkirche Madonna del Soccorso und der zinnenbekrönte Wehrturm Il Torrione, 1480 zum Schutz gegen Pirateneinfälle erbaut. Nur wenige Kilometer südlich von Forio erstreckt sich der Strand von Citara mit den Gärten des Poseidon, einer ausgedehnten Thermalanlage direkt hinter dem Strand.

★ ◂ Poseidon-Gärten

★ **Sant'Angelo**

Das »Schmuckstück« an der überwiegend steilen Südküste von Ischia ist das kleine, auf einer Landzunge zusammengedrängte Sant'Angelo, das sich mit seinen pastellfarbenen Häusern und der kleinen Hafenbucht mit den bunten Booten die Ausstrahlung eines ischitanischen Fischerdorfs bewahrt hat.

★ **Spiaggia dei Maronti**

Zwischen Sant'Angelo und Barano d'Ischia (von Sant'Angelo mit dem Boot) erstreckt sich der längste (auch meistbesuchte) Strand von Ischia. An manchen Stellen des knapp 3 km langen Maronti-Strandes werden der Sand und das Meerwasser durch **Fumarolen** (heiße Dämpfe) stark erhitzt.

Monte Epomeo Das idyllisch gelegene Bergdorf Fontana ist der beste Ausgangspunkt für einen Aufstieg zum 789 m hohen Monte Epomeo, da seine Hänge nach Süden verhältnismäßig flach zum Meer abfallen (etwa eine Stunde, auch per Maulesel möglich). Auf dem Gipfel kann man sich im Terrassencafé für den Abstieg stärken; Übernachtungsmöglichkeiten gibt es in der einstigen Einsiedelei San Nicola. Die Aussicht von hier oben ist unvergleichlich – ganz Ischia liegt dem Wanderer zu Füßen.

Procida · Isola di Procida

Ruhiges Ferienparadies Die zwischen Ischia und dem italienischen Festland gelegene, nur 4 km lange und 2 km breite Insel Procida ist die kleinste im Golf von Neapel. Sie ist wie Ischia vulkanischen Ursprungs, besitzt jedoch weder die Naturschönheiten Capris noch die Thermalquellen Ischias. Durch die Verfilmung des Romans »Arturos Insel« von Elsa Morante international bekannt geworden, lockt sie nicht mehr nur die Neapolitaner an.

Procida (Ort) An der Nordostseite der Insel liegt das Städtchen Procida mit einem modernen Hafen (Sancio Cattolico) und dem alten Fischerhafen Corricella. Mit seinen pastellfarbenen Würfelhäusern bietet es ein sehr malerisches Bild, daher drehte Massimo Troisi hier den größten Teil seines letzten Films »Il postino«, der von **Pablo Nerudas** Exilaufenthalt auf Capri Anfang der 1950er-Jahre handelt.
Oberhalb von Corricella, auf einem steil abfallenden Felsen, thront die mittelalterliche, von Wehranlagen geschützte Oberstadt, Terra Murata, mit der Kirche des Inselpatrons S. Michele Arcangelo. Bei klarer Luft breitet sich hier und auf der Punta dei Monaci der ganze Golf von Neapel vor einem aus.

✶ Kalabrien · Calabria

R–U 21–24

Region: Kalabrien • Calabria
Fläche: 15 080 km²
Einwohnerzahl: 2 043 300
Provinz: Catanzaro, Cosenza, Crotone, Reggio di Calabria, Vibo Valentia

Kalabrien, die Spitze des italienischen Stiefels, stellt man sich als mediterranes Land mit heißen Sommern und karger Vegetation vor. Umso erstaunter ist man, wenn man im Hinterland dichte Buchen- und Kiefernwälder entdeckt, die an nordeuropäische Landschaften erinnern. Einige Regionen sind sogar Skigebiete.

Kalabrien wird in seiner ganzen Länge (ca. 260 km) vom Kalabrischen Apennin durchzogen, der im Norden, wo das Pollino-Massiv die Grenze zur Basilikata markiert, im Monte Pollino 2248 m Höhe erreicht. Südlich treten aus Granit und Gneisen aufgebaute Massive eines alten Rumpfgebirges zu Tage: zunächst die **Sila** (Botte Donato, 1928 m), ganz im Süden **Aspromonte** (Montalto, 1955 m). Entlang der Westküste Nordkalabriens verläuft, durch das fruchtbare Tal des Crati von der Sila abgeteilt, die Kalabrische Küstenkette (Catena Costiera oder Catena Paolana), die zum Meer hin steil abfällt. Die ca. 3 km breite Straße von Messina trennt Kalabrien von ►Sizilien.

? WUSSTEN SIE SCHON ...?

- Größter Wirtschaftsfaktor in Kalabrien ist die Schattenwirtschaft der international im Drogengeschäft agierenden 'Ndrangheta, der kalabresischen Mafia. Mit geschätzten 35 Mrd. Dollar Jahresumsatz gilt die 'Ndrangheta heute als mächtigste Mafia-Organisation Europas.

Wirtschaft

Kalabrien gehört zu den wirtschaftlich am wenigsten entwickelten Gebieten Italiens; hier wird durchaus nachvollziehbar, warum man in Norditalien vom »mezzogiorno« wie vom »terzo mondo« spricht. Die meisten Menschen leben von der **Landwirtschaft**; in den fruchtbaren Niederungen und Küstenstreifen wachsen Weizen, Oliven- und Zitrusbäume, Wein und Feigen, in den höheren Lagen ist nur Weidewirtschaft möglich. Entlang der Westküste hat der Fischfang Tradition. An **Bodenschätzen** haben die Steinsalzlager bei Lungro, die Schwefelvorkommen bei Stróngoli und die Erdölförderung vor Crotone eine gewisse Bedeutung. Mehrere Stauseen in der Sila liefern Strom, und in Gioia Tauro entstand einer der größten Containerhäfen des Mittelmeers.

Wer sich einen schönen Strandtag machen will, kann eine der kleinen Sandbuchten an der felsigen Küste bei Tropea nutzen.

DAS FASS DES SÜDENS

Die »terroni« wohnen südlich von Florenz. Sie leben in jenem Teil Italiens, der eigentlich schon zu Afrika gehört: Wo die Menschen dunkelhäutig sind, angeblich faul in der Sonne liegen oder der Korruption frönen und wo die Mafia den Staat in Schach hält.

Solche oder ähnliche Einschätzungen bekommt man in Norditalien nicht selten zu hören – meist von Anhängern der **Lega Nord**. Die rechtsgerichtete Partei propagiert seit einigen Jahren die Schaffung von Padanien, einem von der römischen Zentralgewalt unabhängigen Nordstaat mit eigener Polizei, eigenem Bildungssystem und sogar eigenen Olympischen Spielen. Mit Rom und dem Süden will man nichts zu schaffen haben. »Roma ladrona«, »diebisches Rom«, tönen die Legisten und weigern sich, ihre Steuern an die Hauptstadt zu zahlen. Die separatistischen Parolen der Lega Nord verärgern die Süditaliener, die Bewohner des so genannten »mezzogiorno«, des Südens.
Die Regionen Kampanien, Apulien, Kalabrien und Sizilien sind, gefolgt von den vier anderen, kleineren Regionen Sardinien, Abruzzen, Molise und Basilikata, die wirtschaftlich, sozial und kulturell unterentwickeltsten ganz Italiens. Egal, welche Standards man auch anlegt: Das **Qualitätsniveau** in Sachen Bildungs-, Gesundheits- und Sozialwesen nimmt von Nord- nach Süditalien drastisch ab. Während in den nordöstlichen Regionen Italiens die Arbeitslosigkeit gegen Null tendiert, finden im Süden vor allem Frauen und Jugendliche keine Arbeit.

Hintergründe

Die Probleme des Mezzogiorno wurden schon von den Gründungsvätern des italienischen Einheitsstaates in den 1860er- und 1870er-Jahren diskutiert – ohne Erfolg. Obwohl die feudalen Strukturen in der Landwirtschaft als Hauptgrund für die Rückständigkeit des Südens gesehen wurden, ließen **praktische Schritte** wie eine Landreform fast ein Jahrhundert auf sich warten. Ende des 19./Anfang des 20. Jh.s sah man dann die Hauptursache in der fehlenden Industrialisierung. Damals kam es zur Gründung des mittlerweile stillgelegten Stahlwerks in Bagnoli bei Neapel. Erst mit dem Ende des Zweiten Weltkriegs wurde die **Südfrage** wieder diskutiert. Mit Hilfe gigantischer Investitionsprojekte versuchte der Staat eine selbsttragende Entwicklung auszulösen. Zwischen 1950 und 1990 flossen

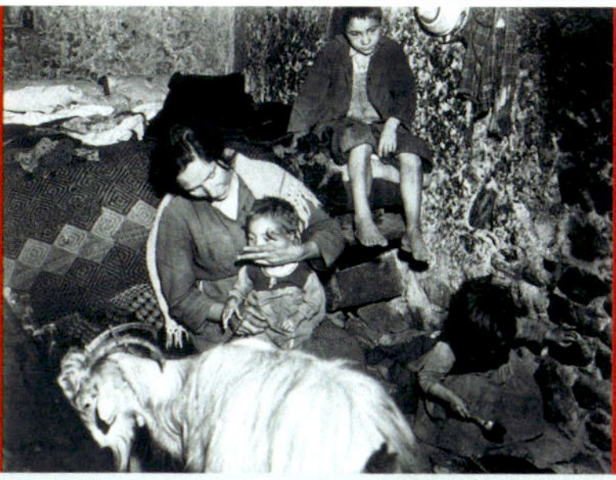

In den 1950er-Jahren in einem kalabrischen Dorf, die Armut ist mit Händen greifbar. Menschen und Tiere, alle leben unter einem Dach zusammen.

rund **280 Billionen Lire** in den Süden, u. a. für riesige Stahlbetriebe und Raffinerien, von denen heute viele als Industrieruinen südliche Küsten verschandeln. Hunderte von Liremilliarden versickerten in Mafia-Kanälen. Darüber hinaus bewirkten bürokratische Ineffizienz und eine eher geringe Investitionsneigung von Unternehmern, dass nennenswerte Programme nie realisiert werden konnten.

Neue Hoffnungen

Die Separationsforderungen der Lega Nord und der ständige Protest norditalienischer Bürger gegen das Versickern von Steuergeldern im Süden haben bewirkt, dass spätestens seit 1996 die damaligen Mitte-Links-Regierungen versuchten, neue Wege in der Südfrage zu suchen. Dabei wurde besonders Wert darauf gelegt, nicht nur riesige Geldsummen in den Mezzogiorno zu pumpen. Stattdessen werden mehr **lokale Gegebenheiten** einbezogen, u. a. bei aufwändigen Wasserversorgungsprojekten, der Verbesserung des Transportwesens, der Telekommunikationsnetze und bei Fremdenverkehrsprojekten.
Mit einigem Erfolg. So lassen sich im heutigen Süditalien bereits einige Oasen entlang der Adriaküste ausmachen. Auch die EU tut das Ihrige dazu, damit diese Zonen immer größer werden.

Für die Zukunft wird entscheidend sein, ob der Mezzogiorno von der **organisierten Kriminalität** befreit werden kann, die als einer der Hauptgründe für die gesellschaftliche Lethargie gilt. Bislang wurden zwar viele Erfolge im Kampf gegen Cosa Nostra, gegen Clans und Bosse verzeichnet, dennoch scheinen die staatlichen Behörden mit den schnellen Entwicklungen mafioser Geschäftspraktiken nicht mitzukommen. So konnte die Mafia ihre Geschäftsbereiche sogar auf den Norden Italiens ausweiten. Die Schmähungen der Lega Nord gegen das süditalienische Übel haben ihren Sinn verloren, hat sich doch mittlerweile die organisierte Kriminalität längst im gelobten Padanien niedergelassen.
Darüber hinaus hängt viel davon ab, ob man in der weiteren Entwicklung die **Bürokratisierung** verhindert, ob die alten Einstellungen überwunden werden können, sowohl in Sachen Geldverteilung als auch im Hinblick auf die »Versorgungsmentalität« bei den Empfängern; über all dies wird die Entwicklung der nächsten Jahrzehnte Auskunft geben. Nach wie vor stoßen in Süditalien Realitäten aufeinander, die man sich krasser nicht vorstellen kann. Immer noch bedeutet eine Reise von Mailand nach Palermo und umgekehrt eine Reise in ein anderes Land, in ein fremdes Italien.

Geschichte Ab der Mitte des 8. Jh.s v. Chr. kolonisierten griechische Achäer das heute Kalabrien genannte Gebiet, in dem damals die Bruttier lebten. Die so genannte Magna Graecia wurde rasch reich; 532 v. Chr. ließ sich der berühmte **Pythagoras** in Kroton (Crotone) nieder und gründete dort eine Philosophenschule. Bis heute gibt es – im Aspromonte – eine Griechisch sprechende Gemeinde. Im Zweiten Punischen Krieg wurde Kalabrien von Rom besetzt. Nach dem Untergang des Ostgotischen Reichs Mitte des 6. Jh.s gehörte es bis zur Mitte des 11. Jh.s zu Byzanz, wodurch das griechische Erbe mit christlichem Vorzeichen erneuert wurde. In dieser Zeit entstanden zahlreiche Basilianer-Klöster, die in Wirtschaft und Kultur Großes leisteten; der hellenische Humanismus eines **Petrarca** hat hier seine Wurzeln. Die Kirche unterstand bis Ende des 15. Jh.s dem Patriarchen in Konstantinopel.

In den folgenden Jahrhunderten teilte Kalabrien das Schicksal der anderen süditalienischen Provinzen; es wurde von Normannen (ab 1060), den Anjou (1265–1442) und Aragon (1442–1503) regiert. Anschließend gehörte es bis 1734 zum spanischen Königreich Neapel, das mit einem napoleonischen Zwischenspiel (1806–1815) bis 1860 bestand. **Garibaldi** landete am 19. August 1860 in Melito an der Südspitze Kalabriens und marschierte gegen Rom. Ende des 19./Anfang des 20. Jh.s wanderte über eine halbe Million Menschen aus – etwa ein Drittel der Bevölkerung –, vor allem in die USA.

! *Baedeker* TIPP

Peperoncino

Kalabrisches Nationalgewürz schlechthin ist die rote Chili, italienisch »peperoncino«. Auch die diversen Wurstsorten werden damit angeschärft. Die berühmte »N'duja«, mit der man Bruschetta oder Pasta würzt, enthält auf 1 kg Fleisch 200 g Peperoncini. Die Accademia del Peperoncino hat ihren Sitz in Diamante, wo Anfang September das Peperoncino-Festival stattfindet.

Entlang der Westküste

Praia a Mare Mit seiner pittoresken Felsenküste, an der schmale Pfade zu kleinen Buchten führen, und feinem grauem Sand ist Praia a Mare (6600 Einw.) einer der beliebtesten Badeorte Kalabriens. Vom Boot aus kann man die »Lichtspiele« in den Grotten der vorgelagerten **Isola di Dino** bewundern. Das hoch gelegene Santuario della Madonna della Grotta (lange Treppe!) eröffnet einen schönen Blick auf die Küste. Lohnend sind Ausflüge zu den Bergorten **Aieta** (Palazzo Cosentini, 16. Jh.) oder **Tortora** (Antiquarium im Palazzo Casapenna), die auch als Standort gut geeignet sind.

Scalea Die hübsche mittelalterliche Altstadt von Scalea (9500 Einw.) steigt »treppenförmig« – wie der Name andeutet – über dem Strand mit dem Lungomare und der Neustadt an. Die Kirche S. Nicola in Plateis (14. Jh.) am Fuß der Altstadt birgt die Grabmonumente von Ademaro Romano und Roger von Lauria. Unterhalb der Ruine des Kastells sind in dem Labyrinth der engen Gassen die Kirche S. Maria dell'Epsicopio (12./17. Jh.) und die teils verfallene Chiesa dello Spedale mit Resten byzantinischer Fresken (u. a. Hl. Nikolaus) interessant. Der Torre Cimalonga am Südrand der Altstadt beherbergt ein kleines Antiquarium. Mit einem Boot erreicht man die **herrlichen Buchten** am nördlich gelegenen Capo Scalea.

In der Lao-Schlucht

Auch die schönen Strände von **Cirella** und **Diamante** gehören zu den frequentierten Plätzen Kalabriens. Über Cirella sind die Reste des alten Orts zu sehen, der 1806 von der französischen Flotte zerschossen wurde. Die engen Gassen von Diamante werden seit 1981 von Wandmalereien geziert, die allmählich verblassen. Der Küstenabschnitt südlich bis Cetraro, die meist stark verbaute Costa dei Cedri, ist Hauptanbaugebiet der **Zedratzitrone**, die das echte Zitronat liefert; außerdem wird die Schale zu Likör und Sirup verarbeitet.

✶ Lao-Schlucht, Papasidero

Von Scalea führt die SS 504 nordöstlich in die tief eingeschnittene Schlucht des Lao. Vor Papasídero ist unter der Brücke über den Lao noch ein mittalterlicher Bogen erhalten; jenseits die Wallfahrtskirche S. Maria di Constantinopoli (17. Jh.). Von der Brücke kann man in die Schlucht hinuntersteigen. 5 km weiter bergauf zweigt die Zufahrt zur **Grotta del Romito** ab, die für die steinzeitlichen Ritzzeichnungen zweier Auerochsen berühmt ist (Führungen).

Mormanno

In sanfter grüner Landschaft an einer Hügelkuppe liegt Mormanno; in der Kirche S. Maria del Colle sind eine Madonna mit dem Jesuskind (14. Jh.), ein Taufbecken von 1578 und ein barockes Chorgestühl zu bewundern. Von Mormanno bieten sich zwei schöne Routen über den **Monte Pollino** (► Basilikata) nordöstlich ins Sinni-Tal an: über den hübsch gelegenen Ort Rotonda oder – bei der Kreuzung Porte della Valle rechts hinauf – zum Capo del Dragone und über die windgezausten Matten unterhalb des Pollino, mit herrlichem Blick auf Tyrrhenisches und Ionisches Meer, nach **San Severino Lucano** (ca. 45 km).

? WUSSTEN SIE SCHON ...?

- Rabbiner aus ganz Europa holen in S. Maria del Cedro die Zedratzitrone, die für das jüdische Laubhüttenfest benötigt wird.

KALABRIEN ERLEBEN

AUSKUNFT

Via S. Nicola 8, 88100 Catanzaro
Tel. 09 61 74 78 98
Fax 09 61 74 14 31
www.turismo.regione.calabria.it

Crotone
Via Torino 148, 88900 Crotone
Tel. 0 96 22 31 85, Fax 0 96 22 67 00

Tropea
Pro Loco, Piazza Galluppi,
89861 Tropea
Tel. 0 96 36 14 75, Fax 09 63 60 59 28

VERANSTALTUNGEN

Altomonte: In einem Freilichttheater findet Ende Juli/Anfang August das Festival dei Due Mari mit Theateraufführungen und Konzerten statt.

Palmi: Büßerprozession des S. Rocco am 16. August und Prozession mit der »Varia«, einer 15 m hohen »Kinderpyramide«, am letzten Sonntag im August (Letztere alle vier Jahre, wieder 2008).

Aspromonte: Große Pilgerfeste am 24. August und 2. September bei der Wallfahrtskirche Madonna di Polsi.

Crotone: Am 2. Maisonntag wird das besonders von schwangeren Frauen verehrte Marienbild in einer nächtlichen Prozession zur Kapelle am Capo Colonna gebracht.

Roccella Jonica ist durch sein Jazzfestival im August bekannt.

EINKAUFEN

In Crotone hat die Goldschmiedekunst Tradition, besondere Stücke gibt es bei Gerardo Sacco (Via Vittorio Veneto 33).

ESSEN

► Fein & Teuer

Da Ercole
Viale Gramsci 122, Crotone
Tel. 09 62 90 14 25
Mi. geschl.
Gehobenes Restaurant am Südrand der Stadt an der Ausfallstraße zum Capo Colonna, mit Schwerpunkt auf Fisch und Meeresfrüchten.

Baedeker-Empfehlung

L'Approdo
Via Roma 22, Vibo Valentia Marina
Tel. 09 63 57 26 40
Frischen Thunfisch auf roten Zwiebeln und andere kalabrische Köstlichkeiten kredenzt das bekannte Lokal am Hafen.

Glauco
Chianalea, Via Annunziata 95, Scilla
Tel. 09 65 75 40 26
Di. geschl. (nicht Juli/Aug.)
Im alten Viertel Chianalea den grandiosen Blick von Terrasse genießen, dazu eine vorzügliche (Fisch-)Küche. Probieren sollte man Zackenbarsch »a gghiotta« oder Schwertfisch mit Bergamotte. Hausgemachtes Eis.

La Locanda di Alìa
Via Jetticelle 55, Castrovillari
Tel. 0 98 14 63 70
So. geschl.
Die exquisite Küche von Gaetano Alìa basiert auf der »cucina povera« Kalabriens und gilt als eine der besten in Süditalien. Reservierung ist unerlässlich. Nächtigen kann man im zugehörigen kleinen, luxuriösen Landhaus-Hotel.

Altomonte bei Nacht→

► Erschwinglich

I Tre Moschettieri
Contrada Santa Caterina 4, Rossano
Tel. 09 83 51 58 38, Mo. geschl.
Interessante Speisekarte, in der sich Meer und Berge treffen.

Osteria del Pescatore
Via del Monte 7, Tropea
Tel. 09 63 60 30 18
Mi. geschl. (nicht im Sommer)
Versteckt im Altstadtgassenlabyrinth. Probieren Sie unbedingt die hausgemachten Spaghetti mit Scampi und Venusmuscheln!

Tre Fontane
Corso V. Emauele, Tropea
Tel. 0 96 36 14 19, Di. und Jan. – Febr. geschl.; leckere Antipasti und frischer Fisch zu fairen Preisen.

Kamastra
Piazza Municipio 3/6, Civita
Tel. 0 98 17 33 87, Mi. geschl.
Eine Empfehlung: Traditionelle Küche der Arbëresh im hübschen Albanerdorf am Fuße des Pollino.

► Preiswert

Lo Sparviero
Via Luigi Cadorna 3, Gerace
Tel. 09 64 35 68 26, Mo. geschl. (nicht im Sommer). Überhaupt nicht »arm« (trotz der moderaten Preise) erscheint die kalabrische Küche dieser Trattoria in herrlichen alten Gewölben.

ÜBERNACHTEN

► Luxus

Grand Hotel San Michele
Loc. Bosco, SS 18, Cetraro
Tel. 0 98 29 10 12, Fax 0 98 29 14 30
www.sanmichele.it
Ein leicht verblasstes Juwel an der kalabrischen Westküste: eine prächtige alte Villa mit Park und kleinem See. Lift zum Strand mit kleinen Felsbuchten.

La Casa di Gianna
Via P. Frascà 4, Gerace
Tel. 09 64 35 50 24, Fax 09 64 35 50 81
www.lacasadigianna.it
Antiker Palazzo mitten in der Altstadt – ein kleines, luxuriöses Haus mit Restaurant.

► Komfortabel

De la Ville
Via U. Zanetti Bianco 44,
Villa S. Giovanni
Tel. 09 65 79 56 00, Fax 09 65 79 56 40
www.bestwestern.it
Einwandfreies Haus der Best-Western-Kette als guter Stützpunkt für die Fähre von/nach Sizilien.

Helios
Via per Capo Colonna, Crotone
Tel. 09 62 90 12 91, Fax 0 96 22 79 97
www.helioshotels.it
Südlich der Stadt in Strandnähe, modernes Haus, nicht weltbewegend, aber angenehm und relativ preiswert.

La Pineta
Via Marina Vesovado 150, Tropea
Tel. 0 96 36 17 00, Fax 0 96 36 22 65
In der Nähe des Jachthafens gelegen, angenehmes modernes Haus. Geöffnet von Mai bis September.

Hotel Barbieri
Via S. Nicola 30, Altomonte
Tel. 09 81 94 80 72, Fax 09 81 94 80 73
www.casabarbieri.it
Die Küche des familiären Hotels gilt als eine der besten Kalabriens. Schlichte Zimmer, unbedingt eines nach vorne mit Blick auf die Altstadt verlangen. Geboten werden auch Stadtführungen, MTB-Verleih und Physiotherapie.

Miramonti
Via degli Sci 10, Gambarie
Tel. 09 65 74 31 90, Fax 09 65 74 30 48
www.hotelmiramontigambarie.it
Modernes Hotel in rustikalem Stil mit gutem Komfort und Restaurant. Geführte Ausflüge; ganzjährig geöffnet.

► **Günstig**

I Basiliani (Agriturismo)
SS 182 km 65,5, Torre di Ruggiero
Tel. & Fax 09 67 93 80 00
Ein altes griechisches Kloster als ländliches Domizil 20 km nördlich von Serra S. Bruno. Man kann auch reiten oder einen Kochkurs machen.

Castrovillari

Castrovillari (23 300 Einw.) ist vor allem durch das **Restaurant Locanda di Alìa** bekannt ist. Der Corso Cavour, die Hauptachse der Neustadt, führt auf den Palazzo Cappelli zu. Hier beginnt die Altstadt mit der aragonesischen Burg (1490, Wappen über dem Portal). Hinter der benachbarten Kirche Santissima Trinità lohnt der Protoconvento di Francesco d'Assisi mit schönem Innenhof (16./18. Jh.) einen Blick.

Altomonte

✶ S. Maria della Consolazione ►

✶ Museo Civico ►

Altomonte, ein hoch gelegener mittelalterlicher Ort, besitzt neben guten Hotels und Restaurants eine der bedeutendsten angevinisch-gotischen Kirchen Kalabriens, S. Maria della Consolazione (1336 bis 1380); im Chor sind ein großartiges Gestühl (17. Jh.) und das Grabmal des Filippo Sangineto (etwa 1350–1370) zu sehen, des Stadtherren und Erbauers der Kirche. Im ehemaligen Dominikanerkonvent von 1635 mit beachtenswertem Kreuzgang zeigt das Museo Civico einen wertvollen Kirchenschatz, u. a. ein dem großen Sienesen Simone Martini zugeschriebenes Tafelbild »Hl. Ladislaus, König von Ungarn« (1326), ein Triptychon mit der Passion Christi von Anfang des 15. Jh.s und zwei Gemälde des Florentiners Bernardo Daddi (1328). Ein Teil des nahen Kastells wurde zu einem Hotel umgebaut.

Guardia Piemontese

Durch die Porta del Sangue betritt man das ummauerte Guardia Piemontese; das »Tor des Blutes« erinnert an das grauenhafte Massaker, das der Kardinal Ghislieri, der spätere Papst Pius V., 1561 unter den Waldensern anrichtete, die im 13. Jh. aus dem Piemont hierher geflohen waren. Heute noch sind hier das okzitanische Idiom und alte Traditionen lebendig (interessantes kleines Museum). Ein herrlicher Blick bietet sich vom Belvedere.

Paola

Über einen breiten Sandstrand verfügt Paola (17 000 Einw.), das 14 km südlich von Guardia Piemontese an den Hang gebaut ist. Hier wurde 1416 der hl. Franz von Paula als Francesco d'Alessio geboren († 1507), der den **Bettelorden der Paulaner** (Minimen) stiftete. Er wird in Süditalien, vor allem von den Fischern und Seeleuten, sehr verehrt (Festtage: 2. April, 2.–4. Mai), und täglich kommen viele Pilger hierher.

◄ Santuario di S. Francesco

Oberhalb der Stadt – mit großartigem Ausblick – liegt der große Klosterkomplex, der im 15. Jh. über der Schlucht des Isca erbaut und im 17./18. Jh. erweitert wurde. In der Basilika werden im rechten Schiff Reliquien des Heiligen aufbewahrt, der Altar enthält das Bildnis S. Francesco d'Assisi von Dirck Hendricksz (16. Jh.). Zum Heiligen Jahr 2000 wurde eine postmoderne Kirche fertig gestellt.

★ **Passo Crocetta**

Will man von Paola aus Cosenza ansteuern, lohnt sich die kurvenreiche Fahrt auf der Nebenstraße über den Passo Crocetta mit schöner Aussicht.

Cosenza

►dort

Amantea

Wer der Küste weiter nach Süden folgt, findet um Amantea schöne Sandstrände. Von hier lohnt sich die Fahrt hinauf nach Aiello Cálabro und dem darüber liegenden Santuario di S. Maria delle Grazie. 15 km weiter südlich, von Marina di Nocera aus, ist **Nocera Terinese** ein sehenswertes Ausflugsziel. An der stimmungsvollen Piazza bilden die Kirchen S. Giovanni Battista (16.–18. Jh.) und S. Martino (15./18. Jh.) die Kulisse. Bekannt ist Nocera für die »vattienti«, das blutige Ritual der Geißler am Ostersamstag.

Lamezia Terme

Die Gemeinde Lamezia Terme (71 000 Einw.) entstand 1968 durch den Zusammenschluss von Nicastro, Sambiase und S. Eufemia di Lamezia. Größter Ort und Verwaltungszentrum ist **Nicastro** mit bemerkenswerter Kathedrale von 1640 und interessantem Diözesanmuseum. Bei Sambiase liegen die **Terme Caronte** mit einem modernen Bäderkomplex, deren Mineralwasser (39,4 °C) schon seit römischer Zeit bekannt ist. Die Ebene von S. Eufemia, früher ein sumpfiges Malariagebiet, ist heute ein Gemüse- und Obstgarten; der Flughafen Lamezia Terme ist als internationales Charterziel Drehscheibe des Kalabrien-Tourismus.

In **Pizzo** (8500 Einw.) am Südrand der Ebene von S. Eufemia fand das napoleonische Königreich Neapel sein Ende: Joachim Murat, der

! *Baedeker* TIPP

Brigant oder Emigrant?

Vor dieser Frage standen vor dem Ersten Weltkrieg viele Kalabresen, und Hunderttausende entschieden sich für die Auswanderung in die USA. Das Museo dell'Emigrazione G.B. Scalabrini im Palazzo Mannacio von Francavilla Angitola (nordöstlich von Pizzo, geöffnet tgl. 9.00–13.00 und 16.00–19.00 Uhr) dokumentiert diesen historischen Übersee-Treck.

Pizzo Schwager **Napoleons**, landete aus Korsika kommend am 7. Oktober 1815 hier; er wurde verhaftet und am 13. Oktober im angevinisch-aragonesischen Kastell erschossen. Im Zentrum des verwinkelten Fischerorts, der für Thunfischfang und -verarbeitung bekannt ist, öffnet sich die belebte Piazza della Repubblica wie ein Balkon hoch über dem Meer, der richtige Ort, um das berühmte Eis des Orts zu genießen – angeblich wurde hier das »Tartufo« erfunden – und den großartigen Sonnenuntergang mit Blick auf die Vulkaninsel Stromboli. 2 km nordöstlich an der Küste ist die Höhlenkirche Chiesetta di Piedigrotta mit Statuen zu finden, die A. Barone und sein Sohn seit Ende des 19. Jh.s direkt aus dem Fels gehauen haben. Unterhalb der Grotten liegt ein schöner Strand.

Vibo Valentia In der fruchtbaren Hochebene am Rücken des Vorgebirges von Tropea ist Vibo Valentia (35 200 Einw.) Hauptort der seit 1992 bestehenden gleichnamigen Provinz. Von der bedeutenden griechischen Kolonie Hipponion sind beim Friedhof nordöstlich der Stadt beeindruckende Reste der **Stadtmauer** (6./5. Jh. v. Chr.) sowie am nordwestlich benachbarten Belvedere Reste eines dorischen Tempels erhalten. Am Stadtgarten entlang führt der Viale Regina Margherita zur Einkaufsstraße Corso Vittorio Emanuele III; durch das mittelalterliche Viertel gelangt man zum normannisch-staufisch-angevini-

Tropea, der hübscheste Ort der Westküste, mit seinem Wahrzeichen Santa Maria dell'Isola

schen Kastell. Hier zeigt das gut konzipierte **Museo Archeologico** Funde aus Hipponion und dem römischen Valentia; das hervorragendste Exponat ist eine Goldfolie mit »Totenpass« in griechischer Schrift (Ende 5. Jh. v. Chr.).

★ **Tropea**

Tropea (61 m, 7200 Einw.) ist mit seiner atmosphärereichen Altstadt der hübscheste Ort der Westküste und aufgrund seiner herrlichen Sandstrände am türkisblauen Meer gut besucht. Vom Ende des Corso Vittorio Emanuele hat man einen wunderbaren Blick auf die Klippe mit der **Kirche S. Maria dell'Isola**, die auf ein mittelalterliches Kloster zurückgeht. Vom Sedile dei Nobili (18. Jh.; Touristeninformation) an der Piazza Ercole führt die Via Roma zur normannischen Kathedrale (11./12. Jh., rekonstruiert); im nüchternen Inneren der Pfeilerbasilika zu beachten sind das schwarze Kruzifix (spanisch, 16. Jh.), die marmorne Madonna del Popolo von Fra Agnolo da Montorsoli (1555) und die hoch verehrte Madonna della Romania (um 1330).

! *Baedeker* TIPP

Familienbetrieb

Köstliche Pizzen gibt es der Pizzeria La Notte am Capo Vaticano (Località Frizza; Tel. 0 96 36 50 30). Besonders zu empfehlen ist die Pizza locale mit pikanter N'duja-Wurst.

★ **Capo Vaticano**

Als schönster Küstenstrich Kalabriens, mit idyllischen Badebuchten, gilt das felsige Vorgebirge Capo Vaticano südlich von Tropea. Dementsprechend groß ist das Angebot an Hotels, Ferienanlagen und Campingplätzen.

Palmi

Das Museo di Etnografia (Via F. Battaglia) in Palmi (19 600 Einw.) gehört zu den bedeutendsten in Kalabrien; im selben Gebäude erinnert das Museo Francesco Cilea an den berühmten Opernkomponisten und Sohn der Stadt, auch die Pinacoteca lohnt einen Besuch (u. a. Monet, Corot, Modigliani).

Bagnara Calabra

Bekannt ist Bagnara (11 300 Einw.) für die Jagd auf den Schwertfisch (pesce spada), die von Mai bis August von Booten mit langen Bugauslegern und hohen Ausguckmasten aus unternommen wird.

Scilla

Hier bei Scilla (6000 Einw.) ließ Homers das alles verschlingende Seeungeheuer aus seiner **»Odyssee«** wüten. Ein Felsen mit einem malerischen Kastell aus dem 13. Jh. – von hier hat man einen herrlichen Blick auf Sizilien und die Liparischen Inseln – trennt die Marina Grande mit dem Sandstrand vom pittoresken Fischerviertel Chianalea, dessen Häuser bis ans Wasser reichen.

★ **Aspromonte**

Als altes kristallines Massiv zeigt der Aspromonte, der den Süden Kalabriens beherrscht, sanfte Formen mit weiten, terrassenartigen Hochflächen und uralten, undurchdringlichen Buchen- und Tannenwäldern. Durch prächtige Olivenhaine erreicht man von Bagnara oder Palmi aus die SS 183, die den Westrand des **Nationalparks** markiert und herrliche Ausblicke auf das Meer und Sizilien bis zum Ätna eröffnet. Touristisches Zentrum ist Gambarie (1310 m, Sessellift zum Skifahren und Wandern auf den Monte Scirocco, 1660 m). Von dort bietet sich die schöne Fahrt im Gallico-Tal über die Bergdörfer S. Stefano und S. Alessio nach Reggio di Calabria an. Eine Straße führt hinauf zum **Montalto** (auch Monte Cocuzza, 1955 m), dem höchsten Gipfel des Aspromonte, mit einer Christusstatue; hier hat man einen wunderbaren Blick auf das Meer ringsum, über Kalabrien und nach Sizilien. Möglich ist die sehr schwierige und mühsame Weiterfahrt an der Wallfahrtskirche Madonna di Polsi vorbei nach S. Luca, dem Geburtsort des Schriftstellers Corrado Alvaro (»Gente in Aspromonte«), und weiter zur Ostküste.

Gambarie ►

Reggio di Calabria

►dort

Entlang der Ostküste

Corigliano Calabro

★ S. Maria del Pàtire ►

Corigliano Calabro (36 800 Einw.) wird von einem mächtigen Schloss beherrscht (12. Jh., im 19. Jh. umgestaltet). Östlich von Corigliano (14 km) führen herrliche Wanderwege, aber auch eine von österreichischen Kriegsgefangenen gebaute Straße zu der 600 m hoch gelegenen KircheS. Maria del Pàtire. Sie blieb von dem Kloster übrig, das kurz nach 1100 von dem griechischen Mönch Bartholomaios von Simeri gegründet wurde und sich dank der Protektion von König Roger II., Kaiser Friedrich II. und der angevinischen Könige zu einem **geistlichen Zentrum Süditaliens** entwickelte.

In Rossano leben die Menschen am Abgrund.

★ **Rossano**

Aus Rossano (34 500 Einw.), ebenfalls am Nordhang der Sila Greca und mit schönem Blick aufs Meer, stammten zwei Päpste. Unterhalb der hübschen Piazza Steri mit dem Uhrturm steht die barocke Kathedrale S. Maria Assunta (nach dem Erdbeben 1836 rekonstruiert), die noch byzantinische Reste aufweist, so das Fresko der Madonna Achiropita aus dem 9. Jh. (»nicht von Menschenhand gemacht«) und ein Bodenmosaik (12. Jh.). Das Museo Diocesano nebenan bewahrt den **Codex Purpureus Rossanensis** auf, eine griechische Handschrift (5./6. Jh.) des Matthäus- und Markus-Evangeliums. Ein geradezu orientalisches Bild bietet am südöstlichen

! Baedeker TIPP

Cirò

Einer der besten DOC-Bereiche Kalabriens ist Cirò um die gleichnamige Stadt hinter der Punta Alice. Im Laden des renommierten Guts Librandi an der SS 106 oder bei einem handfesten kalabrischen Mahl im Aquila d'Oro in Cirò (Via Sant'Elia 7, Tel. 09 62 38 550; Mo. geschl.) kann man sich von der Qualität der Produkte überzeugen.

Stadtrand, oberhalb eines Löwenbrunnens, die byzantinische Kirche S. Marco aus dem 10. oder 11. Jh. Von Rossano aus kann man eine Durchquerung der Sila in Angriff nehmen (► Cosenza) und über S. Giovanni in Fiore an die Ostküste (Crotone) zurückkehren.

★ ◄ Sila

Crotone

Einziger bedeutender Industrieort und Hafen der Ostküste ist Crotone (59 500 Einw.), seit 1992 auch Provinzhauptstadt. Der Stolz des schlichten Städtchens – signalisiert durch das »KR« der alten Autokennzeichen – ist die Vergangenheit als griechische Kolonie Kroton, die um 710 v. Chr. von Achäern gegründet wurde. **Pythagoras** ließ sich hier 532 v. Chr. nieder und gründete eine Philosophenschule. Kurz nach dem 2. Punischen Krieg kam die Stadt unter römische Herrschaft. Verkehrszentrum westlich vor der Altstadt ist die hübsche Piazza Pitagora mit ihren Kolonnaden von 1867, südwestlich geht die Flaniermeile Via Vittorio Veneto ab, in entgegengesetzter Richtung kommt man zum Dom (11./16./19. Jh.) mit einem Taufbecken aus dem 14. Jh. und der byzantinisierenden Madonna di Capo Colonna (15. Jh., links vor der Vierung). Durch die Altstadt gelangt man zum mächtigen **Kastell** am Neuen Hafen, errichtet 1541 von Pedro von Toledo, König von Neapel. Im Museo Archeologico (Via Risorgimento) werden Funde aus der Magna Graecia gezeigt, vor allem ein wundervolles Golddiadem (6. Jh. v. Chr.) vom Capo Colonna. Die langen Sandstrände südlich der Stadt sind mit einigen guten Hotels versehen.

Capo Colonna

Die einzige aufrecht stehende griechische (dorische) Säule in ganz Kalabrien ist am Capo Colonna mit seinem Leuchtturm zu finden (11 km südöstlich von Crotone). Sie gehört zu den Resten einer weitläufigen Kultstätte der Hera Lacinia aus dem 6. Jh. v. Chr.

★ **Capo Rizzuto**

Wegen seiner **reichen Unterwasserfauna** wurde der Küstenstreifen am östlichsten Landvorsprung Kalabriens 1991 als Riserva Naturale Marina unter Schutz gestellt. Über Isola di Capo Rizzuto, das noch eine Stadtmauer besitzt, erreicht man das gleichnamige Kap mit Leuchtturm und weiter westlich Le Castella mit seiner malerischen,

★ ◄ Le Castella

im Meer liegenden aragonesischen Burg (16. Jh.). Der latinisierende Plural bedeutet »die Burgen« und bezieht sich wohl darauf, dass es hier mehrere Festungsbauten gab. Ein Denkmal erinnert an Giovanni Galeni Occhiali, der 1507 hier geboren wurde und zum türkischen Admiral aufstieg.

Marchesato Das Marchesato, das hügelige, großenteils waldlose Hinterland von Crotone, gehört zu den trockensten Gebieten Kalabriens und ist seit je die **Kornkammer des Landes**. Die großen Latifundien mit ihren befestigten Gutshöfen (»Masserie«) gehen bis in die Zeit der Normannen zurück. Starke Eindrücke vermittelt die 31 km lange Fahrt nach Santa Severina (2600 Einw.), das auf einem Hügel hoch über dem Neto-Tal thront. Das antike »Siberene« wurde im 9./10. Jh. zu einem bedeutenden byzantinischen Zentrum. Das riesige Kastell geht auf Robert Guiscard zurück und wurde unter den Anjou sowie den lokalen Feudalherren Carafa und Grutter ausgebaut (16./17. Jh.; Historisches Museum). Am Hauptplatz gegenüber steht die Kathedrale aus dem 13. Jh. (barockisiert) mit dem byzantinischen so genannten Baptisterium (8./9. Jh.). Nebenan der ehemalige Bischofspalast mit dem Diözesanmuseum; hier ist die Armreliquie der hl. Anastasia zu bewundern, die Robert Guiscard dem Dom schenkte.

★ S. Severina ►

S. Maria della Roccella Am Südrand von Catanzaro Marina, landeinwärts in Richtung Borgia, steht die Ruine der mächtigen Basilika Roccelletta del Vescovo di Squillace. Der normannische Backsteinbau von Anfang des 12. Jh.s zeigt byzantinische und arabische Einflüsse. Er ist Teil des Archäologischen Parks Skylletion.

Catanzaro ► dort

Soverato Soverato hat sich von einem Fischerdorf zu einem gut besuchten Badeort entwickelt. Von hier ist auf der SS 182 / 110 ein Ausflug in die Serre empfehlenwert, ein einsames, bis 1500 m hohes, bewaldetes Bergland. Im sanften, grünen Talbecken des Ancinale errichtete der hl. Bruno von Köln – Begründer des Kartäuserordens und der Grande Chartreuse bei Grenoble – im Jahr 1091 seine zweite Kartause; nach Italien geholt hatte ihn sein ehemaliger Schüler Papst Urban II. Das heutige Kloster (Certosa S. Stefano), 2 km außerhalb des Orts, geht auf den Konvent der minderen Brüder zurück, der bei einem Erdbeben 1783 zerstört und 1856–1900 in neogotischen Formen wieder errichtet wurde. Ein hervorragendes **Museum** (Mo. geschl.) informiert über den Orden und die Geschichte der Kartause.

Stilo Dass das 400 m hoch gelegene Stilo zu byzantinischen Zeiten das **religiöse Zentrum Südkalabriens** war, davon zeugt die über dem Ort gelegene, einzigartige Cattolica, eine winzige Viersäulen-Kreuzkuppelkirche aus dem 10. Jh. Eine der antiken Säulen trägt eine griechische Inschrift, eine zweiten das arabische Grafitto »Allah il allah«.

★ Cattolica ►

Berühmter Sohn Stilos ist der Philosoph Tommaso Campanella (1568–1639), bekannt als Verfasser der utopischen Schrift **»Der Sonnenstaat«** (► Berühmte Persönlichkeiten). Sein Denkmal steht vor der spätbarocken Kirche S. Francesco.

◄ S. Giovanni Vecchio

Hoch über dem benachbarten Dorf Bivongi liegt einsam S. Giovanni Vecchio (S. Giovanni Tereste), der Rest eines byzantinisch-normannischen Klosters (11. Jh.): Chorpartie mit Apsiden und Vierung mit einem hohen Tambour, in Backstein mit hübschen Blendbögen. Seit 1995 leben hier griechische Mönche vom Berg Athos. In ca. 3 Std. geht man von Bivongi, teils auf einer Schotterstraße, zu den gut 100 m hohen **Wasserfällen Cascate di Marmárico**, anschließend kann man sich in dem kleinen See an ihrem Fuß erfrischen.

Kaulonia

Bei Monasterace Marina (30 km südlich von Soverato) erreicht man wieder die Küste. 2 km nördlich sind an der Küste die eindrucksvollen Grundmauern eines dorischen Tempels zu sehen, der zur griechischen Kolonie Kaulonia gehörte. Locri (12 800 Einw.) die »Nachfolgerin« der ca. 4 km südlich gelegenen griechischen Stadt Lokroi Epizephyrioi, wurde Ende des 8. Jh.s v. Chr. von Griechen aus der Lokris gegründet. Hier verfasste um 660 v. Chr. Zaleukos das **erste Gesetzbuch Europas**. Den Zugang zum etwa 1 x 2,5 km großen Grabungsgelände bildet das Museum an der SS 106 (die meisten Funde werden allerdings im Nationalmuseum in Reggio di Calabria aufbewahrt); nahe der Küstenstraße sind die Fundamente eines ionischen Tempels (5. Jh. v. Chr.) zu sehen, im Norden der Grabung u. a. Reste der Stadtmauer und ein Theater.

Zu byzantinischen Zeiten war die Cattolica von Stilo das religiöse Zentrum Südkalabriens.

Ein kleines Juwel ist das mittelalterliche Gerace (3000 Einw.), 12 km westlich von Locri in 500 m Höhe gelegen. Von der großen Zeit unter den Byzantinern und Normannen zeugt noch die **Kathedrale**, die bedeutendste und mit 75 x 25 m die größte in Kalabrien, 1045 geweiht und 1222 noch einmal, in Anwesenheit Friedrichs II. Man betritt sie von der Piazza Tribuna aus durch die Krypta (8. Jh.) mit antiken Säulen und einem kleinen Museum. Der schmucklose basilikale Innenraum weist antike Säulen und Kapitelle aus Lokroe auf. Nördlich der Piazza Tribuna ist der kleine Largo delle Tre Chiese zu finden; die gotische Kirche S. Francesco d'Assisi (1252) besitzt ein normannisches, islamisch beeinflusstes Portal, einen prächtigen polychromen Altar (1644) und das ebenso großartige Grabmal von Nicola Ruffo, das Werk eines pisanischen Künstlers (1372). Im byzantinischen Kirchlein S. Giovanello (11. Jh.) werden seit 1993 wieder orthodoxe Gottesdienste gefeiert. Von der höchsten Stelle des Orts, bei den Resten des normannischen Kastells (Parkplatz), genießt man einen herrlichen Blick auf den Aspromonte.

* **Pietra Cappa**

Ein beeindruckender Punkt in der kalabrischen Landschaft ist die Pietra Cappa, ein riesiger Monolith, der mit seinen **Höhlen** an die Meteora-Felsen in Griechenland erinnert; wie dort dienten sie im Mittelalter Eremiten als Refugium. Zu erreichen von Bovalino an der Küste über Natile Vecchio; oder über S. Luca: Von dort ca. 7 km auf steilem Sträßchen bergauf, dann rechts in ca. 30 Min. zu Fuß hinauf zu einem Forsthaus.

* **Fiumara dell'Amendolea**

Abenteuerlich, sowohl in Bezug auf die Straßen als auch auf das Landschaftsbild, ist eine Fahrt durch das Einzugsgebiet der Fiumara dell'Amendoléa, ein tief eingeschnittenes, breites Flusstal, das zum größten Teil trocken liegt: von Bova Marina nach Bova, Roghudi und Condofuri bzw. S. Lorenzo nach Mélito di Porto Salvo. In diesem Gebiet hat sich das alte griechische Idiom der »Ur-Bevölkerung« erhalten, das heute wieder bewusst gepflegt wird, z. B. mit dem **Festival Grecanico** in Bova. Nach Ansicht des bedeutenden Sprachwissenschaftlers G. Rohlfs geht diese Tradition noch auf die antiken griechischen Kolonien zurück.

Die südlichste Stelle Kalabriens markiert **Mélito di Porto Salvo**, mit 11 000 Einwohnern das Verwaltungs- und Handelszentrum der Gegend. In die italienische Geschichte ging der Ort ein, als **Garibaldi** 1860 und 1862 von Sizilien

! *Baedeker* TIPP

Etwas Besonderes

Wer in dieser Gegend nach etwas »Besonderem« zum Speisen und Nächtigen sucht, landet häufig in der »Casina dei Mille« in Annà bei Melito Porto Salvo. Die Casa Ramirez war 1860 und 1862 das Quartier von Garibaldi, in der Hauswand ist noch eine Kugel aus der Kanone eines bourbonischen Kriegsschiffes zu sehen. Im Erdgeschoss erfreut man sich in großen Ziegelgewölben an guter kalabrischer Küche, das schönste Zimmer ist Nummer 7 ganz oben mit Veranda und weitem Ausblick.

kommend hier anlegte (Denkmal am Strand Rumbolo). Umgeben ist Melito von Bergamotte-Plantagen; die Schale dieser Zitrusfrucht enthält ein ätherisches Öl, das in Parfümindustrie, Pharmazie und Gastronomie begehrt ist. 5 km westlich am Meer erstrecken sich die Anlagen der Saline Joniche, die nie in Betrieb genommen wurden. Wenige Kilometer über Annà liegt der verlassene, einst von »Grecanici« bewohnte Ort Pentedáttilo, der – wie der Name signalisiert – an Felsen klebt, die einmal wie fünf Finger aussahen.

Pentedattilo im Süden Kalabriens

★★ L'Aquila

L 16

Region: Abruzzen • Abruzzo
Höhe: 615–721 m ü. d. M.
Provinz: L'Aquila
Einwohnerzahl: 67 500

Eine Stadt mit einem regen kulturellen Leben ist L'Aquila, die Hauptstadt der Region ►Abruzzen. Beeindruckend ist auch ihre Lage hoch über dem Aterno-Tal, umgeben vom mächtigen Gran Sasso d'Italia, von Velino und Maiella.

Geschichte

Gegründet wurde sie nicht von Friedrich II., wie oft zu lesen, sondern von dessen Sohn Konrad IV. im Jahre 1254, und zwar als **Bollwerk gegen den Kirchenstaat**. Dabei wurden der Sage nach 99 befestigte Orte vereint (eine Zahl, die in L'Aquila immer wieder auftaucht; tatsächlich waren es 86). Da die Einwohner es jedoch mit dem Papst hielten, wurde die Stadt 1259 von König Manfred zerstört. Karl I. von Anjou ließ sie ab 1265 neu anlegen; die Stadtmauer ist noch zu großen Teilen erhalten, und bis heute tragen die Kirchen den Beinamen der Viertel, die damals abgegrenzt wurden. Durch Textil-, Leder- und Metallindustrie sowie durch den Handel mit dem Safran, der in den Abruzzen gewonnen wird, wurde L'Aquila reich, und so ist trotz vieler Erdbeben – besonders dem von 1703, das fast die ganze Stadt zerstörte – eine Reihe großartiger historischer Monumente zu bewundern.

Sehenswertes in L'Aquila

Corso Federico II

Hauptachse und Flaniermeile der Stadt ist der von alten Palazzi und Arkaden gesäumte Corso Federico II/Vittorio Emanuele mit dem Domplatz in der Mitte. Dort findet unter der Woche vormittags ein bunter Markt statt, auch heute noch eine wichtige Konstante im Leben der Stadt und ihrer Umgebung. Der neoklassizistisch-barocke **Dom S. Massimo** (ursprünglich 13. Jh., 1703 zerstört) besitzt einen Sarkophag aus dem 7.–9. Jh. und das großartige Renaissance-Grabmal des Kardinals Amico Agnifili (1480); über der Vierung ersetzt ein Trompe-l'œil-Gemälde eine echte Kuppel. Die Türme des Doms entstanden erst 1928. Links von ihm steht die barocke Kirche S. Maria del Suffragio (Kuppel von Giuseppe Valadier, 19. Jh.). Nach den Besichtigungen sollte man in das alte Caffè Nurzia schauen, dessen Torrone al cioccolato berühmt ist. In der charakteristischen Via Sassa, die nordwestlich vom Platz abgeht, ist die kleine Kirche S. Giuseppe zu beachten; das Grabmal der Familie Camponeschi dort wird Gualterio d'Alemagna zugeschrieben (1432).

Piazza del Palazzo

Der Corso Vittorio Emanuele führt hinauf zu den Quattro Cantoni, der Hauptkreuzung der Stadt. Links liegt die Piazza del Palazzo, die vom mächtigen **Palazzo della Città** dominiert wird, 1573 für Margarete von Österreich, die Stadtregentin, neu errichtet. Der 42 m hohe

L'Aquila Orientierung

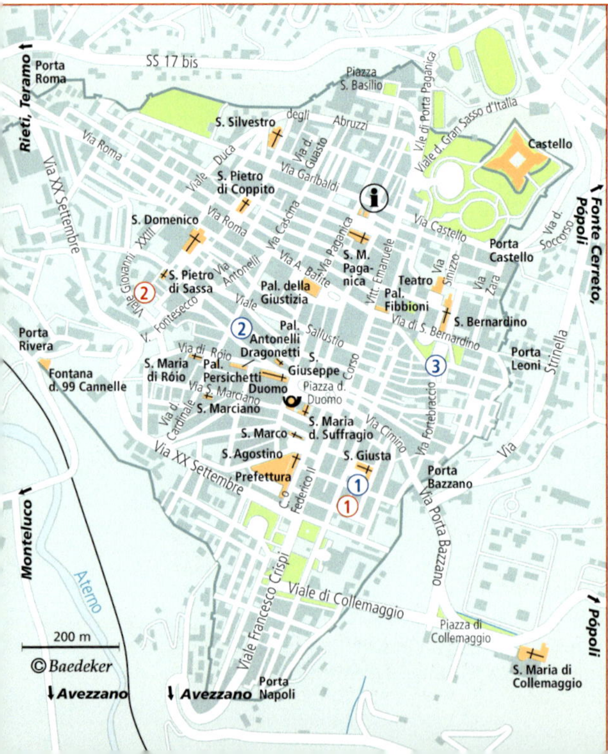

Essen

1. Il Grifo
2. Le Fiaccole
3. Rigoletto

Übernachten

1. San Michele
2. Duca degli Abruzzi

S. Maria di Collemaggio in L'Aquila

Turm (der Rest wurde durch das Erdbeben 1703 zerstört) gehörte zum Palazzo della Giustizia (14. Jh.) und besitzt eine Uhr von 1374; die große Glocke schlägt zwei Stunden nach Sonnenuntergang 99-mal, um an die sagenhaften 99 Gründungsorte zu erinnern.

★ **Castello**

Weiter auf dem Corso Vittorio Emanuele erreicht man den Parco del Castello – von hier bietet sich ein herrlicher Blick auf Aterno-Tal, Gran Sasso und Maiella – und das 1530–1549 von den Spaniern gegen die aufrührerischen Stadtbewohner erbaute imposante Kastell. Heute ist das Forte Spagnolo das **kulturelle Zentrum der Stadt**, die u. a. über Universitätsinstitute, eine Kunstakademie, ein Musikkonservatorium und ein Sinfonieorchester verfügt. Das Nationalmuseum der Abruzzen (Öffnungszeiten: Di. bis Sa. 9.00–14.00, So. bis 13.00 Uhr) zeigt hier hervorragende mittelalterliche und neuzeitliche Malerei und Skulptur, Kunstgewerbe, paläontologische (Skelett eines Mammuts) und archäologische Funde.

★ ◄ Museo Nazionale d'Abruzzo

★ **S. Bernardino**

Zu Ehren der sterblichen Überreste von Bernardino di Siena wurde unterhalb des Kastells einer der beiden »großen« Sakralbauten L'Aquilas errichtet. Die Arbeiten zogen sich von 1454 bis ins 18. Jh. hin; die Renaissance-Fassade entstand 1527, das großartige Innere um 1730. Grandios sind die bemalte und vergoldete Holzdecke sowie das Orgelgehäuse, beide von Bernardino Mosca aus Pescocostanzo. Im rechten Seitenschiff öffnet sich die Kapelle mit dem Mausoleum von **Bernardino di Siena** (von Silvestro d'Aquila, 1505), dem bedeutenden Wanderprediger, der 1444 in L'Aquila starb. Sein Symbol, das IHS (Jesus hominum salvator) im Strahlenkranz, ist auch in der Stadt an vielen Portalen zu sehen. Links hinter dem marmornen

Hauptaltar ist das Grabmal der Maria Pereira zu beachten, der Mutter eines mächtigen örtlichen Patriziers, ein besonders schönes Werk von Silvestro d'Aquila (1496). Vom Vorplatz der Kirche hat man einen herrlichen Blick auf Monte d'Ocre und Sirente.
Ein echtes Juwel ist das kleine **Teatro Comunale** neben S. Bernardino, das 1874 eröffnet und bis 1990 grundlegend restauriert wurde.

★ **S. Maria di Collemaggio**

Geradezu das Emblem der Stadt ist die herrliche Fassade der Basilika Santa Maria di Collemaggio südöstlich vor der Stadt. Der Bau wurde 1287 von Bruder Pietro da Morrone begonnen, der 1294 hier zum Papst Cölestin V. gekrönt wurde (► Molise, Isernia). Das nach den

L'AQUILA ERLEBEN

AUSKUNFT

Piazza S. Maria di Paganica 5,
67100 L'Aquila
Tel. 08 62 41 08 08, Fax 086 26 54 42
www.comune.laquila.it
www.abruzzoturismo.it

VERANSTALTUNG

Festa della Perdonanza
Mit einem großen Umzug in historischen Gewändern – von der Piazza del Palazzo zur Basilika S. Maria di Collemaggio – erinnert L'Aquila am 28. August an die »Perdonanza«, den vollständigen Ablass, den Papst Cölestin V. zu seiner Krönung gewährte. Diesem wichtigsten Fest der Stadt geht eine ganze Woche mit Konzerten und anderen kulturellen Veranstaltungen voraus.

ESSEN

Die Köstlichkeiten der abruzzischen Küche – in der Safran eine große Rolle spielt – lassen sich in einem der vielen guten, schön eingerichteten Restaurants der Stadt kennen lernen. Eine kleine Auswahl:

► **Erschwinglich**

① ***Osteria del Grifo***
Via Goriano Valle 16
Tel. 08 62 41 39 26, Mi. geschl.

② ***Le Fiaccole***
Via degli Ortolani 10
Tel. 08 62 41 42 21, Mi. geschl.

③ ***Rigoletto***
Via Fortebraccio 49
Tel. 08 62 28 763, So. geschl.

ÜBERNACHTEN

► **Günstig**

② ***Duca degli Abruzzi***
Viale Giovanni XXIII 10
Tel. 08 62 28 341, Fax 08 62 615 88
www.ducadegliabruzzi.com
Ruhiges Haus mit großen Zimmern. Vom Restaurant, in dem sehr gute regionale Küche serviert wird, bietet sich ein zauberhafter Blick auf die Stadt.

Baedeker-Empfehlung

► **Komfortabel**

① ***San Michele***
Via dei Giardini 6
Tel. 08 62 42 02 60, Fax 0 86 22 70 60
www.stmichelehotel.it
Modernes Haus nur wenige Gehminuten von der Piazza del Duomo, wohnliche und gut ausgestattete Zimmer, schöner Frühstücksraum. Tolles Preis-Leistungsverhältnis!

Stadtfarben rot-weiße Muster der Fassade, die erst Anfang des 16. Jh.s vollendet wurde, wird auf den Einfluss der Sarazenen zurückgeführt; die Portale und Fensterrosen aus dem 15. Jh. sind wunderbar filigran gestaltet. Im schlichten, eindrucksvollen Inneren mit seinem **Cosmaten-Fußboden** (14. Jh.) – die Barockisierung wurde in den 1960er-Jahren rückgängig gemacht – ist in der rechten Chorkapelle das Renaissance-Grabmal Papst Cölestins (1517) sehenswert; erhalten sind außerdem Fresken aus dem 15./16. Jahrhundert.

★ Fontana delle 99 Cannelle

Eigentlich heißt der Brunnen mit den rot-weißen Marmorwänden am Westfuß des Stadthügels – bei der Porta Rivera – »Brunnen der 99 Röhren« (1272), Wasser sprudelt aber nur aus 93 unterschiedlichen Masken.

Umgebung

►Abruzzen

★ Latium · Lazio

L–N 13–17

Region: Latium • Lazio
Fläche: 17 208 km²
Einwohnerzahl: 5 303 300
Provinzen: Roma, Frosinone, Latina, Rieti, Viterbo

Das Herz Italiens, in geografischer wie in historischer Hinsicht, ist die Region Latium mit der Ewigen Stadt Rom in ihrer Mitte. Aufgrund der vielfältigen geologischen und geografischen Gegebenheiten ist Latium landschaftlich außerordentlich abwechslungsreich.

Das Herz Italiens

Latium erstreckt sich von der Küste des Tyrrhenischen Meeres (zwischen den Flüssen Chiarone in Norden und Garigliano im Süden) über die Hügel und Berge des mittelitalienischen Apennin bis hinauf in die Abruzzen. Den größten Teil der Region machen **vier vulkanische Massen des Quartärs** aus, die durch vier große und mehrere kleinere Vulkanseen gekennzeichnet sind: im Nordwesten die Monti Volsini (Lago di Bolsena), weiter südöstlich die Monti Cimini (Lago di Vico) und die Monti Sabatini (Lago di Bracciano); südöstlich von Rom liegen die Monti Albani (Lago Albano). In den fruchtbaren Böden hat sich der Tiber von Norden her sein weites Bett geschaffen. Entlang der Küste ziehen sich breite Schwemmlandebenen, ehedem sumpfige Gebiete, die trockengelegt sind und landwirtschaftlich intensiv genutzt werden.

! *Baedeker* TIPP

Antizyklisch reisen!

Wer Latium bereist, sollte an den Wochenenden den Ausflugszielen der Römer wie Ostia Lido oder den Albaner Bergen möglichst fern bleiben.

Der wichtigste Wirtschaftsfaktor in Latium – ohne Rom mit seinen Ministerien und Verwaltungen – ist auch heute noch die Landwirtschaft (unter den Weinen ist vor allem der Frascati bekannt), an der Küste kommt die Fischerei hinzu, wichtigster Hafen ist Civitavecchia. In den letzten Jahrzehnten haben sich moderne Industrieanlagen weiter ausgebreitet, besonders in der Umgebung von Rom, im Sacco- und Liri-Tal sowie nahe den Autobahnen.

Geschichte Latium war im frühen Altertum, ab dem 10. Jh. v. Chr., Zentrum der hoch entwickelten **etruskischen Kultur** (► Baedeker Special S. 248). Im Mündungsgebiet des Tibers lebten die Latiner, deren 30 Republiken in einem Städtebund mit der Hauptstadt Alba Longa (► Frascati, Albano) vereinigt waren. Dem Bündnis schloss sich im 6./5. Jh. v. Chr. auch das erstarkende Rom an, das nach Verlegung des **Bundesheiligtums** in den Diana-Tempel auf dem Aventin de facto zum neuen Hauptort wurde. Trotz des heftigen Widerstands der latinischen Städte (Latinerkrieg, 340–338 v. Chr.) war die römische Herrschaft über Latium gegen Ende des 3. Jh.s besiegelt. Vom 15. Jh. bis zur Einigung Italiens gehörte Latium zum Kirchenstaat.

Nördliches Latium · Die Küste

Strände Die Küste zwischen der toskanischen Grenze und Ostia – im Norden noch zu den Maremmen gehörend – besitzt weite Strände und ist wenig bebaut, weshalb es auch kaum touristische Infrastruktur gibt. Die Badeorte Roms, Fregene und Lido di Ostia (► Ostia), sind eher trubelig. Die Wasserqualität wurde in den letzten Jahren durch moderne Kläranlagen deutlich verbessert.

Von der ehemaligen Stadtmauer in Tuscania kann man noch einige Teile bestaunen.

Seit etruskischen Zeiten bedeutend war Tuscania (7700 Einw.), das 28 km nordöstlich von Montalto liegt; bis 1653 war es Bischofssitz. Von der 5 km langen mittelalterlichen Mauer sind noch beträchtliche Teile erhalten. Besuchenswert ist es vor allem wegen der großartigen, teils vorromanischen Kirchen südlich vor der Stadt. **S. Maria Maggiore**, die kleinere, tiefer liegende, entstand 1050–1206 am Platz eines Vorgängerbaus des 6. Jh.s, von ihm stammt das reich gestaltete Mittelportal. Beherrschend ist das grandiose, byzantinisch beeinflusste Weltgerichtsfresko an der Altarwand (14. Jh.). Weiter oben ragt die im 11./12. Jh. von lombardischen Meistern erbaute **S. Pietro** auf, Teil der Bischofsburg, von der klotzige Reste erhalten sind. Sehr elegant ist dagegen die Fassade der Kirche mit feiner, von Reliefs flankierter Fensterrose, ein Werk von Cosmaten-Künstlern. Sehenswert ist auch die mit Gemälden von Raffael-Schülern ausgestattete Renaissance-Kirche **S. Maria del Riposo** (1495) nördlich der Stadt. Im Kloster nebenan ist ein kleines archäologisches Museum eingerichtet.

★ Tuscania

! *Baedeker* TIPP

Für Wanderfreunde

Die Via Francigena, der alte Pilgerweg vom Großen St. Bernhard nach Rom, wurde 2000 als Wanderweg ausgeschildert. In Latium führt er, von Acquapendente über Boldena, Montefiascone, Viterbo, Sutri und Baccano zur Ewigen Stadt (www.francigena.com).

Weltberühmt ist Tarquinia (14 000 Einw.) für die **Wandmalereien** aus dem 6.–2. Jh. v. Chr. in der etruskischen Nekropole, die ca. 1 km südöstlich des Orts auf dem Monterozzi-Hügel ausgegraben wurde. In höchster künstlerischer Qualität und unter deutlicher Anlehnung an die griechische Kunst werden ausgelassene Gelage, Tanz und Spiel, Episoden der griechischen Mythologie, Abschieds- und Jagdszenen, wilde Tiere und Dämonen dargestellt. Die reichen Grabbeigaben – soweit sie nicht in den Museen Italiens und der Welt verstreut sind – und Funde aus der Etruskerstadt (u. a. die herrlichen Wandgemälde aus der Tomba del Triclinio, 480–450 v. Chr.) werden im Palazzo Vitelleschi gezeigt, einem Renaissancepalast (1436–1490) mit schönem Arkadenhof an der Piazza Cavour (Öffnungszeiten: Di. bis So. 9.00–19.00 Uhr). Nördlich hinter ihm der Dom (1656, im 19. Jh. restauriert) mit Fresken von Antonio da Viterbo gen. Pastura (1509) im Chor; im Castello ist die Kirche S. Maria di Castello (1121 begonnen) sehenswert, die Fassade von 1143 und das Bodenmosaik sind Cosmatenarbeiten. Besonders malerisch ist das Viertel nördlich der Hauptachse des Corso Vittorio Emanuele, der zum Palazzo dei Priori führt (11. Jh., Fassade 18. Jh.).

Tarquinia

★★ ◄ Museo Nazionale Tarquiniense

Auch die kleine Landstadt Cerveteri (20 600 Einw.), rund 40 km nordwestlich vor Rom auf einem Tuffrücken gelegen, gehört zu den großen etruskischen Attraktionen. Cisra, von den Römern Caere genannt, war im 8.–4. Jh. v. Chr. eine der bedeutendsten Städte des

★ Cerveteri • Etruskische Nekropolen

Etrusker-Hügelgräber in Cerveteri

Mittelmeerraums; nordöstlich der Stadt sind noch Reste von Mauern und Toren erhalten. Von den drei Nekropolen in der Umgebung ist die **Necropoli di Banditaccia** aus dem 7.–1. Jh. v. Chr. im Nordwesten am bedeutendsten (Zufahrt ausgeschildert). Sie beeindruckt durch Ausdehnung und Monumentalität; zu Seiten einer rund 2 km langen »Hauptstraße« liegen zahlreiche Grabbauten, u. a. Erdhügel bis 30 m Durchmesser und aus dem Tuff gehauene Grabkammern (Taschenlampe mitnehmen). Gegenstände aus den Gräbern sind in der Rocca in Cerveteri ausgestellt, die im 12. Jh. z. T. auf etruskischen Mauern aus dem 4. Jh. v. Chr. errichtet wurde (Museo Nazionale Cerite). Gegenüber der Palazzo Ruspoli (16. Jh.) und die moderne Kirche S. Maria, die einen romanischen Bau aus dem 12. Jh. als Querhaus hat.

✶ Museo Nazionale Cerite ►

Vom Lago di Bolsena zum Lago di Bracciano

✶ **Lago di Bolsena**

Der in die sanfte Hügellandschaft der Monti Volsini eingebettete Lago di Bolsena, mit 114 km² fünftgrößter See Italiens, ist vulkanischen Ursprungs und sehr **fischreich**. Eine moderne Abwasser-Ringleitung und ein biologisches Klärwerk sorgen für sauberes Wasser. Die Ufer sind weitgehend unbebaut, ein bescheidener Tourismus beschränkt sich auf die Sommermonate. Im Südteil des Sees liegen die Inseln Bisentina und Martana, beide in Privatbesitz.

? WUSSTEN SIE SCHON ...?

- Das Fronleichnamfest geht auf ein Wunder zurück, das sich in Bolsena ereignet haben soll. Bei einer Messe tropfte Blut aus der Hostie auf Corporale und Altarplatte. Das Kelchtuch wurde zu Urban IV. nach Orvieto gebracht, der daraufhin das Fronleichnamfest einführte.

Das ruhige Städtchen **Bolsena** (4000 Einw.) war einst Schauplatz wunderbarer Dinge. Im Jahr 1263 ereignete sich hier das Hostienwunder an einem Altar, von dem Teile heute in der Kirche Santa Cristina ausgestellt sind. Eben jener Altartisch war auch die Steinplatte, die im Jahre 292 die hl. Christina, eine junge Märtyrerin, nicht in die Tiefe des Sees gezogen, sondern ans Ufer gebracht hatte.

✶ S. Cristina ►

Die Kirche, südlich der zentralen Piazza Matteotti (Parkplätze), wurde 1078 geweiht. Die Frührenaissance-Fassade mit Terrakotta-Reliefs der Robbia-Schule entstand 1492–1494. Auf dem Altar ein Polyptychon von Sano di Pietro (Mitte 15. Jh.), die Kapelle rechts des Altar-

raums ist mit hervorragenden Fresken aus dem 15. Jh. geschmückt. Von der angebauten **Cappella del Miracolo** (1693) gelangt man in die Katakomben mit dem Grab und dem Altar der hl. Christina sowie einem Terrakotta-Altar von G. della Robbia.
Links der gotischen Kirche S. Francesco steht das Tor von 1548 zum alten Borgo; durch hübsche Gassen steigt man hinauf zur Burg der Monaldeschi (13.–15. Jh.) mit dem Museo Territoriale del Lago di Bolsena (Geschichte, Volkskunde). Von der Piazza Matteotti führt der Viale Colesanti nach Westen zum Seeufer mit Jachthafen und Strand (Bootsrundfahrten).

Montefiascone

Montefiascone (12 000 Einw.) ist vor allem für seinen Weißwein Est! Est!! Est!!! bekannt. An höchster Stelle die Rocca mit Stadtgarten, von der man eine fantastische Rundsicht hat, auch auf den Lago di Bolsena. Unterhalb der Dom S. Margherita, erbaut ab 1519 von Michele Sanmicheli und Carlo Fontana, der für die mächtige Kuppel – die drittgrößte in Italien – verantwortlich zeichnete (ab 1647). Die ungewöhnliche Kirche S. Flaviano (11./12. Jh.) nordöstlich unterhalb der Stadt besteht aus Ober- und Unterkirche; Letztere verfügt über schöne umbrisch-toskanische Fresken des 14.–16. Jh.s, in der dritten Kapelle links ist das Grab des Prälaten **Johannes Fugger** aus Augsburg zu sehen, der für den Namen des Est! Est!! Est!!! verantwortlich ist und der Legende zufolge nach zu heftigem Weingenuss zu Montefiascone verblich. Man beachte das kuriose Kapitell der vorletzten Säule rechts.

Bolsena am gleichnamigen See

Etruskische Keramik im Museum in Cerveteri

RÄTSELHAFTE HOCHKULTUR

Mehr als ein halbes Jahrtausend lang beherrschten die Etrusker das italienische Festland zwischen Po und Tiber, ein Volk, das bis heute Rätsel aufgibt. Noch immer sind sich die Forscher uneins, woher sie kamen und wie ihr rascher Aufstieg zu einer führenden Hochkultur zu erklären ist.

Herkunft

Die Informationen sind spärlich. Wir wissen nicht viel über jenes Volk, das die Griechen »Tyrrhenoi« und die Römer »Etrusci« oder »Tusci« nannten. Über Jahrhunderte hinweg beherrschten sie weite Teile Italiens, vor allem das **heutige Latium**, doch es fehlen konkrete Schriftquellen der Etrusker über sich selbst. Lediglich rund 8000 Texte in etruskischer Sprache sind bekannt, jährlich werden etwa 40 weitere aufgefunden. Die meisten sind Weihe- oder Grabinschriften, der längste erhaltene Text ist ein Ritualkalender und besteht aus rund 1300 Wörtern. Sie aufzuschlüsseln ist bis heute nicht vollständig gelungen. Zu eigenartig ist die Sprache, die keinerlei Verwandtschaft zu den bekannten Sprachen aufweist.

Woher kam jenes geheimnisvolle Volk? Aus dem Norden, über die Alpen? Oder, wie der griechische Historiker Herodot im 5. Jh. v. Chr. berichtet, aus dem Osten, genauer aus Kleinasien? Dort, schreibt er, habe eine verheerende Hungersnot den lydischen Königssohn Tyrsenos mitsamt der Hälfte seines Volkes zur Auswanderung über See gezwungen. Nach langen Fahrten hätten sie sich endlich an der Westküste Italiens niedergelassen und sich nach ihrem Anführer »Tyrsener« genannt.

Eine andere Theorie beruft sich auf **Dionysios von Halikarnass**, deutlich jünger aus augusteischer Zeit. Er vertritt die vor allem in Italien populäre Meinung, dass das Volk der Etrusker autochthon, das heißt von Beginn an in Italien ansässig gewesen sei. Dort jedenfalls ist es seit dem 9. Jh. v. Chr. bezeugt, vor allem im Küstengebiet um die heutigen Städtchen Cerveteri und Tarquinia.

Reich verziert diente diese Ente als Askos, als Tongefäß für Getränke.

Ungewöhnlich schnell haben sich dann die Etrusker zu einer Hochkultur entwickelt. Als Rom noch aus ein paar ärmlichen Hütten am malariaverseuchten Tiberufer bestand, gründete dieses Volk etwas weiter nördlich schon **erste Städte**. Etrurien erstreckte sich Anfang des 6. Jh.s v. Chr. nach Norden bis in die Po-Ebene und bald darauf nach Süden bis Kampanien. 616 v. Chr. bestieg Lucius Tarquinius den römischen Thron, ein Etrusker – der erste namentlich bekannte Regent Roms, dessen Existenz historisch verbürgt ist.

Leistungen

Schüsseln, Vasen aus Bucchero, der schwarzen Keramik der Etrusker, daneben Kriegsgerät und Schmuck sind seither in Italien immer wieder aufgetaucht. Die Funde lassen auf eine hoch entwickelte Gesellschaft schließen. Bis dato unerreicht waren die Etrusker auf dem Gebiet der **Goldschmiedekunst**, deren Techniken der Granulation und des Filigrans sie von den orientalischen Kulturen der Assyrer und Ägypter übernommen hatten, vermutlich eine Folge des regen Handelsaustauschs. Die Wissenschaften, die Redekunst und die Theologie hätten sie weiter entwickelt, berichtet Ende des 1. Jh.s v. Chr. Poseidonius aus Apameia, der von allen antiken Autoren die ausführlichsten Informationen über die Etrusker liefert. Auch die **Trompete**, die für Kriege äußerst praktisch sei und die die Römer »Thyrrena« nannten, gehe auf die Etrusker zurück, außerdem das Peristyl (der von Säulen umgebene Innenhof) in den Wohnhäusern der Adligen, *»eine sehr nützliche Sache gegen den Lärm der Dienerscharen«*.

Lebensstil

Viele Autoren, so auch Poseidonius, berichten immer wieder vom ausschweifenden Lebensstil, den die Etrusker gepflegt haben sollen: *»Da sie ein überaus fruchtbares Land bewohnen und bebauen, haben sie eine Menge von Früchten, die nicht nur zu ausreichendem Lebensunterhalt, sondern auch zu verschwenderischem Genuss und zur Schwelgerei führt. Sie lassen sich nämlich zweimal des Tages üppige Tafeln bereiten und alles übrige, was zu übertreibender Schwelgerei gehört; sie*

Die Etrusker liebten das Leben, Bankette, Musik und Tanz. Auch die Toten sollten sich an prunkvoll dekorierten Grabstetten erfreuen. Die Tomba dei Leopardi in Tarquinia ist mit eindrucksvollen Malereien ausgestattet.

richten Lager aus Blüten her und haben eine Menge von allerlei silbernem Trinkgeschirr und eine nicht geringe Zahl von dienenden Hausgenossen angeschafft. Von diesen zeichnen sich die einen durch Schönheit aus, die anderen sind mit Kleidern geschmückt, die viel feiner sind, als es dem Sklavenstand zukommt.« Eine besondere Position scheint die **Frau in der Familie** eingenommen zu haben. Die Frauen, so heißt es, gingen oft und gerne aus, sie nahmen an den Empfängen der Hausherren teil und bestimmten mitunter sogar die Politik. Tanaquil etwa soll laut den Quellen ihrem Mann Lucius Tarquinius die göttlichen Vorzeichen gedeutet und ihm so im Jahr 616 v. Chr. zum Regentenstuhl in Rom verholfen haben. Das mag Legende sein, deutlicher belegen aufgefundene Sarkophage das Selbstbewusstsein der etruskischen Frauen. Aufrecht neben ihren Ehemännern sitzend sind sie dort in Stein verewigt.

Untergang

So plötzlich die Etrusker in Italien auftauchten, so rasch verschwanden sie wieder. Erneut ist es Poseidonius, der die etwas simple, aber weit verbreitete Erklärung hierfür liefert: »*Im Allgemeinen*«, schreibt er, »*haben sie die von alters her eingeübte Kraft eingebüßt, leben in Trinkgelagen und unmännlicher Leichtfertigkeit und haben nicht ohne Grund auch den Kriegsruhm ihrer Väter verloren.*« Mit anderen Worten: Das einst stolze Volk habe seinen Untergang selbst verschuldet. Der Bericht stammt aus dem Jahr 87 v. Chr., ein Jahr zuvor war Etrurien in den römischen Staatsverband eingegliedert und Latein anstelle des Etruskischen zur Amtssprache erhoben worden.

Entgegen den Mutmaßungen des Poseidonius ist der Untergang der Etrusker jedoch in erster Linie der **Übermacht der sie umgebenden Völker** geschuldet. Im 5. Jh. v. Chr. verloren die Etrusker die Seeherrschaft an die Griechen, im Norden drangen die Kelten in die Po-Ebene ein, gleichzeitig breitete sich im Süden das aufstrebende Rom aus. Bereits 509 v. Chr. wurde der letzte etruskische König aus Rom vertrieben, Anfang des 3. Jh.s v. Chr. erfolgte dann die endgültige Unterwerfung.

Malerisch auf hohem Felsen thront über dem Tiber-Tal Bomarzo (1500 Einw., 19 km nordöstlich von Viterbo) mit dem Schloss der Fürsten Orsini (1525–1583). Am Hang liegt der berühmte **Parco dei Mostri** (Park der Ungeheuer) oder Sacro Bosco (Heiliger Wald) mit zahlreichen fantastischen Skulpturen – Ungeheuern, allegorischen Figuren und Fabelwesen –, angelegt von Fürst Pier Francesco Orsini von 1552 bis ca. 1580 nach Ideen, deren Urheber nicht sicher geklärt sind; wesentliche Vorlagen waren aber wohl »Orlando furioso« von Ariost und die Dichtungen Petrarcas (www.bomarzo.net).

★ **Bomarzo**

◂ (tgl. 8.00 bis 1 Std. vor Sonnenuntergang)

Über dem Städtchen Bagnaia (5 km östlich von Viterbo) liegt die Villa Lante, eine der großartigsten Villen der Spätrenaissance, 1568–1578 von Vignola für Kardinal Gambara erbaut und ab 1656 im Besitz der herzoglichen Familie Lante. Der in Terrassen angelegte Park, in dem Natur und Kunst eine enge Verbindung eingehen, ist für seine Brunnen und Wasserspiele berühmt.

★ **Villa Lante**

Am einsam gelegenen Lago di Vico (Naturreservat) vorbei erreicht man Caprarola (4900 Einw.) mit der grandiosen fünfseitigen Villa Farnese, 1559–1573 von Barozzi da Vignola für den Kardinal Alessandro Farnese – Enkel des Papstes Paul III. – erbaut. Über eine elegante Scala Regia ist das verschwenderisch ausgestattete **Piano Nobile** zugänglich, dessen manieristische Fresken (F. und T. Zuccari, G. Bertoia) die Macht der Farnese feiern oder christliche bzw. mythologische Motive darstellen.

Caprarola

★

◂ Villa Farnese

Über Falerii Novi mit seinem gut erhaltenen, rund 2 km langen Mauerring gelangt man zu dem alten Städtchen **Cìvita Castellana** (15 400 Einw.), eindrucksvoll auf einem steil abfallenden Tuffplateau gelegen. Am Dom S. Maria (13. Jh., im 18. Jh. barockisiert) sind die schöne Vorhalle mit Mosaiken von 1210 und im Innern der Cosmaten-Fußboden aus dem 13. Jh. bemerkenswert; in der Krypta sind antike Säulen erhalten. Beherrscht wird der Ort von der Burg, die 1494–1500 für Papst Alexander VI. und seinen Nachfolger Julius II. errichtet wurde (Museum mit Funden aus Falerii Veteres).

Südöstlich von Cìvita Castellana ragt der nur 691 m hohe, jedoch markante Monte Soratte über dem Tiber-Tal auf, der **heilige Berg** Soracte der Römer.

Der 58 km² große und 165 m tiefe, von den Monti Sabatini umrahmte **Lago di Bracciano** ist ein beliebtes Ausflugsziel für die Bewohner von Rom, das nur etwa 20 km südöstlich liegt. Idyl-

Parco dei Mostri in Bomarzo

lische Dörfer säumen die Ufer des fischreichen Gewässers, das wie der Lago di Bolsena vulkanischen Ursprungs ist. Benannt wurde der See nach dem hoch gelegenen Städtchen Bracciano am Südwestufer (11 000 Einw.) mit dem luxuriös ausgestatteten **Castello Orsini-Odescalchi** (1470–1485; Führungen zur vollen Stunde). Vom Wehrgang bietet sich ein prächtiger Blick auf den Lago di Bracciano.

Nordöstliches Latium

★ Abbazia di Farfa

Ca. 20 km nordöstlich der Autobahnausfahrt Roma Nord (A 1), in der zauberhaften Hügellandschaft der Bassa Sabina, liegt das **Benediktinerkloster von Farfa**, das im 6. Jh. gegründet wurde, 775 Karl den Großen beherbergte und im Mittelalter zu den reichsten und kulturell bedeutendsten Klöstern Europas zählte. Der heutige Komplex stammt aus dem 15./17. Jh., der Kampanile aus dem 11. Jh.; in Führungen (zur vollen Stunde) zu besichtigen sind die großartig gestaltete und ausgestattete Renaissance-Kirche (1492–1496), der kleine langobardische Kreuzgang und der große aus dem 17. Jh., die karolingische Krypta und die wertvolle Bibliothek. Im Dorf fallen die kleinen, gleich hohen Häuser auf, die das Kloster ab dem 15. Jh. zu Messezeiten an Händler vermietete.

Rieti

Im fruchtbaren, von Bergen umgebenen Becken des Velino (Conca Reatina), rund 80 km nordöstlich von Rom, liegt die angenehme Provinzhauptstadt Rieti (405 m, 43 000 Einw.). Sie markiert die geografische Mitte der italienischen Halbinsel. An der Südseite der zent-

Farfa, im Mittelalter eines der mächtigsten Klöster in Europa

ralen Piazza Battisti steht der Palazzo del Governo mit Loggia (1596); daneben ein Park mit Blick auf Stadt und Umgebung. Westlich schließt der ursprünglich romanische, im 18. Jh. **barockisierte Dom** mit dem mächtigen Glockenturm (1252) und einer Renaissance-Vorhalle (1458) an. Unter den beachtlichen Kunstwerken im Inneren fällt eine Statue der hl. Barbara auf, 1657 vermutlich nach einem Entwurf Berninis entstanden. Ältester Bauteil ist die Krypta (1157) mit antiken Säulen und Fresken aus dem 14. Jh. Im Baptisterium ist das Museo Diocesano untergebracht. Hinter dem Dom liegen der Bischofspalast (13. Jh.) und der mächtige Arco del Vescovado, auf Wunsch von Papst Bonifaz VIII. 1298 erbaut.

✶ Franziskanerklöster

Der Überlieferung nach hat Franz von Assisi die vier Franziskanerklöster Fonte Colombo, S. Francesco (Greccio), S. Giacomo (Poggio Bustone) und La Foresta an den Berghängen rund um das Velino-Becken alle gegründet. Wegen der herrlichen Landschaft lohnen sie einen Ausflug.

Terminillo

Der Monte Terminillo (2216 m), der höchste Berg der Monti Reatini, ist als Sommerfrische, Kletterrevier und Wintersportregion sehr geschätzt. Das 21 km nordöstlich von Rieti gelegene Terminillo entstand in den 1930er-Jahren. Schwebebahn und diverse Lifte erschließen die Hänge an Terminilletto und Terminilluccio. Vom Gipfel des Monte Terminillo hat man Fernsicht zum Gran Sasso und an klaren Tagen bis zur Adria bzw. zum Tyrrhenischen Meer.

✶ Gole del Velino

Von Rieti führt die SS 4 in nordöstlicher Richtung durch eine schöne, kaum besiedelte Landschaft nach Ascoli Piceno (► Marken) und weiter zur Adria. Hinter Antrodoco (23 km) verläuft sie für ca. 14 km in der tief eingeschnittenen, beeindruckenden Schlucht des Velino.
Abstecher führen nach Leonessa und **Amatrice**, berühmt durch die »Spaghetti all'Amatriciana« und Geburtsort des Renaissance-Malers Cola dell'Amatrice (1489–1559).

Südliches Latium · Die Küste

Anzio

Die latinische Küste zwischen Ostia und dem Monte Circeo ist fast ganz durch endlose, schnurgerade schöne Sandstrände gekennzeichnet. Die beste touristische Infrastruktur ist – abgesehen von Ferienhäusern – im Bereich von Anzio (33 500 Einw.) vorhanden. Von hier kann man per Fähre zu den Ponza-Inseln (► S. 258) übersetzen. Im antiken Antium wurden die **Kaiser Nero und Caligula** geboren; aus Neros Villa an der Küste am westlichen Ortsrand stammt u. a. der berühmte Apoll von Belvedere (Vatikanische Museen). Im August 2002 spülte eine Sturmflut weitere Teile der Villa frei, die im Archäologischen Museum gezeigt werden. Der heutige Hafen wurde 1698 von Papst Innozenz XII. angelegt, westlich der Mole liegt der versandete Hafen Neros mit Resten der Magazine (»grotte di Nerone«).

Zwei Soldatenfriedhöfe erinnern an die heftigen Kämpfe bei der Landung der Alliierten am 22. Januar 1944 an der Küste von Anzio. Nördlich, an der SS 207, liegt der größte US-amerikanische Soldatenfriedhof in Italien, der britische nördlich von Nettuno.

★ **Monte Circeo**

Der ins Meer vorspringende, 541 m hohe Kalksteinrücken des Monte Circeo ist der Rest einer Scholle des Apennin, die durch Anschwemmungen mit dem Festland verbunden wurde. In einer der zahlreichen Höhlen am Monte Circeo fand man Schädelfragmente, die so alt sind wie der **Neandertaler**.

Der Monte Circeo, der nordwestlich anschließende, etwa 30 km lange Küstenstreifen und ein Bereich nördlich von Sabaudia wurden 1934 als Nationalpark ausgewiesen. In Küstennähe dominiert Macchia, in den höheren Regionen Kork- und Steineichenwälder. An den Strandseen (Lago di Sabaudia, di Caprolace, dei Monaci, di Fogliano) sind seltene Vogelarten, sowohl Stand- als auch Zugvögel, zu beobachten.

? WUSSTEN SIE SCHON ...?

- Nach einer antiken Sage lebte auf dem Monte Circeo die Zauberin Circe, die die Gefährten des Odysseus in Schweine verwandelte.

S. Felice Circeo

An den Osthang des Monte Circeo schmiegt sich San Felice Circeo (98 m, 7700 Einw.) mit einem sehr hübschen mittelalterlichen Kern. 2,5 km über dem Ort liegt die Cittadella Vecchia, eine Akropolis mit Polygonalmauerwerk (4. Jh. v. Chr.). Weiter führt die Straße zum 448 m hohen Semaforo (herrliche Aussicht), von dem der ca. einstündige Aufstieg zum Gipfel des Monte Circeo lohnt.

Terracina

Terracina (22 m, 37 000 Einw.) ist eine lebhafte Stadt mit Fischer- und Fährhafen für die Ponza-Inseln. Schon in römischer Zeit ein wichtiger Hafen, sind in der Neustadt des 18./19. Jh.s und insbesondere in der alten Oberstadt viele antike Reste zu sehen. Die zentrale **Piazza del Municipio** in der Oberstadt besitzt noch das Pflaster des römischen Forums. Über dem Haupttempel wurde der Dom S. Cesareo erbaut (11./12. Jh., Kampanile 13. Jh.); Freitreppe und die Säulen der Vorhalle sind antik. Im barockisierten Inneren beachte man Bodenmosaiken (12./13. Jh.), Kanzel und Osterleuchter (beide von 1241), alles prachtvolle Cosmatenarbeiten. Vor dem Dom steht die Torre Frumentaria, in der das Archäologische Museum lokale Funde zeigt. Am östlichen Stadtrand ragt der Felsen Taglio di Pisco Montano auf, in den im 1. Jh. n. Chr. die Via Appia eingeschnitten wurde.

★ Tempel des Jupiter Anxur ►

Von der Piazza del Municipio führt die Strada Panoramica (3 km) hinauf zum 228 m hohen Monte S. Angelo, von dem man an klaren Tagen bis zum Vesuv sehen kann. Auf einem Felsvorsprung wurde hier im 1. Jh. v. Chr. auf einer 60 m langen, von massiven Substruktionen gestützten Terrasse ein riesiger Tempel zu Ehren des Jupiter Anxur (des »Bartlosen«) errichtet, von dem inmitten üppiger mediterraner Vegetation noch Reste zu sehen sind.

In die Festung von Gaeta floh der neapolitanische Hof am Ende des italienischen Unabhägigkeitskampfes.

★ **Sperlonga**

Sperlonga (55 m, 3400 Einw.), 19 km südöstlich von Terracina malerisch auf einem Felsvorsprung gelegen, gilt als der hübscheste Ort der latinischen Küste, im Sommer ist er als Badeort sehr frequentiert. Ca. 1 km außerhalb an der Küstenstraße nach Gaeta wurde 1957 eine teils in eine Grotte gebaute Villenanlage ausgegraben, die dem **Kaiser Tiberius** (reg. 14–37 n. Chr.) zugeschrieben wird. Die reichen Grabungsfunde kann man im Archäologischen Museum bewundern, sein Stolz sind die rekonstruierten Marmorgruppen mit Szenen aus dem Leben des Odysseus, die vermutlich im 1. Jh. n. Chr. als Kopien von griechischen Bronzeplastiken geschaffen wurden, von den Bildhauern der berühmten Laokoon-Gruppe im Vatikan. Zwischen Museum und Meer liegen die Reste der Villa sowie ehedem zur Fischzucht dienende Becken (»aquationes«).

★ **Gaeta**

Die großartige Lage auf einem Landvorsprung macht das Hafenstädtchen Gaëta (22 300 Einw., 16 km südöstlich von Sperlonga) zu einer kleinen Perle an der Küste Latiums. Über der Straße zur Altstadt ragt die neogotische Kirche S. Francesco von 1848/1849 auf. In der malerischen Altstadt ist der **romanische Dom** (917–1106) sehenswert, dessen Kampanile von 1279 durch arabisch-normannischen Schmuck recht eigenwillig wirkt. Über der Altstadt thront das riesige Kastell, das ins 8. Jh. zurückreicht und später erweitert wurde.

? WUSSTEN SIE SCHON ...?

- ... dass Fra Diavolo, bekannt geworden durch Aubers gleichnamige Oper und deren filmische Adaption mit Stan Laurel und Oliver Hardy, ein entlaufener Mönch war, später aber sogar zum Herzog aufstieg? 1771 wurde er als Michele Pezza in Itri bei Formia geboren.

LATIUM ERLEBEN

AUSKUNFT

Regione Lazio
Via Rosa Raimondi Garibaldi 7
00145 Roma
Tel. 0 65 16 81, Fax 06 51 68 41 34
www.turislazio.it

I.A.T. Tarquinia
Piazza Cavour 13
01016 Tarquinia
Tel. & Fax 07 66 84 04 79

I.A.T. Terracina
Via Leopardi
04019 Terracina
Tel. 07 73 72 77 59, Fax 07 73 72 11 73

AUF DIE PONTINISCHEN INSELN

Ponza ist per Fähre von Anzio, S. Felice Circeo, Terracina, Formia und Neapel aus zu erreichen, per Tragflächenboot von Anzio und Formia aus. Ventotene ist mit Ponza verbunden, darüber hinaus mit Formia und Neapel. Zannone, das zum Parco Nazionale del Circeo gehört, ist im Rahmen geführter Ausflüge von S. Felice Circeo aus erreichbar.

VERANSTALTUNGEN

Lago di Bolsena: Marta am Südrand des Bolsena-Sees ist alljährlich am 14. Mai Schauplatz der »Barabbata« mit der die Fruchtbarkeit des Landes gefeiert wird.

Ponza: Am 3. Junisonntag findet eine Meeresprozession zu Ehren des S. Silverio statt.

Fiuggi: Im Sommer wird ein reiches Unterhaltungsprogramm geboten, mit Pop- und klassischer Musik, Tanz, Theater, Antiquitätenmärkten.

ESSEN

► Fein & Teuer

Amyclae
Via Colombo 77, Sperlonga
Tel. 07 71 54 85 45, Mi. geschl.
Fisch und Meeresfrüchte dominieren in der vorzüglichen Küche: nicht billig, aber ihren Preis absolut wert. Kleine, sehr gute Weinauswahl. Nicht mit dem gleichnamigen Hotelrestaurant verwechseln.

Sora Maria e Arcangelo
Via Roma 42, Olevano Romano
Tel. 06 95 64 043
Mo. abend, Mi. und 10.–31. Juli geschl.
Eher ungewöhnliche, feine ländliche Gerichte – etwa mit Lamm, Wildschwein, Wachteln – genießt man in diesem gemütlichen Lokal.

► Erschwinglich

Da Picchietto
Via Porta Fiorentina 15, Bolsena
Tel. 07 61 79 91 58, Mo. geschl.
Echte Hausfrauenküche mit großem Anteil an Fischgerichten, in einem gepflegten Haus aus dem 14. Jahrhundert.

Antico Vico
Vico II del Cavallo 2/4, Gaeta
Tel. 07 71 46 51 16, Mi. geschl.
In der Altstadt gelegenes, vor allem für seine Fischküche bekanntes angenehmes Lokal.

Il Caminetto
Via Cavour 19–21, Terracina
Tel. 07 73 70 26 23, Mo. geschl.
Großes, gut besuchtes Lokal mit interessanter, vor allem auf frischem Fisch basierender Küche. Freundlicher Service und gute Weinkarte.

ÜBERNACHTEN

► Luxus

La Posta Vecchia
Loc. Palo (3 km), Ladíspoli
Tel. 0 69 94 95 01, Fax 0 69 94 95 07
www.lapostavecchia.com
Fast grenzenloser Luxus zu entsprechendem Preis: J. Paul Getty hatte diesen großartigen Palazzo – Relaisstation für Post und reiche Kaufleute – aus dem Jahr 1640 für sich umbauen lassen. Eigener Strand und im Keller die Reste einer römischen Villa.

Punta Rossa
Via delle Batterie 37,
Quarto Caldo, San Felice Circeo
Tel. 07 73 54 80 85, Fax 07 73 54 80 75
punta_rossa@iol.it
Mediterranes, elegantes Haus mit schönem Park, überdachtem Meerwasserpool, Fitness-Zentrum usw., 5 km westlich von S. Felice an der Steilküste des Monte Circeo gelegen. Im Sommer gibt es eine Disco.

► Komfortabel

Villa Irlanda
Via Lungomare Caboto 6, Gaeta
Tel. 07 71 71 25 81, Fax 07 71 71 21 72
www.villairlanda.com
Komplex aus vier Gebäuden, darunter ein Konvent irischer Mönche und eine Villa von 1912, nördlich der Stadt am Meer, mit Pools. Ein Teil der Zimmer bietet einen herrlichen Blick auf Meer und Altstadt.

Villa La Floridiana
Via Casilina (SS 6) km 63,7, Anagni
Tel. 07 75 76 99 60, Fax 07 75 77 45 27
August geschl.
Ein rot gestrichenes Bauernhaus aus dem 19. Jh., Gewölbe, Terrakottaboden, alte Möbel, Garten ... ein geschmackvolles ländliches Refugium. Das Restaurant bietet modernisierte lokale Küche.

Al Gallo
Via del Gallo 22, Tuscania
Tel. 07 61 44 33 88, Fax 07 61 44 36 28
www.algallo.it
In der Altstadt in einem mittelalterlichen Haus wohnen: mit antiken Möbeln und Marmor im Bad. Gutes Preis-Leistungs-Verhältnis; ausgezeichnetes elegantes Restaurant.

Baedeker-Empfehlung

Locanda di Mirandolina
Via del Pozzo Bianco 40/42, Tuscania
Tel. & Fax 07 61 43 65 95
www.mirandolina.it
Bunte Romantikzimmer und eine liebevolle Küche machen den Charme dieser Mini-Herberge im historischen Zentrum von Tuscania aus.

Hotel Zodiaco
Via IV Novembre 8, Bolsena
Tel. 07 61 79 87 91, Fax 07 61 79 62 10
Hübsches Hotel wenige Schritte südlich von S. Cristina.

Miramonti
Piazza Oberdan 5, Rieti
Tel. 07 46 20 13 33, Fax 07 46 20 57 90
www.hotelmiramonti.rieti.it
Modernisiertes Haus im Nordteil der Altstadt, Zimmer mit Blick auf den Monte Terminillo. Im traditionsreichen Restaurant Da Checco Al Calice d'Oro bekommt man noch den Bollito misto vom Wagen.

Velcamare
Via degli Argonauti 1, Tarquinia
Tel. 07 66 86 43 80, Fax 07 66 86 40 24
www.velcamare.com
Nahe dem Strand in einem großen Park (mit Pool) gelegenes Haus, große, modern eingerichtete Zimmer mit Balkon. Gutes Restaurant.

▸ **Günstig**

Villa Igea
Corso Nuova Italia 32, Fiuggi
Tel. 07 75 51 54 35, Fax 07 75 51 54 38
www.hotelvillaigeafiuggi.com
Bei gutem Preis-Leistungs-Verhältnis im Jugendstil schwelgen, ohne auf modernen Komfort zu verzichten. Ruhig in einem großen Park gelegen.

Convento di S. Brigida
Via del Monastero 12, Farfa
Tel. 07 65 27 70 87, Fax 07 65 27 70 79
Dem Ort angemessen kann man bei den Schwestern der hl. Brigitta nächtigen und essen (Vollpension).

Marconi
Via S. Rocco 24, Sperlonga
Tel. & Fax 0 77 15 40 06
www.hotelmarconi.com
Am Fuß des Orts gelegenes familiäres Haus mit Strandzugang und Restaurant, Zimmer mit Meerblick.

Mari
Corso Pisacane 19,
Ponza (Ponza-Inseln)
Tel. 0 77 18 01 01, Fax 0 77 18 02 39
www.hotelmari.com
Kleines Haus in bevorzugter Lage mit Blick auf den Hafen, behagliche Zimmer.

Serapo
Via Firenze 11, Gaeta
Tel. 07 71 45 00 37, Fax 07 71 31 10 03
www.hotelserapo.com
Wenig aufregendes, aber unmittelbar am gleichnamigen schönen, langen Strand gelegenes modernes Haus, Zimmer mit Meeresblick.

Auf dem 171 m hohen Monte Orlando, von dem man einen herrlichen Ausblick hat, steht das großartige Grabmal des Lucius Munatius Plancus († nach 22 v. Chr.), eines bedeutenden Generals unter Caesar. Lohnend ist auch der Spaziergang zum Santuario della Montagna Spaccata an der Südwestspitze des Bergs. Es steht auf einem Felsen, der sich nach der Legende beim Tode Christi spaltete. Von der Wallfahrtskirche führt eine Treppe zur Grotta del Turco am Meer. Westlich der Landzunge von Gaeta dehnt sich der Strand von Serapo aus.

Fondi Fondi (31 000 Einw.), 14 km nordwestlich von Itri, ist ein bedeutender Handelsplatz für landwirtschaftliche Produkte. Zu sehen sind noch Teile von antiken und mittelalterlichen Stadtmauern. Am Corso Appio Claudio, der die Trasse der Via Appia markiert, stehen die Kirche S. Maria Assunta mit einem Frührenaissance-Portal und der gotische Dom S. Pietro (12. Jh., Kanzel und Bischofsstuhl 13. Jh.), am Südostrand der Stadt der Palazzo Caetani (15. Jh.), gegenüber das Kastell (1319–1329) mit kleinem archäologischen Museum.

✶ Ponza-Inseln · Isole Ponziane

Verbannungsort Wer heutzutage auf die Ponza-Inseln (Pontinische Inseln) etwa 40 km vor der Küste des südlichen Latium kommt, braucht keine Sorge wegen der Rückreise zu haben. In früheren Zeiten sah das etwas anders aus, dienten doch die Inseln vulkanischen Urprungs seit

römischer Zeit als Verbannungsort für politische Gefangene. 1768–1771 versuchte Ferdinand IV. Kriminelle und Prostituierte auf Ponza anzusiedeln, das Resozialisierungs-Experiment schlug aber fehl. 1795–1965 war Santo Stefano Gefängnisinsel; auch **Mussolini** war 1943 elf Tage auf Ponza interniert.
Bewohnt sind heute nur die beiden Hauptinseln Ponza und Ventotene, die ca. 20 km voneinander entfernt sind; buchtenreiche Felsküsten mit glasklarem Wasser und terrassierte Hänge – ehemalige Weinbauflächen, auf denen sich die typische Mittelmeervegetation breit gemacht hat – bestimmen die Landschaft. Die einstigen Erwerbszweige, Fischfang und Weinbau, sind praktisch aufgegeben, der Tourismus stellt die einzige Einnahmequelle dar.

*** Ponza**

Die Insel Ponza (3300 Einw.) bietet mit ihren Terrassen und den bunten Würfelhäusern das Idealbild einer Mittelmeerinsel und ist in der Hauptreisezeit höchst frequentiert; zu den Inselurlaubern kommen noch viele Tagesausflügler. Sie ist der Rest eines Kraterrandes von rund 8 km Länge und 200–1800 m Breite, der im **Monte Guardia** im Süden 284 m hoch ansteigt. In der Bucht am Fuß des Berges liegt der quirlige Hafenort Ponza, an der Westküste, erreichbar durch einen römischen Tunnel, die Chiaia di Luna, der schöne Hauptstrand der Insel. Auch laden einsame kleine Buchten, die teils nur per Boot zu erreichen sind, zum Bade.

Am Abend flaniert man in Ponza die Hafenpromenade entlang.

Ventotene Gegenüber Ponza ist Ventotene (600 Einw.), die an ihrem höchsten Punkt gerade 139 m erreicht, relativ flach. An der Nordostspitze des 1750 m langen und 800 m breiten Eilands liegt der hübsche Hafenort Ventotene, dessen Bild durch seine Entstehung ab ca. 1770 geprägt ist; auch in der Hochsaison geht es hier recht ruhig zu.

Südliches Latium · Monti Lepini

Segni Die Monti Lepini, im Monte Semprevisa 1536 m hoch, schließen sich südöstlich an die Albaner Berge (►Frascati) an; nordöstlich fallen sie zum Sacco-Tal ab, südwestlich zur Pontinischen Ebene. An ihrem Nordhang liegt das um 1500 v. Chr. gegründete Städtchen Segni (668 m, 8300 Einw.). Der noch sehr mittelalterlich wirkende Ort ist von einer noch fast vollständig erhaltenen, ca. 2 km langen Stadtmauer aus riesigen Steinblöcken umgeben (»Zyklopenmauerwerk«, 6./5. Jh. v. Chr.). Am höchsten Punkt der Stadt sind noch Reste der antiken Akropolis und eines Tempels zu erkennen. Über der mittleren Cella des Tempels steht die romanische Kirche S. Pietro, im Innern Fresken des 13.–16. Jahrhunderts.

Die Klosterkirche Fossanova beeindruckt durch die Schlichtheit ihrer Formen und des Materials.

✶ Ninfa Einst wurde die mittelalterliche Stadt Ninfa wegen Malaria aufgegeben. Die Ruinen, darunter eine Burg, ein Kloster und zwei Kirchen, sind von üppiger Vegetation mit Bächen und Teichen umsäumt. Eine Besichtigung ist nur von April bis November an ausgewählten Wochenenden möglich, aber auch von außen ist das unter Naturschutz stehende Ensemble zauberhaft (www.lipulatina.it/ninfa.htm).

Norba Oberhalb des mittelalterlichen Norma (3600 Einw.) liegen die Ruinen der alten Volskerstadt Norba. Innerhalb der 2,5 km langen Zyklopenmauer aus vorrömischer Zeit entstand ab dem 4. Jh. v. Chr. eine regelmäßige Stadtanlage nach dem System des Hippodamos. Zu erkennen sind Reste von Tempeln, Wohnhäusern und Straßen.

Priverno Ein kleiner Geheimtipp ist das reizvolle mittelalterliche Städtchen Priverno (151 m, 13 200 Einw.), das südöstlich von Sermoneta auf einem Hügel über dem Amaseno-Tal liegt. An der zentralen Piazza steht die Kathedrale (Ende 18. Jh.), vom Vorgängerbau stammt der

Portikus (13. Jh.); drinnen zu beachten ist das Tafelbild »Madonna d'Agosto« (15. Jh.). Im Bischofspalast ist das interessante Archäologische Museum untergebracht.

? WUSSTEN SIE SCHON ...?

- Thomas von Aquin, einer der bedeutendsten Philosophen und Theologen des Mittelalters, war Zeit seines Lebens außerordentlich dick. Als er mit 49 Jahren in Fossanova starb, schafften es die Mönche kaum, seinen schweren Leib die Treppe hinabzutragen.

★ Abbazia di Fossanova

Ihr erstes Kloster in Italien errichteten die Zisterzienser ab 1135 hier, zwischen den Monti Lepini und der sumpfigen Pontinischen Ebene (6 km südlich von Priverno). Ausmaße und Pracht der Anlage zeigen – gemessen an der strengen Ordensregel, der Forderung nach Einfachheit und Schmucklosigkeit –, dass sie nicht zu den Frühwerken des rasch reich gewordenen Ordens gehört. Die beeindruckende Kirche entstand 1173–1208. In einem Nebengebäude starb am 9. März 1274 Thomas von Aquin auf dem Weg zu einem Konzil in Lyon.

Südöstliches Latium

★ Palestrina

In mehrfacher Hinsicht berühmt ist das in mythische Zeit zurückreichende Städtchen Palestrina (450 m, 15 800 Einw.), ca. 40 km östlich von Rom. Zum einen wurde hier der Komponist Giovanni Pierluigi da Palestrina geboren (1525–1594), der Meister der Kirchenmusik des 16. Jh.s. Und zum anderen entstand in Palestrina um 80 v. Chr. das grandiose, ca. 6 x 6 m große Nil-Mosaik, das die Orakelgrotte im Fortuna-Tempel schmückte. Im 7. Jh. v. Chr. als eine der ältesten Städte Italiens gegründet, leistete sich das reiche Praeneste etwa 130–100 v. Chr. den gewaltigen **Tempel der Fortuna Primigenia**, der fast die gesamte Fläche der heutigen Altstadt einnahm, eine der größten Kultstätten Italiens. Tempel und antike Stadt gingen in den Kämpfen der Langobarden unter. Erst die Zerstörungen durch alliierte Bomben im Zweiten Weltkrieg brachten seine Grundmauern wieder zum Vorschein, bis 1955 wurden sie ganz freigelegt. Das Bauwerk stieg in vier Terrassen den Hang hinauf; auf der zweiten Terrasse liegen die Reste der in den Hang gebauten Orakelgrotte, auf der obersten nimmt seit 1640 der Palazzo Barberini (Archäologisches Museum mit dem Nil-Mosaik) die Stelle des halbrunden Heiligtums ein. Thomas Mann, der Palestrina 1895–1897 mit seinem Bruder Heinrich besuchte, begann hier seinen ersten Roman »Die Buddenbrooks«; Heinrich Mann wählte das Städtchen als Hintergrund für seinen Roman »Die kleine Stadt«.

★ ◄ Nil-Mosaik

Olevano Romano

Dieses noch recht urtümlich wirkende Dorf, das ca. 20 km nordöstlich von Palestrina am steilen Hang klebt, spielte in der Kunstgeschichte eine große Rolle: Zwischen 1800 und 1820 hielten sich hier an die 200 Künstler auf, vor allem deutsche Maler der Romantik. An der Straße nach Bellegra liegt der Eichenwald Serpentara, der seit 1873 mit der Casa Baldi im Besitz des deutschen Staats ist.

✶ **Subiaco**

Das antike Sublaqueum, aus dem Subiaco (9000 Einw.) hervorging, entstand aus einer großen Villenanlage des Kaisers Nero. Der mittelalterliche Ort – genauer die beiden Klöster, die der **hl. Benedikt von Nursia** und seine Zwillingsschwester Scholastika hier als Keimzelle des Benediktinerordens gründeten – ist Ziel vieler Pilger.

Kloster S. Scolastica ►

Etwa 2 km südöstlich von Subiaco liegt an der Straße nach Jenne das große Kloster S. Scolastica, um 510 vom hl. Benedikt ins Leben gerufen. 1053 wurde ein zweites (Kampanile), um 1235 ein drittes Kloster hinzugefügt (romanischer Kreuzgang mit Cosmaten-Mosaiken). Die heutigen Bauten stammen aus dem 16.–18. Jh. und wurden nach dem Zweiten Weltkrieg wieder aufgebaut. Die 975 begründete Klosterkirche S. Scolastica wurde 1769 bis 1776 völlig erneuert.

? WUSSTEN SIE SCHON ...?

- Ob Papst Bonifaz VIII. im Streit um die Vorherrschaft der Kirche tatsächlich eine Ohrfeige kassierte, ist nicht gesichert. Belegt ist aber, dass Philipp der Schöne den Papst in Anagni festnehmen ließ. Bonifaz wurde zwar schon bald von den Bewohnern des Ortes befreit, starb aber zwei Monate später als gedemütigter und gebrochener Mann.

✶ **Kloster S. Benedetto**

Etwa 1,5 km weiter östlich, hoch über dem Aniene-Tal, schmiegt sich das Kloster S. Benedetto (Sacro Speco) an die Felswand. Es entstand im 12.–14. Jh. über der Grotte, in der der hl. Benedikt bis zu seiner Übersiedlung nach Monte Cassino 529 als Einsiedler lebte. Die Oberkirche ist mit Fresken des 14. Jh.s aus sienesischer und umbrischer Schule geschmückt, die Unterkirche mit Fresken des römischen Malers Magister Conxolus (13. Jh.). In der an die Oberkirche anstoßenden **Gregor-Kapelle** gibt es eine Darstellung des hl. Franziskus von Assisi (ohne Stigmata und Heiligenschein), das der Legende nach bei seinem Besuch des Klosters 1223 angefertigt worden sein soll. In der Grotte des hl. Benedikt ist ein Standbild des Heiligen von Antonio Raggi, einem Schüler Berninis, zu sehen.

✶ **Anagni**

Anagni (424 m, 18 000 Einw.), auf einem Hügel der Monti Ernici oberhalb des Sacco-Tals gelegen, war – wie Viterbo – im Mittelalter (1088–1303) Residenz mehrerer Päpste; einige wichtige Ereignisse im Konflikt zwischen weltlicher und päpstlicher Macht spielten sich hier ab, so die **Exkommunikation von Friedrich Barbarossa** und Friedrich II. Am höchsten Punkt der Stadt erhebt sich der überwiegend lombardisch-romanische Dom S. Maria (1073–1104; im 13. Jh. verändert). Im Innern beachte man den aus Steinen einer benachbarten römischen Villa zusammengesetzten Cosmaten-Fußboden (1226). Der römische Meister Vassalletto schuf 1263 Osterleuchter, Ziborium und Bischofsstuhl. Der Freskenzyklus in der Krypta gilt als bedeutendes Zeugnis der römischen Malerei des 13. Jh.s. Das Dommuseum zeigt den reichen Kirchenschatz, u. a. ein Messgewand von Papst Bonifaz VIII., der um 1235 in Anagni zur Welt kam. Lohnend ist der Gang von der Kathedrale durch die Hauptachse der Stadt, die Via Vittorio Emanuele. Wenige Schritte westlich steht der im 13. Jh.

erbaute Palast des Papstes Bonifaz VIII., in dem dieser 1303 mit der berühmten Ohrfeige (ital. »schiaffo«) gedemütigt wurde. Vorbei am Palazzo Comunale (12./13. Jh.) kommt man auf die Piazza Cavour, von dem man einen schönen Blick über das Sacco-Tal hat.

Fiuggi (621–747 m, 8600 Einw.), 17 km nordöstlich von Anagni in ausgedehnten Eichen- und Kastanienwäldern gelegen, ist einer der beliebtesten Kurorte Italiens – mit über 200 Hotels nach Rom das bedeutendste Tourismuszentrum Latiums. Sein Mineralwasser (*oligominerale*) soll bei Stoffwechsel-, Nieren- und Harnwegsproblemen helfen. An der zentralen Piazza Frascara betritt man den schönen, waldigen Kurpark Bonifacio VIII. Im hoch gelegenen **mittelalterlichen Fiuggi Città** gibt es einige gute Restaurants (z. B. La Torre, Tre Abrizzi, La Locanda); an der Piazza Trento e Trieste stehen das Rathaus (1925) und das ehemalige Casino. Der 18-Loch-Golfplatz ist einer der wenigen in Italien, die auch Nichtmitgliedern offen stehen. **Fiuggi**

Alatri (502 m, 25 000 Einw.), 15 km südöstlich von Fiuggi, verfügt mit der 2 km langen, vermutlich im 4. Jh. v. Chr. errichteten Stadtmauer aus großen Steinblöcken (Zyklopenmauerwerk) über eine der großartigsten **antiken Stadtbefestigungen** Italiens. Vollständig erhalten ist die Mauer (2. Jh. v. Chr.) um die einstige Akropolis am höchsten Punkt der Stadt, deren Platz heute der Dom (11./16. Jh.) einnimmt. Von den vier Toren beeindruckt besonders die südwestliche Porta Maggiore mit einem 5 m langen und 1,60 m hohen Architrav. Im Palazzo Gottifredo, dem bedeutendsten mittelalterlichen Bauwerk (13. Jh.), ist das Stadtmuseum untergebracht. **Alatri**

Fresko in der Klosterkirche S. Benedetto

Pinien und Zypressen prägen das Landschaftsbild.

Auch das hübsche alte Städtchen **Ferentino** (395 m, 19 000 Einw.), das 14 km südwestlich von Alatri auf einer lang gestreckten Anhöhe über dem Sacco-Tal thront, hat eine fast vollständig erhaltene **Stadtmauer**, begonnen von den Hernikern im 5. Jh. v. Chr. Ihre verschiedenen Bauphasen (vorrömisches Zyklopenmauerwerk, römische Hausteine und mittelalterliche Bruchsteine) erkennt man gut an der Porta Sanguinaria im Süden. Sehenswert sind auch die Zisterzienserkirche S. Maria Maggiore (um 1150, Fassade 13. Jh.) in der Nähe der Porta Sanguinaria und der romanische Dom (11. Jh.) am höchsten Punkt der Stadt.

★ Abbazia di Casamari

Die Abtei von Casamari, 16 km nordöstlich von der Provinzhauptstadt Frosinone (46 000 Einw.), wurde 1140–1271 von den Zisterziensern erbaut und ist nach Fossanova das hervorragendste Werk der zisterziensisch-französischen Gotik in Italien. Nur das Altarziborium stammt aus dem Jahr 1711.

Aquino

Bekannt ist Aquino (ca. 50 km südöstlich von Frosinone an der A 1) durch den Theologen und Philosophen **Thomas von Aquin**, der der Grafenfamilie d'Aquino entstammte und um 1225 auf der Burg Roccasecca (10 km nördlich) geboren wurde († 1274). An der Via Latina westlich des Orts liegen die Reste der römischen Siedlung Aquinum, der Heimat des Satirendichters Juvenal (um 60–140 n. Chr.). Sehenswert ist die romanische Kirche S. Maria della Libera (1125) am nördlichen Ortsrand, die am Platz eines Herkules-Tempels steht. Der Unterbau des Glockenturms und die Fragmente eines Frieses zu Seiten des Hauptportals stammen von dem römischen Tempel.

Cassino

Der Name der am Südostrand Latiums gelegenen Stadt (40 m, 32 800 Einw.) ist in aller Welt berühmt durch das **Kloster Montecassino**, das im Jahre 529 von Benedikt von Nursia gegründet wurde und als die Wiege des abendländischen Mönchstums gilt. Im Zweiten Weltkrieg, von Oktober 1943 bis Mai 1944, war das Bergmassiv Montecassino Eckpunkt der deutschen »Gustav-Linie«; die Stadt wurde in den Kämpfen völlig zerstört und weiter südlich neu aufgebaut. Etwa 3 km nördlich von Cassino liegt auf dem Colle Marino ein deutscher Soldatenfriedhof, auf dem 20 051 Gefallene beigesetzt sind. Vom Westrand der Stadt führen Serpentinen hinauf zum Kloster. Am Weg liegen das **Grabungsgelände des antiken Casinum**, von dem u. a. die gewaltigen Reste eines Amphitheaters und eines Mausoleums erhalten sind, und die Ruine der 949–986 errichteten Rocca Ianula.

Auf dem Berg in über 500 m Höhe ist der mächtige Klosterkomplex gelegen, der am 15. Februar 1944 von den Alliierten durch einen Luftangriff fast ganz zerstört worden war, obwohl sich, wie ausdrücklich bekannt gegeben, keine deutschen Truppen hier befanden; nach letzten Erkenntnissen führte ein Fehler bei der Übersetzung eines abgehörten deutschen Funkspruchs zu dem folgenreichen Befehl. Von 1950 bis 1957 wurde das Kloster in den Renaissance- und Barock-Formen des 16.–18. Jh.s wieder aufgebaut. Vom ursprünglichen Bau sind die **Krypta** mit Mosaiken der Beuroner Kunstschule (Desiderius Lenz, 1898–1913) und die **Gräber des hl. Benedikt** und der **hl. Scholastika** erhalten geblieben; die Bronzetüren des Mittelportals stammen aus dem 11. Jh., das prunkvolle Innere der Kirche entspricht dem Bild von 1727. Die Fresken an der Eingangswand und in der Kuppel fertigte P. Annigoni (1978). Das Klostermuseum neben der Kirche zeigt die Geschichte der Abtei, römische und etruskische Funde, mittelalterliche Handschriften, alte Veduten des Klosters sowie sakrale Kunstwerke.

✶ Abbazia di Montecassino

✶✶ Lecce

P 26

Region: Apulien • Puglia
Höhe: 49 m ü. d. M.
Provinz: Lecce
Einwohnerzahl: 100 000

Besonders für Freunde des Barock ist Lecce ein Muss, stellt die Provinzhauptstadt doch ein Gesamtkunstwerk dar, geschaffen von Mitte des 16. bis Ende des 18. Jh.s. Ungehemmte Gestaltungsfreude brachte einen eigenen Dekorationsstil hervor, den geradezu tumultuösen »Lecceser Barock«; dass er stark an den plateresken Stil Spaniens erinnert, ist der spanischen Herrschaft im Königreich Neapel zu verdanken.

Geschichte

Die Wölfin im Wappen von Lecce erinnert daran, dass die Stadt unter den Römern Lupiae hieß. Die einstige messapische Siedlung hatte in der 1. Hälfte des 2. Jh.s unter den Kaisern Trajan und Hadrian ihre erste große Zeit, von der noch einige große Baureste zeugen. In den Gotenkriegen zerstört, gewann Lecce unter dem Normannen Robert Guiscard, dem Herzog von Apulien, neue Bedeutung, ein großer Aufschwung kam jedoch erst nach der Zerstörung der Konkurrentin Otranto durch die Türken 1480. Der reiche Landadel erbaute sich **prächtige Stadtpalazzi**, und die katholische Kirche und ihre

! *Baedeker* TIPP

Kichererbsensuppe

»Ciceri e tria«, die klassische Kichererbsensuppe des Salento, und andere bodenständige Köstlichkeiten sind in der sehr einfach eingerichteten Cucina casereccia (V. Costadura 19) zu genießen.

LECCE ERLEBEN

AUSKUNFT

Corso Vittorio Emanuele 24,
73100 Lecce
Tel. 08 32 24 80 92
Fax 08 32 31 02 38
www.pugliaturismo.com

VERANSTALTUNGEN

Zum »*Cortili aperti*«, Ende Mai, öffnen 15 Palazzi für ein Wochenende ihre Tore. Orgelfreunde kommen zum Festival »*Musica d'Organo*« im Oktober nach Lecce.

EINKAUFEN

Cartapesta
Typisches Kunsthandwerk ist das Pappmaché (cartapesta). Cartapesta-Puppen gibt es z. B. in der Bottega della Cartapesta (Via dei Perroni 20) oder beim Piccolo Artigiano (Via Umberto 12).

ESSEN

► Erschwinglich

① ***Barbablù***
Via Umberto I 7
Tel. 08 32 24 11 83
So./Mo. geschl.
Salentinische Küche nach alten Rezepten.

► Preiswert

② ***Osteria degli Spiriti***
Via Cesare Battisti 4
Tel. 08 32 24 62 74
So. abends und Juni geschl.
Gemütliche Trattoria in den ehemaligen Stallungen eines Bauernhofes. Unverfälschte apulische Küche. Reservierung ratsam.

ÜBERNACHTEN

► Luxus

① ***Patria Palace Hotel***
Piazzetta Riccardi 13
Tel. 08 32 24 51 11
Fax 08 32 24 50 02
www.patriapalacelecce.com
Spitzenklasse im liebevoll sanierten Adelspalast aus dem 18. Jh., elegante Jugendstileinrichtung und moderner Komfort, prachtvolles Restaurant.

► Komfortabel

② ***B&B La Terrazza***
Via di Casanello 39
Tel. 08 32 30 17 41
www.laterrazza-beb.com
Vier Zimmer in einem alten Stadthaus, nobel eingerichtet mit alten Möbeln, elegante Aufenthaltsräume, schöne Terrasse.

Orden zelebrierten die Gegenreformation mit ebenso großartigen Bauten von theatralischem Gestus; im 17./18. Jh. wurden nicht weniger als 40 Kirchen um- oder neu erbaut. Ein öffentliches Restaurierungsprogramm hat in den 1990er-Jahren die lebendige, durch Tabak- und Weinanbau wohlhabende Universitäts- und Verwaltungsstadt in neuem Glanz erstehen lassen.

Sehenswertes in Lecce

Porta Napoli Von der am Westrand der Altstadt gelegenen Porta Napoli (1548), einem Ehrenmal für Karl V., führt die Via Palmieri südlich zur Piazza

Lecce *Orientierung*

Essen
① Barbablù
② Osteria degli Spiriti

Übernachten
① Patria Palace Hotel
② B&B La Terrazza

del Duomo mit dem überwältigenden, geschlossenen Ensemble aus Dom mit 68 m hohem Kampanile, Bischofspalast und Priesterseminar, zu dem sich die Propyläen wie zu einer Bühne öffnen. Entsprechend ist die Nordwand des **Doms S. Oronzo**, erbaut 1658–1670 am Platz eines romanisch-gotischen Vorgängers, als Schaufassade gestaltet. In der dreischiffigen Basilika sind die Kassettendecke und die überaus üppigen Altäre (vom Architekten des Doms G. Zimbalo) hervorzuheben. Rechts schließen der Bischofspalast (1632) mit seinen Loggien und das Priesterseminar (G. Cino, 1694–1709) an, dessen Innenhof ein reich verzierter Brunnen schmückt.

★ ◄ Piazza del Duomo

EMPLVM HOC DEO CRVCIS
VEXILLO DIC

Vom Dom gelangt man östlich auf dem Corso Vittorio Emanuele II, vorbei an der Theatinerkirche S. Irene (1591–1639; die Fassade im Stil der römischen Gegenreformation), zur Piazza S. Oronzo, dem Mittelpunkt der Stadt. Montags und freitags ist Markt, außerdem ist hier die älteste Konditorei der Stadt zu finden, das **Caffè Alvino**. Das Wahrzeichen der Stadt ist die römische Säule, die einst in ► Brindisi mit ihrem Pendant das Ende der Via Appia markierte; gekrönt wird sie von einer 5 m hohen venezianischen Bronzestatue des hl. Orontius. Neben der Säule der Palazzo del Seggio (Sedile), eine Loggia von 1592, die bis 1851 als Rathaus fungierte, und die Kapelle S. Marco (1543). Die südlichen Platzhälfte nimmt ein teilweise freigelegtes römisches Amphitheater des 2. Jh.s n. Chr. ein. Wenige Schritte östlich steht am Viale 25 Luglio das 1539–1548 unter Kaiser Karl V. errichtete Kastell.

Piazza S. Oronzo

In der Via Umberto I ist das großartigste Beispiel des **Lecceser Frühbarocks** zu finden, die Kirche Santa Croce; mit dem Bau wurde 1548 begonnen, die untere Hälfte der renaissancehaft streng gegliederten Fassade und das Innere bis 1582 vollendet, der obere Fassadenteil 1646. Auch das Innere ist verschwenderisch gestaltet; außer der teilweise vergoldeten Kassettendecke ist der Altar für S. Francesco di Paola links des Chors (F. A. Zimbalo, 1614) zu beachten. Nördlich schließt der mächtige Palazzo del Governo (Sitz der Provinzregierung) an, das ehemalige Cölestinerkloster von 1695, zu dem die Kirche S. Croce gehörte.

★★ **S. Croce**

Südwestlich des Amphitheaters ist an der Piazza Vittorio Emanuele die Kirche S. Chiara (1678–1691 umgestaltet) interessant. S. Matteo (1700), ein Stück weiter südlich, ist die einzige Lecceser Kirche in »römischem« Barock. Das nahe römische Theater aus dem 2. Jh. konnte einmal 5000 Zuschauer fassen; nebenan das zugehörige Museum. An der Piazza Argento ganz im Süden der Altstadt zeigt das Provinzmuseum im ehemaligen Jesuitenkonvent (Convento Argento) archäologische Funde, Gemälde des 15.–18. Jh.s (u. a. ein Polyptychon von Bartolomeo Vivarini) sowie die Ikonostase der Kirche S. Nicola dei Greci.

Südstadt

★ ◄ Museo Provinciale Sigismondo Castromediano

Die Stadtbesichtigung sollte man mit einem Spaziergang von der Porta Napoli bzw. dem Obelisken Ferdinands I. (1822) auf dem Viale S. Nicola zum sehenswerten Friedhof beschließen. Hier steht auch die einzige mittelalterliche Kirche der Stadt, **Santi Nicolò e Cataldo**, die 1180 von dem Normannengrafen Tankred gestiftet wurde. Die Fassade wurde 1716 von Giuseppe Cino barock erneuert; das prachtvolle romanische Portal lässt in seinen feinen Reliefbordüren orientalische Einflüsse erkennen, ebenso der hohe Kuppeltambour. Das In-

Friedhof

← *Die Lecceser Fassaden – hier S. Croce – quellen über von Girlanden, Putten, grotesken Tieren und Grimassen schneidenden Dämonen.*

nere ist ganz mit Fresken des 15.–17. Jh.s geschmückt. Im großen der beiden Renaissance-Kreuzgänge des im 15. Jh. erbauten Olivetanerklosters steht ein herrlicher Brunnen von 1630.

✶✶ Matera

O 23

Region: Basilikata • Basilicata
Höhe: 401 m ü. d. M.
Provinz: Matera
Einwohnerzahl: 57 300

Einst galten sie als »nationale Schande«, heute sind sie UNESCO Weltkulturerbe. Die Höhlenbehausungen von Matera (»sassi«) wurden schon seit vorgeschichtlichen Zeiten in den Kalktuff gehauen und waren bis Anfang der 1950er-Jahre bewohnt.

Schöne Aussicht

Die Höhlenhäuser, -kirchen und -klöster wurden in den 1970er-Jahren restauriert und beherbergen heute Künstlerateliers, schicke Bars, Hotels und Trattorien. Einen grandiosen Blick auf Matera hat man von einem Punkt nördlich der Stadt; von der SS 7 folge man dem Schild »Chiese rupestri« zum Rand der Gravina.

Matera Orientierung

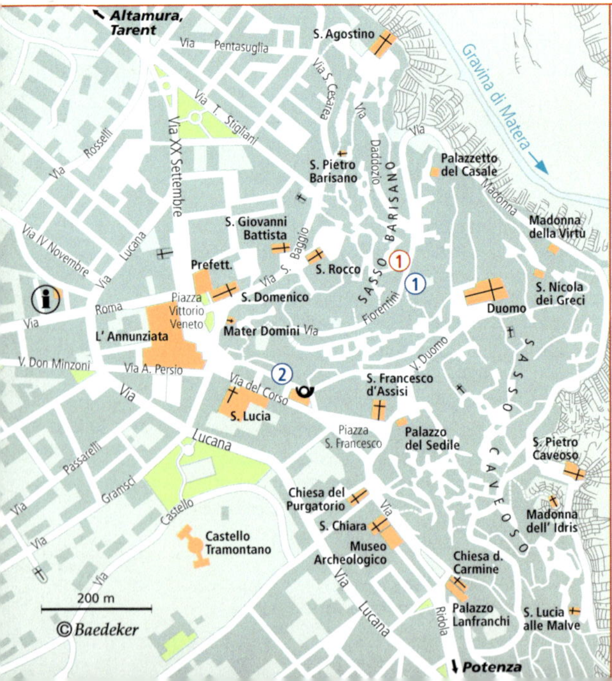

Essen

① Le Botteghe
② Il Cantuccio

Übernachten

① Sassi Hotel

Sehenswertes in Matera

Von der Piazza S. Francesco geht es nordöstlich zum **Dom Madonna della Bruna**, der die Altstadt überragt; vom Vorplatz hat man einen guten Blick auf das Viertel Sasso Barisano. Bemerkenswert sind im Dom (1230–1270, 1627 barockisiert), einem späten und schönen Beispiel der apulischen Romanik, vor allem die mittelalterlichen Fresken mit Szenen aus dem Jüngsten Gericht, das silbern gerahmte Fresko »Madonna della Bruna« (1270), das Chorgestühl von 1453 und die steinerne Krippe von Altobello Persio (1534).

! *Baedeker* TIPP

Buch und Film

Wer vorab einen Eindruck von den sassi in Matera erhalten möchte, dem sei die Lektüre von »Christus kam nur bis Eboli« empfohlen. Auch für zahlreiche Bibelverfilmungen waren die Höhlen schon Kulisse, z. B. für den Hollywoodstreifen »The Passion of Christ« von Mel Gibson.

Die »sassi«, die Höhlenwohnungen und -kirchen, wurden schon in vorgeschichtlichen Zeiten in den Kalktuff gehauen.

MATERA ERLEBEN

AUSKUNFT

Via De Viti de Marco 9, 75100 Matera
Tel. 08 35 33 19 83, Fax 08 35 33 34 52
www.aptbasilicata.it
www.comune.matera.it

VERANSTALTUNG

Fest der Madonna della Bruna
Vom Morgengrauen bis in die Nacht dauert am 2. Juli das Fest für die Schutzpatronin der Stadt. In einer endlosen Prozession mit historisch gewandeten Reitern wird ein »Triumphwagen« mit Pappmaché-Aufbau durch die Stadt geleitet und abends von der jubelnden Menge in Stücke gerissen, die Glück bringen sollen.

ESSEN

► Erschwinglich

① ***Le Botteghe***
Piazza S. Pietro Barisano 22
Tel. 08 35 34 40 72
Mi. geschl.
Herzhafte lukanische Küche, serviert in typischem matereser Ambiente oder auf der Terrasse. Wenn auf der Karte, sollte man die »lampascioni« probieren, die leicht bitteren Wildzwiebeln.

► Preiswert

② ***Il Cantuccio***
Via delle Beccherie 33
Tel. 08 35 33 20 90
Fagottini mit Käse in Steinpilzsauce, Lamm alla contadina mit Zwiebeln und Kirschtomaten – in dem kleinen Lokal in der Altstadt wird Bodenständiges zu fairen Preisen serviert.

ÜBERNACHTEN

► Komfortabel

① ***Sassi Hotel***
Via S. Giovanni Vecchio 89
Tel. 08 35 33 10 09, Fax 08 35 33 37 33
www.hotelsassi.it
Nicht ganz »stilecht«, weil eher luxuriös, wohnt man in diesem Palazzo von Anfang des 18. Jh.s mit einigen Höhlen mitten im ruhigen Sasso Barisano.

Piazza Vittorio Veneto Die Piazza Vittorio Veneto wird vom Convento dell'Annunziata – einem ehem Dominikanerinnenkloster von 1748 (mit Café auf dem Dach) –, dem barocken Palazzo mit der Präfektur, der Kirche S. Domenico (13. Jh.) sowie der Chiesetta Materdomini (1680) umgeben.

Sasso Barisano Am Beginn der Via S. Biagio zieht die Südseite der Kirche S. Giovanni Battista (1220) mit einem herrlichen Portal den Blick an. Die Grottenkirche S. Pietro Barisano ist wohl im 12. Jh. angelegt worden; ihre Fassade stammt von 1755. Nun hinunter zur Fahrstraße und zur Via Madonna delle Virtù, die an der Schlucht entlangführt. Hier liegen die Höhlenkirchen Madonna delle Virtù und S. Nicola dei Greci, Letztere mit Fresken des 13. und 14. Jahrhunderts.

Sasso Caveoso Vorbei am Convento S. Lucia erreicht man die kühn über der Gravina stehende S. Pietro Caveoso, deren heutige Form 1656 und 1752 (Fassade) entstand; das Polyptychon im Hauptaltar datiert etwa von

1540. Daneben ragt der Monte Errone mit der Grottenkirche Madonna dell'Idris auf, die Fresken aus dem 14.–16. Jh. enthält; hier hat man einen herrlichen Blick über den Sasso Caveoso. Von hier sollte man noch weiter südlich gehen und sich die Höhlenkirche **S. Lucia alle Malve** ansehen, in der eine Ikonostase auf ihre Erbauer – griechische Mönche – verweist; die Fresken des 13./14. Jh.s sind ebenfalls bemerkenswert. Noch weiter südlich liegt der beeindruckende, aus vier Höhlenkirchen des 14./15. Jh.s bestehende Convicinio de S. Antonio Abate. Schließlich steigt man hinauf zur Via Buozzi und zur Via Ridola. Hier beherbergt der Palazzo Lanfranchi (1672) die städtische Pinakothek mit mittelalterlicher Kunst aus der Basilikata, Gemälden des 17./18. Jh.s (u. a. Salvator Rosa) und Bildwerken von Carlo Levi. Unter den archäologischen Funden im Museo Nazionale D. Ridola, im ehem. Kloster S. Chiara (1702), ragt besonders die griechische Keramik aus Apulien heraus.

Castello Tramontano

Graf Carlo Tramontano ließ sich um 1500 die Burg über der Stadt erbauen; sie wurde jedoch nicht fertig, da der üble Despot 1514 von seinen Untertanen nach dem Kirchgang umgebracht wurde.

★ Parco delle Chiese Rupestri

In der Umgebung gibt es viele kleine Kirchen, die in den Tuff gegraben oder in natürliche Höhlen gebaut sind und schöne Fresken aufweisen; sie entstanden ab dem 8. Jh. n. Chr. als Werk griechisch-byzantinischer Mönche. Auf der Murgia Timpone im Osten von Matera hat der Parco della Murgia Materana sein Besucherzentrum (Wandertipps).

Molise

M/N 18–21

Region: Molise
Fläche: 4438 km²
Provinzen: Campobasso, Isernia
Einwohnerzahl: 327 200

»Italien vor der Erfindung des Tourismus«, das ist die kleine Region Molise, die durch Industrie kaum beeinträchtigt ist. Bedeutende historisch-kulturelle Zentren konnten hier nicht entstehen, war die Region doch über Jahrhunderte hinweg Zankapfel verschiedener Fremdherrschaften. Wer aber einen beschaulichen Erholungsurlaub in abwechslungreicher Landschaft sucht, ist hier goldrichtig.

Touristisch noch weitgehend unentdeckt

Molise – nach dem Aosta-Tal die kleinste Region Italiens – liegt im östlichen Mittelitalien zwischen den Regionen Abruzzen und Apulien. Mit Ersterer bildete es, durch Geschichte und kulturelle Tradition verbunden, bis 1963 die Verwaltungseinheit Abruzzo e Molise. Die Landschaft steigt von der Adria im Nordosten und der weiten Apulischen Ebene im Osten zu den Karsthöhen der Monti del Matese an (im Monte Miletto 2050 m hoch), die zum Neapolitanischen

Eine höchst reizvolle Bergwelt mit wildromantischen Tälern: Molise

Apennin gehören; im Volturno-Tal stößt sie bis auf 30 km Entfernung zum Tyrrhenischen Meer vor. Molise ist eine der **armen Landschaften Italiens** an der Grenze zum Mezzogiorno; wichtigster Erwerbszweig ist die Land- und Weidewirtschaft. 1943 verlief durch das Sangro-Tal die »Gustav-Linie«, die Front zwischen den Alliierten und den deutschen Truppen; viele Orte wurden völlig zerstört. Ein schweres Erdbeben hat 1984 die Provinz Isernia getroffen.

Reiseziele im Molise

Termoli und Adria-Küste

Von Pinien gesäumte Sandstrände prägen den 38 km langen Abschnitt der Adriaküste; einige Hotelsiedlungen wurden für Sommerurlauber geschaffen. Im Zentrum liegt Termoli mit seiner ins Meer vorspringenden ummauerten Altstadt zwischen Strand und Hafen (Fähren zu der Isole Tremiti). Das Kastell wurde von Friedrich II. 1247 erbaut; beachtenswert ist die Kathedrale S. Basso (um 1200) mit ihrer schönen Fassade im normannisch-apulischen Stil, leider ist von der Bauplastik und den Marmorintarsien nur noch wenig vorhanden. Nördlich der Stadt ragt ein traditioneller **»trabocco«** ins Meer, ein hölzerner Steg mit großen Netzen an weit ausladenden Masten.

Guglionesi

Im uralten Guglionesi, 15 km südwestlich von Termoli 369 m hoch in schöner Panoramaposition gelegen, ist außer der Kathedrale Santa Maria Maggiore (1746; romanische Krypta) die archaisch wirkende romanische Kirche S. Nicola (12. Jh.) interessant.

Larino

Von der einstigen blühenden römischen Stadt Larino zeugt vor allem das 14 000 Zuschauer fassende Amphitheater. Glanzpunkt im Zentrum der Altstadt ist die **Kathedrale S. Maria Assunta e S. Pardo** von 1319 im romanisch-gotischen Stil Apuliens; die großartige Fassade besitzt ein Pseudoprotyros-Portal mit einer schönen Kreuzigungsgruppe, über dem Radfenster das Lamm Gottes und die Evangelistensymbole. Gegenüber steht an der langen Piazza del Duomo der ehem. Herzogspalast (Fassade 1888) mit dem Rathaus und dem besuchenswerten Ortsmuseum.

✶ Petrella Tifernina

Von der SS 647 geht 47 km südwestlich von Termoli die Straße hinauf nach Petrella Tifernina, dessen 1165–1211 erbaute **Kirche San Giorgio Martire** als das interessanteste romanische Bauwerk der Re-

MOLISE ERLEBEN

AUSKUNFT

Campobasso
Piazza della Vittoria 14, scala C – 3° piano, 86100 Campobasso
Tel. 08 74 41 56 62, 08 74 41 56 63
eptcampobasso@molisedati.it
www.regione.molise.it

Isernia
Via Farinacci 9, 86170 Isernia
Tel. 08 65 39 92, Fax 0 86 55 07 71
eptisernia@molisedati.it

VERANSTALTUNGEN

Im Frühjahr finden in mehreren Orten des Molise (San Marino in Pensilis, Ururi, Larino) traditionelle Wettkämpfe mit Ochsenkarren statt.

Bei der Sagra dei Misteri an Fronleichnam werden lebende Bilder – in Gestalt von kostümierten Kindern – durch die Straßen von *Campobasso* getragen.

Agnone ist im August Schauplatz eines Theater- und Musikfestivals.

ESSEN

► Erschwinglich

Miseria e Noblità
Via S. Antonio Abate 16, Campobasso
Tel. 0 87 49 42 68, So geschl.
Edles Altstadtlokal, begeisternde Küche.

Da Nicolino
Via Roma 13, Termoli
Tel. 08 75 70 68 04, Do. geschl.
Traditionelle cucina di pesce.

► Preiswert

Il Pagatore
Corso Conte di Torino 71, Guglionesi
Tel. 08 75 68 05 50; So. geschl.
Ursprüngliche Trattoria, besonders lecker schmeckt das gebratene Lamm, die Gnocchi mit Käsefondue können süchtig machen.

Taverna Maresca
Corso Marcelli 186, Isernia
Tel. 08 65 39 76; So. geschl.
Beliebtes Lokal im Zentrum, einfach eingerichtet, aber sehr gemütlich.

ÜBERNACHTEN

► Komfortabel

Eden
Via Colle delle Api 91, Campobasso
Tel. 08 74 69 84 41, Fax 08 74 69 84 43
www.molisehotels.com
Neuzeitliches Hotel vor den Toren der Stadt mit schönem Garten, die Zimmer bieten guten Komfort.

► Günstig

Convivium
Contrada Atilia 3, Sepino
Tel. 08 74 79 00 12
www.turismoruraleconvivium.com
Mitte März bis November; nette Zimmer in unmittelbarer Nähe des antiken Saepinum.

La Taverna (Agriturismo)
Contrada Piana d'Olmo, Sepino
Tel. 0 87 47 96 26, Fax 08 74 79 01 18
In der ehemaligen Poststation aus dem 17. Jh. kann man preiswert nächtigen. Das Restaurant stützt sich auf eigene Produkte.

gion gilt. Am fast ungegliederten Äußeren sind das übergroße Hauptportal und das linke Seitenportal zu beachten, die außer geometrischen und vegetabilen Ornamenten christliche Symbole und Tiermonster zeigen. Im Inneren mit Parallelogramm-Grundriss gibt es schöne Kapitelle und ein großes Taufbecken. Von der Barockisierung 1732 sind noch einige Teile in der Kirche belassen.

S. Maria della Strada ► Sehenswert ist auch die romanische Basilika S. Maria della Strada bei Matrice (ca. 12 km südlich von Petrella), die 1148 geweiht wurde und im Originalzustand erhalten blieb.

Campobasso Hauptort der Region und der östlichen Provinz ist Campobasso (701 m, 50 000 Einw.). Von der Piazza G. Pepe, dem Zentrum der Neustadt, geht südwestlich der Corso Vittorio Emanuele ab, die Flaniermeile der Stadt. In nördlicher Richtung gelangt man an Präfektur und klassizistischer Kathedrale (1829) vorbei in die **Altstadt**. Hinter der gotischen Pfarrkirche S. Leonardo (13. Jh.) liegt an der Via A. Chiarizia der Palazzo Mazzarotta mit dem Museo Nazionale Sannitico mit samnitischen, römischen und langobardischen Grabungsfunden. Sehenswert ist auch die romanische Kirche S. Bartolomeo (vor 1371). Über der Stadt thront das Kastell Monforte (1549).

? WUSSTEN SIE SCHON ...?

- In Isernia wurde um 1210 Pietro da Morrone geboren, später Papst Cölestin V., der einzige Pontifex maximus, der zu Lebzeiten von seinem Amt zurücktrat (als über 80-jähriger Eremit fühlte er sich den Anforderungen seines Amts nicht gewachsen).

Im Osten der Region geht das Molise in das herbe Hügelland Apuliens über. Südlich über dem Stausee Lago di Occhito liegt auf einem

✶ **Gambatesa** Tuffrücken das alte Gambatesa mit einem beeindruckenden Kastell; aus der frühmittelalterlichen Burg der Herren von Gambatesa entstand ein Renaissance-Palast, den um 1550 der **Manierist Donato Decumbertino** prachtvoll ausgemalt hat.

Sepino Nahe der Grenze zu Kampanien, ca. 25 km südlich von Campobasso, liegt am Nordhang der Monti del Matese Sepino (698 m), Nachfolger der alten samnitisch-römischen Stadt Saepinum (3 km nördlich).

✶ **Altilia** Das Dorf Altilia ist eine besondere Sehenswürdigkeit, denn es ist in die römische Stadt gebaut, deren Reste seit 1950 teilweise freigelegt wurden; an kaum einem anderen Ort sind Vergangenheit und Gegenwart so eng verbunden. Besonders zu beachten sind das Theater mit den umstehenden einstigen Bauernhäusern, die Porta Bovianum mit zwei Barbaren-Figuren und einem Dekret des Jahres 170 n. Chr. sowie das Mausoleum des C. E. Marsus.

Agnone Höhenluft »schnuppert« Agnone im Norden der Provinz Isernia (23 km nordwestlich der SS 650), auf einem Tuffrücken in 800 m Höhe gelegen. Das charmante Städtchen ist für die Tradition der **Kupfer- und Goldschmiedekunst** sowie als päpstliche Glockengießerei bekannt. Unter den vielen Kirchen hervorzuheben sind S. Antonio Abate (1118/1691–1793), S. Marco (1114/17. Jh., schöne Altäre) am höchsten Punkt der Stadt und S. Francesco (1343/17.–18. Jh.), ebenfalls mit prächtigen Altären.

★ Pietrabbondante

Bei Pietrabbondante (1025 m, 22 km südlich von Agnone) liegen die bedeutendsten samnitischen Ausgrabungen (u. a. Theater und Tempel, ca. 150–90 v. Chr.): herrliches Panorama mit Blick auf das zwischen riesige Felsen geklemmte Pietrabbondante und Agnone.

Isernia

Isernia (423 m, 21 000 Einw.), die Hauptstadt der westlichen Provinz, wurde 1805 und 1984 durch Erdbeben und 1943 durch Bomben der Alliierten schwer beschädigt. Dennoch lohnt sich der Gang von der Piazza Celestino V (Fontana della Fraterna, 14. Jh.) durch den Corso Marcelli mit der Kirche S. Chiara (13. Jh., 1885), der Kathedrale (1837, romanisch-gotischer Vorgängerbau 1805 zerstört) und dem Museum; es zeigt u. a. Reste der altsteinzeitlichen Siedlung des sog. **Homo aeserniensis**, die 1978 nahe Isernia entdeckt wurde.

Abbazia di S. Vincenzo al Volturno

Etwa 25 km nordwestlich von Isernia liegen im Volturno-Tal die Ruinen der im Jahr 702 gegründeten und 881 von den Sarazenen zerstörten Klosterstadt Abbazia di S. Vincenzo. Erhalten blieb u. a. eine mit schönen Fresken (9. Jh.) geschmückte Krypta. Beim Bau der neuen Kirche (1958), die wie der ganze Komplex von Benediktinerinnen betreut wird, wurden alte Teile verwendet.

Pietrabbondante ist zwischen mächtige Felsen erbaut worden.

★★ Neapel · Napoli

O 18

Region: Kampanien • Campania
Höhe: 10 m ü. d. M.
Provinz: Napoli
Einwohnerzahl: 1,2 Mio. (Großraum: 4 Mio.)

Dem schönsten Chaos der Welt begegnet man in Neapel, der süditalienischen Hafenstadt am Fuß des Vesuvs. Bei Reisenden löst die Millionenstadt oft zwiespältige Gefühle aus: Zum einen weiß man um die herrlichen Kunstschätze, zum anderen fürchtet man Kriminalität, Verkehrschaos und Konfrontation mit sozialer Not.

Weltkulturerbe

Die süditalienische Hafenstadt Neapel, nach Rom und Mailand drittgrößte Stadt Italiens, Hauptort der Region Kampanien und der Provinz Neapel, liegt am gleichnamigen Golf. Zu ihren Hauptattraktionen gehören neben der schönen Lage die quicklebendige, von der UNESCO zum Weltkulturerbe ernannte Altstadt, die vielen Zeugnisse der über 2700-jährigen Geschichte, das Archäologische Nationalmuseum mit seinen einzigartigen Schätzen, die man bei den Ausgrabungen in den verschütteten Vesuvstädten fand, sowie die Gemäldegalerie von Capodimonte. Der Hafen von Neapel hat nicht nur als Ausgangsort für Fahrten zu den Inseln Ischia und Capri, sondern auch als Hauptumschlagplatz für ganz Unteritalien größte Bedeutung.

Zwischen Golf und Vesuv breitet sich die Millionenstadt Neapel aus.

★★ Neapel von oben

Bevor man eintaucht in das »Chaos himmelhoch getürmter Häuser mit barocken Architekturen, die Schwüle und den Staub der Straßen« (F. Gregorovius), empfiehlt es sich, Neapel zunächst aus gebührendem Abstand auf sich wirken zu lassen. Dazu bietet sich der **Vomero** an (auch San-Martino-Hügel genannt). Deutlich erkennt man von oben den großen Hafen mit den Fähranlegestellen, das Häusermeer, das sich bis zum doppelhöckrigen Vesuv erstreckt, die Türme und Kuppeln der über 300 Kirchen, die Wohnpaläste der Jahrhundertwende. In den ineinander geschachtelten Häusern des historischen Zentrums leben und arbeiten bis zu 80 000 Menschen pro km^2.
In einem zweiten Schritt erkundet man dann die lebendige **Altstadt**. Das großstädtische Neapel erlebt man um die Piazza del Plebiscito herum, wo die Bourbonen ihre Denkmäler hinterlassen haben. Anschließend locken die Schätze der bedeutenden Museen. Bei einem längeren Aufenthalt bieten sich darüber hinaus Tagesausflüge nach ► Pompeji, ►Herkulaneum, ►Pozzuoli oder ►Caserta an.

Geschichte

7.–5. Jh. v. Chr.	Griechische Kolonisten gründen zuerst Parthenope und später Neapolis.
326 v. Chr.	Römer erobern die Region, die beiden Siedlungen wachsen zusammen.
763–1137	Neapel wird zum selbständigen Herzogtum von Byzanz.
1137	Die Normannen erobern das Herzogtum Neapel, es kommt zum sizilischen Königreich.
12.–19. Jh.	Wechselnde Herrscher: Staufer, Anjou, Aragon, spanische Habsburger, Bourbonen
1860	Anschluss an das neue Italien
1992	Beginn der Antikorruptionskampagne

Griechische Kolonisten gründeten mehrere Siedlungen in der Region des heutigen Neapel, die später unter den Römern zu einer Stadt zusammenwuchsen. Aufgrund der **schönen Lage** und des **milden Klimas** ließen sich hier viele wohlhabende Römer großzügige Villen erbauen, u. a. Vergil, Augustus, Tiberius und Nero.
Vom 8. bis zum 12. Jh. war die Stadt selbständiges Herzogtum von Byzanz, danach wurde sie bis ins 19. Jh. von wechselnden Herrschern erobert. Ende 1860 führte der so genannte Zug der Tausend unter Garibaldi zum Anschluss an Italien.
Im November 1980 erlitt die Metropole Süditaliens bei einem Erdbeben schwere Schäden. In den darauf folgenden Jahren versank sie dank einer unheilvollen Allianz aus korrupten Politikern, Bauspekulanten und organisierter Kriminalität beinahe im Chaos. Ihr **Wiederaufstieg** begann im Zuge der großen Antikorruptionskampagne im Jahr 1992. Er hängt eng mit der Wahl Antonio Bassolinos zum Bür-

germeister im Jahr 1994 und einem veränderten Bewusstsein vieler Neapolitaner zusammen, selbst etwas gegen die Verwahrlosung zu unternehmen. Seither wurden zahlreiche Baudenkmäler restauriert, und die Besucherzahlen steigen.

✶ Spaccanapoli · Centro storico

»Neapelspalter«

Von oben erkennt man ganz deutlich die im Volksmund Spaccanapoli (»Neapelspalter«) genannte, ca. 3 km lange Straße. Sie beginnt etwa auf halber Höhe der Via Toledo, wo rechts die kleine Via D. Capitelli abzweigt. In ihrem Verlauf ändert sie mehrfach ihren Namen (V. Benedetto Croce, V.S. Biagio dei Librai, V. Vicaria Vecchia) und durchschneidet die insgesamt etwa 2 km² große Altstadt in ihrer ganzen west-östlichen Länge. Sie entspricht dem Decumanus inferior des antiken Neapolis, und zusammen mit der parallel verlaufenden Via dei Tribunali ist sie eine der lebhaftesten und interessantesten Straßen Neapels.

✶ Piazza del Gesù Nuovo

Kurz hinter der Abzweigung von der Via Toledo weitet sich die Spaccanapoli zur Piazza del Gesù Nuovo. In ihrer Mitte ragt die Guglia dell'Immacolata 34 m in die Höhe. Sie ist eine der vielen barocken so genannten **Pestsäulen Neapels**, die nach der überstandenen Epidemie, der in der Mitte des 17. Jh.s rund 70% der Einwohner zum Opfer gefallen waren, aufgestellt wurden. Die Nordseite des Platzes wird von der Jesuitenkirche Gesù Nuovo eingenommen. Ihre Diamantquaderfassade hat sie vom Palazzo Sanseverino, in den sie 1584 integriert wurde. Im barock ausgestatteten Innern ist das Fresko »Vertreibung des Heliodor aus dem Tempel« von Francesco Solimena an der Innenseite der Eingangswand beachtenswert.

Highlights Neapel

Chiostro dell Maioliche
Der Kreuzgang mit bunten Keramikkacheln ist das Prunkstück des ehemaligen Klarissenklosters Santa Chiara.
▸ Seite 281

Metropolitana
Wer das Auto stehen lässt, sieht oft mehr: z. B. zeitgenössische Kunst in den Stationen der neu gebauten Metro Linea 1.
▸ Seite 284

Museo Archeologico Nazionale
Antike griechische und römische Kunst zeigt sich hier in Vollendung.
▸ Seite 296

Museo e Gallerie Nazionali di Capodimonte
Raffael, Tizian, Caravaggio und Brueghel sind nur einige der Künstler, deren Werke in der Gemäldegalerie bewundert werden können.
▸ Seite 297

Neapel von oben
Verschaffen Sie sich einen Überblick vom Hausberg Vomero aus! Besonders lohnend ist der Blick von der Klosterterrasse des Certosa di San Marino; drei Zahnradbahnen (Funiculare) bringen Sie hoch.
▸ Seite 295

Marmor über Marmor in der Cappella Sansevero

★ **Santa Chiara**

Vom Klarissenkloster Santa Chiara sind nur noch Kirche, Kampanile und Kreuzgang erhalten. Im Innern der 1310 erbauten gotischen Kirche befinden sich mehrere **Grabdenkmäler** für Mitglieder des Hauses Anjou, darunter das von Florentiner Bildhauern 1345 geschaffene prachtvolle Grab für Robert den Weisen (direkt hinter dem Altar), rechts an der Wand folgt das Grabmal seiner sehr jung verstorbenen Ehefrau Maria von Valois (Tino di Camaino). Über den Hof geht es zum freundlichen Klostergarten mit seinen Zitronenbäumen und zum schönsten Kreuzgang Neapels, dem Chiostro delle Maioliche. Er wurde in der Mitte des 14. Jh.s angelegt und im 18. Jh. von Vaccaro umgebaut und dabei mit bunten Majoliken aus Capodimonte ausgeschmückt. Die Kacheln sind mit Landschafts- und Fantasieszenen bemalt.

★ ★

◄ Chiostro delle Maioliche

★ **Cappella Sansevero**

Über die Via De Sanctis hat man Zugang in die Grabkapelle der Familie Sangro-Sansevero. Sie wurde Anfang des 16. Jh.s erbaut (Öffnungszeiten: Mi. bis Mo. 10.00–17.00 Uhr). Im Innern befinden sich zahlreiche barocke Skulpturen aus der Sammlung Don Raimondo di Sangro, Fürst von Sansevero, Wissenschaftler und Alchimist, darunter Corradinis »Pudicizia« (»Anstand«), Queirolos »Disinganno« (»Verzweiflung«) und die Liegefigur »Cristo Velato« (»Verhüllter Christus«) von Giuseppe Sammartino (1753). In der Krypta sind zwei Skelette mit versteinerten Adern ausgestellt, angeblich die Opfer von Experimenten des Alchimisten.

Neapel Orientierung

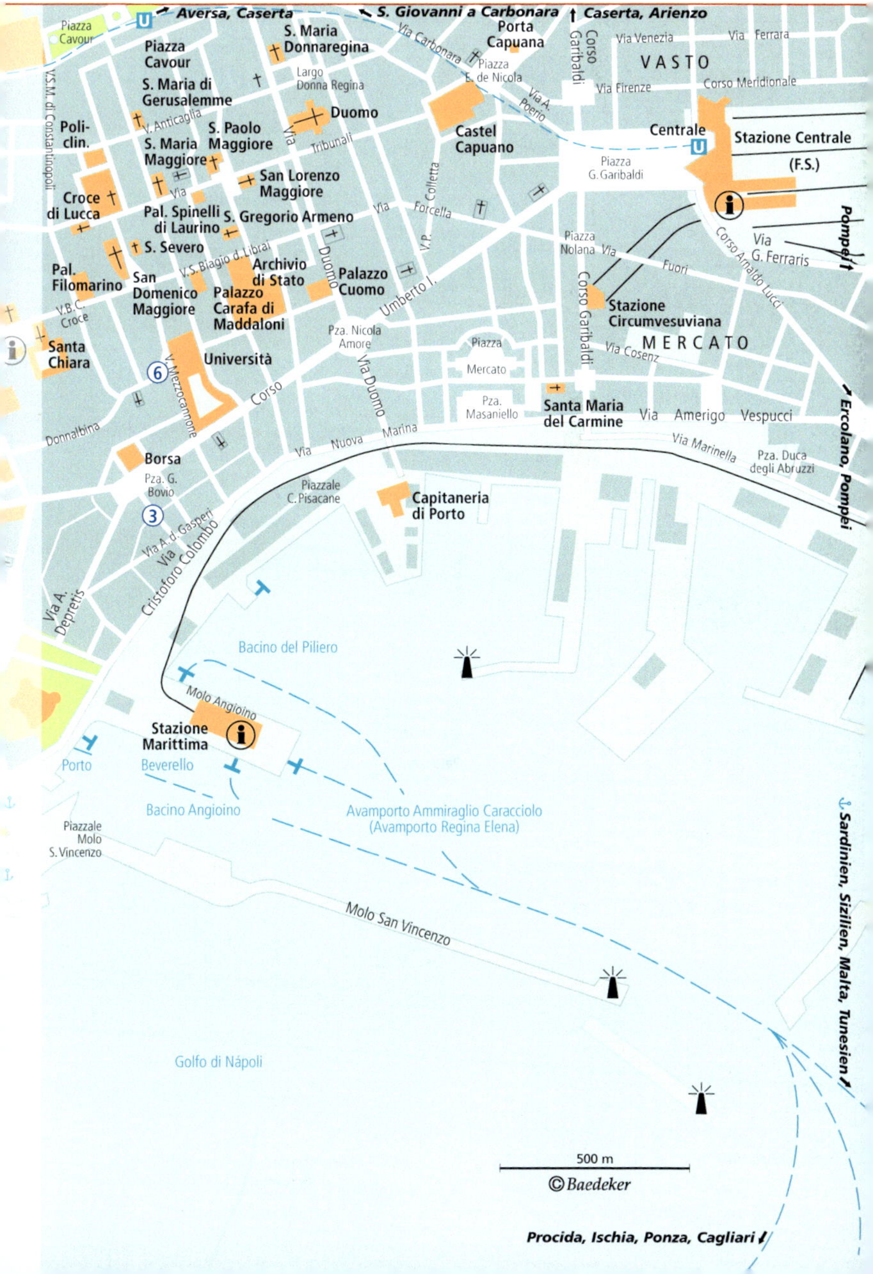
Aversa, Caserta
S. Giovanni a Carbonara
Caserta, Arienzo
Piazza Cavour
S. Maria Donnaregina
Porta Capuana
VASTO
Largo Donna Regina
S. Maria di Gerusalemme
Duomo
Castel Capuano
Centrale
Stazione Centrale (F.S.)
Poli-clin.
S. Paolo Maggiore
S. Maria Maggiore
San Lorenzo Maggiore
Piazza G. Garibaldi
Croce di Lucca
Pal. Spinelli di Laurino
S. Gregorio Armeno
S. Severo
Archivio di Stato
Palazzo Cuomo
Pal. Filomarino
San Domenico Maggiore
Palazzo Carafa di Maddaloni
Stazione Circumvesuviana
MERCATO
Santa Chiara
Università
Piazza Mercato
Pza. Masaniello
Santa Maria del Carmine
Via Amerigo Vespucci
Via Marinella
Pza. Duca degli Abruzzi
Borsa
Pza. G. Bovio
Piazzale C. Pisacane
Capitaneria di Porto
Via Nuova Marina
Via Cristoforo Colombo
Via A. Depretis
Bacino del Piliero
Molo Angioino
Stazione Marittima
Porto Beverello
Bacino Angioino
Avamporto Ammiraglio Caracciolo (Avamporto Regina Elena)
Piazzale Molo S. Vincenzo
Molo San Vincenzo
Golfo di Nápoli
Ercolano, Pompei
Pompei
Sardinien, Sizilien, Malta, Tunesien
Procida, Ischia, Ponza, Cagliari
500 m
© Baedeker

NEAPEL ERLEBEN

AUSKUNFT

Palazzo Reale, Piazza del Plebiscito 1,
80132 Napoli
Tel. 08 12 52 57 11
Fax 0 81 41 86 19
www.inaples.it
www.comune.napoli.it

Weitere Büros:

Piazza del Gesù 7/8
Tel. 08 15 52 33 28
Galleria Umberto I, Via San Carlo 9
Tel. 0 81 40 23 94
Via Marino Turchi 16, Ecke Via
S. Lucia, Tel. 08 12 40 09 11

VERKEHR

Auto

Verstopfte Straßen, tollkühne Zweiradfahrer, scheinbar aufgehobene Verkehrsregeln: Selbst routinierten Autofahrern sei davon abgeraten, sich in Neapel mit dem eigenen Fahrzeug zu bewegen. Bewachte Parkplätze: Interscambio-Autosilo Brin (Via B. Brin, Tel. 08 17 63 28 27) zwischen Piazza Garibaldi und Meer und Sannazaro in der Nähe von Mergellina (Piazza Sannazzaro 142, Tel. 0 81 68 14 37, www.postegginapoli.it).

Untergrundbahn

Schnell und effizient ist die neue Metrolinie (www.metrodelmare.com). Die Stationen der M1 haben international renommierte Künstler gestaltet.

Bus

Überlandbusse (www.sitabus.it, www.ctnp.it) von der Piazza Garibaldi (Hauptbahnhof) z. B. nach Caserta, Salerno, Sorrent und Amalfi. Von Napoli-Montesanto (www.sepsa.it) in die Phlegräischen Felder.

Bahn

Neapels Hauptbahnhof, die Stazione Centrale FS, liegt an der Piazza Garibaldi. An der Strecke Napoli–Sorrento der Circumvesuviana (www.vesuviana.it) liegen auch die Ausgrabungszonen Herkulaneum (Ercolano), Villa Oplontis (Torre Annunziata) und Pompeji (Pompei Scavi). Circumflegrea/Circumcumana (www.sepsa.it) von Napoli-Montesanto nach Pozzuoli, Baia, Cuma und in die Phlegräischen Felder.

Fähren/Tragflügelboote

Vom Molo Beverello (Stazione Marittima) und aus Mergellina täglich zu den Inseln und nach Capri (www.alilauro.it, www.caremar.it, www.snav.it, www.volaviamare.it).

Flughafen

Vom Flughafen fährt der Blaue Alibus alle 30 Min. über die Piazza Garibaldi zur Piazza Municipio. Die gelben ANM-Busse der Linie 3 S steuern ebenfalls das Zentrum Neapels an.

Funicolare

Unbedingt ausprobieren sollte man die Funicolare, die Drahtseilbahnen auf den Vomero-Hügel.

! Baedeker TIPP

Alles auf eine Karte

Mit dem GiraNapoli-Ticket kann man für 1 € 90 Min. bzw. für 3 € einen Tag lang fahren und dabei beliebig, auch zwischen einzelnen Verkehrsmitteln, umsteigen. Deutlich vergünstigte Museumseintritte und z. T. die Benutzung öffentlicher Verkehrsmittel gratis bietet die Campania Artecard für 3 bzw. 7 Tage. (www.anm.it, www.metro.na.it, www.unicocampania.it, www.campaniaartecard.it).

Die Trödelhändler in Neapel haben ein reichhaltiges Angebot.

VERANSTALTUNGEN

Maggio dei Monumenti
Den ganzen Monat Mai öffnen in Neapel und Umland viele sonst verschlossene Klöster, Kirchen und Paläste ihre Tore, die wichtigsten Museen verlängern ihre Öffnungszeiten. Außerdem finden Ausstellungen, Konzerte und Performances statt (www.portanapoli.com).

Prozessionen »Blutwunder«
Der Dom San Gennaro ist Ausgangs- und Endpunkt großer Prozessionen vor allem am ersten Maiwochenende und am 19. September.

EINKAUFEN

Im *centro storico* Neapels findet man noch zunftartig ein Handwerk repräsentierende Straßenzüge, darunter Papier- und Buchläden in der Via Dante und der Via San Biagio dei Librai, Musikinstrumente in der Via San Pietro a Maiella. ***Holzfiguren*** gibt es in der Via San Gregorio Armeno. Eine gute Adresse für ***Designerkleidung*** sind die Via Chiaia, Via dei Mille, Via Calabritto und die Piazza dei Martiri. Maßgeschneiderte Krawatten fertigt Maestro Marinella in der Via Riviera di Chiaia 287.

ESSEN

► Fein & Teuer

① ***La Cantinella***
Via Cuma 42
Tel. 08 17 64 68 84
Juni bis Okt. So. geschl.
Elegantes Restaurant an einer der schönsten Strandpromenaden der Welt. Vorzügliche Küche mit sagenhaften Fischgerichten, beachtliche Auswahl an Weinen.

► Erschwinglich

② ***Osteria della Mattonella***
Via Nicotera 13
Tel. 0 81 41 65 41
So. abend und August geschl.
In der klassischen Osteria mit langen Bänken und Hockern gibt es traditionelle schlichte Gerichte, die Zutaten liefern lokale Erzeuger.

Baedeker-Empfehlung

③ ***L'Europeo di Mattozzi***
Via Marchese Campodisola 4
Tel. 08 15 52 12 23
So., Mitte Juni bis Mitte Aug. auch Sa. geschl.
Nahe bei der Piazza Borsa im Universitätsviertel liegt dieses gemütliche Lokal, das großen Wert auf traditionelle Gerichte legt. Hervorragend sind die Suppen und der Stockfisch alla pizzaiola.

④ ***Vadinchenia***
Via Pontano 21
Tel. 0 81 66 19 58
Im eleganten Stadtteil Amedeo bewirtet Sie Saverio Petrocelli mit kulinarischen Leckereien aus den verschiedensten Regionen Italiens und hervorragenden Weinen.

► **Preiswert**

⑤ ***Marino***
Via Santa Lucia 118/120
Tel. 08 17 64 02 80
Mo. und Aug. geschl.
Seit mehr als 70 Jahren in der Hand derselben Familie, ist dieses ursprüngliche Restaurant mit Pizzeria ein Garant für vorzügliches Essen.

⑥ ***Taverna dell'Arte***
Rampe San Giovanni Maggiore 1 a
Tel. 08 15 52 75 58; So. geschl.
In der heimeligen Osteria von Alfonso Gallotti ist immer etwas los. Vorzügliches Essen in gemütlicher Atmosphäre; Reservierung ratsam.

ÜBERNACHTEN

► **Luxus**

① ***Mediterraneo***
Via Nuova Ponte di Tappia 25
Tel. 08 17 97 00 01, Fax 08 15 52 58 68
www.mediterraneonapoli.com
Modernes Hotel mitten im Zentrum, in einer Nebenstraße der Via Toledo. Elegante Zimmer in warmen Farben, Dachterrasse mit grandiosem Ausblick.

② ***Grand Hotel Parker's***
Corso Vittorio Emanuele 135
Tel. 08 17 61 24 74, Fax 0 81 66 35 27
www.grandhotelparkers.it
Das schönste Hotel in Neapel, etwa 200 m über dem Golf mit herrlichem Blick auf Castel dell'Ovo und Vesuv gelegen. Der Clou ist die Dachterrasse mit dem Restaurant »George's«.
Geboten werden traditionelle Gerichte in französischer Präsentation; für abends unbedingt reservieren.

► **Komfortabel**

③ ***Chiaja Hotel de Charme***
Via Chiaia 216
Tel. 0 81 41 55 55, Fax 0 81 42 23 44
www.hotelchiaia.it
Ein Kleinod neapolitanischer Architektur stellt dieses charmante Haus in der Nähe des Teatro San Carlo dar. Schöne Zimmer mit einem Hauch aristokratischen Flairs.

④ ***Costantinopoli 104***
Via Santa Maria di Costantinopoli 104
Tel. 08 15 57 10 35, Fax 08 15 57 10 51
www.costantinopoli104.com
Eine Insel der Ruhe im Herzen der Altstadt: hübsche neoklassizistische Villa aus dem 19. Jh., elegante Zimmer und ein schöner Garten mit Schwimmbad sorgen für einen angenehmen Aufenthalt. Ohne Restaurant.

Baedeker-Empfehlung

⑥ ***Parteno***
Lungomare Partenope 1
Tel. und Fax 08 12 45 20 95
www.parteno.it
Edles B&B mit tollem Golf-Blick an der Uferstraße. Das Haus vereint die Annehmlichkeiten eines Hotels mit der Gemütlichkeit einer privaten Pension.

► **Günstig**

⑤ ***Rex***
Via Palepoli 12
Tel. 08 17 64 93 89, Fax 08 17 64 92 27
www.hotel-rex.it
In einem älteren Palazzo in der Nähe der Uferstraße. Bequeme Zimmer in mediterranem Stil, kein Restaurant.

Die Kirche **S. Angelo a Nilo** an der Ecke Spaccanapoli/Via Mezzocannone wurde nach der auf dem angrenzenden Plätzchen aufgestellten antiken Statue des Nil-Gottes benannt. Das Renaissancegrabmal für Kardinal Rinaldo Brancaccio im Inneren schufen die beiden Pisaner Bildhauer Donatello und Michelozzo (1428). Vis à vis hängt tagsüber vor einer Bar ein Altar für den »Fußballgott« Diego Maradona einschließlich Haarreliquie. Der **Palazzo del Monte di Pietà** an der Ecke zum Vico S. Severino war bis Ende des 16. Jh.s das städtische Pfandleihhaus. Heute gibt es hier viele Gold- und Silberschmuckläden.

In der Straße der Krippenbauer bevölkern längst nicht nur Heilige die Auslagen.

✶ **Via Gregorio Armeno**

Die malerische Via Gregorio Armeno biegt von der Spaccanapoli in Richtung Norden ab. Für Neapolitaner ist sie die »Gasse der Krippenfiguren«, die Handwerker hier seit dem 17. Jh. aus Holz, Ton oder Draht und Strohgeflecht formen. Eines der schönsten Beispiele, der Presepio di Cuciniello mit 180 Hirten und vielen Tieren, ist im Museum auf dem Vomero zu sehen.

San Gregorio Armeno

Eine der reichsten Barockkirchen von Neapel (1580) schmückt den Klosterkomplex S. Gregorio Armeno. Sehenswert sind vor allem die Fresken von Luca Giordano an den Seitenwänden und in der Kuppel. Von dem dazugehörigen Kreuzgang aus dem 18. Jh. hat man einen schönen Blick auf den Golf.

! *Baedeker* TIPP

Puppendoktor

Handarbeit wird auch im Ospedale delle Bambole, Puppen-Krankenhaus, groß geschrieben. Wie schon sein Großvater verarztet Luigi Grassi gebrochene Glieder oder abblätternde Gesichter von Puppen, Heiligenstatuen und Figuren aus der Commedia dell'Arte (Via San Ciagio dei Librai 81, www.ospedaledellebambole.it).

✶ **Duomo San Gennaro**

Der dem Stadtpatron Januarius geweihte Dom wurde 1294–1323 im französisch-gotischen Stil errichtet und zuletzt im 19. Jh. verändert. Im rechten Seitenschiff befindet sich die prachtvoll ausgestattete **Cappella di San Gennaro** (17. Jh.); auf dem barocken Hauptaltar steht die Silberbüste mit dem Schädel des hl. Januarius, der als Bischof unter Diokletian den Märtyrertod erlitt. Im Tabernakel sind die beiden Glasphiolen mit seinem Blut aufbewahrt, das sich zweimal im Jahr verflüssigt, erstmals angeblich bei der Überführung des Leichnams nach Neapel zur Zeit Kaiser Konstantins. Die reich geschmückte Confessio (Anfang 16. Jh.) unter dem Hochaltar enthält das Grab des Heiligen.

S. Restituta ► Vom linken Seitenschiff betritt man die Basilika der hl. Restituta aus dem 9. Jh., die **älteste Kirche Neapels**. Von hier aus gelangt man zu den archäologischen Ausgrabungen unter dem Dom und in die Capella S. Giovanni in Fonte. Das frühchristliche Baptisterium wird von einer Kuppel mit Mosaiken des 4. und 5. Jh.s überspannt.

★ Baptisterium ►

Monte della Misericordia ► Rechts vom Dom, auf der Piazza Cardinale Sisto Riario Sforza, die sich zur Via Tribunali öffnet, steht die im 17. Jh. gegründete Wohlfahrtseinrichtung Monte della Misericordia mit dem Altarbild »Die Sieben Werke der Barmherzigkeit« von Caravaggio (1607).

★ **Via Tribunali**

Reges Treiben herrscht auf der Via Tribunali, einer Parallelstraße der Spaccanapoli. Ihren östlichen Abschluss bildet das **Castel Capuano**, einst ein normannischer Herrschersitz, der im 16. Jh. verändert wurde und seither als Gerichtsgebäude genutzt wird. Ihm gegenüber erhebt sich die Kuppelkirche Santa Caterina a Formiello (1519–1593); etwas östlich folgt die Porta Capuana, das von zwei Türmen der ehemaligen Stadtmauer flankierte Stadttor (1484, Giuliano da Maiano).

San Lorenzo Maggiore

Die elegante gotische Franziskanerkirche S. Lorenzo Maggiore steht an der Via Tribunali an der Stelle, wo sich einst die griechische Agora und später das römische Forum befanden. Die Pläne des Chors stammten von dem französischen Baumeister Thibaud de Saumur. Eindrucksvolle Überreste wie Mauern, gepflasterte Wege, sogar steinerne Verkaufsstände wurden zwei Stockwerke tief unter S. Lorenzo ausgegraben. Kunstgeschichtlich bedeutend ist das mit Mosaiken bedeckte gotische **Grabmal der Katharina von Österreich** († 1323, von Tino da Camaino).

Via Tribunali, die belebte Parallelstraße der Spaccanapoli, mitten in der Altstadt von Neapel

Nördlich gegenüber die Kirche **San Paolo Maggiore**, die 1538–1627 auf der Ruine des römischen Dioskurentempels erbaut wurde, von dem ein Säulenpaar in die Fassade eingemauert ist.

Links neben dem Treppenaufgang befindet sich der Zugang zum unterirdischen Neapel, **Napoli sotterranea**. Neapels Untergrund besteht aus gelblichem porösem Tuffstein, den bereits die Griechen und Römer als Baumaterial nutzten und abbauten. Die Höhlen dienten als Nekropolen, später dann als Müllgruben, Versteck für Hehlerwaren der Mafia und zuletzt im Krieg als Luftschutzkeller. Über eine lange Treppe gelangt man zur **»Stadt unter der Stadt«**, einem Labyrinth aus Tunneln, Höhlen, Zisternen und Kanälen, die einst die Trinkwasserversorgung Neapels sicherten (Führungen auch in Deutsch, Infos: www.napolisotterranea.org, Tel. 0 81 29 69 44).

★ **Napoli sotterranea**

! *Baedeker* TIPP

Elviras Markttrattoria

Nicht weit vom Hauptbahnhof erstreckt sich hinter der Porta Nolana Neapels bodenständigster Vormittagsmarkt. Hier versorgt seit Jahrzehnten die Trattoria Da Giovanni (Via Soprammuro a Porta Nolana 9/10, Tel. 0 81 26 83 20) Fischhändler und Advokaten, leichte Mädchen und Camorristi mit authentischer neapolitanischer Küche zum Volkspreis: Vera Napoli.

Die **Piazza Bellini**, mit ihren Cafés und Bars ein beliebter Treffpunkt, erinnert an den sizilianischen Komponisten Vincenzo Bellini; am Fuße seiner Statue sind Überreste der griechischen Befestigungsmauern aus dem 4. Jh. erhalten. An der Piazza beginnt die Via S. Maria di Costantinopoli, in der sich Antiquitäten-, Buch- und Kunstläden aneinanderreihen. Hier liegt auch die **Accademia di Belle Arti**. Der Kunstakademie sind eine große Bibliothek und die Galleria di Arte Moderna angeschlossen.

Südliches Stadtviertel

★ **Sant'Anna dei Lombardi**

1411 begann man mit dem Bau der Kirche Monteoliveto, auch Sant' Anna dei Lombardi genannt, an der Piazza Monteoliveto. Später wurde sie im Frührenaissancestil weitergeführt. Hervorzuheben sind die Cappella Piccolomini mit dem Grab der Maria von Aragon (um 1475; Antonio Rossellino und Benedetto da Maiano), die Cappella Terranova mit einer »Verkündigung« von Benedetto da Maiano sowie die Cappella Tolosa mit Kanontafeln Brunelleschis und Terrakotta-Tondi aus der Werkstatt Della Robbia.

Piazza Municipio

Folgt man der Via Monteoliveto und der Via Medina, gelangt man zur lang gezogenen Piazza Municipio, die sich zwischen Hafen bzw. der Stazione Marittima (1936) und dem 1819 als Regierungssitz der Bourbonen errichteten Palazzo di San Giacomo (1819) erstreckt. Hier befindet sich heute das Rathaus; benannt ist das Gebäude nach der im nördlichen Flügel eingegliederten **Kirche S. Giacomo degli Spagnoli** (1540), Hauptkirche der spanischen Könige Neapels, mit dem Grabmal des Vizekönigs Don Pedro de Toledo (hinter dem Hochaltar, 1532; beim Grab von Pedro auch das eines Ritters von Hürnheim aus dem Ries).

★ **Castello Nuovo**

Das mächtige fünftürmige Castello Nuovo wurde ab 1279 im Auftrag Karls I. von Anjou als königliche Festung errichtet, weshalb es im Volksmund auch Maschio Angioino genannt wird, und im 15. Jh.

i Pizza Margherita

- In Neapel wurde 1889 angeblich die Pizza Margherita erfunden, genauer bei Brandi, einer der ältesten Pizzerien der Stadt (Salita Sant' Anna di Palazzo 1–2). Benannt ist sie nach der Königin Margherita von Savoyen, belegt nach den Landesfarben: Rot (Tomaten), Weiß (Mozzarella) und Grün (Basilikum).

unter Alfons I. von Aragon entsprechend den neuen Anforderungen der Kriegsführung umgebaut. Damals entstand auch das in weißem Marmor zwischen die Festungstürme gezwängte **Triumphtor** (1468; Arco di Trionfo di Alfonso), das den Einzug Alfons' in Neapel 1443 zeigt. Im Innenhof führt eine Freitreppe in die Sala dei Baroni. Sie ist nach einer Gruppe von Baronen benannt, die sich 1486 an einer Verschwörung beteiligt hatten und in diesem Saal festgenommen wurden – heute tagt hier Neapels Stadtrat. Gegenüber dem Haupteingang liegt der Zugang zur gotischen Cappella Santa Barbara (oder Cappella Palatina), die bis zu ihrer Zerstörung durch ein Erdbeben 1456 mit einem Freskenzyklus von Giotto geschmückt war. Im Castello ist das Städtische Kunstmuseum untergebracht (Museo Civico).

✶ Piazza del Plebiscito

Die halbkreisförmige Piazza del Plebiscito entstand ab 1799 im Auftrag von Joachim Murat, dem Schwager Napoleons. Mit ihren klassizistischen Arkaden erinnert sie an den Petersplatz in Rom. In ihrer Mitte erhebt sich die Kirche San Francesco di Paola, die 1817–1846 nach dem Vorbild des römischen Pantheons entstand.

Castello Nuovo, auch Maschio Angioino genannt

COSA NOSTRA UND CO.

2004 gab es in Neapel 130 Mafiatote. Zwei Clans der Camorra, wie hier die Mafia genannt wird, kämpfen um die Vorherrschaft, ein Ereignis, das zum Alltag in der Millionenstadt unter dem Vesuv gehört. Vor allem die Stadtrandquartiere, aber auch die zentralen »quartieri spagnoli« sind in den Händen von Bossen, die bestimmen, wer wann und wie zu sterben hat. In manche Stadtviertel trauen sich selbst Polizisten nur in Gruppen.

Italien und die organisierte Kriminalität – das ist eine lange und traurige Geschichte. Weder dem Königreich noch dem Faschismus oder dem demokratischen Rechtsstaat gelang es bisher, dem mafiosen Wildwuchs die Wurzeln zu ziehen. Im Gegenteil, in Zeiten der **Globalisierung** florieren auch die schmutzigen Geschäfte der Bosse: Schätzungen zufolge machte die Mafia 2004/2005 doppelt so hohen Umsatz wie Fiat.

Entstehung

Im Jahr 1865 wurde die Mafia erstmals in einem Bericht an das römische Innenministerium als »Verbrecherbande« erwähnt. Experten zufolge entstand sie im 19. Jh. auf dem Land. Der »Boss« geht vermutlich auf den Landpächter zurück, der von dem in die Großstädte abwandernden Adel weitreichende Rechte erhalten hatte. Einerseits presste er den Bauern die **Zinsgelder** für die Pacht ab, andererseits gab er vor, die gleichen Bauern gegen feudale Misswirtschaft und Landraub zu schützen. Dafür hatte man sich ihm gegenüber mit dem **Gebot des Schweigens**, der »omertà« zu verpflichten.

Dieser Schweigepflicht ist es noch heute zu verdanken, wenn mutige Anti-Mafia-Ermittler bei ihrer Arbeit nicht vorankommen. Erst der Faschismus versuchte der Mafia ernsthaft zu Leibe zu rücken. Doch gegen Ende des Zweiten Weltkriegs gelang der organisierten Kriminalität ein Comeback – ausgerechnet mit Hilfe der US-Amerikaner.

Mafia & USA

Um die Landung alliierter Streitkräfte in Sizilien vorzubereiten, kooperierten die Amerikaner mit der sizilianischen Cosa Nostra. Mittelsmann war der in den USA inhaftierte **Mafiaboss Lucky Luciano**. Der Deal glückte, im Gegenzug wurden Luciano und anderen hilfsbereiten Mafiosi nicht nur die Strafen erlassen, auf Betreiben der

USA erhielten sie auch wichtige Positionen in der sizilianischen Nachkriegspolitik und Wirtschaft. In den 1960er-Jahren wurde aus der Agrarmafia eine **städtische Mafia**. Organisierte Kriminalität und Politik teilten sich die Geschäfte – vor allem die auf dem lukrativen Bausektor. In den 1970er-Jahren weitete die Mafia ihre Geschäftstätigkeit mit dem Einstieg in den internationalen Drogen- und Waffenhandel aus, seit den 1980er-Jahren arbeiten die Clans mit »Kollegen« des kolumbianischen Medellin-Kartells zusammen.

Kampf gegen die Mafia

Der Kampf gegen die Cosa Nostra, wie die sizilianische Mafia genannt wird, verzeichnet viele **Opfer**. So den Carabinieri-General Carlo Alberto Dalla Chiesa. Der Präfekt von Palermo wurde wegen seines entschiedenen Vorgehens gegen die Bosse 1982 erschossen. Noch größeres Aufsehen erregte 1992 die Ermordung der beiden populären Anti-Mafia-Ermittler Giovanni Falcone und Paolo Borselino, zum ersten Mal regte sich in der Bevölkerung **Widerstand**: Tausende von Menschen gingen auf die Straße und demonstrierten gegen die Mafia. Seit Mitte der 1990er-Jahre gingen der Polizei einige der wichtigsten Bosse ins Netz. Jüngster Erfolg der Antimafia-Kampagne war die Verhaftung von Bernardo Provenzano, dem Oberhaupt der Cosa Nostra, im April 2006. Auch der siebenfache **Ministerpräsident Giulio Andreotti** hatte sich vor Gericht wegen vermuteter Kungeleien mit Bossen zu verantworten. Ganze Teile der Christdemokraten wurden als mafios überführt.

Berlusconi und die Mafia

Der Kampf gegen die Mafia scheint allerdings aussichtslos zu sein, denn das organisiserte Verbrechen hat Helfer und Mitglieder in den höchsten politischen und wirtschaftlichen Kreisen. Der prominenteste Politiker, dessen Verbindungen zur Mafia für Aufregung sorgen, ist der ehemalige Ministerpräsident Silvio Berlusconi höchstselbst. 2006, pünktlich zu den Wahlen, die er nur ganz knapp gegen das Mitte-Links-Bündniss »L'Unione« von Romano Prodi verloren hat, ist ein **Buch** erschienen (»Berlusconi Zampano – die Karriere eines genialen Trickspielers«, Bertelsmann-Verlag), das seine unglaubliche Karriere zum Mediengiganten und Ministerpräsidenten im Dunstkreis von Mafia und Opus Dei unter die Lupe nimmt. Die Autoren Udo Gümpel und Ferruccio Pinotti versuchen anhand von Untersuchungsberichten der Mailänder Richter, die seit Jahren der Korruption den Kampf angesagt haben, die Verflechtungen zwischen der Mafia und

Ein denkwürdiger Tag im Kampf gegen die Mafia: Giovanni Brusca, einer der meistgesuchten Mafiabosse, im Netz der Polizei.

dem Politiker aufzuzeigen. Der Aufstieg Berlusconis zum Mediengiganten ist gesäumt von zwielichtigen Gestalten wie dem ehemaligen Geschäftsführer seiner TV-Vermarktungsfirma »Publitalia«, Marcello Dell'Utri. Der langjährige Berlusconi-Intimus wurde 2004 in erster Instanz zu neun Jahren wegen Beihilfe für eine »kriminelle Vereinigung mafiösen Charakters« verurteilt. Da das Urteil noch nicht rechtskräftig ist, sitzt Dell'Utri noch nicht im Gefängnis. Stattdessen hat er ein Mandat im Europa-Parlament als Abgeordneter der Partei **Forza Italia**, das Bündnis rechtsgerichteter Gruppierungen, das Berlusconi von 1992 an aufgebaut hat.

Bedenkliche Konzentration der Medien

Inwieweit die Mafia beim Aufstieg Berlusconis die Hand im Spiel hatte, sei dahingestellt, in jedem Fall ist es aber eine ungeheure Konzentration der Medienmacht in einer Hand, die sich in Italien zur Zeit vollzieht. Der ehemalige Ministerpräsident kontrolliert das Privatfernsehen, beaufsichtigt das Staatsfernsehen Rai, besitzt mit seiner Familie den größten Verlag »Mondadori« und darüber hinaus einige Zeitungen. Damit hat die Gruppe Berlusconi 90% des TV-Marktes und 40% der Presse unter sich. Sein Anwalt, David Mills – übrigens der Ehemann der britischen Kulturministerin – entwarf für Berlusconi ein **riesiges Schattenreich** mit Dutzenden von Geheimfirmen und Hunderten schwarzer Kassen. Der Staatsmann Berlusconi setzte durch, dass er über die Kapitalverflechtungen keine Auskunft geben muss.

Die neue Mafia

Während also immer mehr der großen alten »Mafiosi« hinter Gittern sitzen und der Staat mit der Schaffung des »pentito«, des reuigen und zur Kooperation mit den Behörden bereiten Bosses, einige Erfolge erreichte, entsteht eine ganz neue Mafia. Weitaus gefährlicher, weil nicht mehr an überkommene Riten gebunden, engagiert sie sich auch auf dem Sektor der **Müllentsorgung**. Vorsichtigen Hochrechnungen der parlamentarischen Anti-Mafia-Kommission zufolge befinden sich 70% aller süditalienischen Müllkippen in mafiosen Händen. Der Staat sieht dieser Entwicklung weitgehend hilflos zu.

Als Tourist braucht man jedoch keine Angst vor der Mafia zu haben. Dazu ist der **Fremdenverkehr** ein viel zu einträglicher Wirtschaftszweig. Hier lassen sich mit Einnahmen aus dem Bau- bzw. Hotel- und Gaststättengewerbe nicht nur Millionen-Gewinne machen, sondern auch schmutzige Euro und Dollar bestens waschen.

✶ Palazzo Reale ► Die gegenübergelegene Platzseite wird vom Palazzo Reale eingenommen, der Residenz der spanischen Vizekönige. Baubeginn war im Jahr 1600, die Pläne stammten von Domenico Fontana. An der 169 m langen Front grüßen die Statuen der acht wichtigsten Herrscher über die Stadt. Mit der Fertigstellung der Reggia in ► Caserta verlor der Palazzo Reale seine Funktion als Residenz. Heute befinden sich hier u. a. die Biblioteca Nazionale und eine Gemäldegalerie. Beachtenswert sind das prunkvolle Treppenhaus (Abb. S. 128/129), einige nach Vorlagen von Le Brun gefertigte Gobelins sowie eine »Heilige Familie« von Filippino Lippi.

Im Norden schließt das 1737 erbaute **Teatro San Carlo** an, das mit über 2900 Plätzen eines der größten und berühmtesten Opernhäuser Europas ist (Führungen n. V.; www.teatrosancarlo.it).

Galleria Umberto I. Gegenüber dem Theater liegt die kreuzförmig angelegte Galleria Umberto I., mit ihren Bars und Läden ein beliebter Treffpunkt. Die Glas-und-Stahl-Konstruktion wurde 1887–1890 nach Plänen von Emanuele Rocco nach dem Vorbild der Mailänder Galleria erbaut.

Via Toledo Schon Könige, Musiker, Maler und Dichter haben im Caffè Gambrinus schräg gegenüber dem Palazzo Reale ihren Espresso getrunken. Hier beginnt auch die nach ihrem Erbauer benannte Via Toledo, eine der Hauptgeschäftsstraßen der Stadt. Vor allem in ihren Nebenstraßen wie Via Chiaia, Piazza dei Martiri, Via Calabritto und Via dei Mille locken die feinsten Boutiquen und traditionsreichen Einzelhandelsgeschäfte der Stadt.

Weitere Sehenswürdigkeiten

Vomero Gegenüber der Galleria Umberto führt eine der drei Seilbahnen (Funicolare) auf den 224 m hohen Vomero hinauf. Der auch San Martino genannte Hügel war einst Jagdrevier der Könige, heute residiert hier die Oberschicht Neapels. Bekrönt wird er vom **Castel Sant' Elmo**, das 1343 von Robert dem Weisen angelegt und später mehrfach erweitert wurde. Nachdem es lange als Gefängnis diente, wird es nun für Ausstellungen und Veranstaltungen genutzt.

Unmittelbar unterhalb des Kastells steht das von den Anjou 1325 gestiftete profanierte Kartäuserkloster San Martino, das im 17. Jh. stark verändert wurde. Das Museo Nazionale di San Martino (Öffnungszeiten: Di. bis Fr. 8.30–19.30, Sa., So. ab 9.00 Uhr) umfasst eine berühmte Krippensammlung (Presepi) sowie Gemälde und Zeichnungen neapolitanischer Landschaften und Bauten. Besonders beach-

✶ Certosa di San Martino ►

! *Baedeker* TIPP

Neapel sehen und dichten

Krippenmacher und Schnulzensänger, Capriverfallene und Ciceroni kommen in dem lebendig geschriebenen Porträt »Golf von Neapel. Literarische Entdeckungen zwischen Neapel, Sorrent und Capri« (Klett Cotta, 2003) zu Wort.

Das mittelalterliche Castello d'Ovo auf seiner Felseninsel

tenswert sind die barocke, reich ausgestattete Klosterkirche, der große Kreuzgang und die Klosterterrasse (Belvedere), von der man den vielleicht schönsten Blick über den Golf, die Stadt und auf den Vesuv hat.

✶ ✶
◀ Ausblick

Wer möchte, gelangt von San Martino über einen Treppenweg hinunter in die Quartieri spagnoli, ein Gewirr aus schmalen Gassen, steilen Treppen und engen Durchgängen in der Altstadt. Einst war es als Sitz für die spanische Garnison entstanden, später ließen sich hier die ärmsten Familien Neapels nieder.

Quartieri spagnoli

Eine Alternative ist der Spaziergang von San Martino zur Villa Floridiana (Eingang an der Via Cimarosa, wenige Meter von der Endstation des Funiculare). Im Süden des weitläufigen Parks steht die 1819 von Ferdinand IV. erbaute klassizistische Villa, heute Museo Nazionale della Ceramica mit einer sehenswerten Porzellansammlung.

✶
Villa Floridiana Museum

Am Fuße des Vomero bzw. seiner Fortsetzung Pizzofalcone liegt das Stadtviertel S. Lucia. Bis ins 19. Jh. war es ein kleines Fischerdorf, 1884 wurde dann die Küste neu aufgeschüttet und die **mondäne Via Partenope** mit ihren Luxushotels am Wasser entlang gebaut.

Santa Lucia

Blickfang ist hier das auf einem seit der Antike bebauten Inselchen gelegene Castello d'Ovo, das unter den Normannen entstand. Friedrich II. bewahrte in der Festung seinen Staatsschatz auf, sein Enkel Konradin von Schwaben verbrachte hier die letzten Tage bis zu seiner Hinrichtung (bestattet wurde er in der Kirche S. Maria del Carmine).

✶
Castello d'Ovo

Von der Mole, die das zu einem **Kongresszentrum** umgebaute Kastell mit dem Festland verbindet, bietet sich ein schöner Blick auf den Vesuv. Vor allem um den Jachthafen liegen einige der bekanntesten Fischrestaurants Neapels wie La Bersagliera oder Zi'Teresa.

Villa Comunale

Wer sich über die Unterwasserwelt des Golfs von Neapel schlau machen will, hat dazu im 1872 vom Deutschen Zoologen Anton Dohrn gegründeten **Meeresbiologischen Institut** Gelegenheit. Man findet die Forschungsstation mit Aquarien in der Villa Comunale, der 1780 angelegten größten Grünanlage der Stadt.

Mergellina

Die westwärts führende Via F. Caracciolo endet im Stadtviertel Mergellina am Fuße des Posillipo, einem mit Villen und Parkanlagen bedeckten 6 km langen Bergrücken im Südwesten der Stadt, zwischen den Golfen von Neapel und Pozzuoli. Vom Hafen Porto Sannazzaro starten **Tragflügelboote** (Aliscafi) zu den Inseln Procida, Ischia und Capri. Folgt man der Panoramastraße Via Posillipo, passiert man den auf einem Felsvorsprung gelegenen unvollendet gebliebenen Palazzo Donn'Anna (16. Jh.) und umrundet das **Capo Posillipo**, das eine großartige Aussicht bietet. Das im ägyptischen Stil erbaute Mausoleo dei Caduti (Kriegerdenkmal, 1883) und der Parco Virgiliano oder della Rimembranza gehören bereits zum ehemaligen Fischerort Marechiaro.

? WUSSTEN SIE SCHON ...?

- Brutus besaß auf der Isola di Nisida eine Villa, in der er vermutlich den Mord an Caesar plante.

An einer der schönsten Buchten des Golfs, Bagnoli, entstand 1907 ein riesiges Stahlwerk. In den 1990er-Jahren wurde es stillgelegt, seither rostet es vor sich hin. Ein Teil der Anlage beherbergt die **Città della Scienza**, ein Wissenschaftspark mit einem interaktiven Wissenschaftsmuseum (Via Coroglio 104, mit der Metro bis Cavalleggerie, weiter mit dem Bus F 9 oder C 10; Öffnungszeiten: Di. bis Sa. 9.00–18.00, So. 10.00–20.00 Uhr; www.cittadellascienza.it).

Berühmte Museen

★★ Museo Archeologico Nazionale

Öffnungszeiten: Mi. bis Mo. 9.00–19.00, im Winter bis 17.00

Das weltberühmte Archäologische Nationalmuseum besitzt eine der wichtigsten Sammlungen antiker griechischer und römischer Kunst. Es befindet sich in einem 1612 ursprünglich für die Universität errichteten Komplex im Norden des Stadtzentrums (Piazza Museo, Metro-Station Museo). Seine Exponate aus dem 8. Jh. v. Chr. bis zum 5. Jh. n. Chr. gehen aus den **Sammlungen der Bourbonen und Farnese** hervor, ergänzt durch Funde aus Pompeji, Herkulaneum und Cumae.

Erdgeschoss ►

Im Erdgeschoss (Piano Terra) ist die Sammlung Farnese mit römischen Porträts und Marmorplastiken ausgestellt, darunter viele römische Kopien nach griechischen Originalen.

NICHT VERSÄUMEN

- Tyrannenmörder Harmodios und Aristogeiton
- Kopie des Doryphoros (Speer tragender Achill, 430 v. Chr.)
- Relief »Orpheus und Euridike« (5. Jh. v. Chr.)
- Kolossalstatue des Ercole Farnese und Farnesischer Stier
- »Alexanderschlacht« aus dem Haus des Fauns in Pompeji
- Der Leier spielende Apollo, ein peloponnesisches Original (5. Jh. v. Chr.) aus der Casa del Citarista in Pompeji
- Tanzender Faun aus dem gleichnamigen Haus in Pompeji
- Der so genannte Narziss, wohl ein jugendlicher Dionysos aus der Praxiteles-Schule

◄ Zwischengeschoss

Das Zwischengeschoss (Piano Ammezzato) ist antiken Mosaiken (meist aus Pompeji) vorbehalten. Außerdem ist hier auch die Sammlung erotischer Darstellungen aus Pompeji untergebracht (beim Kauf der Eintrittskarte muss man sich für eine Besichtigung des Gabinetto segreto anmelden).

◄ Obergeschoss

Wer sich Bronzeskulpturen zum größten Teil aus Herkulaneum (an der dunklen Patina zu erkennen), zum geringeren Teil aus Pompeji (grün oxidiert) ansehen möchte, der ist im Obergeschoss richtig. Darüber hinaus kann man die Wandgemälde aus den verschütteten Vesuvstätten, ferner Gladiatorenpanzer, chirurgische Instrumente, Tafelsilber und Möbel begutachten.

◄ Untergeschoss

Im Untergeschoss umfasst die Ägyptische Sammlung Gegenstände von der Periode des Alten Reichs bis zum ptolemäisch-römischen Zeitalter.

★★ **Museo e Gallerie Nazionali di Capodimonte**

Öffnungszeiten: Di. bis So. 8.30–19.30

Das zweite berühmte Museum Neapels, das Museo e Gallerie Nazionali di Capodimonte, befindet sich etwa 5 km nördlich der Altstadt in einem prächtigen Park (Anfahrt: Busse ab Stazione Centrale oder Piazza Dante). Museum und Gemäldegalerie sind im 1738–1838 nach Plänen von Giovanni Antonio Medrano erbauten und mit schönem Mobiliar eingerichteten Bourbonenschloss Palazzo Reale di Capodimonte untergebracht. In einem der Flügel im Ergeschoss finden Wechselausstellungen statt. Im Zwischengeschoss sind Druckgrafik und Malerei des 19. Jh.s und im Obergeschoss eine kostbare Porzellansammlung zu sehen. Der Salottino Porcellane ist ein vollständig mit Keramik und Spiegeln im Rokokostil ausgestattetes Zimmer, das 1757 für die Ehefrau Karls III. geschaffen wurde. Hergestellt wurden sie von der 1743 gegründeten und im Schlosspark angesiedelten Königlichen Porzellanmanufaktur.

Im Mittelpunkt steht aber die in den beiden weiteren Obergeschossen untergebrachte **Gemäldegalerie** mit Meisterwerken des 13. bis 20. Jh.s, darunter Arbeiten von Raffael, Tizian, Botticelli, Caravaggio, Cranach, Brueghel und Holbein. Einen besonders schönen Blick über Neapel hat man von der Dachterrasse aus.

✶ Catacombe di San Gennaro Am Fuße des Capodimonte-Hügels (Via di Capodimonte 16) befinden sich weitere, zum unterirdischen Labyrinth von Neapel gehörende Katakomben. Man betritt sie über einen Treppenweg links neben der Kirche Madre del Buon Consiglio (1920); er führt zu der im 5. Jh. über der Katakombe erbauten Basilika San Gennaro extra moenia hinunter. Die Catacombe di Gennaro wurde vom 2. bis 5. Jh. genutzt, an den Wänden sind noch Freskenfragmente erhalten (Führungen tgl. 9.30, 10.15, 11.00, 11.45 Uhr).

Umgebung von Neapel

Nach Cumae ►Pozzuoli

Nach Salerno An der 120 km langen Strecke von Neapel nach Salerno liegen herausragende Sehenswürdigkeiten, darunter der ► Vesuv und die Vesuvstädte ► Herkulaneum und ► Pompeji, ► Sorrent, ► Amalfi und die Amalfitana. Am bequemsten erreicht man die Vesuvstädte und Sorrent mit der Circumvesuviana (► S. 284). Die Amalfitana befährt man am besten mit dem eigenen Fahrzeug (oder man lässt sich fahren). Ein Tipp für Autofahrer mit dem Ziel Amalfitana: Zwischen Neapel und Castellammare di Stabia erstreckt sich ein anonymes Häusermeer, diese Strecke fährt man besser auf der Autobahn (A 3).

✶✶ Ostia

M 14

Region: Latium • Lazio **Provinz:** Roma
Höhe: 3 m ü. d. M.

Mit Ostia ist dreierlei gemeint: der Ort Ostia Antica rund um das Kastell, das Kardinal Giuliano della Rovere 1483–1486 zum Schutz des Hafens errichten ließ, das Grabungsgelände der antiken Hafenstadt und der Badeort Lido di Ostia, mit seinem kilometerlangen Sandstrand beliebtes Ausflugsziel der Römer.

Geschichte Ostia wurde 355 v. Chr. als Castrum an der Straße zu den Salinen an der Tibermündung (lat. »ostium«) gegründet. Durch die wachsende Bedeutung der römischen Flotte und des Mittelmeerhandels entwickelte sich Ostia sehr rasch zum wichtigen Umschlagplatz für die Versorgung der Hauptstadt, insbesondere mit Getreide. Während der **Kaiserzeit** (1./2. Jh. n. Chr.) erlebte die Stadt, die schätzungsweise 50 000–100 000 Einwohner zählte, ihre Blütezeit. Mit dem Untergang des Römischen Reichs – genauer mit der Zerstörung durch die Goten – versank Ostia in Bedeutungslosigkeit, der Hafen versandete, und die Bewohner flüchteten vor der Malaria. Im Mittelalter dienten die Bauten als Steinbruch. Seit 1909 wird das antike Ostia systematisch ausgegraben.

★★ Grabungsgelände Ostia Antica

Städtisches Leben in der Antike

Öffnungszeiten: Di. bis So. 9.00–18.00, im Winter bis 16.00

Die alte Hafenstadt Roms, die heute durch die Aufschüttungen des Tibers etwa 4 km von der Küste entfernt liegt, ist nach ► Pompeji und ► Herkulaneum die ausgedehnteste und eindrucksvollste Grabungsstätte Italiens. Ein Gang durch das stimmungsvolle Grabungsgelände vermittelt ein anschauliches Bild vom städtischen Leben in der Antike. Der größte Teil der freigelegten Ruinen stammt aus dem 2.–4. nachchristlichen Jahrhundert. Von der dicht bewohnten Stadt sind Reste vier- oder fünfgeschossiger Mietshäuser erhalten, wie man sie auch im kaiserlichen Rom baute. Im Erdgeschoss befanden sich meist Läden und Werkstätten, während sich die Fenster der darüber

Ostia Antica Orientierung

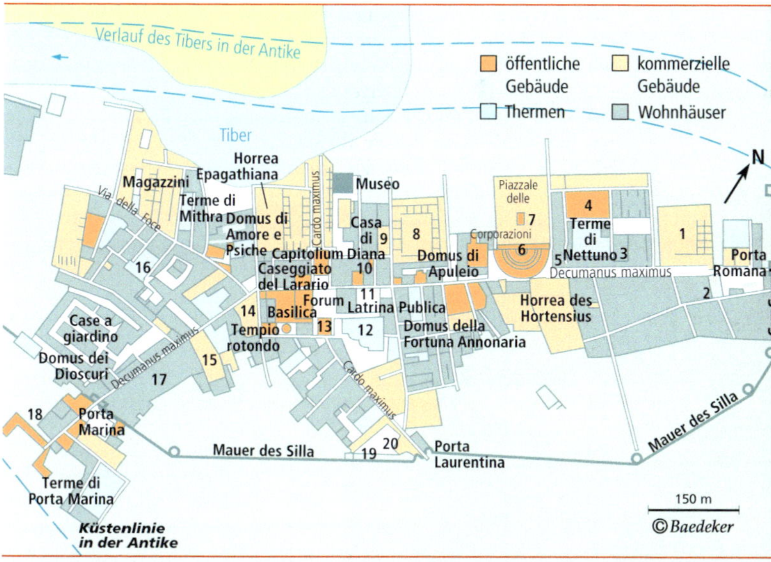

1 Magazzini Antoniniani (Lagerhaus)
2 Statue der Minerva Victoria
3 Mosaik (Hochzeit des Neptun und der Amphitrite)
4 Caserma dei Vigiles (Feuerwehrkaserne)
5 Caupona (Taverne) des Fortunatus
6 Theater
7 Tempel der Ceres
8 Grandi Horrea (Große Speicher)
9 Caseggiato dei Mulini (Häuserblock mit Mühlsteinen)
10 Caseggiato del Thermopolium (Häuserblock mit einer Garküche)
11 Statue der siegreichen Roma
12 Terme del Foro (Thermen des Forums)
13 Tempel der Roma und des Augustus
14 Macellum e botteghe dei pescivendoli (Fleisch- und Fischmarkt)
15 Schola del Traiano
16 Caseggiato del Serapide e Terme dei Sette Sapienti (Häuserblock der Serapis und Thermen der Sieben Weisen)
17 Häuserblock »della Fontana a Lucerna«
18 Mausoleum
19 Tempel der Magna Mater
20 Heiligtum des Attis

liegenden Wohnungen zur Straße oder auf großzügige Innenhöfe öffneten. Am Nordende des Cardo maximus, mit eigener Zufahrt, zeigt das sehenswerte **Museo Ostiense** in einem Salzhaus aus dem 15. Jh. Skulpturen, Reliefs, Fresken und Mosaiken aus Ostia.

Gräberstraßen

Hinter dem Eingang zum Grabungsgelände, noch vor der Porta Romana, liegen an der alten Via Ostiensis sowie an der südlichen Parallelstraße, der Via delle Tombe, ausgedehnte Reihen von Gräbern aus der Zeit der Republik. Hinter der Porta Romana, dem wichtigsten der drei Stadttore, beginnt der über 1 km lange **Decumanus maximus**, die Hauptstraße. Links der Piazzale della Vittoria, benannt nach einem Standbild der Minerva Victoria (1. Jh. n. Chr.), rechts Ruinen eines Speichers (Horrea) aus dem ersten vorchristlichen Jahrhundert.

Thermen des Neptun ►

Es folgen die Thermen des Neptun mit einem schönen Mosaik im Eingangssaal (Neptun mit Fischen und anderen Tieren) und Heizinstallationen in den Baderäumen an der Nordostecke. Von der Terrasse öffnet sich ein guter Blick über das Grabungsgelände. Nördlich steht die Kaserne der »vigiles«, d. h. der Polizei und der Feuerwehr.

Theater

Am Decumanus maximus folgt das Theater aus der Zeit des Augustus, das unter Septimius Severus erweitert wurde und etwa 2700 Sitzplätze bot. Von der Höhe der Sitzstufen sieht man über die Ausgrabungen, besonders auf den sich nördlich anschließenden **Piazzale delle Corporazioni** mit den Säulen des Ceres-Tempels in der Mitte. Der Platz war einst das Geschäfts- und Handelszentrum von Ostia; die Säulenhallen ringsum beherbergten siebzig Kontore (lat. »scholae«) – jedes mit einem Mosaik, das meist die Art der Güter und die Destination darstellte – von Agenturen, die den Frachtverkehr mit den überseeischen Häfen vermittelten. Das gut erhaltene Mithras-Heiligtum westlich neben dem Theater gehört zur Domus des Marcus Apuleius Marcellus, einem Wohnhaus nach pompejanischem Muster mit Atrium und Peristyl. Südlich davon, am Decumanus, stehen auf einem Unterbau vier kleine Tempel (2. Jh. v. Chr.), westlich schließt ein großer Speicher an (Grandi Horrea). An der Via della Casa di Diana steht links ein gut erhaltenes **Thermopolium**, eine Schenke mit gemauertem Schanktisch.

Fischhandlung der alten Römer

OSTIA ERLEBEN

AUSKUNFT

Via Rosa Raimondi Garibaldi 7,
00145 Roma
Tel. 0 65 16 81
Fax 06 51 68 41 34
www.ostiaonline.it/turismo.htm

ANREISE

Von Rom aus erreicht man Ostia mit Metro und S-Bahn: Metro Linea B bis zur Station Piramide, vom gegenüber gelegenen Bahnhof Ostiense fahren regelmäßig S-Bahn-Züge über die Station Ostia Antica bis zur Küste.

VERANSTALTUNGEN

Festival Internazionale di Ostia Antica
Im Sommer ist das Theater in Ostia Antica Schauplatz eines vielfältigen Programms mit Opern, antiken Tragödien, Konzerten und Filmvorführungen aller Art unter freiem Himmel.

ESSEN

► Erschwinglich

Cipriani
Via del Forno 11, Ostia Antica
Tel. 06 56 35 29 56
Hübsches Restaurant in einem mittelalterlichen Gebäude, feine Küche.

Forum

An der Kreuzung von Decumanus maximus und Cardo maximus lag das Forum, der religiöse und politische Mittelpunkt der Stadt. Seine Nordseite nimmt das mächtige **Kapitol** ein (2. Jh. n. Chr.), das einzige weitgehend erhaltene Bauwerk Ostias. Der Ziegelbau mit einer breiten Freitreppe war ursprünglich mit Marmor verkleidet. An der Westseite des Forums entstanden unter Kaiser Trajan die Curia und ihr gegenüber die Basilica, in der das Gericht tagte. An der Südseite des Forums lag der Roma-Augustus-Tempel (1. Jh. n. Chr.) mit einer Statue der siegreichen Roma. Die Thermen südöstlich des Forums (2. Jh. n. Chr.) sind die größten der Stadt.
Westlich des Kapitols sind die **Horrea Epagathiana** zu sehen, ein beeindruckendes Speicherhaus mit hübschem Tor und zweistöckigem Arkadenhof. In derselben Gasse gegenüber ist im Domus von Amor und Psyche, einem typischen Wohnhaus mit Innenhof, ein sehenswerter Marmorfußboden erhalten. In der Nähe (Via della Foce) liegen die Thermen der Sieben Weisen mit einem schönen Bodenmosaik im Kuppelsaal, auf dem Jäger und Tiere dargestellt sind.

Basilica, Schola di Traiano

Die Basilica (4. Jh.) am Decumanus maximus ist die einzige christliche Kirche, die in Ostia bisher bekannt ist. Schräg gegenüber versammelten sich in der Schola di Traiano (2./3. Jh.) die Schiffbauer, so benannt nach einer dort gefundenen Trajans-Statue. Zuvor standen hier Wohnhäuser, von denen in der südöstlichen Ecke ein Peristyl mit einem Nymphäum übrig blieb. Dahinter folgt der 108 m lange Häuserblock **»della Fontana a Lucerna«** mit einer Ladenstraße im Erdgeschoss.

★★ Paestum

P 19/20

Region: Kampanien • Campania **Provinz:** Salerno
Höhe: 18 m ü. d. M.

Mit seinen wunderbar erhaltenen Tempelruinen ist Paestum das bedeutendste Monument griechischer Baukunst. Tatsächlich sind alle drei Tempel sogar größer und prächtiger als die in Griechenland selbst. In der noch bis ins 18. Jh. versumpften und malariaverseuchten Ebene wird heute intensiv Landwirtschaft betrieben.

Geschichte

Das antike Paestum liegt rund 100 km südlich von Neapel am Golf von Salerno. Griechen aus Sybaris gründeten im 6. Jh. v. Chr. die nach dem Meeresgott benannte Stadt Poseidonia, die sich zu einem blühenden Handelszentrum entwickelte. Um 400 wurde sie von den Lucaniern, einem einheimischen Volksstamm, und schließlich 273 v. Chr. von den Römern erobert und in Paestum umbenannt. Im Laufe der Kaiserzeit und im Mittelalter verlor Paestum seine Bedeutung. Als sich im Umland Malaria ausbreitete und Sarazenenüberfälle im 9. Jh. die Küstenorte unsicher machten, flohen die Einwohner ins höher gelegene Landesinnere. Die alte Stadt diente als **Steinbruch**, so beraubte sie z. B. der Normannenherzog Robert Guiscard riesiger Steinblöcke und Säulen für den Bau des Doms in Salerno. 1752 wurde Paestum zufällig wieder entdeckt. Man kann sich die Überraschung und spätere Begeisterung ausmalen, die aufkam, als die Arbeiter für den Bau einer Küstenstraße in dem völlig zugewachsenen Gelände auf einmal vor den Resten einer Geisterstadt standen, den Ruinen der antiken Siedlung Paestum.

Fast 2500 Jahre altes Erbe der Griechen in Kampanien: Ceres-Tempel in Paestum

★★ Zona Archeologica

Das Gebiet der antiken Stadt, von der bislang nur ein Teil freigelegt wurde, ist von einer 4,75 km langen, ca. 5 m starken und von vier Toren unterbrochenen **Stadtmauer** (Cinta muraria) umgeben, die zum Teil sehr gut erhalten ist. Allerdings vermitteln Paestums Griechentempel heute kaum noch eine Vorstellung von den Kulten, die hier einst zelebriert wurden. Aus porösem Muschelkalk errichtet, waren sie ursprünglich mit leuchtend weißem Stuck überzogen und bunt bemalt. Das Gelände ist tgl. von 9.00 Uhr bis 1 Std. vor Sonnenuntergang zugänglich.

Paestum *Orientierung*

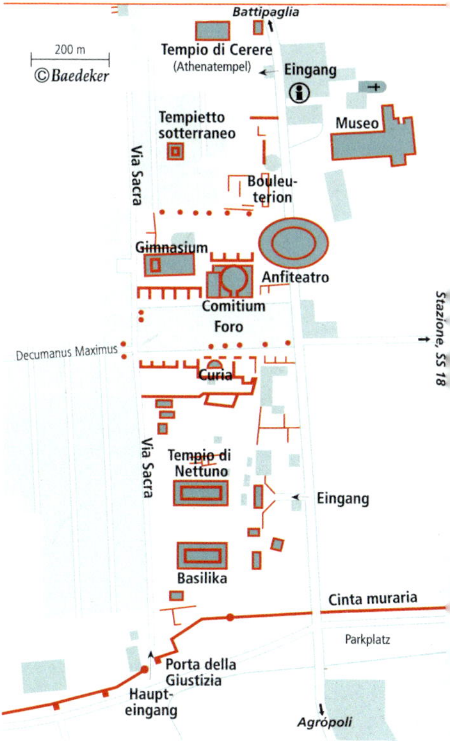

Hauptsehenswürdigkeit sind drei parallel zueinander gestellte und nach Osten ausgerichtete griechische Tempel dorischer Bauordnung. Die älteste, um 560 v. Chr. erbaute »Basilika« (24,5 x 54,30 m) wird heute als **Hera-Tempel I** bezeichnet. Ihre Säulen (je neun an den Schmalseiten, 18 an den Längsseiten) verjüngen sich nach oben und sind bauchig; Kern des Tempels ist eine zweischiffige Cella mit Vorhalle, Hauptraum und einem nach außen abgeschlossenen Rückraum.

Der benachbarte, 59,90 x 24,30 m große, majestätische Neptun- oder auch Poseidon-Tempel aus der Zeit von 450 v. Chr. war ebenfalls der Göttin Hera geweiht und wird als **Hera-Tempel II** bezeichnet. Er ist der jüngste und besterhaltene Tempel, ein herrliches Beispiel der formenstrengen Baukunst des 5. Jh.s v. Chr. Die Säulen (je sechs an den Schmal- und 14 an den Längsseiten) tragen das fast vollständige Gebälk und die Frontgiebel, im Innern ist die Cella von zwei Säulenreihen in drei Gänge geteilt.

Tempio di Nettuno

Etwa 200 m nördlich des so genannten Neptun-Tempels kommt man zum 150 x 57 m großen Forum, das in römischer Zeit an der Stelle der griechischen Agora angelegt wurde. Es war von einem Portikus mit spätdorischen Säulen umgeben, in dem Ladengeschäfte unterge-

Forum

bracht waren. Um das Forum herum lagen u. a. Curia und Comitium (Versammlungsort des Magistrats und der Stadtbewohner), Kapitolstempel (273 v. Chr.) und Gymnasium. Das kleine Amphitheater wird heute durch die Straße geteilt. Das griechische Buleuterion (Ratsgebäude) wurde später von den Römern überbaut.

Tempio di Cerere Am Tempietto sotterraneo, einem unterirdischen Heiligtum, vorbei gelangt man zum »Ceres-Tempel«, der allerdings Athena geweiht war. Mit seinen je sechs Säulen an den Schmal- und 13 an den Längsseiten ist er der kleinste Tempel (14,50 x 32,90 m). Er entstand vermutlich um 520 v. Chr. An seinem Giebel, der ionische Einflüsse erkennen lässt, sind Spuren von Stuck und Bemalung zu erkennen. Sein Kern besteht aus einer zweiräumigen Cella.

✶✶ Museum Das Museum besitzt eine bedeutende Sammlung **griechisch-unteritalischer Altertümer** (Öffnungszeiten: tgl. 9.00–19.00 Uhr, jeden 1. und 3. Mo. geschl.). Unter den Exponaten befinden sich vor allem

PAESTUM ERLEBEN

AUSKUNFT

Via Magna Grecia 165, 84063 Paestum
Tel. 08 28 81 10 16, Fax 08 28 72 23 22
www.infopaestum.it

ESSEN

► Erschwinglich

Nonna Sceppa
Via Laura 53
Tel. & Fax 08 28 85 10 64
außerhalb der Saison Do. geschl.
In dem riesigen und meist rappelvollen Lokal zaubert die ganze Familie regionale Besonderheiten auf den Tisch; guter Weinkeller.

! *Baedeker* TIPP

Büffelstark

Da Büffelmozzarella schnell den Geschmack verliert und nur maximal 5 Tage in der Lake haltbar ist, wird der Weichkäse inzwischen bevorzugt aus Kuhmilch hergestellt. In und um Paestum verkaufen aber viele Läden »echten« Mozzarella, den man unbedingt versuchen sollte.

ÜBERNACHTEN

► Komfortabel

Esplanade
Via Poseidonia
Tel. 08 28 85 10 43
Fax 08 28 85 16 00
www.hotelesplanade.com
In der Nähe des Meeres gelegen. Helle bequeme Zimmer mit Balkon.

Villa Rita
Zona Archeologica
Tel. 08 28 81 10 81
Fax 08 28 72 25 55
www.hotelvillarita.it
In der Nähe der Tempel gelegener Familienbetrieb mit einfachen Zimmern.

► Günstig

Tenuta Seliano
Via Seliano
Tel. 08 28 72 36 34
Fax 08 28 72 45 44
www.agriturismoseliano.it
Komfortabler Agriturismo mit gut besuchtem Ristorante.

Deckel vom so genannten Grab des Tauchers, heute im Museum zu sehen.

Grabfunde aus den griechischen und lukanischen Nekropolen aus dem 6.–4. Jh. v. Chr. wie attische und unteritalische Vasen, Statuen, Schmuck, Münzen und Waffen. Eine Besonderheit sind die **bemalten Steinplatten**, Wände oder Deckel der Grabkammern. Die berühmteste Darstellung stammt aus dem Grab des Tauchers (Tomba del Tuffatore; um 480 v. Chr.). Sie zeigt einen Mann, der in makelloser Haltung kopfüber vielleicht ins Reich der Toten springt. Herausragend sind auch die Architekturfragmente der drei großen Tempel, darunter die so genannten Metopen (Reliefs vom Gebälk).

Pescara

L 17

Region: Abruzzen • Abruzzo
Höhe: 6 m ü. d. M.
Provinz: Pescara
Einwohnerzahl: 160 000

Pescara ist nicht nur die Hauptstadt sowie wirtschaftliches und kulturelles Zentrum der gleichnamigen Provinz, sondern mit seinen über 10 km langen weißen Sandstränden und großem Jachthafen einer der bedeutendsten Badeorte der Adria. Das Panorama der dahinter liegenden ► Abruzzen wird durch den lange Zeit im Jahr verschneiten Gran Sasso akzentuiert.

Sehenswertes in Pescara

Neue Stadt

Im Zweiten Weltkrieg großenteils zerstört und danach modern wieder aufgebaut, verfügt Pescara über wenig »Atmosphäre« und nur eine Hand voll Sehenswürdigkeiten. Nördlich des Flusses Pescara erstreckt sich die Neustadt, die bis 1926 das eigenständige Castellammare Adriatico war. Gigantisch und aufwändig gestaltet, jedoch durchaus geglückt ist der 1988 nach 25-jähriger Bauzeit eröffnete Bahnhof. Die moderne Stadt zwischen Bahnhof und Strand mit den Hauptachsen Corso Umberto und Corso Vittorio Emanuele bietet sich hauptsächlich für den **Einkaufsbummel** an. Der Corso Umberto öffnet sich am Strand zur Piazza I Maggio mit dem abstrakten Monument »La Nave« von Pietro Casella (1987); rechts liegt am Park das Hotel Esplanade, 1934 im Stil des 19. Jh.s erbaut und immer noch eines der besten an der Abruzzenriviera. Der Corso Vittorio Emanuele führt nach Südosten zur Piazza Italia mit den Palazzi di Città und del Governo, die in den 1920er-/1930er-Jahren als repräsentatives Bindeglied zwischen Alter und Neuer Stadt konzipiert wurde. Interessant ist das Meeresmuseum (Museo delle Meraviglie Marine) am Porto Canale.

Alte Stadt Die Alte Stadt südlich des Flusses Pescara beschränkt sich auf wenige Straßenzüge zwischen der Via delle Caserme und der Kathedrale San Cetteo. Jenseits des Ponte Risorgimento, gleich am Beginn der Via delle Caserme, dokumentiert das Museo delle Genti d'Abruzzo die Traditionen der Region. Im parallel verlaufenden Corso Manthoné, einer typischen Straße des alten Pescara, wurde im Haus Nr. 101 am 12. März 1863 Gabriele D'Annunzio geboren († 1938), Dichter, Dandy, infantiler Kriegsheld und Anhänger Mussolinis (sehenswertes Museum). Wenige Schritte südlich steht die Kathedrale S. Cetteo

Pescara Orientierung

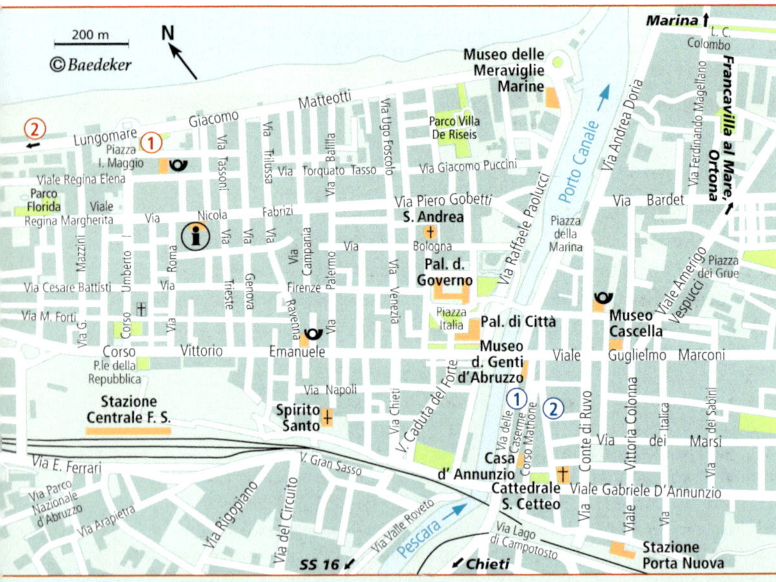

Essen
① La Lumaca
② Osteria dei Miracoli

Übernachten
① Esplanade
② Bellariva

PESCARA ERLEBEN

AUSKUNFT

Abruzzo Promozione Turismo
Corso Vittorio Emanuele II 301
65122 Pescara
Tel. 0 85 42 90 01, Fax 0 85 29 82 46
www.abruzzoturismo.it

VERANSTALTUNG

Im Juli pilgern Musikfreunde zum renommierten Jazzfestival, das schon Größen wie Ella Fitzgerald und Louis Armstrong sah.

ESSEN

► Fein & Teuer

① ***La Lumaca***
Via delle Caserme 51
Tel. 08 54 51 08 80
Di. geschl.
Alte Rezepte der Abruzzen, verfeinert und modernisiert, wie Dinkelrisotto, Zicklein und Stockfisch mit Paprika. Ausgezeichnete Weinkarte.

► Erschwinglich

② ***Osteria dei Miracoli***
Corso Manthonè 57
Tel. 08 56 69 86
Di. geschl.
Beliebter Treffpunkt (reservieren!) in der Altstadt, große Auswahl an vorzüglichen Primi, ebenso gutes Preis-Leistungs-Verhältnis. Kleine, ordentliche Weinkarte.
Empfehlenswert am Corso Manthonè sind auch Locanda Manthonè und Taverna 58.

ÜBERNACHTEN

► Luxus

① ***Esplanade***
Piazza 1 Maggio 46
Tel. 0 85 29 21 41
Fax 08 54 21 75 40
www.esplanade.net
Traditionelles, modern ausgestattetes Grand Hotel in privilegierter Lage. Das Restaurant bietet italienische und internationale Küche sowie einen schönen Blick auf Meer und Berge.

► Komfortabel

② ***Bellariva***
Viale Riviera 213
Tel. & Fax 08 54 71 26 41
www.hotelbellariva.it
Freundliches, preiswertes Hotel direkt am Meer, ca. 2 km nördlich des Stadtzentrums; schlichte Ausstattung.

(Tempio della Conciliazione), 1935–1938 zur Erinnerung an die Lateranverträge errichtet; der spröde, an die abruzzische Romanik angelehnte Bau lohnt wegen des Gemäldes »Betender hl. Franziskus«, das **Guercino** zugeschrieben wird (17. Jh.), den Besuch. Das Museo Basilio Cascella, benannt nach dem bekannten lokalen Maler, Grafiker und Keramikkünstler (1860–1950), vereint Werke der ganzen Familie Cascella.

★★ Pompeji · Pompei

O 18/19

Region: Kampanien • Campania
Höhe: 16 m ü. d. M.
Provinz: Neapel
Einwohnerzahl: 26 000

Die Ruinenstadt Pompeji ist das großartigste Beispiel einer altrömischen Stadt und ihrer Alltagskultur. Die antiken Läden und Wohnhäuser mit ihren kunstvollen Fresken und Mosaikböden erwecken bisweilen den Eindruck, als hätten ihre Bewohner sie eben erst verlassen. Faszination und Bestürzung über das Schicksal der Stadt sind hier untrennbar verbunden.

Nochmaliger Untergang

Pompeji ist unerschöpfliche Forschungsquelle für Archäologen, Althistoriker und Altphilologen. 1997 wurden die Vesuvstädte Pompeji, Herkulaneum und Villa Oplontis zum **UNESCO-Weltkulturerbe** erklärt. Das schützt sie aber nicht vor ihrem nochmaligen und vermutlich endgültigen Untergang: Durch jahrzehntelange Vernachlässigung, natürlichen Verfall, exzessiven Tourismus (mit etwa 3 Mio. Gästen im Jahr ist Pompeji das meistbesuchte antike Reiseziel Italiens) sowie Vandalismus befindet sich Teile der Grabung in einem desaströsen Zustand. Die Rettung der Weltkulturerbe-Stätte ist nur mit internationaler Hilfe zu schaffen.

Die Stadt, die so groß ist wie hundert Fußballfelder, wird seit zweieinhalb Jahrhunderten wissenschaftlich ausgegraben.

Der Ausbruch des Vesuv

Den folgenden Bericht verfasste der römische Schriftsteller Plinius der Jüngere (61/62 bis um 113 n. Chr.), der das Geschehen am Vesuv aus einem Nachbarort verfolgte: »*Seit einer Stunde war es bereits Tag, doch das Licht war immer noch unsicher und wie sterbend. Schon waren in der Umgebung Häuser eingestürzt, und da schien es uns angebracht, obgleich wir im Freien waren, aus der Stadt zu fliehen, aus Furcht, zerquetscht zu werden. Das erschrockene Volk lief uns nach ... Schon begann es Asche zu regnen, doch war sie noch nicht dicht. Ich sah mich um und erblickte hinter meinem Rücken eine dichte Rauchwolke, die sich wie ein Strom auf der Erde ausbreitete und uns auf den Fersen war ... Kaum hatten wir uns gesetzt, so war es Nacht, keine mondlose und bewölkte Nacht, sondern die Nacht eines geschlossenen Raumes ohne jedes Licht. Du hättest hören sollen, wie die Frauen schrien, die Kinder jammerten und die Männer riefen! ... Der eine beweinte sein eigenes Geschick, der andere das der Seinen. Andere flehten um den Tod aus Furcht vor demselben. Viele beteten zu den Göttern, aber andere wiederum behaupteten, daß es gar keine Götter mehr gebe und der Untergang der Welt gekommen sei ...*«

Besonders nahe gehen die Gipsabgüsse der Menschen und Tiere, die vom Ascheregen begraben wurden. Ihre Körper verwesten, zurück blieben Hohlräume, die später mit Gips gefüllt wurden.

Pompeji wurde wahrscheinlich von italischen Oskern im 7. Jh. v. Chr. gegründet. Griechen, Samniter und Römer beherrschten nacheinander die **Handels- und Hafenstadt** (das Meer ist heute infolge der Versandung 2 km entfernt). Ein schweres Erdbeben 62 n. Chr. kündigte den endgültigen Untergang der Stadt 17 Jahre später an. Der Wiederaufbau war noch im Gange, als am 24. August des Jahres 79 n. Chr. der Vesuv ausbrach und die ganze Stadt unter einer sechs Meter dicken Ascheschicht begrub. Rund 2000 Menschen kamen dabei ums Leben, den meisten Bewohnern blieb die Zeit, mit ihrer wichtigsten Habe zu fliehen. Die Stadt musste aufgegeben werden, doch haben schon die Überlebenden viele Kostbarkeiten unter der damals noch lockeren Aschendecke ausgegraben. Pompeji geriet in Vergessenheit, bis zwischen 1594 und 1600 bei Bohrungen für einen Wassertunnel Gebäuderuinen und Inschriften entdeckt wurden. Die **Erforschung** begann jedoch erst 1748. Seither sind etwa zwei Drittel des Stadtgebiets freigelegt worden. Die Gebäude sind in trümmerhaftem Zustand. Die kostbarsten Funde sind im Archäologischen Nationalmuseum von Neapel ausgestellt, erst seit den so genannten Neueren Grabungen (Nuovi Scavi; seit 1911) werden Inneneinrichtungen sowie Hausrat möglichst an Ort und Stelle belassen.

Antike Stadt

Einst lebten im antiken Pompeji etwa 20 000 Einwohner, von denen rund die Hälfte Sklaven waren. Mittelpunkt der Stadt war das **Forum**, wo die wichtigsten Gebäude lagen, daneben gab es Gasthäuser, Garküchen (Thermopolia), Thermen, Latrinen, insgesamt 30 Bordelle

(Lupanare) sowie zahlreiche Geschäfte und Handwerksbetriebe, u. a. Bäckereien (Pistrina), Wollfärbereien, -walkereien und -webereien. Die Straßen sind mit Lavasteinen gepflastert; hohe Bürgersteige und Trittsteine erleichterten den Fußgängern den Übergang. Tiefe Rillen im Pflaster zeugen von regem Wagenverkehr. Die Außenseiten der Häuser waren vielfach mit Wandmalereien verziert.

! *Baedeker* TIPP

Überblick

Auf den Wällen, die aus Grabungsschutt entstanden sind, verläuft ein etwa 3,5 km langer Weg; er beginnt bei der Porta Ercolano im Westen und endet an der Porta Nocera. Entlang dieses Weges erhält man nicht nur interessante Einblicke auf die Grabungen, sondern macht sich auch mit Landschaft und Flora rund um Pompeji vertraut. Auch bei einer Besteigung des Campanile der Wallfahrtskirche von Pompeji kann man sich einen guten Überblick verschaffen (www.santuario.it).

Das **römische Haus** erhob sich auf einem rechteckigen Grundriss. Nach außen besaß es kaum Fenster, die zur Straße gelegenen Räume wurden häufig als Ladengeschäfte oder Werkstätten (Tabernae) genutzt. Durch einen Flur gelangte man in den offenen Innenhof (Atrium) mit einem Becken (Impluvium) in der Mitte, in dem das Regenwasser gesammelt wurde. Um den Hof gruppierten sich die Schlaf- und Wohnräume (Cubiculae). Im Tablinum, einem Repräsentationsraum gegenüber dem Eingang, empfing man Gäste. Hinzu kamen in der Regel ein gartenartiger Hof, der wegen seiner Einfassung durch Säulengänge Peristylium genannt wurde und an den sich bisweilen noch ein **Garten** anschloss. Am Peristyl lagen noch Speise- (Triclinium) und Gesellschaftsräume (Oecus). Küche (Culina) und Keller waren unterschiedlich angeordnet. Viele Häuser hatten im Obergeschoss Wohnungen mit Balkonen und eigenem Zugang von der Straße aus (Cenacula).

Malerei in Pompeji

Obwohl die Blütezeit der Stadt nur ca. 160 Jahre dauerte, unterscheidet man in der pompejanischen Wandmalerei vier Stile:

Erster so genannter Inkrustationsstil (bis 80 v. Chr.): Der erste Stil kennt keine figürlichen Motive. Die Wände sind mit einer gemalten Inkrustation, einer Imitation von Marmoreinlegearbeiten, geschmückt (Casa di Sallustio).

Zweiter oder Architektur-Stil (bis 10 n. Chr.): Zur Fantasiearchitektur kommen perspektivisch-illusionistische Wandmalereien und Freskenzyklen (Villa dei Misteri).

Dritter oder Kandelaber-Stil (bis 50 n. Chr.): Die Wände werden in kleine, gerahmte Bildfelder aufgeteilt. An die Stelle perspektivischer oder illusionistischer Motive treten Miniaturlandschaften und mythische Darstellungen (Casa di Lucretio Fronto).

Vierter oder Illusions-Stil (bis 79 n. Chr.): Die architektonische Struktur wird aufgelöst, statt dessen überziehen manieristische, räumlich-illusionistische Wandmalereien mit Fabelwesen und Girlanden die Wände (Casa di Loreius Tiburtinus).

POMPEJI ERLEBEN

AUSKUNFT

Via Sacra 1, 80045 Pompei
Tel. 08 18 50 72 55, Fax 08 18 63 24 01
www.pompei.it
www.pompeiisites.org

Info-Point am Haupteingang/Porta Marina, Tel. 08 18 57 53 47 (Gratisplan der Ausgrabung)

PHOENIX POMPEJI e.V.

Wer sich für die Vorträge, Ausstellungen und Kongresse der Kulturinitiative interessiert oder den Verein finanziell unterstützen möchte, erhält Auskünfte unter www.phoenix-pompeji.de, Thalkirchner Straße 101, 81371 München, Tel. (0 89) 76 34 88.

ANREISE

Am bequemsten erreicht man Pompeji mit der Schnellbahn Circumvesuviana, die zwischen Neapel und Sorrent verkehrt. Die Bahnstation Villa dei Misteri befindet sich nur 5 Min. vom gegenwärtigen Haupteingang Porta Marina entfernt. Die Fahrzeit von Neapel oder Sorrent beträgt eine gute halbe Stunde. Die Züge verkehren zu den Hauptverkehrszeiten alle 20 Min.; mit dem Auto erreicht man Pompeji auf der A 3, Ausfahrt Pompei-Scavi.

SAMMELTICKET

Es gibt Sammeltickets für den Besuch der archäologischen Ausgrabungen am Golf. Die 3-Tageskarte zu 18 Euro (ermäßigt 9 Euro) schließt den Besuch von Pompeji, Herkulaneum, Boscoreale, Oplontis und Stabiae ein. Tageskarten für den Besuch nur von Boscoreale, Oplontis und Stabiae kosten 5 Euro (ermäßigt 2,50 Euro). Einzeltickets für Pompeji bzw. Herkulaneum kosten 10 Euro (ermäßigt 5 Euro).

ESSEN

► Fein & Teuer

① ***Il Principe***
Piazza Longo 8
Tel. 08 18 50 55 66
So. abends und Mo. geschl.
Das raffinierte Lokal serviert mediterrane kulinarische Genüsse. Die Inhaber veranstalten gastronomische Abende zu Thema »Altes Rom«.

► Erschwinglich

② ***La Locanda di Anna Grazia***
Via Colle S. Bartolomeo 10
Tel. 08 18 63 25 05
So. abend und Mo. geschl.
Einfache, gute kampanische Küche.

ÜBERNACHTEN

► Komfortabel

① ***Forum***
Via Roma 99
Tel. 08 18 50 11 70
Fax 08 18 50 61 32
pompei@hotelside.it
Komfortables Haus in der Nähe des Ausgrabungsgeländes.

► Günstig

② ***Iside***
Via Minutella 27
Tel. & Fax 08 18 59 88 63
www.hoteliside.it
Freundliches Haus in einem ruhigen Wohngebiet, einfache, aber gemütliche Zimmer.

★★ Pompei Scavi · Ausgrabung

Suburbane Thermen
Öffnungszeiten: tgl. 10.00 und 13.30, Anmeldung am Haupteingang oder unter Tel. 08 18 57 53 47

Nicht entgehen lassen sollte man sich die Suburbanen Thermen, die sich gleich linker Hand des zum Meer führenden Stadttors Porta Marina (Haupteingang) befinden. Sie wurden 1985–1987 ausgegraben und erst kürzlich zur – eingeschränkten – Besichtigung freigegeben. Größte Attraktion sind acht erotische Darstellungen im Umkleideraum der Thermen.

Kurz bevor die Via Marina auf das Forum mündet, befindet sich linker Hand der Apollo-Tempel (**Tempio di Apollo**), eine der ältesten und bedeutendsten Kultanlagen der Stadt. Der Podiumstempel wird von einem ionischen Säulenhof umgeben, in dem noch die Kultbilder von Apoll und Artemis sowie eine Sonnenuhr stehen.

★★ Foro
Öffnungszeiten: Nov. bis März tgl. 8.30–17.00 (letzter Einlass 15.30); April bis Okt. tgl. 8.30–19.30 (letzter Einlass 18.00)

Das lang gestreckte Forum (142 x 38 m) war zugleich wirtschaftlicher, kultureller und politischer Mittelpunkt des alten Pompeji. Der Platz war einst mit kostbaren Marmorplatten gedeckt und an drei Seiten von überdachten Säulenkolonnaden umgeben. Damit die Bürger ihren Geschäften in Ruhe nachgehen konnten, war dieser für den Wagenverkehr gesperrt.
Die Nordseite des Forums wird vom Haupttempel, dem **Tempio di Giove** eingenommen, in dem nach römischem Vorbild Jupiter, Juno und Minerva verehrt wurden. Zwei Ehrenbögen zur Linken und Rechten des Tempels bilden den Platzabschluss. Die Ostseite des

Das Ausgrabungsgelände in Pompeji ist nur an wenigen Stellen zugänglich.

Platzes nehmen Märkte und kleinere Tempel ein. Besonders imposant sind das **Macellum**, der Fleisch- und Gemüsemarkt, sowie die Hallen der **Eumachia** (Sitz der Tuchhändler), deren Zugang noch die Marmorverkleidung mit qualitätvollen Blumen- und Früchtemotiven aufweist. Zwei kleine Räume links und rechts des Eingangs beinhalten zwei große halslose Amphoren, in denen Urin zum Gerben der Wolle gesammelt wurde.

! *Baedeker* TIPP

Pompeji-Schmöker

Sehr informativ ist der Forschungsbericht »Pompeji« von dem französischen Historiker und Archäologen Robert Etienne (Verlag Philipp Reclam); vor allem unterhaltsam dagegen Edward Bulwer-Lyttons berühmter Roman »Die letzten Tage von Pompeji«, 1959 verfilmt; ein Welterfolg war Robert Harris' Archäothriller »Pompeji« (2003).

An der Südseite des Forums liegen drei Apsidensäle: die Curia, der Sitzungssaal des Stadtrats, das Bürgermeisteramt und der Sitz der Ädilen. Hier konzentriert sich die städtische Verwaltung, zu der auch das Comitium (Wahllokal) im Südostwinkel des Forums gehört.

An der Südwestseite des Platzes liegt die **Basilika**, eines der ältesten Exemplare dieses Typus aus dem 2. Jh. v. Chr.: eine dreischiffige Markt- und Gerichtshalle, an deren Stirnseite sich das Tribunal befindet, ein dem Magistrat vorbehaltenes Podium, von dem aus Recht gesprochen wurde.

Via dell'Abbondanza und Lupanar

Nun folgt man der Via dell'Abbondanza, der antiken Hauptgeschäftsstraße (Decumanus maior). Eine kleine Gasse führt kurz vor den Stabianer Thermen zum Lupanar, dem besterhaltenen der etwa 30 pompejanischen Bordelle. Das zweigeschossige Gebäude weist jeweils einen größeren Raum auf, von dem kleine Zellen mit gemauerten Klinen abgehen. Über den Eingängen befinden sich erotische Darstellungen. Zahllose Graffiti zeugen von der regen Nutzung des Ortes.

★★ Terme Stabiane

Da sich die Entstehungszeit der Stabianer Thermen über drei Jahrhunderte erstreckt, gehören sie zu den interessantesten Thermen der antiken Welt. Man betritt von der Hauptstraße zunächst die **Palästra**, den auf drei Seiten von Säulen umgebenen Sport- und Versammlungsplatz. Die vierte Seite nimmt ein imposantes Schwimmbecken mit angrenzenden Grottennischen (Nymphäen) ein. Gleich neben dem Eingang rechts befindet sich der Zugang zu den **Männerthermen**. Durch einen Vorraum erreicht man ein rundes Kaltbad (Frigidarium), dem sich ein Ankleideraum (Apodyterium) anschließt. Es folgt ein beheizter Durchgangsraum mit gemäßigten Temperaturen (Tepidarium) und das Warmwasserbad (Caldarium) mit gegenüberliegendem flachem kreisrundem Kaltwasserbecken (Labrum) für Waschungen. Hinter dem Caldarium befanden sich die Heizanlagen, die das Tepidarium und Caldarium der Männer wie auch die angrenzenden **Frauenthermen** mit zirkulierender Heißluft versorgten. An

Pompeji Orientierung

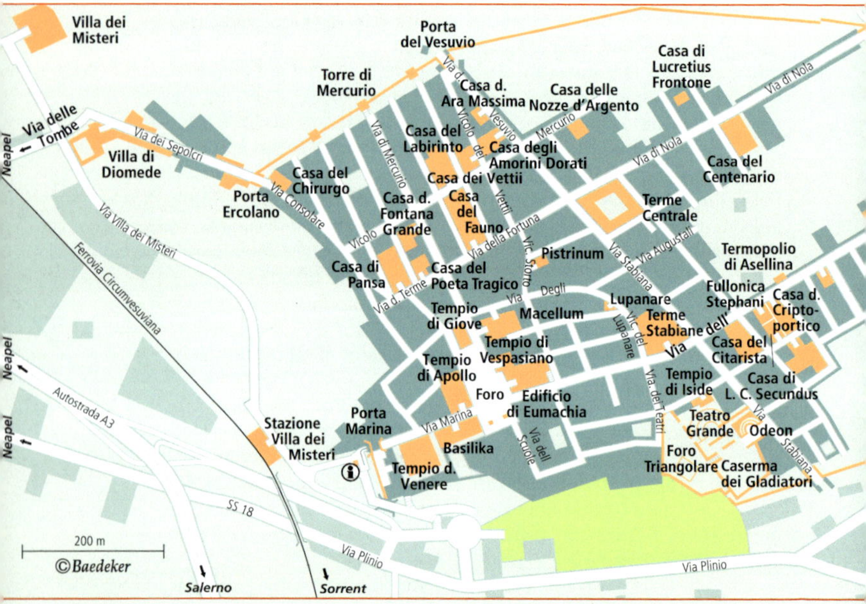

Übernachten
① Forum ② Iside

Essen
① Il Principe ② La Locanda di Anna Grazia

einigen Stellen geben Löcher in Fußboden und Wänden Einblicke in dieses System. Die Thermen haben eine der ältesten uns bekannten Hypokaustenheizungen.

Forum Triangulare Die Via dei Teatri endet am Forum Triangulare. Ein repräsentatives Eingangstor führt auf einen dreieckigen Platz, der am Stadtrand auf einem Lavahügel liegt und nach drei Seiten steil abfällt. Die Südseite nimmt ein **griechischer Tempel** aus dem 6. Jh. v. Chr. (Tempio dorico) ein, der bei seiner Entstehung außerhalb des Stadtgebietes lag.

Teatro Grande ► Bei der Stadterweiterung im 2. Jh. v. Chr. wurde das natürliche Gefälle der östlichen Seite für den Bau des Theaters genutzt, das einst 5000 Besuchern Platz bot und in seiner heutigen Form aus der augusteischen Zeit stammt. An das Theater schließt sich ein großer Portikus mit zahlreichen Zimmern an, der ursprünglich zum Theater gehörte und in der letzten Phase Pompejis als **Gladiatorenkaserne** genutzt wurde.

★ Odeon ► Besser erhalten ist das benachbarte kleine Theater (Odeon, auch Teatro Piccolo genannt), das älteste Beispiel eines überdachten römischen Theaters mit ca. 1000 Plätzen. Hier fanden hauptsächlich musikalische Aufführungen und Lesungen statt (um 75 v. Chr.).

Tempio d'Iside

Zeugnis für die Bedeutung des aus Ägypten stammenden Isis-Kultes ist der Tempio d'Iside. Seine zauberhaften Wandmalereien sind im Nationalmuseum in Neapel zu sehen. Auf der Tempelmauer verewigte sich 1817 Henri Beyle, besser bekannt unter seinem Künstlernamen Stendhal. Der Tempel entstand nach dem Erdbeben 62 n. Chr.

Casa del Citarista

Östlich vom Odeon verläuft die Via Stabiana. Auf ihrer Ostseite folgt die Casa del Citarista, eines der größten Häuser Pompejis, in das u. a. Walkereien, eine Bäckerei und eine Schenke eingebaut waren.

Nuovi Scavi

Auf der Via dell'Abbondanza beginnen nach ca. 100 m rechts die so genannten Neuen Ausgrabungen, bei denen sowohl die Wandmalereien als auch der vorgefundene Hausrat an Ort und Stelle belassen wurden, auch konnten vielfach das obere Stockwerk mit Balkonen und Loggien erhalten werden. Zahlreich sind die hier aufgepinselten Wahl- und Gelegenheitsinschriften, mit deren Hilfe man ein **»Adressbuch«** mit 550 Namen zusammenstellen konnte. Das Viertel stammt aus der letzten Zeit Pompejis und zeigt die Verlagerung des Handels und Handwerks in die östlichen Stadtviertel. Vorangegangen waren große soziale Umwälzungen, eine Folge des Erdbebens 62 n. Chr., nach dem die Oberschicht die Stadt verlassen hatte.

★ Fullonica Stefani

Wollverarbeitung und Textilherstellung waren neben der Weinerzeugung die wichtigsten Industriezweige der Pompejaner. Ein schönes Beispiel für einen Gewerbebetrieb ist die Fullonica des Stephanus. In mehreren Becken wurden die Stoffe gewaschen und gefärbt, dann mit Hilfe einer Presse gebügelt, gebrauchte Stoffe wurden entfleckt. Wolle wurde zunächst in großen mit Urin gefüllten Kesseln entfettet, dann erhitzt, gesponnen und verwebt.

Termopolio di Asellina

An der Via dell'Abbondanza folgt links das Termopolio di Asellina, eine Schenke, in der Getränke und Speisen verkauft wurden. In der zur Straße gelegenenen Theke waren Töpfe und Gefäße eingelassen. Die Fassade des Hauses von Trebius Valens weiter links trägt besonders viele Aufschriften. Eines der größten Privathäuser Pompejis ist das **Haus des Marcus Loreius Tiburtinus** mit einem beeindruckenden Garten. Weiter östlich sowie südlich der Via dell'Abbondanza liegen die neuesten Ausgrabungen (1951–1959), unter denen besonders die Casa del Frutteto (Haus eines Gärtners), die Casa di Venera mit einem großartigen Bild der Venus sowie die Villa Giulia Felice Beachtung verdienen.

★ **Casa del Menandro**

Das wohlerhaltene und mit Wandmalereien und Mosaiken geschmückte Stadthaus gehörte einst Quintus Poppaeus, einem Verwandten der Kaiserin Poppaea, der zweiten Frau des Nero. Ein hier entdeckter einzigartiger **Silberschatz** befindet sich heute im Nationalmuseum in Neapel. In einer Wandnische des Peristyls befand sich ein Porträt des griechischen Komödiendichters Menander, nach dem das Haus benannt wurde.

Anfiteatro

Das Anfiteatro ist vermutlich eines der ältesten bekannten Amphitheater (136 x 104 m): Die oberen Ränge wurden noch nicht über integrierte Treppensysteme, sondern durch drei vorgesetzte **Rampentreppen** erreicht. Auch fehlen der Arena noch die unterirdischen Vorrichtungen. Die außerordentliche Größe (20 000 Zuschauer) legt nahe, dass die Besucher aus ganz Südkampanien hier her kamen.

? WUSSTEN SIE SCHON ...?

- ... dass die Antike auch schon Hooligans kannte? Bei Spielen im Amphitheater kam es 59 n. Chr. zu einem Massaker an Zuschauern aus Nuceria (heute Nocera). Eine Klage in Rom führte daraufhin zu einem von Kaiser Nero verhängten zehnjährigen Verbot jeglicher Spiele im Amphitheater.

★★ **Casa dei Vettii**

Eines der wegen seiner **kostbaren Wandmalereien** berühmtesten Häuser Pompejis ist die Casa dei Vettii. Ihre Besitzer, Emporkömmlinge aus den letzten Jahren Pompejis, müssen als Kaufleute ein beträchtliches Vermögen zusammengetragen haben. Im Eingangsraum ein Wandgemälde des Fruchtbarkeitsgottes Priapos mit einem gigantischen Phallus, der den bösen Blick abwenden sollte. Auf dem Herd im Wirtschaftstrakt sind heute noch die antike Holzkohle und das Kochgeschirr zu sehen.

Das säulenumstandene **Peristyl** mit seinen vielen Statuen und Wasserbecken sowie den umliegenden Prachträumen ist ein weiterer Höhepunkt. Die großformatigen Wandmalereien in den Aufenthaltsräumen links und rechts vom Eingang zum Peristylhof (Ixion- und Pentheus-Zimmer) sind Kopien berühmter griechischer Werke. Die berühmtesten Wandmalereien sind in einem Aufenthaltsraum an der rechten Schmalseite des **Gartenperistyls** zu finden: In der Unterzone finden sich Eroten und Psychen, die verschiedensten Gewerben und Freizeitbeschäftigungen nachgehen, sehr schön auch die schwebenden Götterpaare auf kostbarem Zinoberrot.

In der Casa dei Vettii zeugen die prächtigen Wandgemälde vom Reichtum der ehemaligen Besitzer.

★ **Casa del Fauno**

Die größte Stadtvilla in Pompeji (3000 m²), die Casa del Fauno (Eingang von der Via di Nola) nimmt eine ganze Insula (Häuserblock) ein. Neben dem Impluvium steht eine Nachbildung der hier gefundenen Statue eines tanzenden Fauns; in dem Raum mit den roten Säulen fand man das berühmte **Mosaik der Alexanderschlacht**. Sowohl die Statue als auch das Mosaik befinden sich im Archäologischen Nationalmuseum in Neapel.

Forumsthermen

Die Thermen beim Forum (Terme del Foro) sind zwar etwas kleiner als die Stabianer Thermen, sie sind aber besser erhalten und zeugen mit ihren großartigen Stuckaturen im Tepidarium vom **Luxus öffentlicher Einrichtungen**. Im gleichen Raum auch ein großes bronzenes Kohlebecken, das als Heizung diente. Grausig die Gipsabgüsse zweier Sklaven, die vom Vesuvausbruch überrascht wurden.

Casa del Poeta tragico

Auch das den Thermen nördlich gegenüberstehende, reich ausgestattete Haus des tragischen Dichters ist berühmt, vor allem wegen seines Bodenmosaiks im Eingang: ein Kettenhund mit der Inschrift »Cave Canem« (Warnung vor dem Hund!).

Casa di Pansa

Westlich schließt sich das Haus des Dichters Pansa an; es stammt ursprünglich aus hellenistischer Zeit und wurde später in ein Mehrfamilienhaus umgebaut.
Nördlich sieht man eine weitere Fullonica; links daneben die Casa della Fontana Grande und die Casa della Fontana Piccola, beide mit hübschen Brunnen. Von Letzterem gelangt man durch den Vicolo di Mercurio westlich zum **Haus des Sallust**, ebenfalls mit schönen Malereien.

Weiter in nordwestlicher Richtung liegt an der Via Consolare schließlich noch die Casa del Chirurgo; hier wurden zahlreiche Instrumente gefunden.

★ **Via dei Sepolcri**

Außerhalb der Stadtmauer, hinter der Porta Ercolano, beginnt die zypressengesäumte Via dei Sepolcri. Mit ihren stattlichen Grabdenkmälern ist sie neben der Via Appia (►Rom) das eindrucksvollste Beispiel für die Bestattung verdienter oder wohlhabender Mitbürger an öffentlichen Wegen.

★ **Villa des Diomedes**

Am nordwestlichen Ende der Gräberstraße steht die Villa des Diomedes, deren Garten von einem Portikus mit 33 m Seitenlänge umgeben ist; in der Mitte des Gartens ein Wasserbecken und sechs Säulen, die einen Pavillon bildeten. In einem **Kellergang** (Kryptoportikus) fand man die Leichen von 18 hier verstorbenen Frauen und Kindern. In der Nähe der jetzt vermauerten Gartentür lag der mutmaßliche Besitzer des Hauses, den Schlüssel in der Hand, neben ihm ein Sklave mit Geld und Wertsachen.

? WUSSTEN SIE SCHON ...?

- Goethe notierte 1787 nach dem Besuch dieser »mumisierten Stadt«: »Es ist viel Unheil in der Welt geschehen, aber wenig, das den Nachkommen so viel Freude gemacht hätte.«

★★ **Villa dei Misteri**

Die schönsten Wandgemälde aus dem Altertum in frischem Farbenglanz sind in der Villa dei Misteri erhalten (Zufahrt auch mit dem Auto möglich). Im großen Triclinium sieht man einen 17 m langen Bilderzyklus mit fast lebensgroßen Figuren. Er entstand zwischen 70 und 50 v. Chr. (wohl nach Vorbildern aus dem 3. Jh. v. Chr.) und stellt auf dem berühmten pompejanischroten Grund die Einführung der Hausherrin in die (bis heute nicht entschlüsselten) Mysterien des Dionysos-Kultes dar.

Sehenswertes in der Stadt und Umgebung

Pompeji

Die moderne Stadt Pompeji schließt sich im Osten an das Ausgrabungsgelände an. Ihr **Santuario della Madonna del Rosario**, weithin erkennbar an dem fünfstöckigen Kampanile, wurde Ende des 19. Jh.s nach einer Marienerscheinung erbaut und ist ein viel besuchtes Wallfahrtsziel (Höhepunkte: der 8. Mai und der 1. Sonntag im Oktober).

★ **Boscoreale**

Schon in der Antike gab es am Fuß des fruchtbaren Vesuvs Landvillen, deren Besitzer vor allem Wein und Oliven anbauten. In der Gegend von Boscoreale (4 km nordöstlich von Pompeji) wurden sieben Gutshöfe gefunden. Von ihnen ist die Villa Regina zu besichtigen.

★ Antiquario ►

Unbedingt einen Besuch wert ist das benachbarte, wenig bekannte Antiquarium (Via Settembrini 15), das sich mit der Besiedelung der Vesuvregion, den Lebensbedingungen der Pompejaner sowie der Ausgrabungsgeschichte auch anderer Villen beschäftigt.

Pozzuoli

O 18

Region: Kampanien • Campania
Höhe: Meereshöhe
Provinz: Napoli
Einwohnerzahl: 82 000

Pozzuoli ist das städtische Zentrum der Phlegräischen Felder. Nach einem Lokalmythos schnauben die besiegten Giganten der griechischen Mythologie unter den Vulkanen der Phlegräischen Felder. Vulkankegel, Kraterseen sowie heiße Dampfquellen und brodelnde Schlammlöcher des Solfatara-Kraters oberhalb von Pozzuoli erinnern an die vulkanische Aktivität.

Campi Flegrei

Die Landschaft der Phlegräischen Felder zieht sich westlich von ► Neapel um die Bucht von Pozzuoli. Im 8. Jh. v. Chr. begann hier die Hellenisierung Kampaniens. Nach ihnen rückten die Römer heran. Wer es sich leisten konnte, entfloh der lauten und politisch unsicheren Millionenstadt Rom. Am Ende des 1. Jh.s n. Chr. hatte sich die Region zu einem **luxuriösen Ferien- und Badezentrum** entwickelt. Das mit Thermen und luxuriösen Villen bebaute Ufer geriet jedoch teilweise unter Wasser. Verantwortlich ist der so genannte Bradisismus, ein Phänomen vieler vulkanisch geprägter Regionen (griech. bradys seismos, langsame Bewegung), die langsame Auf- und Abwärtsbewegung des Erdbodens als Folge von Druckänderungen in Magmakammern der Erdkruste. Eine Rolle spielen auch die Weltmeere, die in den vergangenen 2000 Jahren um 2 m gestiegen sind.

◄ Bradisismus

Erinnert an eine Mondlandschaft: der Solfatara-Krater am Stadtrand von Pozzuoli mit seinen heißen, nach Schwefel stinkenden Fumarolen

Sehenswertes in Pozzuoli

Bis Ostia der Stadt den Rang ablief, war Pozzuoli der bedeutendste Handels- und Orienthafen Italiens in der Antike. Die Schauspielerin Sophia Loren verbrachte hier ihre Kindheit. Aufgrund der erheblichen Bodenschwankungen, eine Folge des Vulkanismus, musste die Altstadt 1970 evakuiert werden, heute wird sie restauriert. Das gilt auch für den **Dom S. Procolo**, der aus dem Häusermeer ragt. Er wurde im 11. Jh. auf der Ruine eines römischen Tempels erbaut und später barockisiert.

✶ **Römische Zeugnisse**

Öffnungszeiten: tgl. 9.00 bis 1 Std. vor Sonnenuntergang

Das eindrucksvollste Zeugnis aus der Antike ist das 79 n. Chr. erbaute Amphitheater, das unmittelbar an der Hauptdurchgangsstraße Corso Terracciano liegt (40 000 Zuschauer). Besonders gut erhalten sind die unterirdischen Gewölbe, in denen einst die wilden Tiere untergebracht waren.
Am Hafen, wo vormittags ein bunter Obst-, Gemüse- und Fischmarkt stattfindet, liegt das **Macellum** (auch Serapeum genannt), die Reste des antiken Marktes von Puteoli. Erhalten sind ein quadratischer Hof, auf den sich die ehemaligen Läden öffneten und den eine

POZZUOLI ERLEBEN

AUSKUNFT

Via Campi Flegrei 3, 80078 Pozzuoli
Tel. 08 15 26 50 68, Fax 08 15 26 14 81
www.infocampiflegrei.it

ANREISE

Pozzuoli und die Phlegräischen Felder erreicht man von Neapel (Bahnhof Montesanto) aus mit der Schnellbahn Cumana e Circumflegrea.

ESSEN

► Erschwinglich

La Cucina degli Amici
Corso Umberto I 47
Tel. 08 15 26 93 93
Einfaches, sehr gepflegtes Restaurant an der Strandpromenade, traditionelle Fischgerichte.

► Preiswert

La Cucina Flegrea
Via Monterusciello 20
Tel. 08 15 24 74 81
Mo. und August geschl.
Die Spezialität dieses Restaurants ist Pizza, aber auch die Gemüse-Antipasti und Fischgerichte sind vorzüglich. Ab und zu gibt es Abende mit neapolitanischen Liedern.

ÜBERNACHTEN

► Komfortabel

Solfatara
Via Solfatara 163
Tel. 08 15 26 66, Fax 08 15 26 33 65
www.hotelsofatara.it
Modernes Haus in toller Lage mitten in den Phlegräischen Feldern.

► Günstig

Tiro a Volo
Via San Gennaro 69/A
Tel. & Fax 08 15 70 45 40
www.hoteltiroavolo.it
Sehr ruhig in einem durchgrünten Gebiet gelegen.

Säulenhalle umgab. Auf der einen Seite des Hofs stehen seit der Antike drei Säulen. Löcher von Bohrmuscheln in den Säulen beweisen, dass sich das Gelände im 3. Jh. n. Chr. schon 4 m unterhalb des Meeresspiegels befand (heute wieder 6 m ü. d. M.). In den beiden Ecken rechts und links der Säulen lagen öffentliche Latrinen.

Architekturfragmente in den unterirdischen Gängen des Anfiteatro Flavio

Die **Solfatara** oberhalb von Pozzuoli, am östlichen Stadtrand, ist der einzige zurzeit tätige Vulkan am Golf von Neapel. Sein flacher Krater ist 770 m breit. Seit der Antike stößt er aus einer großen Erdspalte, der Bocca Grande, heiße Dämpfe und Schwefelgase aus. Die Temperatur der Hauptfumarole beträgt 162 °C, die der kleineren um 100 °C.

Bei der Weiterfahrt auf der Via Domiziana erhebt sich rechts der 130 m hohe Monte Nuovo, der 1538 bei einem Vulkanausbruch entstand. Im Lago di Lucrino wurden in der Antike **Austern** gezüchtet. Nur wenige Mauerreste erinnern an die Villen reicher Römer, die einst sein Ufer säumten. Den Lago d'Averno etwa 1 km im Hinterland hielten die Griechen für den Eingang in die Unterwelt.

Umgebung von Pozzuoli

Die Côte d'Azur der Antike war der kleine Küstenort Baia (4000 Einw.) an der Westseite des Golfes von Pozzuoli. Hier oder in der näheren Umgebung hatten fast alle römischen Politiker und Patrizier ihre mondänen Sommersitze. Sie pflegten am so genannten Sinus Baianus einen luxuriösen, teils berüchtigten Lebensstil. Sehr beliebt soll die Fischzucht gewesen sein, tatsächlich hatten die meisten Villen **Piscinae** (Fischbecken). Über Quintus Hortensius wurde berichtet, dass seine Muränen Ohrringe getragen hätten, Kaiser Vespasian soll seine Fische so abgerichtet haben, dass sie auf seine Stimme hörten, und Crassus organisierte für seinen Lieblingsfisch ein derart aufwendiges Begräbnis, dass der römische Senat ihn dafür kritisierte ... Die antike Stadt lag an einem ehemaligen Vulkankrater, und durch die Senkung des Bodens begann sie ab 300 n. Chr. unterzugehen. Bei einer Fahrt mit einem **Glasbodenboot** kann man noch Teile der ehemaligen Pracht bewundern. Auch die Mineralquellen, denen Baia seine Existenz verdankte, treten heute im Meer aus. Erhalten blieben oberhalb des heutigen Städtchens die Ruinen weitläufiger Thermen, drei große Kuppelbauten (1. Hälfte des 1. Jh.s nach Chr.; fälschlicherweise Tempio, Tempel genannt). Ihre Kuppeln erreichten Durchmes- **Baia**

Die Ruinen der Thermen von Baia

ser von 22 m (**Tempio di Mercurio**) bis über 30 m. Einen Besuch lohnt das Museo Archeologico dei Campi Flegrei in dem trutzigen Kastell (16. Jh.) oberhalb des Hafens.

Im Küstenort Bacoli (25 000 Einw.), fasziniert die Besichtigung der am Südausgang des Ortes gelegenen **Piscina mirabilis**, eines der größten Wasserbehälter des römischen Imperiums. Aus dem 70 x 30 m großen Wasserreservoir, das 10 700 m³ fasst und dessen gewölbte Decke auf 48 gemauerten, 15 m hohen Pfeilern ruht, wurde die römische Flotte von Misenum mit Süßwasser versorgt. Der Namenszusatz »Mirabilis« soll auf Petrarca zurückgehen, der damit sein Staunen über die unterirdische Kathedrale zum Ausdruck brachte.

★ **Cuma**

Kurz vor Cuma passiert man den Lago di Fusaro; das Jagdschlösschen Casina del Fusaro auf einer künstlichen Insel entstand 1782 nach Plänen von Luigi Vanvitelli für Ferdinand IV. von Bourbon. Nach wenigen Kilometern erreicht man Cuma. Im 8. Jh. v. Chr. gründeten hier die Griechen Kyme, die erste Kolonie auf italienischem Festland. Gleich hinter dem Eingang befindet sich der Zugang zum so genannten Antro della Sibilla, der durch Vergils Schilderung bekannten Höhle der Sibylle. Es handelt sich um einen 130 m langen **trapezförmigen Tunnel**, der in den Tuffstein gehauen wurde (die Griechen bauten damals noch keine Gewölbe) und durch Spalten Tageslicht erhält. Er endet in einem gewölbten Raum mit drei Nischen. Nicht zugänglich ist die Cripta Romana, ein aus der Zeit des Augustus stammender Straßentunnel, der unter der Akropolis hindurch zum Meer führt. Auf der Via Sacra gelangt man zur **Akropolis**, der eigentlichen griechischen Siedlung, mit Resten eines Apollo-Tempels und eines Jupiter-Tempels aus dem 6. und 5. Jh. v. Chr., der in frühchristlicher Zeit als Kirche diente. Vom Gipfel schweift der Blick vom Capo Miseno bis Gaeta und zu den Ponza-Inseln.

Antro della Sibilla ▸

! *Baedeker* TIPP

Tauchen in Ruinen

Wer Caesar, Cicero oder Kaiser Augustus einen Besuch abstatten möchte, sollte sich an die örtliche Tauchbasis in Baia wenden. Tauch-Exkursionen führen zu den versunkenen Villen der römischen Honoratioren (Sea Point Diving Center, Via Molo di Baia 14, Tel. 08 18 68 88 68, www.seapointitaly.it).

Bereits außerhalb des Archäologischen Parks befindet sich links der Straße zum Lago del Fusaro das zugewachsene Amphitheater aus dem 1. Jh. v. Chr. Richtung Neapel passiert man den Arco Felice, einen 20 m hohen Torbogen aus Ziegelsteinen, der über die antike Via Domitiana führt. Kurz darauf stößt man auf die SS 7 quater, auf der man zurück nach Neapel gelangt.

Reggio di Calabria

T 21

Region: Kalabrien • Calabria
Höhe: 31 m ü. d. M.
Provinz: Reggio di Calabria
Einwohnerzahl: 179 600

Zwei Bronzestatuen, die man im Meer gefunden hat, sind die Hauptattraktion von Reggio di Calabria. Angesichts der Fülle antiker Kunstwerke in Italien mag das lächerlich erscheinen, wäre da nicht das Geheimnisvolle und Vollkommene, das den »Kriegern von Riace« anhaftet.

Provinzhauptstadt

Reggio di Calabria markiert die Spitze des italienischen Stiefels, der durch die Meerenge von Messina von Sizilien getrennt ist. Es ist Hauptort der Provinz, aber nicht der Region Kalabrien; dies ist Ca-

REGGIO DI CALABRIA ERLEBEN

AUSKUNFT

Via Roma 3, 89100 Reggio di Calabria
Tel. 0 96 52 11 71, Fax 09 65 89 09 47
www.comune.reggio-calabria.it

ESSEN

► Fein & Teuer

Baylik
Vico Leone 1, Tel. 0 96 54 86 24
Mo. geschl., www.baylik.it
Das moderne Restaurant in der Nähe des Hafens serviert Meeresspezialitäten und eine breite Palette an klassischen Gerichten.

► Erschwinglich

La Baita
Bocale, Viale P. Renosto 5
Tel. 09 65 67 60 17, nur abends geöffnet, Di. geschl. (nicht im Sommer)
Ungewöhnliches Lokal am Meer 14 km südlich der Stadt. Im Sommer wird Fisch groß geschrieben, daneben gibt es auch Gerichte aus den Bergen.

ÜBERNACHTEN

► Luxus

Altafiumara
Santa Trada di Cannitello
Tel. 09 65 75 98 04, Fax 09 65 75 95 66
www.altafiumarahotel.it
Restaurierte Bourbonenfestung in spektakulärer Lage an der Costa Viola, nur 11 km von Reggio di Calabria entfernt. Großer Park, Pool und Wellnessbereich; auch Kunstausstellungen finden im Haus statt.

► Komfortabel

Lungomare
Viale Zerbi 13/b
Tel. 0 96 52 04 86, Fax 0 96 52 14 39
www.hotellungomare.rc.it
Wunderschön gelegener, alter Palazzo direkt an der Uferpromenade, die laut Gabriele D'Annunzio der »schönste Kilometer Italiens« ist. Im Sommer wird das Frühstück auf der Sonnenterrasse serviert.

tanzaro, in Reggio tagt jedoch seit 1972 das Regionalparlament. In hervorragender strategischer Lage als griechische Kolonie Rhegion 743 v. Chr. gegründet, 1783 und noch einmal 1908 durch schwere Erdbeben zerstört, ist von alten Zeiten fast nichts mehr vorhanden.

Sehenswertes in Reggio

★ Museo Archeologico Nazionale

Man steuert am besten die **Piazza Indipendenza** im Norden der Innenstadt bei der Stazione Lido an (Parkplätze). Hier ist man auch gleich beim Nationalmuseum, der Hauptsehenswürdigkeit der Stadt (Öffnungszeiten: tgl. 9.00–18.30 Uhr, 1. und 3. Montag im Monat geschl.). Zu sehen sind vorgeschichtliche Funde, Exponate aus der ganzen Magna Graecia (vor allem Lokroi) sowie mittelalterliche und moderne Bildwerke. Die große Attraktion sind die »Krieger von Riace«, zwei 1,99 m große griechische Bronzestatuen, die 1972 bei Riace an der Ionischen Küste im Meer gefunden wurden. Beeindruckend sind die Statuen sowohl durch ihre handwerkliche und künstlerisch-anatomische Perfektion als auch durch ihren harmonischen, ebenso würdigen wie erotischen Ausdruck. Außerdem bemerkenswert sind der bronzene »Philosophenkopf« aus Porticello (Ende 5. Jh. v. Chr.) und die Abteilung für Unterwasserarchäologie; unter den Gemälden sind besonders die Werke von Mattia Preti und Antonello da Messina zu beachten.

★★ »Krieger von Riace« ►

★ Lungomare Giacomo Matteotti

Mit einem Eis vom Kiosk Cesare nimmt man den »schönsten Kilometer Italiens« in Angriff, wie D'Annunzio den Lungomare Matteotti titulierte. Die mit Palmen, riesigen Gummibäumen und anderen exotischen Gewächsen geschmückte Promenade zieht sich etwa 1,5 km am Ufer entlang und bietet einen herrlichen Blick auf die Küste Siziliens. Im südlichen Abschnitt sind Reste der griechischen Stadtmauer (6. Jh. v. Chr.) und römischer Thermen zu sehen, deren Fußbodenmosaik teilweise erhalten ist. Begleitet wird der Lungomare von einer Reihe prächtiger Palazzi im Jugendstil (»stile liberty«).

Dom

Durch den Stadtgarten gelangt man zum Corso Garibaldi, der 2 km langen, lebhaften Hauptstraße der Stadt (z. T. Fußgängerzone) mit einigen angenehmen Cafés. Der Dom wurde 1908 im romanisch-byzantinischen Stil an der Stelle, wo der Apostel Paulus 61 gepredigt haben soll, errichtet. Von der alten Kathedrale ist im linken Querarm die barocke Cappella del SS. Sacramento erhalten.

Castello Aragonese

Einige Schritte hinter dem Dom stehen etwas erhöht die Reste des Kastells (15. Jh.) mit zwei mächtigen Rundtürmen. Von hier bietet sich ein schöner Ausblick. In der neoromanischen Chiesa degli Ottimati sind noch Teile des mittelalterlichen Vorgängerbaus erhalten: vier Säulen und Teile des Mosaikfußbodens.

Umgebung

►Kalabrien

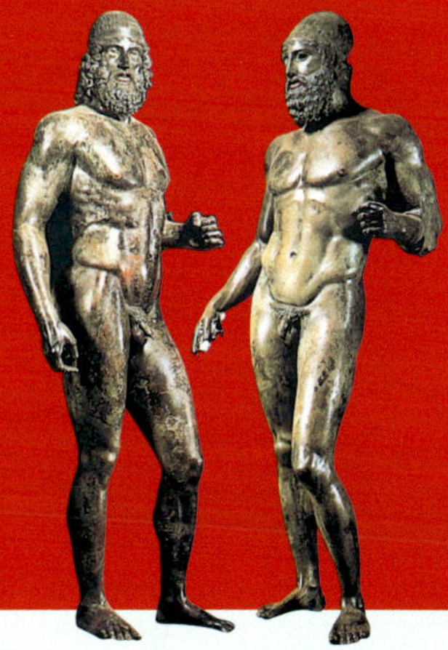

Bis heute die schönsten Funde aus der griechischen Antike: die beiden Krieger von Riace.

UNHEIMLICHE KRIEGER

Dies ist die Geschichte einer archäologischen Sensation, wie sie sich selbst im kunstverwöhnten Italien nicht häufig zugetragen hat. Im August 1972 werden im kalabrischen Meer zwei lebensgroße Bronzefiguren geborgen. Niemand weiß, wer sie sind und woher sie kommen. Nur eines ist sicher: Die Krieger von Riace sind bis heute die schönsten Funde aus der griechischen Antike, die jemals in Italien aufgetaucht sind.

Es ist der 16. August 1972. Vor der kalabrischen Küste nahe dem Dorf Riace am Punto Stilo ragt in acht Metern Tiefe ein menschlicher Arm aus einer Sandbank. Der italienische Freizeittaucher Stefano Mariottini, der ihn entdeckt, glaubt zunächst an eine **Wasserleiche**. Doch bei näherem Hinsehen stellt er fest: Der Arm ist aus Metall. Er alarmiert das Kulturamt der Stadt Reggio di Calabria, und bald darauf werden unter chaotischen Umständen und dem Andrang vieler Neugieriger zwei männliche Bronzefiguren aus dem Meer gehoben. Zwillinge könnten es sein: nackt, athletisch gebaut, einer schöner als der andere, mit Lockenpracht und stolz geschwellter Brust. Die Statuen sind nahezu unversehrt, jede misst fast zwei Meter und wiegt bald eine halbe Tonne. Eine sensationelle Entdeckung, so viel steht fest. Während Kunsthistoriker und Archäologen bereits emsig spekulieren, machen sich die Restauratoren ans Werk, erst in Reggio di Calabria, dann im besser ausgerüsteten Florenz. Mithilfe von **Ultraschall und monatelangen Tauchbädern** wird Stück für Stück die Schönheit der Statuen freigelegt. Die Zeit drängt, Licht und Luft sorgen für einen schnellen Korrosionsprozess.

Verblüffende Schönheit

Die komplizierte Arbeit der Restauratoren ist erst nach acht Jahren beendet – sie hat sich gelohnt. Atemberaubende Details kamen zum Vorschein. Trotz der Größe der muskulösen Fi-

Obwohl die Ähnlichkeit der Statuen unübersehbar ist, zeigt der »Stratege« (Bronze B) einen leicht veränderten Stil. Die Lippen sind wie bei der Statue A aus Kupfer geschmiedet; das verbliebene Auge besteht aus Kalkstein. Wo der Helm geblieben ist, den er ursprünglich trug, ist bis heute unklar.

guren ist die Bronze nur etwa 6 bis 9 Millimeter dick. Darüber hinaus wurden noch andere Materialien verwendet. Bernsteinfarben leuchten die Augen, die Brustwarzen sind aus Kupfer, Zähne und Wimpern pures Silber. Und noch eine Entdeckung sorgt für Verblüffung: Als die Restauratoren für die Innenreinigung der Statuen die Sockelaufsätze von den Fußsohlen lösen, stellen sie fest, dass die Hünen in **absolutem Gleichgewicht** auf ihren Füßen stehen. Sie ruhen vollkommen in sich. In einer kleinen Ausstellung soll das Ergebnis präsentiert werden. Man stellt sich auf ein paar wenige Besucher aus der Fachwelt ein. Doch es kommt anders.

Besuchermagnet

Vom ersten Tag an pilgern Tausende, Zehntausende Besucher nach Florenz. Kilometerlange Schlangen bilden sich. Als die Ausstellung termingerecht schließt, bricht ein wahrer Volksaufstand los. Dem Museum bleibt nichts anderes übrig, als seine Pforten erneut zu öffnen. In Reggio di Calabria ist man nervös. Eine eigens gegründete »Ionische Liga« befürchtet, Florenz könnte den sensationellen Fund einbehalten, und fordert die Rückgabe der Statuen. Bevor es dazu kommt, werden sie jedoch auf Initiative von Staatspräsident Pertini auch in Rom gezeigt. Das Bild ist dasselbe wie in Florenz.

Ungelöste Rätsel

Längst ranken sich Legenden um die beiden »Krieger von Riace«, wie sie genannt werden. Attribute wie »göttlich«, »erotisch« und »furchtbar« machen die Runde. Die Experten überbieten sich gegenseitig mit Vermutungen. Wer sind die »Krieger von Riace«? Sind es nur zwei griechische Hopliten, denen Helm und Waffen abhanden gekommen sind? Oder stellen sie womöglich beide Poseidon, den Gott des Meeres, dar? Oder gar Castor und Pollux? Geschaffen wurden sie vermutlich um 460 v. Chr. (Bronze A, »Held«) bzw. um 430 v. Chr. (Bronze B, »Stratege«). Doch wer hat sie geschaffen?

Es werden viele Namen genannt, allen voran der des größten griechischen **Bildhauers Phidias** aus der Mitte des fünften vorchristlichen Jahrhunderts, dem Höhepunkt der griechischen Plastik. Nur eine Hand voll Statuen aus dieser Zeit, etwa der berühmte Wagenlenker von Delphi, sind erhalten geblieben. Wie aber kamen sie nach Italien? Stammte ihr Schöpfer womöglich doch aus Kalabrien, das damals griechische Kolonie war? Oder kamen die Statuen erst später nach Italien, im Zuge des florierenden griechisch-römischen **Kunsthandels** der Kaiserzeit und der ersten nachchristlichen Jahrhunderte?

Hysterie

Die ungelösten Rätsel steigern die allgemeine Hysterie: Es kommt zu Zusammenstößen in den Warteschlangen, zu Ehekrisen und Ohnmachtsanfällen. Psychologen schalten sich ein, erklären die Begeisterung für die antiken Funde mit der Suche nach Wurzeln und Ursprüngen einer in die Krise geratenen Gesellschaft. Andere sprechen vom **»heiligen Schauder«**, den die Skulpturen beim Publikum auslösen, von Freud'schen Reaktionen angesichts der nackten Männerkörper und von »kollektiver Besessenheit, Sex und Mysterium«. Die Presse beteiligt sich nach Kräften und veröffentlicht eine Liste von »Opfern« der Krieger: Während der Restaurationsarbeiten erliegt einer der beteiligten Professoren einem tragischen Unglücksfall; bald darauf stirbt ein führender Archäologe, nachdem er einen Artikel über die Statuen veröffentlicht hat. Vom **»Fluch der Krieger«** ist die Rede. Und davon, dass, wer immer ihren tiefen Meeresschlaf störte, dafür büßen muss.

Bis heute ist das Rätsel um die »Krieger von Riace« ungelöst. Vor allem ist unklar, wo ihre Attribute, Schilder und Speere, geblieben sind. Für die Beantwortung dieser Frage stellte die italienische Regierung eigens eine 50 Mann starke Carabinieri-Einheit ab. Man vermutete den Helm der Statue B im Paul-Getty-Museum in Malibu, Los Angeles. Nachweisen konnte man es bis heute nicht. So schnell, wie die Krieger von Riace nach ihrer Entdeckung zu Stars wurden, ließ der Wirbel um die Statuen auch wieder nach. Heute sind sie im **Museum von Reggio di Calabria** zu bewundern: schön, gewaltig und immer noch ein bisschen unheimlich.

★★ Rom · Roma

M 14/15

Region: Latium • Lazio
Höhe: 11–139 m ü. d. M.
Provinz: Roma
Einwohnerzahl: 2 810 500

Schon im Altertum als die Ewige Stadt (lat. Roma aeterna) bezeichnet, war Rom für anderthalb Jahrtausende der kulturelle Mittelpunkt Europas und Schauplatz bedeutender geschichtlicher Ereignisse. Weltberühmte Denkmäler machen das im gesamten Stadtgebiet überdeutlich.

Ausführlich beschrieben im Baedeker Allianz Reiseführer »Rom«

Rom, die Hauptstadt der Republik Italien, der Region Latium und der Provinz Rom, liegt in Mittelitalien gut 20 km vom Tyrrhenischen Meer landeinwärts am Tiber (Tevere). Einen eigenen Staat innerhalb der Stadt bildet die Vatikanstadt am rechten Tiber-Ufer, Sitz des Papstes und der Kurie. Keimzelle des antiken Roms sind die legendären sieben Hügel Kapitol (50 m), Quirinal (52 m), Viminal (56 m), Esquilin (53 m), Palatin (51 m), Aventin (46 m) und Caelius (50 m). Zwischen ihnen und dem Fluss erstreckt sich der **antike Campus Martius** (Marsfeld), wo sich bis in die Neuzeit die eigentliche Stadt ausbreitete. Der Pincio (50 m) nördlich vom Quirinal und die Höhen des rechten Tiber-Ufers, der Vatikanhügel (60 m) und der Gianicolo (84 m), kamen erst in späterer Zeit hinzu. Die unter Kaiser Aurelian (270–275 n. Chr.) begonnene, 19 km lange Aurelianische Stadtmauer wurde erst im 19. Jh. überschritten. Heute reicht das Stadtgebiet mit einer Fläche von knapp 1508 km² im Osten bis zu den Albaner Bergen, im Westen bis nach Ostia zum Meer und im Süden und Norden bis weit in die römische Ebene.

! *Baedeker* TIPP

Rom, Wege in die Stadt

Mauro Lucentini schrieb diesen höchst unterhaltsamen und informativen Stadtführer, der zugleich eine Liebeserklärung an seine Geburtsstadt ist (Pattloch-Verlag).

Wirtschaft

Rom ist ein wichtiger Verkehrsknotenpunkt, Banken- und Handelsplatz (Hafen ca. 75 km nordwestlich in Civitavecchia), ferner ein internationales Zentrum der Mode und des nationalen Filmschaffens (Cinecittà). Die vorwiegend im Süden und Osten der Stadt angesiedelte Industrie umfasst in erster Linie die Branchen Elektroindustrie, grafisches Gewerbe, chemische Industrie, Telefonbau, Textilien und Nahrungsmittel. Bestimmend für das Wirtschaftsleben ist aber Roms Rolle als Regierungs-, Verwaltungs- und Beamtenstadt. Größter Arbeitgeber der Stadt ist das Dienstleistungsgewerbe.

← *Auf dem spiralförmig ansteigenden Relief der Trajanssäule liest man gleichsam wie in einem Buch über die Geschehnisse unter Trajan.*

Stadtbesichtigung

Neben organisierten Stadtrundfahrten und Ausflügen (APT, Tel. 06 48 89 92 53/55) gibt es verschiedene beliebte öffentliche Verkehrsmittel. So fährt die **Buslinie 64** vom Bahnhof Termini nach St. Peter (18 Stationen); der **»40 Express«** fährt dieselbe Strecke, hält jedoch nur fünfmal. Mit der **Straßenbahnlinie 30** kann man für wenig Geld eine gemütliche Stadtrundfahrt machen, die vom Viale delle Belli Arti am Park der Villa Borghese vorbei auf schöner Strecke zum Stadtteil Ostiense verläuft (Start- und Endpunkte sind die Piazza Thorwaldsen, gegenüber der Galleria dell'Arte Moderna, und die Piazza Ostiense; wer von hier noch auf die andere Tiberseite nach Trastevere möchte, steigt in die Linie 19 um). Autorisierte Fremdenführer vermittelt das römische Verkehrsbüro EPT. Eine Spazierfahrt mit den in Rom scherzhaft »botticelle« (Fässchen) genannten **Kutschen** empfiehlt sich besonders durch die Parkanlagen z. B. zur Villa Borghese oder durch den Altstadtkern um das Pantheon.

Geschichte und Kunst

10. Jh. v. Chr.	Erste Besiedlung des Palatins
509 v. Chr.	Rom wird Republik, Expansionspolitik beginnt
44 v. Chr.	Nach der Ermordung Caesars beginnt die Kaiserzeit.
476 n. Chr.	Odoaker ermordet den letzten weströmischen Kaiser.
8. Jh.	Der Grundstein für den Kirchenstaat wird gelegt.
1309–1377	Exil der Päpste in Avignon
1407	Nach der Rückkehr von Papst Gregor XI. entwickelt sich Rom zur Metropole für Kunst und Humanismus.
17. Jh.	Rom wird zum Zentrum der Barockkunst.
1871	Rom wird Hauptstadt des neu gegründeten Italien.
1922	Nach dem Marsch auf Rom beginnt Mussolinis faschistische Diktatur in Italien.
1943	Die Deutschen besetzen Rom.
2005	Der Deutsche Joseph Kardinal Ratzinger wird Papst Benedikt XVI.

Altertum

Das Jahr 753 v. Chr. galt den Römern als das mythologische Datum der Gründung durch **Romulus und Remus**. Die belegte römische Frühgeschichte beginnt jedoch bereits im 10. Jh. v. Chr. mit der Besiedlung des Palatins.

Nach der Vertreibung der etruskischen Könige und der Errichtung der Republik begannen die Römer eine systematische **Expansionspolitik**. Es entstanden bedeutende Tempel und Profanbauten wie der Saturntempel und die Servianische Stadtmauer. Im Jahre 312 v. Chr. wurden die erste Wasserleitung (Aqua Appia) und die erste gepflasterte Landstraße (Via Appia) angelegt. Innenpolitische Probleme ent-

Für den Bau der Prachtstraße Via della Conciliazione, die auf den Petersplatz führt, wurde fast die Hälfte des alten Stadtviertels, Borgo, dem Erdboden gleichgemacht.

luden sich in Bürgerkriegen und Sklavenaufständen, die erst mit dem Beginn der **Kaiserzeit** ein vorläufiges Ende fanden. Die Friedensherrschaft von Kaiser Augustus (27 v. Chr. bis 14 n. Chr.) brachte einen regelrechten Bauboom – es entstand u. a. das Augustusforum –, so dass Rom als die schönste und größte Stadt der Welt galt. Ein großer Teil der über eine Million Einwohner lebte in mehrstöckigen Mietsblöcken. Nach der großen **Feuersbrunst** (64) unter Kaiser Nero entstanden neue Bauten wie die Kaiserforen und das Wahrzeichen der Stadt, das flavische Amphitheater (Colosseum). »Panem et circenses«, kostenlose Lebensmittelverteilungen und blutrünstige Spiele befriedeten das Volk. Während des »glücklichen Zeitalters« der Adoptivkaiser von Nerva über Trajan bis Mark Aurel (96–180) erreichte das Reich seine größte Ausdehnung. Die ständige Bedrohung der Reichsgrenzen stärkte zunehmend die Rolle der Armee, die immer öfter Kaiser aus ihren eigenen Reihen hervorbrachte. Erst mit der **Neuordnung des Imperiums** unter Kaiser Diokletian (284–305) endete die unruhige Zeit der Soldatenkaiser. Mit der Unterstützung einflussreicher Christen konnte sich schließlich Konstantin (306–337) als Alleinherrscher durchsetzen und gewährte im Edikt von Mailand (313) die Freiheit der Religionsausübung. Durch die Verlegung des Zentrums der Macht nach Byzanz verlor Rom immer mehr die Hauptstadtfunktion. Schließlich ging das Weströmische Kaiserreich mit dem Sturz des letzten Kaisers Romulus Augustulus im Jahr 476 durch Odoaker unter.

Eine der bekanntesten Bronzen der Antike ist die Kapitolinische Wölfin aus der Zeit um 500 v. Chr., das Gründungssymbol Roms. Die Zwillinge Romulus und Remus wurden ihr allerdings erst im späten 15. Jh. untergeschoben.

Rom im Mittelalter

Trotz des jahrhundertelangen germanisch-byzantinischen Machtkampfes um das Erbe Roms gelang es dem römischen Bischof, seine Vormachtstellung in der Stadt zu sichern. Bereits im Jahr 381 wurde das **Christentums** von Theodosius zur Staatsreligion erklärt. Bald zählte Rom 25 Pfarrkirchen (Titoli) und vier mosaikglänzende Patriarchalbasiliken, die direkt dem Papst unterstanden. Die weltliche Macht der Päpste und ihre Herrschaft über Rom entwickelte sich im 8. Jh., nachdem durch Schenkungen des Langobardenkönigs Luitprand (727) und des Frankenkönigs Pippin (755) der Grund zum **Kirchenstaat** gelegt worden war. Leo III. (795–816) krönte am Weihnachtsfest des Jahres 800 Karl den Großen zum Kaiser und stellte damit das weltliche Kaiserreich wieder her, das nun ein Jahrtausend lang wenigstens den Namen des Römischen Reiches noch aufrecht erhielt. Einen tiefen Niedergang brachte das Exil der Päpste in Avignon (1309–1377).

! *Baedeker* TIPP

Mit dem Bus 110

Bequem 3000 Jahre Geschichte und Kultur entdeckt man mit der Buslinie 110. Die Strecke umfasst 80 Sehenswürdigkeiten. Für Eilige gibt's das Nonstopticket: In nur 2 Std. erhält man einen vollständigen Überblick über die wichtigsten Monumente. Wer die geschichtsträchtigen Orte genauer unter die Lupe nehmen will, für den gilt »stop & go« (Abfahrt tgl. 10.30, 14.00, 15.00, 17.00 und 18.00 Uhr an der Piazza dei Cinquecento vor dem Bahnhof Termini, Bussteig C).

Renaissance und Barock

Nach dem Ende des Abendländischen Schismas (1417) erlebte die Stadt einen neuen Aufschwung. Die von Humanismus und Renaissance geprägten Päpste und Adelsfamilien taten sich zunehmend als Bauherrn und Mäzene hervor. Doch erst die Renaissancepäpste Julius II. (1503–1513) und Leo X. (1513–1521) machten die Stadt zum **Zentrum der Hochrenaissance**. Von hier aus bestimmten Bramante (1444–1514), Michelangelo (1474–1564) und Raffael (1483–1520) das ganze 16. Jh. (ital. Cinquecento) auf künstlerischem Gebiet. 1506 begann der Neubau der Peterskirche. Von der Besetzung und Plünderung durch die Truppen Karls V. im Jahre 1527 (Sacco di Roma) erholte sich die Stadt nur langsam. Doch unter den Päpsten der Gegenreformation wurde Rom im Stil des Barocks zum **Zentrum eines triumphierenden Christentums** ausgestaltet. Die Architekten dieser Periode, vor allem Gian Lorenzo Bernini (1598–1680), sein Gegenspieler Francesco Borromini (1599–1667) sowie Carlo Maderno (1556–1629) und Carlo Rainaldi (1611–1691) schufen jene großartigen Kirchen und Paläste, die den architektonischen Charakter der Altstadt noch heute bestimmen. In der Malerei gilt Caravaggio (um 1573–1610) als der genialste Meister des Frühbarock. Als Vertreter der entgegengesetzten Richtung sind vor allem der Bolognese Annibale Carracci (1560–1609) und seine Schüler Guido Reni (1575–1642), Domenichino (1581–1641) und Guercino (1591–1666) zu nennen. Typisch für die sich entfaltende barocke Illusionsmalerei sind die monumentalen Deckenfresken der Kirchen S. Ignazio und Il Gesù.

Mit dem Abriss der »spina«, des zentralen Häuserkeils, wurde der Überraschungseffekt unwiederbringlich zerstört, der sich bei den Besuchern einstellte, die, aus den engen Gassen des Borgo tretend, plötzlich die gewaltige Basilika vor sich sahen (zum Vergleich siehe auch die Aufnahme S. 331).

DER BORGO IN ROM

Keines der 14 Stadtviertel des alten Roms hat eine so leidvolle Geschichte wie der Borgo, die »Burg« der mittelalterlichen Päpste. Für den Bau der Via della Conciliazione wurde 1936 fast die Hälfte des alten Viertels zwischen Vatikan, Engelsburg und Tiber dem Erdboden gleichgemacht.

Jeder Besucher Roms war schon im Borgo. Wer den Petersdom sehen will, kommt meistens über die Via della Conciliazione, die schon am Beginn den Blick auf die gewaltige Kuppel Michelangelos freigibt. Die 50 m breite **Prachtstraße** ist von prunkvollen Gebäudefassaden und 16 schneeweißen Obelisken gesäumt, »Mussolini-Pappeln« nennen sie die Römer.

Straße der Macht

Die Via della Conciliazione ist ein politisches und architektonisches Manifest des italienischen Faschismus. Sie sollte an die in den Lateranverträgen von 1929 festgeschriebene »Versöhnung« zwischen dem italienischen Staat und der katholischen Kirche erinnern. Tatsächlich war die »Straße der Versöhnung« ein Symbol für die »grandezza« des von Mussolini proklamierten, wieder erstandenen **Imperium Romanum**. Allen Menschen sollte Rom als »herrlich erscheinen: weitläufig, geordnet und mächtig«, so der Duce schon 1925. Dafür sollte alles Mittelalterliche aus dem Stadtbild weichen.

Die Folgen waren fatal: Ohne Rücksicht auf das geschichtliche Erbe wurden 1922–1937 in Rom Bauten von insgesamt 2 Mio. Kubikmetern zerstört. Die Bauarbeiten für die Via della Conciliazione begannen im Oktober 1936. Nur wenige Stichstraßen nördlich wie der Vicolo dei tre pupazzi oder die Via dei ombrellari, die das Viertel abschließenden Befestigungsmauern aus dem 9. Jh. und der berühmte **»Passetto«**, der Fluchtweg der Päpste, blieben verschont.

Aktion Spitzhacke

Der »intervento immediato del piccone«, frei übersetzt die »Aktion Spitzhacke«, stürzte mehr als 5000 Borghigiani ins Unglück. Die meisten wurden enteignet und in Trabantenviertel an den Rändern Roms umgesiedelt. Für viele war dies eine **Katastrophe**, weil sie als Souvenirhändler, Restaurant- und Ladenbesitzer oder Handwerker entweder für den Vatikan oder für die Pilger und Besucher im Borgo gearbeitet hatten. Heute ist die Via della Conciliazione aus Rom nicht mehr wegzudenken.

Highlights Rom

Kapitol
Am »Haupt der Welt« begegnen sich Antike und Renaissance.
► Seite 336

Forum Romanum
In dem ehemaligen Zentrum der römischen Welt schlägt das Herz der Antike.
► Seite 338

Kolosseum
Brot und Spiele und viel Blut lockten einst die Massen ins Kolosseum, ins größte je gebaute Amphitheater.
► Seite 343/344

Museum und Galerie Borghese
Auch wenn Sie's der »Ruhenden Venus« nicht gleichtun können, sollten Sie sich für die großartige Skulpturensammlung in der Villa Borghese Zeit nehmen.
► Seite 358

Pantheon
Einst antiken Gottheiten geweiht, wurde es später zur Kirche »umfunktioniert«.
► Seite 360

Trevibrunnen
Wer eine Münze über die linke Schulter ins Wasser wirft, kehrt eines Tages nach Rom zurück.
► Seite 361

Nachtleben
Vor lauter Kulturprogramm sollte man nicht den Zug durch die Kneipen und Restaurants vergessen, z. B. in den Stadtvierteln S. Lorenzo bzw. Trastevere oder um die Piazza Navona.
► Seite 356, 363 und 368

Vatikanstadt
Nicht größer als ein Bauernhof, aber mit seinen Sehenswürdigkeiten beinahe bedeutender als Rom selbst.
► Seite 371

Neuere Zeit Im 18. und 19. Jh. wurde Rom Ziel von Künstlern und Kunstbegeisterten aller Nationen, besonders nachdem Winckelmann in Rom um 1760 seine Geschichte der griechischen Kunst geschrieben hatte. Nach der Proklamation zur **Hauptstadt des Königreichs Italien** im Jahre 1871 begann die Epoche der Landeshauptstadt und Königsresidenz, das Dritte Rom (Terza Roma). Es entstanden neue repräsentative Bauten (Banca d'Italia, Finanzministerium, Justizpalast, Nationaldenkmal am Kapitol). Nach dem Marsch auf Rom übernahm Benito Mussolini die Macht. Im Jahr 1929 wurden die Lateranverträge zwischen dem heiligen Stuhl und dem italienischen Staat geschlossen, die dem Papst den Vatikan und einige exterritoriale Gebiete sowie knapp 2 Mrd. Lire zubilligten. Während des **Faschismus** wurde anlässlich der für 1942 geplanten Weltausstellung das monumentale Viertel EUR errichtet und die Via dei Fori Imperiali als Paradestraße durch das antike Zentrum geschlagen. Nach der Verhaftung Mussolinis und der Kapitulation Italiens im Zweiten Weltkrieg wurde Rom 1943 von deutschen Truppen besetzt, zahlreiche Juden wurden deportiert. Am 2. Juni 1946 entschieden sich die Italiener in einem knappen Volksentscheid für die Republik. Im März 1957 wurden hier die Römischen Verträge zur Gründung von EWG und der Euratom unterzeichnet. Unter dem weltoffenen Johannes XXIII. wurde das **Zweite Vatikanische Konzil** (1962–1965) zur Reform der katholischen Kirche einberufen. Mit Johannes Paul II. bestieg 1978 erstmals nach 453 Jahren ein Nichtitaliener wieder den Papststuhl. Zum heiligen Jahr 2000 sind umfangreiche Restaurierungen vorgenommen, Museen modernisiert, Fußgängerzonen eingerichtet und Verkehrsmittel ausgebaut worden.

Piazza Venezia

Zwischen dem antiken und historischen Stadtzentrum bildet die Piazza Venezia einen der Verkehrsknotenpunkte Roms: Von ihr führt die Via del Corso zur Piazza del Popolo, die Via dei Fori Imperiali quer durch die Kaiserforen zum Kolosseum und die Via del Plebescito in Richtung Vatikan. Über die Piazza in Aracoeli gelangt man zum Kapitol und auf der Via Battista zum Quirinal.

Palazzo Venezia

Im Auftrag des venezianischen Kardinals Pietro Barbò, des späteren Papstes Paul II., 1451 begonnen, bildet der Palazzo Venezia das erste Beispiel profaner Renaissancearchitektur in Rom. 1926–1943 war der Palazzo Venezia Amtssitz von Mussolini, der vom Balkon über der Piazza Venezia seine Ansprachen hielt. Der Palazzo beherbergt das Museo di Palazzo Venezia mit mittelalterlichen Skulpturen, Renaissancemalerei und kunstgewerblichen Gegenständen. Darüber hinaus finden immer wieder bedeutende Wechselausstellungen statt.

Gigantomanie an der Piazza Venezia: das schneeweiße Nationaldenkmal.

★ Monumento Nazionale a Vittorio Emanuele II.

Als **Wahrzeichen des geeinten Italiens** ragt das Nationaldenkmal für Viktor Emanuel II. an der Südseite der Piazza Venezia 70 m hoch auf, 1895 nach Plänen des Grafen Giuseppe Sacconi begonnen und 1911 eingeweiht. Die große Freitreppe führt zunächst zum Altar des Vaterlandes mit dem Grab des Unbekannten Soldaten und dann weiter zum Reiterstandbild des bereits 1878 verstorbenen ersten konstitutionellen Monarchen Italiens und zur halbkreisförmigen Säulenhalle. Die Römer nennen das Monument wenig ehrfurchtsvoll »Gebiss« oder »Schreibmaschine«. Im Unterbau informiert das Museo Centrale del Risorgimento über die Geschichte der italienischen Einigungsbewegung.

✶✶ Campidoglio · Kapitol

Vom Nationaldenkmal fast verdeckt erhebt sich das Kapitol. Von den sieben Hügeln des antiken Roms ist er geschichtlich der bedeutendste: Im Altertum lag hier das **politische und religiöse Zentrum** der Stadt. Die Stelle der Burg und der beiden Tempel des Jupiter Optimus Maximus Capitolinus und der Juno Moneta nehmen heute der Konservatorenpalast und die Kirche S. Maria in Aracoeli (ital. »zum Himmelsaltar«) ein, die man über eine steile Freitreppe erreicht. Sie bewahrt in der ersten Seitenkapelle rechts (Capella Bufalini) das Hauptwerk des Renaissancemalers Bernardino Pinturicchio: »Szenen aus dem Leben des hl. Bernardin« (1485/1486).

✶ **Piazza del Campidoglio**

Bewacht von zwei ägyptisierenden Löwen, führt die **Freitreppe von Michelangelo** auf das Kapitol. Nach seinen Entwürfen wurde der Kapitolsplatz zu einem der schönsten Plätze der Renaissance (Rückseite der ital. 50-Cent-Münze). Das 1538 aufgestellte bronzene Reiterstandbild im Zentrum wurde 1981 zur Restaurierung entfernt und 1997 durch eine Bronzekopie ersetzt (Original: Kapitolinische Museen).

> **! Baedeker TIPP**
>
> **Gepflegte Pause**
>
> Seit ihrer Renovierung laden die Kapitolinischen Museen in ein schönes Terrassencafé ein – eine Seltenheit in einem römischen Museum. Es befindet sich im Palazzo Caffarelli.

Palazzo dei Senatori

Die Stirnseite des Platzes schließt der Senatorenpalast ab. Im 16. Jh. erbaut, steht er auf den Resten des antiken Tabulariums (78 v. Chr.; Staatsarchiv) und ist der heutige Amtssitz von Bürgermeister und Stadtrat. Zu Füßen der Doppelfreitreppe von Michelangelo (1541–1554) lagern die beiden antiken Statuen der Flüsse Nil und Tiber. Im Zentrum der Rampe steht ein Brunnen mit der Göttin Minerva.

✶✶ **Musei Capitolini**

Öffnungszeiten: Di. bis So. 9.00–20.00; www.musei capitolini.org

Flankiert wird der Platz von den Kapitolinischen Museen, deren Bestände auf das erste Antikenmuseum von 1471 zurückgehen und auf mehrere unterirdisch miteinander verbundene Gebäude verteilt sind. Im **Palazzo dei Conservatori** (16. Jh., nach Entwürfen von Michelangelo) steht in der Sala della Lupa die »Kapitolinische Wölfin«, das Wahrzeichen Roms. In einem modernen Anbau zieht u. a. die **Reiterstatue Mark Aurels** (2. Jh.) alle Blicke auf sich. Die Pinacoteca Capitolina im zweiten Stock präsentiert Gemälde von Tizian, Tintoretto, Caravaggio, Lorenzo Lotto und Veronese. Von dort sollte man über das Untergeschoss zum **Tabularium** (Rest des 78 v. Chr. errichteten Staatsarchivs, mit Aussicht auf das Forum Romanum) und weiter in den 1. Stock des Palazzo Nuovo gehen (1603–1654). Höhepunkte sind hier u. a. das berühmte Taubenmosaik aus der Hadriansvilla in Tivoli (Sala delle Colombe) und die Kapitolinische Venus im Venuskabinett (1. Jh. v. Chr.). Im **Palazzo Caffarelli** finden Sonderausstellungen statt.

Antikes Rom Orientierung

1 Vesta-Tempel
2 Castor- und Pollux-Tempel
3 Cäsar-Tempel
4 Saturn-Tempel
5 Vespasian-Tempel
6 Tempel des Antoninus Pius und der Faustina

★★ Foro Romano

Antike Prachtbauten

Öffnungszeiten: tgl. 9.00 bis 2 Std. vor Sonnenuntergang

Einen schönen Überblick über das Forum Romanum gewinnt man von der Via del Campidoglio. In einer Senke zwischen dem Kapitolinischen Hügel im Westen, Palatin im Süden und Quirinal und Viminal im Norden liegen die Ruinen der antiken Prunkbauten. Die Cloaca Maxima, im 6. Jh. v. Chr. als Hauptabwasserkanal angelegt, entwässerte diese einst sumpfige Senke zum Tiber hin. Als Ort für Versammlungen, Marktplatz und Gerichtsbarkeit entstanden die ersten Bauten. Cäsar begann die Erweiterung des Platzes; Kaiser Augustus führte die Pläne fort, und unter seinen Nachfolgern wurden neue Prachtbauten errichtet. Als **Zentrum der römischen Welt** glänzte das Forum Romanum in Marmor und vergoldetem Erz. Aber bereits im 6. Jh. begann der allmähliche Verfall. Seit der Spätantike wurden die kostbaren Materialien geraubt, um Paläste und Kirchen zu schmücken. Noch im 18. Jh. wurde es als Campo Vaccino (Kuhweide) bezeichnet. Erst im 18. und 19. Jh. förderten systematische Ausgrabungen unter einer zehn bis fünfzehn Meter tiefen Schuttschicht die antiken Ruinen zu Tage.

Basilica Aemilia

Die Zensoren Marcus Aemilius Lepidus und Marcus Fulvius Nobilior errichteten die Basilika 179 v. Chr. zur Entlastung des Handels auf dem Forum. Sie wurde vermutlich Anfang des 5. Jh.s bei der Eroberung Roms durch Alarich zerstört.

Curia

Neben der Basilica Aemilia trifft man auf die Kurie, das von König Tullius Hostilius gebaute Sitzungsgebäude der Senatoren. Ihre heutige Form verdankt sie **Kaiser Diokletian** (303 n. Chr.). Während die Originalbronzetüren im 17. Jh. in die Lateransbasilika versetzt wurden, gehen der Marmorfußboden im Opus sectile, die seitlichen Stufenreihen für die Senatoren sowie das Podium an der Stirnseite noch auf das frühe 4. Jh. zurück. Die beiden nur aus Erhaltungsgründen hier aufgestellten Reliefblöcke (Anaglypha Traiani) geben einen Eindruck vom einstigen Aussehen des Forums.

Lapis Niger

Zwischen Rostra und Kurie liegt der Lapis Niger (schwarzer Stein). 1899 wiederentdeckt, zeigt er die Lage der unterirdischen Räumlichkeiten, die in der Antike als **Romulusgrab** verehrt wurden.

Arco di Settimio

Von seinen beiden Söhnen Caracalla und Geta anlässlich seines 10. Amtsjubiläums 203 n. Chr. für Kaiser Septimius Severus errichtet, ist er mit 23 m Höhe und 25 m Breite einer der **größen Triumphbögen** in Rom. Die Inschriften der Attika feiern die kaiserlichen Siege über Parther, Araber und Assyrer. Der Name Getas wurde nach dessen Ermordung durch den Bruder Caracalla getilgt.

Rostra

Neben dem Bogen des Septimius Severus erstreckt sich die Rostra. Mit den Schiffsschnäbeln erbeuteter gegnerischer Schiffe geschmückt (lat. »rostrum«), begrenzte die augusteische Rednerbühne den eigentlichen Forumsplatz zum Kapitol. Davor erhebt sich die korinthische Phokas-Säule, 608 n. Chr. zur Erinnerung an den oströmischen Kaiser Phokas errichtet. Er hatte Papst Bonifatius IV. das Pantheon zur Umwandlung in eine Kirche überlassen.

Tempio di Cesare

Der Tempel für den vergöttlichten Julius Caesar bildet die zweite Schmalseite des Platzes. Nach der Ermordung Caesars an den Iden des März 44 v. Chr. wurde hier sein Leichnam verbrannt und sein Testament von Marcus Antonius eröffnet. Octavian ließ den Tempel 29 v. Chr. mit einer zweiten Rednerbühne errichten.

Tempio di Castore e Polluce

Der den Stadtpatronen Castor und Pollux geweihte Podiumstempel (484 v. Chr.) gilt mit seinen drei korinthischen Säulen aus griechischem Marmor als eines der **Wahrzeichen Roms**. Beim Bau des Podiums wurde erstmals Gussmauerwerk verwendet.

Basilica Iulia

Als Entsprechung zur Basilica Aemilia schließt die Basilica Iulia die zweite Langseite des Forums. Ursprünglich 169 v. Chr. errichtet, wurde die Gerichtsbasilika unter Caesar erneuert. Auf den Stufen vertrieben sich die Römer die Zeit mit einer Reihe von Brettspielen, deren Spielfelder noch heute deutlich zu erkennen sind.

Die Bauten der römischen Kaiserzeit zeugen von einer der glanzvollsten Epochen der Weltgeschichte.

Tempio di Saturno

Jenseits der Basilika verweisen acht ionische Granitsäulen auf den bereits um 498 v. Chr. errichteten Saturn-Tempel. In ihm war zur Zeit der Republik der römische Staatsschatz aufbewahrt.

Tabularium

Als römisches Reichsarchiv im 1. Jh. v. Chr. erbaut, bildet das Tabularium den Übergang vom Forum zum Kapitol.
Unterhalb des Tabulariums liegen die Reste des Porticus Deorum Consentium, in dem die Statuen der zwölf Hauptgötter standen, des Tempels des Vespasian (81 n. Chr.) und des Concordiatempels, 367 v. Chr. als Symbol der Eintracht zwischen Patriziern und Plebejern errichtet und Anfang des 1. Jh.s n. Chr. von Tiberius erneuert.

Tempio di Antonino e Faustina

Rechts vom Forumsausgang zur Via dei Fori Imperiali thront der mächtige Tempel für Antoninus Pius und Faustina. Nach dem Tod der Kaiserin Faustina 141 n. Chr. erbaut, diente er ab 161 n. Chr. auch zur Verehrung des vergöttlichten Antoninus Pius. Im 11. Jh. in die Kirche San Lorenzo in Miranda verwandelt, ist er mit seinen 17 m hohen Säulen und dem umlaufenden Greifenfries der **besterhaltene Tempel** auf dem Forum.

Tempio di Vesta Atrium Vestae

Im einzigen Rundtempel auf dem Forum brannte das von den Vestalinnen bewahrte **»Heilige Feuer«**. Am 1. März, dem römischen Neujahrstag, wurde in römischen Wohnhäusern das Feuer gelöscht und an der Flamme im Vestatempel neu entzündet. Im angrenzenden Haus der Vestalinnen lebten die Priesterinnen abgeschirmt von der Umwelt. Sie wurden im Alter von sechs bis zehn Jahren aus den vornehmsten Familien der Stadt vom Pontifex Maximus erwählt und taten in der Regel 30 Jahre Dienst.

> **!** *Baedeker* TIPP
>
> **Etwa Ruhe**
>
> Wer nach dem Besuch des Forum Romanum etwas Abstand und Entspannung sucht, findet sie auf dem hoch gelegenen Palatin in den Gärten zwischen den eindrucksvollen Ruinen und in dem kleinen, aber sehenswerten Antiquarium.

Basilica di Massenzio

Vom imposantesten Hallenbau der Antike zeugen die mächtigen Bögen der Maxentius-Basilika. Von Maxentius 306 n. Chr. begonnen und nach dessen Tod 330 von Konstantin vollendet, diente sie der Rechtsprechung und dem Geschäftsverkehr. Im 7. Jh. ihrer Bronzedachziegel beraubt, beschleunigte ein Erdbeben im 9. Jh. den Verfall. In der Westapsis thronte die Monumentalstatue Konstantins, deren Reste im Hof des Konservatorenpalastes zu sehen sind.

Arco di Tito

Vor dem Forumsausgang in Richtung Kolosseum feiert der einbogige Titusbogen die Erfolge des Kaisers im Judäischen Krieg. Der Feldherr Titus, Sohn des Vespasian, eroberte 70 n. Chr. Jerusalem und zerstörte den Tempel. Die beiden Reliefbilder im Durchgang zeigen ihn im Triumphzug, bei dem u. a. der siebenarmige Leuchter aus dem Tempelschatz, die Menora, als Beute mitgeführt wurde.

★★ Palatino

Direkt beim Titusbogen steigt man hinauf zum Palatin. Nach der Gründungslegende spülte der Tiber an seinem Hang die Zwillinge Romulus und Remus an. Auf dem Palatin beginnt mit der Gründung der so genannten Roma quadrata im Jahr 753 v. Chr. die historische Zeit der Stadt, auch wenn eine einfache Besiedlung bereits für das 10. Jh. v. Chr. nachgewiesen werden konnte. **Augustus** wurde auf dem Palatin geboren und errichtete auf ihm seinen Kaiserpalast, das Palatium. Die folgenden Kaiser vergrößerten und verschönten seine Anlagen, die seit dem 4. Jh. verfielen.

Apollo mit Lyra im Antiquarium

Orti Farnesiani

Die Farnesischen Gärten, Mitte des 16. Jh.s im Auftrag von Kardinal Alessandro Farnese, dem späteren Papst Paul III., vom Architekten Vignola errichtet, bedecken mit Terrassen, Wasserbecken, Blumenbeeten und kleinen Pavillons den Palast des Kaisers Tiberius. Sie bieten einen herrlichen Blick auf Forum Romanum und Kolosseum.

Casa di Livia

Im forumsabgewandten Teil des Palatins zeugen im Haus der Livia Wandmalereien mit mythologischen Szenen und illusionistischen Landschaften von der einstigen Pracht der kaiserlichen Bauten. Einem Bleirohr mit der Aufschrift »Livia Augusta« verdankt man die Zuschreibung des Hauses an die Gattin des Kaisers Augustus.

Domus Flavia

Die Palastruinen im Zentrum des Hügels gehen auf die Zeit des Flavierkaisers Domitian (spätes 1. Jh. n. Chr.) zurück. Den weitläufigen Peristylhof begrenzt nach Süden hin ein Triclinium (Speisesaal) mit Fußbodenheizung; im Norden liegt in der Mitte die Aula Regia (Thronsaal), flankiert von einer Basilika zur Rechtsprechung und einem Lararium zur Verehrung der Hausgötter. Aus der Zeit Domitians stammen auch die monumentalen Überreste der mehrgeschossigen Domus Augustana, des Wohnpalastes des Kaisers, und das so genannte Stadion des Domitian, eine tiefer liegende Gartenanlage.

Terme di Settimio Severo

Die wohl eindrucksvollsten Ruinen des Palatins sind die Überreste der Thermen des Kaisers Septimius Severus. In einigen Korridoren und Baderäumen findet man noch Reste der Heizungsanlage.

Antiquarium • Museo Palatino

Im Antiquarium des Museo Palatino sind u. a. Funde aus einem Urnengrab des 9. Jh.s v. Chr., ein Porträt einer Tochter Mark Aurels und ein Porträt Neros im klassischen idealisierten Stil zu sehen.

Circo Massimo

Von der Domus Augustana genießt man einen schönen Blick auf die spärlichen Reste des Circus Maximus in der Senke zwischen Palatin

In den mehrgeschossigen Markthallen auf dem Trajansforum pulsierte einst das Handelsleben.

und Aventin. Bis zu 150 000 Zuschauer verfolgten in der **größten Pferderennbahn Roms** die Rennen der Vierergespanne. Der Legende nach fand hier der Raub der Sabinerinnen statt.

Via dei Fori Imperiali

Die von Mussolini 1932 angelegte Via dei Fori Imperiali führt von der Piazza Venezia quer durch die römischen Kaiserforen zum Kolosseum. Das Wachstum der spätrepublikanischen und kaiserlichen Stadt machte die Errichtung neuer öffentlicher Bauten erforderlich. **Caesar** begann mit der Anlage eines neuen Forums, das Augustus, Nerva, Vespasian und Trajan fortsetzten. Ausgrabungen begannen zwar bereits 1925, wurden aber erst in den letzten Jahren im großen Stil vorangetrieben. Den besten Blick hat man von der Torre delle Milizie (12. Jh.) oberhalb der Trajansmärkte.

Öffnungszeiten: Di. bis So. 9.00–18.30

Foro di Cesare

Zu Füßen des Kapitolshügels ließ Julius Caesar zwischen 54 und 48 v. Chr. ein neues Forum anlegen. Erhalten sind die Säulenhalle zur Kapitolsseite und der Unterbau des Tempels für Venus Genetrix, der mythischen Mutter der Julier.

✶ Foro di Traiano

Die mächtig aufragende Trajanssäule am Anfang der Via dei Fori Imperiali verweist auf das jüngste und zugleich größte der Kaiserforen, zwischen 107 und 118 n. Chr. vom Architekten Apollodoros aus Damaskus angelegt. Man betritt es über einen Treppenabgang bei der Trajanssäule oder durch die Trajansmärkte. In der Antike gelangte man durch einen monumentalen Triumphbogen auf einen freien, von Säulenhallen flankierten Platz. Gegenüber erhob sich die Basilica Ulpia, die der Rechtsprechung diente und deren zahlreiche, wieder aufgerichtete Säulen noch heute eine Vorstellung von der 130 x 125 m großen Halle geben. Dahinter steht auf einem Sockel mit der goldenen Aschenurne des Kaisers die 38 m hohe Trajanssäule, deren Trommeln aus Marmor von Paros bestehen. Auf dem 200 m langen Reliefband erkennt man Szenen der Feldzüge, die Trajan in den Jahren 101–102 und 105–106 gegen die Daker führte. In der Antike flankierten zwei Bibliotheken die Säule, von denen aus man die oberen Bilder betrachten konnte; auf der Spitze stand ein Standbild des Kaisers, das im Mittelalter verloren ging und unter Papst Sixtus V. durch eine Statue des Apostels Petrus ersetzt wurde. Die mehrgeschossigen Markthallen des Trajan (Mercati di Traiano) schlossen sich an das Forum an.

Colonna di Traiano ►

Foro di Augusto

Vor dem Eingang zum Trajansforum lag das Augustusforum mit dem Tempel für den rächenden Kriegsgott Mars Ultor. Augustus hatte den Tempel, von dem noch drei Säulen aufrecht stehen, nach dem Sieg über die Partei der Cäsarmörder 42 v. Chr. bei Philippi gelobt. Eine Brandmauer schützte das dahinter liegende Wohnviertel. Um 1200 errichteten die Rhodosritter hier ihre Paläste.

Foro di Nerva, Foro di Vespasiano

In der Verlängerung von Trajans- und Augustusforum öffnete sich das Forum von Nerva als Verbindungselement zwischen dem Forum Romanum und der Unterstadt. An den einstigen Prunk erinnern nur noch zwei prächtige **korinthische Säulen** und Stücke eines Gebälkfrieses. Den Tempel für Minerva, die römische Göttin der Handwerkskunst, hatte Papst Paul V. 1606 abreißen lassen, um mit dem Material eine Wasserleitung zu errichten. Das Forum des Vespasian, auch Friedensforum genannt, ließ der Kaiser nach der Eroberung von Jerusalem 70 n. Chr. beginnen.

Zwischen der Via dei Fori Imperiali und dem Forum Romanum liegt die Kirche **Santi Cosma e Damiano** aus dem 6. Jh. Am Triumphbogen und in der Apsis sind Mosaiken aus der Entstehungszeit zu sehen, die zu den schönsten in Rom zählen. In einem Nebenraum kann man eine neapolitanische Krippe (18. Jh.) bewundern. Die Kirche **Santa Francesca Romana** zwischen der Maxentius-Basilika und dem Kolosseum ist der Patronin der Autofahrer geweiht. Sie besticht durch den Glockenturm (13. Jh.), ihre fein gegliederte Barockfassade (1615) und das Apsismosaik.

! *Baedeker* TIPP

Forum goes Internet

Die ewige Stadt im Trend der Zeit: Auf der Website www.capitolium.org kann man auf Englisch und Italienisch alles Wichtige über die Antike erfahren, in den 3D-animierten Kaiserforen flanieren, dank Webcams das moderne Rom im Flug erleben, Küchenlatein lernen und das beste Garumrezept erfahren und nebenbei virtuell an den laufenden Ausgrabungen teilnehmen.

✶✶ Colosseo

Eines der berühmtesten Bauwerke der Welt

Eines der Wahrzeichen der Stadt Rom ist das Kolosseum. Kaiser Vespasian ließ ab 72 n. Chr. in der Senke zwischen Esquilin, Palatin und Caelius an Stelle der berühmten Domus Aurea von Kaiser Nero sein **»Flavisches Amphitheater«** erbauen. Im Grundriss ein Oval, war die Längsachse 188 m und die Querachse 156 m lang, die Höhe betrug 57 m. Während die Fassade im typisch römischen Travertin ausgeführt wurde, verwendete man innen Tuff und Ziegel, die allerdings prächtig mit Carraramarmor verkleidet waren. Der original erhaltene nordöstliche Teil zeigt nach außen vier Stockwerke. Etwa 50 000 Zuschauer konnten den Spielen beiwohnen. Die untersten Ränge waren dem Kaiser, den Senatoren und Priestern vorbehalten. Die **Arena** hatte ausgedehnte Unterbauten für Tierkäfige, Lager und mechanische Hebevorrichtungen.

COLOSSEO

★★ **Das größte je gebaute Amphitheater ist so gut erhalten, dass es eindrucksvoll die ursprüngliche Form veranschaulicht, doch zugleich so beschädigt, dass es auch die Leiden seiner Geschichte zeigt: Brände, Erdbeben, Vernachlässigung der Wettkampfstätte durch die Christen, Umbau in eine Festung, Verwendung als Steinbruch für römische Paläste und eine Gefährdung durch Abgase des ständigen Autoverkehrs.**

Öffnungszeiten:
Mo. bis Sa. 9.00–17.30, So. 9.00–13.00 Uhr; im Sommer länger

1 Fassade

Die aus 100 000 m³ Travertin und 300 t Eisen gefertigte viergeschossige Fassade war 50 m hoch. Außen treten aus den Mauern Halbsäulen hervor, die im ersten Geschoss der dorischen, im zweiten der ionischen und im dritten der korinthischen Ordnung nachgebildet sind. Das vierte Geschoss hat rechteckige Fenster.

Schnitt durch den Tribünenbau

2 Arkaden

Durch die 80 Arkaden im Erdgeschoss gelangt man in ein ausgeklügeltes System von Treppen und Gängen, das die Menschenmassen leitete. Die Ziffern über den Eingängen entsprachen denen auf den ausgegebenen Eintrittskarten.

3 Cavea

Der Bau besteht aus zwei gegenüberliegenden Halbkreisen mit fünf Sitzrängen (insgesamt 57 m hoch). Die Platzwahl in der so gennanten Cavea war nicht frei oder hing vom Preis ab – denn der Eintritt war frei –, sondern von der Zugehörigkeit zu einer sozialen Schicht. So war der erste Rang aus breiten Stufen, auf denen Sitze befestigt waren, dem kaiserlichen Hof und Senatoren vorbehalten, auf dem zweiten Rang mit acht marmornen Stufen nahmen vornehme Familien Platz, im dritten und vierten Rang mit Holz-Sitzstufen saß das gemeine Volk.

4 Oval

Im Zentrum des Gebäudes befindet sich die eigentliche Arena, das innere ausgehobene Oval. Hier fanden die Gladiatorenkämpfe, Hetzjagden und Theateraufführungen statt. In seinen Achsen misst es 86 m und 54 m. Die ovale Form der Arena ermöglichte es, dass eine große Zahl an Zuschauern mehrere gleichzeitig stattfindende Kämpfe anschauen konnte.

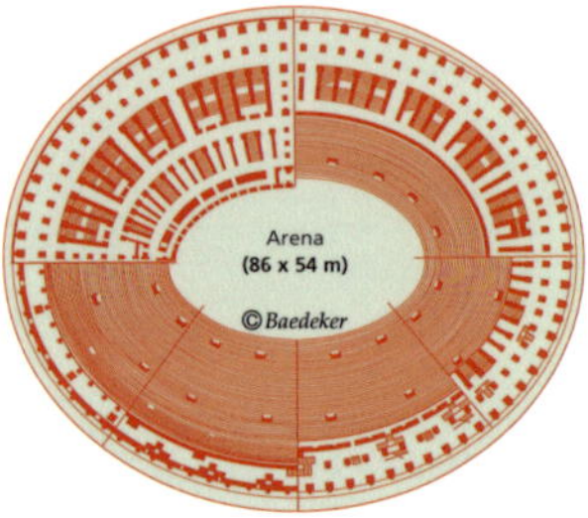

Grundriss des Amphitheaters

5 Innenausstattung

Der größte Teil der Innenausstattung ist nicht mehr erhalten. Doch sieht man den Aufbau der unter dem Oval liegenden Räume durch die Zerstörung recht gut. Von Holzbrettern abgedeckt waren hier die für die Spiele notwendigen Ausrüstungen, Maschinen, Tierkäfige und Gladiatorenräume untergebracht. Wahrscheinlich beförderten Lastenaufzüge Tiere, Gladiatoren und Kulissen in die Arena.

6 Velaria

Der Zuschauerraum konnte mit Sonnensegeln überdacht werden, so dass die Hitze dem Vergnügen nichts anhaben konnte. Die Stäbe hierfür waren auf dem obersten Stockwerk.

Das Kolosseum wurde 80 n. Chr. mit 100-tägigen Spielen eingeweiht; dabei sollen 5000 Tiere und Hunderte Gladiatoren getötet worden sein. Im Mittelalter stürzten Teile des Bauwerks bei Erdbeben ein; dann war es Festung römischer Adliger und Steinbruch. Papst Benedikt XIV. weihte das Kolosseum zur christlichen Stätte.

✶ **Domus Aurea**

Wo sich heute auf dem Colle Oppio Grünanlagen erstrecken, glänzte einst die Domus Aurea, das »Goldene Haus« von **Kaiser Nero**. In der Eingangshalle empfing seine über 30 m hohe Kolossalstatue den Eintretenden (ein kleiner Teil ist nach Anmeldung zugänglich; Tel. 06 39 96 77 00, www.pierreci.it).

✶ **Arco di Costantino**

Der Konstantinsbogen direkt neben dem Kolosseum gilt als der besterhaltene und größte Triumphbogen Roms. War man lange Zeit der Ansicht, er wäre für Konstantin anlässlich seines Sieges über Maxentius im Jahr 312 beschlossen worden, glaubt man mittlerweile einen Vorgängerbau aus der Zeit Hadrians zu erkennen.

✶ **Terme di Caracalla**

Von Kaiser Septimius Severus 206 begonnen und von seinem Sohn und Nachfolger Caracalla vollendet, dienten die monumentalen Caracallathermen nicht allein dem Bad – der Begriff **»Freizeitpark«** trifft die antike Nutzung gut. Auf einer Fläche von 109 000 m^2 konnten sich bis zu 1500 Personen in beheizten Räumen entspannen, Gymnastik und Sport treiben, in Gärten wandeln, Vorträgen lauschen oder sich in Bibliotheken weiterbilden.

Lateran

✶ **San Clemente**

Vom Kolosseum entlang der Via di San Giovanni stößt man auf San Clemente, zunächst im 4. Jh. über einem Mithras-Heiligtum errichtet und später mit romanischen Freskomalereien versehen, die u. a. **Papst Leo IV.** zeigen. Nach der Zerstörung dieser Kirche errichtete man im 12. Jh. die heutige Oberkirche. Beachtenswert sind vor allem die Renaissancefresken von Masolino di Panicale (vor 1431) in der kleinen Katharinenkapelle am Anfang des linken Seitenschiffs, die Szenen aus dem Leben der hl. Katharina von Alexandrien und des Kirchenvaters Ambrosius zeigen.

Piazza San Giovanni in Laterano

Im Zentrum der Piazza erhebt sich ein 32 m hoher ägyptischer Obelisk, der im 15. Jh. v. Chr. gefertigt und 357 n. Chr. von Theben nach Rom gebracht wurde, wo er dann im Circus Maximus stand. Papst Sixtus V. ließ ihn schließlich 1587 am heutigen Standort aufstellen. Direkt an der Piazza liegt auch das achteckige Baptisterium. Im 5. Jh. errichtet, gilt es als **Urtyp römischer Baptisterien** und wurde zum Vorbild für zahlreiche später erbaute Taufkapellen.

✶

Battistero San Giovanni in Fonte ►

✶✶ **San Giovanni**

Die Kirche San Giovanni in Laterano wurde 313 n. Chr. von Kaiser Konstantin über den Mauern des Palastes der Laterani gegründet.

Kreuzgang von S. Giovanni in Laterano

Die Inschrift an der Hauptfassade weist sie als »Mutter und Haupt aller Kirchen der Stadt und des Erdkreises« aus. Zusammen mit S. Paolo fuori le Mura, S. Pietro und S. Maria Maggiore gilt sie als eine der vier **Patriarchalbasiliken** von Rom. Die beiden Glockentürme über dem Querhaus entstanden im 16. Jh., während die mächtige Barockfassade ab 1735 geschaffen wurde. Das mittlere der fünf Hauptportale stammt aus der Curia Iulia auf dem Forum Romanum.
Anlässlich des Heiligen Jahres 1650 wurde das fünfschiffige Innere von Francesco Borromini grundlegend umgestaltet. Vier Stufen führen zum Querschiff hinauf. Über dem Papstaltar erhebt sich ein tabernakelähnlicher Baldachin, in dem die Häupter der Apostel Petrus und Paulus verehrt werden. Am Altar sollen der Tradition zufolge die ersten römischen Bischöfe in der Nachfolge von Petrus die Messe gefeiert haben. Die Confessio vor dem Altar birgt das Bronzegrabmal von Papst Martin V., auf das nach altem Brauch Münzen geworfen werden. In der Apsis glänzen fein gearbeitete Mosaiken. Die originalgetreuen Kopien der Darstellungen des 13. Jh.s zeigen Christus umgeben von Engeln und Heiligen, darunter Franz von Assisi und Antonius von Padua. Durch eine Tür neben der letzten Kapelle des linken Seitenschiffs gelangt man in den Kreuzgang (Chiostro) aus dem 13. Jh. Sehenswert sind vor allem die gewundenen und mit Mosaiken verzierten Säulen der römischen Künstlerfamilie Vassalletti.

Lateranpalast

An die Kirche angebaut war der Lateranpalast, Wohn- und Amtssitz der Päpste von Konstantin bis zum Jahr 1309, als Clemens V. ins Exil nach Avignon zog. Den heutigen Palast ließ Papst Sixtus V. 1586 komplett neu errichten; er ist Sitz der römischen Bistumsverwaltung.

Scala Santa

In einem Gebäude aus dem 16. Jh. gegenüber vom Palast befindet sich die Scala Santa, die Heilige Treppe. Die 28 heute holzverkleideten Marmorstufen stammen der Überlieferung zufolge aus dem Palast des Pilatus in Jerusalem und wurden im 4. Jh. von der hl. Helena nach Rom gebracht. In Gedenken an das Leiden Christi steigen Gläubige die Treppe auf Knien hinauf zur Kapelle Sancta Sanctorum.

Santa Croce in Gerusalemme

Direkt innerhalb der Aurelianischen Mauer wurde unter Kaiser Konstantin die Kirche Santa Croce in Gerusalemme errichtet, um die von seiner Mutter, der hl. Helena, aus dem Heiligen Land mitgebrachten Reliquien der Passion Christi aufzunehmen. Ihr spätbarockes Aussehen erhielt sie im 18. Jh. Sie zählt zu den **sieben Pilgerkichen** Roms.

Rom *Orientierung*

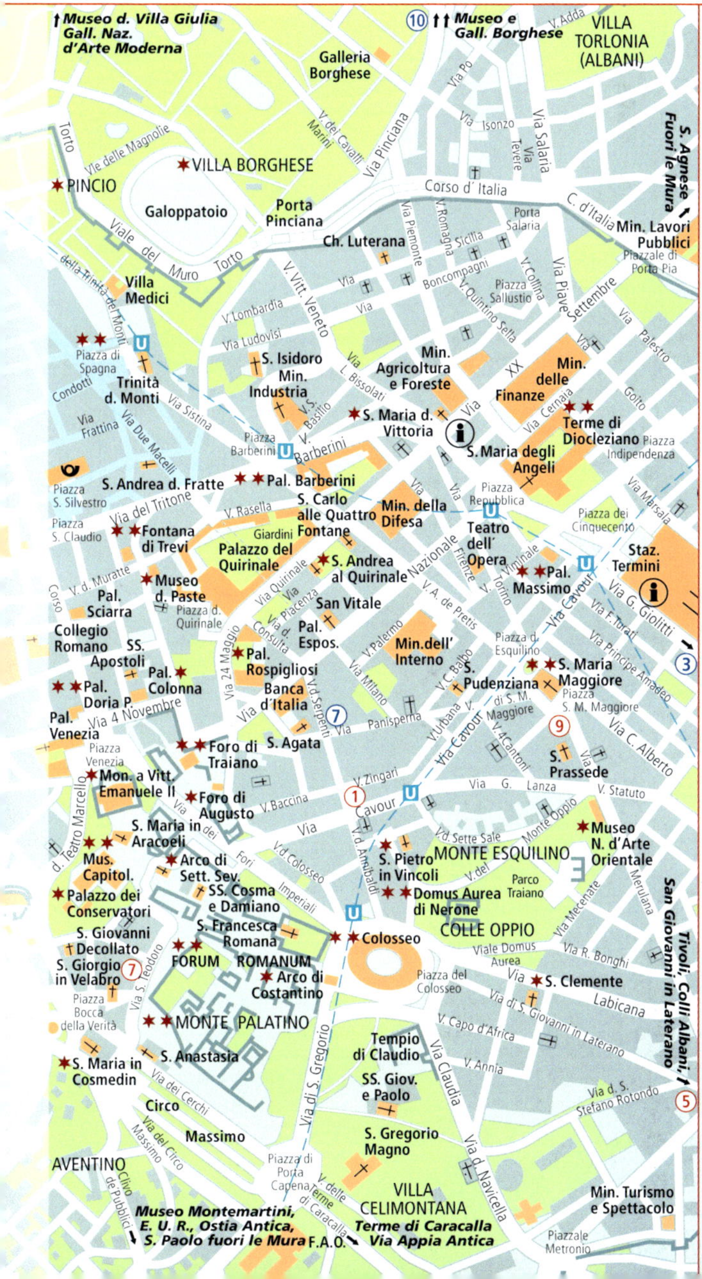

Essen

1. L'Orso
2. Antico Bottaro
3. Il Dito e la Luna
4. Perilli
5. Sora Margherita
6. Gusto
7. Le Tavernelle
8. Da Giovanni
9. Eau Vive
10. Le Virtù in Tavola

Übernachten

1. Hotel Forum
2. Raphael
3. Columbus
4. Sant' Anselmo
5. Torre Sant' Angelo
6. Campo de' Fiori
7. Casa Kolbe
8. Romahouse Appartements
9. Santa Prassede

- - U - -

©Baedeker

ROM ERLEBEN

AUSKUNFT

Via Parigi 11, 00185 Roma
Tel. 06 48 89 91
Fax 0 64 81 93 16
www.roma-online.de
www.romaturismo.it

VERKEHR

Rom hat zwei U-Bahnstrecken, sechs Straßenbahnlinien und unzählige Busse. Zwischen Mitternacht und 5.30 Uhr verkehren mit einem Kauz gekennzeichnete Buslinien für Nachtschwärmer. Einen Übersichtsplan sowie Preis-Auskünfte erhält man am ATAC-Schalter Piazza dei Cinquecento, Stazione Termini.

EINKAUFEN

Liebhaber von ***Antiquitäten*** kommen in der Via dei Cappellari auf ihre Kosten. Elegante ***Mode*** wird vor allem in den Straßen bei der Spanischen Treppe, so in der Via Condotti, verkauft. Einen besonders schönen ***Markt*** findet man auf dem Campo de' Fiori. Wer seltene ***Schallplatten*** sammelt, sollte bei Disfunzioni Musicali, Via degli Etruschi 4, vorbeischauen.

VERANSTALTUNGEN

An Ostern und Weihnachten spricht der Papst von der Loggia der Peterskirche den Segen ***»Urbi et Orbi«***.
21. April: Fest zur ***Gründung Roms***.
Settimana della Cultura: Kulturwoche im Frühjahr, freier Eintritt in alle Museen und kulturellen Schauplätze.
Zur ***Festa della Primavera*** im April wird die Spanische Treppe ein Meer aus Azaleen.
Estate Romana: Zum »Römischen Sommer« finden bis in den Oktober hinein Konzerte, Opern, Theater- und Filmaufführungen statt (Piazza di Siena, Villa Borghese).

ESSEN

► Fein & Teuer

① ***L'Orso 80***
80 Via dell Orso 33
Tel. 0 66 86 49 04
Mo geschl., www.orso80.it
Stark frequentierte Trattoria mit gigantischer Antipasti-Auswahl. Gute Fleisch- und Fischgerichte, aber auch Holzofenpizza.

② ***Antico Bottaro***
Passeggiata di Ripetta 15
Tel. 0 63 23 68 12, 0 63 23 67 63
So. geschl., www.anticobottaro.it
Vegetarische Spitzenküche, Weine aus biologischem Anbau bei der Piazza del Popolo.

Azaleenblüte auf der Spanischen Treppe

► Erschwinglich

③ ***Il Dito e la Luna***
Via dei Sabelli 51
Tel. 0 64 94 07 26, So. geschl.
Pastafreunde haben hier die Qual der Wahl, z. B. Pasta alla trapanese (mit Auberginen, kleinen Tomaten, Minze, Basilikum, Mandeln und Schafskäse). Unwiderstehlich die sizilianischen Nachtische.

④ ***Perilli***
Via Marmorata 39
Tel. 0 65 74 24 15, Mi. geschl.
Unverfälschte römische Küche in einer der ältesten Trattorien von Testaccio, dazu heimischen Wein aus den Castelli Romani.

⑥ ***Gusto***
Piazza Augusto Imperatore 9
Tel. 0 63 22 62 73, www.gusto.it
Weinbar? Ristorante? Buchhandlung? Deli? Das Gusto vereint alles zugleich. Die moderne Atmosphäre ist bei jungen Leuten immens beliebt, ohne Reservierung bekommt man keinen Platz. Lohnt sich aber.

⑦ ***Le Tavernelle***
Via Panisperna 48
Tel. 0 64 74 07 24, www.tavernelle.com
Mo. geschl.
Nicola, Fellini-Freund und entlaufener Priester, kocht in seiner mit Papst- und Promifotos gepflasterten Taverne Dolce-Vita-Küche.

► Preiswert

⑧ ***Da Giovanni***
Via della Lungara 41 a
Tel. 0 66 86 15 14, So. geschl.
Einfache römische Hausmannskost, wie Spaghetti all'amatriciana oder Abbacchio al forno (Milchlamm) in der fast nur von Römern besuchten Osteria. Wer abends einen Platz ergattern will, muss früh kommen.

⑨ ***Eau Vive***
Via Monterone 85,
Piazza S. Eustachio
Tel. 06 68 80 10 95, So. geschl.
In der Nähe des Pantheons servieren katholische Missionsschwestern aus aller Welt landestypische Spezialitäten mit einer kleinen Unterbrechung gegen 21.00 Uhr, wenn das Ave Maria angestimmt wird.

⑩ ***Le Virtù in Tavola***
Via della Fontana 26/28
Tel. 06 77 20 63 63
Das sardische Lokal über dem Lateran brilliert mit einfallsreichen Fischantipasti und ist bei jungen Römern sehr beliebt.

Baedeker-Empfehlung

⑤ ***Sora Margherita***
Piazza delle Cinque Scole 30
Tel. 0 66 87 42 16
So. u. Mo. geschl., nur Mittagstisch
Herzhafte Saisonküche und großzügige Portionen im Herzen des Ghetto. Neben klassischen Fleischgerichten kann man hier eine legendäre Pasta e fagioli (Bohnen) essen.

Enoteche
Daneben gibt es in Rom zahlreiche Enotechen, z. B.:
Cul de Sac, Piazza Pasquino 73, Tel. 06 68 80 10 94, Mo. mittag geschl.
Il Goccetto, Via dei Banchi Vecchi 14, Tel. 0 66 86 42 68, So. geschl.
Il Cantiniere di Santa Dorotea, Via Santa Dorotea 9, Tel. 0 65 81 90 25, Di. geschl.

ÜBERNACHTEN

Bed & Breakfast vermitteln:
B & B Italia,
Corso Vittorio Emanuele II, 282
Tel. 06 6 87 86 18, Fax 06 6 87 86 19
www.bbitalia.it
B & B Association of Rome,
Via A. Pacinotti 73
Tel 06 55 30 22 48, Fax 06 55 30 22 59
www.b-b.rm.it

Klosterherbergen
Informationen erteilt das deutschsprachige Pilgerbüro
Via della Conciliazione 51
Tel. 0 66 89 71 97, Fax 0 66 86 94 90
www.pilgerzentrum.de

► Luxus

① ***Hotel Forum***
Via Tor de Conti 28
Tel. 0 66 79 24 46
Fax 0 66 78 64 79
www.hotelforumrome.com
Ruhige und komfortable Zimmer in zentraler Lage. Von der Dachterrasse liegt das Forum zum Greifen nah.

② ***Raphael***
Largo Febo 2
Tel. 06 68 28 31
Fax 0 66 87 89 93
www.raphaelhotel.com

! *Baedeker* TIPP

Hotel Reservation

Diese Vermittlungsagentur hat in Rom 350 Hotels unter Vertrag – Last Minute außerordentlich günstig. Wer gute Nerven hat – oder in der Nebensaison reist – fährt ohne Buchung los und fragt am HR-Schalter am Flughafen oder am Bahnhof (bei Gleis 20) nach aktuellen Angeboten (Tel. 0 66 99 10 00, www.hotelreservation.it). Die Vermittlung ist kostenlos. Es wird ein Sammeltaxi – vom Flughafen zum Hotel – organisiert.

Das Hotel besitzt den Charme eines alten, verwunschenen Adelspalastes. Stilmöbel und eine Kunstsammlung mit Werken von Picasso, Mirò und de Chirico schmücken die Räume. Auch die Zimmer sind liebevoll eingerichtet.

► Komfortabel

③ ***Columbus***
Via della Conciliazione 33
Tel. 0 66 86 54 35
Fax 0 66 86 48 74
www.hotelcolumbus.net
Direkt an der Straße zum Petersplatz liegt der ehemalige Patrizierpalast aus dem 16. Jh. mit Freskendekoration. Die Zimmer zum Innenhof sind besonders ruhig.

④ ***Sant'Anselmo***
Piazza Sant'Anselmo 2
Tel. 0 65 74 51 74
Fax 0 65 78 36 04
www.aventinohotels.com
Umgeben von der klösterlichen Ruhe des Aventin liegt das idyllische Hotel. Schöner Garten und erlesene Einrichtung.

⑤ ***Torre Sant'Angelo***
in Tivoli, Via Quintilio Varo
Tel. & Fax 07 74 33 25 33
www.hotelsanangelo.it
Kleines Hotel in einem mittelalterlichen Schloss in der Nähe der Villa Gregoriana. Mit Schwimmbad und einem schönen Blick auf Tivoli und die Ebene.

► Günstig

⑥ ***Campo de'Fiori***
Via Biscione 6
Tel. 06 68 80 68 65
Fax 06 6 87 40 03
www.hotelcampodefiori.com
Kleines sechsstöckiges Hotel ohne Aufzug, aber mit einer schönen

Dachterrasse, die auf den stimmungsvollen Campo de'Fiori blickt. Nicht alle Zimmer haben Bad oder Dusche.

⑦ ***Casa Kolbe***
Via San Teodoro 44
Tel. 06 67 94 974
Fax 06 69 94 15 50
In traumhaft zentraler und ruhiger Lage am Fuße des Palatin strahlt der Bau die asketische Strenge eines Priesterseminars aus. Im Innern großer Garten und eine Bar.

⑨ ***Santa Prassede***
Via di Santa Prassede 25
Tel. 06 48 14 850
www.hotelsantaprassede.it
Geschmackvolles neu eröffnetes Zwei-Sterne-Hotel in unmittelbarer Nähe einer der römischen Kirchenjuwelen.

Baedeker-Empfehlung

⑧ ***Romahouse Appartments***
Via Gregorio VII 141
Tel. & Fax 06 63 20 37
www.romahouse.com
Die junge Römerin Daniela de Majo (und ihr österreichischer Mann) vermietet in einem Mietshaus hinter dem Vatikan mehrere Appartments. Sie sind geräumig, sauber und gut ausgestattet: mit Küchenzeile, Fernseher und Föhn, Bügelbrett und Bügeleisen. Im Preis-Leistungs-Verhältnis unschlagbar!

Um die Stazione Termini

★ **San Pietro in Vincoli**

S. Pietro in Vincoli auf dem Esquilin ist eine der ältesten Kirchen der Stadt. Um 413 begonnen, war sie zunächst Petrus und Paulus geweiht. Als Papst Leo der Große die Ketten geschenkt bekommen hatte, mit denen Petrus in den Mamertinischen Kerkern angekettet gewesen sein soll, wurde die Kirche nur mehr Petrus geweiht und die Ketten Petri seither im Reliquar unter dem Hochaltar aufbewahrt. Herausragend ist das von **Michelangelo** gestaltete Grabmal für Papst Julius II. (1503–1513) mit der kraftvollen Statue des gehörnten Moses (1513–1516), der soeben die Gesetzestafeln mit den Zehn Geboten erhalten hat und nun mitansehen muss, wie das Volk das Goldene Kalb anbetet. Im linken Seitenschiff befindet sich das Grabmal für den deutschen Kardinal Nicolaus Cusanus († 1465).

★★ **Santa Maria Maggiore**

Auf dem höchsten Punkt des Esquilins thront die auf das 5. Jh. zurückgehende Santa Maria Maggiore, eine der vier **Patriarchalbasiliken** Roms und größte der ca. 80 Marienkirchen der Stadt. Ihr Kampanile (1377) ist mit 75 m der höchste Roms. Die Hauptfassade mit Loggia schuf Ferdinando Fuga Mitte des 18. Jh.s und verdeckte damit den Blick auf Mosaiken des 13. Jahrhunderts.
Der dreischiffige Innenraum ist mit seinem leicht verklärten Licht vielleicht der feierlichste aller römischer Kirchen. Der herrliche Kosmatenfußboden stammt aus der Mitte des 12. Jh.s; Giuliano da Sangallo schuf im 15. Jh. im Auftrag von Papst Alexander VI. Borgia die Kassettendecke, zu deren Vergoldung das erste Gold aus Amerika

Santa Maria Maggiore, eine der vier Patriarchalbasiliken Roms

verwendet wurde. An den Langhauswänden und am Triumphbogen glänzen Mosaiken aus dem 5. Jh. mit Szenen aus dem Alten und Neuen Testament. Das **Apsismosaik** (13. Jh.) mit der Verherrlichung Mariens stellt einen Höhepunkt der römischen Mosaikkunst dar. Unter dem Hauptaltar von Ferdinando Fuga (18. Jh.) enthält die Confessio eine Statue des knienden Papstes Pius IX. und einen Schrein mit der Krippe von Bethlehem. Rechts neben dem Hauptaltar ist unter einer schlichten Grabplatte der bedeutendste Barockbaumeister, Gian Lorenzo Bernini, begraben. Die Cappella Sistina im rechten Querhausarm mit manieristischen Fresken (16. Jh.) birgt ein Sakramentsgehäuse aus Bronze und die Grabmäler des Stifters der Kapelle Sixtus V. sowie seines Vorgängers Pius V.; die Cappella Paolina im linken Querhausarm wurde von Papst Paul V. Borghese Anfang des 17. Jh.s gestiftet und zeigt über dem Altar das hoch verehrte Gnadenbild der Madonna (»Salus Populi Romani«).

★ Santa Prassede

In unmittelbarer Nähe liegt verborgen die um 820 zu Ehren der hl. Praxedis erbaute Kirche S. Prassede. Die Mosaiken des Triumphbogens mit dem himmlischen Jerusalem und der Apsis mit den Schwestern Praxedis und Pudenziana entstanden unter Papst Paschalis I. im 9. Jahrhundert.

Stazione Termini

Der römische Hauptbahnhof (Stazione Centrale Roma-Termini) mit seiner weit geschwungenen Vorhalle wurde 1950 vollendet und war bahnbrechend auf dem Gebiet des modernen Bahnhofsbaus. Für das Heilige Jahr 2000 wurde er umfangreich modernisiert. Unter dem

Bahnhof schneiden sich die beiden Metrolinien A und B. Auf der Piazza dei Cinquecento vor der Eingangshalle befindet sich der Busbahnhof der städtischen Linien.

★ **Terme di Diocleziano**

Wie einige Jahrzehnte zuvor Caracalla im Süden Roms wollte Diokletian auch im nördlichen Teil der Hauptstadt Thermen einrichten. Um 300 n. Chr. erbaut, waren die Diokletians-Thermen mit einer Seitenlänge von 350 m nicht weniger großartig als die wesentlich berühmteren Caracalla-Thermen. Im Auftrag von Papst Pius IV. richtete **Michelangelo** das Thermengebäude als Kartäuserkloster ein und begann 1563 das große Tepidarium (Abkühlraum) in die Kirche Santa Maria degli Angeli zu verwandeln. Die große Apsis der Umfassungsmauer bildet jetzt die mit dem Najadenbrunnen (1885–1915) verzierte Piazza della Repubblica.

★★ **Museo Nazionale Romano**

Öffnungszeiten:
Di. bis So.
9.00–19.00

Die umfangreiche Sammlung griechisch-römischer Kunstwerke des Römischen Nationalmuseums verteilt sich auf vier Ausstellungsorte zwischen der Piazza dei Cinquecento und der Piazza della Repubblica. An der Piazza dei Cinquecento erhebt sich der Ende des 19. Jh.s im Stil des 16. Jh.s errichtete **Palazzo Massimo**. Im Untergeschoss sind die Münzschätze zu sehen. Das Erdgeschoss zeigt Exponate der römischen Republik und der frühen Kaiserzeit, darunter die Bildnisstatue des Augustus von der Via Labicana, der Altar von Ostia und die Statue der verwundeten Niobe, ein griechisches Original von 440 v. Chr. und damit einer der frühesten weiblichen Akte. Im ersten Stock nimmt unter den Kunstwerken aus der späteren Kaiserzeit der »Diskuswerfer des Myron« eine besondere Stellung ein. Als eines der wenigen Originale aus hellenistischer Zeit gilt das »Mädchen von Anzio«. Unter den Sarkophagen sind besonders der Musensarkophag aus der Zeit Diokletians, der Sarkophag aus Acilia mit Prozession zur Amtseinsetzung eines Konsuls (um 270 n. Chr.) und der Sarkophag mit einer Germanenschlacht (um 180 n. Chr.) hervorzuheben. Glanzpunkt des Museums ist die **Freskenabteilung** im zweiten Stock, die in nachgebauten Räumen die Dekoration römischer Landvillen zeigt. Gartenlandschaften, Scheinarchitektur und Schlafzimmerszenen aus Frauengemächern geben einen Einblick in das Gestaltungskönnen vom 1. Jh. v. Chr. bis in die Zeit der Spätantike. Die Säle beherbergen u. a. auch Paneele in geschnittenem Stein (Opus sectile), die den Mythos des von den Nymphen entführten Knaben Hylas erzählen (beide 4. Jh. n. Chr.).

✔ NICHT VERSÄUMEN

- 1. Stock Palazzo Massimo: Diskuswerfer des Myron
- 2. Stock Palazzo Massimo: Freskenabteilung
- Aula Ottagona in den Diokletians-Thermen

◄ Terme di Diocleziano

Das Museo Nazionale Romano Terme di Diocleziano (Viale De Nicola 79), untergebracht in den Sälen der Diokletians-Thermen selbst und den daraus umgebauten Räumen eines ehemaligen Kartäuserklosters, stellt Funde zur Vor- und Frühgeschichte Roms und Latiums vom 10.–7. Jh. v. Chr. aus. Eine ausgezeichnete Vorstellung von einem der Kuppelräume der weitläufigen Diokletians-Thermen vermittelt die 1928 als Planetarium eingerichtete **Aula Ottagona**. Sie bildete ursprünglich die Sala della Minerva der Palaestra in den Thermen. Heute sind hier griechisch-römische Bronze- und Marmorplastiken zu sehen (Via Romita 8). Eine weitere Museums-Dependance befindet sich im Palazzo Altemps (►S. 364).

Santa Maria della Vittoria

Die Kirche Santa Maria della Vittoria wurde 1608–1620 von Carlo Maderno im Auftrag von Kardinal Scipione Borghese errichtet und war zunächst dem hl. Paulus geweiht. Nachdem Kaiser Ferdinand II. im Dreißigjährigen Krieg 1620 in der Schlacht am Weißen Berg bei Prag dank des Beistands Mariens siegreich geblieben war, wurde ein wundertätiges Marienbild in die Kirche gebracht und diese in »Mariä Sieg« umgeweiht. Berühmt ist die **vierte Seitenkapelle** links mit dem Altar der hl. Theresa von Avila. Mit der ekstatischen »Verzückung der hl. Theresa« schuf Bernini (1647) ein Hauptwerk des Hochbarocks.

! *Baedeker* TIPP

Trendviertel S. Lorenzo

Die heißesten Dancefloors, verrückte Bars und Szenetreffs findet man im Studentenviertel S. Lorenzo. Tagsüber wirkt das Viertel eher provinziell, dafür pulsiert am Abend das Leben. Jazzfans empfehlen das »Drome« in der Via dei Latini; wer Salsa liebt, geht in die »Locanda Atlantide« in der Via dei Lucani.

San Lorenzo fuori le Mura

Von Kaiser Konstantin gegründet, ist San Lorenzo fuori le Mura eine der sieben **Pilgerkirchen** Roms. Im 6. und 13. Jh. wurde das konstantinische Aussehen völlig verändert, der Zweite Weltkrieg brachte starke Beschädigungen. Der Fußboden im Langhaus und im Chor stammt noch aus dem 12. /13. Jh., der Baldachin über dem Hochaltar von 1148 und die Mosaiken des Triumphbogens aus dem 6. Jh. Einen Besuch lohnt auch der malerische romanische Kreuzgang. An die Kirche grenzt der Friedhof Campo Verano.

Città Universitaria

Zwischen Stazione Termini und San Lorenzo wurde 1932–1935 die Universitätsstadt errichtet. Heute ist sie freilich längst zu klein geworden, zahlreiche Fakultäten sind in andere Stadtteile ausgelagert.

Quirinal und Villa Borghese

Piazza del Quirinale

Das Zentrum der Piazza del Quirinale beherrscht der berühmte **Dioskurenbrunnen** mit dem 14 m hohen ägyptischen Obelisken, der einst zusammen mit demjenigen hinter Santa Maria Maggiore den Eingang des Augustus-Mausoleums flankierte. Die monumentalen Marmorfiguren der Rossebändiger, der Dioskuren Castor und Pollux, stammen aus der römischen Kaiserzeit. Papst Gregor XIII. ließ 1574 den **Palazzo del Quirinale** als Sommerresidenz der Päpste erbauen. Seit 1946 ist er Sitz des italienischen Staatspräsidenten. Als Juwel unter den kleinen Kirchen Roms erhebt sich die von Bernini 1658 bis

1671 geschaffene **Kirche Sant'Andrea al Quirinale** über einem Oval, das durch acht Seitenkapellen erweitert wird. Von 1870 bis 1946 diente Sant'Andrea als Hofkapelle des Königshauses.

Palazzo Barberini

Für den baufreudigen Papst Urban VIII. Barberini begann Carlo Maderno 1626 mit dem Bau des Palazzo Barberini, der schließlich von den beiden Kontrahenten Borromini und Bernini im Jahre 1633 vollendet wurde. Die Mitte des Palastes bildet der zwei Stockwerke hohe Salon mit dem illusionistischen Deckengemälde »Triumph der göttlichen Vorsehung« von Pietro da Cortona, einer Verherrlichung des Papstes und der gesamten Familie Barberini. Der Palazzo beherbergt die **Galleria Nazionale d'Arte Antica** mit Werken italienischer und ausländischer Maler des 13.–16. Jh.s.; berühmt ist die »Fornarina« von Raffael, das Bildnis einer jungen Bäckerin, bei dem wahrscheinlich seine Geliebte aus Trastevere Modell stand, die Gemälde »Narziss« und »Judith enthauptet Holofernes« von Caravaggio und Hans Holbeins Porträt von Heinrich VIII.

Fontana del Tritone

Einziger Schmuck der Piazza Barberini ist der Tritonenbrunnen, ein Meisterwerk Berninis für Urban VIII. Barberini (1632–1637), auf dessen Wappen drei Bienen vier Delphine halten.

Der »Triumph der göttlichen Vorsehung« von Pietro da Cortona sollte vor allem den Ruhm des Papsttums und der Familie Barberini verkünden.

Bernini: »Raub der Proserpina«

An der Piazza Barberini beginnt die berühmte **Via Veneto**. Gleich im unteren Teil bieten die Totenkapellen der Kapuzinerkirche **Santa Maria della Concezione** (1626) ein etwas makabres Schauspiel. Begleitet von der Inschrift über dem Eingang: »Wir waren, was ihr seid. Wir sind, was ihr werdet«, tritt man in die Totenkapellen, in der die Gebeine der verstorbenen Mitbrüder säuberlich geordnet zu dekorativen Mustern an Wänden und Decken zusammengefügt wurden. In der Kirche selbst verdienen Guido Renis Altargemälde »Kampf des Erzengels Michael mit dem Satan« und Domenichinos Altarbild »Franziskus und der Engel« Beachtung.
Die Via Veneto ist vor allem durch **Fellinis Film »La dolce vita«** zum Inbegriff römischer Schickeria geworden. Im Café de Paris nahmen Liz Taylor, Richard Burton, Marcello Mastroianni und Anita Ekberg ihren Cappuccino.

★ **Villa Borghese • Parco dei Musei**

Wohlhabende römische Familien besaßen meistens einen Stadtpalast, Palazzo, und einen Landsitz mit Gartenanlage, die so genannte Villa. Die Familie Borghese, der Papst Paul V. und mehrere Kardinäle entstammten, ließ von 1613 bis 1616 die Villa Borghese anlegen. In der weitläufigen Anlage gibt es zwischen Kastanien, Steineichen und Schirmpinien Brunnen, künstliche Seen, Gartenhäuser und Denkmäler. Angeboten werden Bootsfahrten, Ponyreiten und Fahrradverleih. Zur Villa Borghese zählen außer der Galleria Borghese ein kleiner Zoo (im Norden des Parks) und die Galopprennbahn (Galoppatoio).

★★ **Museo e Galleria Borghese**

Öffnungszeiten: Di. bis So. 9.00–19.00, Einlass alle 2 Std., www.galleria borghese.it

Das Casino Borghese (1613–1615) beherbergt heute die Antiken- und Gemäldesammlung des Kardinals Scipione Borghese, eines Neffen von Camillo Borghese, dem späteren Papst Paul V. (seit 1605). Das Museum besticht vor allem durch seine einzigartige **Skulpturensammlung**. Antonio Canova verdanken wir die bezaubernde »Ruhende Venus« (1805). Vorbild für die auf einem Diwan hingestreckte Göttin war wahrscheinlich das Porträt der Fürstin Paolina Borghese, Schwester Napoleons. Vom großen Barockkünstler Gian Lorenzo Bernini findet man den jugendlichen »David« (1623–1624), der beim Ausholen mit der Schleuder dargestellt ist und Berninis eigene Gesichtszüge trägt, sowie die von Ovids »Metamorphosen« inspirierten »Apoll und Daphne«. In der **Gemäldegalerie** sammeln sich die Besucher vor Raffaels »Grablegung« (1507). In Caravaggios »Knaben mit dem Fruchtkorb« (um 1594) glaubt man ein frühes Selbstporträt des Künstlers zu erkennen. Berühmt ist auch seine wirklichkeitsgetreue Darstellung des »Hl. Hieronymus beim Schreiben« (1605). Die »Madonna dei Palafrenieri« (1605–1606), ebenfalls von Caravaggio, entstand als Altargemälde für die Bruderschaft der Palafrenieri.

Parco della Musica ►

An die Villa Borghese schließt der **»Musikpark«**, drei 2007 eingeweihte Konzerthallen und ein Freiluftamphitheater (Renzo Piano).

Galleria Nazionale d'Arte Moderna

Als größte Sammlung moderner Kunst in Italien präsentiert sich die Galleria Nazionale d'Arte Moderna am Viale delle Belle Arti. Beachtenswert sind u. a. die Gemälde der Macchiaioli, einer Gruppe von Freilichtmalern aus der Toskana, die Bilder von Galileo Chini und Giorgio de Chirico sowie Plastiken von Marino Marini und Giacomo Manzù. Neben den Italienern findet man vor allem Degas, Cézanne, Monet, Mondrian und van Gogh.

★★ **Museo Nazionale Etrusco di Villa Giulia**

Öffnungszeiten: Di. bis So. 8.30–18.30

Papst Julius III. ließ 1551–1553 vom Architekten Vignola die Villa Giulia erbauen. Sie liegt an der Nordwestecke der Villa Borghese. Seit 1889 beherbergt sie die etruskischen Sammlungen, das **größte Etruskermuseum Italien**. Viele »Errungenschaften« der Römer sind in Wirklichkeit den Etruskern zu verdanken. Selbst das römische Wappentier, die Wölfin, ist ein etruskisches Bronzewerk. Gezeigt werden Keramik etruskischer Herkunft oder griechische Importware, Urnen, Bronzespiegel, Terrakotten und Bronzestatuetten. Berühmt ist der **Terrakottasarkophag** eines liegenden Ehepaars (530 v. Chr.) aus Cerveteri, der mit großer Liebe zum Detail die Eheleute beim rituellen Opfermahl auf einer Kline darstellt. Nicht minder bekannt die große Terrakottastatue des Apoll von Veji (spätes 6. Jh. v. Chr.). Wahrscheinlich stammt er aus derselben Werkstatt wie die römische Wölfin. Herausragend sind außerdem ein vollständiger etruskischer Kampfwagen, viele Zeugnisse der Goldschmiedekunst und im Garten die Nachbildung eines etruskischen Tempels.

★★ **Piazza di Spagna**

Von der Piazza di Spagna führt die wohl bekannteste Treppe Roms, die **Spanische Treppe**, hinauf zur 1502 vom französischen König Ludwig XII. gestifteten Kirche Santissima Trinità dei Monti auf dem Pincio. Die Spanische Treppe wurde von Francesco de Sanctis 1723–1726 geschaffen und verdankt ihren Namen der nahen Spanischen Gesandtschaft beim Heiligen Stuhl. Der Barcaccia-Brunnen (1627–1629) zu ihren Füßen wurde von Pietro Bernini, dem Vater des großen Gian Lorenzo, in Form eines Lastkahns gestaltet und erinnert an ein gewaltiges Tiberhochwasser Ende des 16. Jahrhunderts.
Die **Via dei Condotti** bietet nicht nur den besten Blick auf die Spanische Treppe, sondern auch in die teuersten Auslagen der Stadt. Zwischen weltbekannten Schmuckgeschäften und edlen Modeboutiquen lockt das berühmte Antico Caffè Greco, in dem schon Goethe, Schopenhauer, Stendhal oder Wagner ihren Kaffee tranken. In den samtenen Sesseln kann man bei einem sündhaft teuren Cappuccino vom Glanz vergangener Tage träumen.

Rechts und links der Via del Corso

Die Via del Corso verbindet als eine der Hauptachsen der Stadt die beiden großen Plätze Piazza Venezia und Piazza del Popolo. An den fast autofreien Samstagnachmittagen und Sonntagen verwandelt sie sich zur Einkaufs- und Flaniermeile.

★ **Galleria Doria Pamphili**

Der Palazzo Doria, einer der größten römischen Stadtpaläste, beherbergt die altmodische Galleria Doria Pamphili, die im Wesentlichen auf die Gemäldesammlungen der Familien Pamphili und Doria zurückgeht. **Velázquez' Porträt** des Papstes Innozenz X. Pamphili (1650) gilt als das Hauptwerk der Sammlung. Daneben verdienen Bilder von Tizian, Raffael, Tintoretto, Correggio, Caravaggio und Claude Lorrain Beachtung.

★ **Santa Maria sopra Minerva**

Als einzige gotische Kirche Roms erhebt sich die Dominikanerkirche Santa Maria sopra Minerva über den Resten eines Minerva-Heiligtums aus der Zeit des Kaisers Domitian (1. Jh.). Das Standbild des auferstandenen Christus mit dem Kreuz links vor dem Hauptaltar lehnte **Michelangelo** (1521) nach dem Empfinden zahlreicher Zeitgenossen zu sehr an das Aussehen heidnischer Heroen an, weshalb man später ein Lendentuch hinzufügte. Die Grabkapelle für Kardinal Oliviero Carafa schmücken Fresken des Renaissancemalers Filippino Lippi (1489). Im Hauptaltar ruhen die Gebeine der hl. Katharina von Siena (1347–1380), die die Päpste dazu bewog, von Avignon nach Rom zurückzukehren.

★★ **Pantheon**

Als besterhaltenes Bauwerk der römischen Antike begeistert an der Piazza della Rotonda das Pantheon. Marcus Agrippa, der Schwiegersohn von Kaiser Augustus, hatte es 27 v. Chr. für die sieben planetarischen Götter erbauen lassen. Das heutige Aussehen geht auf **Kaiser Hadrian** (120–125 n. Chr.) zurück. Den nach Erlöschen des antiken Kultes geschlossenen Bau überließ der oströmische Kaiser Phokas Papst Bonifaz IV., der ihn 609 n. Chr. zur Kirche Sancta Maria ad Martyres weihte, vom Volk Santa Maria Rotonda genannt (Öffnungszeiten: Mo. bis Sa. 9.00–19.30, So. nur bis 18.00 Uhr).

Besterhaltenes Bauwerk der Antike: das Pantheon

Die Vorhalle tragen 16 antike Granitsäulen, den Eingang bilden zwei mächtige antike Bronzetürflügel. Der gewaltige **Kuppelraum der Rotunde**, der nur von oben durch die 9 m weite, runde Öffnung Licht erhält, gilt als eine der höchsten Leistungen römischer Baukunst. Die überwältigende Wirkung des Innenraums beruht auf der vollendeten Harmonie seiner mächtigen Ausmaße: Die Gesamthöhe von 43,30 m entspricht dem Durchmesser, die Höhe der halbkugelförmigen Kuppelrundung entspricht der Höhe der senkrecht aufsteigenden Wand. Von der einstigen Ausschmückung sowie den Kultstatuen der planetarischen Götter blieb nichts erhalten. Heute sind in der rechten Hauptnische das Grabmal des ersten italienischen Königs Vittorio Emanuele II. († 1878) und gegenüber das von König Umberto I. zu sehen. Rechts neben Letzterem das Grabmal des 1520 verstorbenen großen Renaissancekünstlers **Raffael**. Das eintretende Regenwasser fließt durch Bodenöffnungen ab.

! *Baedeker* TIPP

Modemeile der Geistlichkeit

In den zahlreichen Geschäften in der Via de Cestari unmittelbar hinter dem Pantheon gibt es alles, was das Herz von Ordensleuten und Geistlichen höher schlagen lässt: Gewänder für Ordensfrauen und -männer, Brustkreuze, Kerzen, tragbare Altäre und Papstkäppi.

Über die Via del Seminario gelangt man zur Piazza di Sant'Ignazio mit der gleichnamigen Barockkirche. Sie wurde 1626–1650 in Anlehnung an Il Gesú zu Ehren des 1622 heilig gesprochenen Gründers des Jesuitenordens, Ignatius von Loyola, vom Ordensbruder Orazio Grassi erbaut. Andrea Pozzo schuf in der Wölbung des Hauptschiffs sowie in der Kuppel ein illusionistisches Meisterwerk, dessen Wirkung sich am besten entfaltet, wenn man sich genau in der Mitte des Mittelschiffs bewegt.

Sant'Ignazio

In unmittelbarer Nachbarschaft erstreckt sich auch die **Piazza di Pietra** mit den elf korinthischen Säulen des Hadrianstempels, heute Sitz der römischen Industrie- und Handelskammer.

Piazza Colonna

Die Piazza Colonna wird beherrscht von der 29,5 m hohen Mark-Aurel-Säule (176 n. Chr.), auf der Kaiser Mark Aurel seine Kämpfe gegen die Markomannen und andere germanische Stämme festhalten ließ. Die heutige Bekrönung mit dem Apostel Paulus geht auf Papst Sixtus V. zurück. Die Nordseite des Platzes bildet der Palazzo Chigi, Sitz des italienischen Ministerpräsidenten.

Piazza di Montecitorio

Fast übergangslos gelangt man zur Piazza di Montecitorio, in deren Mitte ein 26 m hoher ägyptischer Obelisk (6. Jh. v. Chr.) steht, der den Zeiger einer Sonnenuhr bildete. Der Palazzo Montecitorio wurde 1650 von Bernini im Auftrag von Papst Innocenz X. Pamphili begonnen und 1694 von Carlo Fontana fertig gestellt. Seit 1871 tagt hier das italienische Parlament.

★★ Fontana di Trevi

Inmitten der kleinen Piazza di Trevi liegt Roms bekanntester Brunnen, die Fontana di Trevi. Papst Clemens XII. gab **Nicolò Salvi** den Auftrag zum Brunnenbau, der 1732–1751 sein Meisterwerk schuf. Der Brunnen, 20 m breit und 26 m hoch, an die Rückseite des Palazzo Poli angebaut, zeigt Oceanus, den Herrscher über das Wasser, mit zwei Rossen, das eine wild, das andere friedlich, umringt von Tritonen und Muscheln. Bekannt wurde die Fontana di Trevi durch Fellinis Film »La dolce vita« – Anita Ekberg badete im Brunnen – und durch den Brauch des Münzwurfs: Eine über die linke Schulter ins Brunnenbecken geworfene Münze sichert die glückliche Wiederkehr nach Rom. Das wieder herausgefischte Geld wird für wohltätige Zwecke verwendet.

Der Meeresgott Oceanus herrscht über die Fontana di Trevi, Roms bekanntesten Brunnen.

★ **Mausoleo di Augusto**

Im Zentrum der Piazza Augusto Imperatore liegt das Mausoleum von Kaiser Augustus. Der erste römische Imperator ließ 28 v. Chr. das Grabmal, einen riesigen 44 m hohen Bau mit einem Durchmesser von 89 m, für sich und seine Familie errichten. 2005 stülpte der amerikanische Architekt Richard Meier nach heftigen öffentlichen Debatten der Ara Pacis Augustae eine **verglaste Hülle** über. Der Friedensaltar des Augustus wurde 13–9 v. Chr. anlässlich seiner Rückkehr aus Spanien und Gallien errichtet und mit den Tatenberichten des Augustus, den »Res Gestae«, geschmückt.

Piazza del Popolo

Innerhalb der Porta del Popolo (1565–1655), des nördlichen Eingangstors ins antike Rom, liegt die Piazza del Popolo. Der einzige klassizistische Platz Roms wurde 1809–1820 von dem Architekten Valadier gestaltet. Im 16. Jh. war er bereits unter Sixtus V. erweitert worden, der den 24 m hohen ägyptischen Obelisken aufstellen ließ. Den Beginn der Via del Corso flankieren die 1662 begonnenen Zwillingskirchen Santa Maria dei Miracoli und Santa Maria in Monte Santo. Das Leben auf dem autofreien Platz lässt sich gut von den beiden traditionsreichen Straßencafés Rosati und Canova aus verfolgen oder man genießt den Blick vom **Pincio** oberhalb der Piazza. Der Park wurde 1809–1814 auf dem gleichnamigen Hügel angelegt und bietet einen herrlichen Ausblick in Richtung Vatikan.

★ Santa Maria del Popolo ▶

Neben der Porta del Popolo wurde die Augustinerkirche Santa Maria del Popolo 1472–1477 erbaut und um 1505–1509 von Bramante mit einem neuen Chor versehen. Die Gemälde »Bekehrung des hl. Paulus« und »Kreuzigung des hl. Petrus« in der Kapelle links des Chors sind zwei Meisterwerke von Caravaggio.

Rechts und links des Corso Vittorio Emanuele II

★ **Il Gesù**

Den Anstoß zum Bau der Kirche Il Gesù (1568–1575; westlich der Piazza Venezia) gab Ignatius von Loyola, der 1540 die Gesellschaft Jesu gegründet hatte. Kardinal Alessandro Farnese, der spätere Papst Paul III., dessen Wappenlilie man an der Kirche häufig begegnet, beauftragte den Architekten Vignola mit Planung und Ausführung. Il Gesù ist die **Hauptkirche der Jesuiten**, Vorbild für alle weiteren Jesuitenkirchen und gilt als erster barocker Kirchenbau. Charakteristisch ist das hohe einschiffige Langhaus mit zu Kapellen umgewandelten Seitenschiffen. Im linken Querschiff steht der um 1700 ausgeführte Altar des hl. Ignatius, darunter ruht in einem Sarkophag aus Goldbronze der Leichnam des Ignatius von Loyola (1491–1556).

Largo Torre Argentina

Fünf Meter unterhalb des Straßenniveaus, inmitten chaotischer Verkehrsströme, liegen die Überreste von vier republikanischen Tempeln aus dem 3. Jh. v. Chr. Tragischer Höhepunkt der Geschichte war die **Ermordung Caesars**, die nicht im Senat, sondern hier stattfand.

Fontana delle Tartarughe

Den Schildkrötenbrunnen auf der Piazza Mattei schuf der Florentiner Bildhauer Taddeo Landini 1584 nach Zeichnungen von Giacomo della Porta. Seinen Namen verdankt der Brunnen den steinernen Schildkröten, die sich im 17. Jh. zu den vier Jünglingen gesellten.

? WUSSTEN SIE SCHON ...?

- Nach Schätzungen besiedeln bis zu 300 000 Katzen die Innenstadt von Rom, mindestens die Hälfte davon hat kein Zuhause. Besonderen Ruhm genießt die Katzenkolonie am Largo Torre Argentina, die von engagierten Tierfreunden und dem Tierschutzverband betreut wird (www.romancats.com).

Die Kuppelkirche **Sant'Andrea della Valle** mit ihrer zweigeschossigen Travertinfassade und dem prunkvollen Innenraum wurde 1591 von Francesco Grimaldi und Giacomo della Porta begonnen und 1625 von Carlo Maderno vollendet. Meisterhafte Fresken von Domenichino (1624–1628) schmücken das Gewölbe der Apsis und die Kuppel, die nach Sankt Peter die zweitgrößte Roms ist. Berühmt ist die Kirche als Schauplatz des ersten Akts von **Puccinis »Tosca«**.

Palazzo Massimo alle Colonne

Baldassare Peruzzi schuf 1532–1536 den Palazzo Massimo alle Colonne. Die Krümmung der Fassade, die den alten Straßenverlauf nachzeichnet, und die eigenwilligen Fensterrahmungen machen den Palast zu einem Musterbeispiel manieristischer Architektur.

★★ **Piazza Navona**

Einer der beliebtesten Treffpunkte der Römer und Anziehungspunkt vieler Besucher bis spät in die Nacht hinein ist die Piazza Navona. Die lang gestreckte Form des Platzes (240 x 65 m) folgt den antiken Begrenzungen des darunter liegenden Stadions des Domitian (1. Jh.). Drei Brunnen schmücken den Platz – allerdings können Fontana del

Piazza Navona – eine der beliebtesten Bühnen der Stadt

Moro (Mohrenbrunnen) und Fontana del Nettuno (Neptunbrunnen), beide 1575/1576 von Giacomo della Porta errichtet, der zentralen **Fontana dei Fiumi** nicht das Wasser reichen. Bernini komponierte die bewegte Wasserlandschaft im Auftrag von Papst Innozenz X. für das Heilige Jahr 1650. Aus einem großen Becken wachsen Felsen empor, die einen Obelisken tragen. Auf den vier Ecken sitzen Männergestalten, Personifikationen von Nil, Ganges, Donau und Rio de la Plata, die wiederum für die vier damals bekannten Erdteile Afrika, Asien, Europa und Amerika stehen.

Über den entsetzten Augen des Rio de la Plata erhebt sich die architektonisch bewegte Fassade der von Berninis Widersacher Borromini errichteten Kirche **Sant'Agnese in Agone**; an diese schließt der Palazzo Pamphili an, ebenfalls nach Plänen von Borromini im 17. Jh. erbaut. In unmittelbarer Nähe liegt die Kirche Santa Maria dell'Anima, die Gemeindekirche der deutschen Katholiken in Rom, in der Papst Hadrian VI. (1522–1523) aus Utrecht begraben ist, der letzte nichtitalienische Papst vor Johannes Paul II.

✶ Palazzo Altemps/ Museo Nazionale Romano

Zusammen mit dem Palazzo Massimo alle Terme (► S. 356) bildet der Palazzo Altemps das Museo Nazionale Romano. In dem vorbildlich restaurierten Palazzo des 15./16. Jh.s präsentieren sich in 33 Sälen mit teils noch original erhaltenen Decken oder Fresken Meisterwerke der Antike. Glanzstück ist die weltberühmte **Sammlung Ludovisi**; dazu zählen die Athena Parthenos (Kopie der Statue von Phidias für den Parthenon), ein nachdenklicher Ares (Ares Ludovisi), die Statuen von Orest und Elektra (griechisches Original aus dem 1. Jh. n. Chr.), der so genannte Ludovisische Thron (5. Jh. v. Chr.), der die Geburt der schaumgeborenen Göttin Aphrodite zeigt, sowie die dramatische Skulptur »Gallierpaar, das Selbstmord begeht« (3. Jh. v. Chr.).

✶ San Luigi dei Francesi

Bereits 1518 unter Kardinal Giulio de' Medici begonnen, wurde die Kirche San Luigi dei Francesi erst 1589 vollendet. Die Nationalkirche der Franzosen ist Ludwig dem Heiligen, König von Frankreich, geweiht. Die monumentale Renaissancefassade schuf vermutlich Giacomo della Porta. Von Caravaggio stammen die Gemälde mit den drei Stationen aus dem Leben des hl. Matthäus (Ende 16. Jahrhundert).

Palazzo della Cancelleria

Den Grundstock für den Palazzo della Cancelleria bildete ein Spielgewinn. Raffaele Riario, der Neffe von Papst Sixtus IV., nahm dem Neffen des späteren Papstes Innozenz VIII. beim Würfelspiel 60 000 Scudi ab und begann damit 1483 den Bau des Palastes, wozu u. a. Travertinsteine des Kolosseums verwendet wurden. Als Architekten werden Andrea Bregno und auch Bramante genannt. Es war der aufwändigste Palast seit der Antike und ein **Hauptwerk der Frührenaissance**. Allerdings konnte sich Kardinal Raffaele Riario nicht lange daran erfreuen, denn als man seine Beteiligung an einer Verschwörung gegen Papst Leo X. entdeckte, wurde der Palast konfisziert. Seitdem ist er Sitz der Apostolischen Kanzlei mit der Sacra Rota, dem päpstlichen Ehegericht.

*** Campo dei Fiori**

Wohl nirgends im Zentrum ist Rom so typisch wie hier. Jeden Morgen werden auf dem Campo dei Fiori die Stände aufgebaut, bis Mittag wird von frischen Kräutern, Gemüse und Obst bis Fisch und Fleisch alles angeboten. Im Zentrum des Platzes erinnert das Denkmal für den Dominikanermönch Giordano Bruno an dunkle Zeiten des Campo dei Fiori, als hier der **Hinrichtungsplatz der Inquisition** war. Bruno wurde im Heiligen Jahr 1600 am 17. Februar verbrannt.

*** Palazzo Farnese**

Über der von zwei Brunnen aus antiken Badewannen der Caracalla-Thermen geschmückten Piazza Farnese erhebt sich der Palazzo Farnese, heute Sitz der französischen Botschaft. Der Palast wurde 1514 für Kardinal Alessandro Farnese, den späteren Papst Paul III., von Antonio da Sangallo d. J. begonnen und 1546 von Michelangelo fertig gestellt. Mit seinen einfachen und majestätischen Linien gilt er als Inbegriff des römischen Palastbaus im 16. Jahrhundert.

Palazzo Spada

Der Palazzo Spada wurde 1540–1550 von Caravaggio im Auftrag des Kardinals Girolamo Capo di Ferro errichtet und ging später in den Besitz des Kardinals Spada über. Heute ist er Sitz des italienischen Staatsrats und der Galleria Spada, die Gemälde der bischöflichen Sammlung zeigt. Berühmt ist der Palazzo für seine 1635 von Borromini geschaffene **»perspektivische Kolonnade«**, mit der er zwei Höfe verband. Um den geringen Abstand zu kaschieren, schuf er ein kassettiertes Tonnengewölbe mit zwei Säulenreihen, die nach hinten viel kleiner werden und damit Tiefe vortäuschen. Die Statuette eines Kriegers am Ende der Kolonnade erscheint kolossal, obwohl sie nur 80 cm groß ist.

Chiesa Nuova

Die Kirche Chiesa Nuova am Corso Vittorio Emanuele II wurde um 1600 für die vom hl. Filippo Neri gegründete Gemeinschaft der Oratorianer erbaut. Das Oratorium links neben der Kirche stellt eines der Hauptwerke von Borromini dar (1637–1650). Der Name der »Oratorianer« und der religiösen Musikdramen (Oratorium) geht auf die geistlichen Übungen und musikalischen Aufführungen zurück, die in den Oratorien regelmäßig veranstaltet wurden.

Sehenswertes im Südwesten

Teatro di Marcello

Dieses von Kaiser Augustus erbaute Theater (17–13 v. Chr.) trägt den Namen seines früh verstorbenen Neffen Marcellus. Die äußere Rundung des Zuschauerraums, der bis zu 14 000 Personen fasste, hatte drei Bogengeschosse, von denen das dritte im Mittelalter abgetragen wurde, als man den Bau in eine Festung und Wohngebäude umwandelte. Die drei Säulen rechts vor dem Marcellus-Theater sind die Reste eines Tempels für Apollo Sosianus. Die angrenzende Kirche **San Nicola in Carcere** wurde in einen antiken Tempel hineingebaut, dessen Überreste noch deutlich zu erkennen sind.

✶ **Piazza della Bocca della Verità**

Auf der heutigen Piazza della Bocca della Verità befand sich in alter Zeit das Forum Boarium, der **Rindermarkt**. So konnten die Tierabfälle bequem über die Cloaca Maxima, den Abfluss des altrömischen Kanalisationssystems, direkt in den Tiber gespült werden. Von hier aus bietet sich ein wunderbarer Rundblick, der Bauwerke des antiken und christlichen Roms umfasst: die Kirche Santa Maria in Cosmedin mit Vorhalle und zierlichem Kampanile, den Janus-Bogen, dahinter die würdige Kirche San Giorgio in Velabro mit dem Arco degli Argentari, dem Bogen der Händler und Geldwechsler aus dem 2. Jh. n. Chr., die Kirche San Giovanni Decollato, die Casa dei Crescenzi, das Haus der mächtigsten Familie Roms im frühen Mittelalter, und zwei Tempel aus dem 2. Jh. v. Chr., der Rundtempel der Vesta und der rechteckige Podiumstempel des Portunus, häufig fälschlich als Fortuna-Tempel bezeichnet, sowie der Barockbrunnen der zwei Tritonen.

? WUSSTEN SIE SCHON ...?

- ... dass die »Bocca della Verità«, der Mund der Wahrheit in der Kirche Santa Maria in Cosmedin, eigentlich ein Schachtdeckel der Cloaca Maxima mit dem Antlitz einer Flussgottheit war? Im Mittelalter musste man beim Schwören die rechte Hand in diesen Mund legen. Meineidige würden durch überirdische Kräfte ihre Hand verlieren. In Zweifelsfällen soll bisweilen ein Beamter hinter der Maske dem »Gottesurteil« mit einem Schwert auf die Sprünge geholfen haben.

✶ **Santa Maria in Cosmedin**

Die Kirche Santa Maria in Cosmedin wurde im 6. Jh. auf den Resten einer flavischen Säulenhalle errichtet, von der noch die Marmorsäulen an der Eingangswand stammen. Bemerkenswert sind im Innern der wunderbare **Cosmatenfußboden**, die Marmorschranken der Schola cantorum (der für die Kleriker abgegrenzte Bezirk) mit seitlichen Kanzeln und Osterleuchtern sowie der Altar aus einer antiken Wanne aus rotem Granit. Ein Gang in die Krypta führt zu Gräbern von Christen und zu den Fundamenten eines heidnischen Tempels. In der Vorhalle befindet sich an der Wand eine große Steinmaske, die »Bocca della Verità«, der Mund der Wahrheit.

Ponte Rotto

Unmittelbar neben dem Ponte Palatino steht im Tiber noch ein Pfeiler des Pons Aemilius. Mit seinem Bau war 179 v. Chr. in Holz begonnen worden, 142 v. Chr. wurde er als erste römische Steinbrücke eingeweiht. Immer wieder wurde die Brücke durch Überschwemmungen beschädigt und seit 1598 nicht wieder erneuert.

Aventin

Über die Tiber-Niederung erhebt sich der Monte Aventino (46 m), auf dem in der Antike die einfachen Leute (Plebejer) wohnten. Ein ganz anderes Bild bietet sich heute: gepflegte Gärten hinter dichten Hecken, prunkvolle Palazzi und ruhige Klosteranlagen.

✶ Santa Sabina

Oberhalb des Lungotevere Aventino liegt die beliebte Hochzeitskirche Santa Sabina, die 423–435 von Petrus von Illyrien erbaut wurde. 1222 schenkte Papst Honorius III. die Kirche den Dominikanern, die hier 1215 ihren Orden gegründet hatten. Das Mittelportal in der Vorhalle birgt die **älteste holzgeschnitzte Türe** der christlichen Kunst. Unbekannte Künstler schufen um 432 aus afrikanischem Zedernholz die ehemals 28 (heute noch 18) Tafeln mit Szenen aus dem Alten und Neuen Testament. Die ausdrucksstarke Kreuzigung ist eine der ältesten bekannten Darstellungen dieses Themas.

Rund um die Piramide di Caio Cestio

Die Aurelianische Stadtmauer wurde ab 272 unter Kaiser Aurelian gebaut und ist auch heute noch auf weiten Abschnitten sehr gut erhalten. Neben der Porta San Paolo, der antiken Porta Ostiensis, steht die 27 m hohe Pyramide des Cestius, erbaut um 12 v. Chr. als Grabmal für Gaius Cestius Epulonius, Volkstribun und Mitglied des für die religiösen Festbankette verantwortlichen Siebenerrates.
Auf der Höhe der Pyramide, aber innerhalb der Aurelianischen Stadtmauer, erstreckt sich der **Friedhof der Nichtkatholiken**. Goethes einziger Sohn August (1789–1830) ruht hier ebenso wie der Architekt Gottfried Semper (1803–1879) und die englischen Dichter Shelley (1792 bis 1822) und Keats (1795–1821).
In der Antike befand sich im Bereich des Monte Testaccio der Flusshafen. Die Amphoren, die beim Entladen zerbrachen, warf man auf einen Haufen, so dass im Lauf der Zeit ein 35 m hoher Scherbenhügel entstand, der Monte Testaccio. Noch vor Jahren ein sehr einfacher Stadtteil, haben sich besonders um das ehemalige Schlachthofviertel immer mehr Kneipen und Salsaschuppen niedergelassen und den Testaccio zu einem Szeneviertel gemacht.

Die Cestius-Pyramide vor der Porta San Paolo

Rund 2 km außerhalb der Aurelianischen Stadtmauer liegt die Kirche San Paolo fuori le Mura (»außerhalb der Mauern«), eine der vier **Patriarchalbasiliken** (Basilicae maiores) Roms. Kaiser Konstantin ließ sie

★ San Paolo fuori le Mura

im Jahre 324 als Gedächtniskapelle über dem Grab des Apostels Paulus errichten, der um 67 n. Chr. mit dem Schwert enthauptet und vor den Mauern Roms beigesetzt worden war. Bereits 386 wurde die Kirche dann in eine mehrschiffige Basilika umgebaut und war bis zum Neubau von Sankt Peter die größte Kirche der Welt. Nach einem Brand im Juli 1823 wurde sie innerhalb von 30 Jahren nach dem alten Plan wieder aufgebaut. Über einen von gedeckten Säulenhallen umschlossenen Vorhof betritt man den großartigen, fünfschiffigen Innenraum (120 m lang, 60 m breit und 23 m hoch). An der Innenseite der Heiligen Pforte im rechten Seitenschiff hängt noch die durch den Brand beschädigte Kirchentür, die 1070 in Konstantinopel gegossen wurde. Achtzig Granitsäulen trennen die Kirchenschiffe voneinander. Über den Säulen zeugen die Porträtmedaillons aller 266 Päpste von Petrus bis Benedikt XVI. von der ungebrochenen Kontinuität der Kirche. Das Triumphbogenmosaik (5. Jh.) zeigt Christus umgeben von den Evangelistensymbolen sowie die Heiligen Petrus und Paulus. Das beim Brand erheblich beschädigte Apsismosaik (13. Jh.) wurde beim Wiederaufbau restauriert. Zu Füßen des thronenden Christus liegt klein und unscheinbar der Auftraggeber Papst Honorius III.

! *Baedeker* TIPP

Marmor und Rohre

400 Skulpturen der Kapitolinischen Museen zogen jüngst in ein ehemaliges Elektrizitätswerk ein, die glatten Marmorkörper inmitten des Industriedenkmals erzeugen eine interessante Spannung. Das Museo Montemartini (Via Ostiense 106, Di. bis So. 9.30–19.00 Uhr; www.centralemontemartini.org) erreicht man mit der U-Bahn bis Piramide oder Garbatella.

★ Kreuzgang ►

Der Kreuzgang wurde im 13. Jh. von Mosaikkünstlern der Familie Vassalletti geschaffen und ist ein **Juwel der Cosmatenkunst**. Der Wechsel der Säulenformen – Säulen mit kannellierten oder glatten Schäften, seilartig gedrehte Säulen – und die bunten Steinmuster machen ihn zum schönsten von ganz Rom.

Trastevere, Gianicolo und Engelsburg

Isola Tiberina

Die zwischen Kapitolinischem Hügel und dem Stadtteil Trastevere im Fluss gelegene Insel erreicht man von der linken Tiber-Seite über den **Pons Fabricius**, die älteste noch bestehende Römerbrücke (62 v. Chr.). Auf ihr befand sich in der Antike ein Heiligtum für den Heilgott Äskulap. Während einer großen Epidemie holte man auf Geheiß der Sibyllinischen Bücher eine heilige Schlange als Abgesandte des Gottes aus Epidauros nach Rom. Der Legende nach entwich sie vom Schiff und schwamm zur Tiber-Insel, wo man daraufhin einen Tempel für Äskulap erbaute.

★ Trastevere

Der Ponte Cestio führt zum rechten Tiber-Ufer ins malerische Stadtviertel Trastevere. Unter Augustus noch eine Villenvorstadt, wurde es durch die Aurelianische Stadtmauer (3. Jh.) in das Stadtgebiet einbe-

Die Engelsburg, einst Grabmal für Kaiser Hadrian, ist das stärkste Festungswerk der Tibermetropole.

zogen und später das Viertel der freigelassenen Sklaven und Freudenmädchen. Im 19. und 20. Jh. war es ein einfaches Arbeiterviertel. Um 1970 begann man mit der »Sanierung« von Trastevere, das heute das Viertel mit der höchsten **Kneipen- und Ristoranti-Dichte** Roms ist.

Santa Cecilia in Trastevere

Santa Cecilia in Trastevere markiert der Legende nach den Ort des Hauses der hl. Cäcilia, die ca. 230 n. Chr. als Märtyrerin starb. Für die Schutzpatronin der Musik wurde erstmals um 500 eine Kirche errichtet. Der Hochaltar trägt einen Tabernakel von 1283, die Apsismosaiken wurden unter Papst Paschalis I. im 9. Jh. geschaffen. In der Krypta befindet sich die Grabkapelle der Heiligen.

*** Santa Maria in Trastevere**

Die Kirche Santa Maria in Trastevere, **eine der ältesten Kirchen** Roms (3. Jh.), wurde der Legende nach über einer Ölquelle errichtet, die schon 38 v. Chr. auf die Geburt Christi hinwies. Im Auftrag von Papst Innozenz II. (1130–1143), der aus Trastevere stammte, wurde die Kirche erneuert. Die antiken Säulen des Mittelschiffs und die teils vergoldete Holzdecke (1617) von Domenichino verdienen besondere Aufmerksamkeit. Ein Meisterwerk der mittelalterlichen Kunst sind die Mosaiken der Apsis.

*** Villa Farnesina**

Jenseits der Porta Settimiana erwartet einen mit der Villa Farnesina an der Via della Lungara ein Kleinod der Kunstgeschichte. Der Sieneser Bankier der Kurie Agostino Chigi hatte sich von Baldassare Peruzzi 1509–1511 inmitten eines großartigen Parks eine Renaissancevilla bauen lassen, in die er Künstler, Fürsten, Kardinäle, ja sogar Päpste zu rauschenden Festen, Lesungen, Diskussionen, vor allem aber zu großen Gastmählern lud.

? WUSSTEN SIE SCHON ...?

- Um seine Gäste zu ehren, ließ der Bankier Agostino Chigi, der erste Hausherr der Villa Farnesina, deren Wappen auf die goldenen Teller prägen und nach dem Mahl das Geschirr kurzerhand in den angrenzenden Tiber werfen – Chigi wäre aber ein schlechter Bankier gewesen, hätte er nicht zuvor auf dem Grund des Tibers Netze aufspannen lassen.

Von 1580 bis 1731 war die Villa im Besitz der Familie Farnese. In der Sala di Galatea schuf **Raffael** das Gemälde »Triumph der Nymphe Galathea« (1511). Die Fresken des Deckengewölbes stammen von **Baldassare Peruzzi** und verherrlichen in Sternbildern und mythologischen Szenen die Geburtsstunde des Auftraggebers Chigi. In der Loggia der Psyche malte Raffael mit seinen Schülern Romano und Penni die Liebesgeschichte von Amor und Psyche. Ein Hauptwerk **Sodomas** schmückt das Schlafzimmer des Bankiers: »Die Hochzeit Alexanders des Großen mit Roxana« (1511–1512).

Gianicolo, San Pietro in Montorio

An den Ausläufern des Gianicolo entstand im 15. Jh. die Kirche San Pietro in Montorio. Ihre Gründung verdankt sie der mittelalterlichen Legende, dass der Apostel Petrus hier den Kreuzestod erlitten habe. Im angrenzenden Klosterhof schuf **Bramante** (1502) den Tempietto, einen berühmten runden Säulentempel.

Passeggiata del Gianicolo

Bei der Acqua Paola, einem von Papst Paul V. 1612 angelegten Prachtbrunnen, beginnen hinter einem Gittertor die Anlagen der Passeggiata del Gianicolo, die sich auf der Höhe des Gianicolo hinziehen. Den Piazzale Garibaldi zieren die Denkmäler für den italienischen Freiheitskämpfer Giuseppe Garibaldi (1807–1882) und seine argentinische Gattin Anita. Aus der nahen Kanone wird um 12.00 Uhr ein Schuss abgefeuert. Von hier bietet sich auch ein fantastischer Ausblick auf Rom, die Campagna und die umliegenden Berge.

✶ ✶ Ausblick ►

✶ **Castel Sant'Angelo**

Zur Engelsburg über den Tiber geht man auf der Engelsbrücke, die 136 n. Chr. von Kaiser Hadrian erbaut wurde und früher der einzige Übergang zum Vatikan war. 1668 wurde sie nach einem Entwurf Berninis mit zehn kolossalen Engelsstatuen geschmückt.

Die gewaltige Engelsburg war von Hadrian 130 n. Chr. als Mausoleum für sich und seine Nachfolger erbaut und von Antoninus Pius 139 vollendet worden. Der Rundbau auf quadratischem Unterbau war einst mit Marmor verkleidet. In den Grabkammern wurden die römischen Kaiser bis Caracalla († 217) beigesetzt. Mit dem Bau der Aurelianischen Stadtmauer wurde das Hadriansmausoleum in die Befestigung einbezogen und dank der strategischen Lage zur **stärksten Festung Roms** ausgebaut. In bedrohlichen Situationen konnte sich der Papst durch einen 800 m langen, heute wieder zugänglichen Tunnel (Passetto) aus dem Vatikan in die Engelsburg flüchten. Papst Clemens VII. rettete sich 1527 so vor den Landsknechten Kaiser Karls V., Papst Pius VII. floh vor den Truppen Napoleons hierher. Zeitweise wurden auch die päpstliche Schatzkammer und das Geheimarchiv hier in Sicherheit gebracht. Von 1870 bis 1901 diente die Engelsburg als Kaserne und Gefängnis, dann wurde sie restauriert und als Museum eingerichtet.

Von den Papstgemächern verdienen vor allem der mit Grotesken ausgemalte **Apollinische Saal** Papst Pauls III. und der feierliche Paolinische Saal mit prachtvollen Fresken von Perin del Vaga Beachtung.

Von den umlaufenden Terrassen genießt man einen herrlichen Rundblick über Rom. Am spektakulärsten ist aber der Blick von der obersten Terrasse, wo eine Bronzestatue des Erzengels Michael (1753) steht. Sie erinnert an eine Vision Papst Gregors des Großen (590), der auf dem Hadriansmausoleum den Erzengel Michael gesehen hatte, wie er sein Schwert in die Scheide zurücksteckte und damit das Ende einer Pestepidemie anzeigte.

✶✶ Città del Vaticano · Vatikanstadt

Die Vatikanstadt, italienisch Stato della Città del Vaticano (SCV, auch Autokennzeichen), liegt am rechten Ufer des Tibers. Sie umfasst das als Ersatz für den 1870 bei der Einigung Italiens aufgehobenen Kirchenstaat geschaffene souveräne Staatsgebiet des Papstes innerhalb der Stadt Rom. Am 11. Februar 1929 schloss Mussolini mit dem Heiligen Stuhl den **Lateranvertrag**, in dem der italienische Staat die Souveränität des Papstes und die Vatikanstadt als sein ausschließliches Hoheitsgebiet anerkennt. Der kleinste Staat der Welt – 0,44 km²

Vatikanstadt *Città del Vaticano*

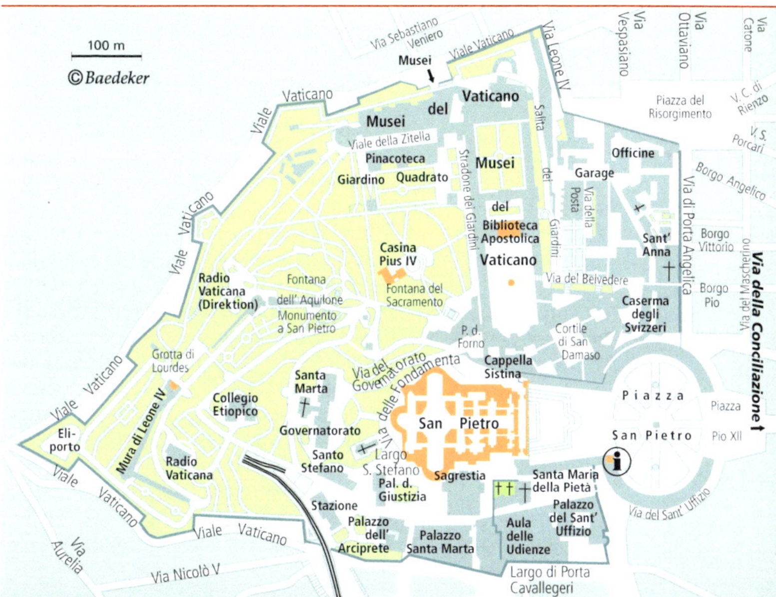

STATO DELLA CITTÀ DEL VATICANO

Die Existenz des Vatikans geht auf eine der berühmtesten Täuschungen in der europäischen Geschichte zurück: Die Konstantinische Schenkung, die beweisen sollte, dass der Papst vom römischen Kaiser Konstantin die Stadt Rom sowie die Westhälfte des Imperiums geschenkt bekommen habe, erwies sich später als Fälschung.

Die Urkunde, die päpstliche Schriftgelehrte erst zwischen 750 und 760 n. Chr. angefertigt hatten, erfüllte ihren Zweck jedoch bestens, und noch 1850 umfasste der Kirchenstaat große Teile Mittelitaliens mit Latium, Umbrien, Marken und Romagna.

Heute kann man den weitgehend von seinen mittelalterlichen Mauern umgebenen Stato della Città del Vaticano, den **Kirchenstaat**, leicht von der Kuppel der Peterskirche überschauen. Mit 44 ha ist er nicht größer als ein mittlerer Bauernhof.

Geschichte

Abgesehen von kurzen Unterbrechungen befindet er sich seit rund 2000 Jahren auf dem am rechten Tiberufer gelegenen Monte Vaticano in Rom. Der Überlieferung nach war hier der **Apostel Petrus**, der erste Bischof Roms, nach seinem Märtyrertod beerdigt worden, und hier entstanden im 4. Jh. unter dem bereits erwähnten Kaiser Konstantin dem Großen ein erster Kirchenbau und eine Papstresidenz, aus denen sich über Jahrhunderte der Kirchenstaat entwickelte. Sein Ende kam im Jahr 1870. Zehn Jahre zuvor war das **Königreich Italien** proklamiert worden. Da der Vatikan sich jedoch vehement weigerte, dem neuen unabhängigen italienischen Staat beizutreten, durchbrachen am 20. September 1870 Truppen der italienischen Einigungsbewegung die Porta Pia, eroberten die Stadt und machten Rom zur Hauptstadt des vereinigten Königreichs Italien. Erst Benito Mussolini gelang es 1929 durch die so genannten **Lateranverträge**, zwischen dem Heiligen Stuhl und dem italienischen Staat Frieden zu schließen.

Hierarchie

Der Vatikan ist ein **absolutistischer Staat**. Sein auf Lebenszeit gewähltes Staatsoberhaupt, der Papst, ist der alleinige Inhaber der gesetzgebenden, der ausführenden und der Rechtsgewalt, die er mit Hilfe einer Kommission von fünf Kardinälen, einem ernannten Gouverneur und einem Rat ausübt. Derzeit amtiert Papst

Seit fast 500 Jahren im Einsatz: die hundert Mann starke Päpstliche Schweizergarde, eine Einrichtung zwischen Mittelalter und Moderne

Benedikt XVI., der 2005 zum 265. Papst gewählt wurde. Das alleinige Wahlrecht besitzen seit 1049 die Kardinäle, und zwar nur die, die zum Zeitpunkt der Wahl noch nicht achtzig Jahre alt sind. **Amtssprachen** sind Latein und Italienisch.

Status Quo

Der Kirchenstaat zählt rund 1000 Einwohner, von denen nur die Hälfte Staatsbürger und von diesen wiederum lediglich etwa 25 Frauen sind. Hinzu kommen an die 3000 Angestellte. Damit ist der Vatikan zwar der kleinste Staat der Welt, er ist aber auch das Zentrum und die **Regierung der katholischen Kirche**, der rund eine Milliarde Menschen aus allen Kontinenten angehören, d. h. ein Sechstel der Erdbevölkerung. Als geistige Weltmacht unterhält er zu rund 170 der etwa 200 Staaten diplomatische Beziehungen.

An staatlichen Attributen hat er außerdem eine weiß-gelbe Flagge, ein Wappen mit den Schlüsseln Petri und der Tiara, ein Autokennzeichen mit der Aufschrift SCV (von manchen spöttisch als »Se Cristo Vedesse … = Wenn Christus das sehen würde …« übersetzt) und ein Militärkorps, die **Schweizergarde**. Die 100 in Paradeuniformen des 16. Jh.s gekleideten Svizzeri sind für den Schutz des Papstes und seines Palastes verantwortlich.

Der Stadtstaat betreibt außerdem ein eigenes **Telefonnetz** und **Postamt** und hat ein eigenes **Bankwesen**, darunter die Handelsbank L'Istituto per le Opere di Religione. Darüber hinaus besitzt der Vatikan einen Bahnhof, eine eigene Müllabfuhr und eine Druckerei. Er produziert selbst keinerlei Güter, auch alle Dienstleistungen sowie die Energieversorgung werden importiert. Er unterhält aber einen eigenen **Radiosender** (Radio Vaticano) und zwei offizielle **Presseorgane**, Acta Apostolicae Sedis und die weltweit vertriebene Tageszeitung Osservatore Romano (Auflage ca. 70 000 Exemplare).

Der Stadtstaat, der keiner Steuerpflicht unterliegt, lebt von Spenden, vom Münzen- und Briefmarkenverkauf, von den Einnahmen aus Handels- und Gewerbemonopolen sowie von allerlei Industriebeteiligungen. Auch der **Tourismus** spielt eine wichtige Rolle, da die Peterskirche und die Vatikanischen Museen mit ihren berühmten Kunstwerken Besucher aus aller Welt anziehen.

Weitere interessante Details erfährt man in Klaus Brills »Beim Papst im Zimmer brennt noch Licht. Recherchen im Vatikan« (Picus Lesereisen) oder auch direkt im Internet unter www.vatican.va.

Fläche und ca. 900 Einwohner – besitzt eigene Münzhoheit, eine eigene Post, eigene Zeitschriften und Zeitungen (»Osservatore Romano«), eine Rundfunkstation (Radio Vaticana), einen Bahnhof und Hubschrauberlandeplatz, einen Fuhrpark mit dem Kennzeichen SCV und eine eigene Staatsflagge (gelb-weiß mit den Schlüsseln Petri und der Tiara).

Der **Papst**, das Oberhaupt der römisch-katholischen Kirche, ist Inhaber der gesetzgebenden, vollziehenden und richterlichen Gewalt. In auswärtigen Angelegenheiten wird er vom Kardinalstaatssekretär vertreten. Die päpstliche Leibgarde besteht aus der 100 Mann starken Schweizergarde; ihre Mitglieder sind katholische, bei Eintritt zwischen 19 und 30 Jahre alte, ledige Bürger der Schweiz, die mindestens 1,78 m groß sind. Ihre Dienstzeit beträgt zwei bis zwanzig Jahre.

**** Piazza di San Pietro**

Am imposantesten zeigt sich der Petersplatz über die Via della Conciliazione. **Bernini** schuf 1656–1667 mit dem 340 m langen und bis zu 240 m breiten Platz eine Kulisse für die Gläubigen aller Welt. Er wird von vierfachen, halbkreisförmigen Kolonnaden aus 284 Säulen und 88 Travertinpfeilern mit 140 Heiligenfiguren auf der Balustrade gesäumt. Zwei Scheiben im Pflaster geben die Brennpunkte der Ellipse (Centri del Colonnato) an, von denen aus die jeweils vier hintereinander stehenden Säulen der Kolonnaden wie eine einzige erscheinen. Im Zentrum erhebt sich ein 25,5 m hoher ägyptischer Obelisk, der einst im Circus des Nero stand, wo Petrus sein Martyrium erlitten haben soll. Papst Sixtus V. ließ den 322 t schweren Pfeiler 1586 auf den Petersplatz schaffen. Die beiden 14 m hohen Brunnen daneben wurden 1613 und 1675 aufgestellt.

**** San Pietro in Vaticano**

Über dem Petersplatz erhebt sich als **berühmteste Kirche der Christenheit** die Peterskirche. Sie ist dem Apostel Petrus gewidmet, dem ersten Bischof Roms, als dessen Nachfolger jeder Papst gilt. Bis zum Beginn der 1990er-Jahre, als man an der Elfenbeinküste eine noch gewaltigere Kirche einweihte, war die Peterskirche der größte christliche Sakralbau. Die erste Peterskirche wurde unter Kaiser Konstantin als fünfschiffige Basilika mit Säulenvorhof über dem Petrusgrab erbaut und 326 geweiht. Während des Exils der Päpste in Avignon im 14. Jh. verfiel diese Kirche zusehends. Unter Papst Julius II. begann 1506 nach Bramantes Entwürfen der Kirchenneubau. Nach dessen Tod übernahmen u. a. Raffael (1515–1520) und Antonio da Sangallo (1520–1546) die Bauleitung, die ab 1547 **Michelangelo** weiterführte. Auf ihn geht auch die 132 m hohe Kuppel zurück, deren Fertigstellung (1586–1593) er allerdings nicht mehr erlebte. Das Langhaus und die Barockfassade (1614) führte Carlo Maderno aus. Von der Loggia über dem mittleren Eingang der Säulenfassade erteilt der Papst an Ostern und Weihnachten seinen Segen »urbi et orbi« (»Für Stadt und Erdkreis«).

Vorhalle ► Die Bronzetürflügel des großen Hauptportals sind das Werk des Florentiner Bildhauers Antonio Filarete (1433–1445); links die »Pforte

Peterskirche Orientierung

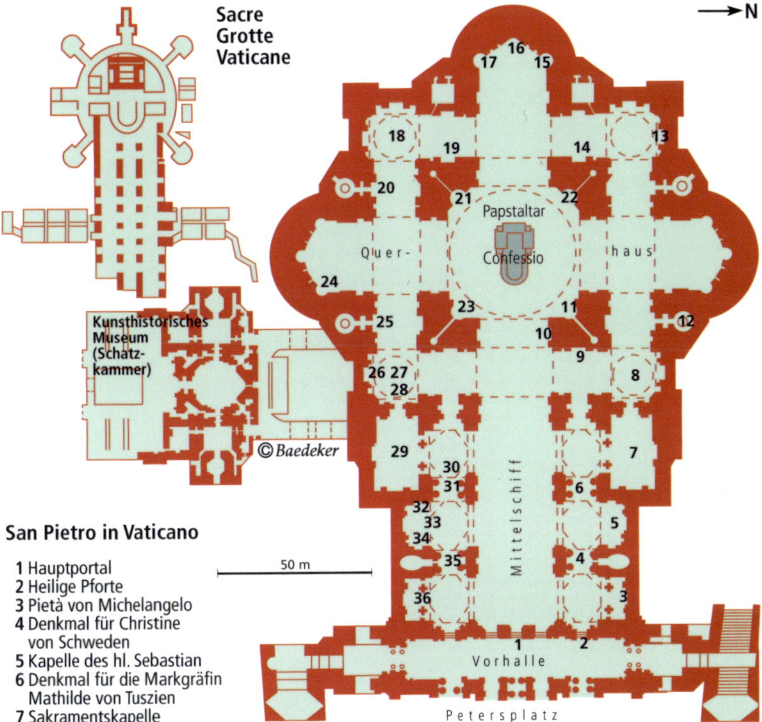

San Pietro in Vaticano

1 Hauptportal
2 Heilige Pforte
3 Pietà von Michelangelo
4 Denkmal für Christine von Schweden
5 Kapelle des hl. Sebastian
6 Denkmal für die Markgräfin Mathilde von Tuszien
7 Sakramentskapelle
8 Gregorianische Kapelle
9 Altar des hl. Hieronymus
10 Sitzstatue des hl. Petrus
11 Statue des hl. Andreas
12 Aufgang zur Grotte
13 Altar des Erzengels Michael
14 Altar des hl. Petrus, die Tabitha vom Tode erweckend
15 Grabmal Papst Urbans VIII.
16 Cathedra Petri (von Bernini)
17 Grabmal Papst Pauls III.
18 Kapelle der Madonna della Colonna
19 Altar des hl. Petrus, einen Lahmen heilend
20 Grabmal Papst Alexanders VII.
21 Statue der hl. Veronika
22 Statue der hl. Helena
23 Eingang zu den Sacre Grotte Vaticane
24 Altar der Kreuzigung des hl. Petrus
25 Grabmal Papst Pius' VIII.
26 Altar Papst Gregors des Großen
27 Klementinische Kapelle
28 Grabmal für Papst Pius VII.
29 Chorkapelle
30 Grabmal Papst Innozenz' VIII.
31 Grabmal Papst Pius' X.
32 Gedenkrelief für Papst Johannes XXIII.
33 Capella della Presentazione
34 Gedenkstatue für Papst Benedikt XV.
35 Denkmal für Maria Sobieska und Stuart-Denkmal
36 Baptisterium (Taufkapelle)
37 Sakristei
38 Sakristei der Kanoniker

des Todes« mit Bronzereliefs von Giacomo Manzù (1964), rechts der Mitte »Die Sieben Sakramente« von F. Messina (1965). Rechts daneben die Heilige Pforte (Porta Santa), die nur in »heiligen Jahren« geöffnet wird und von innen zugemauert ist.

◂ Inneres

Das Innere der Peterskirche überwältigt durch seine Ausmaße: 186 m lang, Höhe im Hauptschiff 45 m, in der Kuppel 119 m. Die Längenangaben bedeutender Kathedralen der Welt in der Mitte des Mittel-

SAN PIETRO IN VATICANO

★★ Eine Vielzahl von Architekten baute rund eineinhalb Jahrhunderte an Sankt Peter und änderte nicht selten die Entwürfe ihrer Vorgänger. Trotzdem erscheint das Gotteshaus letztlich erstaunlich einheitlich und strahlt durch Architektur und prachtvolle Innenausstattung ungeheure Würde aus. Zusammen mit der Piazza San Pietro wurde hier eine gewaltige Bühne geschaffen für die Auftritte des Papstes und die Repräsentation des Christentums.

Öffnungszeiten:
tgl. 9.00–18.00 Uhr, Eintritt nur in langen Hosen oder Röcken und mit bedeckten Schultern!

1 Vorhalle
In die 71 m breite, 13,5 m tiefe und 20 m hohe Vorhalle führen fünf mit Bronzegittern versehene Eingänge. Rechts außen befindet sich die vermauerte Heilige Pforte, Porta Santa, die nur alle 25 Jahre im Heiligen Jahr geöffnet wird.

2 Grundfläche
Auf einer Grundfläche von 15 160 m² finden etwa 60 000 Menschen Platz.

3 Langhaus
Der einschiffige Raum wird von Kapellen begleitet. Die die Kapellen trennenden Pfeiler sind riesige kannelierte Doppelpilaster, denen korinthische Kapitelle vorgeblendet sind. Sie tragen ein mächtiges Gebälk.

4 Kuppel
Vier fünfeckige Pfeiler von 24 m Durchmesser und 71 m Umfang tragen die Kuppel, die Michelangelo als Krönung über dem Grab des Petrus schuf. Die Kuppel über dem Tambour mit 16 Fenstern hat einen Durchmesser von 42,3 m, ist also etwas kleiner als die des Pantheon mit 43,2 m. Ihre Silhouette beherrscht die Stadt und ist markanter Blickpunkt.

5 Apsis
Neben der Cathedra Petri ist der wandfüllende Altaraufbau bemerkenswert, den Bernini 1657–1666 schuf. Darüber schweben stuckierte Engelscharen auf Wolken.

6 Grotten und Nekropole
In den Grotten unter San Pietro findet man Reste der konstantinischen Basilika, dem Vorgängerbau von Sankt Peter, und zahlreiche Gräber von Päpsten. Auch die Gebeine des Apostels Petrus sollen hier verwahrt sein. Petrus hatte das Zentrum der Kirche von Jerusalem über Antiochien in die Hauptstadt des römischen Weltreiches verlegt.

Höhepunkt einer Romwallfahrt: Sankt Peter

Vor Berninis Kolonnaden tummeln sich Pilger, Touristen und »Angestellte« des Vatikanstaates. Moderne Technik hat in dieses Unternehmen längst Einzug gehalten.

Berninis Cathedra Petri in der Apsis ist ein barockes Glanzstück in vergoldeter Bronze. Der Thron des Petrus wird von vier Kirchenlehrern gestützt.

Von Kardinal Jean de Villiers de la Groslaye ging der Auftrag für die Pietà an Michelangelo. Im Vertrag hieß es, dass die Skulpturengruppe »das schönste in Rom bis dato existierende Werk« werden sollte.

schiffs verdeutlichen die Größenverhältnisse. Auf der Porphyrscheibe beim Hauptportal, in Alt-Sankt-Peter der Altarbereich, wurde an Weihnachten des Jahres 800 **Karl der Große** von Papst Leo III. zum römischen Kaiser gekrönt. Vor dem vierten Pfeiler rechts die Bronzesitzstatue des hl. Petrus aus dem späten 13. Jh., deren rechter Fuß durch die Küsse der Gläubigen blank geworden ist.

Kuppel ► Die zweischalige Kuppel über dem Papstaltar stützen vier mächtige Pfeiler, in deren Nischen die Heiligen Helena, Veronika, Longinus und Andreas stehen. Der Kuppelring verkündet: »Tu es Petrus ...« – »Du bist Petrus und auf diesen Fels werde ich meine Kirche bauen, und dir gebe ich die Schlüssel des Himmelreiches.« Über eine Galerie im Innern des Tambours führen Treppen zwischen den Kuppelschalen bis zur **Laterne**, von wo aus sich ein grandioser Blick auf den Petersplatz, den Vatikan und Rom öffnet (Eingang im linken Seitenschiff oder rechts der Vorhalle).

Papstaltar ► Über dem Papstaltar (Altare Papale) erhebt sich der 29 m hohe Bronzebaldachin auf vier gedrehten und vergoldeten Säulen, 1633 von Bernini im Auftrag Papst Urbans VIII. geschaffen. Vor dem Altar führt eine doppelte Marmortreppe (nicht öffentlich) hinab in die Confessio über dem **Grab von Petrus**.

Apsis ► Mit der Cathedra Petri (1657–1666) in der Apsis hatte Papst Alexander VII. wiederum Bernini beauftragt. Über der Rückenlehne des Bischofsstuhls halten zwei Putten Schlüssel und Tiara als päpstliche Symbole empor. Darüber ein Alabasterfenster mit der Taube des Heiligen Geistes.

Pietà ► Als **Michelangelo** seine ausdrucksvolle »Pietà« 1498–1499 schuf, war er erst 24 Jahre alt. Auf dem Band über der Brust der sehr jugendlichen Madonna signierte Michelangelo sein Werk.

Vatikanische Grotten

Bei den Vatikanischen Grotten (Sacre Grotte Vaticane; Eingang bei den Vierungspfeilern) handelt es sich um eine Krypta, die beim Neubau der Basilka entstand, als man das Fußbodenniveau im Vergleich zu Alt Sankt Peter um 3,5 m erhöhte. Bei einem Rundgang sieht man das Reliquiar unter dem Hauptaltar und passiert u. a. die Gräber von Pius XII. († 1958), Paul VI. († 1978), Johannes Paul I. († 1978) und Johannes Paul II. († 2005) im ehemaligen Grab von Johannes XXIII.

Camposanto Teutonico

Durch den Arco delle Campane gelangt man links der Peterskirche zum deutschen Friedhof im Vatikan (nur bis 12.00 Uhr geöffnet). Er ging aus der bereits 799 erwähnten Schola Francorum hervor.

✶ Palazzi Vaticani

✶✶ Vierung mit Kuppel

Der weitläufige Vatikanische Palast (heute 1400 Säle, Kapellen und Zimmer) wurde im 6. Jh. begonnen, aber erst im 14. Jh. nach der Rückkehr aus Avignon anstelle des Laterans zum **ständigen Wohnsitz der Päpste**. Die päpstlichen Wohn- und Arbeitsräume befinden sich in den oberen Stockwerken oberhalb der Bernini-Kolonnaden. Von dort spricht der Papst jeden Sonntag das Angelusgebet.

✶✶ Musei Vaticani

Öffnungszeiten: Mo. bis Sa. 8.45–12.20, März bis Okt. bis 15.20

Die Vatikanischen Museen, die einen großen Teil des Vatikanischen Palastes einnehmen, gehören zu den **bedeutendsten Kunstsammlungen der Welt**. Vom Eingang im Viale Vaticano gelangt man in die Vorhalle. Vier verschiedene, unterschiedlich lange Museumsrundgänge verlaufen im Einbahnstraßensystem.

✶✶ Museo Pio Clementino

Die Vatikanischen Museen besitzen die **umfangreichste antike Skulpturensammlung der Welt**, deren Anfänge bis in die Renaissance zurückgehen. Große Sammler vor dem Herrn waren Clemens XIV. (1769–1774) und Pius VI. (1775–1799), deren Namen der Hauptteil der Sammlung (Museo Pio Clementino) trägt. Pius VII. fügte das **Museo Chiaramonti** und den **Braccio Nuovo** hinzu. Die meisten Ausstellungsstücke wurden in Rom und seiner Umgebung gefunden, meist römische Kopien griechischer Originale oder römische Neuschöpfungen. Besonders schöne Stücke sind: Der Augustus von Prima Porta im Braccio Nuovo, der den um 19 v. Chr. geschaffenen Prototyp einer Kaiserstatue mit klar herausgearbeiteten Gesichtszügen und Reliefschmuck des Panzers zeigt.
Gabinetto dell'Apoxyomenos: Die römische Marmorkopie des Athleten von Lysipp (4. Jh. v. Chr.) stellt einen siegreichen Athleten dar, der sich mit dem Schabeisen vom Öl reinigt, mit dem er sich vor dem Wettkampf eingerieben hat.
Cortile Ottagono: Der Apoll von Belvedere ist die römische Kopie eines Originals aus dem 4. Jh. v. Chr., das Leochares zugeschrieben wird. Winckelmann erhob sie zu einer Symbolfigur der Antike. Die Laokoongruppe ist die wohl berühmteste Skulpturengruppe der Antike (1. Jh. v. Chr.). Sie zeigt den trojanischen Priester Laokoon und seine beiden Söhne im verzweifelten Kampf gegen zwei Schlangen – ein Hauptwerk des Hellenismus.
Sala delle Muse: Der Torso von Belvedere ist laut Inschrift ein Werk des Apollonius aus Athen (1. Jh. v. Chr.). Wegen seiner genauen anatomischen Darstellung diente er Michelangelo als Vorbild für seine Männergestalten an der Sixtinischen Decke.

✔ NICHT VERSÄUMEN

- Braccio Nuovo: Augustus von Prima Porta
- Gabinetto dell'Apoxyomenos: römische Marmorkopie des Athleten von Lysipp (4. Jh. v. Chr.)
- Cortile Ottagono: Apoll von Belvedere, Laokoongruppe (Bild)
- Sala delle Muse: Der Torso von Belvedere
- Sala Rotonda: die riesige Porphyrschale, Zeusbüste aus Orticoli

Sala Rotonda: Inmitten der Mosaikböden aus den Thermen von Orticoli beeindruckt die riesige Porphyrschale von 13 m Umfang. Die Zeusbüste aus Otricoli entstand nach einem Original des Bryaxis (4. Jh. v. Chr.); eine Bacchusfigur zeigt den Liebling des Kaisers Hadrian, Antinoos, der tragisch im Nil ertrank.

Museo Gregoriano Egizio

Das von Papst Gregor XVI. 1839 gegründete Museum zeigt in zehn Sälen ägyptische Kunstwerke, die in Rom und Umgebung gefunden wurden und zumeist Beutestücke der Kaiserzeit waren.

Museo Gregoriano Etrusco

Das ebenfalls von Gregor XVI. gegründete Museum gibt einen guten Einblick in das alltägliche Leben und in die Vorstellungen vom Tod in der Kunst und Kultur der Etrusker.

✶✶ Stanze di Raffaello

Die Wohnräume (ital. »stanze«) des Papstes gestalteten Raffael, sein Lehrer Perugino und einige Schüler Raffaels von 1507 bis 1520 zunächst im Auftrag von Papst Julius II., später von Leo X. Die Sala di Constantino wurde erst nach dem Tod von Raffael freskiert. Anhand seiner Vorlagen schufen Francesco Penni und Giulio Romano die Fresken mit Stationen aus dem Leben von Kaiser Konstantin. In der Stanza d'Eliodoro, die das wunderbare Eingreifen Gottes zum Schutz des Papsttums, der Religion, der Apostel und der Kirche zeigt, beeindruckt die **»Befreiung Petri«**, die erste Nachtszene Raffaels. Die Fresken der Stanza della Segnatura mit den Darstellungen der Poesie, Theologie, Philosophie und Gerechtigkeit gelten als der Höhepunkt der Hochrenaissancemalerei. In der »Schule von Athen« treffen sich die berühmtesten Philosophen der griechischen Antike: Aristoteles und Plato im Zentrum, der grün gewandete Sokrates, Pythagoras, dessen Harmonielehre auf einer Schiefertafel aufgezeichnet ist, Euklid mit einem Zirkel in der Hand, der bekrönte Geograf Ptolemaios sowie der bärtige Astronom Zoroaster mit einem Himmelsglobus. Auf den Stufen lagert Diogenes und auf einen Marmorblock gelehnt Heraklit. Raffael hat sich hier als Zweiter von rechts außen selbst verewigt. In der Stanza dell'Incendio di Borgo zeigt der »Brand des Borgo«, wie Papst Leo IV. durch das Schlagen des Kreuzzeichens 847 einen Brand im Wohnviertel von St. Peter löscht.
Durch das Vorzimmer rechts neben dem Konstantinsaal gelangt man in die **Kapelle Nikolaus' V.**, die Fra Angelico ca. 1447–1550 mit Szenen aus dem Leben der hll. Laurentius und Stephanus freskierte.
Unter Pinturicchios Leitung wurden 1492–1495 sechs von Papst Alexander VI. Borgia bewohnte Säle mit Wandgemälden geschmückt. Sie beherbergen Teile der Sammlung moderner religiöser Kunst.

✶✶ Cappella Sistina

Die vollständig restaurierte Sixtinische Kapelle wurde im Auftrag von Papst Sixtus IV. (1474–1481) als päpstliche Hauskapelle erbaut. Hier findet das Konklave zur Papstwahl statt. Den Kamin, in dem die Stimmzettel verbrannt werden, wird man vergeblich suchen: Er wird nur anlässlich einer Papstwahl aufgestellt.

Ihren Ruhm verdankt die Kapelle den herausragenden **Fresken von Michelangelo** an Decke und Altarwand. Die Fresken an den 40 m langen Seitenwänden stammen noch aus der Entstehungszeit unter Papst Sixtus IV. Berühmte toskanische und umbrische Künstler wie Botticelli, Ghirlandaio, Perugino, Pinturicchio, Rosselli und Signorelli schufen den Moses- und Christus-Freskenzyklus, der Szenen des Alten Testaments dem Neuen Testament gegenüberstellt. Im Auftrag von Julius II. begann Michelangelo 1508 mit der Neugestaltung der Decke, die sich bis 1512 hinzog. Eingebunden in eine großartige Scheinarchitektur und umgeben von plastisch hervortretenden Sibyllen und Propheten erzählt Michelangelo in leuchtenden Farben Szenen aus der Schöpfungsgeschichte und dem Sündenfall. Weltbekannt ist der Fingerzeig, mit dem ein energischer Gott einem eher passiven Adam den Atem des Lebens einhaucht. 1534, Michelangelo war inzwischen fast 60 Jahre alt, holte ihn Paul III. noch einmal in die Sixtinische Kapelle, um die großflächige Altarwand neu zu gestalten. Mit dem **»Jüngsten Gericht«** schuf Michelangelo eine der bewegendsten und dramatischsten Darstellungen dieses Themas. Im Zentrum der fast 400 Figuren thront Jesus Christus als Weltenrichter, umgeben von Maria und Heiligen mit ihren Marterwerkzeugen. Vor einem blauen Lapislazulihimmel fahren links die Seligen zum Himmel auf, rechts ziehen Teufel die Verdammten zur Hölle. Doch weniger die körperlichen Qualen der Verdammten stehen im Vordergrund als vielmehr ihr Erschrecken und ihre inneren Qualen. Der nachfolgende Papst Paul IV. sah das anders. Er ließ das »Babel der Nackten« mit Hosen und Schleiern bedecken, die bei der Restaurierung zum Teil wieder entfernt wurden.

Christus als Weltenrichter beim Jüngsten Gericht in der Cappella Sistina

★ Biblioteca Apostolica Vaticana

Die Vatikanische Bibliothek, um 1450 von Nikolaus V. gegründet, besitzt über 800 000 Bücher, 60 000 Manuskripte, 7000 Wiegendrucke und mehr als 800 000 Drucke. Im von Domenico Fontana gestalteten Salone Sistino kann man in den Vitrinen Bibelcodices, illustrierte Evangelien, kostbare Pergamente und alte Papyri bewundern.

★★ Pinacoteca

Die Vatikanische Pinakothek wurde von Pius VI. im 18. Jh. gegründet und schon wenig später durch Napoleon wertvoller Gemälde beraubt. Dennoch geben die 16 Säle einen ausgezeichneten Überblick über die Entwicklung der religiösen Malerei vom Mittelalter bis heute. Herausragend ist das **»Stefaneschi-Triptychon«** von Giotto (um 1300), das ehemals am Hochaltar von Alt Sankt Peter stand. Die Florentiner Schule des 15. Jh.s ist vertreten durch Fra Angelico, Filippo Lippi und Benozzo Gozzoli. Vom Lehrer Raffaels, Perugino, stammt die »Madonna mit Heiligen« (1483–1495). Ein eigener Saal ist Raffael gewidmet, darunter die »Madonna von Foligno« (um 1512) und die berühmte »Verklärung Christi« (1520). Die Gobelins mit Szenen aus der Apostelgeschichte, geschaffen nach Kartons Raffaels, schmückten früher während der Osterwoche die Sixtinische Kapelle. Von **Leonardo da Vinci** stammt das unvollendete Bildnis des hl. Hieronymus (um 1480). Scharfe Hell-Dunkel-Kontraste und eine kräftige Farbgebung unterstreichen die Dramatik in der »Grablegung« von Caravaggio (um 1604).

Weitere Sehenswürdigkeiten in Rom

Esposizione Universale di Roma (EUR)

Für die 1942 geplante Weltausstellung ließ Mussolini ab 1938 unter der Leitung von Marcello Piacentini im Süden der Stadt auf 420 ha ein gigantisches Ausstellungsgelände errichten. In bewusster Anlehnung an die kaiserzeitlichen Bauten sollten monumentale Gebäude zwischen breit angelegten Straßen und großzügigen Plätzen die Macht und Größe des Faschismus demonstrieren. Nachdem die Weltausstellung wegen des Zweiten Weltkriegs nicht stattgefunden hatte, wurde das Gelände in der Nachkriegszeit vollendet. Heute ist es ein modernes Stadtviertel mit vielen Grünflächen und wichtiges Verwaltungs- und Wirtschaftszentrum. Kern der Anlage ist der von La Padula, Guerrini und Romano entworfene **Palazzo Civiltà del Lavoro**, der wegen seiner Rundbogenarkaden, die an das Kolosseum anknüpfen, auch Colosseo quadrato genannt wird. De Chirico hat ihn in vielen seiner Bilder festgehalten. Der kuppelbekrönte Kongresspalast stammt von Adalberto Libera. Die Sportstätten wie der eindrucksvolle Rundbau des Palazzo dello Sport von Marcello Piacentini und Pier Luigi Nervi entstanden anlässlich der XVII. Olympischen Sommerspiele 1960. Heute finden hier neben Sportveranstaltungen auch Rock- und Ethnokonzerte statt.

! *Baedeker* TIPP

Nicht nur für die Kleinen

Wer im EUR mit Kindern unterwegs ist, sollte Zeit für das bezaubernde Puppentheater Mongiovino an der Via Giovanni Genocchi 15 einplanen (Tel. 0 65 13 94 05, www.accettellateatro.it).

Museo della Civiltà Romana

EUR kann sich außerdem eines der interessantesten Museen zur römischen Stadtgeschichte rühmen. Das weitläufige Museo della Civiltà Romana veranschaulicht die Entstehung und Bedeutung des römischen Imperiums sowie die baulichen Veränderungen in der Stadt. Glanzstücke sind das von Italo Gismondi 1937 begonnene und 1970 fertig gestellte **Modell der Stadt Rom** zur Zeit Konstantins des Großen und die Gipsabgüsse der Reliefs der Trajanssäule, die Napoleon III. 1861 herstellen ließ.

★ Via Appia

Hinter dem Stadttor S. Sebastiano beginnt die Via Appia Antica, die berühmteste Ausfallstraße des antiken Roms. (Man erreicht sie mit dem Bus 218 ab Piazza S. Giovanni in Laterano bzw. 613 ab Arco di Travertino.) Die »Königin der Straßen« wurde um 312 v. Chr. vom Censor Appius Claudius Caecus angelegt und führte über Terracina zunächst bis nach Capua. Anfang des 2. Jh.s v. Chr. wurde sie dann über Benevent bis nach Brindisi verlängert. Links und rechts der Via Appia bauten sich die vornehmen römischen Familien ihre Grabstätten. Diese **antiken Grabmäler** und Gedenksteine charakterisieren heute zusammen mit den Pinien und Zypressen die Via Appia. Der größte Teil der Straße ist asphaltiert und daher bei Inlineskatern recht beliebt. Einige Abschnitte der antiken Straßenpflasterung sind erhalten geblieben. Man sieht – z. B. hinter der Abzweigung der Via Cecilia Metella – große, unregelmäßige, schwarze Basaltplatten mit tiefen Wagenspuren (www.parcoappiaantica.org).

Domine quo vadis

Zwischen der Porta San Sebastiano und den Katakomben des hl. Kallixtus liegt die kleine Kirche Domine quo vadis. Nach der Legende soll Petrus auf der Flucht vor dem Märtyrertod hier Christus begegnet sein, der ihm auf die Frage »Domine quo vadis?« (»Herr, wohin gehst du?«) mit »Venio iterum crucifigi (»Ich komme, mich nochmals kreuzigen zu lassen«) antwortete. Petrus kehrte daraufhin beschämt nach Rom zurück und nahm den Kreuzigungstod auf sich. Die Kirche besitzt eine Nachbildung der Fußspur Christi. Tatsächlich handelt es sich um ein Votivbild für den glücklichen Ausgang einer Reise.

Bis heute wird in den Domitillakatakomben, dem größten unterirdischen Friedhof der Stadt, die Messe gelesen.

Katakomben

Die Katakomben waren die gesetzlich anerkannten, »coemeteriae« genannten **Begräbnisstätten der Christen** und genossen bis zum Anfang des 9. Jh.s zusammen mit den Märtyrergräbern allgemeine Verehrung. Dann verfielen die Grabstätten, und sogar der alte Namen ging verloren. Die jetzige Bezeichnung geht auf eine Grabstätte bei San Sebastiano zurück, die »ad catacumbas« (»in der Senke liegend«) genannt wurde. Sie dienten lediglich als Begräbnisstätte und zu Totenmessen und nicht, wie oft in Monumentalfilmen dargestellt, als Zufluchtsstätte der Christen. Die Anlage ist sehr einfach: schmale Gänge, in deren Wänden Längsnischen zur Aufnahme der Leichen eingelassen waren. Die Ausschmückung, mit Malereien und wenigen Skulpturen, lehnt sich im Stil an die zeitgenössische heidnische Kunst an. Es überwiegen **symbolische Motive**: das Opferlamm, der Fisch, bei dem das griechische Wort »Ichthys« die griechischen Anfangsbuchstaben von »Jesus Christus, Gottes Sohn, der Retter« darstellte. Eindrucksvoll sind ferner frühe Bilder des Abendmahls und der Jungfrau Maria. Die älteren Inschriften nennen lediglich den Namen des Verstorbenen.

*** Catacombe di San Callisto**

Die Katakomben des hl. Kallixtus an der Via Appia Antica erstrecken sich unter einer grünen Oase der Ruhe. Über Zypressenalleen erreicht man den Eingang zu dem mehrstöckigen, höchst weitläufigen Katakombensystem. Während der geführten Rundgänge besucht man u. a. die Grablegen zahlreicher Päpste des 3. Jh.s und das Grab der hl. Cäcilia.

San Sebastiano ad Catacumbas

Direkt an der Via Appia Antica liegt mit der Kirche San Sebastiano eine der sieben **Pilgerkirchen Roms**. Der Überlieferung nach sollen hier zeitweilig die Gebeine von Petrus und Paulus aufbewahrt worden sein. Ihr heutiges barockes Aussehen geht auf das 17. Jh. zurück.

Die Via Appia, im Altertum Straße der Händler und Soldaten, führt in die umliegende römische Campagna.

Hinter der Apsis führt eine Treppe hinab zur so genannten Platonia, der Gruft des Märtyrers Quirinus; links davon liegt die Zelle Domus Petri mit Wandmalereien aus dem 4. Jh. Während des Neubaus entdeckte man unter der Kirche neben drei heidnischen Grabstätten und christlichen Katakomben auch einen Versammlungsraum (Triclia) für Gedächtnisfeiern, an dessen Wänden sich Inschriften mit Anrufungen der Apostel Petrus und Paulus befinden.

Fosse Ardeatine

Im März 1944 wurden in den Ardeatinischen Höhlen als Vergeltung für einen Bombenanschlag auf deutsche Soldaten 335 italienische Geiseln erschossen. Ein Mausoleum mit einer eindrucksvollen Skulptur erinnert an die Märtyrer.

Catacombe di Domitilla

Die Domitilla-Katakomben an der Via delle Sette Chiese sind die **größten Katakomben**. In diesen unterirdischen Grablegen wurden neben christlichen auch heidnische Römer bestattet. Domitilla, eine entfernte Nachfahrin von Kaiser Vespasian, die sich zum christlichen Glauben bekehrt hatte, gewährte auch Glaubensgefährten die Bestattung in der Familiengruft.

Circo di Massenzio

Direkt neben der Via Appia Antica erstreckt sich der im Jahre 311 erbaute Circus des Maxentius. Sein im Vergleich zum Circus Maximus guter Erhaltungszustand vermittelt einen Eindruck vom Aussehen antiker Pferderennbahnen.

Tomba di Cecilia Metella

Als bekannteste Ruine der römischen Campagna ragt das Grabmal der Caecilia Metella heraus. Der Rundbau mit einem Durchmesser von 20 m war ursprünglich mit Travertinplatten verkleidet. Im 13. Jh. wurde er als Burg der Familie Caetani mit Zinnen versehen. Jenseits des Grabmals tritt an vielen Stellen noch das antike Pflaster der Via Appia hervor. Neben zahlreichen Resten unterschiedlichster Grabmonumente erkennt man die Bögen der **römischen Wasserleitungen** Aqua Marcia und Aqua Claudia.

Villa dei Quintili

Erst seit kurzem ist die riesige Villa dei Quintili für die Öffentlichkeit zugänglich. Sie gehörte zwei steinreichen Brüdern, die im Jahr 182 von Commodus hingerichtet wurden (Via Appia Nuova 1092, Tel. 06 39 96 77 00, Öffnungszeiten: Di. bis So. 9.00–16.30/19.30 Uhr).

Foro Italico

Das Foro Italico (auch Campo della Farnesina genannt; Eingang an der Piazza De Bosis) ist das römische Sportzentrum. Baubeginn war kurz vor dem Zweiten Weltkrieg, zum größten Teil wurden die Anlagen jedoch erst zu den XVII. Olympischen Sommerspielen 1960 fertig gestellt. Dazu gehören das Schwimmstadion (Stadio del Nuoto), das Marmorstadion (dei Marmi), das von 60 heroischen Athletenstatuen aus Carrara-Marmor geschmückt ist, und das Olympiastadion (Olimpico), wo 1990 Deutschland das Finale der Fußballweltmeisterschaft 1:0 gegen Argentinien gewann.

Salerno

O 19

Region: Kampanien • Campania
Höhe: Meereshöhe
Provinz: Salerno
Einwohnerzahl: 143 000

Salerno ist nach Neapel das bedeutendste Industrie- und Handelszentrum Kampaniens. Im Krieg stark zerstört, ist die Hafenstadt heute mehr für seine Küche denn für sein Stadtbild bekannt.

Ihre Blüte erlebte die von Griechen gegründete Stadt am Nordende des gleichnamigen Golfs unter den Langobarden und Normannen. Robert Guiscard ernannte sie 1077 zur Hauptstadt seines Reichs, das den gesamten Süden Italiens sowie Sizilien umfasste. Die im 10. Jh. gegründete und damit **älteste medizinische Hochschule** Europas war weit über Italiens Grenzen hinaus berühmt. Am 8. September 1943 landeten hier die Alliierten nach tagelangen Bombardements erstmals auf dem europäischen Festland. Überschwemmungen, das schwere Erdbeben von 1980 sowie ein skrupelloser Bauboom setzten die Zerstörung des Stadtbildes fort. Das Jahr 1990 markierte einen Wendepunkt. Seither wird die Altstadt saniert und Salerno nach Plänen des Katalanen Oriol Bohigas behutsam umgebaut.

Ein Kleinod italienischer Marmorkunst: die barocke Krypta des Doms S. Matteo

SALERNO ERLEBEN

AUSKUNFT

Via Velia 15, 84125 Salerno
Tel. 0 89 23 04 11, Fax 0 89 25 18 44
www.comune.salerno.it
www.salernocity.com

ESSEN

► Fein & Teuer

① ***Santa Lucia***
Via Roma 182 (Ecke Via Porta di Mare), Tel. 0 89 22 56 96; Mo geschl. Seit zwei Generationen eine Institution. Die schmackhafte Fischküche schätzen auch viele Stammgäste aus der Welt des Theaters. Über dem Restaurant die gleichnamige Pension.

► Erschwinglich

② ***Simposium***
Corso Garibaldi 29
Tel. 0 89 23 37 38
Restaurant mit ausgefallener Speisekarte. Neben hausgemachter Pasta in vielen Variationen wird hier viel Wild und Straußenfleisch zubereitet.

③ ***Antica Trattoria Martella***
Via Chiesa Conservatorio 10, Avellino
Tel. 0 82 53 11 17; So. abend und Mo. geschl. In der gepflegten Trattoria im Herzen der Altstadt wird die echte Küche Avellinos serviert. Große Auswahl an Weinen, vorwiegend aus der Irpinia und Kampanien.

► Preiswert

④ ***Valleverde***
V. Pianodardine 112, Atripalda
Tel. 08 25 62 61 15
So. und August geschl.
In der familiären Trattoria 4 km östlich von Avellino gibt es gute Hausmannskost und ein großes Weinangebot (in der Enoteca gibt es Weine auch zu kaufen).

ÜBERNACHTEN

► Komfortabel

① ***Jolly Hotel***
Lungomare Trieste 1, Salerno
Tel. 0 89 22 52 22
Fax 0 89 23 75 71
www.jollyhotels.it
Zeitgemäßes Hotel mit allem modernem Komfort, zentrale Lage, nettes Restaurant, bewachter Parkplatz.

④ ***Malaga***
Via Appia 93, Atripalda
Tel. 08 25 61 15 01
Fax 08 25 62 73 35
www.hotelmalaga.it
Gepflegtes Haus, der Besitzer führt in Avellino ein ausgezeichnetes Fischrestaurant und organisiert für seine Gäste Besuche der renommiertesten Weinkellereien.

► Günstig

② ***Fiorenza***
Via Trento 145,
Località Mercatello, Salerno
Tel. & Fax 0 89 33 88 00
www.hotelfiorenza.it
Nur 100 m vom Meer entferntes Hotel, das in den letzten Jahren umfassend modernisiert wurde. Funktionelle Zimmer, gut ausgestattete Bäder.

③ ***Plaza***
Piazza Vittorio Veneto 42
(Piazza Ferrovia), Salerno
Tel. 0 89 22 44 77
Fax 0 89 23 73 11
www.plazasalerno.it
Nettes Stadthotel in einem Palazzo aus dem 19. Jh. gegenüber vom Bahnhof. Schlicht eingerichtete Zimmer.

Sehenswertes in Salerno

Hafen und Innenstadt

Entlang des Hafens, der dem Nahverkehr dient (Schiffe nach Capri, Amalfi und Positano), verläuft die von stattlichen modernen Gebäuden gesäumte Uferstraße Lungomare Trieste. Parallel zu diesem bildet die Via Roma zusammen mit ihrer Fortsetzung Corso Giuseppe Garibaldi den Hauptstraßenzug der Stadt. Etwa in der Mitte der Via Roma steht der Palazzo di Provincia. Von hier gelangt man nördlich durch die Via del Duomo, auf der man nach etwa 100 m die hübsche **Via Mercanti** kreuzt, zum Dom S. Matteo.

★ Dom S. Matteo

Hauptsehenswürdigkeit von Salerno ist der Dom San Matteo mit seinem 56 m hohen Kampanile. Er wurde um 1080 unter Robert Guiscard im arabisch-normannischen Stil erbaut. Durch das romanische Löwenportal (11. Jh.) betritt man einen weiten Vorhof, dessen Arkaden von 28 antiken Säulen aus Paestum getragen werden. Das Mittelportal mit einer 1099 in Konstantinopel gegossenen Bronzetüre führt in den Innenraum. Im Mittelschiff des Doms sieht man über der Eingangstür ein großes Mosaikbrustbild des hl. Matthäus. Beachtung verdienen ferner zwei reich mit Mosaiken verzierte Ambons (Lesepulte), die wie der Osterleuchter aus dem 12./13. Jh. stammen. In

Salerno Orientierung

Übernachten
① Jolly Hotel
② Fiorenza
③ Plaza
④ Malaga

Essen
① Santa Lucia
② Simposium
③ Antica Trattoria Martella
④ Valleverde

der Kapelle rechts vom Hochaltar befindet sich das Grab des 1085 in Salerno im Exil gestorbenen Papstes Gregor VII. In der barockisierten Krypta sind die Gebeine des Evangelisten Matthäus aufbewahrt. Im benachbarten **Dommuseum** sind Elfenbeindiptychen (12./13. Jh.), Altarbilder und Mosaiken zu sehen.

Museo Archeologico

Im Archäologischen Museum (hinter dem Dom, Via San Benedetto 28; Mo. – Sa. 9.00 – 13.00, 14.30 – 19.00 Uhr, So. nur vormittags) sind Funde vom 9. Jh. v. Chr. bis 6. Jh. n. Chr. ausgestellt.

Museo della Scuola Medica

An der Via dei Mercanti liegen die romanische **Crocifisso-Kirche** und die ehem. Kirche S. Gregorio (11./12. Jh.); Letztere birgt das Museo della Scuola Medica, das die Geschichte der im Mittelalter berühmten medizinischen Hochschule dokumentiert (Via dei Mercanti 72; Öffnungszeiten ►Archäologisches Museum).

Acquedotto

Im Nordosten der Stadt sind entlang der Via Arce noch Reste des Aquädukts erhalten. Die oberirdische Wasserleitung aus zwei Arkadenreihen aus dem 8. und 11. Jh. sicherte die Wasserversorgung.

Castello di Arechi

Der 45-minütige Fußmarsch zum über der Stadt gelegenen Castello di Arechi wird mit einem großartigen Blick über Salerno und den Golf belohnt. Man kann allerdings auch mit dem Stadtbus oder mit dem Pkw hochfahren. Die wuchtige langobardische Burg beherbergt ein **stadtgeschichtliches Museum** (Di. – Sa. 9.00 – 14.00 Uhr).

Umgebung von Salerno

Pontecagnano

Mehr über die vorrömische Besiedlung der Region erfährt man im Museo Nazionale dell'Agro Picentino in Pontecagnano (15 km östlich von Salerno; Piazza Risorgimento 14; Öffnungszeiten: tgl. 9.00 – 14.00 Uhr). Beim Bau der Autobahn war man u. a. auf eine große Nekropole gestoßen, die Fundstücke stammen von 900 – 300 v. Chr.

Avellino

Die freundliche Provinzhauptstadt (56 000 Einw.; 38 km nördlich von Salerno) am Ostrand der Hügellandschaft Irpinia wird von einem langobardischen Kastell überragt, in das im 18. Jh. ein barocker Palast eingebaut wurde. Im sehenswerten Museo Provinciale Irpino (Corso Europa) sind die Funde aus der Provinz ausgestellt.

Montevergine

Eine kurvenreiche Straße führt zum Wallfahrtsort Montevergine (1270 m hoch) hinauf; man erreicht ihn auch auf einem Pilgerweg von Ospedaletto d'Alpinolo oder mit der **Schwebebahn** von Mercogliano. Das Kloster wurde Anfang des 12. Jh.s auf den Fundamenten eines Kybele-Tempels erbaut und im 18. Jh. weitgehend barockisiert. Ein als wundertätig verehrtes Marienbild (13. Jh.) in der Kirche ist vor allem an Pfingsten und am 7./8. September ein viel besuchtes Pilgerziel (herrliche Aussicht vom 1493 m hohen Montevergine).

✶ Cilento · Golf von Salerno

Landschaftsbild Zwischen dem Golf von Salerno und dem Golf von Policastro erstreckt sich der Cilento, ein mächtiges Felsmassiv mit einer höchst abwechslungsreichen Küsten- und Berglandschaft. Im Norden wird er durch die Flüsse Calore und Tanagro begrenzt (entsprechend dem Verlauf der A 3). Eine Steilküste mit vielen Grotten wechselt hier mit weißen Sandbuchten ab. Vor allem im Juli und August sind die Orte an der etwa 100 km langen Küste ein Ferienziel ersten Ranges. Das gilt besonders für das schön auf einem Hügel gelegene **Santa Maria di Castellabate**, für **Acciaroli**, wo sich Ernest Hemingway 1953 für drei Monate einquartierte, sowie für Palinuro, Policastro und Sapri. Unmittelbar hinter der Küste durchziehen sanfte, mit Olivenhainen bewachsene Hügelketten das Gebiet, landeinwärts wird es bergiger bis fast 1900 m hoch. Ein großer Teil des Gebiets (180 000 ha) steht im Parco Nazionale del Cilento e Vallo di Diano unter Naturschutz und ist UNESCO-Welterbe.

✶ Parco Nazionale del Cilento e Vallo di Diano ►

Agropoli Auf einem Felskap drängt sich das Fischer- und Ferienstädtchen Agropoli (ca. 60 km südlich von Salerno; 20 000 Einw.), die größte Stadt des Cilento. Die hübsche verwinkelte Altstadt wird von der Ruine einer Burg aus dem 8. Jh. überragt. **Torri saraceni** säumen die nun folgende ca. 80 km lange Küstenstraße (► S. 146); sie erinnern an die unruhige Vergangenheit, als die Bewohner immer wieder unter den Überfällen von Seeräubern zu leiden hatten und daher ihre Siedlungen ins unwegsame Hinterland verlegten. Die heutigen Ortschaften am Wasser sind häufig deren jüngere Ableger, was schon die Namen (Marina di ...) anzeigen.

> **! Baedeker TIPP**
>
> **A Piedi nel Parco**
>
> Der Cilento ist ein ursprüngliches Stück Süditalien. Die Menschen, die hier leben, setzen auf biologische Landwirtschaft und umweltverträglichen Tourismus als Zukunftschance. Für Rennradfahrer ist die große Halbinsel im Süden Salernos wie Mallorca ohne Rummel, dazu kommen die vielseitigen Wandermöglichkeiten zwischen Meer und Gebirge (Infos: Peter Amann, Cilento aktiv. R. Mankau Verlag, Murnau 2007, und www.cilento-aktiv.info).

Velia An einem Hang oberhalb des Badeorts Marina di Ascea, ca. 35 km südlich von Agrópoli, liegen die weitläufigen Reste der griechisch-römischen Stadt Elea/Velia, von der bis heute kaum ein Fünftel ausgegraben ist. Sie wurde im 6. Jh. v. Chr. von den Phokäern, ionischen Flüchtlingen, nach ihrer Vertreibung aus Alalia (Korsika) gegründet. In die Geistesgeschichte ging sie als Ort einer der ganz großen frühen Philosophenschulen ein. Um 540–460 blühte hier die **Eleatische Schule** unter den Philosophen Xenophanes, Parmenides und Zenon. Oberhalb der Stadt befand sich die Akropolis aus dem 5. Jh. v. Chr. Bei Ausgrabungen wurden Fundamente eines Tempels entdeckt, seine Reste bilden die Standfläche des mittelalterlichen Wehrturms und der kleinen Burg.

Cilento-Küste im Südosten von Salerno: bizarre Felsformationen, dazwischen traumhaft schöne Sandbuchten

Palinuro

Rund 25 km südwestlich von Velia erreicht man den lebhaften Ferienort Palinuro. Laut Vergil soll hier, an dem gleichnamigen, 203 m hohen Kap, Palinurus, der Steuermann des Aeneas, auf der Flucht aus dem zerstörten Troja Schiffbruch erlitten haben. Südöstlich des Kaps schließt sich ein **ununterbrochener Sandstrand** bis fast nach Marina di Camerota an. Aus dem tiefblauen Wasser steigen schroffe, zerklüftete Felsen mit vielen Höhlen, die meist nur vom Meer her zugänglich sind. Im Hafen von Palinuro kann man Boote zur Besichtigung der Höhlen oder zu einem Ausflug zur Baia del Buondormir (Bucht des schönen Schlafens) mieten.

★ **Golfo di Policastro**

Auf der malerischen Küstenstraße geht es nach Marina di Camerota, einem Badeort 12 km südwestlich. Im weiteren Verlauf führt die Straße zunächst etwas landeinwärts, um in Scario, dem letzten hübschen Fischerort des Cilento, wieder die Küste am Golf von Policastro zu berühren. Kurz hinter Sapri schließt die Küste der ►Basilikata und ►Kalabriens an.

Im Binnenland des Cilento

★

◄ Grotta di Pertosa

🕒

Das Innere des Cilento gehört zu den **ältesten besiedelten Gebieten Italiens**. Davon zeugen verschiedene Grotten, von denen zwei gut erschlossen sind. Am Nordfuß der Monti Alburni erstreckt sich die Grotta di Pertosa, ein 2250 m langes Tropfsteinhöhlensystem, das schon am Ende der Jungsteinzeit (5000 v. Chr.) bewohnt war. Die Höhlen erreicht man mit dem Boot über einen kleinen See (Anfahrt über die SS 19; Besichtigung April bis Sept. 8.00–19.00 Uhr, Okt. bis März 9.00–16.00 Uhr). Weitere Höhlen sind die Grotta di Castelcivita, ein fast 5000 m langes Labyrinth beim gleichnamigen, malerisch gelegenen Ort am Südwestrand des Bergmassivs, und die Grotta di San Michele bei Sant'Angelo a Fasanella am Südrand der Alburni. Letztere diente im Mittelalter als Höhlenkirche.

DEN CILENTO ERLEBEN

AUSKUNFT

www.cilentodoc.it, www.cilento-aktiv.info, www.pncvd.it und www.cilento-nationalpark.de

ESSEN

► Fein & Teuer

A Cantina i Mustazzo
Piazza Plebiscito 27, Sapri
Tel. 09 73 60 40 10
Das Aushängeschild des Lokals, dessen Gründer einen eindrucksvollen Schnurrbart trug (daher der Name), sind die hausgemachten Paste. Insgesamt soll es 27 verschiedene Nudelgerichte geben, die Saison bestimmt das Angebot.

► Erschwinglich

Perbacco
Contrada Marina Campagna 5, Pisciotta, Tel. 09 74 97 38 49
Sympatische Osteria-Enoteca, die vor allem Zutaten aus dem Cilento verwendet. Die Fischer aus Pisciotta, Camerota und Acciaroli versorgen das Lokal mit frischem Fisch.

Sant'Agata
Località Sant'Agata Nord, Palinuro
Tel. 09 74 93 17 16, www.agriturismosantagata.com
Agriturismo mit Restaurant nahe der Mündung des Mingardo; von der SS 562 geht es in die Hügel nach Sant' Agata. Federvieh und Gemüse für die traditionelle Küche kommen aus eigener Produktion; es gibt aber auch köstlichen Fisch. Der Hausherr organisiert Ausflüge und Bootsfahrten.

► Preiswert

O'Guarracino
Via Porto, Palinuro
Tel. 09 74 93 83 09
In der entzückenden Holzveranda des O'Guarracino direkt über dem Badestrand von Palinuro kommt nur selbst gefangener Fisch auf die Teller der meist einheimischen Gäste.

ÜBERNACHTEN

► Luxus

Palazzo Belmonte
Santa Maria di Castellabate
Tel. 09 74 96 02 11, Fax 09 74 96 11 50
www.palazzobelmonte.it
Ein Jagdschloss aus dem frühen 17. Jh. oberhalb eines der schönsten Strände der Amalfiküste. Die Atmosphäre ist gepflegt leger. Vom Restaurant im eindrucksvollen Garten traumhafte Aussicht über die Küste und Capri.

► Günstig

La Torre
Via Porto 5, Palinuro
Tel. 09 74 93 11 07, Fax 09 74 93 18 28
www.latorrepalinuro.it
Besonders familien- und kinderfreundliches Haus.

Da Carmelo
Località Isca Est, Palinuro
an der SS 562 (2 km östl.)
Tel. 09 74 93 11 98, Fax 09 74 93 07 05
www.dacarmelo.it
Urlaub unter jahrhundertealten Olivenbäumen an der Küste. Im Restaurant wird beste cilentanische Küche serviert.

Bei Padula (nahe der A 3), im Vallo di Diano genannten Tanagro-Tal, befindet sich die 1308 gegründete, 1866 profanierte Certosa di San Lorenzo, eine der **größten barocken Klosteranlagen** Süditaliens. Der Bau nach dem Vorbild des Escorial bei Madrid zog sich bis ins 19. Jh. hin. Beachtenswert sind die prachtvoll ausgestattete Kirche und der aus zweigeschossigen Arkaden bestehende Große Kreuzgang. Ein weiterer Glanzpunkt ist die große Freitreppe von Vanvitelli. Seit Ende der 1960er-Jahre ist die Kartause ein Kulturzentrum. Im angeschlossenen Museo Archeologico di Lucania Occidentale werden Funde aus den Nekropolen von Sala Consilina (10.–5. Jh. v. Chr.) und aus anderen Gräbern der Umgebung ausgestellt.

★ **Certosa di San Lorenzo**

Von hier lohnt noch ein Abstecher nach **Teggiano**. Die kleine, auf einem Felsplateau gelegene Stadt hat ihr mittelalterliches Stadtbild bewahrt.

★★ Sardinien · Sardegna

N–S 6–9

Region: Sardinien • Sardegna
Fläche: 24 090 km²
Höhe: Meereshöhe bis 1834 m ü. d. M.
Provinzen: Cagliari, Nuoro, Oristano, Sassari
Einwohnerzahl: 1,65 Mio.

Viele kleine Urlaubsorte mit herrlichen Badebuchten, allen voran die weißen Sandstrände an der weltberühmten Costa Smeralda, und das raue, sehr ursprünglich gebliebene Hinterland mit alten Dörfern und Städten machen den Reiz der Mittelmeerinsel Sardinien aus.

Vom Tourismus entdeckt wurde die mit 270 km Länge und 145 km Breite zweitgrößte Insel im Mittelmeer erst Anfang der 1960er-Jahre. Die Distanz zum Festland prägte die Entwicklung Sardiniens entscheidend – da die Insel lange Zeit im Abseits lag, haben die Sarden viel von ihrer Volkskunst, ihrem Handwerk und vor allem ihre Sprache bewahrt. Das Sardische ist auch kein Dialekt des Italienischen, sondern ein romanischer Sprachzweig, der eine große Nähe zum Lateinischen aufweist.

Detaillierte Darstellung im Baedeker Allianz Reiseführer »Sardinien«

Wirtschaft

Ähnlich wie Süditalien kämpft Sardinien mit Problemen der wirtschaftlichen Rückständigkeit. Die größten Hoffnungen setzt man seit einigen Jahrzehnten auf den Tourismus und auf die Vermarktung naturbelassener einheimischer Lebensmittel wie den berühmten pecorino sardo. Allen Bemühungen zum Trotz hat die Region Sardinien bis heute eines der niedrigsten Pro-Kopf-Einkommen Italiens. Bis in die 1960er-Jahre war die **Landwirtschaft** der wichtigste Erwerbszweig der Insel, der rund die Hälfte der Bevölkerung beschäftigte – heute leben davon gerade noch 14% der Erwerbstätigen. In den fruchtbaren Ebenen und den trocken gelegten Sumpfgebieten werden vor

allem Getreide, Gemüse und Tabak angebaut, im Hügelland und in den Bergen dominiert neben dem Anbau von Wein, Oliven und Mandeln die Weidewirtschaft: Mehrere Millionen Schafe, Ziegen und Rinder grasen auf den kargen Böden Sardiniens und bilden die Lebensgrundlage für die immer noch entbehrungsreich lebenden Hirten. Im Gebiet der Gallura liegt der wirtschaftliche Schwerpunkt bei der **Korkgewinnung** aus der Rinde der Korkeiche.
Im Gegensatz zum Bergbau und zur petrochemischen Industrie, die seit Jahrzehnten in der Krise stecken, konnte die Bauindustrie dank der touristischen Entwicklung einen Aufschwung verzeichnen. Der Tourismus brachte auch eine Aufwertung der kunsthandwerklichen Produkte mit sich, insbesondere der Handweberei und der Korbflechterei.

Geschichte

Von den ersten Bewohnern der Insel zeugen noch heute zahlreiche Reste prähistorischer Siedlungen, darunter vor allem die so genannten Gigantengräber aus der Zeit um 3000 v. Chr. und die **Nuraghen**, die als Wahrzeichen der Insel gelten. Es handelt sich dabei um Rundtürme aus grob behauenen Felsblöcken ohne Mörtel, die bis zu 20 m hoch sind. Sie dienten vermutlich als Festungen und Wachtürme und stammen aus der Zeit zwischen 1800 und 300 v. Chr. Heute gibt es von ihnen noch ca. 7000 auf Sardinien.

Ein wichtiger Erwerbszweig im Gebiet der Gallura ist die Korkverarbeitung.

Seit dem 9. Jh. v. Chr. siedelten die Phönizier und später die Karthager an der Küste Sardiniens. Die Römer annektierten die Insel im Jahre 238 v. Chr., wohl vor allem wegen der dortigen Erzvorkommen. Vom 6. bis 8. Jh. stand Sardinien unter dem Einfluss des Byzantinischen Reichs. Mit der zunehmenden Loslösung von Byzanz bildeten sich im 9. Jh. die vier Herrschaftsbezirke Torres, Gallura, Arborea und Cagliari, die von Adeligen, den so genannten **Iudices** (Richtern), regiert wurden und bis ins 13. Jh. bestanden. Pisa und Genua, im 11. Jh. zur Abwehr der Araber herbeigerufen, dehnten im 12. und 13. Jh. ihre Herrschaftsansprüche auf die Mittelmeerinsel aus. Als Lehen des Papstes wurde Sardinien im Jahre 1297 an die Krone Aragons vergeben. Unter der Herrschaft Spaniens, die bis zum Beginn des 18. Jh.s dauerte, verarmte das Land immer mehr. Durch den Frieden von Utrecht, der den Spanischen Erbfolgekrieg beendete, kam Sardinien 1713 zu Österreich, das die Insel 1718 im Tausch gegen Sizilien an

SARDINIEN ERLEBEN

AUSKUNFT

Regione Sardegna
Piazz Matteotti 9, 09100 Cagliari
Tel. 0 70 66 92 55, Fax 0 70 66 32 07
www.sardinien.de, www.sardegnaturismo.it, www.regione.sardegna.it

ANREISE

Man kann von verschiedenen Häfen Italiens und anderer Mittelmeerländer mit Fährschiffen nach Sardinien übersetzen. Von Deutschland aus ist der nächstgelegene Fährhafen Genua, die Überfahrt ist allerdings auch die teuerste. Regelmäßig verkehrende Schiffslinien nach Sardinien bestehen auch von Civitavecchia, Livorno und Neapel. Im Sommer werden die Flughäfen von Cagliari und Olbia von München, Frankfurt, Genf und Zürich ohne Zwischenlandung angeflogen, im Winter bestehen tägliche Verbindungen mit Rom, Mailand und anderen italienischen Städten.

VERANSTALTUNGEN

Sassari
Zwei bekannte Feste werden hier gefeiert, die »Cavalcata Sarda« (Reiterwettspiele und ein Umzug mit historischen Trachten) am vorletzten Maisonntag und die »Festa dei Candelieri« (Prozession der Zünfte, ausgestattet mit 5 m hohen, dekorierten Holzkerzen) am 14. August.

Nuoro
Am letzten Sonntag im August feiert Nuoro das viel besuchte Erlöserfest, Sagra del Redentore, zu dem sich Trachtengruppen aus allen Teilen Sardiniens in der Stadt treffen.

Oristano
Eine viel besuchte Attraktion in Oristano ist die Sartiglia, ein auf das 16. Jh. zurückgehendes Reitturnier in historischen Kostümen, das alljährlich am Faschingssonntag und -dienstag ausgetragen wird.

ESSEN

▶ Fein & Teuer

Gallura
Corso Umberto 145, Olbia
Tel. 0 78 92 46 48
Sardische Küche auf höchstem Niveau: Genießen Sie die besten Antipasti weit und breit und danach Miesmuscheln in Safran, Linguine mit Meeresfrüchten oder Kaninchen mit Kapern und Safran.

Liberty
Piazza Nazario Sauro 3, Sassari
Tel. 0 79 23 63 61, Mo. geschl.
Sehr schickes Fischrestaurant in einem schönen Jugendstilhaus im Zentrum der Stadt.

▶ Erschwinglich

Su Talleri
Bivio Porto Corallo,
Muravera Villaputzu
Tel. 0 70 99 75 74, So. geschl.
Seeigel-Spaghetti, Langusten und hausgemachter Myrtenlikör.

Baedeker-Empfehlung

Antica Dimora del Gruccione
Via M. Obinu 31, Santu Lussurgiu (bei Oristano)
Tel. 07 83 55 20 35 oder 07 83 55 03 00
www.anicadimora.com
Gabriella Belloni, die in München und Wolfenbüttel humanistische Studien betrieben hat, empfängt die Gäste in einer Villa des 18. Jh.s. Liebevoll zubereitete Regionalküche mit naturbelassenen Produkten des Monte Ferro.

Su Barchile
Via Mannu 5, Orosei
Tel. 0 78 49 88 79
In dem hübschen Kellerrestaurant werden feine sardische Fisch- und Fleischgerichte serviert, im Sommer auch auf der Terrasse (auch Zimmer).

► Preiswert
Da Cannone
Via Togliatti 2–4, Sarule (30 km südwestl. Nuoro)
Tel. 0 78 47 60 75
Ländliche cucina casalinga mit Gemüseantipasti, malloreddus (sardische Gnocchi) und Spanferkel bei der sympathischen Signora Giovanna.

ÜBERNACHTEN

► Luxus
Su Gologone
Loc. Su Gologone, Oliena
Tel. 07 84 28 75 12, Fax 07 84 28 76 68
www.sugologone.it
Charmantes Landhotel in typisch sardischer Bauweise vor dem beeindruckenden Gebirgsmassiv des Supramonte, schöne Zimmer mit Aussicht, hervorragendes Restaurant, großer Garten mit Schwimmbad, Sauna und Fitnessraum, Tennis.

► Komfortabel
Leonardo Da Vinci
Via Roma 79, Sassari
Tel. 0 79 28 07 44
Fax 07 92 85 72 33
www.leonardodavincihotel.it
Elegantes, großzügiges Hotel im Zentrum mit modernem Komfort und schönen Zimmern. Eigene Garage.

Costa Dorada
Lungomare Palmasera 45, Cala Gonone, Dorgali
Tel. 0 78 49 33 33
Fax 0 78 49 34 45
Das sehr schön begrünte Haus liegt am Ende der Uferpromenade (40 km westl. von Nuoro). Geräumige, im sardischen Stil eingerichtete Zimmer; besonders schön ist der Ausblick zum Garten hin.

► Günstig
Casa Anedda
Via Oristano 38, Sinnai
Tel. 0 70 76 72 68
Fax 0 70 76 76 86
web.tiscali.it/casanedda
B & B in Landbesitzervilla mit Agrumengarten und historischen Möbeln.

die Herzöge von Savoyen abtrat. Das sardisch-piemontesische Königreich Sardinien bestand bis zur Einigung Italiens 1861. Seit 1948 ist die Insel eine Autonome Region der Republik Italien wie Sizilien, Trentino-Südtirol, Friaul-Julisch Venetien und das Aostatal.

Nordküste von Olbia nach Westen

Wer hat noch nicht von der Costa Smeralda gehört, der »Smaragdküste«, an der u. a. Silvio Berlusconi und Wladimir Putin Villen haben? Doch die Nordküste hat noch weit mehr zu bieten als High Society – es gibt viele hübsche Ortschaften mit alten, verwinkelten Stadtkernen, die über eine gute touristische Infrastruktur verfügen, und wildromantische Landschaften mit bizarren Granitfelsen und dunkler Macchia im Hinterland.

Olbia

Die moderne Stadt Olbia (36 600 Einw.) ist mit ihrem Flug- und Fährhafen ein wichtiger Verkehrsknotenpunkt. Auf dem Corso Umberto wird zwischen Geschäften, Bars und Restaurants flaniert. Ein 1,5 km langer Straßen- und Eisenbahndamm verbindet die Stadt mit der kleinen **Isola Bianca**, wo die von Civitavecchia kommenden Schiffe anlegen.

✶✶ Costa Smeralda

Nur 15 km nördlich von Olbia beginnnt die traumhafte Costa Smeralda, die »Smaragdküste«, berühmt für ihre herrlich feinsandigen Badestrände, ihr türkisfarben leuchtendes Meer und ihre bizarren Granitfelsen. Der **stark zerklüftete Küstenabschnitt** erstreckt sich längs einer großen Halbinsel. Zu Beginn der 1960er-Jahre schuf hier Prinz Aga Khan eines der exklusivsten Feriengebiete des Mittelmeers mit mondänen, oft nur vom Meer aus zugänglichen Ferienvillen im Stil der traditionellen Inselarchitektur. Mittlerweile gibt es hier aber auch Ferienwohnungen zu erschwinglichen Preisen. Schmale Stichstraßen führen von der SS 125, die etwas landeinwärts verläuft, hinunter zu den kleinen Badeorten.

✶ ◄ Porto Cervo

Am nördlichen Ende der Costa Smeralda liegt in einer schmalen Bucht Porto Cervo mit einem der größten und luxuriösesten Jachthäfen des Mittelmeers. In der kleinen Kirche Stella Maris, deren Kirchturm der Form einer Nuraghe nachempfunden ist, beeindruckt die Mater dolorosa von **El Greco**. Etwa 3 km nordwestlich von Porto

Capo d'Orso, ca. 5 km östlich von Palau: riesige, durch Wind und Wetter stark verwitterte Granitformationen, darunter auch der berühmte »Bär«

Cervo, jenseits des Capo Ferro, öffnet sich die Bucht Liscia di Vacca. Nach weiteren 5 km kommt man in das Dorf Baia Sardinia, einen der begehrtesten Ferienplätze der Insel mit einem 200 m langen Sandstrand.

Arzachena ► Arzachena, ursprünglich ein Hirtendorf, ist heute die »Hauptstadt« der Costa Smeralda. Von Porto Cervo folgt man der Küstenstraße gut 20 km nach Südwesten, bis man auf die stufenförmig am Hang eines Hügels angelegte Kleinstadt stößt. In der Umgebung sind einige interessante frühgeschichtliche Zeugnisse zu besichtigen, beispielsweise die 8 km südwestlich von Arzachena an der Straße nach Luogosanto gelegene **Nekropole Li Muri**. Nur 500 m entfernt thront auf einer Anhöhe das eindrucksvolle Gigantengrab Li Lolghi, ein kollektives Grabmal aus nuraghischer Zeit (1800–1200 v. Chr.).

✶ La Maddalena

Vom Fischerhafen und kleinen Ferienort Palau setzen täglich Schiffe zu der herb-schönen Insel La Maddalena über (30 Min.). Sie ist mit rund 20 km² die größte Insel des Archipels vor der sardischen Nordküste. Der am Meer gelegene, gleichnamige Hauptort besitzt eine hübsche Altstadt. Wer die Eindrücke dieser von kargen Granitfelsen und kleinen Buchten geprägten Küste intensivieren will, der sollte die Insel auf der **»Strada panoramica«** umfahren. Über einen gut 500 m langen Damm gelangt man auf die Nachbarinsel Caprera. Im Gegensatz zu La Maddalena ist die kleine Insel bewaldet und besitzt schöne Sand- und Kiesstrände im Süden. Auf Caprera lebte der italienische Freiheitskämpfer und Politiker Garibaldi von 1856 bis 1882 mit Unterbrechungen. Im Olivenhain hinter seinem Wohnhaus (Öffnungszeiten: tgl. 9.00–13.00 Uhr) liegt der Nationalheld begraben.

✶ Caprera ►

! *Baedeker* TIPP

Blumenrausch im Frühjahr

La Maddalena besitzt einige der schönsten Sandstrände auf Sardinien. Einer davon ist die Baia Trinità. Besonders im Frühjahr ist die Bucht von einem rosafarbenen Blütenmeer umgeben, das sich bis nahe an den Strand erstreckt. Man erreicht die Baia Trinità über eine im Nordosten von der Panoramica abzweigende Stichstraße.

Folgt man der Küste 25 km weiter nach Westen, trifft man an der Nordspitze Sardiniens auf den charmanten Badeort **Santa Teresa di Gallura**. Mehrmals täglich pendeln von hier aus Fähren nach Korsika. Ein Damm führt 5 km westlich von Santa Teresa zur herrlichen bizarren Felslandschaft des Capo Testa. Die kleine Halbinsel ist von strahlend weißen, wild übereinander getürmten Granitfelsen und schönen Sandstränden geprägt.

✶ Capo Testa ►

Castelsardo

Den Reiz des Küstenabschnitts, der von Santa Teresa bis Castelsardo verläuft (ca. 70 km), machen die Ausblicke aufs Meer, die versteckten Buchten und kleinen Feriensiedlungen in der Macchia- und Felsenlandschaft aus. Das Hafenstädtchen Castelsardo (5500 Einw.) breitet sich auf einem hohen Felsmassiv aus, das weit in den Golfo dell'Asinara hineinragt (zahlreiche Kunsthandwerksläden). Der steile Aufstieg zum Kastell auf der Spitze des Felsens wird mit einer schönen Fernsicht belohnt. Überall in der verwinkelten Altstadt sieht man Frauen vor den Häusern sitzen und Körbe flechten – Castelsardo ist das traditionelle Zentrum der **sardischen Korbflechterei**. Die Pfarrkirche bewahrt eine Madonna (15. Jh.) auf, ein Hauptwerk der spanisch-sardischen Malschule.

Fischerboote im Hafen von Castelsardo

Abstecher nach Tempio Pausania

Einen guten Eindruck von dem von Macchia und rauen Felslandschaften geprägten Hinterland gewinnt man auf der Fahrt zu dem Ferien- und Kurort Tempio Pausania (13 700 Einw.), der Hauptstadt der Gallura. Sie breitet sich 55 km südöstlich von Castelsardo auf einem niedrigen Mittelgebirgsmassiv aus, umgeben von Weinbergen, Korkeichen- und Kastanienwäldern. Geologisch interessant ist ein Ausflug zum 16 km südöstlich aufragenden **Monte Limbara**, dessen schlanke Granitspitzen das Panorama bestimmen.

Porto Torres

Die industriell geprägte Hafenstadt Porto Torres (22 000 Einw.), 35 km westlich von Castelsardo am Golfo dell'Asinara, birgt eines der bedeutendsten romanischen Baudenkmäler auf Sardinien, die Ende des 11. Jh.s von pisanischen Baumeistern errichtete **Basilika San Gavino**. Das seitliche Doppelportal ist ein schönes Beispiel für die katalanische Gotik des 15. Jh.s. In der Krypta befinden sich mehrere römische Sarkophage. Östlich von Porto Torres führen Stichstraßen von der SS 200 zu Feriensiedlungen und einem kilometerlangen Sandstrand.

Sassari

Provinzhauptstadt

Sassari ist eine moderne und zugleich historisch geprägte Stadt – mit Universität, Museen, Kirchen und Palazzi, die die netten kleinen Plätze der verwinkelten Altstadt einrahmen. Die Hauptstadt der gleichnamigen Provinz und zweitgrößte Stadt auf Sardinien (225 m; 117 000 Einw.) liegt im Nordwesten auf einem weiten Plateau. Im 13. Jh. wuchs Sassari als Handelszentrum zwischen Genua und Festlanditalien zu einer bedeutenden Stadt heran.

★ Corso Vittorio Emanuele II

Quer durch die reizvolle Altstadt führt die **Promeniermeile** Sassaris, der Corso Vittorio Emanuele II, der bereits im 13. Jh. existierte und heute von vielen Läden gesäumt ist. Sehenswerte Gebäude am Corso sind die Barockkirche Sant'Andrea (1648) und das 1829 errichtete klassizistische Teatro Civico. Zu beiden Seiten des Corso lohnen sich Abstecher ins Gassengewirr der Altstadt.

Dom San Nicola

Die Umgebung des Doms bildet den ältesten Teil von Sassari. Der mächtige Sakralbau wurde im Wesentlichen im 15. Jh. im Stil der katalanischen Gotik erbaut. Um 1700 erhielt er seine Barockfassade und eine Ausstattung nach Art spanischer Barockkirchen. Ältester Bauteil ist der Kampanile aus dem 13. Jh., der im 18. Jh. aufgestockt wurde. Hinter dem Dom, an der Piazza del Comune, steht der **Palazzo Ducale** aus dem 18. Jh., der heute zum Teil als Rathaus dient.

★ Museo Archeologico

Von der Piazza d'Italia mit ihrem Denkmal Vittorio Emanueles II. (1899) und dem Palazzo della Provincia (1880) führt die baumbestandene Via Roma südöstlich zum Museo Archeologico ed Etnografico G. A. Sanna. Das Museum präsentiert neben einer Gemäldesammlung (insbesondere sardische Kunst des 14.–19. Jh.s) auf sehr anschauliche Weise Bestände zur Archäologie und **Volkskunde** Sardiniens.

Fonte Rosello

An der nördlichen Peripherie des Zentrums sieht man die hübsche Fonte Rosello mit barockem Brunnenhaus von 1605.

Osilo

Mit seinen Granithäusern besitzt das auf einer Anhöhe gelegene Osilo (6000 Einw.; 14 km östlich von Sassari) noch das typische Erscheinungsbild eines sardischen Dorfes. Von der Burgruine der Malaspina, die eindrucksvoll über dem Ort aufragt, sowie von der nahen Cappella di Bonaria bietet sich eine schöne Aussicht.

Nuraghe Santu Antine – Turmbau aus prähistorischer Zeit

In herrlicher Landschaft steht die Abteikirche Santissima Trinità di Saccargia, die mit ihrem schwarz-weiß gestreiften Mauerwerk, dem hohen Kampanile und den Fresken aus dem 13. Jh. ein besonders anmutiger Kirchenbau der pisanischen Romanik ist (Anfahrt: von Sassari 10 km auf der SS 131, dann zweigt man auf die SS 597 Richtung Codrongiano ab, von wo aus man sie nach 2 km sehen kann).

✶ Santissima Trinità di Saccargia

Fährt man auf der SS 131 noch weitere 20 km ins Landesinnere und biegt dann Richtung Bonnanaro ab, erreicht man die Abzweigung zu der 4 km südwestlich gelegenen, reich ornamentierten Kirche San Pietro di Sorres aus pisanischer Zeit (13. Jh.). Wenige Kilometer weiter südlich kommt man nach Torralba, wo man sich im Museo della Valle dei Nuraghi auf den Besuch des 3 km weiter südlich gelegenen, beeindruckenden Nuraghenkomplexes Santu Antine vorbereiten kann.

San Pietro di Sorres

✶

◄ Nuraghe Santu Antine

Folgt man der SS 131 weiter und biegt Richtung Bonorva ab, lohnt es sich, durch das malerische Dorf Rebeccu zu schlendern, das sich zu einem beliebten Ferienort entwickelt hat. In der Nähe gibt es die bedeutende **Nekropole von Sant'Andrea Priu** zu sehen, eine Reihe von Höhlengräbern aus der Jungstein- und Kupferzeit.

Die Ostküste von Olbia nach Süden

Vor allem im nördlichen Teil der Ostküste bis Dorgali reihen sich zahlreiche nette Ferienorte mit langen Sandstränden aneinander. Etwa in der Mitte lohnt ein Abstecher in das hoch aufragende Gebirgsmassiv des **Supramonte** und in die dort eingebetteten Dörfer und Kleinstädte. Die Fahrt entlang der Küste folgt mit kleineren und größeren Abstechern der gut ausgebauten, aber dennoch kurvenreichen SS 125.

Auf den ersten 55 km hinter Olbia sind die beliebtesten Ferien- und Badeorte mit schönen Stränden San Teodoro und Budoni. Sehr malerisch ist das an einen Hügel gebaute Posada mit seiner hübschen Altstadt. Nur 7 km nordöstlich von Siniscola erfreut sich der Badeort La Caletta, der auch einen kleinen Sporthafen besitzt, großer Beliebtheit, wenig weiter südlich stößt man auf den Ferienort Santa Lucia, ein ehemaliges Fischerdorf.

Zwischen Olbia und Siniscola

Siniscola (9800 Einw.), 55 km von Olbia und 7 km von der Küste entfernt, ist sowohl als Standpunkt für Badeurlauber als auch für Ausflüge in die waldreiche Bergwelt des **Monte Albo** beliebt. Von Siniscola führt eine kurvige Panoramastraße am felsigen Kamm des Monte Albo (1127 m) entlang nach Bitti.

Siniscola, Monte Albo

Die einstige Bedeutung des 3 km von der Küste entfernten, am rechten Ufer des Cedrino gelegenen Städtchens (5000 Einw.) als Hauptort der Baronia di Orosei spiegelt sich heute noch in den mittelalterli-

Orosei

! Baedeker TIPP

Sardisch essen

In herrlicher Aussichtslage am Hang des Monte Maccione liegt einsam mitten im Grün die Cooperative Enis. Das aus einer Arbeitsloseninitiative hervorgegangene Lokal ist inzwischen für seine exzellente, günstige Küche berühmt (Tel. 07 84 28 83 63, www.coopenis.it).

chen und barocken Bauten und den hübschen Plätzen wider. Der Küstenabschnitt bei Orosei ist durch steile Felsen bestimmt, die mit kleinen, hübschen Badebuchten abwechseln.

Abstecher nach Nuoro

Etwa 40 km landeinwärts von Orosei, über die SS 129 gut zu erreichen, breitet sich inmitten einer beinahe schon alpinen Berglandschaft am Hang des Monte Ortobene die Provinzhauptstadt Nuoro aus (546 m; 37 500 Einw.). Sie ist die Heimat der Schriftstellerin **Grazia Deledda** (1871–1936), die 1926 mit dem Nobelpreis für Literatur ausgezeichnet wurde. Ihr Geburtshaus in der nach ihr benannten Straße ist heute ein Museum. Das liebevoll gestaltete »Museo della vita e delle tradizioni populari sardi« verdient als interessanteste und umfangreichste volkskundliche Sammlung Sardiniens unbedingt einen Besuch. Eine herrliche Aussicht auf die Umgebung von Nuoro genießt man vom 955 m hohen Gipfel des Monte Ortobene, der östlich der Stadt aufragt.

✶ Oliena Supramonte

An den Fuß des lang gezogenen Kalksteinmassivs des Supramonte schmiegt sich das Städtchen Oliena (388 m, 7500 Einw.), 8 km südöstlich von Nuoro. Wenige Kilometer von Oliena entfernt entspringt im Massiv des Supramonte von Dorgali die Quelle Su Gologone in einer natürlichen Spalte des Kalkgesteins.

Abstecher nach Orgosolo

Das 23 km südlich von Nuoro gelegene Dorf ist bekannt für die **Murales** genannten Wandbilder, die seit den 1970er-Jahren zahlreiche Mauern und Hauswände des Ortes schmücken. Die mittlerweile berühmt gewordenen Murales wurden von Bewohnern gemalt, die so ihre politischen und sozialen Forderungen zum Ausdruck brachten.

✶ Abstecher nach Fonni, Gennargentu-Massiv

Von Nuoro empfichlt sich die Fahrt südlich über das Dorf Mamoiada nach Fonni (1000 m; 4500 Einw.), dem höchstgelegenen Ort der Insel, der wegen seiner angenehmen Lage am Nordhang des Gennargentu-Massivs als Ferienort, Wintersportort und Ausgangspunkt für Bergwanderungen beliebt ist. Zu Fuß oder mit der Seilbahn kann man von Fonni aus den **Bruncu Spina**, den mit 1829 m zweithöchsten Gipfel Sardiniens, erklimmen. Für den Aufstieg zur wenige Meter höheren Punta la Marmora (1834 m) eignet sich auch der weiter südlich inmitten herrlicher Kastanienwälder am steilen Hang gelegene Ort Desulo.

Cala Gonone

Eine kurvenreiche Panoramastraße führt von Dorgali, einem Städtchen mit Kunsthandwerk- und Weintradition, zur Küste (8 km), die man bei dem beliebten Badeort Cala Gonone erreicht. Versteckt zwischen den felsigen Partien liegen kleine, zum Teil nur vom Meer aus erreichbare Sandbuchten und tief eingeschnittene, bewaldete Schluchten. Eine Besonderheit dieses überaus reizvollen Küstenabschnitts sind die eindrucksvollen Tropfsteinhöhlen, so vor allem die Grotta del Bue Marino und die Grotta Ispinigoli. **Ausflugsboote** bieten täglich Trips zu den herrlichen Stränden und zur Grotta del Bue Marino an. Sehenswert ist ferner das rund 11 km nordwestlich von Dorgali gelegene Nuraghendorf Serra Orrios.

*

◄ Grotta del Bue Marino, Grotta Ispinigoli

Wer die herrliche Schlucht su Gorruppu, die bekannteste auf Sardinien, auf einer anderthalbstündigen Wanderung zu durchqueren gedenkt, dem sei eine sachkundige Führung empfohlen. Die 200 m hohen, senkrecht aufsteigenden Felswände lassen teilweise einen nur wenige Meter breiten Durchgang offen. Von Dorgali folgt man der Straße bis zur Kirche Nostra Signora del Buon Cammino; von dort führt eine Schotterpiste bis zur Brücke Ponte Barva, wo der Fußweg beginnt.

*

Gola su Gorruppu

Erst 55 km südlich von Dorgali gibt es wieder eine Möglichkeit, ans Meer zu kommen: bei dem freundlichen Dorf Santa Maria Navarrese. Ein Abstecher lohnt nach **Arbatax**, einem kleinen Hafenort, der etwa 8 km weiter im Süden hinter der Stadt Tortoli liegt. Arbatax ist geprägt von seinem Fährhafen, der neben Olbia der bedeutendste an

Santa Maria Navarrese

Die berühmten Porphyrfelsen an der Küste von Arbatax

! Baedeker TIPP

La linea più bella del mondo

Die Eisenbahnstrecke von Arbatax nach Mandas (159 km) ist eine der längsten historisch-nostalgischen Verbindungen der Welt. Während der Sommermonate verlässt der Zug morgens um 8.00 Uhr Arbatax, in Mandas hat man mittags einige Zeit für Besichtigungen und um 15.00 Uhr geht's wieder zurück an die Ostküste. Die Fahrt führt durch die reizvolle Bergwelt der Ogliastra und der Barbagia.

der sardischen Ostküste ist; berühmt sind aber die **roten Porphyrfelsen**, die man vom Hafen aus gut sehen kann.

Die Rundfahrt folgt hinter Tortoli der SS 125 durch die südöstliche Ogliastra. In Bari Sardo, 10 km südlich von Tortoli, bietet sich ein weiter Blick auf das Gennargentu-Massiv. In zahlreichen Windungen schlängelt sich die Straße durch raues, unberührtes Bergland.

Zahlreich sind die Urlaubsorte im Süden der Ostküste nicht – erst

Villaputzu bis Villasimius

Villaputzu, das ca. 75 km südlich von Tortoli liegt, kann wieder mit einigen Sandstränden aufwarten. Etwa 30 km weiter südlich beginnt die touristisch kaum erschlossene Costa Rei mit endlosen Stränden, die zum Einzugsgebiet des weitere 30 km südlich gelegenen, beliebten Ferienortes Villasimius gehört.

✶✶ Cagliari und Umgebung

Die recht attraktive Hauptstadt (168 000 Einw., 400 000 im Großraum) verkörpert den sardischen Alltag mit tosendem Verkehr, einer Vielzahl von Restaurants und der Stein gewordenen Geschichte einer mittelalterlich geprägten Altstadt. Die von den Phöniziern gegründete und von den Römern Karalis genannte Stadt lehnt sich mit ihrem ältesten Teil, dem **Castello** (sardisch »su Casteddu«) an eine steile Anhöhe, zu deren Füßen sich die neuen Stadtteile und Vorstädte ausbreiten. Zum Flanieren laden vor allem das Hafenviertel Marina und die Altstadt su Casteddu. Seit jeher ist die durch ihre Lage an der Mündung des Flusses Mannu begünstigte Stadt der wichtigste Hafen Sardiniens. Die ökologisch wertvollen, aber stark bedrohten **Feuchtgebiete** im Westen und Osten – Strandseen, Lagunen und Salinen – sind bereits in die ständig wachsende Stadt integriert. Bademöglichkeiten gibt es im Osten der Stadt bei Poetto.

Via Roma

Parallel zum Hafenkai verläuft die breite Via Roma, der »Corso« von Cagliari. Ein beliebter Treffpunkt sind die Cafés unter den hohen Arkaden klassizistischer Palazzi aus dem 19. Jh.; am Nordwestende der Via Roma liegen der Bahnhof und der neogotische Palazzo Comunale (Rathaus).

Marina-Viertel

Die meisten Trattorien und Restaurants findet man im verwinkelten Marina-Viertel, das sich zwischen Via Roma und der Einkaufsstraße Via Manno erstreckt. Die Kirche Sant'Agostino in der Via Baylle ist die einzige Renaissancekirche Sardiniens (um 1580).

Cagliari Orientierung

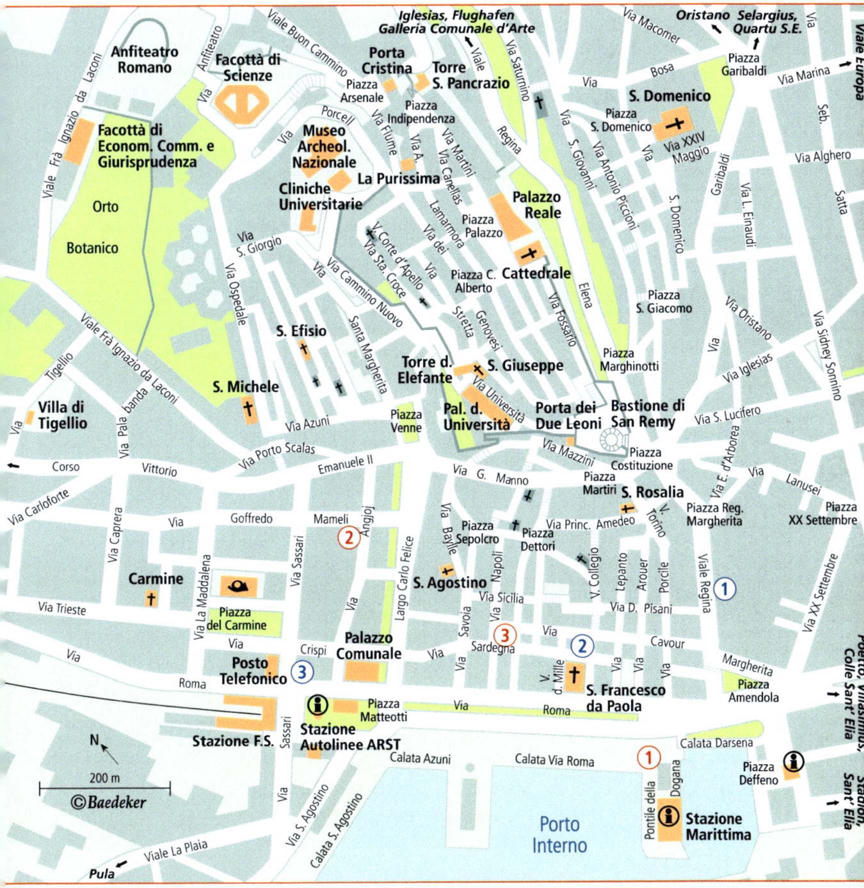

Übernachten
① Mediterraneo ② Quattro Mori ③ Italia

Essen
① Dal Corsaro ② Gennargentu ③ Flora

Largo Carlo Felice

Vom Rathaus an der Via Roma führt der baumbestandene, in den 1860er-Jahren angelegte Largo Carlo Felice nordostwärts leicht bergan zur Piazza Yenne, in die von Nordwesten der belebte Corso Vittorio Emanuele mündet. An der Via Tigello befinden sich die Reste von drei römischen Häusern der Kaiserzeit.

Piazza della Costituzione

Von der Piazza Yenne verläuft die Geschäftsstraße Via G. Manno südöstlich zu der etwas tiefer gelegenen Piazza della Costituzione. Von dem Platz gehen mehrere Straßen aus, u. a. die Via Garibaldi; etwas abseits dieser Straße steht die Kirche San Domenico mit hübschem Kreuzgang. An der Piazza della Costituzione beginnt der prächtige Viale Regina Elena, eine Promenadenstraße, die sich unter dem schroffen Ostabhang des Castello-Hügels nach Norden zieht. An ihrem Nordende liegt der Giardino Pubblico.

✶ Viale Regina Elena ►

✶ **Bastione di San Remy**

Von der Piazza della Costituzione führt eine steile Marmortreppe hinauf zur Bastione di San Remy, die zu Beginn des 20. Jh.s über den mittelalterlichen Bastionen entstand. Am Ende des großzügigen Treppenaufgangs erreicht man eine **Aussichtsterrasse**, die den Blick

CAGLIARI ERLEBEN

AUSKUNFT

Piazza Matteotti 9, 09100 Cagliari
Tel. 0 70 66 92 55, Fax 0 70 66 32 07
www.comune.cagliari.it

ESSEN

► Fein & Teuer

① ***Dal Corsaro***
Viale Regina Margherita 28
Tel. 0 70 66 43 18
Renommiertes Restaurant im Stadtzentrum. Im edlen Jugendstil-Ambiente werden kulinarische Köstlichkeiten vom Land und aus dem Meer serviert.

► Erschwinglich

③ ***Flora***
Via Sassari 45
Tel. 0 70 66 47 35
So. und im Aug. geschl.
Gediegenes Restaurant voller schöner Antiquitäten, Wild, Fisch oder Schafsfleisch wird hier delikat zubereitet.

► Preiswert

② ***Gennargentu***
Via Sardegna 60/C
Tel. 0 70 65 82 47
So. geschl.
Einfacher aber gemütlicher Gastraum, die innersardische Küche bereitet u. a. Lamm- und Ferkelfleisch zu.

ÜBERNACHTEN

► Luxus

① ***Mediterraneo***
Lungomare C. Colombo 46
Tel. 0 70 30 12 71
Fax 0 70 30 12 74
www.hotelmediterraneo.net
Der luxuriöse Betonbau beherbergt moderne Zimmer, deren Balkone entweder auf die Schnellstraße oder auf den Hafen (Seeblick) gehen. Zum Hotel gehört ein schöner Park.

► Komfortabel

② ***Quattro Mori***
Via G. M. Angioy 27
Tel. 0 70 66 85 35
Fax 0 70 66 60 87
www.hotel4mori.it
Ganz zentral gelegenes, renoviertes altes Gebäude mit neuem Anbau. Da das Hotel viele Stammgäste hat, sollte man rechtzeitig reservieren, um eines der schönen Zimmer zu bekommen.

► Günstig

③ ***Italia***
Via Sardegna 31
Tel. 0 70 66 04 10
Fax 0 70 65 02 40
hotelitalia@tiscali.it
Das sympathische Hotel in der Nähe des Hafens bietet zeitgemäßen Komfort zu fairen Preisen.

auf den Hafen, den Golfo degli Angeli und weite Teile des dicht bebauten Cagliari freigibt. Nördlich oberhalb erhebt sich die Bastione Santa Caterina.

Castello

Von der letztgenannten Bastion zieht die Via dell'Università nordwestlich zur Universität und zur wuchtigen Torre dell'Elefante (1307). Hinter den ehemaligen Befestigungsanlagen erstreckt sich das **Altstadtviertel** Castello. Von der St.-Remy-Bastion gelangt man durch die alte Torre dell'Aquila in die enge Via Lamarmora, die Hauptstraße der Altstadt, die sich auf der Anhöhe nach Norden zieht und durch steile Gässchen und dunkle Gewölbegänge mit mehreren Parallelstraßen verbunden ist. Etwa auf halber Höhe weitet sich die Straße zur terrassenartig angelegten Piazza Palazzo, die von der Fassade des Doms und mehreren Palästen umrahmt wird.

Cattedrale Santa Maria

Die im 13. Jh. erbaute Bischofskirche wurde im Laufe der Jahrhunderte mehrfach umgebaut. Aus der Gründungszeit stammen nur noch der Glockenturm und die Portale der Seitenschiffe, der Rest der Fassade ist neoromanisch (Anfang 20. Jh.). Ein Hauptwerk der pisanischen Plastik des 12. Jh.s ist die marmorne Kanzel von Guglielmo, die 1311 hierher kam. Die Löwen des Kanzelfußes stehen am Choraufgang, die anderen zwei Teile der Doppelkanzel sind auf beiden Seiten des Haupteingangs postiert.

★ Cittadella dei Musei

Am Dom vorbei weiter nach Norden stößt man auf einen modernen Museumskomplex, in den Reste der ehemaligen spanischen Zitadelle einbezogen wurden. Hier sind das Museo Archeologico Nazionale, ein Wachsfigurenkabinett, das Museo Siamese S. Cardu, das orientalische Waffen und Gebrauchsgegenstände aus China und Thailand zeigt, und eine Pinakothek untergebracht. Die **Pinacoteca Nazionale** stellt Werke der größten sardischen und katalanischen Maler (14. und 17. Jh.) aus. Das Archäologische Museum besitzt die bedeutendste Sammlung Sardiniens mit Zeugnissen aller Kulturen von der Vorgeschichte bis ins frühe Mittelalter. Hervorragend präsentiert ist die Sammlung ★ **nuraghischer Bronzestatuetten**.

◄ Museo Archeologico Nazionale

★ Amphitheater

Hinter der Citadella dei Musei verläuft der Viale Buon Cammino auf einem Hügelrücken nach Norden. Nach 500 m führt links ein Weg hinab zum Amphitheater (2. Jh. n. Chr.). Noch gut erhalten sind die in den Felsen gehauenen Gänge, der Tiergraben und der Zuschauerraum mit ca. 20 000 Sitzplätzen. Südwestlich des Amphitheaters erstreckt sich der **Botanische Garten**.

San Saturno

Östlich der Innenstadt, an der Piazza San Cosimo, steht die frühchristliche Kirche San Saturno, der älteste Sakralbau Sardiniens. Das im 5./6. Jh. errichtete, im 11./12. Jh. erweiterte Gotteshaus ist dem Stadtpatron Saturnus geweiht. Den weiten kubischen Zentralbau krönt als Kuppel eine Halbkugel aus dem 5. Jahrhundert.

Uta Das Dorf Uta, 23 km nordwestlich von Cagliari, unweit der Straße nach Iglesias, verdient wegen der romanischen Kirche S. Maria (1135 bis 1145), der schönsten Landkirche Sardiniens, einen Besuch.

San Sperate Fährt man die SS 131 20 km Richtung Norden, erreicht man 5 km südwestlich von Monastir, einem am Abhang vulkanischer Hügel gelegenen Dorf, San Sperate, das der sardische Künstler Pinuccio Sciola in eine Art **Freilichtmuseum moderner Kunst** verwandelte. Als Freund der mexikanischen Muralisten hatte Sciola die Kunstform der Murales in den 1970er-Jahren nach Sardinien gebracht, wo bald in vielen Dörfern diese Protestbilder an den Hauswänden prangten.

Poetto Lohnend ist eine Fahrt von Cagliari vorbei am 500 ha großen Feuchtgebiet Stagna di Molentargius zum Aussichtsberg Monte Sant'Elia und weiter zum viel besuchten Badestrand Poetto, der sich 8 km am Golfo di Quartu hinzieht. Die Straße zur äußersten Südostspitze der Insel, dem aussichtsreichen **Cap Carbonara**, verläuft nach ein paar Kilometern an der Küste entlang. An dieser Strecke liegen einige alte Wachtürme und Nuraghen.

★ **Nora** 20 km südwestlich von Cagliari sieht man bei dem Dorf Sarroch eine schöne Nuraghe. Nach weiteren 7 km, beim netten Urlaubsort Pula, zweigt die Straße zu den 4 km südlich auf einer schmalen Halbinsel gelegenen Resten der phönizischen, später römischen Stadt Nora ab. Zu erwandern sind noch ein Forum, ein Theater, Thermen, Tempelreste, Grundmauern von Villen und Bodenmosaike.

Costa del Sud – Traumbuchten mit herrlichen Sandstränden

Die Westküste

★ **Isola di Sant'Antioco**

Von San Giovanni Suergiu lohnt ein Abstecher 11 km südwestlich zur großen Insel von Sant'Antioco mit dem Ferienstädtchen Sant'Antioco (12 600 Einw.). Beiderseits des Kastells kann man eine gut erhaltene **phönizische Nekropole** (5.–3. Jh. v. Chr.) besichtigen. Nordwestlich der Stadt liegt das ehemalige Fischerdorf Calasetta, das heute stark vom Tourismus geprägt ist. Einsamer ist es am schönen Capo Sperone, der Südspitze der Insel.

Portoscuso und Portovesme

Von San Giovanni Suergiu fährt man auf der SS 126 in nördlicher Richtung 12 km weiter, wo man 4 km nordwestlich der Stadt Carbonia zum Tafelberg Monte Sirai kommt. Hier wurden die Grundmauern einer großen phönizisch-punischen Festung ergraben. Weitere 11 km hinter Carbonia zweigt man linker Hand zu den Hafenorten Portoscuso und Portovesme ab. Von Letzterem setzen die Fähren zur **Isola di San Pietro** mit dem hübschen Hauptort Carloforte (6700 Einw.) über.

Iglesias

Inmitten des Iglesiente trifft man auf die freundliche Bergbaustadt Iglesias (30 300 Einw.), die z. T. noch von mittelalterlichen Mauern umgeben ist. Die Stadt ist Sitz einer Bergbauschule mit angeschlossenem Museum. An der **Piazza Municipio** sind die wichtigsten Bauwerke der Stadt versammelt: die Bischofskirche Santa Chiara mit romanisch-gotischer Fassade (13. Jh.), der Bischofspalast aus dem 18. Jh. und der Palazzo Comunale aus dem 19. Jahrhundert.

Costa Verde

Über eine sehr kurvenreiche Straße geht es von Iglesias über 80 km zum bewaldeten Küstengebiet der Costa Verde, das wegen der schönen Sanddünenstrände als Ferienregion erschlossen wurde.

Sanluri

Bis Guspini sind es gut 30 km ins Landesinnere; nach weiteren 24 km auf der SS 197 in östlicher Richtung erreicht man Sanluri (8600 Einw.). Die Kleinstadt am Ostrand der Campidano-Ebene besitzt die einzige **gut erhaltene Festung** der Insel: ein Castello aus dem 14. Jh., heute ein sehenswertes Museum zum Risorgimento.

★★ **Su Nuraxi**

Die bedeutendste Nuraghenfestung Sardiniens, Su Nuraxi, erreicht man von Sanluri aus über Barumini, in dessen Nähe (1 km westlich, an der Straße nach Tuili) sich die archäologische Stätte befindet. Die mehr als 1000 m² große Anlage besteht aus einer rautenförmigen Bastion mit einem zentralen Turm und vier großen Ecktürmen sowie den Resten einer Siedlung mit über 200 Hütten (Öffnungszeiten: im Sommer 8.30–19.30, im Winter 9.00–17.00 Uhr).

Sardara

In Sardara, 9 km nördlich von Sanluri, kann man unter der kleinen Kirche Santa Anastasia ein unterirdisches nuraghisches Brunnenheiligtum aus dem 10. Jh. v. Chr. besichtigen. Rund 3 km westlich au-

Große Vergangenheit: die phönizisch-römische Hafenstadt Tharros

ßerhalb des Ortes sprudeln die 50 und 68 °C warmen **Heilquellen** von Sardara, die schon in römischer Zeit zu Heilzwecken dienten und heute in einer modernen Kuranstalt genutzt werden.

Oristano Oristano (30 800 Einw.) ist die kleinste der vier Provinzhauptstädte Sardiniens und auch heute noch sehr ländlich geprägt. Von den mittelalterlichen Befestigungsanlagen sind einige Türme erhalten, die die kleine, ruhige Altstadt einrahmen. Sehenswert sind der im 13. Jh. begonnene, später mehrfach umgestaltete Dom und das Museum Antiquarium Arborense (Öffnungszeiten: tgl. 9.00–20.00 Uhr), das Fundstücke von der antiken Stadt Tharros (s. u.) zeigt. An Markttagen sieht man in Oristano noch Trachten.

★★ Tharros Der große touristische Anziehungspunkt in der Region um Oristano sind die Ruinen der antiken Stadt Tharros etwa 20 km westlich von Oristano. Auf der Halbinsel Sinis, die in den Golf von Oristano ragt, lag die Stadt, die von den Puniern gegründet wurde und auch in römischer Zeit noch besiedelt war. Auf der Fahrt dorthin kommt man am Stagno di Cabras und Stagno di Mistras vorbei, die zu den größten Feuchtgebieten Sardiniens zählen und Brutplätze für viele seltene Vogelarten sind.

Macomer Macomer (11 500 Einw.) erhebt sich am Südrand der Hochebene Campeda 55 km nördlich von Oristano. Vom Ort bietet sich eine weite Rundsicht. In der Umgebung und an der Strecke von Macomer nach Sassari (SS 131) kann man zahlreiche, zum Teil bestens erhaltene Nuraghen bestaunen. Ein besonders eindrucksvolles Beispiel für diese frühe Wehrarchitektur ist die 3 km südlich von Torralba an der Provinzstraße nach Bono gelegene **Nuraghe Santu Antine**, deren Mittelturm ursprünglich eine Höhe von 21 m erreichte.

Bosa

Das alte Hafenstädtchen Bosa (8900 Einw.) ist 2 km von Meer und Strand entfernt und ins grüne Tal des Flusses Temo gebettet. Kleine bunte Fischerboote säumen die palmenbestandene Uferpromenade. Die Gassen der hübschen Altstadt ziehen sich steil einen Hang hinauf zu einem im 12.–14. Jh. erbauten Kastell. Der Ferienort Bosa Marina an der Mündung des Temo ins Meer versorgt die Strandurlauber.

★ Alghero

Seine außerordentliche Lage auf einer kleinen Landzunge 45 km nördlich von Bosa und die gut erhaltene, von einer mächtigen Befestigung geschützte Altstadt machen Alghero (41 000 Einw.) zu etwas Besonderem. Sehenswert sind im Gassengewirr der Altstadt die gotische Kathedrale (1562–1579) mit einem Portal im aragonesischen Stil sowie die Kirche San Francesco mit ihrem romanischen Kreuzgang und die spanischen Bastionen. Im Süden der Altstadt kann man im **Mare Nostrum** das einzige Aquarium Sardiniens besuchen. Außerdem gibt es zahlreiche Souvenir- und Schmuckläden sowie exklusive Boutiquen. Lange Sandstrände und viele Unterkünfte für Urlauber gibt es im Norden und Süden Algheros.

> ! *Baedeker* TIPP
>
> **Grotta di Nettuno**
>
> Von Alghero aus kann man mit einem Ausflugsboot zur Neptunsgrotte an der Westseite des Capo Caccia fahren. Schon die Fahrt dorthin, an den schroffen Kalksteinfelsen des Kaps vorbei, ist ein Erlebnis.

★★ Sizilien · Sicilia

T–W 14–21

Region: Sizilien • Sicilia
Fläche: 25 708 km²
Höhe: Meereshöhe bis 3340 m ü. d. M.
Einwohnerzahl: 5,1 Mio.

Provinzen: Agrigent, Caltanissetta, Catania, Enna, Messina, Palermo, Ragusa, Syrakus und Trapani

Die einen lassen sich an den Stränden unter Palmen auf Sizilien oder auf den liparischen Inseln verwöhnen, die anderen erwandern die drei Gebirgsstöcke der Insel oder klettern auf den Ätna, wieder andere entdecken die großartigen Kulturdenkmäler, die Araber, Griechen und Spanier hinterließen.

Detaillierte Darstellung im Baedeker Allianz Reiseführer »Sizilien«

Sizilien, die größte Insel des Mittelmeers, liegt 3 km südwestlich der italienischen Halbinsel und 140 km von Tunis entfernt. Seit 1946 bildet sie wie z. B. Südtirol eine **Autonome Region** mit der Hauptstadt Palermo. In der Antike nannte man die von drei Meeren umspülte, von drei Gebirgsstöcken durchzogene, dreieckige Insel Trinacria, »die drei Vorgebirge«. Das dazugehörige Symbol war ein von Schlangen, Flügeln und drei abgewinkelten Beinen umrahmter Mädchenkopf. Das Wahrzeichen Siziliens, der Ätna, ist mit 3369 m der höchste Gipfel des außeralpinen Italiens und der größte Vulkan Europas.

SIZILIEN ERLEBEN

AUSKUNFT

Via Emanuele Notarbartolo 9
I-90141 Palermo
Tel. 09 16 96 82 01
Fax 09 16 96 81 23
www.regione.sicilia.it/turismo
www.bestofsicily.com

ANREISE

Von Villa San Giovanni und Reggio di Calabria überqueren Fährschiffe der italienischen Staatsbahnen die Straße von Messina. Die Brücke über den Stretto, die ab 2011 Kalabrien mit Sizilien verbinden sollte, wird vorerst nicht gebaut. Die Flughäfen Catania und Palermo werden von der Alitialia, von Chartermaschinen und auch von Billigfliegern angesteuert.

ESSEN

► Fein & Teuer

Monte San Giuliano
Vicolo San Rocco 7, Érice
Tel. 09 23 86 95 95
Mo. geschl.
Regionale Spezialitäten in feinem Ambiente, im Sommer auch im Garten.

Da Serafino
Lungomare Andrea Doria, Marina da Ragusa, Tel. 09 32 23 95 22
www.locandadonserafino.it
Direkt am Strand; außergewöhnliche Weinauswahl, besonders empfehlenswert: der Vorspeisenteller mit Meeresfrüchten »Don Serafino«.

► Erschwinglich

Baglio di Falco
Contrada Vallone di Falco, Cefalù
Tel. 09 21 42 08 20
Schöner Innengarten mit alten Olivenbäumen, im Winter innen mit Holzofen.

Bricco & Bacco
Via B. d'Acquisto 13, Monreale
Tel. 09 16 41 77 73, Mo. geschl.
Nur einen Steinwurf vom Dom entfernt, vielfältige Vorspeisen und Fleischgerichte, keine Pasta; netter Service und sehr gutes Preis-Leistungs-Verhältnis.

Filippino
Piazza Municipio, Lipari
Tel. 09 09 81 11 58
im Winter Mo. geschl.
In dem Traditionslokal genießt man hervorragende Inselküche mit Blick aufs Meer.

Pomara
Via Vittorio Veneto 84, San Michele di Ganzaria, Tel. 09 33 97 69 76
Das Familienristorante ist weithin bekannt für frische Ricotta und Fleisch vom Grill; auch Hotel; 19 km südlich Piazza Armerina.

► Preiswert

Vecchia Taormina
Vico Ebrei 13, Taormina
Tel. 09 42 62 55 89
Schmackhafte Pizzen in einer Seitengasse des Corso Umberto.

Maria Tindara
Piano Via Provinciale 38, Vulcano
Tel. 09 09 85 30 04
Gute Hausmannskost. Maria Tindara vermietet auch Zimmer.

ÜBERNACHTEN

► Luxus

Grand Hotel Timeo
Via Teatro Greco 59, Taormina
Tel. 0 94 22 38 01, Fax 09 42 62 85 01
www.framon-hotels.com
Sicher das schönste Hotel Siziliens mit allem Komfort.

Lo Zingaro, der Naturpark im Nordwesten Siziliens, lädt zu Wanderungen und an der Küste zu Badefreuden ein.

Villa Meligunis
Via Marte 7, Lipari
Tel. 09 09 81 24 26, Fax 09 09 88 01 49
www.villameligunis.it
Das schönste Haus auf Lipari, in der Nähe des Hafens Marina Corta.

▸ Komfortabel

Baia del Capitano
Contrada Mazzaforno, Cefalù
Tel. 0 92 12 00 05, Fax 0 92 12 01 63
www.baiadelcapitano.it
Neubau in schöner Anlage, 5 km östlich von Cefalù gelegen. Alle Zimmer verfügen über eine Terrasse.

Villa Favorita
Via Favorita 27, Marsala
Tel. 09 23 98 91 00, Fax 09 23 98 02 64
www.villafavorita.com
Schöne Villa in einem Park, auf dem Gelände gibt es auch Bungalows, gutes Restaurant.

Signum
Malfa, Via Scalo 15, Salina
Tel. 09 09 84 42 22, Fax 09 09 84 41 02
www.hotelsignum.it
Wem der Film »Il Postino« gefallen hat, ist hier glücklich: Die Crew war es während der Dreharbeiten. Im lokalen Stil erbaute, liebevoll eingerichtete Hotelzimmer liegen um ein Gehöft mit Rezeption, Bar, Speisesaal und Pool. Zum Strand führt ein Pfad zwischen steil abfallenden Klippen.

Azienda Trinità
Via Trinità 34, Mascalucia
Tel. 0 95 72 72 56
www.aziendatrinita.it. Einfach eingerichtete Ferienwohnungen im Garten des Barons Bonaiuto, 450 m über dem Meer an den Hängen des Ätna.

▸ Günstig

Baglio Santacroce
Valderice, Tel. 09 23 89 11 11, Fax 09 23 89 11 92, www.bagliosanta croce.it. Ein restauriertes sizilianisches Bauernhaus, zu dem auch ein Schwimmbad mit Garten und Panoramablick gehört; mit Restaurant.

Morgantina
Via Adelasia 42, Morgantina
Tel. 0 93 58 80 88, Fax 0 93 58 79 41
Einfaches, freundlich geführtes Hotel am Rand des historischen Zentrums. Gute Alternative zu den Hotels in Enna und Piazza Armerina.

Riva del Sole
Viale Lungomare 25, Cefalù
Tel. 09 21 42 12 30, Fax 09 21 42 19 84
www.rivadelsole.com. Von außen unscheinbar. Große Zimmer mit Blick aufs Meer. Zentrale Lage, daher laut.

Villa Schuler
Piazzetta Bastione 16, Taormina
Tel. 0 94 22 34 81, Fax 0 94 22 35 22
www.villaschuler.it
Liebevoll geführtes Hotel in einem parkähnlichen Garten, durch den man ins Stadtzentrum gelangt.

! *Baedeker* TIPP

Das Land, wo der Teufel sein Weib nahm

Mafia und aufbegehrende Frauen, Friedrich II. als Dichter und die arabische Poesie am Emirshof von Palermo: Das Buch »Sizilien. Literarische Entdeckungen im Land, wo der Teufel sein Weib nahm« (Klett Cotta, 2003) von Peter Peter präsentiert kurzweilig 2500 Jahre Weltkultur von der Vulkaninsel.

Von den rund 5,1 Mio. Einwohnern sind knapp 1,2 Mio. als regulär beschäftigt registriert. Auf der fruchtbaren Insel spielt die **Landwirtschaft** seit der Antike die wichtigste Rolle, noch heute sind über 10% der Bevölkerung in diesem Bereich tätig. Hauptsächlich werden Weizen, Wein und Zitrusfrüchte angebaut. Industrie (9%) hat sich vor allem in Palermo und Catania entwickelt, Schwerpunkte sind Mikroelektronik und Petrochemie. Nicht unerheblich ist der Anteil der Fischerei (rund 20% der gesamten Ausbeute Italiens). An Bodenschätzen ist die Insel nicht reich, es gibt Erdöl und Erdgas in der Provinz Ragusa, daneben wird um Trapani Salz gewonnen.

Fremdenverkehr ► Zugenommen hat der Dienstleistungssektor, vor allem dank des Aufschwungs im Fremdenverkehr. Schöne Landschaften und Strände, zahlreiche großartige Denkmäler aus Antike, Normannen- und Barockzeit machen Sizilien zu einem höchst anziehenden Reiseziel.

Inselrundfahrt (ca. 1100 km)

Messina Messina, die drittgrößte Stadt Siziliens (232 000 Einw.), liegt an der Nordostspitze der Insel, nur 3 km vom Festland entfernt. Seit ihrer Gründung durch Griechen um 730 v. Chr. wurde die Stadt häufig zerstört, zuletzt bei einem furchtbaren **Erdbeben** im Jahr 1908, bei dem 60 000 Menschen ums Leben kamen, und 1943 durch alliierte Luftangriffe. Daher präsentiert sie sich heute überwiegend modern. Sehenswert sind der Domplatz sowie die etwas südlich gelegene Piazza Cairoli, Verkehrsmittelpunkt und Ausgangspunkt des Viale San Martino, an dem Kaufhäuser, elegante Boutiquen und Cafés liegen.

* Piazza del Duomo ► Die Piazza del Duomo ist das historische Zentrum der Stadt. Der manieristische Orion-Brunnen, ein Werk des Michelangelo-Schülers Giovanni Angelo Montorsoli (1547), bildet einen starken Konstrast zum strengen Dom (ab 1160 gebaut). 1919/1920 wurde er unter Verwendung alter Architekturteile, darunter die skulptierten Portale des 15. Jh.s, wieder aufgebaut. Der 60 m hohe Kampanile enthält eine der **größten astronomischen Uhren der Welt** (12.00 Uhr Glockenspiel). Die südöstlich des Doms gelegene Kirche 4Santissima Annunziata dei Catalani (12. Jh.) überstand als einzige das Erdbeben 1908.

* Museo Regionale ► Beim Stadtpark Villa Mazzini am Neptun-Brunnen (1557; Montorsoli) beginnt die Via della Libertà, an der das Regionalmuseum liegt. Zu den Hauptsehenswürdigkeiten gehören das Polyptychon des hl. Gregorius, ein Hauptwerk von Antonello da Messina (1479), und zwei Werke von **Caravaggio** (»Die Anbetung der Hirten« und »Die Auferweckung des Lazarus«; 1608/1609).

Messina Orientierung

Übernachten
① Grand Hotel Liberty
② Jolly Hotel
③ Villa Morgana

Essen
① Piero
② Giardino d'Estate
③ Le Due Sorelle
④ Al Padrino

Tindari

Über Milazzo und hinter Falcone geht es in Serpentinen nach Tindari, das sowohl wegen sehenswerten Resten der antiken Stadt Tyndaris (vom 4. Jh. v. Chr. bis 1. Jh. n. Chr.) als auch wegen einer neuzeitlichen Wallfahrtskirche der Schwarzen Madonna viel besucht wird. Von der Terrasse erblickt man einen weit ins Meer hinausreichenden Sandstrand (mare secco).

Patti Nächste Station ist das hoch gelegene Patti (12 000 Einw.), bei dem eine spätrömische Villa freigelegt wurde. Nun werden einige Badeorte passiert, darunter auch Sant'Agata di Militello, von wo man einen

MESSINA ERLEBEN

AUSKUNFT

Piazza Cairoli 45, 98100 Messina
Tel. 09 02 93 52 92, Fax 0 90 69 47 80
www.azienturismomessina.it

EINKAUFEN

Messinas wichtigste Einkaufsmeile ist der Viale San Martino zwischen Piazza Cairoli und Viale Europa; hier und in den Nebengassen bekommt man alles vom Designer-Modell bis zum Schnäppchen.

VERANSTALTUNGEN

Umzug der Riesen Mata und Grifone am 14. August; Vara-Prozession am 15. August zu Ehren der hl. Maria.

ESSEN

► Fein & Teuer

① ***Da Piero***
Via Ghibellina 121
Tel. 0 90 71 83 65, So. und Aug. geschl.
In klassischem Ambiente werden feine sizilianische Gerichte serviert: Meeresspezialitäten, üppige Salatteller und Fleischgerichte.

► Erschwinglich

② ***Giardino d'Estate***
Vico IV Novembre, Castanea
Tel. 0 90 31 71 16
nur abends, Mo. geschl.
Beste Pizza, große Auswahl.

③ ***Le Due Sorelle***
Piazza del Municipio 4
Tel. 09 04 47 20
Sa. mittag und So. geschl.
Kleines Gourmetlokal mit großer Weinauswahl.

► Preiswert

④ ***Al Padrino***
Via Santa Cecilia 56
Tel. 09 02 92 10 00
Sa. abend und So. geschl.
Sympathische Trattoria mit einfachen, typischen Speisen.

ÜBERNACHTEN

► Luxus

① ***Grand Hotel Liberty***
Via I. Settembre 15
Tel. 09 06 40 94 36, Fax 09 06 40 93 40
www.framonhotels.it
Jugendstilhotel im Herzen Messinas, elegante und zweckmäßige Einrichtung.

► Komfortabel

② ***Jolly Hotel***
Via Garibaldi 126
Tel. 0 90 36 38 60, Fax 09 05 90 25 26
www.jollyhotels.it
Modernes Hotel mit gutem Komfort, zentral gelegen und daher nicht ganz ruhig, schöner Blick über die Meerenge.

Baedeker-Empfehlung

► Preiswert

③ ***Villa Morgana***
Loc. Ganzirri
Via Consolare Pompea 1965
Tel. & Fax 0 90 32 55 75
www.villamorgana.it
Am Ortsrand von Ganzirri, ca. 10 km außerhalb von Messina, kleines Hotel mit Garten.

Abstecher zur 1505 m hohen Portella della Miraglia in den Monti Nebrodi unternehmen kann. Die Küstenstraße geht weiter nach Santo Stefano di Camastra, einem der Zentren der traditionellen Keramikproduktion.

Im kleinen Fischerhafen von Cefalù

★★ Cefalù

◄ Cattedrale

Die malerische Altstadt von Cefalù (14 000 Einw.) mit dem berühmten Normannendom drängt sich zwischen Meer und dem rund 270 m hoch aufragenden Felsen Rocca di Cefalù. Im Westen erstreckt sich ein kilometerlanger Sandstrand und im Hinterland beginnen die Berge der Madonie. Der Corso Ruggero, die Hauptachse der Altstadt, führt direkt zur Kathedrale. Sie entstand ab 1131 im Auftrag Rogers II. als Grablege der Normannen-Dynastie. Allerdings war der Bau bei seinem Tod 1154 noch unvollendet, der König fand sein Grab in Palermo. Im Innern sind der offene Dachstuhl mit reich bemalten Balken sowie Säulenkapitelle im sizilianisch-normannischen Stil beachtenswert, ferner das Taufbecken (12. Jh.). Magisch ziehen die **byzantinischen Mosaiken** (ebenfalls 12. Jh.) alle Blicke an. Dominierend ist der segnende Christus als Weltherrscher (Pantokrator), darunter Maria zwischen den Erzengeln und Petrus und Paulus zwischen den vier Evangelisten und weiteren Aposteln.
Nicht weit entfernt liegt das kleine Museo Mandralisca mit der Privatsammlung eines Kunstliebhabers. Zu sehen sind griechische Vasen, Münzen, eine Muschelsammlung und das berühmte **»Porträt eines Unbekannten«** von Antonello da Messina (1470).

Himera

Bei Buonfornello führt die Straße unter der Autobahnstrecke Catania–Palermo durch. Hier liegt die Ausgrabungsstätte der westlichsten Griechenstadt Himera (Imera), die 409 v. Chr. von Karthagern zerstört wurde. Nur 16 km sind es bis zur Thermal- und Industriestadt **Termini Imerese** (28 000 Einw.) am Fuß des 1326 m hohen Monte San Calogero. Zentrum der Oberstadt ist der Dom San Nicola (15./16. Jh.). Die seit der Antike besuchten Thermen liegen in der Unterstadt. Das Bergstädtchen **Caccamo** (10 km südlich) wird von einem mächtigen Kastell aus dem 12. Jh. dominiert.

! *Baedeker* TIPP

Moderne Kunst

Castel di Tusa (8 km westlich von S. Stefano) ist ein kleiner Badeort, in dem Antonio Presti 1986 das Land-Art-Freilichtmuseum Fiumara d'Arta gründete. Dazu gehört auch ein Hotel, in dem zeitgenössische Künstler ihre Ideen verwirklichen konnten: Atelier sul Mare, Via Cesare Battisti 4, Tel. 09 21 33 42 95, www.ateliersulmare.com.

Solunto ► Ein Abstecher führt nach Solunto (Solunt) mit den Überresten der punisch-römischen Stadt (ab 8. Jh. v. Chr., Gymnasium und Theater) auf einem Felssporn oberhalb des Kap Zafferano. Von der Höhe der Akropolis bietet sich ein schöner Blick auf den Golf von Palermo und an klaren Tagen bis zum Ätna.

Die Straße passiert nun **Bagheria** (54 000 Einw.), wo sich der palermitanische Adel im 17. und 18. Jh. standesgemäße Villen errichten ließ. Die bekanntesten sind die Villa Palagonia (1715), deren Mauern – laut Goethe – von »fantastisch aberwitzigen« Steinskulpturen bevölkert werden, und die Villa Cattolica (1700) mit einem Museum des in Bagheria geborenen Malers Renato Guttuso (1912-87).

✶✶ Palermo

Das an einem Golf der Nordküste zwischen zwei Vorgebirgen eingebettete Palermo (750 000 Einw.) ist der kulturelle, wirtschaftliche und politische Mittelpunkt Siziliens. Eine **Stadt der Kontraste**: Der mystische Glanz byzantinischer Mosaiken, arabische Kuppeln, normannische Königs- und deutsche Kaisergräber, aber auch hohe Jugendarbeitslosigkeit und gesichtslose Wohnblockgürtel. In den nach und nach restaurierten halbverfallenen Altstadtvierteln drängen sich auf engstem Raum barocke Kirchen und Paläste, orientalische Märkte, Puppentheater und Garküchen. Für den ausländischen Besucher bietet Palermo die Begegnung mit einer Welt, die in Jahrtausenden aus der Mischung unterschiedlicher geschichtlicher und kultureller Kräfte entstanden ist, voller Widersprüche, voller Faszination – und gleichzeitig ist jedem Besucher zu raten, sich nicht zu sorglos dem Staunen hinzugeben, sondern auf sein Hab und Gut zu achten.

Geschichte Die von den Phöniziern im 7. Jh. v. Chr. gegründete, von den Griechen Panormos (Allhafen) genannte Stadt war Hauptstützpunkt der Karthager auf Sizilien, bis sie 254 v. Chr. von den Römern erobert wurde. Nach dem Niedergang des Römischen Reichs wurde die von Griechen, Karthagern und Römern bewohnte Hafenstadt im 5. Jh. n. Chr. von Vandalen und Ostgoten beherrscht, bis sie 535 der byzantinische Feldherr Belisar in Besitz nahm. Die große Zeit Palermos setzte 831 ein, als die **Sarazenen** es zur Hauptstadt ihres Emirats machten. Reiseberichte stellen sie ihrer zahlreichen Moscheen, Paläste und Bewässerungsanlagen wegen Städten wie Bagdad und Córdoba gleich, die Einwohnerzahl stieg auf 300 000 an. Den Sarazenen folgten 1072 die Normannen, 1194 die Staufer und 1266 die französischen Anjou, deren Herrschaft durch den Volksaufstand von 1282, die »Sizilianische

! *Baedeker* TIPP

Opera dei Pupi

Die Puppenspieler der Familie Cuticchio sind unübertroffene Fadenzieher im Kampf zwischen den Sarazenen und den christlichen Rittern Orlando und Rinaldo. Opera dei Pupi Cuticchio, Via Bara all'Olivella 95 bzw. Vicolo Ragusi 6, Tel. 0 91 32 34 00, www.figlidartecuticchio.com.

Vesper«, beendet wurde. Palermo kam mit Sizilien an die Könige von Aragón, die die Insel mit Vizekönigen verwalteten. Schließlich verlor Palermo seine Rolle als Hauptstadt des Königreiches beider Sizilien an Neapel. Im 18. Jh. regierten die Bourbonen, bis Garibaldi mit seinem »Zug der Tausend« im Mai 1860 Palermo einnahm und der Anschluss an Italien folgte. In den 1990er-Jahren sorgte der Antimafia-Bürgermeister Leoluca Orlando für neuen Aufschwung.

Der Dom ist ein Fixpunkt im Gewirr der Gassen und Straßen.

An dem 1609 angelegten **Quattro Canti** (vier Ecken, auch Piazza Vigliena) kreuzen sich die beiden Hauptstraßenachsen Via Maqueda und Via Vittorio Emanuele, die vom Hafen zum Normannenpalast führt.

✶ **Kathedrale**

Von den Quattro Canti gelangt man durch die Via V. Emanuele zur Kathedrale. Baubeginn war 1185; aus dieser Zeit stammen noch die mit Lava inkrustierten Apsiden. Im 18. Jh. wurde die Kuppel aufgesetzt und der Innenraum klassizistisch umgestaltet. Die dem Platz zugewandte Schauseite mit der Vorhalle stammt aus dem 15. Jahrhundert. Hauptsehenswürdigkeit sind die **Königs- und Kaisergräber** im rechten Seitenschiff. Unter tempelförmigen Baldachinen stehen die majestätischen Porphyrsarkophage für Kaiser Friedrich II. († 1250; links) und seinen Vater Heinrich VI. († 1197; rechts); dahinter links das Grabmal für König Roger II. († 1154), rechts das für seine Tochter, die Kaiserin Konstanze; an der Wand zur Rechten das für Konstanze von Aragón, die Gemahlin Kaiser Friedrichs II. In der Kapelle rechts vom Chor wird ein silberner Schrein mit der Reliquie der hl. Rosalie, der Schutzheiligen Palermos, aufbewahrt. Besuchenswert sind außerdem die Krypta sowie der reiche Domschatz mit der Krone der Konstanze von Aragón.

Palazzo dei Normanni

Der Normannenpalast ist seit dem 9. Jh. das politische Machtzentrum der Insel, heute tagt hier das sizilianische Regionalparlament. Die Araber errichteten ihn als Palast ihrer Emire. Ihnen folgten die Normannen, der Staufer Friedrich II. und die spanischen Vizekönige.

Palermo Orientierung

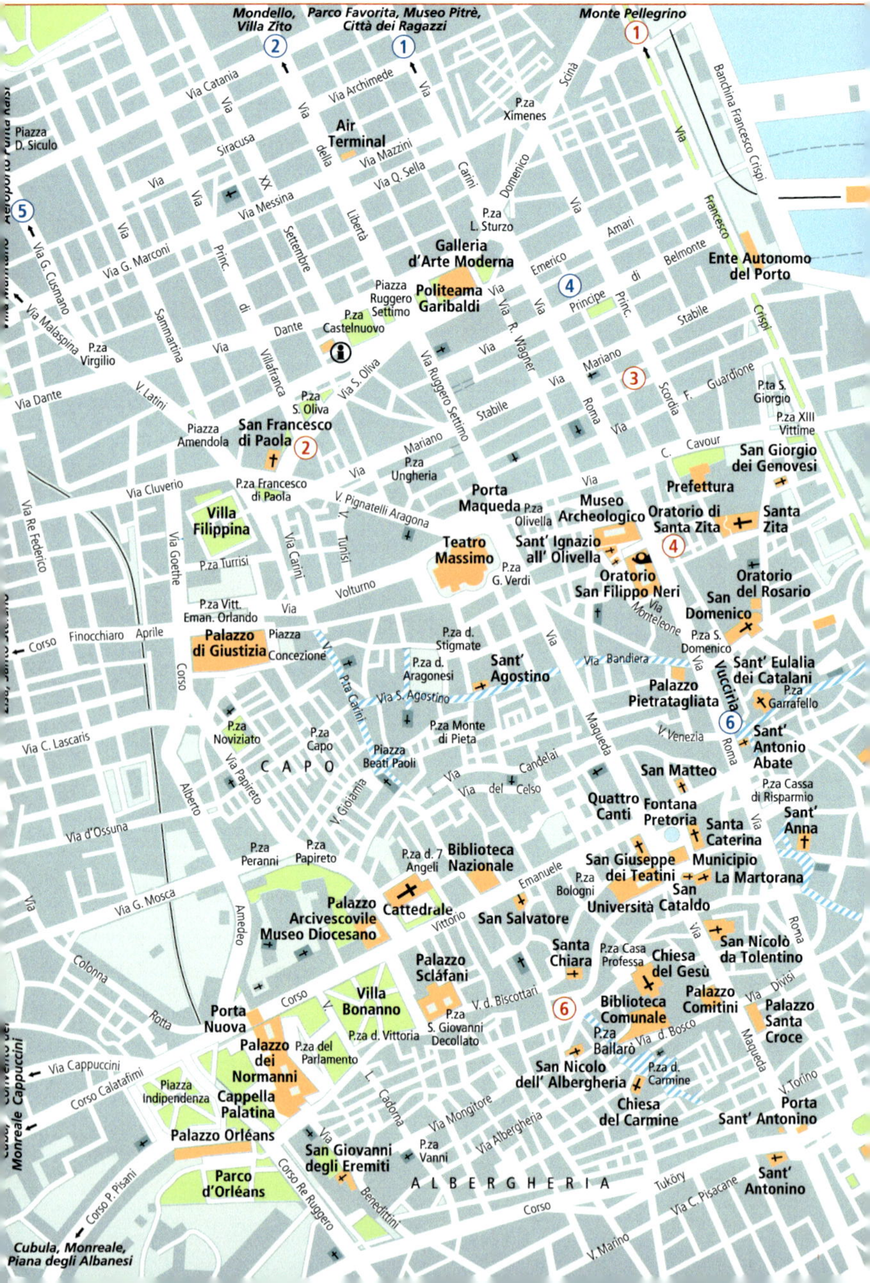

Übernachten

1. Grand Hotel Villa Igiea
2. Ai Cavalieri Hotel
3. Mediterraneo
4. Hotel Posta
5. Hotel Sausele
6. Hotel Cortese

Essen

1. La Scuderia
2. Charleston Terrazze
3. Antica Focacceria San Francesco
4. Gigi Mangia
5. Il Delfino
6. Shanghai

PALERMO ERLEBEN

AUSKUNFT

Piazza Castelnuovo 34,
90141 Palermo
Tel. 09 16 05 83 51
Fax 0 91 58 63 38
www.palermotourism.com

VERANSTALTUNG

Ganz Palermo wird zum Spektakel, wenn vom 9.–15. Juli »U Festinu«, das Fest der Stadtpatronin Santa Rosalia, mit prachtvollen Umzügen, Platzkonzerten und einem fulminanten Feuerwerk gefeiert wird.

SIGHTSEEING

Die Hauptsehenswürdigkeiten sind am besten zu Fuß zu erreichen, nur so erlebt man die Atmosphäre der Metropole. Für Museen und Monumente gibt es bis 2 Tage gültige Sammeltickets.

EINKAUFEN

Die *Via della Libertà* ist eine der mondänsten Einkaufsmeilen Italiens mit Showrooms fast aller Toplabels. Farbenprächtige *Lebensmittelmärkte* durchziehen die Gassen der Altstadt. Der bekannteste Markt ist der in der Vuccirìa. Frischer Fisch, Obst, Gemüse und Fleisch werden auch auf dem Ballarò lautstark angepriesen. Am ursprünglichsten ist der Markt im Capo-Viertel rund um die Piazza dei Beati Paoli, wo man sich an Garküchen mit Milzbrötchen, gebackenen Kichererbsen, Fladen oder knusprig ausgebackenen Arancine (Reisbällchen) stärken kann.

ESSEN

► Fein & Teuer

① ***La Scuderia***
Viale del Fante 9
Tel. 0 91 52 03 23, So. geschl.
Hervorragende Meeresküche im Belle-Époque-Ambiente, eines der schönsten und besten Restaurants der Stadt.

② ***Charleston Terrazze***
Viale Regina Elena, Mondello
Tel. 0 91 45 01 71
Feine Küche im edlen Rahmen in einer ehemaligen Jugendstil-Badeanstalt.

► Erschwinglich

③ ***Antica Focacceria San Francesco***
Via A. Paternostro 58
Tel. 0 91 32 03 64, Mo. geschl.
Traditionsreiches Lokal im Erdgeschoss des Palazzo Cattolica, schmackhafte, »a meusa« zubereitete Speisen

④ ***Gigi Mangia***
Via Principe di Belmonte 104
Tel. 0 91 58 76 51, So. geschl.
Kleines Restaurant für neugierige Gourmets in einer der ältesten Fußgängerzonen der Stadt. Große Auswahl an Weinen. In der benachbarten Salumeria Mangia gibt es eine breite Palette regionaler Spezialitäten und Weine.

► Preiswert

⑤ ***Il Delfino***
Via Torretta 80, Sferracavallo
Tel. 0 91 53 02 82, Mo. geschl.
Berühmtes Restaurant, 12 km nordwestlich von Palermo, hervorragende Fischküche in eher schlichtem Ambiente.

⑥ ***Shanghai***
Vicolo dei Mezzani 34
Tel. 0 91 58 97 02, So. geschl.
Einfache sizilianische Küche mit Blick auf den Vuccirìa-Markt.

ÜBERNACHTEN

► Luxus

① ***Grand Hotel Villa Igiea***
Salita Belmonte 43
Tel. 0 91 54 37 44, Fax 0 91 54 76 54
villa-igiea@amthotels.it
Luxushotel in einer Jugendstilvilla auf einer Felsterrasse mit Blick auf die Bucht von Palermo.

► Komfortabel

③ ***Mediterraneo***
Via R. Pilo 43
Tel. 0 91 58 11 33, Fax 0 91 58 69 74
www.abmedpa.com
Zentrumsnah, jedoch in einer ruhigen Nebenstraße gelegen; große Zimmer; kein Restaurant, aber Garage.

④ ***Hotel Posta***
Via A. Gagini 77
Tel. 0 91 58 73 38, Fax 0 91 58 73 47
www.hotelpostapalermo.it
Angenehmes Familienhotel, modern und zweckmäßig eingerichtet, recht ruhig.

► Günstig

⑤ ***Hotel Sausele***
Via Vincenzo Errante 12
Tel. 09 16 16 13 08, Fax 09 16 16 75 25
www.hotelsausele.it
Das Hotel unter Schweizer Leitung liegt in einer Nebenstraße nahe des Bahnhofs.

⑥ ***Cortese***
Via Scarparelli 16
Tel. & Fax 0 91 33 17 22
www.hotelcortese.net
Einfaches Quartier in der Altstadt beim Ballarò-Markt.

Baedeker-Empfehlung

② ***Ai Cavalieri Hotel***
Via Sant'Oliva 2–10
Tel. 0 91 58 32 82, Fax 09 16 12 65 89
www.aicavalierihotel.it. Ruig gelegener, komplett restaurierter neoklassizistischer Hotelpalazzo wenige Schritte vom Teatro Massimo und Mercato di Capo.

Vorbei am von Renaissancearkaden gesäumten Schlosshof (Cortile Maqueda) führt das Treppenhaus zum Herzstück des Palastes, der Cappella Palatina und den Appartamenti Reali. Die Hofkapelle wurde von Roger II. 1130 in Auftrag gegeben. Ungeachtet späterer Veränderungen ist die Harmonie des Innenraums erhalten geblieben, ein einzigartiges Gesamtkunstwerk aus der Verschmelzung von lateinischer Basilika, byzantinischem Kuppelbau und arabischer Stalaktitendecke. **Mosaiken** bedecken alle Innenwände, sie schildern Szenen aus dem Alten (Mittelschiff) und dem Neuen Testament (Seitenschiffe). Unter den königlichen Privaträumen verdient die ganz mit Mosaiken verkleidete Sala di Ruggiero besondere Aufmerksamkeit.

★ ★ ◄ Cappella Palatina

Im Norden schließt sich an den Palazzo dei Normanni die Porta Nuova an; sie wurde 1535 als südlicher Abschluss der ursprünglich Cassaro genannten, zum Hafen führenden Straße erbaut.

Porta Nuova

Schon von weitem locken die roten maurischen Kuppeln von San Giovanni degli Eremiti südlich des Normannenpalastes. Seit dem 6. Jh. stand hier ein Benediktinerkloster, dann folgte eine Moschee,

★ **San Giovanni degli Eremiti**

Juwel des Normannenpalastes: die Cappella Palatina mit ihren goldglänzenden Mosaiken

von der noch eine fünfbogige Halle südlich der Kirche erhalten ist. Unter den Normannen erfolgte die Rechristianisierung; Roger II. ließ 1132 den kubischen, von fünf Kuppeln bekrönten Kirchenbau ausführen. Ein botanisches Paradies ist der kleine Kreuzgang, dessen spitzbogige Arkaden auf schlanken Zwillingssäulen ruhen; im Hof die Reste einer arabischen Zisterne.

★ **Piazza Pretoria**

Der Platz in unmittelbarer Nähe der Quattro Canti, von der Via Maqueda aus über einige Stufen zugänglich, wird beherrscht von der monumentalen Fontana Pretoria. Der Brunnen wurde 1544 ursprünglich für Florenz geschaffen, 1573 erwarb ihn die Stadt Palermo. Allerdings stießen seine nackten Figuren lange auf Ablehnung. Die Südseite des Platzes wird vom Rathaus (Municipio) eingenommen.

★★ **La Martorana**

An der nahen Piazza Bellini stehen sich drei Kirchen gegenüber, die barocke Chiesa Santa Caterina und zwei Normannenkirchen. La Martorana (Santa Maria dell'Ammiraglio) hat Georg von Antiochien, Großadmiral unter Roger II., 1143 gestiftet. Trotz vielfacher Veränderungen blieb das Kostbarste der Kirche erhalten, der **Zyklus von Goldgrundmosaiken**, der älteste in Sizilien (um 1150). Im Vorraum des Narthex hat sich links der Stifter der Kirche abbilden lassen, rechts sieht man, wie Christus Roger II. zum König krönt.

★ San Cataldo ▶

Unmittelbar neben der Martorana die Kirche San Cataldo mit ihren roten Kuppeln über dem zierlichen Zinnenkranz. Sie wurde ebenfalls im 12. Jh. im arabisch-normannischen Stil errichtet und ist im Innern, bis auf die Intarsien des Fußbodens und die Kapitelle der vier antiken Säulen, völlig schmucklos.

✶ Teatro Massimo

Zur Piazza Giuseppe Verdi an der Grenze von Alt- und Neustadt gelangt man durch die Via Maqueda. Hier steht das 1875–1897 errichtete Teatro Massimo, mit 3200 Plätzen eines der größten Theater Italiens. 23 Jahre war es wegen Sicherheitsmängeln geschlossen, ein trauriges Symbol für sizilianische Misswirtschaft. Seine Wiedereröffnung im Jahr 1998 signalisierte den politisch-kulturellen Aufbruch Palermos unter **Leoluca Orlando** (www.teatromassimo.it). Die Via Maqueda geht in die Via Ruggero Settimo über, mit eleganten Läden und Geschäftshäusern. Mittelpunkt des städtischen Lebens ist die Piazza Politeama mit dem gleichnamigen Musiktheater im pompejanischen Stil (19. Jahrhundert).

✶✶ Museo Archeologico

Das in einem Kloster aus dem 16. Jh. untergebrachte Archäologische Museum zeigt neben vorgeschichtlichen und etruskischen Funden bedeutende Objekte aus dem klassischen Altertum (Öffnungszeiten: Mo. bis Fr. 9.00–13.45, 15.00–18.45, Sa., So. 9.00–13.45 Uhr, im Sommer abends länger). Höhepunkt sind die Metopen der **Tempel von Selinunt** (um 550–450 v. Chr.) und die Löwenkopf-Wasserspeier aus Himera (5. Jh. v. Chr.).

Piazza San Domenico

Über die Via Roma gelangt man zur Piazza San Domenico mit der gleichnamigen Barockkirche (1636), ein Pantheon berühmter Sizilianer des 19. Jahrhunderts.
Nur ein paar Schritte sind es von hier zum Oratorio del Rosario di Santa Zita, das reich mit Stuckarbeiten von Giacomo Serpotta ausgestattet ist (um 1700). Das Oratorio del Rosario di San Domenico (links hinter S. Domenico) birgt eine Rosenkranzmadonna von Anthonis van Dyck (1628).

Santa Maria della Catena

Am Bootshafen entlang gelangt man auf der Via Cala zur Kirche S. Maria della Catena (1500); früher war hier der Hafen mit einer Kette (Catena) gesperrt.
Im **Marionettenmuseum** ist eine Sammlung sizilianischer Marionetten sowie fernöstlicher Figuren ausgestellt (Via Butera 1).
Gegenüber dem tropisch anmutenden Garten Giardino Garibaldi, erhebt sich der im 14. Jh. erbaute Palazzo Chiaramonte, gewöhnlich »Lo Steri« (von »Hosterium«) genannt. Später diente er als Residenz der Vizekönige, als Sitz der Inquisition und als Gericht, heute ist er Teil der Architekturfakultät.

✶ Galleria Regionale della Sicilia

Der Palazzo Abatellis (1495) mit Zinnenturm und gotischem Portal beherbergt die Galleria Regionale della Sicilia mit Werken des Mittelalters bis zur Neuzeit (Öffnungszeiten: Mo. bis Sa. 9.00–14.00, Di. und Do. auch 15.00–19.30, So. 8.00–12.30 Uhr). Die Innenarchitektur schuf Carlo Scarpa in den 1950er-Jahren. Besondere Beachtung verdienen das Wandgemälde »Triumph des Todes« (um 1400), ein von Francesco Laurana geschaffenes Idealporträt der Eleonora von Aragón und eine »Annunziata« Antonello da Messinas.

Convento dei Cappuccini

Rund 1,5 km westlich der Porta Nuova versteckt sich am Stadtrand der Convento dei Cappuccini (1621). Seine **Katakomben** wurden ab 1599 in den Tuffstein gehauen und bis 1881 offiziell für Beisetzungen verwendet (die letzte Bestattung fand 1920 statt). Rund 8000 mumifizierte, nach Geschlecht und Stand geordnete Leichen stehen, liegen oder hängen in den Gängen. Bis ins 19. Jh. wurden viele Mumien von ihren Angehörigen noch regelmäßig frisch eingekleidet.

La Zisa ►

Etwa 500 m nördlich vom Kapuzinerkloster steht der normannische Palast La Zisa, ein 1154–1166 von Wilhelm I. und seinem Sohn Wilhelm II. nach arabischen Vorbildern errichtetes Lustschloss. Im Erdgeschoss ein quadratischer, von einer Brunnenanlage durchzogener Gartensaal mit byzantinischen Mosaiken und hohem Stalaktitengewölbe.

Umgebung von Palermo

★ Monte Pellegrino

Das »schönste Vorgebirge der Welt« (Goethe) steigt im Norden Palermos, dicht am Meer, auf 609 m Höhe an. Seit frühester Zeit haben hier Menschen gelebt, wie die Funde in der (nicht zugänglichen) Addaura-Grotte belegen.

Mondello

Das einstige Fischerdorf Mondello liegt 12 km nördlich Palermos in einer malerischen Bucht zwischen Monte Gallo (581 m) und Monte Pellegrino. Anfang des 20. Jh.s war es von wohlhabenden Palermitanern »entdeckt« worden, in der Zwischenzeit hat es sich, auch dank seines 2 km langen Sandstrandes, zu einem Seebad mit Gärten, Villen und vielen Hotels gemausert.

Monreale

★ ★ Dom ►

Öffnungszeiten:
tgl. 8.30–18.30

Das Städtchen Monreale (30 000 Einw.), 8 km südwestlich von Palermo, entstand um das von Wilhelm II. im 12. Jh. gestiftete Benediktinerkloster. Die ehemalige Abteikirche mit ihrem Zyklus von Goldgrundmosaiken und ihrem Kreuzgang ist das **bedeutendste Denkmal der Normannenkunst** auf Sizilien und eines der Meisterwerke der europäischen Kunstgeschichte. Der prächtige, 102 m lange und 40 m breite, von zwei mächtigen Türmen flankierte Dom war 1185 weitgehend vollendet. Den stärksten Eindruck am Außenbau vermittelt die noch ursprüngliche Ostseite mit ihren drei Apsiden, den verschränkten Spitzbogen-Blendarkaden und ihrer kontrastreichen Dekoration aus hellem Kalktuff und schwarzer Lava. Bemerkenswert sind auch die **beiden Bronzeportale**. Das Westportal von Bonnano Pisano (1186) schildert auf 42 Bildfeldern biblische Szenen, das kleinere Nordportal (Barisanus von Trani, 1179) stellt Heilige und Evangelisten dar.

✶✶ ◄ Mosaiken

Der Eindruck, den der Dom auf jeden Besucher macht, geht einerseits von der klaren **Raumdisposition** aus, in der sich die Idee der einfachen Basilika nach dem Vorbild von Montecassino gegen östlich-byzantinische Raumvorstellungen durchgesetzt hat. Andererseits aber ist der **Geist byzantinischer Kultur** in den kostbaren Mosaiken gegenwärtig (6340 m^2). Was Künstler aus Konstantinopel zusammen mit einheimischen Mosaizisten zwischen 1179 und 1182 geschaffen haben ist überwältigend. Aus dem mystisch schimmernden Goldgrund treten biblische Gestalten und Szenen hervor. Das Mittelschiff behandelt die Schöpfungsgeschichte, die Seitenschiffe zeigen Wunder Jesu. Das Querhaus ist dem Leben und der Passion Jesu gewidmet, ferner den Aposteln Paulus und Petrus. Den Chor beherrscht die Gestalt des Pantokrators Christus, des Weltenherrschers, der seinen Platz oberhalb seiner Mutter Maria hat. Über dem Bischofsthron ist im Altarraum der Stifter Wilhelm II. dargestellt, wie er die Kirche der Jungfrau Maria übergibt, gegenüber erhält Wilhelm II. seine Krone aus den Händen Christi.

✶✶ ◄ Chiostro

Gleich neben dem Dom befindet sich der Eingang zum berühmten Kreuzgang des ehemaligen Benediktinerklosters. Je 26 Arkaden öffnen sich an den vier Seiten zum Garten. Sie werden jeweils von Doppelsäulen (insgesamt 228) mit Doppelkapitellen getragen. Diese zeigen Pflanzen, Tiere, Menschen, darunter Akrobaten und Bogenschützen, Greife und andere Fantasiewesen sowie biblische Themen. In der Südwestecke ist ein Brunnen mit besonders reich ornamentierten Säulen eingefügt.

Dom und Kreuzgang in Monreale verkörpern normannisch-arabische Baukunst in Vollendung.

Der berühmte dorische Tempel von Segesta

Vom Belvedere (Zugang gleich nach Verlassen des Kreuzgangs links an der Hausfront) hat man einen schönen Blick ins Oreto-Tal und auf die gegenüberliegenden Berge.

Partinico Partinico (28 000 Einw.) war vor allem in den Jahren nach dem Zweiten Weltkrieg ein Zentrum der Mafia und Hauptstützpunkt des Banditen Salvatore Giuliano; hier wirkte der aus Triest stammende **Danilo Dolci** (1924-97), der als Gandhi Siziliens friedlich gegen Armut, Analphabetentum und gegen den Terror der Mafia kämpfte.

Segesta In einsamer Hügellandschaft verlieren sich die Ruinen der antiken Stadt Segesta mit ihrem unvollendeten Tempel und dem Theater. Sie ist eine der ältesten Städte auf Sizilien, die in ständigem Kampf mit den Griechen stand, später karthagisch, dann römisch war und schließlich von den Sarazenen zerstört wurde (Bahnstation in Segesta ca. 2,5 km vom Tempel entfernt).

✶✶ Tempel ▶ Der Tempel liegt unterhalb des antiken Stadtgebietes. Der dorische Bau (61 m lang, 26 m breit) wurde wahrscheinlich um 426 v. Chr. begonnen. Obwohl er nicht vollendet wurde – so blieben die 36 Säulen ohne Kanneluren – ist er einer der besterhaltenen Tempel Siziliens.
Östlich des Tempels erhebt sich der 431 m hohe Monte Barbaro. Ein Fußweg (es besteht auch eine Busverbindung) führt zu dem 415 m hoch gelegenen, eine natürliche Mulde ausnutzenden **Theater** hinauf (3./2. Jh. v. Chr.) Von den Sitzen bietet sich ein herrlicher Blick bis zum Monte Erice und Castellammare del Golfo, dem einstigen Hafen Segestas.

Trapani Die Hafen- und Handelsstadt Trapani (70 000 Einw.) liegt auf einer sichelförmigen Landzunge im Nordwesten Sizliens, gegenüber den Ägadischen Inseln. Die verwinkelte Altstadt mit barocken Palazzi und Kirchen nimmt die nach Westen vorspringende schmale Halbinsel ein, die beiden Hauptflanierstraßen heißen Corso Italia und Corso Vittorio Emanuele. Beachtenswert ist der Palazzo Giudecca im ehemaligen Ghetto (16. Jh.; Via della Giudecca), dessen Turm mit Diamantquaderung und Zinnenkranz auffällt. Auch die ehemalige Franziskanerkirche Santa Maria del Gesù ist aus dem 16. Jh., aus dem 17. Jh. stammen die Chiesa del Collegio und die Kathedrale San Lorenzo. Das bedeutendste Bauwerk von Trapani, das **Santuario dell' Annunziata**, befindet sich im Ostteil der Stadt (Via Conte A. Pepoli), im modernen Viertel, das sich fast bis zum Fuß des Monte Erice hinzieht. Die Marien-Wallfahrtskirche stammt bis auf ihre Fassade (14. Jh.) aus dem 18. Jh. Die hoch verehrte Marmorstatue der Madonna von Trapani wurde um 1350 von Nino Pisano oder seiner Schule gefertigt. Das angeschlossene ehemalige Karmeliterkloster ist Sitz des Museo Pepoli (schöne Beispiele der Korallenverarbeitung).

◄ Salinenfelder

Im Süden der Stadt breiten sich riesige Salinenfelder aus, ein von Menschenhand geschaffenes Vogelreservat. Ein paar **Windmühlen** erinnern daran, dass seit dem 15. Jh. die Salzgewinnung durch Verdunstung der bedeutendste Wirtschaftszweig der Gegend war.

★★ Erice

Auf dem 751 m hohen Berg Erice, dem Mons Eryx des Altertums, thront das von den Phöniziern gegründete Bergstädtchen Erice (1450 Einw.; 15 km von Trapani), mit seinem mittelalterlichen Stadtbild. In der Antike stand hier ein **Heiligtum**, das der Astarte der Karthager, der Aphrodite der Griechen und schließlich der Venus der Römer geweiht war. Gleich hinter der Porta Trapani erhebt sich die Chiesa Matrice mit ihrem frei stehenden Kampanile, 1341 aus Steinen antiker Bauten errichtet. An der zentralen Piazza Umberto I sind im Museo A. Cordici archäologische Funde ausgestellt. Das mittelalterliche Castello Pepoli nimmt den Platz der antiken Akropolis ein. Rechts dahinter erhebt sich das Castello di Venere (12./13. Jh.). Von hier hat man einen herrlichen Ausblick auf Trapani und die Ägadischen Inseln.

! *Baedeker* TIPP

Zwischen Trapani und Marsala

Wer mehr über die Salzgewinnung erfahren möchte, sollte die vor Mozia gelegene Saline »Ettore e Infersa« besuchen, in der jeden Mittwoch und Samstag 16.00–18.00 Uhr die traditionelle Windmühle in Betrieb gesetzt wird.
In der Saline »Culcasi« (Ortschaft Nubia) sind in einem kleinen Salzmuseum typische Gerätschaften ausgestellt. Im angrenzenden ehemaligen Lagerhaus kann man nach Vorbestellung auch ausgezeichnet essen (Tel. 09 23 86 74 42).

Selinunt Orientierung

Östliche Tempelgruppe

1 Tempel E
2 Tempel F
3 Tempel G

★ **Mozia** Nach Mozia, dem antiken Motya auf einem kreisrunden Eiland, besteht eine regelmäßige Bootsverbindung. Ein idyllisch-ländlicher Inselrundgang führt zu den Überresten der punischen Siedlung und ins Museum mit der erotischen Statue des **Jünglings von Mozia** (5. Jh.).

Marsala Die lebhafte Stadt Marsala verdankt den Karthagern ihre Gründung (Lilybaion, 4. Jh. v. Chr.), den Arabern ihren Namen (Mars-al-Allah, 9. Jh. n. Chr.), dem Engländer John Woodhouse ihren weltberühmten Marsala-Wein (1773) und Garibaldi ihren patriotischen Ruhm (1860 begann hier der berühmte Siegeszug der Tausend gegen die Bourbonen). Mittelpunkt der Stadt ist die Piazza della Repubblica, wo sich auch der dem hl. Thomas von Canterbury geweihte **Dom San Tomaso** erhebt (18. Jh.). In dem hinter der Kirche gelegenen Museo degli Arazzi sind acht flämische Bildteppiche aus dem 16. Jh. ausgestellt. Das Nationalmuseum (Museo Lilibeo) am Kap Boeo birgt eine Sensation: ein 35 m langes **punisches Schiff** aus dem 3. Jh. v. Chr., das im Meer bei Mozia gefunden und rekonstruiert wurde.

Wein ▶ Der Marsala, ein kühl zu trinkender, trockener bis süßer Dessertwein, wird aus weißen Catarratto-, Grillo- und Inzolia-Trauben bereitet. Die bekanntesten Firmen sind Florio, Vecchio Samperi, Mineo, Rallo und Spano. Man unterscheidet mehrere Qualitätsgrade, u. a. Marsala Fine (viermonatige Lagerung in Steineichenfässern), Marsala Superiore (zwei Jahre Lagerung) und Marsala Vergine oder Soleras, der erst nach fünf Jahren in den Handel kommt. Die Kellereien (Baglio) liegen zwischen Kap Boeo und Hafen und sind zur **Weinprobe** für Besucher offen.

★★ **Selinunte** Selinunt ist mit seinen acht griechischen Tempeln des 6. und 5. Jh.s v. Chr. und dem nahe gelegenen Demeter-Heiligtum eine der bedeutendsten antiken Stätten Siziliens. Restaurants, Badestrand und Übernachtungsmöglichkeiten finden sich unmittelbar östlich des archäologischen Gebiets in dem Fischerdorf Marinella. Das antike Selinus wurde im 7. Jh. gegründet und war eines der großen Zentren der Magna Graecia. 409 v. Chr. zerstörten die Karthager die Stadt. Bis 1551 war Selinunt vergessen; erst im 19. Jh. setzten Ausgrabungen ein (Parco Archeologico, Öffnungszeiten: tgl. von 9.00 Uhr bis 1 Std. vor Sonnenuntergang).

Die Stadt selber ist fast völlig verschwunden, dagegen ragen in der Nähe des Eingangs die so genannte **Östliche Tempelgruppe** mit den Tempeln E, F und G empor. Im Norden liegt der Tempel G, heute ein riesiger Trümmerhaufen, mit dessen Bau um 520 v. Chr. begonnen worden war. Er war vermutlich Apollon geweiht und maß rund 50 x 110 m. Der mittlere Tempel F, 24 x 62 m groß, ist wohl der älteste, er entstand um 530 v. Chr. Der südlichste, vermutlich Hera geweihte Tempel E wurde 465 v. Chr. beendet und misst 28 x 60 m. Ende der 1950er-Jahre wurde er wiederaufgerichtet.

Die früher vollständig ummauerte, 400 x 350 m große **Akropolis** erstreckt sich auf einem Hügel westlich der Tempelgruppe. Sie wird von zwei sich rechtwinklig schneidenden Hauptstraßen durchzogen. Im südöstlichen Sektor befinden sich die Reste des kleinen Tempels A und das Fundament des Tempels O, gleich nördlich der Ost-West-Straße der winzige Tempel B ohne Säulenkranz; nördlich daneben sieht man, auf der Höhe des Hügels, den **Tempel C**, den größten (24 x 64 m) und ältesten der Akropolis (um 550 v. Chr.), der mit seinen 1925 und 1929 wiederaufgerichteten 14 Säulen den Blick auf sich zieht. Nördlich daneben die Ruinen des etwas jüngeren Tempels D (um 540 v. Chr.).

Im Westen der Akropolis lag auf dem Weg zur großen Nekropole von Manicalunga das **Heiligtum der Demeter Malophoros**, der Herrin von Fruchtbarkeit und Vergehen, Leben und Tod.

> **!** *Baedeker* TIPP
>
> **Castello Incantato**
>
> Tausende gemeißelte Köpfe – Teufel, Paladine, Gesichter von Gottheiten und aus der Geschichte – bevölkern die Mauern und Wege eines Olivenhains etwa 2 km östlich von Sciacca. Sie sind das Lebenswerk von Filippo Bentivegna, der Anfang des 20. Jh.s nach einer unglücklichen Liebesbeziehung aus den USA in seine Heimat auf Sizilien zurückkehrte und sich fortan als Einsiedler der Bildhauerei widmete. Die Steine fand er hinter seinem Haus, das ein Museum wurde.

Caltabellotta

Ein Abstecher führt über das fantastisch gelegene Bergstädtchen Caltabellotta (20 km nordöstlich, 6000 Einw.), dessen Pfarrkirche noch aus der Normannenzeit stammt.

Auf der Weiterfahrt Richtung Agrigent zweigt 30 km hinter Sciacca eine Seitenstraße zum antiken Eraclea Minoa ab, im 6. Jh. v. Chr. am Capo Bianco, auf einem hoch gelegenen Kalkplateau, gegründet und im 1. Jh. v. Chr. zerstört. Zu sehen sind Teile der Stadtmauer und ein Theater (3. Jh. v. Chr.).; am Fuß des Felsens einer der **schönsten Sandstrände Siziliens**.

Agrigent Orientierung

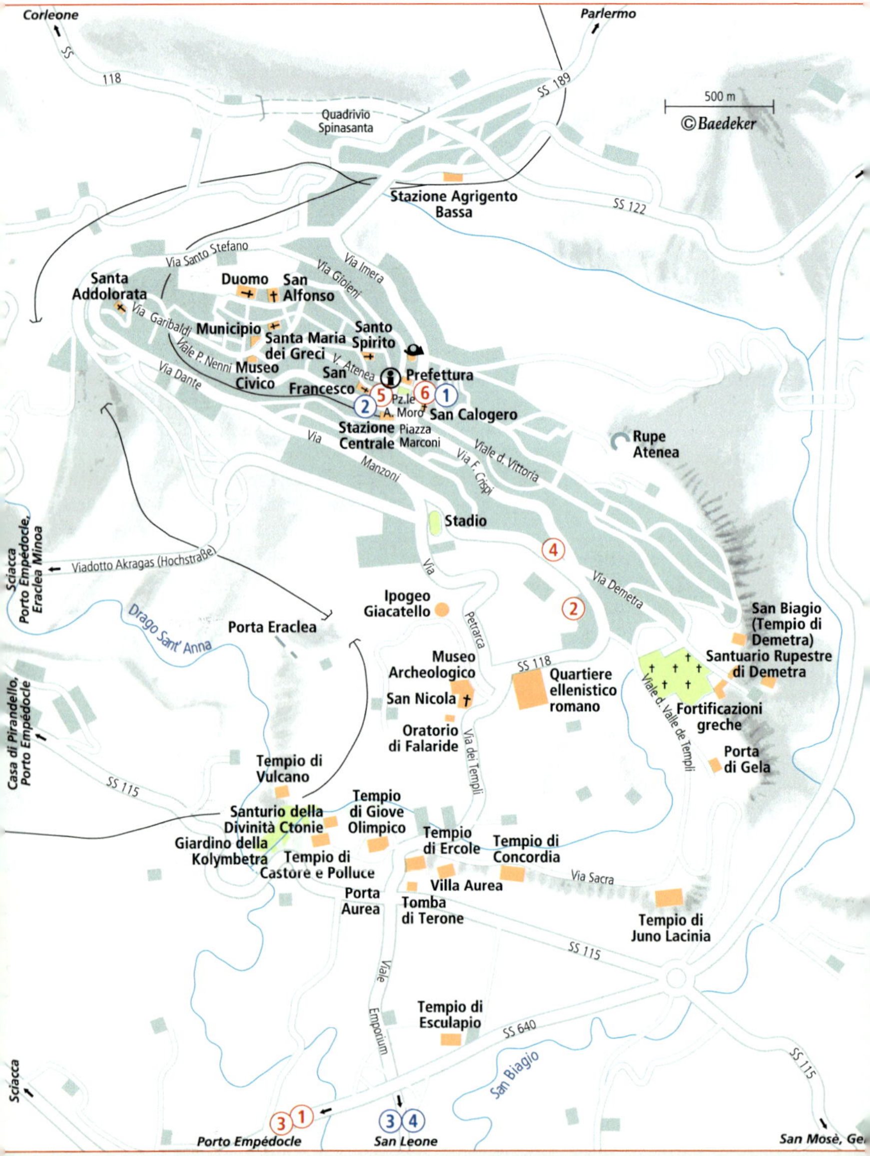

Übernachten
1. Baglio della Luna
2. Colleverde Park Hotel
3. Hotel Kaos
4. Della Valle
5. Concordia
6. Belvedere

Essen
1. Kalos
2. Forchetta
3. Le Caprice
4. Leon d'Oro

Agrigent · Agrigento

Wegen seiner großartigen Tempelruinen ist Agrigent (55 000 Einw.) eine der sehenswertesten Städte Siziliens. Die antiken Bauten stehen in lebhaftem Kontrast zur Skyline der modernen Hochhäuser, die teils den Blick auf die hoch gelegene Altstadt verstellen.
Kolonisten aus Gela gründeten 581 v. Chr. die Stadt Akragas, die im 5. Jh. v. Chr. ihre Blütezeit erlebte. Der griechische Dichter Pindar pries das auf 200 000 Einwohner angewachsene Akragas als **»die Schönste der sterblichen Städte«**. Diese glanzvolle Epoche endete mit dem 409 v. Chr. beginnenden karthagischen Angriff, von dem sich Akragas nicht mehr erholte. Im 3. Jh. v. Chr. fiel die Stadt an die Römer, die sie fortan Agrigentum nannten. In normannischer Zeit war Agrigent ein wohlhabender Bischofssitz; auch dank des Hafens in Porto Empedocle (17 000 Einw.; 7 km südwestlich), wo der Schriftsteller Luigi Pirandello zur Welt kam (1867–1936; im Ortsteil Caos ein kleines Museum), ist sie heute ein lebhafter Handelsplatz.

★★
Valle dei Templi
Öffnungszeiten:
tgl. 9.00 bis
1 Std. vor Sonnenuntergang

Das so genannte Tal der Tempel (UNESCO Weltkulturerbe) erstreckt sich auf einem Hügelrücken, westlich und östlich der Via dei Templi. Die folgende Beschreibung beginnt mit der östlichen Tempelgruppe. Vorbei an der südlichen Stadtmauer, die sich mit der natürlichen Fels-»Befestigung« verbindet, reihen sich die Tempel, die wie alle Kultbauten in Akragas der dorischen Ordnung folgen. Der erste wird als **Herakles-Tempel** bezeichnet (Tempio di Ercole; etwa 25 x 67 m), er wurde um 500 v. Chr. errichtet. Acht seiner Säulen wurden inmitten der eindrucksvollen Ruine wieder aufgerichtet. Dem Spazierweg aufwärts folgend, passiert man die Villa Aurea in ihrem üppigen Garten mit Überresten von Nekropolen aus römischer und christlicher Zeit. Dann zieht der klassische **Concordia-Tempel** (Tempio di Concordia) den Blick auf sich. Er wurde um 425 v. Chr. erbaut und zählt zu den besterhaltenen Tempeln der griechischen Welt (etwa 17 x 40 m). Seine Konservierung verdankt er der Tatsache, dass er im 6. Jh. in eine Kirche umgewandelt und erst im 18. Jh. restauriert wurde. Der höchstgelegene **Tempel der Hera Lakinia** (oder lateinisch der Juno Lacinia) hat fast dieselben Fundamentmaße wie der Concordia-Tempel. Er wurde Mitte des 5. Jh.s v. Chr. errichtet, 25 seiner Säulen stehen noch aufrecht.

Der Concordia-Tempel blieb als Kirche der Nachwelt erhalten.

AGRIGENT ERLEBEN

AUSKUNFT

Piazza Aldo Moro, 92100 Agrigent
Tel. 0 92 22 03 91
www.agrigentoweb.it
www.apt.agrigento.it

VERANSTALTUNGEN

Mandelblütenfest (Anfang Februar), Fest des Stadtheiligen San Calogero (1. und 2. Sonntag im Juli), Pirandello-Feiern (August), Feste di Persefone, klassische Theateraufführungen im Tal der Tempel (Juli/August).

Piazza Armerina
Im August lockt der Palio dei Normanni, ein beliebtes Volksfest zur Erinnerung an die Befreiung von der arabischen Herrschaft, viele Besucher nach Piazza Armerina.

ESSEN

► Erschwinglich

① ***Kalos***
Piazza San Calogero
Tel. 0 92 22 63 89
So. geschl.
Am Rand der Altstadt, modernes Ambiente; vor allem Fischgerichte, gutes Angebot an regionalen Weißweinen.

② ***Forchetta***
Via San Francesco 11
Tel. 09 22 59 62 66
Sehr gute Hausmannskost und reichliche Fischauswahl; das Restaurant gehört zum Hotel Concordia.

③ ***Le Caprice***
Via Cavaleri Magazzeni
Viccolo Kreta 2, San Leone
Tel. 09 22 41 13 64
Gepflegte Pizzeria. Große und sehr gute Antipasti-Auswahl.

④ ***Leon d'Oro***
Viale Emporium 102, San Leone
Tel. 09 22 41 44 00; Mo. geschl.
Auch von Einheimischen geschätztes Restaurant, gute Antipasti und andere regionale Spezialitäten. Sehr schön die Terrasse mit Meerblick.

ÜBERNACHTEN

Baedeker-Empfehlung

► Luxus

① ***Baglio della Luna***
Contrada Maddalusa an der SS 640
Tel. 09 22 51 10 61
Fax 09 22 59 88 02
www.bagliodellaluna.com
Ehemaliger Landsitz auf einem Hügel, umgeben von Weinbergen und einem Garten. Besonders schön ist der Blick auf das abends angeleuchtete Tal der Tempel. Das Restaurant genießt einen exzellenten Ruf.

► Komfortabel

② ***Colleverde ParkHotel***
Via dei Templi 48
Tel. 0 92 22 95 55
Fax 0 92 22 90 12
www.colleverdehotel.it
Auf einem Hügel oberhalb vom Valle dei Templi, einfach und zweckmäßig eingerichtet; Restaurant und Garten.

③ ***Hotel Kaos***
Villaggio Pirandello an der SS 640
Tel. 09 22 59 86 22
Fax 09 22 59 87 70
www.athenahotels.com
Südwestlich vom Valle dei Templi, großzügig angelegte, schöne Anlage mit großem Schwimmbad, Tennisplätzen etc.

④ ***Jolly Hotel Della Valle***
Via la Malfa 3
Tel. 0 92 22 69 66, Fax 0 92 22 64 12
www.jollyhotels.it
Ruhiges, freundliches Haus auf halber Höhe zwischen Altstadt und dem Tal der Tempel.

► **Günstig**

⑤ ***Hotel Concordia***
Via San Francesco 11
Tel. & Fax 09 22 59 62 66
Angenehmes kleines Hotel in der Altstadt, in einer Parallelstraße unterhalb der Via Atenea; einfach möbliert, die Zimmer sind nicht besonders groß, aber sauber.

⑥ ***Belvedere***
Via San Vito 20
Tel. & Fax 0 92 22 00 51
In der Altstadt; sehr gastfreundlich mit kleinem Garten. Einige Zimmer haben Meeresblick.

Tempio di Giove Olimpico

Die zweite Tempelgruppe liegt westlich der Straße. Der Tempel des Olympischen Zeus ist heute eine ungeheure Trümmermasse von Steinblöcken und Säulentrommeln, die ein Erdbeben über eine Fläche von 6000 m² hingeworfen hat. Erbaut wurde er 480 v. Chr. als Siegesmonument, der den Tempel G von Selinunt übertreffen sollte, allerdings war er unvollendet, als die Karthager Akragas eroberten. Sein Fundament nimmt ein Rechteck von über 56 x 113 m ein. Die Säulen hatten eine (errechnete) Höhe von über 18 m und einen unteren Durchmesser von 4 m. Zwischen den Säulen standen vollplastische, 7,65 m hohe Atlanten (eine Kopie liegt im Tempelgelände, ein Original im Archäologischen Museum). Westlich des Olympieions erstreckt sich das **Heiligtum der chthonischen Gottheiten** (6./5. Jh.). Zu ihm gehört der so genannte Dioskurentempel (Tempio di Castore e Polluce), dessen wiederaufgerichtete Nordwestecke (vier Säulen und ein Stück von Gebälk und Giebel) zum Wahrzeichen Agrigents geworden ist. Vom Vulkan-Tempel (um 430 v. Chr.) jenseits der Bahnlinie sind Fundamentreste und zwei Säulen erhalten.

✶ Museo Archeologico Regionale

Das Archäologische Museum zeigt antike Sarkophage, griechische Vasen, Skulpturen, Architekturfragmente und archäologische Pläne der antiken Stadt Agrigent.

◄ San Nicola

Zisterzienser erbauten im 13. Jh. neben dem Museum die Kirche San Nicola. In einer Seitenkapelle befindet sich der so genannte **Phädra-Sarkophag** (2. Jh. n. Chr.) mit Reliefdarstellungen aus der Sage um Phädra, der Gemahlin von Theseus, und ihren Stiefsohn Hippolytos. Links hinter der Kirche stößt man auf eine Anlage, die im 1. Jh. v. Chr. als Versammlungsplatz (Comitium) angelegt und später zu einem kleinen Theater umgebaut wurde. Der kleine Tempel am Rande (Oratorium des Phalaris) ist aus dem 2. Jh. n. Chr.

Oberstadt

Durch die verwinkelte Oberstadt mit ihren Gebäuden aus Mittelalter und Barock schlendert man am besten von der Piazzale Aldo Moro aus. Treppenstufen führen von der Via Atenea, der Hauptgeschäfts-

? WUSSTEN SIE SCHON ...?

- Am See von Pergusa soll die Tochter des Zeus, Persephone, vom Unterweltgott Hades entführt worden sein. Ihre Mutter Demeter befahl den Pflanzen nicht mehr zu wachsen und »erpresste« Zeus auf diese Art. Persephone musste fortan 4 Monate in der Unterwelt bleiben und 8 Monate durfte sie zu ihrer Mutter. Die 4 Monate stellen die unfruchtbare Zeit auf der Erde dar.

straße, zum **Zisterzienserinnenkloster S. Spirito**. Im Innern der Klosterkirche dominiert die reiche Stuckdekoration von Giacomo Serpotta (um 1695). Der die Altstadt überragende barockisierte Dom wurde im 11. Jh. von Normannen auf der höchsten Stelle der antiken Akropolis erbaut.

Palma di Montechiaro

Der Weg nach Syrakus führt über Palma di Montechiaro, das 1637 von dem Fürsten Carlo Tomasi di Lampedusa gegründet wurde, einem Vorfahren des Schriftstellers Giuseppe Tomasi di Lampedusa (1896–1957; »Der Leopard«, 1962 von Visconti verfilmt). Die Hauptkirche S. Maria del Rosario entstand 1666 nach Plänen des Jesuitenarchitekten Angelo Italia.

Enna

Agrigent ist ein guter Ausgangspunkt für einen Abstecher ins Landesinnere. Über Caltanissetta, Zentrum des Schwefelbergbaus, erreicht man das in der Mitte Siziliens, 931 m hoch in den Monti Erei gelegene Enna, den **»Balkon Siziliens«** (28 000 Einw.). Von der Stadt, einer der ältesten Siedlungen Siziliens überhaupt, ging 136 v. Chr. der große Sklavenkrieg aus. Ortsmittelpunkt ist die Piazza Vittorio Emanuele. Von hier gelangt man auf der Via Roma allmählich bergan. Der 1307 gegründete Dom erhielt sein heutiges Aussehen im 17. Jh.; der Kirchenschatz ist im benachbarten Museo Alessi ausgestellt.
Die Via Roma endet am Castello di Lombardia, einem der größten sizilischen Kastelle, das aus byzantinischen, normannischen und staufischen Elementen besteht. Von den einst 20 Türmen sind sechs erhalten, von der Torre Pisana (96 Stufen) hat man einen einzigartigen Ausblick.

Calascibetta

Nördlich gegenüber von Enna liegt das malerische Bergstädtchen Calascibetta (7000 Einw.). Nun geht es wieder in Richtung Süden, am **See von Pergusa** vorbei, an dem eine Autorennstrecke (9 km) liegt.

Piazza Armerina

✶ ✶ Villa Romana del Casale ►

Öffnungszeiten: tgl. 9.00 bis 1 Std. vor Sonnenuntergang

Durch Eukalyptuswälder gelangt man in das auf drei Hügeln gelegene Garnisonsstädtchen Piazza Armerina (22 000 Einw.), das vom Dom Santissima Assunta (17. Jh.) beherrscht wird. Die Hauptsehenswürdigkeit, die Villa Romana del Casale aus dem 3./4. Jh. n. Chr. (6 km südwestlich außerhalb des Stadtzentrums), ist ein glänzendes Beispiel eines römischen Landsitzes aus der späten Kaiserzeit, wobei die Frage nach dem Bauherrn nicht eindeutig geklärt ist. Die Villa war noch bis ins 5. Jh. bewohnt, später verfiel sie. Einzigartig sind die **Mosaiken**, die eine Fläche von 3500 m² bedecken. Die Fülle von Themen umspannt tägliches und höfisches Leben, Mythologie und immer wieder Jagd und Tierhetzen.

Ragusa

Wer durch Ragusa (67 000 Einw.) schlendert, braucht unter Umständen gute Kondition. Denn von der im 18. Jh. auf schachbrettförmigem Grundriss angelegten Oberstadt Ragusa Superiore gelangt man zur tiefer gelegenen Ragusa Ibla auf einer Treppe mit 242 Stufen. An der Piazza del Duomo in der Unterstadt erhebt sich die **Kirche San Giorgio**, die im 18. Jh. nach Plänen von Rosario Gagliardi erbaut wurde. Sie ist eines seiner Hauptwerke und ein Paradebeispiel der sizilischen Barockbaukunst.
Das 24 km südlich gelegene ehemalige Fischerdorf Marina di Ragusa (3000 Einw.) hat sich zu einem Seebad mit Hotels, Pensionen und Unterhaltungsmöglichkeiten gewandelt.

★ Noto

Das alte, einst von den Sikulern gegründete Noto (24 000 Einw.) wurde nach dem Erdbeben 1693 aufgegeben und 16 km entfernt am heutigen Standort unter Beteiligung zahlreicher namhafter Baumeister, u. a. Gagliardi, Sinatra, Labisi und Mazza, neu erbaut. Dank des als Baumaterial verwendeten hellen Kalktuffs aus der Umgebung wirkt die Stadt festlich und heiter. Sie ist eine der **schönsten sizilianischen Barockstädte** und UNESCO-Weltkulturerbe.

Jagdszenen faszinierten den einstigen Hausherrn der Villa Romana.

An dem die Stadt von Westen nach Osten als belebte Hauptstraße durchziehenden Corso Vittorio Emanuele reihen sich drei monumentale Plätze: An der Piazza Ercole (amtlich Piazza XVI Maggio) stehen die barocke Kirche San Domenico (18. Jh.) und der Herkulesbrunnen; an der folgenden Piazza del Municipio der Dom Santi Nicola di Mira e Corrado mit seiner prächtigen Barockfassade, der Palazzo Ducezio (Rathaus) und die Kirche Santissimo Salvatore. Der östlichste Platz ist die Piazza Immacolata mit der Kirche der Immacolata (oder San Francesco) und dem Kloster Santissimo Salvatore. Nördlich steht die Chiesa del Crocifisso (Madonna von F. Laurana; 1471). Nicht versäumen sollte man auch einen Bummel durch die Seitenstraße Via Corrado Nicolaci zum Palazzo Villadorata (Barockkonsolen).

! *Baedeker* TIPP

Paradies

Ein Schnorchel- und Vogelparadies ist das Naturschutzgebiet von Vendicari südlich von Noto. Entlang ausgeschilderter Wege kann man Vögel beobachten und die Ruinen der antiken Stadt Eloro besichtigen, oder man schwimmt durch fischreiche Gewässer zur nahen Isola di Vendicari.

Palazzolo Acreide

Auf der Fahrt nach Syrakus lohnt ein Halt in der Barockstadt Palazzolo Acreide (9000 Einw., 670 m) in den Monti Iblei. Sie löste das antike Akrai ab, das in Teilen südwestlich der Stadt ausgegraben wurde (Zona Archeologica mit griechischem Theater und Buleuterions). Wohnhöhlen und Gräber aus byzantinischer Zeit sind in den beiden antiken Steinbrüchen Intagliata und Intagliatella (südlich des Theaters) erhalten.

✶ Necropoli di Pantalica

Pantalica, die berühmte Nekropole der Sikuler mit rund 5000 Gräbern vom 13.–8. Jh. v. Chr., liegt 33 km nordöstlich von hier in einer grandiosen Landschaft (Anfahrt über Ferla). Gut angelegte und beschilderte Pfade führen zu den Grabhöhlen, die in frühchristlicher Zeit z. T. als Wohnstätten benutzt bzw. zu Kapellen umgewandelt wurden. Die Funde aus der Nekropole sind heute im Archäologischen Museum von Syrakus ausgestellt.
Ein schöner Wanderweg führt durch die **Anapo-Schlucht**; der Zugang liegt an der Straße nach Sortino und ist ausgeschildert.

✶✶ Syrakus · Siracusa

Die vorgelagerte und durch einen schmalen Kanal vom sizilischen Festland getrennte Insel Ortigia nimmt die Altstadt von Syrakus (126 000 Einw.) ein, die übrigen Stadtteile Acradina, Tyche, Neapoli und Epipolai auf dem Festland sind seit 480 v. Chr. bewohnt. Die **Meeresbucht Porto Grande** ist einer der besten und größten Naturhäfen Italiens.
In der Antike war das 734 v. Chr. von Korinthern gegründete Syrakus Jahrhunderte hindurch die größte und mächtigste Stadt der Insel,

Syrakus Orientierung

Übernachten
① Grand Hotel Ortigia
② Holiday Inn
③ Gran Bretagna
④ Casa Mia

Essen
① Don Camillo
② Archimede
③ Minosse
④ Jonico-'a Rutta 'e Ciauli

deren Gesamtumfang nach Strabo 180 Stadien (33 km) maß und die rund 500 000 Einwohner zählte. Im Ersten Punischen Krieg stand Syrakus auf Seiten der Römer, fiel aber dann von ihnen ab. Daher wurde die Stadt 212 v. Chr. von Römern eingenommen, dabei starb auch der 287 v. Chr. in Syrakus geborene Mathematiker Archimedes.

SYRAKUS ERLEBEN

AUSKUNFT

Via San Sebastiano 45, 96100 Siracusa
Tel. 09 31 48 12 32, Fax 09 31 67 80 03
www.apt-siracusa.it

VERANSTALTUNGEN

Farbenprächtige Prozessionen, Kanonenschläge und Lichterfest zu Ehren der hl. Lucia (1. Maisonntag und 13. Dezember).

EINKAUFEN

Schicke Boutiquen säumen den Corso Gelone in der Neustadt und den Corso Matteotti auf der Ortigia. Kleine Traditionsläden verstecken sich in den Altstadtgassen, darunter der Edeljuwelier Izzo in der Via Roma oder Keramikgeschäfte in der Via Cavour. Viele Werkstätten führen die Tradition der Papyrusherstellung fort.

ESSEN

► Fein & Teuer

① ***Don Camillo***
Via Maestranza 96
Tel. 0 93 16 71 33
So. geschl.
Die Nummer eins in Syrakus, in einem alten Palast, erstklassige Fischküche und große Weinauswahl.

② ***Archimede***
Via Gemmelaro 8
Tel. 0 93 16 97 01, So. geschl.
In einem ehemaligen Weinkeller; mehrfach ausgezeichnetes Restaurant mit feiner sizilianischer Küche.

► Erschwinglich

③ ***Minosse***
Via Mirabella 6
Tel. 0 93 16 63 66
Mo. geschl.
Sehr gutes Fischrestaurant, klassisches Ambiente, guter Service.

► Preiswert

④ ***Jonico 'a Rutta 'e Ciauli***
Riviera Dionisio il Grande 194
Tel. 0 93 16 55 40
Beliebtes Feinschmeckerlokal mit Veranda über dem Meer. Traditionelle Küche in familiärer Atmosphäre.

ÜBERNACHTEN

► Luxus

① ***Grand Hotel Ortigia***
Viale Mazzini 1
Tel. 09 31 46 46 00, Fax 09 31 46 46 11
www.grandhotelsr.it
Tophotel in toller Lage am Hafen; Restaurant auf der Dachterrasse. Elegante, noble Einrichtung. Privatstrand mit Shuttle-Service.

► Komfortabel

② ***Holiday Inn Hotel Syrakus***
Viale Teracati 30/32
Tel. 09 31 44 04 40, Fax 0 93 16 71 15
Modernen Komfort in der Nähe der archäologischen Stätten bietet dieses freundliche Haus mit Restaurant, klimatisierten und gemütlichen Zimmern. Hoteleigener Parkplatz.

③ ***Gran Bretagna***
Via Savoia 21
Tel. & Fax 0 93 16 87 65
www.hotelgranbretagna.it
Im historischen Kern von Syrakus gelegen, nur ein paar Meter vom Meer entfernt. Stilvoll eingerichtet.

► Günstig

④ ***Casa Mia***
Corso Umberto I 112
Tel. 09 31 46 33 49
www.bbcasamia.it
Freundliche Familienpension in der Altstadt, wenige Minuten vom Bahnhof entfernt. Die Zimmer sind ruhig und geräumig eingerichtet.

Altstadt Ortigia

Über den Ponte Nuovo gelangt man auf die Insel Ortigia. Nach wenigen Schritten hat man die Reste des um 570 v. Chr. erbauten **Apollo-Tempels** vor sich. Er ist der älteste dorische Tempel Siziliens und diente in nachantiker Zeit als byzantinische Kirche, islamische Moschee, Normannenkirche und spanische Kaserne. Der Corso Matteotti führt zur Piazza Archimede mit ihren Palästen aus dem 14. und 15. Jh. und dem Artemisbrunnen.

★ ◄ Duomo

Die Piazza del Duomo wird von eleganten Gebäuden aus dem 17. und 18. Jh. gesäumt. Der Dom wurde im 7. Jh. in den antiken Athena-Tempel (480 v. Chr.) hineingebaut. Da dessen Säulen immer sichtbar waren, erhielt er den Namen Santa Maria delle Colonne. Die Freitreppe mit den Statuen der Apostel Petrus und Paulus sowie seine bewegte Barockfassade erhielt der Dom nach dem Erdbeben 1693.

Im imposanten Dom ist ein antiker Tempel versteckt.

Vom Domplatz geht's in südlicher Richtung an der Kirche Santa Lucia alla Badia (1695) vorbei durch die Via Picherali abwärts zur **Arethusa-Quelle**, dem gefassten, von Papyrusstauden umstandenen Teich einer Süßwasserquelle: Die Nymphe Arethusa floh vor dem griechischen Flussgott Alpheios, stürzte sich an der Ostküste der Peloponnes ins Meer und tauchte auf Ortygia im alten Syrakus wieder auf – so erzählt ein antiker Mythos, den u. a. Ovid überliefert hat.
Im Palazzo Bellomo (13. und 15. Jh.) ist die **Galleria Regionale** untergebracht. Hauptwerke sind die »Verkündigung« von Antonello da Messina (1474) und das »Begräbnis der hl. Lucia« von Caravaggio. Die Südspitze der Inselstadt nimmt die um 1239 erbaute Stauferburg Castello Maniace ein (Militärgelände; kein Zutritt).

★★ **Museo Archeologico**

Öffnungszeiten: Di. bis So. 9.00–14.00, Mi., Fr. auch 15.30–19.30

Das Archäologische Museum Paolo Orsi befindet sich im Stadtteil Tyche, im Norden von Syrakus, im Park der Villa Landolina. Seine Sammlungen reichen von der Vor- und Frühgeschichte bis zur byzantinischen Zeit. Die berühmtesten Exponate sind der Augustus-Kopf von Centuripe, der Adelphia-Sarkophag (4. Jh. n. Chr.) aus den Katakomben von San Giovanni, verziert mit Reliefdarstellungen aus dem Alten und dem Neuen Testament, und die so genannte Venus Landolina (Venere Anadiomene) mit einem Delfin zur Seite (Kopie

! Baedeker TIPP

B&B in Syrakus

Die ersten B&Bs auf der Altstadtinsel Ortigia wurden bereits Ende der 1990er-Jahre eröffnet. Inzwischen lässt die Auswahl in der Stadt und außerhalb kaum Wünsche offen. Eine aktuelle Liste gibt das Fremdenverkehrsbüro heraus.

aus dem 2. Jh. n. Chr. nach hellenistischem Original). Im Garten der Villa befindet sich das Grab des hier verstorbenen deutschen Dichters August Graf von Platen (1796–1835).

Gegenüber vom Museum ragt die 1994 geweihte »Wallfahrtskirche der weinenden Madonna« in den Himmel.

★ **Parco Archeologico della Neapoli**

In der antiken Neapolis zieht der Parco Archeologico die Besucher an (Öffnungszeiten: tgl. 9.00 Uhr bis 1 Std. vor Sonnenuntergang). Vor der Kasse liegt der über 180 m lange und 22,5 m breite, teils aus dem Felsen herausgearbeitete **Altar des Hieron II.**, auf dem laut Diodor jedes Jahr 450 Stiere zunächst geopfert und später von den Bürgern in einem Festmahl verspeist wurden.

★★ Teatro Greco ►

Das griechische Theater entstand um 470 v. Chr. Hier erlebte die Tragödie »Die Perser« von Aischylos († 456 v. Chr.) ihre sizilische Erstaufführung. Mit 138 m Durchmesser (Athen 100 m) und 61 Sitzreihen, auf denen rund 15 000 Zuschauer Platz hatten, ist es eines der **größten Theater der griechischen Antike**. Unter dem Zuschauerraum führten zwei Tunnel zur Orchestra (Durchmesser wie in Athen 24 m). Auch heute werden hier wieder im Frühsommer griechische Dramatiker in italienischer Sprache aufgeführt.

Oberhalb des Theaters gab es auf einer Terrasse einen Säulengang und in der dahinter liegenden Felswand ein den Musen geweihtes Nymphäum; aus einer der Nischen strömt noch immer das Quellwasser und fließt durch antike Kanäle ab.

★★ Latomia del Paradiso ►

Latomien sind antike Steinbrüche, die seit dem 6. Jh. v. Chr. von Zwangsarbeitern und Kriegsgefangenen ausgebeutet wurden. Einst waren sie nicht zum Himmel hin offen, sondern unterirdisch, Pfeiler stützten ihre Gewölbe. Der größte und berühmteste dieser Steinbrüche ist die **Latomia del Paradiso**. Hier gibt es zwei Stollen, der eine ist 60 m lang, 5–11 m breit und 23 m hoch und wird wegen seiner Akustik »Ohr des Dionysios« (Orecchio di Dionisio) genannt. Laut der Überlieferung konnte der Tyrann Dionysios vom einen Ende aus noch die leisesten Gespräche seiner Gefangenen belauschen. Der zweite Gang ist die Grotta dei Cordari, in der die Seiler jahrhundertelang ihr Handwerk betrieben. Auf der Via Paradiso geht es nun aufwärts zum

Besucher im griechischen Theater

römischen Amphitheater. Es wurde im 3. Jh. n. Chr. teilweise aus dem Felsen herausgehauen. Heute finden hier Konzerte statt.

★ **Catacombe di San Giovanni**

Etwa 500 m nordöstlich vom Amphitheater liegt die kleine Kirche San Giovanni alle Catacombe, die ursprünglich auf frühchristliche Zeit zurückgeht. Eine Treppe führt hinab zur kreuzförmigen Krypta des hl. Marcian (3. oder 5. Jh.). An diese schließen sich die Katakomben von San Giovanni an, eine ausgedehnte unterirdische Nekropole des 4.–6. Jh.s, durchzogen von einem unübersichtlichen Netz von Haupt- und Nebengängen, an deren Kreuzungspunkten gelegentlich runde Plätze angelegt sind.

Latomia dei Cappuccini

Über der Latomia dei Cappuccini, einem weiten, malerisch bewachsenen Steinbruch mit bizarren Felsgebilden und üppiger Vegetation erhebt sich heute das Grand Hotel Villa Polizi. 414 v. Chr. schmachteten hier 7000 gefangene Athener als Zwangsarbeiter.

★ **Fort Euryelos**

Epipolai (rund 8 km nordwestlich vom Stadtzentrum), heute so gut wie unbewohnt, war der nördlichste und zugleich größte Stadtteil der antiken Großstadt. Er wurde gegen 400 v. Chr. im Auftrag von Dionysios mit einem Kastell und einer 6 km langen Mauer befestigt. Hier soll bei der Belagerung durch die Römer 213/212 v. Chr. der Brennspiegel des **Mathematikers Archimedes** gestanden haben, um die Segel der feindlichen Flotte in Brand zu setzen.

★ **Fonte Ciane**

Lohnend ist auch die Bootsfahrt im Porto Grande von Syrakus. Hier mündet das Flüsschen Ciane, das für seine hohen Papyrusstauden berühmt ist.

Catania

»Schwarze Tochter des Ätna«

Das quirlige Catania, zweitgrößte Stadt Siziliens (333 000 Einw.), liegt in der Mitte der hier flachen Ostküste. Die uralte Griechenstadt wurde immer wieder von Naturkatastrophen heimgesucht, zuletzt zerstörte ein Lavastrom 1669 ihren Westteil, der Rest ging beim großen Erdbeben von 1693 zugrunde. Wie Phönix aus der Asche erfolgte dann im 18. Jh. der großartige Wiederaufbau – häufig aus dem etwas düster wirkenden Lavagestein – nach dem Motto **»Melior de cinere surgo«** (»Blühender stehe ich aus der Asche wieder auf«; dieses Motto wurde 1768 am Triumphbogen im Westen der Stadt, der heutigen Porta Garibaldi, eingemeißelt). Einer der wichtigsten Baumeister war Giovanni Battista Vaccarini. So entstand eine Stadt mit axialen breiten Hauptstraßen, rechteckigen Platzanlagen und fantasievollen Barockbauten. Diese Urbanistik und die einzigartige Lage am Fuße des Ätna, der als imposante Kulisse über der Stadt aufragt, machen den Reiz Catanias aus. Aus der Stadt stammte der Komponist Vincenzo Bellini (1801–1835), an den u. a. ein Museum und das 1890 mit der Oper »Norma« eingeweihte Teatro Bellini erinnern.

Catania Orientierung

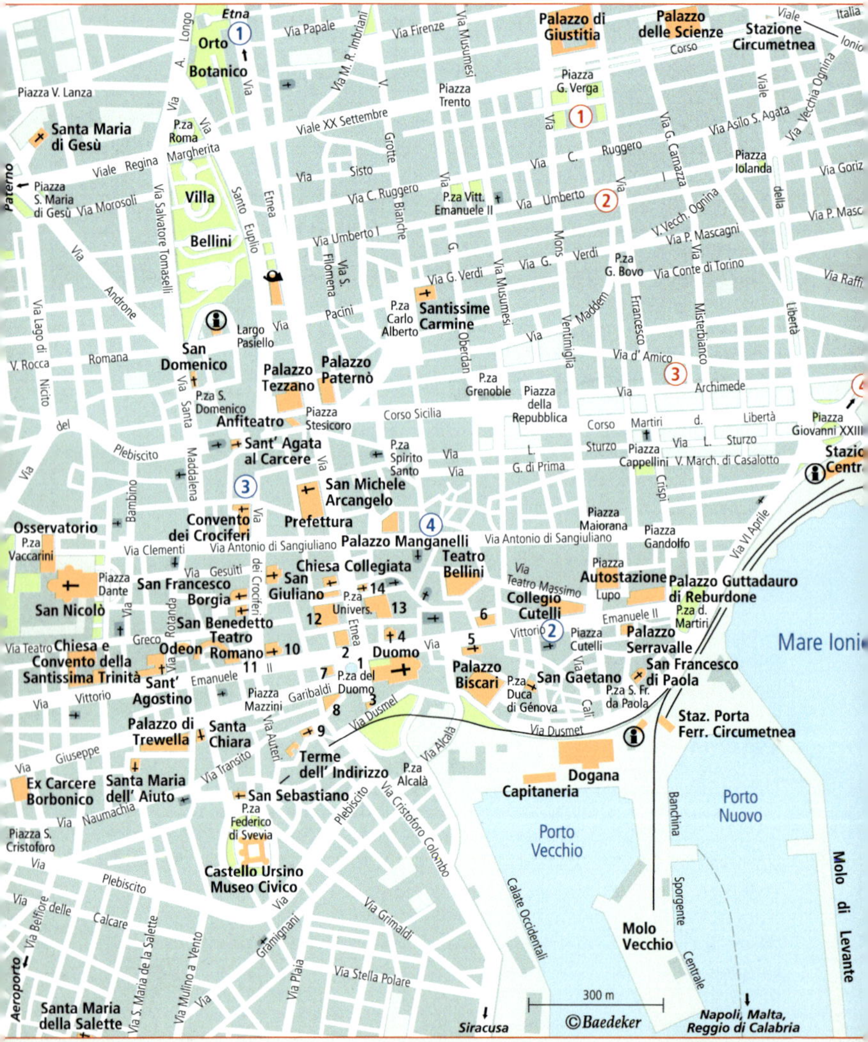

Übernachten
1. Excelsior Grand Hotel
2. Katane Palace
3. Residence Hotel La Ville
4. Nettuno

Essen
1. Poggio Ducale
2. Il Carato
3. Metró
4. Casalinga

1 Piazza del Duomo mit der Fontana dell' Elefante
2 Palazzo Municipio (Rathaus)
3 Porta Uzeda
4 Badia di Sant' Àgata
5 Chiesa di San Placido
6 Collegio Cutelli
7 Palazzo Zappalà
8 Palazzo Sanmartino Pardo
9 Chiesa e Convento di Santa Maria dell' Indirizzo
10 San Francesco d'Assisi all' Immacolata
11 Museo Belliniano
12 Università
13 Palazzo San Giuliano
14 Palazzo Gioieni d'Angiò

★ **Piazza del Duomo**

Die schnurgerade, 3 km lange Via Etnea mit ihren eleganten Läden und Restaurants mündet in die Piazza del Duomo. Der **Elefantenbrunnen** in der Mitte ist das Wahrzeichen der Stadt (1736; Vaccarini): Ein Elefant aus schwarzer Lava trägt einen kleinen ägyptischen Obelisken. Der Domplatz wird von Barockbauten gesäumt, u. a. Porta Uzeda, 1696; Sant'Agata, 1735; Municipio, 1741, sämtlich Schöpfungen von Vaccarini.

◄ Duomo

Der Dom Sant'Agata entstand im 11. Jh. im Auftrag des Normannenkönigs Roger I. über den Fundamenten einer römischen Therme. Nach dem Erdbeben 1693 war eine völlige Erneuerung erforderlich. Vom Ursprungsbau sind noch der gesamte Ostteil, das Querschiff und die drei Apsiden, erhalten. Die Pläne für die schwingende Fassade sind von Vaccarini (1736), wobei die sechs verwendeten Säulen von dem zerstörten Normannendom bzw. aus antiken Bauten stammen. Im Innern befindet sich am zweiten Pfeiler rechts das Grabmal Bellinis; Hauptsehenswürdigkeit ist die **Cappella di Sant'Agata** im rechten Querhausarm mit ihrem schönen schmiedeeisernen Gitter. Das Leben der Stadtpatronin Catanias, die wiederholt die Stadt vor noch schlimmeren Katastrophen gerettet haben soll, ist das Hauptthema am reich geschnitzten Chorgestühl (1588).

Nördlich gegenüber vom Dom die Kirche des Nonnenklosters **Sant' Agata**, mit achteckiger Kuppel und prächtige Fassade (Vaccarinis; 1767). Ein unvergessliches Erlebnis ist ein Besuch des Fischmarktes um die Piazza Curro (über Treppen an der Südwestecke des Domplatzes zu erreichen).

Castello Ursino

Südwestlich vom Domplatz erhebt sich an der Piazza Federico di Svevia das Kastell Ursino (Stadtmuseum). Der strenge, schmucklose Bau aus Lavagestein wurde um 1240 für Friedrich II. erbaut. Mit quadratischem Grundriss und mächtigen Ecktürmen erinnert er an die Stauferkastelle in Syrakus und Augusta. Ursprünglich stand das

CATANIA ERLEBEN

AUSKUNFT

Via Cimarosa 12, 95124 Catania
Tel. 09 57 30 62 22, Fax 09 57 31 64 07
www.apt.catania.it

VERANSTALTUNGEN

Grandiose Festa de Sant'Agata vom 2.–6. Februar. Die Heilige wird mit einer Kerzenprozession als Beschützerin vor Ätna-Ausbrüchen beschworen. Im August wird die Rückführung der Reliquien der hl. Agathe von Konstantinopel nach Catania gefeiert.

NACHTLEBEN

Die Unistadt hat eine lebendige Club- und Musikszene, Tipps und Adressen im Gratis-Magazin »Lapis« (www.lapisnet.it); beliebt ist das Literatur-Cafè Tertulia (Via M. Rapisardi 13).

EINKAUFEN

Als elegente Einkaufsstadt präsentiert sich Catania v. a. auf der Via Etnea. Volksnah geht es Mo. – Sa. vormittags auf den Märkten La Pescheria (Dom) und Fera o Luni (Piazza Stesicoro) zu.

ESSEN

► Fein & Teuer

① ***Poggio Ducale***
Via Paolo Gaifami 7
Tel. 0 95 33 00 16
So.abend und Mo. geschl.
Erste Adresse für Gourmets, klassische regionale Küche. 2 km von der Autobahnausfahrt Catania Est entfernt.

► Erschwinglich

② ***Il Carato***
Via Vittorio Emanuele 81
Tel. 09 57 15 92 47
Als »Enoteca con Cucina« bietet dieses atmosphärische Restaurant eine umfangreiche Weinkarte und traditionelle Gerichte an.

③ ***Metrò***
Via Crociferi 76
Tel. 0 95 32 20 98, So. geschl.
In der schönsten Barockstraße, feine Fischgerichte und Dolci; auch Tische im Freien.

► Preiswert

④ ***Casalinga***
Via Biondi 19
Tel. 0 95 31 13 19, nur mittags, So. geschl.
Gemütliche Trattoria mit Hausmannskost.

ÜBERNACHTEN

► Luxus

① ***Grand Hotel Excelsior***
Piazza G. Verga 39
Tel. 09 57 47 61 11, Fax 09 57 53 70 15
www.excelsiorcatania.it
Erstes Haus am Platz. Bequem eingerichtete Zimmer, heller Speisesaal.

► Komfortabel

② ***Katane Palace***
Via Finocchiaro Aprile 110
Tel. 09 57 47 07 02, Fax 09 57 47 01 72
www.katanepalace.it
E455in guter Ausgangsort für eine Stadtbesichtigung zu Fuß. Hoteleigenes Restaurant mit fantasievollen Kreationen der einheimischen Küche.

③ ***Residence Hotel La Ville***
Via Monteverdi 15
Tel. 09 31 99 12 77, Fax 09 31 51 34 16
www.rhlaville.it
Nettes Hotel, zentral gelegen, komfortable, helle Zimmer, geschmackvolle Einrichtung, guter Service.

► Günstig

④ ***Nettuno***
Viale Ruggero di Lauria 121
Tel. 09 57 12 52 52, Fax 0 95 49 80 66
www.hotel-nettuno.it; 3 km außerhalb Richtung Norden am Meer, Busverbindung. Einfaches, nettes Hotel, in dessen Umgebung es lebhaft zugeht; mit kleinem Garten.

Kastell unmittelbar am Hafen, doch der große, an seiner Westseite entlangfließende Lavastrom von 1669 schob die Küstenlinie nach Osten vor.

Teatro Romano

Vorbei an der säulenumstandenen **Piazza Mazzini** erreicht man das Römische Theater am Südhang der einstigen Akropolis (Eingang Via Vittorio Emanuele 266). Es wurde im 2. Jh. v. Chr. anstelle eines griechischen Vorgängerbaus errichtet und fasste 7000 Besucher. Westlich schließt das Odeon an, ein kleines Theater, ganz aus Lava erbaut.

Weitere Sehenswürdigkeiten

Im Geburtshaus des Komponisten Bellini (Ecke V. Vittorio Emanuele/V. Crociferi) wurde ein kleines Museum eingerichtet. Nun folgt man der Via Crociferi in Richtung Norden, mit ihren prachtvollen Palazzi und Kirchen zählt sie zu den schönsten Straßen Catanias. Über die Via Gesuiti gelangt man zur Piazza Dante hinauf. Hier, an der Stelle der griechischen Akropolis, begannen die Benediktiner 1702 mit dem Bau der **Kirche San Nicolo** und der dazugehörigen Klosteranlage, die zu den größten in Europa gehört. Die Arbeiten an der Kirche zogen sich bis Ende des 18. Jh.s hin, die Fassade mit ihren vorgesetzten mächtigen Säulenstümpfen blieb unvollendet.

Nun geht es in östlicher Richtung zur Via Etnea, die in ihrem südlichen Teil von der Piazza dell'Università (Vaccarini) und der Piazza Stesicoro unterbrochen wird. Hier steht rechts ein Bellini-Denkmal (1882), während links Reste des seinerzeit 16 000 Zuschauer fassenden **römischen Amphitheaters** zu sehen sind. Es wurde im 2.–3. Jh. am Nordosthang des Akropolis-Hügels angelegt und steht mit seinen Maßen (Arena: 70 x 50 m) denen des Kolosseums in Rom (86 x 54 m) nur wenig nach.

! Baedeker TIPP

Kulturfabrik

Die ehemaligen Schwefelbrennöfen aus dem 18. und 19. Jh. am Viale Africa sind modernistisch restauriert und als »Le Ciminiere« das neue Kultur- und Kongresszentrum Catanias. Hier finden Ausstellungen, Konzerte und Avantgarde-Theater statt.

★★ Ätna · Etna

Vulkan der Vulkane

Der Ätna ist der größte und höchste Vulkan Europas. Mit seinem Umfang von 140 km bedeckt er eine elliptische Fläche von beinahe 1400 km². Über einer schwach geneigten Hochfläche, die 2900 m erreicht, steigt der Gipfelkegel auf, dessen Höhe infolge der **vulkanischen Tätigkeit** wechselt (derzeit 3369 m). Seit dem Altquartär hat er sich über tektonischen Bruchlinien aufgebaut, die von den Liparischen Linseln über die sizilianische Ostküste bis zu den Hybläischen Bergen verlaufen, und gewaltige Lava- und Tuffsteinmassen aufgetürmt. Daher erfolgen die neueren Ausbrüche meist an den Flanken aus Spalten und Nebenkratern, von denen etwa 300 bekannt sind.

Der mineralhaltige Boden ist äußerst fruchtbar, verschiedene **Vegetationszonen** liegen ringartig um den Bergkegel. Bis in etwa 500 m Höhe werden Orangen und Zitronen, bis in 1300 m Höhe Ölbäume und Weinstöcke angebaut. Darüber stehen bis in 2100 m Höhe Wald und Macchia, gelegentlich von neueren Lavaströmen durchschnitten. Die Gipfelregion erreicht die Schneegrenze und ist eine schwarze, matt glänzende Wüste. 1981 wurde das Gebiet zum Naturpark erklärt. Mit rund 60 000 ha gehört er zu den größten Regionalparks Italiens. Die heutigen Siedlungen sind ungeachtet der Gefahren erstaunlich weit vorgeschoben – im Westen und Norden bis auf 15 km vom Hauptkrater.

◄ Parco Naturale dell'Etna

Der Ätna, der »Berg der Berge«, wie die Sizilianer ihn mit dem klangvollen italienisch-arabischen Mischwort »Mongibello« nennen

Ausbrüche Immer wieder hat der Ätna seine Umgebung mit seinen Eruptionen gefährdet, die Geschichtsschreibung erwähnt rund 150 gewaltige Ausbrüche, u.a. in den Jahren 479, 425, 396 (bis zum Meer), 141, 135, 126, 122 (Katane wird zerstört), 50, 44, 38, 32 v. Chr. sowie 40 n. Chr. Dann war der Vulkan bis zum Ende des Altertums ruhiger. In **neuerer Zeit** fanden starke Ausbrüche u.a. 1669 (Zerstörung von Catania), 1893 (Entstehung der Silvestri-Krater), 1910, 1911 (Entstehung des Nordostkraters), 1923, 1928, 1971, 1981, 1983 und 1986 statt. 1992 kam der Lavastrom erst kurz vor Zafferana Etnea zum Stehen. Zuletzt brach der Ätna 1999, 2001 – damals floss Lava bis kurz vor Nicolosi – 2002, 2003 und 2005 aus.

Ätna-Rundfahrt Am originellsten lernt man die Landschaft rings um den Berg bei einer Fahrt mit der **Lokalbahn Circumetnea** kennen. In rund dreieinhalb Stunden legt man 110 km zurück. Ausgangspunkt der Schmalspurbahn ist der Bahnhof F.C.E. in Catania (Corso delle Province, Ecke Viale Vittorio Veneto). Die Strecke endet in Giarre (von dort Rückfahrt nach Catania mit normalem Zug oder Bus). Der Ätna lässt sich auch mit dem Auto umfahren. Die Staatsstraßen 120, 184 und 121 verlaufen fast parallel zur Bahnlinie.

Auf den Vulkan Eine Besteigung des Ätnas gehört zu den stärksten Eindrücken einer Sizilienreise; sie ist relativ einfach, setzt allerdings voraus, dass man selbst im Sommer Schutz gegen Kälte, Wind und Regen bei sich hat. Von Catania aus fährt man auf der Strada Etnea über Gravina (8 km, rechts Ausbruchsspalte von 1381) und am Lavastrom von 1669 vorbei nach Nicolosi. Weiter geht die gut ausgebaute Straße, vorbei an der Abzweigung zum Grande Albergo Etna (1715 m), der gute Win-

tersportmöglichkeiten bietet, bis zum **Rifugio Sapienza**. Das Plateau in 1935 m Höhe, das von Restaurants und Souvenirbuden beherrscht wird, war durch die Ausbrüche 2001 und 2003 zeitweilig abgeschnitten. Von hier führt die Seilbahn auf 2500 m Höhe. Hier übernehmen Allradfahrzeuge die letzte Etappe bis zum Turm des Philosophen (Torre del Filosofo, 2918 m) knapp unterhalb des Cratere Sud Est.
Linguaglossa ist der Ausgangspunkt für eine Ätna-Befahrung von der Nordseite aus. Hier beginnt die 20 km lange **Panoramastraße Mareneve** nach Piano Provenzana (1800 m). Im Sommer ist es Ausgangspunkt für Gipfelbesteigungen oder Jeepexkursionen, im Winter ist es Wintersportgebiet. Die Autostraße führt weiter nach Zafferana Etnea.

✶✶ Taormina

Taormina, die 396 v. Chr. von Karthagern gegründete Stadt Tauromenion, blickt in 200 m Höhe über dem Ionischen Meer auf einer Felsenterrasse auf den meist schneebedeckten Ätnagipfel. Die Lage, üppige Vegetation und das mildes Winterklima haben Taormina schon im 19. Jh. zum beliebtesten Ferienort Siziliens werden lassen. Ein Hauch davon hat sich ungeachtet der Folgen des **Massentourismus** bis heute erhalten.
Von der Küstenstraße am Kap Taormina zieht sich die Via Pirandello in vielen Serpentinen bergan. Sie endet vor der Porta Messina, die zusammen mit der anschließenden Piazza Vittorio Emanuele das Entree zur eigentlichen Stadt (10 000 Einw.) ist. Hier beginnt der von Souvenirshops, Boutiquen und Bars gesäumte Corso Umberto, der sich quer durch die Stadt zieht, am Dom vorbeiführt und an der Porta Catania endet.

Sehenswertes

Auf der Piazza Vittorio Emanuele, dem antiken Forum, erhebt sich rechts der Palazzo Corvaia mit seiner strengen, zinnenbekrönten Fassade und Zwillingsfenstern (Touristenbüro und Volkskundemuseum). In den 1410 erbauten Palazzo ist ein Turm aus arabischer Zeit (10. Jh.) verbaut. Links neben dem Palast steht die Chiesa Santa Caterina aus dem 17. Jh., dahinter Reste eines römischen Odeons.

✶ Teatro Greco

Die Via del Teatro Greco endet bei Taorminas berühmtester Sehenswürdigkeit: dem griechischen Theater. Es wurde im 3. Jh. v. Chr. angelegt, in römischer Zeit, im 2. Jh. n. Chr., jedoch von Grund auf neu erbaut. Der Blick von den oberen Sitzreihen durch die nur noch teilweise erhaltene Bühnenrückwand in die Landschaft und hinüber zum Ätna ist tausendfach beschrieben und gemalt, millionenfach fotografiert und trotzdem unbeschreiblich schön.

Duomo

Auf der Flaniermeile Corso Umberto gelangt man zur belebten Piazza IX Aprile (Aussichtsterrasse). Kurz darauf weitet sich die Straße zum Domplatz mit dem Dom San Nicola (13.–15. Jh.). Das unver-

Taormina, auf einer Felsenterrasse hoch über dem Ionischen Meer

putzte Äußere mit seinen Zinnen gehört in die Ursprungszeit, das barocke Hauptportal wurde 1636 eingefügt und korrespondiert mit dem Brunnen (1635) in der Mitte des Platzes.
Nördlich vom Domplatz sieht man am Hang die gotische **Badia Vecchia** (14. Jh.). Südlich vom Dom das prächtige, am Terrassenrand gelegene ehemalige Dominikanerkloster (jetzt Hotel San Domenico).

Ein schöner Treppenweg steigt von der Via Circonvallazione bergauf zur Fischerkapelle Madonna della Rocca. Von dort kann man in wenigen Minuten das **Castello di Taormina** auf dem Monte Tauro (398 m) erklimmen.

Charmant ist das kleine Bergdorf **Castelmola** (529 m), das von seinen verschiedenen Aussichtsterrassen, besonders aber von der Burgruine, eine weite Rundsicht bietet. Ein Erlebnis ist auch der Ausflug in die **Alcantara-Schlucht** (Gola dell'Allcantara; 14 km nordwestlich), eine wildromantische Klamm mit fantastischen Säulenbasalten, die man im Sommer durchwaten kann.

Inseln vor Sizilien

*** Liparische Inseln • Isole Eolie**

Nach der griechischen Mythologie lebte auf den Liparischen Inseln Äolos, der Gott der Winde, deshalb werden sie auch Äolische Inseln genannt (Schiffsverbindungen von Milazzo, Messina und Neapel). Die Eilande sind vulkanischen Ursprungs, wie der noch tätige Stromboli-Vulkan zeigt. Wegen ihrer landschaftlichen Schönheit mit zerklüfteten Küsten, kleinen Badebuchten, teils gebirgigem Innern, dem milden Klima und dem kristallklaren Wasser sind sie vor allem bei Naturliebhabern, Wanderern und Unterwassersportlern beliebt. Der sich aus 4000 m Tiefe erhebende Archipel besteht aus **sieben Hauptinseln** Lipari, Vulcano, Alicudi, Salina, Filicudi, Stromboli und Panarea, auf denen insgesamt etwa 16 000 Menschen leben. Die Inselgrößen schwanken zwischen 3,4 km² mit 270 Einwohnern (Panarea) und 37,6 km² mit 11 000 Einwohnern (Lipari), die Berghöhen zwischen 420 (Panarea) und 962 m (Salina). Die Bevölkerung lebt längst nicht mehr nur von der Landwirtschaft (Weine wie der Malvasia di Lipari, Oliven, Kapern, Mandeln), der Gewinnung von Bimsstein und der Fischerei, sondern zunehmend vom Fremdenverkehr.

★ **Lipari**

Lipari ist die meistbesuchte Insel. Kern der gleichnamigen Hauptstadt ist der **Burgberg**, der nördlich und südlich von den Buchten Marina Lunga und Marina Corta eingefasst wird. Hier lag die antike Akropolis, die von einer mittelalterlichen Burg und einer im 16. Jh. erbauten Festung abgelöst wurde (Archäologisches Museum). Die Schönheit der Insel erfährt man bei einer Bootsfahrt oder Inselrundfahrt. Canneto ist das Zentrum der Bimssteingewinnung. Den besten Fotoblick bietet der Belvedere di Quattrocchi.

Vulcano

Vulcano, die 21 km² große, südlichste und Sizilien nächstgelegene Liparische Insel, ist wegen ihrer vulkanischen Erscheinungen ein beliebter Ferien- und **Thermalort** (500 Einw.). Die beiden Siedlungen sind Porto di Ponente und Porto di Levante. Zwar fand die letzte Eruption 1889/1890 statt, aber Schwefeldämpfe und Schwefelausblühungen sowie heiße Schlammbäder erinnern daran, dass der Vulkan keinesfalls erloschen ist. Sportlich ist der Aufstieg zum 391 m hohen Gran Cratere.

★★ **Stromboli**

Stromboli (12,6 km²; 650 Einw.) besitzt dagegen den einzigen noch aktiven Vulkan des Archipels. Der Berg gipfelt in der Serra Vancura (924 m), die letzten größeren Ausbrüche ereigneten sich 1930, 1971, 2002 und 2003. Kleinere Eruptionen erfolgen mehrmals stündlich und sind ein unvergessliches Schauspiel.

Salina

Salina (26,8 km²; 2200 Einw.), die zweitgrößte der Liparischen Inseln, besteht aus sechs erloschenen Vulkanen, von denen zwei Hauptgipfel (Monte Fossa delle Felci, 962 m, und Monte dei Porri, 850 m) ihr typisches Profil bewahrt haben. Dank seiner Wasservorkommen ist Salina besonders fruchtbar.

Ägadische Inseln • Isole Egadi

Dank der schönen Landschaft und Küsten, einiger vorgeschichtlicher Höhlen und der hervorragenden Unterwassersportmöglichkeiten sind die Ägadischen Inseln wor der Westküste vor allem im August beliebte Ferienziele (Schiffsverbindung von Trapani). Größte Insel ist das 6 km von der Küste entfernte **Favignana** (19 km²), das im Monte S. Caterina im gebirgigen Ostteil 302 m Höhe erreicht. Der Hauptort Favignana (3500 Einw.) liegt in einer tiefen Bucht an der Nordküste, überragt vom Castello Florio. Hauptattraktion der Insel **Levanzo** (12 km von Trapani; 278 m hoch; 5,8 km²) ist die Grotta del Genovese mit steinzeitlichen Ritzzeichnungen. **Marettimo** (12 km²; 800 Einw.) ist die westlichste der Inseln (30 km von Trapani). Das gebirgige Innere steigt im Monte Falcone auf 686 m. Die Küste ist reich an Buch-

! *Baedeker* TIPP

Inselwandern

Am schönsten lernt man den vulkanischen Archipel zu Fuß kennen. Ein ebenso ausgezeichneter (»Bester Italien-Reiseführer 2005«, ENIT) wie zuverlässiger Begleiter ist dabei Peter Amanns »Liparische Inseln. Insel- & Wanderführer« (Iwanowski Dormagen, 2005).

ten und Grotten, die man am besten per Schiff entdeckt. Die 8,6 km² große Insel **Ustica** (1200 Einw.), ein Paradies für Taucher, liegt nördlich von Palermo.

Pantelleria

Die Insel Pantelleria (83 km²; 7500 Einw.) ist vulkanischen Ursprungs und liegt völlig isoliert 102 km südwestlich der Westküste Siziliens nur 84 km von Tunesien entfernt (Schiffsverbindung von Trapani). Überragt wird sie von der 836 m hohen Montagna Grande, deren erloschener Krater von zahlreichen Nebenkratern umgeben ist. Vulkanischen Ursprungs sind auch die Fumarolen und Thermalquellen am Meer. Pantelleria, Hauptort der Insel (5000 Einw.), wird von dem mittelalterlichen Castello Barbacane beherrscht, in dem die 2003 entdeckten Cäsarenköpfe ausgestellt sind. Zeugen der Geschichte sind die Sesi, niedrige Gräbertürme bei der jungsteinzeitlichen befestigten Siedlung von Mursia. Auf dem fruchtbaren Boden werden Trauben (Moscato di Pantelleria), Feigen, Kapern und Gemüse angebaut.

Pelagische Inseln • Isole Pelagie

Die Pelagischen Inseln, bestehend aus Lampedusa (21 km²; 5000 Einw.), Linosa (5,4 km²; 500 Einw.) und dem unbewohnten Lampione (180 m breit, 200 m lang), sind die südlichste Inselgruppe Siziliens, 200 bzw. 160 km von der Südwestküste Siziliens und nur 110 km von Tunis entfernt (Schiffsverbindungen von Porto Empedocle bei Agrigent; Flugverbindung von Trapani). Die Küste ist weitgehend felsig mit vielen Schluchten und Grotten, die Vegetation spärlich. Schlagzeilen machen immer wieder boat people, die auf hoher See aufgegriffen und in Lampedusa interniert werden.

✶ Sorrent · Sorrento

O 18

Region: Kampanien • Campania
Provinz: Napoli
Höhe: 50 m ü. d. M.
Einwohnerzahl: 17 000

Den Gesang der Sirenen, dem Odysseus hier bei Sorrent widerstehen musste, brauchen Reisende heute nicht mehr zu fürchten. Denn die Damen aus der griechischen Mythologie sind ja bekanntlich zu Stein geworden. Der Schönheit der Halbinsel kann man freilich getrost erliegen, zumal man sich in bester Gesellschaft weiß.

Beliebt seit der Antike

Eingebettet in Parks und inmitten üppiger Zitronen- und Orangengärten liegt der Badeort Sorrent auf einem etwa 50 m hohen und vom Meer unterspülten Felsen, nur 8 km von Capri entfernt. Schon in der Antike ließen sich hier reiche Römer Villen und Tempel erbauen. Im 18. Jh. entdeckten Künstler und Reisende die Reize von Sorrento wieder. Und für die andauernde Beliebtheit des Badeorts sprechen viele Villen und Hotels aus der Belle Epoque – allesamt in blumenreichen Gärten versteckt – sowie gepflegte Uferpromenaden.

SORRENT ERLEBEN

AUSKUNFT

Viale de Maio 35, 80067 Sorrento
Tel. 08 18 07 40 33, Fax 08 18 77 33 97
www.sorrentotourism.com

VERKEHR

Nach Neapel verkehren Schnellfähren und die Circumvesuviana. Von der Marina Piccola, zu Fuß über eine Treppe oder mit dem Bus zu erreichen, legen beinahe im Halbstundentakt die Fähren und Ausflugsboote nach Capri ab. Die hübsche »Kreuzfahrt« dauert kaum eine Stunde. In der Saison herrscht großer Andrang, die Tickets können am Tag vorher gekauft werden (www.caremar.it, www.metrodelmare.it).

ESSEN

► Fein & Teuer

Don Alfonso 1890
Sant'Agata sui Due Golfi
Tel. 0 81 87 80 026
www.donalfonso.com
Mo. und Di. geschl.
In dem überregional bekannten Restaurant zelebriert Sterne-Koch Alfonso Iaccarino die große Küche Süditaliens. Viele Zutaten stammt aus der eigenen Landwirtschaft. Bei frühzeitiger Anmeldung kann man in einem der fünf Zimmer übernachten.

► Erschwinglich

Taverna Azzurra da Salvatore
Via Marina Grande 166
Tel. 08 18 77 25 10
Jan. bis März Mo. geschl.
Wie der Name schon sagt: Blautöne herrschen in dem Lokal am Hafen vor, das Gerichte mit fangfrischem Fisch anbietet.

ÜBERNACHTEN

► Komfortabel

La Minervetta
Via Capo 25
Tel. 08 18 77 30 33
Fax 08 18 07 30 69
www.laminervetta.com
An der Straße nach Massa Lubrense gelegen. Alle Zimmer mit Blick auf das Meer.

Loreley et Londres
Via Califano 2
Tel. 08 18 07 31 87
Fax 08 15 32 90 01
Ende März bis Mitte November; etwas in die Jahre gekommenes Traditionshotel, unbedingt die Zimmer mit Golfblick verlangen.

Männer unter sich in der Loggia des Sedile Dominova.

Sehenswertes in Sorrent

Viel befahrene Hauptstraße Sorrents ist der Corso Italia. Auf der zentralen Piazza Torquato Tasso erinnert eine Mamorstatue an den in Sorrent geborenen Renaissancedichter (1544–1595). Im Dom SS. Filippo e Giacomo sind alte und neue Intarsien zu sehen. Sorrent ist noch heute für die Herstellung von **Holzintarsien** berühmt.
Mitten im Centro storico, an der Ecke Via Giuliani/Via Cesareo, steht eine mit Fresken ausgemalte Loggia. Im so genannten Sedile Dominova tagten im 16. Jh. die adligen Stadträte. Heute gehört der Palazzo einem Arbeiterverein.
Von der **Villa Comunale**, einem oberhalb der Marina Grande gelegenen Stadtpark, genießt man einen herrlichen Blick über den Golf. Ursprünglich war die Villa der Klostergarten des Franziskanerkonvents S. Francesco. Der orientalisch anmutende Kreuzgang (13. Jh.) lohnt einen Besuch.

Am östlichen Ortsrand befindet sich das Museo Correale in der Villa des Conte Alfredo di Terranova. Ausgestellt sind eine archäologische und eine kunsthandwerkliche Sammlung, Gemälde vom 16.–19. Jh. sowie Erinnerungsstücke an Torquato Tasso (Via Correale 50). Nicht versäumen sollte man den Ausblick vom Garten.

✶ Halbinsel von Sorrent · Penisola Sorrentina

Rundfahrt entlang der Küstenstraße

Gleich hinter Castellammare di Stabia (► Vesuv) beginnt die Sorrentinische Halbinsel, die man auf der Küstenstraße SS 145 umfährt. Von dieser bieten sich wunderschöne Ausblicke auf das Meer und die mit Oliven-, Wein oder Zitruskulturen bepflanzten Hügel. Der erste Badeort ist **Vico Equense**, zugleich Ausgangsort für einen Abstecher in das hoch gelegene Santa Maria del Castello. Von hier kann man das Lattari-Gebirge erwandern.
Massa Lubrense, südlich von Sorrent, wartet mit einem mittelalterlichen Stadtkern auf. Das Dorf Termini ist Ausgangspunkt eines schönen, rund 3-stündigen Spaziergangs an die äußerste Spitze der Penisola Sorrentina. An der Punta della Campanella erhebt sich ein Wachturm aus der Anjou-Zeit über den Fundamenten des antiken Sirenentempels.

Sant'Agata sui due Golfi

Der kleine Ort Sant'Agata sui due Golfi thront rund 400 m hoch auf einem Bergkamm oberhalb der beiden Golfe von Neapel und Salerno. Den schönsten Blick hat man vom so genannten Deserto. Gourmets ist der Ort wegen seines Restaurants Don Alfonso 1890 bekannt (►S. 453). Von hier gelangt man entweder auf der SS 145 wieder hinunter nach Sorrent oder auf der SS 163, der berühmten Amalfitana (► Amalfi), nach Salerno. Eine Alternative ist die Weiterfahrt zum Piano di Sorrento, wie die fruchtbare, als Wohn- und Feriensitz beliebte Hochebene heißt.

✶ Piano di Sorrento ►

Sulmona

L 17

Region: Abruzzen • Abruzzo
Höhe: 403 m ü. d. M.
Provinz: L'Aquila
Einwohnerzahl: 25 000

Sulmona in bukolischer Landschaft ist umgeben von den bis weit ins Frühjahr verschneiten Bergmassiven Morrone (2061 m), Maiella (Monte Amaro, 2793 m) und Marsica (Monte Genzana, 2170 m). Schon Ovid (43 v. Chr. bis 17 n. Chr.), der große Sohn der Stadt, hat den Liebreiz seiner »kühlen, wasserreichen Heimat« besungen.

Sehenswertes in Sulmona

Duomo

Am Nordrand der Stadt begrüßt die Kathedrale S. Panfilo, die trotz ständiger Bautätigkeit vom 11. bis zum 17. Jh. außen romanisch-gotische Formen zeigt (Portal 1391). Das Innere wurde 1726 barockisiert. In der Krypta (1075) ein byzantinisches Madonnenrelief.

★ Palazzo dell'Annunziata, Museo Civico

Am Stadtpark entlang gelangt man zum Corso Ovidio, der Hauptachse der Stadt. Weiter südlich liegen Palazzo und Kirche S. Maria Annunziata, die aus einem Hospital des 14. Jh.s hervorgingen. Die Barockkirche, nach mehreren Erdbeben ab 1710 neu errichtet, ent-

SULMONA ERLEBEN

AUSKUNFT

Corso Ovidio 208, 67039 Sulmona
Tel. & Fax 0 86 45 32 76
www.comune.sulmona.aq.it
www.abruzzoturismo.it

VERANSTALTUNGEN

Ostern
Am Karfreitag Prozession in schleifendem Schritt, und am Ostersonntag eilt die Muttergottes (d. h. ihre Statue) freudig über die Piazza Garibaldi ihrem auferstandenen Sohn entgegen.

ESSEN

► Erschwinglich

Gino
Piazza Plebiscito 12
Tel. 0 86 45 22 89, So. geschl.
Bodenständige Küche der Abruzzen, serviert im Palazzo Sebastiani im »centro storico«. Gourmets lassen sich die »coratella« (Innereien) und weitere Lammgerichte nicht entgehen. Nur mittags geöffnet.

Italia
Piazza XX Settembre 26
Tel. 0 86 43 30 70, Mo. geschl.
Familiäres Restaurant mit guter regionaler Küche, beheimatet in einem Renaissance-Palazzo.

ÜBERNACHTEN

► Komfortabel

Armando's
Via Montenero 15
Tel. 08 64 21 07 83, Fax 08 64 21 07 86
www.hotelarmandos.it
Ein ehemaliges Herrenhaus, zentral und ruhig gelegen. Im Sommer frühstückt man im Garten.

! Baedeker TIPP

Confetti aus Sulmona

Sulmona ist berühmt für die »confetti«, Zuckermandeln, die zu bunten Blüten und ganzen Sträußen gebunden werden; seit dem 15. Jh. sind Rezepte dokumentiert. Sehenswert ist der alte Laden der 1783 gegründeten Fabrik Mario Pelino (Via Introdacqua 55), in ihrem Museum zeigt sie alte und moderne Produktionsverfahren.

hält ein Chorgestühl von 1579. Der Palast verfügt über eine herrliche Gotik-Renaissance-Fassade (1415 bis 1522) und beherbergt das Museo Civico (Archäologie und mittelalterliche Kunst).

Der Corso Ovidio stößt auf die Piazza del Carmine und hier auf die Fontana del Vecchio, einen Renaissance-Brunnen (1474). Er wird über den **Aquädukt** von 1256 mit 21 Bögen gespeist, der die Stadt mit Wasser vom Fluss Gizio versorgte. Wenige Schritte weiter steht ein monumentales, ungewöhnlich tief gestaffeltes romanisches Portal, der Rest der alten Kirche S. Francesco della Scarpa, die durch ein Erdbeben zerstört wurde. Durch die Bögen des Aquädukts geht man hinunter auf die weite Piazza Garibaldi, auf der vormittags Markt gehalten wird; den Hintergrund der Szenerie bildet der Monte Torrone.

S. Maria della Tomba

Einen Blick wert ist auch diese Kirche an der Piazza del Plebiscito westlich des Corso, die über einem Jupiter-Tempel erbaut sein soll und seit 1241 dokumentiert ist (Fassade um 1400). Der Corso endet an der Porta Napoli, dem mächtigsten der zwölf Stadttore (14. Jh.).

✶ Montagna del Morrone

Sehr lohnend sind die 5 Std. Fußmarsch auf den Monte Morrone (2061 m) nördlich der Stadt, von dem man fast über die ganzen ► Abruzzen blickt.

Tarent · Taranto

P 24

Region: Apulien • Puglia
Höhe: 15 m ü. d. M.
Provinz: Taranto
Einwohnerzahl: 233 000

In der Antike war Tarent berühmt für Luxus und leichte Lebensart, heute ist es von riesigen Stahlwerken, Zementfabriken und Raffinerien umgeben. Einst schufen die Industrieanlagen viele Arbeitsplätze, inzwischen schlägt die Rezession aber auch hier mit hoher Arbeitslosigkeit und Kriminalitätsrate hart zu.

Geteilte Stadt

Tarent ist dreigeteilt: Auf einer flachen Felseninsel zwischen dem Mar Grande und dem weit ins Land reichenden Mar Piccolo mit dem Marinehafen erstreckt sich die eigentlich reizvoll angelegte, jedoch dem gänzlichen Verfall entgegengehende Altstadt, östlich die Neustadt und nordwestlich der Borgo.

Tarents Altstadt ist reizvoll angelegt, jedoch ganz dem Verfall überlassen.

Geschichte

Auswanderer aus Sparta – der Sage nach die illegitimen Sprösslinge von Frauen, deren Männer sich auf dem Kriegspfad befanden, und Sklaven – gründeten 708 v. Chr. den Ort Taras, der sich bis zum 4. Jh. v. Chr. zur reichsten und mächtigsten Stadt der Magna Graecia mit ca. 300 000 Einwohnern entwickelte. Grundlage des Reichtums waren die **Purpurschnecken**, die einen begehrten Farbstoff lieferten. Noch in Augusteischer Zeit hatte Tarentum eine überwiegend griechische Bevölkerung. Bis ins 10. Jh. lösten sich Ostgoten, Langobarden, Byzantiner und Sarazenen (803–842 war die Stadt muslimisch) in der Herrschaft ab. 967 eroberte der byzantinische Kaiser Nikephoros II. Phokas Tarent und baute es auf der Insel wieder auf, 1063 verleibte Robert Guiscard es dem Normannenreich ein. Dann kamen die Staufer, die Anjou, Aragonier, Spanier, Franzosen ... An die Zeit als französischer Kriegshafen 1801–1815 schloss die Einrichtung des Arsenale an, die Tarent zur wichtigsten italienischen Marinebasis nach La Spezia machte und die Entwicklung der Neustadt initiierte. 1943 wurde die Stadt durch die Bomben der Alliierten schwer beschädigt.

Sehenswertes in Tarent

★★ Museo Nazionale

Man steuert am besten die palmenbestandene Piazza Garibaldi in der Città Nuova an, denn vor dem mächtigen, nicht mehr genutzten Palazzo degli Uffici (1896) gibt es einen zeitweise bewachten Parkplatz. An der Nordseite des Platzes glänzt das seit 1887 bestehende Archäologische Nationalmuseum mit Schätzen der Magna Graecia. Der be-

Tarent *Orientierung*

Übernachten
① Europa ② Tredecina

Essen
① Il Caffè ② Gesù Cristo ③ Al Canale

Öffnungszeiten: im Sommer tgl. 9.00–13.30, 14.30–19.00, sonst bis 14.00

rühmte »Goldschmuck von Tarent« – filigranste Kunstwerke des 4.–1. Jh.s v. Chr. – und die zauberhaften kleinen Terrakottafiguren führen die Kultur des antiken Tarent lebhaft vor Augen.
Am verkehrsberuhigten Corso Umberto kann man sich anschließend Modegeschäfte ansehen. Nördlich des Museums liegt am Mar Piccolo das **Istituto Talassografico** (Meereskundliches Institut, mit Museum). Östlich schließt sich der Stadtpark (Villa Comunale Peripato) an, mit Blick auf Marinehafen und Stahlwerk. Im Süden der Neustadt verläuft am Mar Grande der palmengesäumte Lungomare Vittorio Emanuele III mit seinen großspurigen Bauten aus dem 19. Jh. und der Mussolini-Ära, darunter Präfektur und Hauptpost. Weiter stadtauswärts steht die »neogotische« Concattedrale, erbaut 1971 von Gio Ponti.

Città Vecchia

Von der Neustadt gelangt man auf einer Drehbrücke über den Canale Navigabile, an dem man wie kaum sonst am Mittelmeer Ebbe und Flut beobachten kann, in die Altstadt mit ihren engen, dunklen Gassen (»pittaggi«). Im Kastell S. Angelo (1492/1577) residiert das Marinekommando. Die Via del Duomo – linker Hand das Geburtshaus des Opernkomponisten Giovanni Paisiello (1740–1816) – führt zum

Dom S. Cataldo, der um 1072 am Platz der antiken Akropolis entstand und im 17./18. Jh. barock ausgestattet wurde (Fassade 1713). Innen sind die 16 Marmorsäulen mit antiken und frühmittelalterlichen Kapitellen zu beachten, außerdem die Kassettendecke (17. Jh.), Reste von Bodenmosaiken und die grandios mit Marmorintarsien und Statuen gestaltete Kapelle des hl. Cataldo. Die Unterkirche weist byzantinische Fresken auf. Am Ende der Via Duomo steht S. Domenico Maggiore (11. Jh./1302).

TARENT ERLEBEN

AUSKUNFT

Corso Umberto I. 113, 74100 Taranto
Tel. 09 94 53 23 92, Fax 09 94 53 23 97
www.pugliaturismo.com
www.comune.taranto.it

VERANSTALTUNGEN

Processione dell'Addolorata und dei Misteri: Vom Gründonnerstagnachmittag bis Ostersonntagmorgen finden in der Altstadt und am Lungomare Vittorio Emanuele beeindruckende Trauerprozessionen statt, die sich unendlich langsam über viele Stunden hinweg vorwärtsbewegen.

Am 1. Augustwochenende findet in *Oria* ein großes mittelalterliches Spektakel mit Ritterturnier statt, in Erinnerung an die Hochzeit von Friedrich II. und Jolanda von Brienne im Jahr 1225.

ESSEN

▸ Fein & Teuer

③ ***Al Canale***
Discesa Vasto
Tel. 09 94 76 42 01, Di. geschl.
Edles Terrassenrestaurant über dem Canale navigabile, Fisch- und Muschelspezialitäten.

▸ Erschwinglich

① ***Il Caffè***
Via D'Aquino 8
Tel. 09 94 52 50 97, Di. geschl.
Gemütlicher Gourmettreff im Stadtzentrum, feine Fischgerichte und fantastische Pizza. Im Erdgeschoss geht's eher locker zu, gediegenes Ambiente im ersten Stock.

▸ Preiswert

② ***Gesù Cristo***
Via C. Battisti 10
Tel. 099 47 77 253
So. abend und Mo. geschl.
Einfache, lebhafte Trattoria mit sehr kleiner, guter Speisekarte, vor allem Fischgerichte. Als Spezialität gibt es rohe Frutti di Mare.

ÜBERNACHTEN

▸ Komfortabel

① ***Europa***
Via Roma 2
Tel. & Fax 09 94 52 59 94
www.hoteleuropaonline.it
Sehr große Zimmer, teils mit Blick auf das »Kleine Meer«, und modernen Komfort bietet das schöne Hotel in der Nähe des Nationalmuseums, Restaurant im Haus.

② ***Tredicina (Agriturismo)***
Strada Provinciale 27,
Francavilla Fontana
Tel. 08 31 81 09 18
Eine Masseria aus dem 16. Jh., 3 km außerhalb von Francavilla in einem Meer von Olivenbäumen gelegen. Geöffnet Juni bis Oktober.

Umgebung von Tarent

Küste Die Küste östlich von Tarent ist flach und bietet recht schöne, kinderfreundliche Strände (mit Sand aus Muschelschalen-Bruchstücken), die durch felsige Vorsprünge unterbrochen werden. Kristallklares Wasser zieht im Sommer viele Urlauber an, die einige Villensiedlungen und wenig attraktive Badeorte bevölkern.

Grottaglie Liebhaber von Keramik werden in Grottaglie (20 km nordöstlich von Tarent, 31 000 Einw.) fündig, seit Jahrhunderten Zentrum des apulischen Töpferhandwerks (Majolika-Museum). Die Mitte des Orts markiert das Kastell der Bischöfe von Tarent (14. Jh.). Einen Blick wert sind die romanische Chiesa Madre (11. Jh., Fassade 1379) mit der barocken Capella di S. Ciro sowie die steinerne Krippe von Stefano da Putignano (1530) in der Chiesa del Carmine.

Francavilla Fontana Im hübschen Stadtbild von Francavilla Fontana (15 km östlich von Grottaglie, 34 000 Einw.) ragen die prächtige Chiesa Matrice, nach dem Erdbeben von 1743 wieder aufgebaut, und der nicht weniger eindrucksvolle Palazzo Imperiali heraus (1450, im 16. und 18. Jh. erweitert; heute Rathaus, zugänglich). In Letzterem schmückt ein Taufbecken aus dem 14. Jh. den Arkadeninnenhof. Bemerkenswert ist

Die kuriosen »bärtigen Bräute« sind eine Keramik-Spezialität in Grottaglie und ein beliebtes Mitbringsel.

auch die riesige neobarocke Kirche S. Alfonso, die nicht zufällig auch »Chiesa d'Oro« heißt. 8 km außerhalb in Richtung Ceglie Messapica ist rechts der Straße ein rätselhaftes Bauwerk der Messapier zu sehen, die Specchia Miano, vermutlich ein Grabmonument (vor dem 3. Jh. v. Chr.).

Oria

Oria mit seinen steilen Treppengassen und einem gut erhaltenen jüdischen Viertel (Giudea), 6 km südöstlich von Francavilla, ist für sein dreieckiges **Kastell** berühmt, das Friedrich II. 1227 in Auftrag gab; darin die winzige Basilika SS. Crisante e Daria, die ins 9. Jh. zurückgeht und Freskenreste aus dem 12. Jh. besitzt, sowie die archäologische Sammlung Martini Carissimo.

Manduria

Auch der für seinen körperreichen Rotwein aus der Rebsorte »Primitivo« bekannte Weinort Mandúria (21 km südöstlich von Francavilla, 31 500 Einw.) ist einen Umweg wert. Im Zentrum steht der mächtige spätbarocke Palazzo Imperiali (1719) mit langem schmiedeeisernem Balkon und prächtigem Portal. Die romanische Hauptkirche S. Gregorio Magno wurde in der Renaissance umgestaltet (Portale, Apsis, Kanzel). Gegenüber der Fassade führt ein Tor ins jüdische Viertel. Nordwestlich des Zentrums liegen die Fonte Pliniano, ein unterirdisches Quellheiligtum der Messapier, und noch weiter stadtauswärts die eindrucksvollen Reste des dreifachen messapischen Mauerrings (5.–3. Jh. v. Chr.).

Massafra

Massafra (17 km nordwestlich von Tarent, 31 000 Einw.) wird von einer Burg aus dem 16. Jh. überragt und durch die Gravina S. Marco geteilt. Einige der vielen **Höhlenwohnungen und -kirchen**, die von Bauern und Schäfern sowie zwischen dem 9. und 13. Jh. von griechischen Basilianermönchen angelegt wurden, können bei einer Führung besichtigt werden (Tel. & Fax 09 98 80 46 95, www.hellas-turismo.it).

Mottola

Mottola (10 km nordwestlich von Massafra, 17 000 Einw.), das auf seinem Hügel die Ebene beherrscht, ist für über 30 Höhlenkirchen mit hervorragenden **byzantinischen Fresken** bekannt, ganze unterirdische Gemäldegalerien; die Kirche S. Nicola (12. Jh.) gilt gar als »Sixtinische Kapelle« der Höhlenkirchen. Die Kathedrale (12. Jh.) bekam im 16. Jh. eine neue Fassade, eine einfache Version derjenigen in Ostuni.

★ Castellaneta Lage

Das westlich benachbarte Castellaneta (17 300 Einw.) bietet ein dramatisches Bild: Es liegt im Bogen einer 150 m tief eingeschnittenen Schlucht, der größten in Apulien. Mit einem lebensgroßen, bunten Scheich aus Keramik und einem Museum ehrt der Ort seinen weltberühmten Sohn, den Filmschauspieler **Rodolfo Valentino**, in den 1920er-Jahren der Inbegriff des schönen Mannes (mit bürgerlichem Namen Rodolfo Guglielmi, 1895–1926).

★★ Tivoli

M 15

Region: Latium • Lazio
Höhe: 225 m ü. d. M.
Provinz: Roma
Einwohnerzahl: 53 000

Das kleine, in den Sabiner Bergen gelegene Städtchen Tivoli hat in den vergangenen 200 Jahren so manchen berühmten Sommerfrischler gesehen: Horaz, Maecenas, Sallust und Kaiser wie Augustus und Hadrian besaßen hier stattliche Villen. In der Renaissance sicherte sich die reiche Familie d'Este das Terrain. Heute sind es Urlauber, die in Tivoli die sonnigen Seiten des Lebens genießen.

Sehenswertes in Tivoli

★★ Villa d'Este

Die Villa d'Este gilt als die »Königin der Villen« und als eine der schönsten Renaissanceschöpfungen ihrer Art, seit Ende 2001 gehört sie zum Unesco-Weltkulturerbe.
Der Landsitz entstand ab dem Jahr 1550 auf dem Gelände eines Benediktinerklosters, die Pläne stammten von dem Architekten Pirro Ligorio. Auftraggeber war der reiche und vornehme Kardinal Ippoli-

TIVOLI ERLEBEN

AUSKUNFT

Largo Garibaldi, 00019 Tivoli
Tel. 07 74 33 45 22
Fax 07 74 33 12 94
www.tivoli.it

ANREISE

Man erreicht Tivoli aus Rom mit dem Zug ab Roma-Termini oder mit dem Bus von der Stazione Ponte Mammolo oder Rebibbia der U-Bahn-Linie B; Weiterfahrt mit Bussen zur Villa d'Este und zur Villa Adriana.

ESSEN

► **Erschwinglich**
Laghi dei Reali
Via Tiburtina Valeria, Km 34
Tel. 07 74 41 84 61
Vor den Toren der Stadt liegt dieses schöne Restaurant am Fluss. Leckere Fischgerichte und schmackhafte regionale Küche.

► **Preiswert**
Antiche terme di Diana
Via dei Sosii 6
Die Gastronomie in Tivoli hat sich leider auf die vielen ausländischen Besucher eingestellt. Eine Ausnahme ist dieses Restaurant mit üppiger bodenständiger Küche und moderaten Preisen.

ÜBERNACHTEN

► **Komfortabel**
Torre Sant'Angelo
Via Quintilio Varo
Tel. & Fax 07 74 33 25 33
www.hoteltorresantangelo.it
Kleines Hotel in einem mittelalterlichen Schloss in der Nähe der Villa Gregoriana. Mit Schwimmbad sowie schönem Blick auf Tivoli und die Ebene.

Den Canopo der Villa Adriana, der den Nilkanal von Kanopo nachbilden sollte, säumen antike Statuen.

to d'Este, ein Mitglied der aus Ferrara stammenden Familie. Bis zum Beginn des Ersten Weltkriegs war die Villa im Besitz des **Erzherzogs Franz Ferdinand von Österreich-Este**, der 1914 in Sarajewo ermordet wurde.

Öffnungszeiten: tgl. 9.00 bis 1 Std. vor Sonnenuntergang, im Sommer an einigen Tagen bis 23.00

Vom Palast mit seinen freskengeschmückten Sälen gelangt man über Terrassen und Treppen in die auf steilen Terrassen angelegten Gärten mit ihren unzähligen Brunnen, Wasserspielen und Skulpturen. Besonders interessant sind der Viale delle Cento Fontane (Allee der 100 Brunnen) und die Fontana dell'Organo, deren Wasserspiele seit kurzem wieder eine Orgel erklingen lassen.

Villa Gregoriana

Die Villa Gregoriana liegt im Nordosten der Stadt, wo der wilde Anio (Aniene) über einen Felsabbruch der Monti Tiburtini in eine tiefe Schlucht stürzt.

Nach wiederholten Überschwemmungen wurde der Fluss im 19. Jh. in zwei Stollen umgeleitet. In dem weitläufigen Park fallen nun die gebändigten Wassermassen in immer noch eindrucksvollen Kaskaden herab, u. a. in der 108 m hohen **Grande Cascata**. Im Park liegen die Grotta della Sirena und die Grotta dei Nettuno, durch die einst der Hauptarm des Aniene verlief. Der Sibyllentempel von Tivoli (2. Jh. n. Chr.) gehört zu den meistgezeichneten Motiven Italiens.

✶✶ Villa Adriana

Rund 6 km südwestlich von Tivoli liegt abseits der Via Tiburtina die prachtvolle, zum Weltkulturerbe erhobene Villa des Hadrian. Sie entstand in den letzten Lebensjahren des Kaisers (76–138), der auf dem 0,75 km^2 großen Gelände in kleinerem Maßstab die Orte und Bau-

Öffnungszeiten:
tgl. 9.00 bis
1 Std. vor Sonnen-
untergang

werke nachbauen ließ, die ihn bei seinen ausgedehnten Reisen durch das Römische Reich besonders beeindruckt hatten. Im Mittelalter diente die Hadriansvilla als Steinbruch. Erste **Ausgrabungen** begannen bereits im 15. Jh.; 1870, nachdem das Gelände in Staatsbesitz übergegangen war, wurde die Anlage systematisch ausgegraben. Vor dem eigentlichen Rundgang sollte man sich unbedingt das Modell der Residenz ansehen, die vermutlich die größte ihrer Art in der Antike war (in einem Gebäude kurz hinter dem Eingang). Am Ende der Zypressenallee kommt man zunächst zum **Pecile**, einst ein Säulengang um ein in der Mitte gelegenes rechteckiges Wasserbecken, das an die Kolonnaden der Stoiker in Athen erinnerte.

Villa Adriana Orientierung

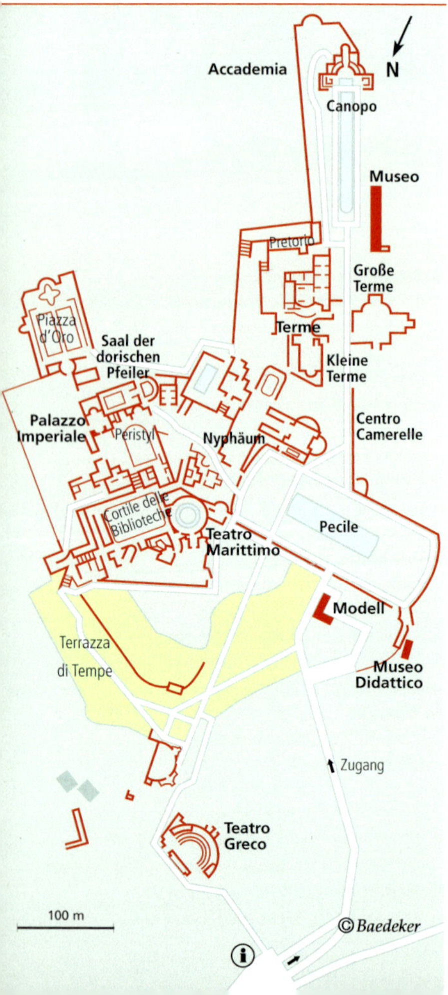

Das vielleicht eigenwilligste Gebäude der Anlage ist das kreisrunde **Teatro Marittimo**, kein Theater, sondern eine kleine, auf einer künstlichen Insel gelegene Villa, in die sich der Kaiser angeblich gerne zurückzog. Östlich folgt der **Hof der Bibliotheken**, Cortile delle Biblioteche, um den die Bibliotheken für griechische und lateinische Autoren lagen. An den Palazzo Imperiale, den Kaiserlichen Palast, schließt sich die Piazza d'Oro an. Dieser rechteckige Platz war von einer offenen Säulenhalle umgeben.

Im Südwesten lagen die **Kleinen und Großen Thermen**, heute ein verwirrendes Labyrinth mit mächtigen Gewölben, die höchst anschaulich den hohen Stand römischer Baukunst demonstrieren.

Bezaubernder Höhepunkt ist der nach der ägyptischen Stadt Kanopos benannte Kanal, der von Statuen umstellt war. Eine Kopie des Serapis-Heiligtums in Alexandria spiegelt sich im Wasser. Von hier lohnt ein Besuch des Museums, in dem vor allem die im Canopo gefundenen Skulpturen und andere Fundstücke ausgestellt werden, und ein Blick auf die Cento camerelle, die Kaserne der Wachen.

★★ Vesuv · Vesuvio

O 18

Region: Kampanien • Campania **Provinz:** Napoli
Höhe: 1281 m ü. d. M.

Zwar hat er schon 12 000 Jahre auf dem Buckel, trotzdem gilt der Vesuv als jung. Der rund 15 km von Neapel entfernte Vulkan ist der einzige zeitweise noch tätige auf dem europäischen Festland.

Ausbrüche

Seit seinem Ausbruch im August 79 n. Chr. besitzt der Vesuv zwei Gipfel, den etwas niedrigeren Monte Somma (1132 m) und den eigentlichen Vesuvio mit 1281 m, dessen Krater einen Durchmesser von etwa 600 m und eine Tiefe von 216 m hat. Das Gelände ist heute Nationalpark.

In der Antike galt er als erloschen, bis am 24. August 79 n. Chr. ein gewaltiger Ausbruch erfolgte, der ► Pompeji und ► Herkulaneum, Stabiae und einige weitere kleinere Orte vernichtete. Eine sehr eindrückliche Beschreibung der Ereignisse stammt von **Plinius d. J.** Er hielt sich zur Zeit des Ausbruchs bei seinem Onkel Plinius d. Ä. auf, der Oberbefehlshaber der in Misenum stationierten tyrrhenischen Flotte war und nach dem Ausbruch eine Rettungsaktion unternahm, während dieser Aktion allerdings in Stabiae an den frei werdenden Gasen erstickte.

Seit 1944 »schläft« der Vesuv. Doch in seinem Inneren steigt der Druck. Wie lange hält er noch still?

DER VESUV

★★ **Die Neapolitaner nennen ihren »Hausberg« – fast möchte man sagen liebevoll – il scartellato (der Buckelige), aber er hat's in sich. Der Vulkan schlummert schon seit über 60 Jahren, aber wenn er das nächste Mal ausbricht, könnte auch die kampanische Metropole betroffen sein.**

Öffnungszeiten:
Im Sommer ist der Zugang zum Kraterrand von 9.00 bis 18.30 Uhr geöffnet.

1 Der Krater
Der unheimliche Schlund des heutigen Vesuv hat einen Durchmesser von rund 600 m, einen Umfang von 12 km und ist etwa 200 m tief.

2 Immer am Abgrund
Mit festem Schuhwerk kann man auf dem Kraterrand entlang spazieren und immer mal wieder einen Blick in den schlummernden Vulkan riskieren.

3 In 5–7 km Tiefe brodelt es
Die Magmakammer, aus der die feurige Fracht beim Ausbruch nach oben geschleudert wird, befindet sich ca. 5 km unterhalb des Kraterrandes. Etwa 2 km weiter oben »verstopft« ein Pfropfen den Schlot.

4 Nicht nur Zerstörung
Die rasche Zersetzung der Lava zu fruchtbarer Erde sorgt seit Jahrtausenden für reichhaltige Wein-, Obst- und Olivenernten am Vesuv. Die erkaltete Lava wird gerne beim Bau neuer Häuser verwendet.

5 Der Rand um den Rand
Bohrungen in bis zu 1300 m Tiefe haben gezeigt, dass der Vesuv-Komplex mindestens 400 000 Jahre alt ist. Der Vulkan besteht eigentlich aus zwei Teilen: Der eine ist der viel ältere und später eingestürzte Somma-Kraterrand, der jüngere ist der Vulkankegel des heutigen Vesuv. Wahrscheinlich brach beim Ausbruch 79 n. Chr. der zentrale Kegel in sich ein und bildete eine Kaldera, nämlich den Somma-Rand. In der Mitte baute sich seitdem der moderne Vulkan auf.

6 Wegziehen vor dem Notfall
Am Fuß des Vesuv wohnen heute über 500 000 Menschen, die bei einem Ausbruch gefährdet wären. Deshalb hat die Regionalregierung von Kampanien Evakuierungspläne ausgearbeitet. In der am meisten gefährdeten »roten Zone« sollen 150 000 Menschen mit Geldprämien zum Wegzug motiviert werden, jedoch bisher ohne durchschlagenden Erfolg. So sind im Gegenteil laut der Umweltorganisation »Legambiente« in den letzten 20 Jahren allein in der »roten Zone« illegal 50 000 Häuser neu gebaut worden.

Pompeji im Schatten des Vesuv. Heute ist die Stadt etwa zu zwei Dritteln ausgegraben und ein Besuchermagnet.

tirrenia

In der Folgezeit zählte man bis zum Jahre 1139 fünfzehn weitere Ausbrüche, dann wuchs auf dem fast ruhenden Berg bis heran an den Krater ein dichter Buschwald. Im Jahre 1631 und zuletzt im März 1944 kam es erneut zu Ausbrüchen. Seither herrscht zwar Ruhe, aber die rund 600 000 Menschen in der unmittelbaren Umgebung des Vulkans leben mit der ständigen Gefahr eines erneuten Ausbruchs. Im Unterschied zu früher registrieren heute jedoch seismografische Geräte alle Veränderungen, die in dem 1845 in 608 m Höhe am Westhang erbauten **Osservatorio Vesuviano** ausgewertet werden. Der Aschenkegel und die jüngsten Lavaschichten sind nahezu vegetationslos; dagegen wachsen auf der fruchtbaren lavagefütterten Erde in mittlerer Höhe Eichen und Kastanien; in Lagen unter 500 m findet man Obst-, Oliven- und Weinpflanzungen, u. a. kommt der berühmte Dessertwein Lacryma Christi von hier.

? WUSSTEN SIE SCHON ...?

- Seit 1944 ist der Vesuv nicht mehr ausgebrochen. Der Vulkan ist aber nicht erloschen, ein 3 km tiefer Pfropfen »verstopft« den Schlot, darunter, in 5–7 km Tiefe, brodelt das Magma weiter.

Sehenswertes an den Hängen des Vesuvs

Torre Annunziata

Öffnungszeiten: tgl. 8.30–19.30, im Winter bis 17.00

Auch Torre Annunziata (60 000 Einw.) wurde mehrfach von Vesuvausbrüchen heimgesucht. Die römische **Villa Oplontis** gehört seit 1997 mit Pompeji und Herkulaneum zum Weltkulturerbe der UNESCO. Sie war vermutlich im Besitz der Familie der Poppaea Sabina (30–65 n. Chr.), der dritten **Ehefrau Neros**. Die vorzüglich erhaltene Villa, die seit 1967 ausgegraben wird, besteht aus einem großen Wirtschafts- und einem luxuriösen Wohntrakt. Ihre Bauzeit erstreckte sich von ca. 80 v. Chr. bis 62 n. Chr. Im Wohntrakt weist sie qualitätvolle Wandmalereien des zweiten pompejanischen Stils auf. Feinste Stuckaturen, Architekturreliefs, Heizungs- und Badeanlagen sowie ein großes Schwimmbecken (60 x 25 m) belegen den ungeheuren Luxus (Via Sepolcri; vom Bahnhof der Circumvesuviana Torre Annunziata sind es weniger als 10 Min. zu Fuß).

Boscoreale

►Pompeji

Castellammare di Stabia

Von der wegen ihrer Lage als Hafen und Standort für Werften und Schwerindustrie bekannten Stadt Castellammare di Stabia (70 000 Einw.) kann man mit der Seilbahn auf den 1131 m hohen Monte Faito hinauffahren (kein Winterbetrieb). Seit der Antike ist sie auch wegen ihrer **Thermalquellen** bekannt. Erbaut wurde sie auf den Trümmern der römischen Stadt Stabiae, die 79 n. Chr. ebenfalls beim Vesuvausbruch untergegangen war. Im Antiquario Stabiano (Via Marco Mario 2, in der Nähe des Rathauses) sind zahlreiche Ausgrabungsfunde ausgestellt, die zum großen Teil aus den

DEN VESUV ERLEBEN

AUSKUNFT

Parco Nazionale del Vesuvio
Piazza Municipio 8, 80040 San Sebastiano al Vesuvio
Tel. 08 17 71 09 11, Fax 08 17 71 82 15
www.vesuviopark.it
Info-Büro auf der Quota mille (Parkplatz in 1000 m Höhe), hier auch die Wanderkarte »I sentieri del Parco Nazionale del Vesuvio«.

ANREISE

Auto: von der A 3, Ausfahrt Ercolano-Portici. *Bus:* Vesuviana Mobilità (www.vesuvianamobilita.it) ab Neapel/Piazza Garibaldi, Pompei/Piazza Anfiteatro bzw. Porta Marina und Ercolano/Stazione Circumvesuviana.

VERANSTALTUNG

Nola: Am letzten Sonntag im Juni wird ein Fest zu Ehren des hl. Paulinus (Festa dei Gigli, Lilienfest) mit großer Pracht gefeiert.

WANDERN

Der Zugang zum Krater des Gran Cono kostet Eintritt, dazu erhält man allerdings auch vulkanologische Erläuterungen. Weitere Routen auf der Wanderkarte »Sentieri del Parco Nazionale del Vesuvio«.

Unterwegs am Kraterrand

römischen Villen Arianna und San Marco stammen. Die Scavi di Castellammare di Stabia sind zu besichtigen (Via Passeggiata archeologica; Öffnungszeiten: tgl. 8.30–19.30, im Winter nur bis 17.00 Uhr). Das namengebende Kastell stammt aus dem 9. Jahrhundert.
Am schnellsten und schönsten umfährt man die Stadt auf der Strada Panoramica, die am Park der Villa Quisiana vorbeiführt, einem im 14. Jh. erbauten Schloss, das im 19. Jh. zu einem Hotel umgebaut wurde. Hinter Castellammare erstreckt sich die Halbinsel von ►Sorrent.

Nola

Das Städtchen Nola (34 000 Einw; 35 km nordöstlich von Neapel) war in der Antike die wichtigste Stadt der Vesuvregion. Im 5. Jh. soll hier der hl. Paulinus (354–431), ein gelehrter Dichter aus Bordeaux, die Kirchenglocken (lat. campana, wahrscheinlich von Campania) erfunden haben. Mittelpunkt der Stadt ist die **Piazza Duomo**, hier erstreckte sich einst das Forum. Ein Bronzestandbild erinnert an Kaiser Augustus, der im Jahre 14 n. Chr. in Nola verstarb.

Viterbo

L 14

Region: Latium • Lazio
Höhe: 327 m ü. d. M.

Provinz: Viterbo
Einwohnerzahl: 58 300

Viterbo, das noch von einer mächtigen, 5 km langen Stadtmauer umgeben ist, präsentiert sich mit einem großartigen mittelalterlichen Stadtbild, das vom dunkelgrauen Peperino-Stein geprägt ist; charakteristisch sind die vielen Brunnen und die »profferli«, außen an der Hauswand gelegene Treppen.

Stadt der Päpste

Viterbo, die Hauptstadt der gleichnamigen Provinz, liegt ca. 80 km nördlich von Rom am Fuß der Monti Cimini zwischen dem Lago di Bolsena und dem Lago di Bracciano. Sie ist neben Civitavecchia die

Viterbo Orientierung

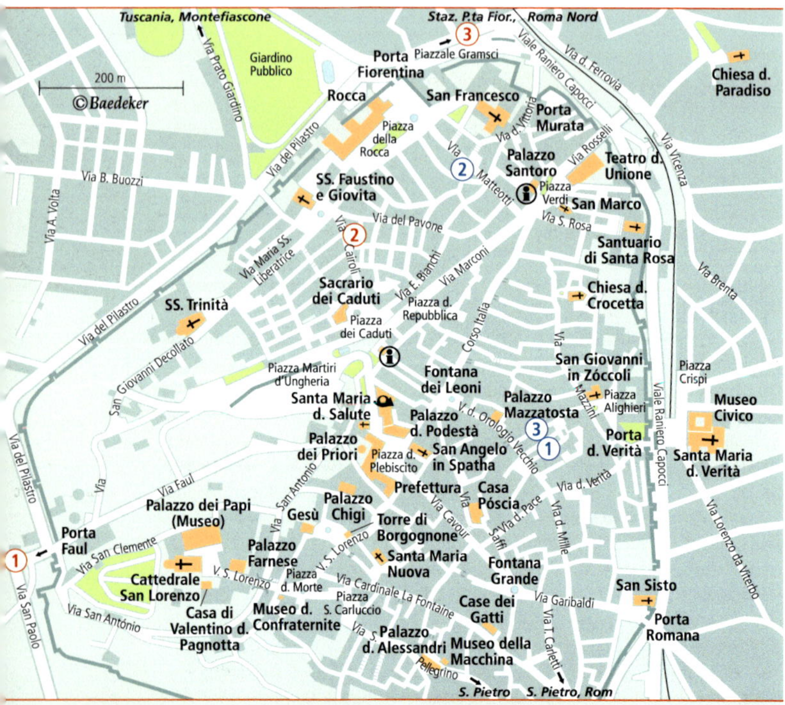

Übernachten
① Niccoló V
② Tuscia
③ Villa Farinella

Essen
① Enoteca La Torre
② Il Grottino
③ Il Richiastro

Acht Päpste residierten im Palazzo Papale, vier wurden hier sogar gewählt.

einzige größere Stadt im dünn besiedelten, landwirtschaftlich geprägten Norden Latiums. Trotz Industrie ist Viterbo auf Rom ausgerichtet, ein Gutteil der Bewohner pendelt in die Hauptstadt. Im Mittelalter war die Stadt jedoch größer als Rom, und trotz großer Rivalität war sie ab 1146 wiederholt Zufluchtsort der Päpste, von 1257 bis 1281 sogar ständige Residenz.

Sehenswertes in Viterbo

Stadtzentrum

Weltlicher Mittelpunkt ist die von prächtigen Palästen umgebene Piazza del Plebiscito, darunter der Palazzo dei Priori (um 1460, Rathaus), Palazzo del Podestà (1264/18. Jh.) und die Präfektur von 1771; der 44 m hohe Turm ist von 1487. Vom Hof des Rathauses hat man eine schöne Sicht auf den Westteil der Stadt. Durch die Via di S. Lorenzo gelangt man südlich zur Piazza della Morte, dem einstigen Richtplatz, mit der Fontana a Fuso, und weiter – am Palazzo Farnese vorbei – zur Piazza S. Lorenzo, dem **geistlichen Zentrum der Stadt** mit der romanischen Kathedrale S. Lorenzo (12. Jh., Fassade 1570, nach Zerstörungen 1944 restauriert) und dem eindrucksvollen Papstpalast (1255–1267); seine schöne gotische Loggia ist schon seit dem 14. Jh. Ruine. Im Palast residierten acht Päpste, vier wurden hier gewählt. Heute beherbergt er das Museo di Arte Sacra.

★ ★

◄ Piazza S. Lorenzo

★

S. Pellegrino

Südöstlich der Piazza della Morte liegt das malerische Stadtviertel San Pellegrino, einst das Handwerkerviertel. Es lohnt sich, die Via S. Pellegrino zur gleichnamigen Piazza hinunterzugehen, den der Palazzo degli Alessandri (13. Jh.) umgibt. An der Via S. Pellegrino (Haus Nr. 60) liegt das Museo della Macchina di S. Rosa (s. u.).

Oststadt Von der Piazza del Plebiscito gelangt man durch die Via Cavour zunächst südöstlich zur Piazza Fontana Grande mit der Fontana Grande (1206–1279), einem der frühesten öffentlichen Stadtbrunnen, 1206 von Bertoldo und Pietro di Giovanni begonnen, dann weiter zur barocken Porta Romana, einem der sieben Tore der Stadtmauer. Links des Tors steht die Kirche S. Sisto, ein lombardischer Bau des 9. Jh.s (im 12./13. Jh. erweitert, 1944 rekonstruiert); bemerkenswert sind der deutlich erhöhte Altarraum und die ungewöhnlichen Kapitelle. Außen an der Stadtmauer entlang nach Norden geht es zum Kloster S. Maria della Verità (12. Jh., Fresken von Lorenzo da Viterbo, 1469; im Konvent Museo Civico).

Nun geht es durch die Porta Verità und die Via Mazzini – vorbei an S. Giovanni in Zoccoli (11. Jh.) mit einem Polyptychon des Balletta (1441) – zur **Kirche S. Rosa**, die 1632 zerstört und zwischen 1839 und 1849 rekonstruiert wurde. Hier ruht die Mumie der hl. Rosa, der Stadtheiligen, die von 1233 bis 1252 lebte.

Von S. Rosa westlich zur Piazza Verdi. Hier stehen die interessante Zisterzienserkirche S. Marco (1198), der Palazzo Santoro (1466, Bibliotheken) und das neoklassizistische Teatro dell' Unione (1855). Beim Rückweg zur Piazza del Plebiscito durch den Corso d'Italia kommt man am 1818 gegründeten Caffè Schenardi vorbei, das nach einem McDonald's-Intermezzo 2004 wiedereröffnet wurde.

Nordstadt Im Nordwesten der Stadt liegt an der Piazza della Rocca – mit einem Brunnen von Vignola (1575) – die Burg, 1354 vom päpstlichen Feldherrn Albornoz errichtet, heute Sitz des Museo Archeologico Nazionale. Östlich von ihr birgt die gotische Kirche S. Francesco (13. Jh.)

VITERBO ERLEBEN

AUSKUNFT

Piazza San Carluccio 5, 01100 Viterbo
Tel. 07 61 30 47 95
Fax 07 61 22 09 57
www.comune.viterbo.it

VERANSTALTUNGEN

Fest der hl. Rosa
Eine sehr beeindruckende Prozession zu Ehren der Stadtheiligen findet alljährlich am 3. September statt. Abends wird ihr Bild auf einem 30 m hohen, mehrere Tonnen schweren Turm aus Pappmaché (»macchina di S. Rosa«) von 90 Männern von S. Sisto zur Kirche S. Rosa in Viterbo getragen.

San Pellegrino in Fiore
Anfang Mai schmückt sich das recht graue Viterbo mit einem Blumenmarkt. Daneben kann man in Trödel und echten Antiquitäten stöbern.

ESSEN

► Fein & Teuer

① ***Enoteca La Torre***
Via della Torre 5
Tel. 07 61 22 64 67
So. und Mo. mittags geschl.
Auf der großen Weinkarte findet sich immer etwas Interessantes für ein modern variiertes Gericht aus der traditionellen Küche. Schlicht-elegantes Ambiente.

► **Erschwinglich**
② ***Il Grottino***
Via della Cava 7
Tel. 07 61 29 00 88
Bodenständige Küche aus Latium und hervorragende Pizzen.

► **Preiswert**
③ ***Il Richiastro***
Via della Marocca 16–18
Tel. 07 61 22 80 09
So.abend und Mo. bis Mi. sowie Juli/Aug. geschl.
Trotz der ungastlichen Betriebszeiten sehr zu empfehlen: ungewöhnliche Gerichte nach alten Rezepten, serviert in einem mittelalterlichen Palazzo. Und dies zu angenehmen Preisen.

ÜBERNACHTEN

► **Luxus**
① ***Niccolò V Terme dei Papi***
Strada da Bagni 12
Tel. 07 61 35 01, Fax 07 61 35 24 51
www.termedeipapi.it
Modernes, angenehmes Thermenhotel in Bagni di Viterbo, hübscher Park mit Pool, Kur- und Fitnesseinrichtungen.

► **Komfortabel**
② ***Tuscia***
Via Cairoli 41
Tel. 07 61 34 44 00, Fax 07 61 34 59 76
www.tusciahotel.com
Gutes Mittelklassehotel, nördlich der Piazza dei Caduti gelegen.

③ ***Villa Farinella B&B***
La Quercia, Via Capodistria 14
Tel. & Fax 07 61 30 47 84
www.villafarinella.it
Ein ganz persönliches Quartier ist diese Villa aus dem 18. Jahrhundert im Vorort La Quercia.

Grabmäler von Papst Clemens IV. († 1268) und Papst Hadrian V. († 1276). Außerhalb der Porta Fiorentina von 1768 erstreckt sich der schöne Giardino Pubblico.

Bagni di Viterbo

Ca. 5 km westlich von Viterbo ist das kleine Thermalbad Bagni di Viterbo zu finden, 1 km nordöstlich davon auf einem Hügel aus Travertinablagerungen die **Schwefelquelle Bullicame** (»Sprudel«), ein durch Gasblasen in Wallung gehaltener blauer, 61 °C warmer Teich, in dem man heute noch bei jedem Wetter sein Bad nimmt. Die Quelle wird schon von Dante im »Inferno« erwähnt. Vom Hügel bietet sich ein schöner Blick auf Viterbo und die Monti Cimini.

Umgebung

►Latium

REGISTER

a

b

c

BILDNACHWEIS

Abend: S. 127 oben, 170, 178, 227, 229, 248, 260
Archiv für Kunst und Geschichte: S. 11, 153
Associated Press: S. 292
Baedeker Archiv: S. 333, 381
dpa: S. 70, 72, 225
Frei, Franz Marc: S. 13 oben, 15, 25, 57, 127 unten, 244, 255, 264, 473, U 4
Freyer: S. 360, 369
Gärtner: S. 42
Hackenberg: S. 448
Hartmann: S. 210, 250
HB-Verlag: S. 377 oben rechts, 378
HB-Verlag/Bernhardt: S. 27
HB-Verlag/Fabig: S. 5, 12, 16, 60, 65, 73, 122 oben, 128/129, 190, 216, 285, 312, 317, 322, 469
HB-Verlag/Feldhoff, Martin: S. 41, 53, 62, 83, 85, 91, 92, 119, 112, 118 unten, 136, 152, 202, 204, 219, 252, 281, 297, 319, 331 unten, 347, 354, 364, 386, 391, 394, 403, 413, 419, 441, 442, 453
HB-Verlag/Hauser: S. 14 oben, 14 unten, 44, 74/75, 82, 102, 121, 399
HB-Verlag/Nagy: 2 oben, 10/11, 116/117, 246, 300, 328, 350, 357, 367, 377 oben links, 377 unten rechts, 383, 384, 463
HB-Verlag/Sasse: S. 14 Mitte, 19, 34, 36, 46, 54, 126 Mitte, 126 unten, 144, 151, 163 Mitte rechts, 163 oben links, 163 oben rechts, 163 unten rechts, 165, 177, 209, 211, 268, 457, 460, hintere Umschlagklappe
HB-Verlag/Spitta: 7 unten, 21, 133, 139
Hicker: S. 263
Huber: S. 345 unten rechts; Bernhart: S. 468; Puku: S. 13 Mitte; Simeone: S. 164; Stefano: S. 326
IFA: S. 331 oben, 410; Everts: S. 69; Glück: S. 122 unten links; IDS: S. 87, 345 unten links, U 2; Lecom: S. 308
Interfoto: S. 66, 71, 345 oben links, 467 rechts
Kirchgessner: S. 259
laif/Celentano: S. 195, 198, 223, 232, 237
laif / Eid: S. 131, 132
laif / Kristensen: S. 346
Mauritius: S. 7 oben
Otto: S. 373
Papsch: S. 174
picture-alliance/akg-images: S. 467 unten links
picture-alliance/Bianconero: S. 173
picture alliance/KPA/HIP/ArtMedia: S. 345 oben rechts;
picture-alliance/CM Dixon: S. 467 unten rechts
picture-alliance/The British Museum: S. 249
Reincke: S. 26, 335, 345 oben Mitte, 358
Schapowalow: S. 127 Mitte, 234, 239, 400
Schleicher: S. 1, 2 unten, 4, 8, 9, 13 unten, 22, 28, 38, 48, 51, 68, 75, 89, 118 oben, 122 unten rechts, 124 Mitte, 124 oben, 124 unten, 126 oben, 129, 134, 138, 141, 142, 145, 147, 155, 157, 159, 169, 188, 207, 208, 214, 241, 247, 251, 271, 274, 277, 278, 287, 288, 290, 295, 302, 305, 309, 311, 321, 325, 334, 339, 341, 342, 362, 376, 379, 417, 424, 427, 428, 429, 433, 437, 450, 465, 471
Schuster: S. 220
Stadler: S. 397, 408
Vatikanische Museen: S. 58
Wagner: S. 88
Wais & Partner (Wandmacher): S. 6, 107, 108
Wirth: S. 183
Zanettini/laif: S. 466

Titelbild: Bilderberg / Frieder Blickle

VERZEICHNIS DER KARTEN & GRAFISCHEN DARSTELLUNGEN

IMPRESSUM

Ausstattung: 253 Abbildungen, 51 Karten und grafische Darstellungen, eine große Reisekarte
Text: Dr. Bernhard Abend und Anja Schliebitz, mit Beiträgen von Barbara Branscheid, Achim Bourmer, Jutta Buness, Marlies Burget, Astrid Feltes-Peter, Gregor Papsch, Helmut Linde, Caterina Mesina und Nikolaus Groß, Michael Marsch, Thomas Migge, Dr. Madeleine Reincke und Reinhard Strüber
Bearbeitung: Peter Peter und Peter Amann; Verlagsbüro Wais & Partner (Eva Schürg, Isabelle D. Oster) und Anja Schliebitz
Kartografie: Christoph Gallus, Hohberg; Franz Huber, München; MAIRDUMONT/Falk Verlag (Reisekarte)
3D-Illustrationen: jangled nerves, Stuttgart
Gestalterisches Konzept: independent Medien-Design, München (Kathrin Schemel)

Sprachführer in Zusammenarbeit mit Ernst Klett Sprachen GmbH, Stuttgart,Redaktion PONS Wörterbücher

Chefredaktion:
Rainer Eisenschmid,
Baedeker Ostfildern

4. Auflage 2007

Urheberschaft:
Karl Baedeker Verlag, Ostfildern
Nutzungsrecht:
MAIRDUMONT GmbH & Co. KG; Ostfildern

Printed in China
Gedruckt auf 100% chlorfrei gebleichtem Papier

BAEDEKER VERLAGSPROGRAMM

- Ägypten
- Algarve
- Amsterdam
- Andalusien
- Athen
- Australien
- Bali
- Baltikum
- Barcelona
- Belgien
- Berlin
- Bodensee
- Brasilien
- Bretagne
- Brüssel
- Budapest
- Bulgarien
- Burgund
- Chicago • Große Seen
- China
- Costa Blanca
- Costa Brava
- Dänemark
- Deutsche Nordseeküste
- Deutschland
- Djerba • Südtunesien
- Dominikanische Republik
- Dresden
- Elba
- Elsass • Vogesen
- Finnland
- Florenz
- Florida
- Franken
- Frankfurt am Main
- Frankreich
- Fuerteventura
- Gardasee
- Gomera
- Gran Canaria
- Griechenland
- Griechische Inseln
- Großbritannien
- Hamburg
- Harz
- Hongkong
- Indien
- Irland
- Island
- Istanbul
- Istrien • Kvarner Bucht
- Italien
- Italien • Norden
- Italien • Süden
- Italienische Adria
- Italienische Riviera
- Japan
- Jordanien
- Kalifornien
- Kanada • Osten
- Kanada • Westen
- Kanalinseln
- Kenia
- Köln
- Kopenhagen
- Korfu • Ionische Inseln
- Korsika
- Kos
- Kreta
- Kroatische Adriaküste • Dalmatien
- Kuba
- La Palma
- Lanzarote
- Lissabon
- Loire
- Lombardei • Mailand • Oberitalienische Seen
- London
- Madeira
- Madrid
- Malaysia
- Malediven

- Mallorca
- Malta • Gozo • Comino
- Marokko
- Mecklenburg-Vorpommern
- Menorca
- Mexiko
- Moskau
- München
- Namibia
- Nepal
- Neuseeland
- New York
- Niederlande
- Norwegen
- Oberbayern
- Österreich
- Paris
- Peking
- Piemont
- Polen
- Portugal
- Prag
- Provence • Côte d'Azur
- Rhodos
- Rom
- Rügen • Hiddensee
- Sachsen
- Salzburger Land
- St. Petersburg
- Sardinien
- Schottland
- Schwäbische Alb
- Schwarzwald
- Schweden
- Schweiz
- Sizilien
- Skandinavien
- Slowenien
- Spanien
- Sri Lanka
- Stuttgart
- Südafrika
- Südengland
- Südtirol • Dolomiten
- Sylt
- Syrien
- Teneriffa
- Tessin
- Thailand
- Toskana
- Tschechien
- Tunesien
- Türkei
- Türkische Mittelmeerküste
- Umbrien
- Ungarn
- Usedom
- USA
- USA • Nordosten
- USA • Südwesten
- Venedig
- Vietnam
- Washington DC • Capital Region
- Weimar
- Wien
- Zypern

LIEBE LESERINNEN, LIEBE LESER,

ein herzliches Dankeschön, dass Sie sich für einen Baedeker Allianz Reiseführer entschieden haben. Er wird Sie zuverlässig auf Ihrer Reise begleiten und Sie nicht im Stich lassen.
Natürlich beschreibt er die wichtigen Sehenswürdigkeiten, aber er empfiehlt auch interessante Veranstaltungen, nennt Hotels für den großen und kleinen Geldbeutel, gibt Tipps für Restaurants, Shopping und für vieles mehr, was eine Reise zum Erlebnis macht. Dafür haben die Autoren und die Redaktion Sorge getragen. Sie sind für Sie regelmäßig nach Italien gereist und haben all ihre Erfahrungen und Kenntnisse in diesen Reiseführer gepackt.

Trotzdem: Die Erfahrung zeigt, dass Fehler und Änderungen nach Drucklegung, für die der Verlag keine Haftung übernehmen kann, nicht ausgeschlossen werden können. Für Kritik, Berichtigungen und Verbesserungsvorschläge sind wir Ihnen außerordentlich dankbar. Schreiben Sie uns, mailen Sie uns oder rufen Sie an:

▶ **Verlag Karl Baedeker GmbH**
Redaktion
Postfach 3162
D-73751 Ostfildern
Tel. (0711) 4502-262, Fax -343
E-Mail: info@baedeker.com

Besuchen Sie uns auch im Internet unter www. baedeker.com. Hier finden Sie jeden Monat den aktuellen Reisetipp der Redaktion und das gesamte Verlagsprogramm. Hier können Sie auch lesen, wer Karl Baedeker war und wie er seinen ersten Reiseführer geschrieben hat. Mit seinen über 175 Jahren ist der Karl Baedeker Verlag der älteste Reiseführer-Verlag der Welt.

www.baedeker.com

ZU GEWINNEN: STADTREISE NACH LONDON

Unter allen Einsendungen verlost der Verlag am Jahresende – unter Ausschluss des Rechtswegs – eine Städtekurzreise für zwei Personen nach London.
Freuen Sie sich auf ein spannendes Wochenende in London. Natürlich ist ein Baedeker Allianz Reiseführer London auch dabei!